寻梦与归来

敦煌宝藏离合史

主编

攻心敦煌

刘诗平 孟宪实 著

广西师范大学出版社
GUANGXI NORMAL UNIVERSITY PRESS
桂林

XUNMENG YU GUILAI: DUNHUANG BAOZANG LIHE SHI

寻梦与归来：敦煌宝藏离合史

图书在版编目（CIP）数据

寻梦与归来：敦煌宝藏离合史：全三册 / 刘诗平，孟宪实著. --
桂林：广西师范大学出版社，2023.6
　　ISBN 978-7-5598-5952-5

Ⅰ．①寻… Ⅱ．①刘… ②孟… Ⅲ．①敦煌石窟－出土文物－研究
Ⅳ．①K879.214

中国国家版本馆 CIP 数据核字（2023）第 055542 号

广西师范大学出版社出版发行

（广西桂林市五里店路 9 号　邮政编码：541004）

　网址：http://www.bbtpress.com

出版人：黄轩庄

全国新华书店经销

北京盛通印刷股份有限公司印刷

（北京经济技术开发区经海三路 18 号　邮政编码：100176）

开本：787 mm × 1 092 mm　1/16

印张：35　　图：156 幅　　字数：525 千

2023 年 6 月第 1 版　　2023 年 6 月第 1 次印刷

定价：258.00 元（全三册）

如发现印装质量问题，影响阅读，请与出版社发行部门联系调换。

推荐序

刘诗平、孟宪实两位的这本书源于 2000 年——敦煌藏经洞发现一百周年时出版的《敦煌百年：一个民族的心灵历程》，可以看出当时两位作者的心境，是想通过百年敦煌学的历史，来诉说中华民族的心灵历程。如今，作者对内容进行增补修订，加入大量有关敦煌石窟艺术研究的内容，并补充近二十年来敦煌学各方面的发展情况，包括国际学界的交往和竞争，还以大量图片辅佐文字，使本书更加丰满。书名《寻梦与归来：敦煌宝藏离合史》，似乎也更加符合大众读者的趣味。

然而，在我看来，这是一部真正的敦煌学学术史著作。尽管学术史难做，但这部书可以说是一部难得的学术史。两位作者在前人许多个案研究的基础上，加上自己的探索和整理，对百年来的学术史做了系统的阐述，包括敦煌藏经洞的发现、文献流散，各国探险队的攫取、豪夺，早期敦煌学研究的艰难历程，特别是中国学者远渡重洋，抄录整理敦煌文献的经过，以及最近四十年来敦煌学的迅猛发展和各国学者之间的合作与争先。虽然没有像纯学术著作那样出注，但明眼人一看就知道，他们的叙述无一字无来历，是一本相当全面又可读性很强的敦煌学学术史。

敦煌学的历程必然与百年来中国的命运联系在一起。所谓"伤心史"、何处是"敦煌学中心"等话题，是每一部敦煌学学术史都无法回避的。本书两位作者站在中国文化的本位立场之上，同时兼有国际视野与同情之理解，把个别事件放到整个敦煌学的发展过程之中来看待，揭示出当年相互之间，因为国家强弱、党派分野、脾气秉性之不同而产生的种种矛盾和纷争，用"长时段"的历史眼光去看问题，把许多事情的前因后果给梳理出来。这些方面的论述，给我很深的印象。

　　两位作者，孟君是与我年龄相仿的学术挚友，诗平是曾经跟随我读硕士的学生，他们对于我有关敦煌学的论述非常熟悉，私下里也有很多讨论或论辩。我很高兴他们两位在本书中采用了我的不少观点，也利用了一些我发现的敦煌学史新材料，特别是在一些大是大非问题上，他们与我的观点保持一致。我既欣慰于他们能采用我的成果，更欢喜他们在我的研究基础上又有许多推进，特别是把许多分别论证的问题联系起来，因此常常更加深入。

　　这本书的最终成稿和后来的增补，诗平用力较多。诗平本科、硕士先后就读于武汉大学历史系和北京大学历史系，因此对武大的吐鲁番文书研究和北大的敦煌学研究情形都比较清楚了解。毕业后他进入新闻出版行业，有机会多次走访包括敦煌在内的地方，增长见识，同时由于撰写新闻稿件，有很好的写作训练基础。读者不难看出，这本书的文风有一些新闻写作的味道，把敦煌学史上的事情一件一件地"报道"出来，用引人入胜的话语带着读者深入阅读。这本书中，不论是"民族的心灵历程"，还是"宝藏的聚散离合"，都更像是敦煌学圈外的媒体人更为关心的话题，也是沟通敦煌学专业学者与大众读者之间的桥梁。

　　作者让我给本书写一篇序，使我能够先睹为快。掩卷之际，把阅读的感想写出来，聊以为序。

荣新江

2022 年 10 月 17 日

三升斋

在敦煌发现世界

在很长的一段历史时间里，敦煌的世界性无与伦比。

大航海时代开始之前，没有任何道路比古老的丝绸之路更联通世界。在东西方大国起起落落之间，在各种物质交换和精神交流之间，数不清的商旅、僧侣、盗匪、军队、外交使团活跃在这条国际通道上。

敦煌，地处丝路繁华、扼守丝路要冲，不同民族、不同语言、不同信仰的人们生活和流动在这里。中国文明、印度文明、波斯文明、希腊文明在这里交融，佛教、道教、景教、祆教、摩尼教和儒家在这里汇聚。

正因如此，保存至今的莫高窟艺术和藏经洞文书，为我们展现了一个缤纷多彩的中古世界。上千年连绵相延的历史，保留在幸存的 735 个洞窟、2400 多身彩塑、45000 多平方米壁画中，保存在 6 万多件用汉文、藏文、于阗文、粟特文、回鹘文等文字书写的文书和绘画作品中。

藏经洞里收藏的主要是公元 4 世纪至 11 世纪的珍贵文书，莫高窟留下的是公元 4 世纪至 14 世纪的壁画和彩塑。如果说藏经洞是一个储存着历史记忆的图书馆，那么莫高窟就是一个陈列着古代艺术的博物馆。作为地球上保存规模最大、最完整的石窟艺术遗存，莫高窟被列入"世界文化遗产名录"，无可置疑地显示了它的珍贵和独一无二。

在世界寻找敦煌

在伦敦英国图书馆，陈列着一部由中国人在公元 868 年印制的《金刚经》，这部长约 5 米、反映当地民众宗教信仰的佛经，是世界上现存最古老和较完整的印本。它来自敦煌藏经洞，斯坦因把它带到了这里。

在巴黎法国国家图书馆，收藏着中国现存最早的图经之一——沙州都督府图经。与这部唐代图经一道收藏于此的，还有一份反映唐朝百姓服役内容的差科簿，记录了敦煌县从化乡约 300 个家庭的生活点滴，他们绝大部分是高度汉化了的粟特人——一个活跃在丝绸之路上的极其善于国际贸易的民族。它们均来自敦煌藏经洞，伯希和把它们带到了这里。

在美国哈佛大学艺术博物馆，有一尊一米多高的彩塑供养菩萨像。这个出自唐朝艺术家之手的菩萨，体态修长，璎珞长垂，气质端庄典雅，造型严谨流畅，已成为博物馆"镇馆之宝"。它来自敦煌莫高窟，华尔纳把它搬来了这里。

在俄罗斯圣彼得堡冬宫博物馆，有一幅公元 8 世纪的《观无量寿经变》残绢画，画上的一组菩萨像和四个头戴"垂脚蹼头"的男性供养人，生动地反映了唐朝人的宗教信仰和世俗生活。它同样来自敦煌莫高窟，奥登堡把它带到了这里。

敦煌文书和石窟壁画、雕塑分藏于世界各地。当年，它们的流散过程，充满了无知与欺骗、巧取与豪夺。今天，各国收藏机构合作对其修复、出版与数字共享，各国学者悉心研究、相互交流，共同推进对人类文明成果的保护和利用。

以研究敦煌文书和石窟艺术为核心内容的敦煌学，从一开始就展现了它的世界性，并在不同国家造就了一批世界级的敦煌学家。从日本关东到关西，从伦敦到巴黎，从圣彼得堡到美国东西海岸，他们在世界各地寻找敦煌，追索历史、启迪未来。

敦煌之梦

1900 年藏经洞豁然洞开，许多人的命运开始与敦煌紧密相连。他们逐梦敦煌，有的人美梦成真，有的人噩梦相连。王道士发现藏经洞，为他在莫高窟弘扬道教的梦想，洞开了新的大门。斯坦因、伯希和万里远征，实现了获取敦煌宝藏的梦想，也让藏经洞成为中国人的伤痛记忆。勒柯克在抛硬币决定命运时与敦煌宝藏失之交臂，华尔纳准备揭走敦煌整窟壁画时大败而归，他们梦想的破灭，使敦煌宝藏幸运获救。

敦煌文书的命运，折射的是国家和民族的命运。藏经洞文书已经流散，民族尊严与学术的希望不能失去。从向达、王重民，到荣新江、王冀青，为了追寻流散在异国他乡的国宝，一代代学者接力，走上了崎岖漫长的寻梦之路。寻找敦煌宝藏，也是在寻找民族之魂，寻找文化之本。

与此同时，一批批艺术家和学者怀抱敦煌梦，来到莫高窟。常书鸿在祖国多难之际从巴黎回国，那个让他魂牵梦绕的敦煌，从此成为一生的守候。段文杰从 1946 年到达莫高窟后，每天听着九层楼上的铁马叮当声，再也没有离开。樊锦诗，这位"敦煌的女儿"，年过八旬依然心系敦煌。她说："我白天想敦煌，晚上梦敦煌。只要一息尚存，就要为敦煌努力。"

走进敦煌

2000 年敦煌藏经洞发现一百周年之际，我们撰写了《敦煌百年：一个民族的心灵历程》，通过数年的努力，试着还原了一个真实的历史故事、一段难忘的心灵历程。

如今，我们将书名定为《寻梦与归来：敦煌宝藏离合史》，同时围绕四个方面对全书展开修订：一是吸收和融入 20 多年来全世界敦煌文献公布、敦煌学研究进展的成果；二是增加敦煌石窟艺术及其研究者的内容，使敦煌学两大核心——敦煌石室遗书和敦煌石窟艺术及其研究者的故事尽可能较均衡呈现；三是增加近年来国际交流与合作的内容，由此不难看到一百多年来东西方文化交流与相互关系发生的变化；四是丰富图片内容，尽可能让图片与文字互补，相得益彰。

敦煌学发展迅速，本次修订几乎涉及全书每个章节，同时增写了 5 章和若干节内容，增加了约 8 万字。变化最大的，是本书下编，比较完整地讲述了从"敦煌在中国，敦煌学在日本"到"敦煌在中国，敦煌学在世界"的过程。

从藏经洞发现至今，敦煌学界有三句话流传最广，它们是：敦煌者，吾国学术之伤心史也；敦煌在中国，敦煌学在日本（或"敦煌在中国，敦煌学在欧洲"）；敦煌在中国，敦煌学在世界。从某种意义上也可以说，这三句话就是敦煌学发展历程的缩影。从增补修订后的内容中，人们将可以比较清晰地了解这些话语背后的历史经纬。它们是敦煌文物命运和敦煌学发展历程的折光镜，同时也折射了一个国家、一个民族的困顿与奋发。

从增补修订后的内容中，人们可以比较清晰地看到中国敦煌学内涵和外延的三次改变——从上编藏经洞文书的发现和对文书的研究，到中编大规模展开的莫高窟壁画临摹、摄影、考古，从而发展为敦煌文书与石窟艺术、历史考古相结合的研究，再到下编敦煌学成为"敦煌吐鲁番学"，进一步发展为敦煌文书与吐鲁番文书"比翼双飞"、敦煌学与丝绸之路紧密结合的研究。

　　就学术史层面而言，修订后的本书由此显示了如下的中国敦煌学研究分期，即：藏经洞发现后到抗日战争时期的敦煌艺术研究所成立（1944 年）为第一期，这一时期以敦煌文书研究为主；从敦煌艺术研究所成立到改革开放初期的中国敦煌吐鲁番学会成立（1983 年）为第二期，以敦煌文书与石窟艺术及考古齐头并进为研究特色；从中国敦煌吐鲁番学会成立至今为第三期，转入将敦煌文书、石窟艺术及考古，与吐鲁番学、丝绸之路学相结合的研究。每一时期，各四十年左右。[1]

　　踏上丝路，来到敦煌。当陪伴敦煌宝藏走过百年风雨、跟随敦煌学经历世纪沉浮之后，人们将会发现：敦煌，是如此之深地牵动着世人的目光。很难找到还有第二个地方，能像她这般凝聚着连绵相延的历史和不曾中断的文明，像她这般阅尽人间的悲喜爱恨和荣辱沧桑，像她这般让众多学者、艺术家痴心不改并以身相许，像她这般展现如此广阔的世界和辽阔的人生。

1　中国敦煌学研究正式起步，一般以 1909 年伯希和携带敦煌文书至北京、一些中国学者抄录并公开发表文章起算（详见本书第十一章）。在社会上，有时也从藏经洞发现说起，如 2000 年官方在首都北京举办的大型展览，名为"敦煌艺术大展——纪念敦煌藏经洞发现暨敦煌学一百周年"。第二期以 1944 年国民政府成立敦煌艺术研究所为标志，但这一转变，从张大千、王子云、向达等在敦煌的考察研究和社会反响已经有了一定的规模。第三期以 1983 年中国敦煌吐鲁番学会成立为标志，但这一转变，从新出吐鲁番文书整理、研究成果发表和出版已经开始。

引言

当 20 世纪刚刚揭开序幕时，在中国的西北一角，一扇历史之门被一个小人物打开。没有人能够想到：一段长长的历史，会被古人封存在一个小小的密室之中。这个密室，就是敦煌藏经洞。人们无法估量它的秘藏的价值，于是笼统地称之为国宝、珍宝、宝藏……

藏经洞珍品的流散，是近代中国伤心历程的缩影。伤心不仅仅在于国宝外流本身，还在于国人的愚昧和麻木。20 世纪初期，中国的历史与未来被现实的重重迷雾遮蔽，人们只能从弥漫的浓雾中听到一些断续的呼唤。但是，这个声音的确是渐渐增强了。

几代学人的呕心沥血，难道仅仅只是为了追寻国宝吗？民族的尊严和信心，百折不回的毅力和决心，不过是为着有一天，子孙不再抱恨和伤心。寻梦之路，崎岖漫长，外人的歧视和国家的积弱，增添的不只是悲壮的气氛。当魂兮归来之日，阴霾散去，国人的心胸也随之豁然开朗起来。

这里讲述的，都是真实的故事。为了解每一个具体细节，作者花费了数年心血进行文献调查和人物访问。许多鲜为人知的故事，说明的却是很简单的常识。作者本来只想告诉读者一些事实，结果却被书中的故事打动，欲辩已忘言了。

伤心敦煌

上编

王道士的偶然发现，石室秘宝重见天日。当一个处在风雨飘摇中的政府连首都也即将为列强攻陷，当千年宝藏长期掌握在一个没有多少文化的道士手中，这样的一个背景，本身已经暗含着一种命运。在政府和社会上下对宝藏或熟视无睹、或麻木不仁，以致听其流散时，英、法、日、俄、美等列强的考察家先后闻声赶到，本国政府的各级官员也纷纷出马。石室秘宝从此无处藏身，夺宝、藏宝、运宝由此展开。藏经洞，成了一个民族滴血的伤口。

目录

序章

新世纪来临

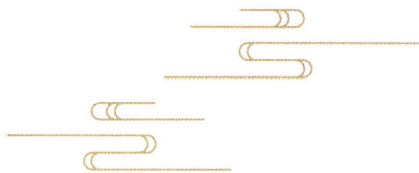

1900 年初夏的北京，朝野动荡，人心惶惶。

中国在一种很难描述的情境中成为全世界瞩目的焦点。当内部的改革力量被反对势力镇压之后，清政府在政治上已经进退维谷。民间排外势力以义和团的形式像山火一样在中国大地上蔓延。西方列强蠢蠢欲动，中国的最高统治者慈禧太后仍在举棋不定。

5 月 28 日，列强正式决定联合出兵中国，并且很快采取了军事行动。英、德、俄、法、美、日、意、奥八国组成联军，统一对中国作战。

一个谣言——或许是主战派的一个阴谋，终于促使慈禧太后选择了战争。据说外国人想通过战争迫使慈禧还政于光绪，而这无疑是"戊戌政变"后慈禧最为担心的。6 月 21 日，慈禧发布宣战谕旨：对英、美、法、德、意、日、俄、西、比、荷、奥十一国同时宣战。谕旨的内容是铿锵有力的，也许折射出了部分国人的民族情绪："与其苟且图存，贻羞万古，孰若大张挞伐，一决雌雄。"

实际上，清廷当时与列强战斗的本钱，除了民间的反帝情绪之外，一无所有。义和团的神助之说，无异于痴人说梦。各地的领兵将领和封疆大吏早就在各自盘算，各行其是。一场既不知己也不知彼的荒唐战争就这样开始了，这是中国近代化过程中众多特殊表象之一。

清廷虽然宣战，但并没有统一的作战部署，宛如在进行一场规则不清的战争游戏。比如，不该发生战事的北京使馆区，当时竟然是一个重要战场。

攻打法国使馆的指挥官之一，是神机营总兵辅国公载澜。法国使馆是法国人在北京的大本营，躲避义和团的法国人聚集于此。参加保卫战的人群中，一个年轻人表现神勇，他在一次近身战中，竟然夺得了义和团的一面旗帜。此事，在使馆里的许多人看来的确是过于冒险了，但他自己却理所当然地以勇敢自居。这个法国人的名字叫伯希和。

紧挨着法国使馆的日本使馆也同样发生了战斗。两个日本留学生惊慌失措地躲进了本国使馆，其中之一来自东京大学，他才刚刚到达北京。由于使馆警卫尚不到二十人，因此他来得正是时候，可以派上用场。当使馆之围获解后，这名留学生急匆匆返回了日本。他的名字叫狩野直喜。

中国在抗击八国联军，但是混乱的局面，让人难以相信这是一场由国家组织的战争。

在中国更广阔的地方，生活与往日没有什么不同。首都使馆区展开的战争，就像发生在别国的土地上一样。

十里洋场的上海，依然沉浸在与北京完全不同的梦境中，这里很少发生激烈的排外事件。一位热衷于政治的学者，这时正在大力推动他的新式农学。他是学农社、农报馆和东文学社的创办人罗振玉。

在遥远的西部，一个由骆驼和马匹组成的探险队正在赶往中国。领队是一个雄心勃勃但国籍不清的人。无数珍贵的古代文物正在等待着他，对此他信心十足，事后证明也确实如此。他就是斯坦因。

中国以外的世界，人们正在满怀希望地迎接新世纪的到来。

在东京，又一艘海轮乘风远航，夏日的太平洋波光粼粼。海轮上有一位前往伦敦留学的年轻僧人，他关心佛教的历史，也关心西方在中亚的探险，更关心日本在世界的地位。他的名字叫大谷光瑞。

在柏林，一名 40 岁的学生正在东方语言学校学习，他对发生在北京的战争不感兴趣，就如同对待自己家里祖传的商业一样，他的物欲似乎只表现在东方的古代文物上。他的名字叫勒柯克。

这一年，西方国家正在认真地考虑俄国人在上一年提出的建议，成立"中亚与远东历史、考古、语言及人种学考察国际协会"（国际中亚探险协会），俄国的一位学者随后成了这个分享东方文物的协会的主席。他的名字叫奥登堡。

6 月 22 日，是清政府向列强发布战争宣言的第二天。八国联军在英国海军上将西摩尔统率下，正从天津向北京进发。

6 月 22 日，王道士如同往日一样忙碌着，在庞大的俗称千佛洞的莫高窟石窟群前，他那单薄的身影显得有些过于矮小。

20 世纪就这样开始了。

大众仍然生活在自己狭小的天地里，世界依然广阔无垠。但是，科技和交往正在把地球变小，把人们拉近。杂乱无章的世界背后，真的可以有一条连贯的线索。中国与世界，中国的学者与各国的学者，都在忙于自己重视的事情。没有人想起遥远荒凉的莫高窟，更没有谁想去结识形单影只的王道士。本来人人都有自己的路要走，但是一个偶然的发现会改变这一切。毫无关系的众多人和事，会突然改变自己的方向，紧密地连接起来。

王道士 6 月 22 日的忙碌，于是有了世界性的意义。

第一章

小人物的大发现

石室秘宝：藏经洞的发现

传奇往往是在不经意间发生的。

王道士在 1900 年 6 月 22 日所忙碌的，不过是他的日常工作。在莫高窟建立道教的太清宫，重修三层楼，将后来被编号为 16 窟的洞窟和它上方的 365 窟、366 窟 3 处建成标志性的场所，是王道士到达这里后弘扬道教的重点工程。他需要清理流沙、整治洞窟、装饰墙壁、翻新塑像。他已经做了很多工作，比如到处化缘，省吃俭用，积攒足够的钱，以完成自己的宏愿。今天的工作依然是把第 16 号这个底层洞窟中的积沙清理出去，否则什么工程也无法进行。

积沙在这里日积月累了数百年，要彻底清理出去谈何容易！但王道士毕竟是有信仰的人，这点困难算不了什么。积沙实在太多，持续一年多的清沙工程，在他和他所雇请的人员的努力下，到今天总算告一段落了。

王道士欣慰地向第 16 窟外面走去，这时甬道左边画满壁画的墙壁裂出了一条缝隙。在王道士的印象中，洞窟的这侧墙壁应该是山体，不应该是虚空的，怎么会有缝隙呢？王道士一定是个善于观察的人，他满心狐疑地敲了敲那面墙壁，竟然有空洞的声音传出。沿着墙的缝隙，他掘开了一个洞。

原来别有洞天。在不到 8 平方米的洞内，纸写经卷堆积如山，而且排列整齐。从日后的调查所知，洞内堆满了从十六国到北宋时期长达几个世纪的古老文书，除了极少量的雕版印刷品，绝大多数都是手写本。文字以汉文为主，也不乏古藏文、回鹘文、于阗文、粟特文、梵文等，内容包罗万象，以佛教典籍和寺院文书为主，也广泛涉及历史、地理、语言、文学、美术、音乐、天文、历法、医学、数学等。常言道：插架森森多于笋，世上何曾见唐本。眼前，却是一洞子的珍本秘籍。

王道士惊呆了。他所面对的，正是震惊世界的敦煌藏经洞。

20 世纪的世界文化史，都要有这样的文字记载：王道士发现了敦煌藏经洞。

王道士：一个模糊的身影

王道士无意中发现了藏经洞。即使追述他一生的事迹，也看不出他与他的伟大发现有什么必然性的联系。

王道士出生在湖北麻城。现在我们知道他的名字叫圆箓，"圆箓"原作"元箓"，这个名字的道教味儿如此浓厚，让人感觉一定是在他成了道士之后才有了这个很像样的名字。在留存至今的文献中，王道士的名字也写成王圆禄、王圆录，信教后的正式法号叫作"法真"。

就在王道士童年时，麻城发生了严重的灾荒。咸丰六年（1856年），湖北省包括麻城在内的十个大县从农历六月到九月遭遇罕见大旱，《麻城县志》记载"禾麦尽槁，斗米千钱，野有饿莩"。第二年，继续大旱，而且由此引发了严重的蝗灾。灾区既广，灾情且重。政府虽有"缓征本年租税三分之二"的政策，但对于一些受灾农民来说，实际上没有任何意义，它们只能选择背井离乡。

在逃难的人群中，有一个八九岁的孩子，他就是后来的王道士。从这时起，他开始了漫长的流浪生涯。没有人会去注意一个流浪儿的生活，所以即使后来王道士发现了举世瞩目的敦煌藏经洞，他的早期人生经历也仍然是不清晰的。比如我们至今不知道他接受了怎样的教育，因为他确实是粗通文字的；我们也不知道他在流浪过程中有过怎样的遭遇，因为流浪生活毕竟是一种充满苦难的漂泊。后来他在甘肃酒泉的巡防军里当差，具体情况依然不清不楚。

王道士好像是在酒泉退伍后就地披发为道的，他的师傅是盛道法师。从八九岁逃荒离乡，到年近半百出家为道，王道士的墓志铭写着他"历尽魔劫"，因而"灰心名利"。再后来王道士又开始四处漂泊，用宗教语言说叫"游方"。不过，这时的王道士与普通的流浪者不同，他的心中已经种下了宗教的信仰。他到过许多地方，最后在敦煌终于找到了属于自己的天地。

敦煌莫高窟是佛教的圣地，历史上的辉煌虽然已成过往，但荒芜的洞窟和斑驳的造像，仍然散发着雄浑的气魄和诱人的光彩。莫高窟浓厚的宗教氛围，一定是导致王道士决定停下云游脚步的重要原因。

王道士选择了莫高窟，莫高窟接纳了王道士。

王道士落脚莫高窟时，莫高窟南区的上寺和中寺，住着两个藏传佛教的喇嘛，他于是在南区北端的下寺住了下来。下寺并无地面建筑，因此现在编号为344窟的洞窟成了他的栖身之所。后来，他曾经将此窟作为做法事的地方，而另将342窟改为住室。

　　由道士打理破败了的佛教石窟寺，这种看似"鹊占鸠巢"的行为，在清朝光绪年间的河西一带，道教重新振作时并不少见。不仅莫高窟如此，被称为万佛峡的榆林窟、文殊山石窟寺等等，此时也同样为道士所"看护"。

　　王道士有一系列的振兴计划。在藏经洞发现之前，他已经采取了许多行动。他外出化缘有一些收入，在莫高窟接待礼佛的人群也有一些回报。在莫高窟的一些洞窟里，已经摆放着由他请人新塑的泥像和经他之手涂抹的新"壁画"。他在莫高窟前栽种了一片白杨，如今早已参天蔽日。他在莫高窟周边开垦的荒地，也已经成为良田。

　　王道士在莫高窟住了下来，终于成了藏经洞的揭秘人。神秘的力量是不存在的，虔诚的宗教信仰是他接近藏经洞的关键所在，如果王道士没有在莫高窟发展道教的志向，藏经洞不知道何时会被发现。

"历尽魔劫""灰心名利"的王道士来到莫高窟，发现藏经洞。这是英国探险家斯坦因镜头下的王道士。图片来源：[英] 奥雷尔·斯坦因 著，*Ruins of desert Cathay*（《沙埋契丹废墟记》）

敦煌：蒙尘的丝路明珠

在王道士到达莫高窟的时候，敦煌是一个僻远的边塞小县。县里的人多是文盲，参加会考的生员一年不过三五人。王道士当然不知道，这个寂寞不堪的小县，历史上曾经是个熙熙攘攘的国际化城市。不同的年代，大街上能听到人们用汉语、藏语、粟特语、于阗语、吐火罗语、回鹘语等国内外十多种语言说话的声音。

破败的敦煌，没落的帝国。眼前萧索落寞，昔日辉煌记忆如烟。

2200多年前，即公元前3世纪后半叶，中亚以东由北而南依次有三股强大的政治势力——匈奴、大月氏和秦汉帝国。互相角逐的结果，各股力量像走马灯一样在敦煌、新疆一带更替。首先是位居敦煌、祁连间的大月氏势力强大，雄居蒙古高原的匈奴虽然以强悍著称，仍旧得把匈奴王的儿子送到大月氏处押作人质。秦汉之际，匈奴强盛起来，将大月氏排挤到了西域北部，进而逼向更西的地方。同时，与建立起统一的秦帝国展开较量，汉初更迫使为求得外部和平以巩固内政的汉王朝实施"和亲"政策，把皇室的公主送给匈奴王为妻。在广阔的西域，匈奴实现了称霸的野心。

经过一个甲子的休养生息，日渐强盛的汉帝国无法再忍受匈奴的盛气凌人，决定倾国一战。不过，考虑到国力和军力，汉帝国决定与匈奴的世仇大月氏联合，"断匈奴右臂"，借此战胜匈奴。公元前138年，汉武帝做出了一个历史性的决断——派张骞西使大月氏。

张骞经匈奴、大宛、康居等国，出生入死，最后来到了中亚阿姆河北岸的大月氏所在地。然而，时过境迁，大月氏已经满足于现状，张骞联合大月氏的愿望落空。不过，他带回的情报，让汉武帝知道了西域的重要性，以及让匈奴控制这一地区的严重后果。于是，汉武帝果断下令：出兵河西。

霍去病将军率领部队越过祁连山，二度进军河西，将河西并入汉帝国版图。随后，汉武帝陆续在此设立河西四郡——武威、张掖、酒泉、敦煌，同时把长城修筑到了敦煌以西，并在敦煌城西设立玉门关和阳关，作为扼守西域势力进入河西和中原的大门。四郡的存在，既是汉帝国进军西域的军事据点，也是东西交通的枢纽和各民族交流的中心。

张骞"凿空"——开辟通往西天之路——在世界历史上打通了连接欧亚大陆的丝绸之路，开启了中西文化交流的新纪元。

汉代丝绸之路，从都城长安出发，沿河西走廊西行，到达敦煌。由敦煌西出阳关，沿昆仑山北麓，经鄯善、于阗到莎车，越葱岭（帕米尔高原），进入大月氏、安息（波斯）等国，此为南道；由敦煌西出玉门关，沿天山南麓，经车师前王庭（吐鲁番）、龟兹（库车），越葱岭，进入大宛、康居等国，此为北道。

丝绸之路既是一条物质的金银财宝之路，也是一条精神的文化传播之路。丝路上活跃着一批又一批国际商队，行走着一个又一个宗教僧侣。位于丝路干线上的敦煌，渐渐成了东西方商品贸易和文化交流的一颗明珠。

隋唐时期，丝绸之路向东经河西走廊通向长安、洛阳并延伸至朝鲜和日本，向西在新疆境内扩展，分别通往东罗马、波斯和天竺，而"总辖敦煌，是其咽喉之地"。

敦煌，随着唐帝国的兴盛迎来了新的繁荣。当时国际上的最大中间贸易商——粟特商人，有的经商赚钱后入籍唐朝，当时的敦煌县归化乡，住的便主要是粟特人。作为国际化的丝路城市敦煌，不同民族群相混居，不同语言交互使用，不同文字普遍流行，中国文明、印度文明、希腊文明和波斯文明在这里相互激荡，交相辉映。历史学家为我们找到了一千多年前当地人信奉的道教寺庙——神泉观，粟特人信奉的祆教（拜火教）神祠。藏经洞里出土的景教（基督教）、摩尼教写本，同样透露着它们在这里传播的信息。至于佛教的流行，日本学者干脆称敦煌为"佛教都会"。

755 年，安禄山叛乱，河西一带的唐朝军队被调往中原。青藏高原上的吐蕃王国于是乘虚而入，敦煌沦陷，河西沦陷，西域沦陷。

吐蕃统治敦煌数十年后，张议潮统率当地人民起义，随后遣使归附唐朝。851 年，唐朝遣使河西在敦煌设立归义军，以张议潮为首任节度使，从此开始了延续近两个世纪的

20 世纪初期的莫高窟，中间主体建筑为"北大像"外面的五层楼。努埃特 摄。图片来源：[法] 保罗·伯希和 编，*Les Grottes de Touen-houang*（《敦煌石窟图录》）

"归义军时代"。

1036 年，西夏占领敦煌。陆上丝路时断时续之时，海上丝路蓬勃兴起。元朝时期，北方的草原丝路开通，敦煌被弃置一旁。明朝以后，嘉峪关建起，敦煌更成为边外荒凉之地。终元明清三代，敦煌变得遥远且荒芜，成了被历史遗忘的一个小小角落。

敦煌，这颗耀眼的明珠，渐渐蒙上了一层厚厚的尘土。

莫高窟：失去了辉煌的石窟群

历史的选择，冥冥之中似有天意。

前秦建元二年（366 年），乐僔法师来到敦煌。鸣沙山和三危山之间，宕泉（大泉河）在夕阳的辉光中静静流淌。忽然，东边的三危山顶现出奇异景象，只见金光万道，犹如佛祖显像。乐僔在惊呆之余，相信这是佛祖对自己的启示。于是，他立下誓言，在这里开窟塑像，兴建庙宇。现今位于敦煌市东南约 25 公里处的第一座佛窟——莫高窟，就此诞生。

多年以后，法良禅师来到这里，修建了第二座佛窟。此后，修窟之举，生生不息。到唐朝武则天时期，莫高窟已有佛窟大大小小一千余座。它们在鸣沙山的东侧断崖上，坐西向东，南北相延，洞窟分上下几层不等，壁画和雕塑分布窟内。从十六国开始，历经北魏、北周、隋、唐、五代、宋、回鹘、西夏、元朝等不同时代，延续千年。

如今，在 1700 多米长的崖壁上，莫高窟依然保存有 735 个洞窟（包括南区和北区），壁画 45000 多平方米，塑像 2400 多座，是世界上现存最为壮观的佛教艺术宝库。

过去，这里是人们表达宗教信仰的场所。如今，这里是我们观赏古代艺术杰作的天然博物馆。面对这些层垒交错、连绵如蜂房的石窟群，我们不能不惊叹于古人的信仰与历史的造化。如果按 2 米的宽度展开，莫高窟的壁画全长可以延展 25 公里，相当于从莫高窟延至敦煌市区；坐在时速 25 公里的汽车上浏览，要整整一个小时才能与全部壁画打一个照面。再加上 2400 多座塑像和各个时代的石窟建筑，变化复杂的壁画题材，绵延相继的历史体系，包罗万象的宗教典籍，演变无穷的艺术系统……置身其间，令人惊心动魄，内心受到极大震撼。

这颗躲过北周武帝、唐武宗等灭佛毁寺厄运而幸存的沙漠明珠，在元明清时期逐渐遭受冷落。残破荒凉的莫高窟除了有附近居民小规模拜佛以外，未经修缮，也缺乏基本保护。王道士来到这里的时候，只有两个藏传佛教喇嘛居此念经诵佛。

千年莫高窟，正在忍受着最后的寂寞。

如果没有王道士对藏经洞的发现，莫高窟迎接全世界目光的日子，无疑会再拖后一些。

藏经洞：储存着历史记忆的图书馆

藏经洞不过是个方丈小室，面积不到 8 平方米，每壁边长不足 3 米，高不足 2.5 米，覆斗形窟顶也只有 3 米高。北壁下方正中，是一个长方形禅床式的低坛。禅床上是一尊彩塑僧人坐像。禅床和僧像提示我们，这是在纪念一名高僧。

洞窟西壁，北端有一碑龛，内嵌一通高 1.5 米、宽 0.7 米的石碑。碑文告诉我们，现在编号为第 17 窟的藏经洞，是为纪念一位 9 世纪名叫洪䛒的高僧而开凿的影窟。洪䛒是吐蕃统治末期沙州（敦煌）佛教教团的首领，张议潮举义时，洪䛒在宗教和政治上起了不小的作用，唐王朝对此褒奖有加。碑文记录的，正是朝廷给洪䛒的告身（任职书）、敕牒诏书和敕赐衣物录本。朝廷封他为"京城内外临坛大德、赐紫衣、充河西释门都僧统摄沙州法律三学教主"。第 16 窟、17 窟即他在 851—862 年任河西都僧统时所开凿。

在王道士发现藏经洞之前，这个密闭的洞窟入口处被泥砖封堵，泥砖上涂抹了一层灰泥，使得藏经洞洞口与主窟甬道北壁浑然一体，再在此基础上于整面墙壁绘上壁画，因而一般情况下并不能发现墙壁之后另有藏经洞存在。

莫高窟第 16 窟和第 17 窟。右边上锁的小门内，就是编号为第 17 窟的藏经洞。斯坦因 摄。图片来源：*Ruins of desert Cathay*

　　既然将其称作"藏经洞"，当然是因为洞窟里藏有众多经卷。所谓经卷，主要指佛教经典。不过，除佛经和一些佛画之外，也有内容涉及历史、地理、语言、文学、美术、音乐、天文、历法、数学、医学等诸多学科的文书。这些文书，多数为印刷术发明之前的写本，也有少量雕版印刷品和拓本。因此，人们把藏经洞内发现的藏品，叫作敦煌经卷，或敦煌写经、敦煌卷子、敦煌藏经、敦煌遗书、敦煌文书等等，因其珍贵也被称为"敦煌宝藏"。

　　这些文书的时间跨度从 5 世纪到 11 世纪，用汉文、古藏文、回鹘文、粟特文、于阗文、突厥文、吐火罗文等文字书写，涵盖经卷、典籍、方志、信札、契约、户籍、账簿、变文、曲子词等，数以万计。

　　从某种程度上说，藏经洞珍藏着一部中古中国的百科全书。大批罕见的历史资料和已经失传的吐火罗文、于阗文等文书的出现，让中国以及世界的许多历史记忆再次复活，整个世界的兴奋程度可想而知。

千古之谜：藏经洞的封闭

　　在佛教独享尊荣的归义军时代，莫高窟前建起了一座规模不大的寺庙——三界寺。几十年过去之后，洪䛒的英雄事迹渐渐被人们淡忘。大概是这个小小的洞窟距离三界寺较近的缘故，10 世纪中叶，它成了三界寺道真和尚用来放置佛典、供养器具，以及收罗古坏经卷、修补佛典的储藏所。在很长一段时间里，它一直由道真管理着。

　　藏经洞藏品的主体是佛典及佛画，它们原本是属于三界寺的财产。但是我们看到，藏经洞里发现的佛经，有些并不属于三界寺，而是盖着龙兴寺、开元寺等寺院的藏书印。有些佛经写本，像《大般若波罗蜜多经》，出自不同的时代、不同的抄经手。

　　原来，这些佛经是道真从敦煌各寺收集而来。吐蕃统治敦煌以来，各寺佛典普遍缺失。在纸张值钱的年代和纸张稀缺的地方，即使是位于沙州州衙附近的本地最大官家寺院龙兴寺，其藏经和供养器具也同样匮乏，破旧的幡画、佛像和法器一用再用，更不用说远离州城的小庙三界寺了。

　　针对佛典缺失的现状，道真采取了从各寺收集佛典抄本、修补集成的做法。因此，藏经洞所藏是 5 世纪初叶以来的各种佛教典籍，既有许多长达 10 米以上、首尾完整的经卷和精美绝伦的佛画，也有相当数量的从各寺收罗来的古坏经文和有待修补的残经。

　　吐蕃对敦煌的统治在 848 年已经结束，但藏经洞中仍然有大量此后的藏文经卷。这又是为什么呢？吐蕃统治敦煌期间，极力扶持佛教。吐蕃时期的高僧法成，是对汉文、藏文佛典都极为精通的唯识宗大师，发动起义推翻吐蕃政权的张议潮曾经跟他念过经。吐蕃政权被推翻后，法成继续留在敦煌讲经，他使用的藏文经典也因此沿用。

藏经洞里有晚至 10 世纪的粟特语文献，这是因为不仅丝绸之路上活跃着大量的粟特商人，而且 8 世纪的敦煌还有着一个人数众多的粟特人聚落。

藏经洞里有大量的回鹘文、于阗文文献，则是因为归义军政权的最高统治者曹氏与占据张掖的甘州回鹘和西边的于阗王国都有着姻亲关系。整个 10 世纪，敦煌与占据吐鲁番的西州回鹘、于阗王国和甘州回鹘之间往来频繁，许多回鹘人和于阗人长期逗留敦煌。一些回鹘文、于阗文佛典以及其他文书，正是出自他们的手笔，或由他们带来。与此同时，归义军治下的僧俗民众也不乏精通回鹘文和于阗文者。

洪䛇和尚的纪念室，变成了道真和尚的储藏所。道真和尚的储藏所，又很快变成了被封闭的藏经洞。

于阗王国被信奉伊斯兰教的黑汗王朝 [1] 所灭，可能是敦煌藏经洞封闭的导火索。

914 年，曹议金执掌敦煌归义军政权，从此开启曹氏归义军时代。为稳固政权，对内，曹议金注重文治，以高度发达的佛教文化来博取周边民族的尊崇；对外，采取政治联姻（东边，与甘州回鹘和亲，娶甘州回鹘圣天可汗的公主为妻；西边，与佛教王国于阗结好，嫁大女儿给于阗王李圣天为皇后）。同时，加强与中原王朝的联系，使用中原正朔，利用昔日大唐帝国在各民族心目中的声威，在西北民族中树立起自己的正统地位。曹议金励精图治，让敦煌迎来了晚唐以来文化最为繁盛的时代，它的汉化佛教更直接影响了西州回鹘和于阗王国。

于阗素有"佛教王国"之称。于阗王李圣天与曹氏生下的从德太子，在童年时期（约935 年）被带到敦煌，从此长住于此，成了一个于阗语和汉语兼通的佛学大师。966 年，从德太子入宋朝贡。第二年父王晏驾后，从德太子继位为于阗国王。就在他回国即位时，西边的黑汗王朝已经在不停地攻打于阗。970 年，从德写信给远在敦煌的舅舅——归义军节度使曹元忠，请求发兵援助抵御黑汗王朝。

战争是残酷的，并没有因为佛教倡导和平不要杀戮而停止。黑汗王朝虽然一时没能攻下于阗国都，但一波又一波的进攻不曾停息。1006 年，艰难抵御近 40 年后，于阗国都失守，佛教遭到毁灭性打击：佛寺被烧，佛经被毁，僧人遭到屠戮……

于阗沦陷后，大批难民逃到敦煌。藏经洞里有一批极其完整的于阗文佛典，或许正是由逃难的于阗僧人带来的。当这批于阗僧人来到莫高窟，带来伊斯兰东进的消息时，莫高窟众僧忧心忡忡。

怎么办？三界寺的僧人没有犹豫。为避免遭受类似于阗佛教那种毁灭性的打击，他们

1　也称黑韩王朝。

决定将经卷、佛画封存洞中。封上藏经洞洞门后，三界寺的僧人又在位于编号16窟的甬道——藏经洞的外墙画上壁画，同时将整个16窟粉刷一新，确保万无一失。

然而，黑汗王朝并没有打过来。

躲过了西边的打击，东边的军队又在向敦煌进发。这次敦煌没有被幸运女神眷顾，20年后被西夏征服。随着当事人离世，藏经洞于是不为人知，被人们长期遗忘。

藏经洞封闭的时间和原因，并没有明确的文字记载。上面的讲述，是敦煌学家、北京大学荣新江教授提出的一种新的比较有说服力的解释。因为没有直接证据，学界对藏经洞为何封闭、什么时候封闭，以及它的性质，有着各种各样的分析和推断。

一种通行的说法是，为了躲避西夏侵袭。藏经洞里有确切纪年的最晚一份文书是宋咸平五年（1002年），在西夏占领敦煌之前。同时，洞窟中没有发现西夏文书。一些专家因此推定，藏经洞封闭应该是西夏占领敦煌前，莫高窟僧人为躲避西夏攻击，悄悄将经卷封存起来，把洞口堵上，并画上壁画掩人耳目，之后逃避战乱的僧人再也没有回来。

这种"避难说"的最早提出者是伯希和。从藏经洞遗书年代中最晚的1002年，向上倒推100年，几乎每年都有有纪年的文书留存。但是，西夏占领敦煌是1036年，中间出现了长达34年的空白无法解释。

另一种流行的说法注意到，藏经洞内多残卷，很多应该是当时清点寺院藏书后废弃不用的文书。同时，藏经洞内有大量的卷轴式经卷，它们在10世纪末折叶式经卷广为流行后已经失去实用价值，但是佛教一般不准毁灭经典，于是便被封存在了洞内。也就是说，敦煌遗书是些废弃不用的东西。

这种"废弃说"的最早提出者是斯坦因，但同样不能说服大众。藏经洞内固然有很多残卷，但也有5世纪初以来各种首尾完整的佛教典籍。况且，残卷多也不能说明就是废弃不用的。地处西北的敦煌，在那纸张值钱的年代和纸张稀缺的地方，片纸也弥足珍贵。

至于封闭的时间，除了"宋初避西夏之乱说"之外，还有学者说是在西夏占据敦煌以后的某个时期。更有甚者，据说流散到国外的敦煌文书中，还发现了一件晚至清朝康熙二十一年（1682年）的。这一信息曾使人们惊诧不已！封闭藏经洞的时间，无疑应该在洞里有纪年文献的年代之后。但研究者很快发现，这份文书并不出自藏经洞，而是在藏经洞发现后放入的。

王道士发现藏经洞时，一定也纳闷过：究竟是谁把它封闭起来的？什么时候封闭的？为什么封闭？当然他是想不出个所以然来的。后来便是他将藏经洞文书不断地往外拿，再后来就是一连串的你抢我夺。现场早已被破坏，藏经洞封闭的时间和原因，于是便越发扑朔迷离起来。

藏经洞被发现的其他传说

我们讲述的王道士发现藏经洞一说，来自王道士的墓志铭。实际上，关于藏经洞的发现，还有其他一些说法。

一个流传很广的说法是这样的：王道士来到莫高窟后，受他雇佣的秀才杨某在16窟甬道背壁而坐，抄写经文。抄经闲暇之时，常常用芨芨草作引火点吸旱烟，点着后的芨芨草则插在身后墙壁的裂缝之中。有一次，杨某点烟后的余草较长，当他将其插入墙壁的裂缝时，竟然深入不止。他用手拍打墙壁，像是空的。于是，杨某将此事告诉了王道士。当夜，两人持灯破壁，发现墙壁中有一扇由砖块填充的小门。当他们移去砖块后，发现竟然是一间藏满古代写经的密室。

或许是芨芨草这种植物不易燃烧，有一种说法将引火点吸旱烟的芨芨草换成了庙里的佛香。说抄经的杨某每次吸旱烟时，都将一根佛香插在身后墙壁的小缝里，以作为引火的工具。有一天，他无意中将佛香插得很深。一支香全插完了，也没有到底。于是他发现这墙后面是空的，就告诉了王道士，密室也就被发现了。

这个传奇故事的另一个版本是：有一天，杨某在抄经之暇，吸旱烟消闲，当他将旱烟烟杆的铁头敲向窟壁磕除烟灰时，听到墙壁发出咚咚的回声。杨某惊讶不已，于是将此事告诉了王道士。待到夜深人静之时，两人破除墙壁，找到了洞口。

事实上，与王道士墓志铭记载相仿，认为是因其清理流沙而发现藏经洞的证据还有多处。在一份准备上呈慈禧太后的奏件中，王道士这样介绍藏经洞的发现："至（光绪）二十六年五月二十六日（1900年6月22日）清晨，忽有天炮响震，忽然山裂一缝，同工人用锄挖之，掀出佛洞一所。"

虽然是拟上报朝廷的奏件，但"天炮响震"而"山裂一缝"云云，显然是在故弄玄虚，也许只是为了表达发现藏经洞是天意，以引起朝廷的重视。

斯坦因在叙述其骗取藏经洞宝藏的经过时，这样写道：王道士发现"甬道右边绘有壁画的墙上的小裂缝。在涂泥下面是洞窟而不是坚固的砾岩，就在那里凿成了洞窟和入口，拓宽这个空隙时，他发现了秘宝"。斯坦因的记载，应该得自王道士。

第16窟处在崖面的最下排，由于常年无人照顾，流沙被清除后，窟壁失去了多年以来的支撑力量，从而裂开一道缝隙。王道士循缝破壁，尘封了近千年的文化宝藏得以开启，沉睡了近千年的旷世珍宝得以呼吸20世纪的新鲜空气。

是王道士清除流沙时发现了藏经洞？还是杨某吸旱烟时发现意外情况之后再由王道士发现了藏经洞？对于如此重大的发现，即使再推测出另一种说法，人们也还是乐于传播的。

总之，王道士从此与藏经洞结下了不清不白的缘分。

中国：与国宝失之交臂

王道士被自己的发现惊呆了。为了弄清楚是些什么东西，他倒腾了藏经洞里的藏品。虽然没有发现更值钱的东西，虽然不知道这些文物的文化价值，但他隐约感觉到这些东西应该是有用的。

王道士请来了敦煌本地绅耆，大家面对这许多古物同样惊讶万分，不知所措。最后大家的意见似乎是统一了，认为这是先人供奉佛祖的功德物品，应该妥善保存在原地。如果让它们流失在外，那简直是造孽，是罪过，是对不起先人的，所以他们一致认为还是留在洞窟内的好。

一些年过去以后，藏经洞的藏品已经成为人人皆知的宝物，全世界都在为争得一点藏品而费尽心思。回想起敦煌本地的父老，我们是否应保留一点敬意呢？他们确实不了解这些文物的真正价值，但他们仍然抱持着一种虔诚，保留着对于先人的敬意。他们没有起码的商业头脑，没有想着利用这些古物去换取金钱。他们遵循心中的戒律，他们恐惧天罚。

王道士在各地流浪过，比当地父老见的世面要多，他们的意见没能让王道士感到满意。他没有灰心，要继续为这批东西求得答案。

王道士正在四处化缘、振兴道教事业。他需要一笔捐助，也需要良好的社会关系。他要设法让新发现的藏经洞经卷发挥出应有的作用。

王道士发现藏经洞的那年，敦煌县令是严泽，一年后由湖南沅江人氏邬绪棣接任。敦煌的地方官员和士绅有许多人接受过王道士的经卷赠予，有的施主也得到过。两位县令是否拥有藏经洞藏品，没有留下文字记载，所以也就不得而知。

1902年3月，汪宗翰（有的文献中称"汪宗瀚"）出任敦煌县令。汪县令很快就收到了王道士送来的经卷和绢画。在汪宗翰任上，藏经洞文书和绢画流出的数量开始增多，流传的范围开始变广。

汪宗翰，湖北通山人，与王道士算是"老乡"。汪不愧为光绪十六年（1890年）的进士，当他见到王道士送来的经卷后，感到这些经卷非同一般。有记载说，汪宗翰曾经带人来莫高窟翻检过，共有佛经两万多件。不过，当时他认为这些佛经价值不大，有的人顺便带回了一两卷，汪县令吩咐王道士"善为保存"。

1903年冬天，汪宗翰将藏经洞的消息写信告诉了身在兰州的甘肃学政叶昌炽，同时给他寄送了藏经洞所出《大中碑》拓片和藏经洞文书。叶昌炽是在汪宗翰出任敦煌县令

3 个月后，以翰林院编修身份当上甘肃学政的。1849 年出生于江苏吴县（今苏州）的叶昌炽，晚年慕庄子所谓"缘督以为经"的中和自然之道，自号缘督庐主人，40 岁时考中进士，官至翰林院侍讲。叶昌炽生当同治、光绪年间，处吴门文人荟萃之地，所交师友潘祖荫、吴大澂、冯桂芬、王颂蔚、缪荃孙、沈曾植等，均为一代鸿儒。叶氏本人则于金石碑版之学尤为潜心，当时他的石刻学巨著《语石》正在校订过程中。

清代学政是统辖一省教育的最高长官，每年都得巡回进行岁考，以选拔或罢黜参加考试的生员。刚一接任甘肃学政，叶昌炽便巡回跋涉于各州之间，同时搜访各地碑拓。敦煌属安西州，此时已是一个荒僻小县，考生不过三五人而已。叶昌炽仅仅到了肃州（今酒泉）。不过，他与当时的敦煌县令汪宗翰就藏经洞文书有过通信，与时任敦煌县儒学训导的王宗海也有直接交往。这些信息在叶昌炽的日记中都有反映，他的《缘督庐日记》从 1870 年一直记到了 1917 年 9 月 15 日生日的那一天（去世前七天），前后 48 年少有间断。就是在这部将近 200 万字的日记里，留下了有关藏经洞文书的最早记录。

叶昌炽通过汪宗翰，不仅获得了莫高窟留存的碑铭拓片，还收到了藏经洞内出土的佛画、经卷和所藏石碑（《洪营碑》）拓本。在 1903 年 12 月 30 日的日记中，叶昌炽记录收到了汪宗翰寄来的藏经洞所出《大中碑》拓片、绘有水陆道场图的绢画一幅，以及内容为《大般涅槃经》的写经 4 卷。

1904 年 9 月 28 日至 10 月 16 日，叶昌炽在肃州主持考试，又收到了来自藏经洞的藏品，然而他依然没有去现场的意愿。他在 1904 年 10 月 13 日的日记中记载，敦煌县儒学训导王宗海特意给他带来了两卷藏经洞所出唐代写经和一帧画像。日记写道："夜，敦煌王广文（即王宗海）来，云莫高窟开于光绪二十六年（1900 年），仅一丸泥，轰然扃鐍自启，岂非显晦有时哉。"王宗海告诉他，藏经洞不过是个很小的洞子，并没有太多藏品，它自行打开，是有些神奇的，看来是天意吧。

叶昌炽本来是有机会去现场看个究竟的，但他一直坐在书斋里讨论藏经洞藏品，始终没有向敦煌踏出一步。

后来，据说藏经洞的事情上报到了省里，陕甘总督并没有表现出太多热情。虽然上面有过将经卷运送兰州的命令，但预估得要 7 辆大车运送，费用实在太多，运到之后面对一堆发黄的旧纸，保管起来更是麻烦，因此发文敦煌县政府：就地封存，由王道士看管。

1904 年 5 月 15 日，汪宗翰接到上级命令后，曾对藏经洞遗书检点封存。但是，不论是汪宗翰，还是王道士，都没有认真执行，只是在藏经洞上加了一道简陋的木门，上了一把锁，钥匙放在了王道士道袍的口袋里。在汪宗翰送给叶昌炽的绢画上，我们看到了汪宗翰这样的题字："光绪卅年四月朔（1904 年 5 月 15 日），奉檄检点经卷画像毕。"被封存的物品到了执行封存人的手上，封存的实际效果可想而知。

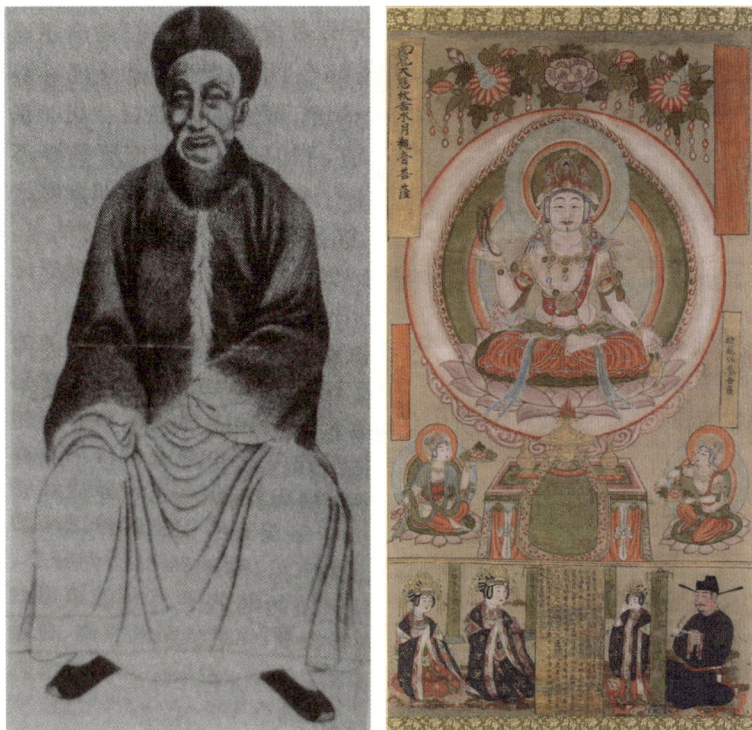

叶昌炽和藏经洞所出《水月观音像》绢画拼图。这幅绢画最初由王道士送给敦煌县令汪宗翰，汪将其转赠叶昌炽，后绢画辗转海外。

　　藏经洞的真正主人还是王道士。藏经洞的藏品大多数都是经王道士之手流传于世的，经卷和绢画继续成为讨好官场、满足文人雅好的馈赠之物。当时的人们对藏经洞具体情况的记录极其混乱，比如藏经洞的大小、藏品的多少等等。很显然，在王道士向上级报告的过程中，官员们接过藏品时的兴奋表情告诉了他，这些藏品是珍贵的。于是，王道士把真情隐瞒了起来，只是透露部分实情。而所有的官员，没有一个人认真对待。

　　许多重要的考古发现，都是社会底层的人首开其端的。晋朝汲冢古墓的发现，是盗墓引发的；殷墟甲骨的发现，是农民耕地的副产品；秦始皇兵马俑是农民打井时发现的。但是，紧接着，这些发现都有学者继续整理与研究。王道士发现的藏经洞藏品则不同，由于当时官员的麻木和学者的随意，使得王道士与这些藏品长年相伴。

　　1905 年 11 月，因贪污而遭到革职、充军新疆伊犁的南海县知事裴景福到达兰州。这位晚清知名收藏家接触到了藏经洞藏品，叶昌炽不失时机地拿出了来自藏经洞的个人藏品请其鉴赏。叶昌炽在 1906 年元旦的日记中说，裴景福对藏经洞所出唐代写经赞誉有加，对 3 幅佛画则不以为然。两人"长谈至暮，始别"。裴景福在同一天的日记中，则根据自己所了解的情况，对藏经洞封闭的原因和时间做了推测，认为藏经洞可能是在宋初时封闭的。

裴景福离开兰州继续西行，路过安西，前往新疆。然而，他并没有稍微拐一下弯前往藏经洞一探究竟。身为甘肃省教育领域最高官员的叶昌炽，则不曾对新发现的藏经洞藏品善加保护，只是满足于收受像敦煌县令汪宗瀚一类下级官员奉送的收藏品。

在藏经洞藏品被大量运往国外、中国学者得知实情以后，没有一个人不是痛心疾首的。埋怨当地政府不负责任的有之，指责外国人掠走文物的有之。在所有的激愤言辞中，没有人比叶昌炽更悔恨交加的了，连他自己也承认，他本来是最有机会的。

如果说，王道士的文化教养不足以让他了解敦煌藏品的真正价值，那么像叶昌炽这样的一流学者总该有相应的意识吧，但令人扼腕的是叶昌炽的脚步在敦煌几百里之外停了下来，成为中国人在敦煌伤心史上最遗憾的一个镜头。

1906 年，藏经洞藏品的命运依然有出现转机的希望。这年夏天，接替汪宗瀚出任敦煌知县不久的黄万春向清廷学部呈交《敦煌县乡土志》，报告了敦煌藏经洞文物的发现。遗憾的是，学部官员并没有关注这一信息，更没有人进一步跟进。

中央学部官员的忽视，依然不是藏经洞藏品流散海外的最后宿命。1906 年，署理甘凉道道台（1908 年转任安肃道道台）的廷栋参观了莫高窟。在藏经洞文书发现之后，他应该是最早来到莫高窟的行政级别和文化水平都比较高的官员。

20 世纪 40 年代在莫高窟临摹壁画的张大千和谢稚柳都关注过藏经洞文书流散情况。谢稚柳在《敦煌艺术叙录》中说："王道士颇机诈，思借之以贸利，私载经卷一箱至酒泉，献于安肃道道台满人廷栋。廷栋不省，以为此经卷其书法乃出己下，无足重。王道士颇丧沮，弃之而去。"谢稚柳说的是王道士带上一箱藏经洞文书，兴冲冲地奔向了数百里之外的酒泉，献给当地最大的官员安肃道道台廷栋。然而，廷栋的反应出乎王道士意料。精于书法的廷栋看了王道士带来的经卷，觉得书法水平一般，还不如自己写得好，因此对这些东西没什么兴趣。对此，王道士沮丧不已。

这样的说法当然不是事实。廷栋从王道士手中获取过大量敦煌写本，现在我们知道他拥有过的敦煌写本总数接近 1000 卷，比国内获取和收藏过敦煌写本的所有其他官员都多。王道士将莫高窟中的一些残破佛像堆在一起建成功德塔——千相塔，在接近完工时，他请廷栋撰文《敦煌千佛洞千相塔记》，1910 年 11 月 22 日刻石立碑。

1906 年，廷栋从东北锦州府知府转任西北，署理甘凉道道台。这一年，廷栋来到敦煌，参观了莫高窟，他在《千佛洞怀古》一诗中写道："玉门关外访禅林，树老山空云水深。古洞庄严多岁月，鸣沙有韵响雷音。画留北魏传神笔，经译初唐入道心。卅六年华重到此，莲台旧迹昔登临。"

1906 年藏经洞写经在甘肃省内外早已传开，廷栋这次在斯坦因之前到访莫高窟，又是看壁画，又是论写经，少不了在藏经洞写经方面有所收获，至于整个敦煌宝藏的命运和保护之类，则没有在他的考虑之中。

就这样，敦煌宝藏在各级官员和民众的无知与漠视下，默默忍受着最后的孤独。

在外国人进入藏经洞之前，中国有长达 7 年的时间可以妥善保护藏经洞中的珍品。但是，地方官员无法知道藏经洞珍品所蕴含的文化价值，知识精英囿于金石学、朴学考据等知识结构和视野同样不识货，停留于私人碑帖鉴藏与友朋间书画题跋，与当时西方涌现的探险考察热潮和考古学、地理学等现代学术发展完全不同，致使中国与自己的国宝一次次失之交臂，眼睁睁地看着一个个外国考察家，从四面八方向敦煌涌来。

第二章

斯坦因的中国护照

志得意满

很多大人物的成功是小人物造就的。斯坦因和王道士就有这样一层关系。

1907 年 5 月 21 日至 6 月 13 日，斯坦因在敦煌度过了他最难忘的 24 天。24 箱稀世经卷和 5 箱精美佛画的获取，代价不过是区区 4 个马蹄银。一夜之间，斯坦因就抵达了他的人生巅峰。

斯坦因做梦也没有想到，自己会被英国国王亲自接见和册封。遥远中国的一个佛教洞窟，带给他的竟是如此耀眼的光芒。是衣衫破旧的王道士及其手中的宝物，把他送进了英国皇家富丽堂皇的觐见厅。

在一封私人信件中，斯坦因喜不自胜地描述道："一切全都那么令人兴奋，在皇家前厅等待接见时，受到尊贵同伴的接待，入目尽是华丽制服。"

斯坦因的大名不仅震动英伦三岛，整个欧洲都因为他夜不能寐。当他重访故里时，布达佩斯沸腾了。"午餐、宴会，还有晚餐应接不暇——第一次讲座大获成功，戏院里挤满了'绅士淑女'，门票十天前即已告罄。幻灯棒极了，音响效果奇佳，我站着讲了 1 小时45 分钟，并不觉得太累。（听众）那种半含敬畏的神态令我感动。直到终了，会场始终鸦雀无声。……星期一又重做了一次报告，接着乘夜车前往维也纳，第二天晚上又在那里做报告，接着又去慕尼黑。"

50 个小时之内连作了 4 场报告，斯坦因成为远征凯旋的英雄，鲜花、笑脸和欢呼声，如同空气一样紧紧环绕着他，令他如痴如醉、亢奋不已。

只要看一看斯坦因由此获取的头衔，就知道他在荣誉之路上走了多远：英国国王亲自接见，获授印度帝国荣誉公民（C.I.E.），两年后受封印度帝国高级爵士（K.C.I.E.）；牛津大学、剑桥大学授予荣誉博士学位；英国皇家地理学会授予"创建者奖章"金质奖章（国际地理学最高奖）。法国、比利时、匈牙利等国同样给了他各种不同的荣誉。

敦煌获宝的斯坦因于 1909 年 1 月 21 日回到伦敦，第二天便接受了路透社记者的采访，几乎所有英国大报隔日都刊登了路透社的报道，斯坦因开始成为家喻户晓的探险家。当月《伦敦新闻画报》推出"15 个当代伟大探险家"时，斯坦因名列榜首。

[英] 奥雷尔·斯坦因（1862—1943）

西方各界给予斯坦因的荣誉，都来自他在中国所取得的成功。

大英博物馆展出斯坦因从中国带来的经卷和绢画，参观者络绎不绝。但是，很重要的一项内容，即这些文物获得的过程在展出时没有做介绍，甚至连斯坦因的肖像也没有设置。没有英雄形象，没有英雄事迹，只有战利品。是被忽略了吗？不，是被小心地省略了。这些文物获取的合法性似乎已经受到质疑，大英博物馆要尽量避免唤起观众在这方面的联想。

首次考察

1900 年 6 月，当敦煌藏经洞被发现之时，斯坦因的第一次中亚考察刚刚开始，已经从克什米尔的斯利那加出发。在藏经洞发现后第 7 天，他率领的考察队进入了中国境内。

斯坦因，1862 年出生于匈牙利布达佩斯。当时正是奥匈帝国统治时期，因此斯坦因从小就会匈牙利语和德语。15 岁时，他学会了希腊语、拉丁语、法语和英语。21 岁时，斯坦因获得图宾根大学哲学博士学位，因为主攻方向是东方学，所以又学了梵文和波斯文。之后，斯坦因赴牛津大学和剑桥大学研读东方语言学和考古学，从事印度、波斯及中亚地区历史研究。

1888 年底，斯坦因前往英国殖民地印度北部的旁遮普省，出任一所语言学校的校长，同时从事克什米尔古代文化和地理研究，以及在英属印度西北边境省进行考古学和地理学考察。

当时的欧洲，中亚探险日趋增多。自从 1889 年英国中尉鲍尔从新疆获得 57 页桦皮梵文文书后，中亚古代语言资料就引起了欧洲的极大关注。1895 年至 1896 年，瑞典探险家斯文·赫定在新疆展开地理考察的同时，还挖掘古代遗址，获得了大量文物。1897 年，在巴黎召开的第 11 届国际东方学家代表大会上，法国旅行家格林纳德介绍在新疆和阗（今和田）发现的佉卢文佛经《法句经》残片，轰动了欧洲学术界。在此之前，欧洲对中亚主要以地理学考察为主，新的古老文物的发现，使欧洲学术界认识到，印欧语系的源流问题有可能从新疆的古代遗址中找到答案。学术上的动因加上列强的明争暗斗，更多考察家蜂拥而来。

1898 年 9 月 10 日，斯坦因正式向英属印度政府提出第一次中亚考察的申请，前往新疆和阗及其周边进行考古调查。在报告书中，斯坦因写道："我还请求印度政府，通过英国外交部为我从中国政府那里获取护照或许可证，使我能够在中国新疆旅行。——我还想进一步指出，拟进行的考察能否取得成功，和阗地方当局的协助至关重要。因此，我希望印度政府能够设法让中国的中央政府或（新疆）地方政府给和阗知州下达命令，使我得到以下许可：1. 准许我测绘或探寻和阗境内所有的古代遗址；2. 准许我对这些遗址进行发掘，并准许我保留所发掘的文物；3. 准许我在有人出售文物时购买它们。"

斯坦因同时写道："从我的计划初步形成以来，俄罗斯帝国科学院已经宣布，他们准备派出三位学者考察吐鲁番，那里也曾发现过古代文书。另外我还得知，斯文·赫定博士的考察也很可能重新开始。"

英国古文字学家霍恩雷在一封为斯坦因帮忙而写给印度政府的信中说："我敢肯定，和阗和中国新疆南部是英国考察的适当范围。用现代术语来说，它按理属于英国的'势力范围'，而且我们也不该让外人夺去本应属于我们的荣誉。"

在斯坦因和他的支持者心中，显然存在着国际竞争的动机，但中国的主权和中国人的感情又显然不在他们考虑的范围之内。当他们把竞争对手称为"外人"的时候，似乎并没有想过，在中国他们自己毫无疑问也属于外人。

印度政府很快就批准了斯坦因的考察计划，并通过英国外交部要求驻北京公使窦纳乐，向清政府总理各国事务衙门提出斯坦因的护照申请。

在中国境内发掘和购买文物为清廷所不许，作为公使的窦纳乐自然是清楚的。因此，在替斯坦因申请护照时，他并没有按斯坦因的要求向清政府提出发掘或购买文物之事。

护照办好后，窦纳乐向英属印度政府解释道："1898 年 9 月 10 日司代诺（斯坦因的护照用名）博士致旁遮普省政府函第十二段中提出了一些特殊要求。在向总理衙门提交的护照申请中，提出这些特殊要求是不明智的。司代诺博士在从事他所提到的测量工作时，也许将不会遇到什么困难。至于发掘和购买文物，据认为，任何提及此类事情的话都只可能妨碍他达到目的，而丝毫无助于实现目标。"

清政府总理衙门为斯坦因颁发的护照如下：

护照

大清钦命总理各国事务衙门为给发护照事。

准英国窦大臣函称"现有本国士人司代诺，携带从人数名，拟由印度前往新疆和阗一带游历，请转发护照"等因，兹本衙门缮就护照一纸，由顺天府盖印发交收执。除咨行该省查照外，仰沿途地方官，于英人司代诺游历经过呈验护照时，立即放行，照约认真妥为保护，毋得留难阻滞，切切。须至护照者。

右给英国士人司代诺收执。

光绪二十五年二月初九日。

斯坦因正是带着这份护照，开始了他的第一次中亚考察。当 1900 年 7 月 2 日晚霞满天时，斯坦因收到专差送来的一封家书和一批路透社的最新电讯。电讯带来了北京爆发战争的消息。斯坦因在 5 天后给其老友艾伦的信中写道："北京的不快消息，看来不可能传到这个边远的省份，这里与中原联系太困难了。"

日后斯坦因在大英博物馆里撰写《沙埋契丹废墟记》时也说："使人惊讶的是，在这偏远的中华帝国西陲，我读到了一星期前发生在其首都的震撼性事件。好在这些动乱的消息，可能要数月后才会传到喀什边民耳中。"

斯坦因的判断是正确的，当时中国国内的信息传播缓慢，不仅北京的消息不能很快传到新疆，就连敦煌发现藏经洞的消息也没有传到新疆。

1901 年 5 月 12 日，斯坦因返回喀什，结束了考察行程。

斯坦因在和阗地区的考察和挖掘收获巨大：在约特干第一次大规模挖掘，获得文物近百件；挖掘丹丹乌里克遗址，获得珍贵文物 150 件；在尼雅河故道，挖到文物 600 多件；在安得悦遗址，掘得文物百余件；在拉瓦克宰堵波，收获更是超出想象。

考察期间，斯坦因得到了和阗直隶州知州潘震等新疆地方官员的鼎力相助。潘震也曾一再问斯坦因："为什么要把所有这些古物都搬运到遥远的西方？"

面对"潘震之问"，斯坦因始终无语应对。不过，潘震也就仅此一问而已。斯坦因依然随心所欲，将所获文物捆载而去。

斯坦因第一次中亚考察结束，取道俄国返回欧洲。申请俄国签证时，引发了国籍问题。俄国原以为斯坦因是英国籍，结果发现他在 1889 年已申请放弃匈牙利籍，还没有申请入英国籍，所以这时他是无国籍人士。斯坦因后来解释道：由于他已经在印度政府任职，很自然地就自视为大英帝国臣民，所以忽略了办理入籍的申请。也就是说，英国驻华公使窦纳乐为还不是英国籍的斯坦因申请护照，清政府由此批准了一个无国籍的人在新疆游历。

清政府对斯坦因的国籍不清不楚，但斯坦因护照的内容是明确的，批准的是游历护照，而不是发掘古代遗址、收购和带走文物，斯坦因的行为明显超出了护照允许的范围。中国的地方官员显然是昏头昏脑的，但自始至终英国方面包括斯坦因在内都使用了欺骗手法，将大量文物运出境当然更是非法的。

事实上，斯坦因第一次考察使用欺骗手段并取得成功，当时的清政府一无所知。初试牛刀即大见成效，斯坦因于是在第二次中亚考察时故伎重演，护照上的文章越做越大。

耐人寻味的护照

斯坦因中国之行，首战告捷，而且震撼了欧美学界。

1902 年秋天，第 13 届国际东方学家代表大会在汉堡举行，斯坦因报告了他在和阗的考察经过。他的报告引起参会者的强烈反响，加速了"中亚和远东历史学、考古学、语言学和民俗学考察国际协会"的产生，中央委员会设在圣彼得堡，英国等欧洲 12 国和美国分别设立委员会。

新一轮对中国西北考察的高潮开始了，新一波中国文物外流的高峰期到来了。

斯坦因在向印度政府税务官寻求支持的一封信中写道："在我的旅行取得成功的极大影响下，德国政府现已派遣格伦威德尔教授前往吐鲁番。我还得知他们已为该地区的发掘新拨款 3500 镑。俄国政府尽管面临困境（日俄战争），但也正在筹备由著名印度学家奥登堡教授率领考察队对库车进行考古探险。"

也就是在汉堡国际东方学家代表大会上，斯坦因从他的同乡、匈牙利地质学家洛克齐那里听到了敦煌莫高窟精美壁画和雕塑的介绍。洛克齐作为"塞钦伊考察队"的一员曾于 1879 年到达敦煌。他对莫高窟印象如此深刻，20 多年后依然无法忘怀，因此建议斯坦因再次开展中亚考察时从新疆向东延至敦煌。

会后，踌躇满志的斯坦因开始计划在新疆、甘肃等地进行规模更大的第二次中亚考察。在斯坦因入籍英国那年（1904）的 9 月 14 日，他向英属印度西北边境省政府提交了一份前往和阗、罗布淖尔（楼兰古城）、沙州考察的申请书。

根据第一次考察经验，他特意在申请经费项目中，单列了一项用于"珍贵礼品"的开支，也就是专门用于给当地中国官员行贿送礼的费用。同时，在申请书中特别强调："如果我的建议获得了印度政府批准，我请求及时采取措施，从中国政府那里为我获得必要的护照，能够让我在中国新疆和甘肃游历，必要的话还要再往东行。在护照上明确提一下我的官职显然是很有用的，因此我希望能尽力提请大英国王陛下驻北京公使馆将注意力放到这一要点上来。"

1905 年春，斯坦因的申请获得了英属印度政府和英国政府印度事务部的批准。继而英国驻北京公使萨道义着手为斯坦因从清政府外务部申办中国护照。斯坦因的"特别强调"，着实让萨道义动了一番脑筋。他终于不负所托，充分满足了斯坦因的要求。最后，一个"总理教育大臣"凭空产生了。

1905 年 9 月 10 日（阴历八月十二日），清政府外务部缮写并颁发了斯坦因第二次中亚考察的护照：

护照

外务部为发给护照事。

准大英国驻京大臣萨函称："准印度政府咨称：本国总理教育大臣司代诺请照游历新疆在案，现拟明春复派由印度携带从人前往新疆、甘肃、陕西等省考查古迹，请缮发护照"等因，本部为此缮就护照一纸，并盖印标朱讫，送交大英国萨大臣转给收执。所有经过地方官，于司代诺持照到境时，立即查验放行，照约妥为保护，毋得留难阻滞，致干查究，切切。须至护照者。

右给大英国总理教育大臣司代诺收执。

光绪三十一年八月十二日。

这真是一份耐人寻味的护照。

英国方面精心又随意地往斯坦因头上安了个"印度总理教育大臣"的头衔，清政府方面稀里糊涂就承认了，而且还给斯坦因提升了级别，第一次考察时的"英国士人司代诺"摇身一变，成为"大英国总理教育大臣司代诺"。

斯坦因在第二次中亚考察前担任的"（英属印度）西北边境省和俾路支斯坦教育监察主任兼考古调查员"，是他一生中担任过的最高职务，而且在考察之前已经卸任。

在斯坦因一方，凭空出现的这个总理教育大臣只是为了考察方便，他们自己是并不当真的。但在中国方面，由于斯坦因的官职，他成了英国政府的正式代表。这样，中国官方无疑更加重视、更加关照，因为这已不是民间人士的游历和考察，而是政府与政府之间的正式往来了。因此，护照上要求西北各地方官员"照约妥为保护，毋得留难阻滞，致干查究"。

中国官员的愚昧无知固然是可笑的，但行骗的一方也确是精心设计的。同时，护照明确斯坦因来华"考查古迹"，并未准许他发掘和购买文物，将它们运出中国。然而，英国方面早已谋定而动。

斯坦因考察队在考察途中。左二为蒋孝琬，左三为斯坦因。图片来源：*Ruins of desert Cathay*

蒋师爷随行

　　1906 年 4 月 27 日，在大英博物馆和英属印度政府联合资助、同时已经划定发掘文物分成的情形下，斯坦因从白沙瓦出发，踏上了前往敦煌的旅程。此刻，正是甘肃学政叶昌炽离开兰州东归之时。

　　斯坦因做好了"搜集地下宝藏"的一切准备，包括自我武装。出发之前，斯坦因向军方要了两支卡宾枪、三支左轮手枪和一些弹药。"我要这些东西供我和我的印度助手使用。我要去离普通商路或中国驻军很远的地方考察，一些适度的防卫措施是合乎逻辑的，特别是考虑到我的工作必定会被人当作搜集地下宝藏。"

　　在疏勒，由英国驻喀什领事馆总领事马继业协助，斯坦因物色到了在甘肃和新疆多地为不同军政官员担任师爷 20 多年的蒋孝琬作为秘书兼翻译。

　　蒋师爷不会英语、斯坦因不会汉语，双方可以用简单的维吾尔语交流。一路上，斯坦因向蒋师爷讨教了一些官场应对之术，并掌握了沿途一些官员的履历、兴趣爱好乃至贪污受贿等细节。

　　斯坦因第二次中国之行的主要目的之一，是攫取敦煌莫高窟的壁画和塑像，虽然这一计划没有完全实现，但最后的结局更为"美妙"——他意外获取到了藏经洞珍宝。

　　对于如何从王道士手中获取到藏经洞珍宝，斯坦因在日记、考察旅行记《沙埋契丹废墟记》和考古报告《西域考古图记》[1] 中，曾不厌其烦地做了叙述。对他来说，获取到藏经洞珍宝，是人生中最为得意的事情。

1　斯坦因著考古报告《西域考古图记》原名：*Serindia: Detailed Report of Explorations in Central Asia and Westernmost China*。

初到莫高窟

1907 年 3 月 12 日清晨，斯坦因一行到达敦煌县城。一旦驻扎停当，斯坦因便开始了对官场的走访。除蒋师爷告诉他"许多官僚机构的小秘密"之外，斯坦因此前的考察经历也使他对中国官场种种谙熟于心。

一番准备之后，斯坦因走访了敦煌县令王家彦。在王县令招待斯坦因用餐期间，这位一县之长拿出了《敦煌县志》，向来自异国的"教育大臣"做本县县情介绍，其中还介绍了千佛洞的有关情况。

接着，斯坦因又走访了当地驻军最高指挥——沙州营参将林太清，在提供人力和保障安全方面取得了支持。这时，斯坦因得意地说："很幸运，能与这两位要人关系融洽。"

随后，斯坦因怀着一颗渴望的心前往莫高窟。虽然这里的壁画和雕塑给他留下了深刻印象，但是更大更强的诱惑已经不是它们。斯坦因在《西域考古图记》中写道："对我而言，最有吸引力的，还是那个出土大量古代写卷的密室。"

他在敦煌逗留期间，已从扎西德伯克——一个因避债而从乌鲁木齐逃到敦煌的维吾尔族商人——那里约略得知莫高窟发现藏经洞的消息。斯坦因写道："我正是从扎西德伯克那里获悉'藏经洞'里偶然发现了大批古代写卷传言的。这批无价之宝据称当时已被官府下令封存，由一个道士负责看管。扎西德伯克宣称这批写卷中还有不是用汉文书写的材料，这更激起了我想探个究竟的欲望。经过蒋孝琬一连串急切的追问，证实这个传言并非空穴来风。于是我俩做了周密审慎的计划，准备用最为妥善的办法去获取这批写卷。"

1907 年 3 月 16 日，斯坦因来到莫高窟。不凑巧，握有藏经洞钥匙的王道士外出化缘去了。

斯坦因和蒋师爷在上寺见到了一个留守的年轻喇嘛。发现藏经洞比较详细的经过，斯坦因最早就是听这位小喇嘛讲的。小喇嘛还说：密室打开时，里面塞满了用汉文书写但读不懂的经卷，数量之多，据说可以装满几辆马车。石室发现经卷的消息，传到了离敦煌很远的兰州，当地长官曾命令送些样本去。最终，上面下了一道命令，将所有写卷就地封存，由王道士负责妥善保管。

听完小喇嘛絮絮叨叨的介绍后，斯坦因捕捉到了一个重要信息：王道士曾经将一件藏经洞经卷作为礼物送给了这位小喇嘛的师傅。在蒋师爷的说服下，小喇嘛将其外出化缘的师傅的经卷拿了出来。

这是一件保存完好的汉文写本佛经，书法秀美，年代久远。这进一步激发了斯坦因想一睹藏经洞全貌并获取藏品的欲望。斯坦因意识到小喇嘛可以利用，试图给他一笔钱作为

斯坦因于 1907 年 5 月拍摄的莫高窟部分洞窟。图片来源：[英] 奥雷尔 · 斯坦因 著，*On Ancient Central-Asian Tracks*（《西域考古记》）

收买的手段。对此，蒋师爷"以他入世的智慧建议切不可急躁，太重的礼物会让对方对你下一步的动机产生怀疑"。

斯坦因离开莫高窟，决定先考察敦煌周边史迹，待考察工作告一段落，王道士化缘回来后再来。与此同时，他让蒋师爷赶紧摸清王道士的底细。

不愧是师爷，蒋孝琬搜集到了大量有关王道士的信息，而且在不久后见到了化缘归来的王道士。蒋孝琬与王道士接触后，设法说服他等待"大英国总理教育大臣"的到来，而不要像往年一样，在一年一度的礼佛活动一结束后就外出化缘。

初识王道士

一年一度的礼佛活动结束后，5 月 21 日，斯坦因重返莫高窟。

如何应对王道士呢？斯坦因盘算着。他后来在书中写道："有一大批古代写卷等待着去获取的念头，像一块巨大的磁石吸引着我重返千佛洞。但等到真的回到这里时，我不得不开始为我的计划担心起来，因为我从当地获得可靠的消息，保护着这批珍宝的王道士是一个恪尽职守、非常用心的人。藏经洞所在的那个洞窟，看上去有些破旧，但它仍是当地人朝拜的一个圣地，容不得有任何的粗鲁举动，这也使我的考古工作受到影响。精明能干的蒋孝琬搜集到了看守藏经洞道士的性格和举止情况，这更使我感到有必要在开始时就采取审慎、缓慢的行动。"

让斯坦因稍微放心的是，现在除了王道士及其两个徒弟和一个不懂汉语的喇嘛之外，莫高窟别无他人。王道士留给斯坦因的第一印象，"看上去有些古怪，见到生人非常害羞和紧张，但脸上不时流露出一丝狡猾机警的表情，令人难以捉摸，是一个不好对付的人"。

斯坦因发现，与上次看到的藏经洞不同，王道士化缘回来后在藏经洞的木门外加了一道砖墙。"我忍不住看了一眼通往藏经洞的甬道。不仅如此，听说藏经洞的发现，已经报告地方最高政府，洞中珍宝将有可能运往兰州。"

斯坦因很想知道藏经洞木门为何变成砖墙，以及藏品会否运往兰州。"我第一步的主要目标，是想看一下全部经卷的原始堆积、存放情况。王道士住在另一个稍加整修过的洞窟里，为了设法让他同意我们的请求，我特地派蒋孝琬到王道士的住处同他交涉。尽管蒋孝琬费尽心机，谈判的进展依然极其缓慢。"

在蒋师爷提出斯坦因愿意捐助修缮庙宇后，王道士说藏经洞木门外的砖墙，是针对庙会时好奇的善男信女的。对此，斯坦因并不全然相信，"很显然是提防和多疑心理，他是不会随便被哄骗即向我展示其藏品的"。

王道士没有奉斯坦因为座上客，他已经感觉到斯坦因此行的企图，因此一直在加强戒备。"王道士始终不答应我们看一下全部经卷保存情况的请求。他唯一应允的是让我们看一看他手头的几份经卷，而且还加上了许多限制条件。蒋孝琬急于替我要到其中的一两份经卷，结果使得王道士很是心烦，我们的全盘计划一下子面临告吹的危险。"

斯坦因心中的另一个疑问，这时也找到了答案。王道士告诉蒋师爷，他确曾向兰州送去一批藏经洞经卷，但官府对此不感兴趣。官府甚至没有对这批经卷如何处置做出任何安排，也没有对他发现藏经洞的功劳给予褒奖，这使王道士有些愤愤不平，他毫不掩饰自己的感受。当时，官府甚至下了一纸粗暴的命令，要将这里的经卷装满7辆马车运走，后来由于运费不够，且嫌保管麻烦而作罢，于是又将这批经卷原封不动地交付王道士，令他就地保管。

王道士的性格让斯坦因琢磨不透。"仅仅用金钱的诱惑来消除他的顾虑，显然无济于事。"这不仅会伤害他的虔诚信仰，也有可能让他担心众怒难犯。

一方有备而来，一方小心应对；一方是久经沙场的老手和混迹官场多年的师爷，一方是"胆小怕事""狡猾机警"的虔诚信徒。蒋师爷前台谈判，斯坦因幕后策划，王道士谨慎防守。一个回合下来，斯坦因没有取得进展。

突破口：玄奘

斯坦因决定亲自出马。5月22日下午，在综合分析了王道士的情况后，斯坦因在蒋师爷的陪同下，"郑重地登门拜访王道士，请他带我们参观一下他所修复的洞窟。自从他八年前来到敦煌，这便成了他的主要任务和精神支柱。所以，我的请求被王道士欣然接受"。

斯坦因详细记录了这次由王道士担任向导对第16窟的参观："他领着我走过高大的前堂，参观了其中许多用坚木制成、全新描金着色的洞窟门庭，然后穿过明亮、可通往后殿的走廊。这时，我禁不住向右边那难看而未加粉刷、堵着密室门的砖墙扫了一眼。——这不是提问题的时候，而是相反地要表现出我对他热情所在的兴趣。"

对于新砌的砖墙里他想要知道的一切，斯坦因未露半点声色，而是投其所好地询问王道士是如何整修洞窟的。对于那些精美的雕塑被弄得艳丽粗俗，斯坦因也只是在内心表示了惋惜。从蒋师爷打听来的消息和与王道士的接触中，斯坦因确实看出了王道士修功积德和对宗教的虔诚——节省每一文钱用来修复洞窟。斯坦因用预先想好的各种词汇对王道士的虔诚信仰进行恭维，"我想这样做更能博得他的好感"。

对斯坦因来说，一切都是在演戏，只是当他看到王道士将其全部精力和所募钱财都投入洞窟的修复之中时，才被他的那份努力打动。"清除这些流沙，修复大殿需要付出热心、恒心和苦心，而这一切，全都由我身边的这位待人和气、身体孱弱的道士，四处化缘、募得钱财来解决，其间的艰辛可想而知。想起这些，我心中不禁有一丝感动。"

斯坦因的感动转瞬即逝，他得想办法对付眼前这个"虔诚、无知而又执着"的道士。斯坦因从虔诚和执着，想到了唐朝西天取经的朝圣者——玄奘。对玄奘有过深入研究的斯坦因，在新疆和敦煌县城时，每次谈论玄奘，总能打开话题。

斯坦因于是试着说到玄奘。果然，这引起了王道士的兴趣。斯坦因于是不失时机地说自己正是为了追寻玄奘的足迹，从印度东来，越过杳无人迹的高山和荒漠，同时不畏艰险地追寻当年玄奘西行时曾经到达和描述过的圣迹。

突破口找到了！王道士当即把斯坦因和蒋师爷带到窟前凉亭，向他们展示了自己让人根据《西游记》故事所画的唐僧取经时种种历险场面的壁画。其中，有一幅画让斯坦因惊喜万分：玄奘站在一条急流的河岸上，满载佛经的坐骑在他身旁，一只巨龟正向他游来，帮他把佛经运到河对岸去。"这幅画显然画的是玄奘从印度取回佛经的故事。但是，这位忠实的看守者（王道士），不知能否体味出它的内涵，让我把碰巧由他保管的这些古代写

王道士与唐僧西天取经壁画。西天取经的玄奘，是王道士最佩服的人。斯坦因 摄。图片来源：*Ruins of desert Cathay*

经带回佛教的老家（印度）。这个问题我并没有直接提出，但离开王道士时，我本能地感觉到一种新的、更为可靠的联系正在我们之间建立。"

时机看来已经成熟。马上要求进入藏经洞显然操之过急，斯坦因让蒋师爷单独留下，先说服王道士借些经卷看看。没想到一涉及藏经问题，王道士脸上的兴奋立即消失，代之以胆怯不安和犹豫不决的神情。几经游说，王道士始终犹豫不决，对蒋孝琬的催讨只是虚与委蛇。斯坦因焦虑不安，"除了等待，别无他法"。

然而，转机很快出现。当天深夜，蒋师爷悄悄摸进斯坦因的帐篷，兴奋而小心地从衣袖里取出王道士借给他的经卷。傍晚时分，王道士终于打开藏经洞，让蒋师爷看了洞内藏品，后来又给蒋师爷拿来了一些经卷。从纸张的质地和书写，斯坦因一眼看出这些经卷年代久远，只是苦于不识汉字，无法知道究竟是什么内容，因而交由蒋师爷去辨认。

经过后半夜反复辨认，蒋师爷黎明时带着"兴奋和胜利的神情"回到了斯坦因的帐篷。这些经卷是汉文佛经。令人讶异的是，它们正是玄奘从印度带回并翻译的汉文佛经写本！这不仅让蒋师爷惊讶不已，更让斯坦因欣喜若狂。不仅蒋师爷认为这些佛经的出现乃天助他的雇主斯坦因，斯坦因更感觉到大功就要告成！

5月23日，当蒋师爷拿着这些佛经和斯坦因一同来到王道士面前时，这位虔诚的道士除了觉得这是上天的安排之外，再没有别的理由可作解释了。蒋师爷声称：这是玄奘的在天之灵在催促王道士向他们展示密室藏经。

密室之门洞开

"记得那是很热的一天，外面空无一人，我在蒋孝琬的陪同下来到藏经洞前。在那里我见到了王道士，他显然还有点紧张和不安。在神灵的启示下，他才鼓起勇气，打开了位于甬道北面墙壁上的密室之门。借着道士摇曳不定的灯光，我睁大眼睛向阴暗的密室看去，只见一束束经卷一层一层地堆在那里，密密麻麻，散乱无章。经卷堆积的高度约有10英尺，后来测算的结果，总计约近500立方英尺。藏经洞的面积大约有9平方英尺。"

藏经洞内放满经卷，只剩容纳二人的空间。王道士从藏经洞里搬出一捆经卷到第16窟前室，供斯坦因和蒋师爷翻阅。斯坦因没有立刻要求王道士将所有经卷从密室里搬出洞外检阅。"我担心这样做会于事无益，甚而至于有点鲁莽，因为王道士仍在担心他从施主们那里辛辛苦苦换来的好名声会受到玷污，他害怕对他不利的流言蜚语在敦煌地区流传开来。"

王道士搬出的第一捆，是"约一英尺高的厚厚的写卷，保存完好，纸张、书式和其他一切，均显示写本年代久远"。面对这些密室珍宝，面对顾虑重重的王道士，斯坦因一面得表现出漫不经心和沉着镇静，以免让王道士意识到他手中的这批东西是无价之宝，一面快速地翻看写卷，时刻想办法应对王道士可能改变主意而关闭藏经洞的大门。蒋师爷同样处于紧张的工作状态，一面当场对经卷进行简单编目，一面帮助不懂汉文的斯坦因辨认写卷内容。

王道士在为斯坦因搬出第一捆写卷时，内心又何尝不是七上八下！当感到没有什么危险时，王道士又鼓足勇气，一捆一捆地将经卷搬出了藏经洞；蒋师爷的负担有所减轻，写卷太多、翻检太快，因此不再为写卷编目；斯坦因兴奋不已，不仅写卷内容各异，有汉文写卷，也有于阗文、梵文、古藏文、粟特文、突厥文、回鹘文等写卷，还有大批绢画。更让他感到高兴的是，王道士竟然没有发现它们都是无价之宝。

蒋师爷的能耐

"蒋孝琬鼓动如簧之舌，力图说服王道士，称玄奘让他发现了这批佛经和圣物，其目的并不是要将它们继续藏在密室里。王道士本人不能胜任研究这批写卷的重任，应该将它们交由印度或西方研究佛教的学者来进行研究，这也是一种积德行善的事。作为交换，他将获得一笔捐赠，用于洞窟庙宇的修缮。从一开始，我就非常谨慎地提出这项捐赠，它自始至终吸引着王道士。同时，我还无条件地捐赠了一件银器。我们很难判断这些交谈对王道士产生了什么样的作用，他既担心圣洁的名声因此受到玷污，又不愿放弃一个为他修缮庙宇洞窟提供捐赠的好机会，这对他诚心热爱的功德事业很有利，但却必须以付出那些他所认为的无用的古董为代价。看得出来，王道士一直都在上述两种选择之间犹犹豫豫，举棋不定。"

想出一个万全之策，将挑选出的写卷和绢画弄到手，这是斯坦因交给蒋孝琬的一项任务。"事实证明，他从来就没有辜负过我的期望。将近子夜了，我正准备上床休息，蒋孝琬轻手轻脚地走了过来，在确信我的帐篷周围没有他人以后，他返身抱回了一大捆写卷。我看了看，正是我所挑选的那些，不由心中大喜。王道士终于答应了我的请求，但有一个明确的协定：此事只能我们三人知道。在我离开中国之前，必须守口如瓶。当时，他害怕被人发现不在他自己的住处，所以运送这批写卷的任务，便只能由蒋孝琬独自承担了。"

斯坦因和蒋孝琬获准翻检写卷，但不知道王道士能让他们翻检多久，当务之急是快速清点。"写卷源源不断地被清点出来，就连那些艺术品和非汉藏文字的写卷也来不及一一仔细审视。我是后来才逐渐认识到那些非汉藏文字写卷的价值的。我当时所能做的，就是确保这些珍品被挑选出来'留待深入研究'，其实这不过是一个托词罢了，我们的真实目的是要将它们运走。当时我真为自己汉学知识的贫乏而痛悔。尽管蒋孝琬的工作热情很高，但由于写卷浩如烟海，仍然不能避免一些颇有史学和文学价值的汉文写卷被疏漏。这些写卷甚至就是在我们的眼皮底下溜走的。"

5月27日，斯坦因起了个大早，拍摄了一阵莫高窟之后，上午继续检阅写卷。当翻检快进入尾声时，王道士向斯坦因提出了捐款之事。早就想将藏经洞藏品带走的斯坦因，自然乐意就此讨价还价。于是，王道士加入搬运写卷行列，与蒋师爷一道玩命地干了一个下午，将藏经洞里的写卷全部搬到了第16窟甬道。至此，斯坦因已将藏经洞藏品全部翻检一遍。

漫长的谈判

"我们与王道士进行了漫长的谈判。不知是由于担心还是后悔，他力图尽早结束我们的检阅工作。他一方面提出了更大的捐赠要求，一方面又声称决不让我们拿走这些'经书'——他将所有的汉文写卷都称为'经'，不管其内容如何。尽管王道士的态度令人不快，但总算是转到'交易'方面来了。"

当蒋师爷与王道士展开具体谈判时，斯坦因答应蒋师爷，可以给王道士40个马蹄银作为交换条件。如果需要，可以翻倍。斯坦因打算用每个重50两的40个马蹄银，把藏经洞宝藏全部买下。"这笔钱成了蒋孝琬手中很有分量的筹码。如果敦煌不宜停留，王道士可以拿了这笔钱告老还乡，安享晚年；或者可以用这笔钱修缮洞窟庙宇，换取更多的功德和荣耀。然而，一切都是徒劳。先前我挑出那些我认为有艺术和考古价值的写卷时，王道士一直都是睁一只眼闭一只眼，但现在他担心要失去全部珍贵的'经书'了。他第一次显出了恼怒的表情，我们的关系顿时紧张起来。经过小心周旋，才避免了关系的破裂。"

斯坦因想把藏经洞宝藏全部弄走，但他"既为以后的运输费用苦恼，也为可能遭到反对而担忧"。而王道士当然没胆让斯坦因将藏经洞藏品全部拿走。

5月28日，王道士依然为是否出让藏经洞藏品而忧虑重重、犹豫不决。藏经洞已经

斯坦因挑选出的藏经洞所出汉文文书（右）和各种非汉文文书，现藏英国图书馆。图片来源：*Ruins of desert Cathay*

搬空，趁着王道士离开的空档，斯坦因进入藏经洞内，快速挖掘了藏经洞东北角。当斯坦因还要继续挖掘西北角时，王道士返回看到后立即阻止，并与他大吵一架。

不过，王道士依然想得到斯坦因答应过的"认捐"钱，斯坦因更是想要得到王道士手中的藏品，因此吵架过后，他们又就如何交易开始了讨价还价。

如愿以偿

5月29日上午，斯坦因和王道士付清款项，完成交易。除了已经挑选出的写卷之外，斯坦因还获得了50捆汉文写卷和5捆藏文写卷，代价是4个马蹄银（200两银子）。

"王道士胆怯的性格，使我决计将这批汉文和藏文写卷尽快运走。此前一直是由我忠心耿耿的中文秘书蒋孝琬，一夜接一夜地将白天所选写卷运到我的帐篷里的。这项新的任务完全由他承担已不可能，于是我让另外两个忠实的随从伊卜拉欣伯克和提拉·巴伊也过来帮忙。他们三人干了两个半夜，借着陡直堤岸的阴影的掩护，将写卷安全运回我的储藏室，整个过程没有被任何人发现，甚至我的其他随从都毫无所觉。已经很长时间没有香客来敦煌了。王道士的担忧与日俱增。我们的行动一结束，他便迫不及待地踏上行程，开始了他周期性的化缘活动。"

王道士在县城活动了一星期，确信秘密交易没被人察觉后，回到了莫高窟。6月6日，他壮着胆子与斯坦因做了第二笔交易。"他又敢开始一项新的交易，我为他的修缮活动再捐上一笔，他则再让我挑选20多捆汉文写卷。当我后来开始捆扎时，这些写卷足足有7箱，还有5个箱子装满了绘画、织物等。"

斯坦因开始为所获宝物打包装箱。装箱当然也是悄悄进行的，而且他事先带来了几个大的空箱子，这样离开敦煌时，箱子没有增加，也就不会让人起疑。

这期间，曾有两件事让斯坦因一惊一喜：一件是敦煌县令王家彦和当地驻军最高指挥林太清的到来。王县令是在斯坦因与王道士的两次交易之间来到莫高窟的，因接到上司命令，转告斯坦因不得随意发掘古物。沙州营参将林太清则是在斯坦因装箱期间前来的，他

不遗余力地为斯坦因效力的蒋师爷，正在帮斯坦因整理所获文物。图片来源：*Ruins of desert Cathay*

也只是暗示斯坦因尽快走人。两人的到来，让斯坦因虚惊一场；一件喜事是斯坦因收到了从和阗来的两个大邮袋，里面有一百多封来信。对连日来神经高度紧张的斯坦因来说，这不啻为沙漠里的甘泉。是该结束在敦煌的旅程了。

对王道士来说，过去的几个星期是如此漫长！从斯坦因书中描述王道士的形容词就可以想见——"局促不安的""害怕的""鬼鬼祟祟的""郁郁寡欢的""焦虑的""许多叹息的""痛苦的""胆怯的"……

"当我最后终于要离开千佛洞时，他那古怪而棱角分明的脸上，流露出习惯性的拘谨来，夹杂着一丝心满意足的神情。我们的告别完全是悄悄进行的。" 6 月 12 日傍晚，在洒满夕阳的黄昏里，脸上略带担忧但显得满足的王道士，眯缝着眼，目送装满经卷和佛画的队伍缓缓离去，直至完全消失在暮色里。

斯坦因带着藏经洞文物离开了莫高窟，离开了敦煌县城，6 月 17 日到达安西。在这里，他拜访了安西直隶州知州恩光，把装着藏经洞文物的箱子存放在州衙里。同时，斯坦因让蒋师爷再次回到莫高窟，与王道士进行了第三次秘密交易，又购买了一批藏经洞的汉文和藏文写卷。

"尽职尽责"的蒋师爷

斯坦因能够获取敦煌宝藏，在于他本人的运筹帷幄，也在于蒋师爷的冲锋陷阵。蒋师爷全心全意、尽职尽责地为斯坦因出谋划策、跑前忙后，终于让斯坦因满载而归。

当初，马继业把他眼中"聪明又正直"的蒋孝琬推荐给斯坦因时，为了让蒋忠心耿耿地为斯坦因服务，已经向他表露如果干得好的话，英国驻喀什代表处（后来升级为英国驻喀什领事馆、总领事馆）有一个位置会等着他。斯坦因也用这一极具诱惑力的职位不时地暗示蒋师爷。这是蒋师爷不遗余力地为斯坦因效力的重要原因。

从湖南湘阴前来大西北闯荡的蒋孝琬，1883 年来到兰州、1885 年前往新疆，此后在新疆各地充当师爷 20 余年，事业始终没有太大起色。当马继业推荐时为莎车府知府师爷的他随同"大英国总理教育大臣"前往新疆、甘肃等地考察，并且有进一步受雇留在喀什的希望时，正在谋求发展的蒋师爷觉得，这也许是一次时来运转的机会吧。于是他使出浑身解数，帮斯坦因将藏经洞文物从王道士手中盘走。

1907 年 10 月，斯坦因带着考察队伍离开安西，向西回到新疆境内，一路考察、发掘，纵穿塔克拉玛干沙漠，于 1908 年 3 月底到达和阗。此后，斯坦因再度北上阿克苏等地发掘，直至 6 月上旬再次回到和阗。斯坦因着手整理一年多以来所获取的文物，打开装载藏经洞藏品的箱子，让蒋师爷为所获汉文文书编目。

斯坦因所获藏经洞唐代绢画《引路菩萨图》，现藏于大英博物馆。图片来源：*On Ancient Central-Asian Tracks*

在将近一个月的时间里，蒋师爷夜以继日地为这些文书编目，并重点记下有纪年题记的文书。斯坦因在一封写给阿伦的信中说："师爷现在正忙着检查敦煌文书，他的整个身体都埋在一堆堆的典籍文书和一捆捆的'杂文书'之下……那些文书都是用薄纸制成的，长度往往都是 30 码，或是更长。您可以想象，要打开这么长的薄纸文书，然后四处寻找题记等等，那会是多么麻烦的事情，而他天天趴在桌子上，从早到晚。"

据敦煌学家、兰州大学王冀青教授考证，蒋师爷的编目工作 6 月 11 日始、7 月 9 日止，为 1318 件敦煌汉文文书编写了简目。之后，藏经洞藏品再次被打包装箱。8 月初，斯坦因与蒋孝琬道别，离开和阗。5 个多月后，即 1909 年 1 月，众多珍贵的敦煌写卷与绢画由藏经洞进入大英博物馆。

对斯坦因来说，在西方世界首获敦煌宝藏，当然是满意的，由此他博得了世界声誉；蒋师爷看来也是满意的，因为马继业和斯坦因都没有食言，随后他被新设立的英国驻喀什领事馆聘为中文秘书，此后终其一生都在为英国人服务；因藏经洞文书而获得了一笔银子的王道士自然也是满意的，这既没有给他带来意外风险，又可以继续自己的宗教事业，所以他和斯坦因一样，对对方抱有好感。

在王道士与斯坦因之间，藏经洞珍宝交易并没有到此结束。

再次来到敦煌

两次中亚考察的巨大收获，以及由此引发的更大规模的国际中亚考察竞争，促使斯坦因在 1912 年夏天下定决心进行第三次中亚考察。虽然报纸上报道此时的中国正动荡不安，但斯坦因自称"考古学领域的探险家"，危险算不了什么，况且他熟悉中国官场，也可以在护照上再做文章。

决定进行第三次中亚考察之后，斯坦因开始与英国驻喀什总领事马继业频繁通信，征询进行新一次考察的时机和条件。1912 年 11 月初，马继业致信斯坦因，考察时机已经成熟。斯坦因于是立即向英属印度西北边境省政府提交了第三次中亚考察申请书。

斯坦因在申请书中写道："我在筹备前一次旅行（即第二次中亚考察）时，曾通过大英国王陛下驻北京公使为我获取了中国护照，护照上特别标明了我的官职，给了我一个适当的汉文官衔，这一点在后来的考察过程中被证明是非常有好处的，大大有助于我从中国各省政府官员那里获取他们心甘情愿的帮助。假如我进行第三次中亚考察的这些建议能获得批准的话，我请求立即采取行动，为我获取一份必要的中国护照，这份中国护照能使我在新疆和甘肃进行旅行，护照上要标明我的官职和衔位，而且这次所标的官衔绝不应低于前一次所写的那个官衔。"

英属印度政府批准了斯坦因的第三次中亚考察计划。也许是争取时间，也许是其他原因，英属印度政府为斯坦因申请中国护照时没有遵循应有的程序，即通过英国驻北京公使向中国中央政府申请，而是直接要求马继业设法在喀什就地为斯坦因解决。

1913 年 7 月 25 日，马继业从喀什观察使王丙坤处为斯坦因申请到了中国护照。7 月 31 日，斯坦因离开斯利那加，踏上了新的中亚考察之路。一个多月后，到达喀什。

斯坦因到达喀什后，决定更换王丙坤颁发的中国护照。王丙坤在斯坦因到达之前已经离职，而且护照的旅行范围仅限于新疆境内，不包括甘肃；护照上也没有刻意强调斯坦因的官衔，只是称其为"前印度总理教育大臣"，显然没能满足斯坦因提出的要求。

当时的喀什观察使像走马灯似的在更替。继当了 5 个月观察使的王丙坤之后，朱瑞墀、常永庆都只在任上待了不到一个月的时间，椅子还没有坐热，又换上了张应选。马继业决定以自己的名义为斯坦因发放护照，护照文本的起草缮写人正是蒋孝琬。此时，蒋师爷已是"英国驻喀什总领事馆汉文秘书长"。护照正文写好后，由张应选加上喀什地方官府的官印予以认可。

在马继业看来，这份由英国领事官发放、中国地方官加印的护照，避免了一旦张应选去职而失去效力，也将甘肃省纳入斯坦因游历范围，同时便于按照斯坦因的要求设计一个官衔。

由马继业发放、蒋孝琬起草缮写、张应选加印认可的斯坦因第三次中亚考察所持中国护照如下：

护照

大英钦赐音底引排尔[2]二等宝星、驻新疆喀什噶尔总领事官兼副按察使马[3]为给发护照事。

照得前清《天津条约》第九款内载"英国民人，准听持照前往内地各处游历、通商，执照由领事官发给，由地方官盖印"等因，现准本国钦赐二等宝星、状元修撰、前印度总理教育大臣司君代诺函称：渠拟由印度前赴新疆、甘肃游历，请给护照前来。准此，合行发给护照，应请大中华民国各处地方文武员弁验照放行，务须随时保卫，以礼相待，沿途需用粮料、柴草、人工、牲畜诸事，并希代为购雇，为此给护，须至护照者。

右照给司君代诺收执。

2　"音底引排尔"为英文 Indian Empire（印度帝国）的音译。

3　马继业。

　　大英西历一千九百十三年 大中华民国二年九月 日给。

　　大中华民国新疆护理喀什等处地方观察使兼交涉事宜张（应选）加印。

　　10月9日，斯坦因带着这份既非中国中央政府颁发、也未经新疆政府同意的护照，赶着驼群开始了他的冬季行动。两个多月后，马继业给英国驻北京公使馆临时代办艾斯敦写了一封公函，介绍了斯坦因的考察及护照情况。

　　马继业侥幸地写道："乌鲁木齐当局尚没有出面阻止斯坦因爵士，但同时也没有表示出任何要对斯坦因爵士提供帮助的诚意。假如喀什观察使在我发放给斯坦因爵士的护照上钤上他的官印之前，有机会将这件事提交给乌鲁木齐当局并请求指示的话，也许麻烦已经产生了。"

　　为避免麻烦，马继业又拍电报向英国驻北京公使朱尔典报告了斯坦因的护照情况。此后朱尔典将斯坦因考察及护照事，函告北洋政府外交部，首次向北洋政府通报了斯坦因的护照情况。

　　北洋政府得知此事之时，斯坦因已经在新疆考察了数月。马继业报告得太晚，不过他的担心纯属多余，因为袁世凯北洋政府在外交上倚重朱尔典，非但没有就斯坦因的护照问题提出异议，反而应朱尔典要求屡次给新疆、甘肃下达电令，要求尽力保护斯坦因的旅行。

　　斯坦因到达喀什之时，攫夺中国西北文物的竞争主要在斯坦因和德国考察队的勒柯克之间进行，其他国家的考察队已经离开了现场。虽然俄国的奥登堡考察队也在做着前往敦煌觅宝的准备，但他们并没有引起斯坦因的注意。斯坦因在离开喀什前写的一封私人信件中说：虽然马（继业）长期以来就指望勒柯克返回喀什然后回老家去，但我们还是要认真对付勒柯克在罗布泊周围的竞争。染上了痢疾的勒柯克，仍在库车清理石窟中的壁画。他好像把目光盯在了我1907年发现的精美的米兰壁画上。

　　到达米兰时，斯坦因大吃一惊——满地都是彩塑碎片。原来，日本大谷探险队的橘瑞超在几年前劫掠了此地。斯坦因大骂一番后，毫无顾忌地锯割起米兰的壁画来。当他把切割后的精美壁画装进第6只大箱之中时，收到了马继业的来信。马继业告诉他，勒柯克由于疾病和中国政府的反对，未实现突袭米兰的计划，已于2月底回到喀什，后返回德国。

　　斯坦因决定再次向敦煌进发。1914年3月24日，斯坦因到达莫高窟。"老友"相见，斯坦因又从王道士手中获得了一批藏经洞珍品。他在一封给友人的信中写道："当北京下令藏经洞写本东移之后，王道士真聪明，他竟隐藏了许多写本作为纪念品。我从这批藏品中又能获得满满4箱写本，当然这需要多番谈判，但结果我成功了。"

　　斯坦因用 500 两银子的代价，又一次从王道士手中"购"得 570 件写本和精美绢画。事实上，在北京下令藏经洞写本东移之后，不仅斯坦因继续在敦煌大有斩获，俄国考察队同样获得了不菲的敦煌藏品。

　　而更令人震惊的是，在斯坦因 1907 年敦煌获宝之后、北京下令藏经洞写本东移之前，王道士进行了另一场举世瞩目的藏经洞藏品大交易。

斯坦因所获敦煌藏经洞绢画。后被用于其作品 *The Thousand Buddhas: Ancient Buddhist Paintings from the Cave-Temples of Tun-Huang on the Western Frontier of China*（《千佛：莫高窟的古代佛教绘画》）。

第三章

伯希和洞中挑宝

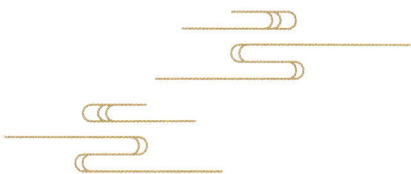

斯坦因和王道士在完成首次交易之后的数月内，双方都沉浸在美好的回忆中。

王道士此前已经送出了许多藏经洞经卷，除了多少提高了一点自己在当地的身份之外，他很少因此获得银子。王道士生活在社会底层，他还有自己的理想，不论是维持生计，还是修建太清宫，银钱都是格外重要的东西。现在，他心中也许有一点得意，斯坦因并没有拿走全部经卷，却给了一笔数额不菲的银两。

在王道士感到庆幸的时候，斯坦因更是欣喜若狂，虽然他不懂汉文，还不能确切地知道所获藏经洞珍品的完整意义，但他远比王道士要清楚，至少王道士得到的那些银子太微不足道了。斯坦因私下喜不自胜地写信告诉他欧洲的朋友："所有这一切东西，仅仅花了我一百三十英镑[1]。要知道，仅仅一个梵文贝叶写本和一些古旧物品就可以值这个价钱。"

但是，他们两人都不知道，一个更懂得这批宝藏价值的人，正从不远处匆匆赶来。他，就是法国的年轻汉学家伯希和。

不甘落后的法国

1900 年，八国联军在中国的心脏地区取得了决定性胜利。作为主要的参战国，法国不比别的国家功劳小。但是，在争夺中国西部文物这个没有硝烟的战场上，法国虽然没有尝到失败的滋味，但很快发现自己已经落后于人了。

当英、俄、德、日等国整箱整箱地把中国西北地区的文物宝藏运回自己国家的时候，法国感到的是不满、愤懑，甚至惭愧。1895 年法国人德兰斯在和阗等地发现的梵文写本，曾是刺激德国人组建"皇家吐鲁番考察队"的一个重要因素，但是进入 20 世纪后，中国西北的文物就再也没有大批量地进入法国，因为法国没有组建什么像样的考察队，这与它在列强中的地位是不相称的。对此，法国一位资深的东方学家焦急地向他的同行呼吁：假如法国坐失良机，那将有辱我们的光荣传统！

1　斯坦因给王道士的钱有几种不同说法。

看看下面这份 20 世纪各国头五年在中国西北地区的考察清单就可以理解，法国不满的理由确实是"充分"的。

瑞典斯文·赫定 1899—1902 年的中亚探险，发现楼兰遗址。

俄国科兹洛夫 1899—1901 年在内蒙古西部、新疆西部和甘肃的探险挖掘，所获极丰。

英国斯坦因 1900—1901 年第一次中亚考察，所获极丰。从 1904 年夏天开始，斯坦因积极筹备第二次中亚考察。

日本大谷光瑞 1902—1904 年组织进行了第一次中亚考察。

德国格伦威德尔和勒柯克率领的"皇家吐鲁番考察队"已分别于 1902—1903 年、1903—1905 年两次在吐鲁番、焉耆和库车等地挖掘，所获极丰。

…………

伯希和考察队成员，中为伯希和、左为瓦扬、右为摄影师努埃特。

1906 年，法国人终于出动了。在中亚考察国际协会法国委员会、法兰西科学院、法国政府公共教育部、法国自然史博物馆和法国地理学会等联合资助下，一支由三人组成的远征队被派往中国西北。

远征队中的两名队员，分别是负责测绘地图、采集植物和其他自然科学标本的路易斯·瓦扬和摄影师查尔斯·努埃特。队长是一个年仅 28 岁的青年——伯希和，因此这支远征队也叫作"伯希和考察队"。

到达敦煌之前

伯希和出生于巴黎，曾在法国国立东方语言学院攻读汉语，并追随沙畹、列维等当时世界著名的东方学大师学习汉学与东方国家历史文化。伯希和既有惊人的记忆力，也有过人的语言天赋，精通汉语、谙熟中国文化，到了可以引经据典的程度。斯坦因曾经给英国汉学家庄延龄写信，征询他谁是从敦煌带回的藏经洞汉文文书考释的合适人选。庄延龄回信称，欧洲有能力直接以第一手资料了解历史事实的人，不会超过 5 人，伯希和名列其中。

1899 年，21 岁的伯希和作为寄宿生，来到法国远东殖民地——越南西贡，参加新组建的印度支那古迹调查会工作。1900 年，古迹调查会改组为法兰西远东学院，伯希和成为首批研究人员。同年 2 月，伯希和前往北京，为远东学院收购图书和文物。

1900 年夏天，义和团运动如火如荼。北京的外国使馆被围时，年轻气盛的伯希和直接参与了与义和团的冲突，据说还从义和团手中抢夺了一面大旗。他那流利的汉语和冒险的个性，也在被围困的法国公使馆遇险时发挥了作用，他主动出面与对方谈判，以解使馆之围。为此，伯希和获得了一枚法国荣誉勋章。《法兰西远东学院通讯》记载说："伯希和前往北京，他的研究被突如其来的暴动阻断，在驻华欧洲租界里的生活也面临巨大危险。据法国驻华公使的报告，伯希和表现英勇冷静，被法国政府授予最高荣誉。"

八国联军攻进北京后，伯希和乘乱在京城搜集了一批汉、藏、蒙文珍贵典籍，以及书画、青铜器和雕刻品等文物。

1901 年初，伯希和返回越南河内。同年 2 月，升为法兰西远东学院汉语教授的伯希和，再次被派往中国，为学院图书馆和博物馆购置核心藏书和文物藏品。

第二年，伯希和第三次来到中国，在北京将近半年的时间里，从事汉学研究并继续为学院搜集图书和藏品。也就在这一年，尚不满 24 岁的伯希和发表了他的成名作——《真腊风土记笺注》。

伯希和对中国文化和语言的精通，以及对中国政治和外交的了解，是他获选法国考察队队长的主要原因，在北京的经历更是他日后大获成功，并使北京学者震惊、巴黎学界轰动的关键所在。

出发前，伯希和做了大量准备工作。为使考察顺利，他通过关系让清朝驻法公使刘式训给新疆官府发送公文、给新疆巡抚联魁写了私人信件，为其考察提供便利和保护。

1906 年 6 月 15 日，伯希和考察队离开巴黎，经莫斯科、塔什干，8 月底到达塔里木盆地的行政中心——喀什。在喀什附近做了一些考察后，伯希和一行来到巴楚、库车等地发掘，获取了大量珍贵文物。1907 年 10 月，他们北上迪化（今乌鲁木齐）休整。

在乌鲁木齐的两个多月里，伯希和过得非常惬意，他与当地官场和社会名流应酬起来游刃有余。也正是在这里，伯希和获悉了敦煌藏经洞的消息。他从伊犁将军长庚和流放至新疆的原广西提督苏元春那里听说了发现藏经洞之事，并观看了长庚收藏的藏经洞写经。同时，伯希和也结识了在甘肃见过藏经洞经卷和佛画的裴景福，并且对裴景福所著《河海昆仑录》中记载的敦煌写本和绘画的年代问题进行了讨论。

让伯希和没有想到的是，他在乌鲁木齐见到了被流放于此的王爷载澜。这位当年统率义和团攻打外国使馆的指挥官之一，在八国联军入京后被流放新疆。两个当年不共戴天的敌人，现在已经冰释前嫌。伯希和在《高地亚洲三年探险记》中回忆道："这位已故光绪皇帝的堂兄、1900 年义和团运动主谋端亲王之弟（澜国公）就在那里。我们曾在 1900 年开战，但时间终于平息了这诸多事端。1901 年的外交议定书判定澜国公终身流放，如今他在这里忙于摄影，我们以数杯香槟牢固我们的友谊，但他并不是一个令人难分难舍的朋友。"

载澜得意地拿出了一份在甘肃途中获得的藏经洞藏品让伯希和欣赏，在场的考察队员瓦扬事后追述，"伯希和刚一打开这个卷子，他就认出了这是 8 世纪以前的东西"。

伯希和后来回忆说："我在乌鲁木齐时就听人讲到 1900 年在敦煌千佛洞发现了写本，那位清朝将军（苏元春）只向我讲过只言片语。至于澜国公，他却送给了我一卷出自那里的写本。这卷写本至少可以上溯到公元 8 世纪。我又通过其他信息获悉这次发现的过程：一名道士正在清理洞窟群中的大窟之一，偶然间打开了一间小耳室，他发现其中塞满了写本。"

伯希和立即放弃原来预定的考察计划直奔敦煌。后来瓦扬回忆说："作为我们探险团最明确的成果之一，便是澜国公在我们出发时送给伯希和的一卷出自沙州千佛洞的写本。……从此刻起，伯希和就迫不及待地要亲自赶赴沙州。"

经巴里坤、哈密，伯希和考察队到达管辖敦煌的安西州。在这里，送走斯坦因不久的安西知州恩光接待了伯希和，并赠送他藏经洞写经一卷。

1908 年 2 月 25 日，在斯坦因离开敦煌 8 个月之后，伯希和来到了敦煌。

值得一提的是，当伯希和与瓦扬、努埃特到达敦煌时，与他们从安集延到喀什一路同行的另一名队友——曼纳海姆，先他们一步，到达了敦煌。

先行一步的情报收集者

伯希和考察队中怎么又多出了一名队友，而且还是俄国参谋部的一名军人？

伯希和取道俄国进行的中亚考察，考察路线横穿中国，直至首都北京。此时，俄国正密切关注着变化中的晚清中国。不过，因财政经费减少，俄国赴中国西北的大规模考察受到影响。而此时与俄国有着友好关系的法国派出考察队，俄国总参谋部于是决定秘密派遣一名军官参与其中，收集中国西北地区的各种情报，了解中国的实情及动向。总参谋部的上校军官曼纳海姆（1867—1951），成为此行人选。

曼纳海姆生于俄国藩属芬兰大公国的一个贵族家庭，22 岁进入俄军服役。1905 年曾前来中国辽东半岛参加日俄战争。1906 年，曼纳海姆接受特殊任务，以考察家的身份为掩护，开始了长达两年多的中国之行。

1906 年 6 月 15 日，伯希和考察队离开巴黎，经俄国境前往安集延。同年 7 月 6 日，曼纳海姆从圣彼得堡出发，29 日到达安集延，与伯希和考察队会合，一道前往中国。

一方是年轻气盛的青年汉学家，一方是大伯希和 11 岁的贵族军官，双方互不投缘。一道度过了从安集延到喀什这段并不愉快的旅程后，曼纳海姆与伯希和在 1906 年 8 月底到达喀什后分道扬镳。

在喀什，曼纳海姆在办理中国方面的通行证件时，当地的道台为他取了一个让他深感满意的中文名字：马达汉。

新疆考察是马达汉中国之行的重点。1906 年 10 月 6 日，马达汉离开喀什，在南疆和北疆进行考察，绘制地图，收集各种情报，于 1907 年 7 月 24 日到达乌鲁木齐。在这里，马达汉走访当地高层，拜访了新疆巡抚联魁、新疆布政使王树楠等众多官员，与载澜更是多有接触。

9 月 24 日，马达汉到达吐鲁番。在这里，他调查了许多古代遗址，获得大量吐鲁番文书。一个月后，马达汉到达哈密，这时已经满载敦煌宝藏而归的斯坦因也在哈密，不过两人擦肩而过，并未谋面。

11 月 14 日，马达汉到达敦煌县城，四天后离开。莫高窟近在咫尺，但马达汉没有前往。

马达汉在晚年所撰回忆录中写道："在敦煌时，有人向我提起一批独特的文书，这些文书是一个中国道士在几年前发现的。那是藏在洞窟里一千多年的档案文献，洞窟开口处是用砖封住的。对这种发现，我没有资格研究。当我听说一个法国考察队要来承担这项任务，我无论如何也不会干这种事。此前不久，英国学者斯坦因成了第一个考察千佛洞的人。"

上述法国考察队（伯希和）与斯坦因的情形，是马达汉事后的追记。他在敦煌时并不知道斯坦因已经获得藏经洞文书，伯希和到达敦煌则在他来此之后数月。说自己没有资格研究而不去藏经洞，同样是一种说辞（虽然凭马达汉的兴趣和专业水平，到了敦煌并不一定能获得藏经洞文书）。其实，马达汉原本打算探访莫高窟，只是因为打猎耽误了时间。

11 月 20 日，马达汉在安西休整。他将几天来的活动情形写进了日记。其中写道："11 月 18 日一大早，我们就离开了敦煌。……我本来打算去探访千佛洞，它坐落在南边山中的一块谷地间，然后从那里斜穿过戈壁平原，直接去疙瘩井子驿站。可是，野鸡和瞪羚太吸引人了，我抵挡不住狩猎的诱惑，打到了一对野鸡和两只瞪羚，可惜全是母的。……打猎耽搁了太长时间，后来我们到达谷地的出入口时，太阳已经快下山了，只好放弃千佛洞，在天黑前找到客栈。"

马达汉与敦煌遗书擦肩而过。对此，芬兰学者阿尔波·拉提亚在论述马达汉没能抓住机会获得藏经洞文书、没有去莫高窟的主要原因，是因为马达汉的主要任务并非搜集文物，而是搜集情报。俄总参谋部要求他调查河西走廊作为军队行进路线是否可行、兰州作为军事基地是否合适，马达汉此时对这些战略问题的解答才刚刚开始。

另一名芬兰学者哈里·哈伦则在一篇文章中写道："假如马达汉有一个手艺更好的厨子的话，他大概也就去了莫高窟，而不会为了急不可耐地变换口味而去打猎。这样一来，他也许就能够在伯希和来到之前买到一些东西。就这样，一大批具有科学价值的珍宝被烤野鸡和烤瞪羚替换掉了。"

芬兰学者们遗憾马达汉没有从藏经洞遗书中分到一杯羹。马达汉离开敦煌后，一路东行，经兰州、西安、张家口等地，于 1908 年 7 月抵达北京。在这里，他整理日记，完成了呈交俄总参谋部的报告。[2]

而就在马达汉离开敦煌三个多月后，伯希和赶到了莫高窟。

2　回到俄国后，马达汉在队中一路高升。后来，芬兰脱离俄国独立，马达汉成为芬兰最著名的人物，获得过国家授予的最高军衔——芬兰元帅，并于 1944 年出任芬兰首任总统。

伯希和考察队在敦煌莫高窟。努埃特 摄。图片来源：*Les Grottes de Touen-houang*

洞中挑宝

当伯希和来到莫高窟时，像斯坦因首次到达这里时一样，王道士也带着藏经洞木门锁的钥匙外出了。不愿意在莫高窟坐等的伯希和，前往敦煌县城找到了王道士。

初次见面，伯希和一口京腔立刻征服了王道士。在伯希和面前，王道士对自己带着湖北腔的口音感到有些自卑。同时，王道士对精通汉语的这位外国人很有好感，这为伯希和实现目标打下了良好基础。

在与伯希和交谈中，王道士一直放心不下的事烟消云散：斯坦因没有将他们之间的交易外传。于是他得出一个重要结论：洋鬼子是信守诺言的。也许他的心中升起了新的希望，斯坦因的银两已经用于修复洞窟，眼前这三个洋人的到来，可能又代表着新的化缘机会。

与王道士那些讨价还价的小技巧相比，技高一筹的伯希和注定将大获全胜。

回到莫高窟后，王道士说藏经洞的钥匙放在敦煌县城了。对此，伯希和表现出了足够的耐心，他知道等待这种千载难逢的时刻需要时间。不过，当王道士说出斯坦因到过敦煌时，伯希和的心顿时凉了半截。他不知道藏经洞里究竟有多少写经，但他知道藏经洞发现已经快 8 年了，也许宝藏早已流散四方。遥远的乌鲁木齐有藏经洞流出的经卷，已让伯希和失望不小。斯坦因的到来，也许更加让宝藏所剩无几了。后来他听说斯坦因仅在敦煌待了三天（王道士没对伯希和说真话），心里才感到稍稍踏实了一些。

伯希和没用几天的时间就让王道士同意了他进入藏经洞的要求，并被允许在洞内挑选。

藏经洞的洞门打开了，黑幽幽的密室散发出悠久的历史气息。在摇曳的烛光照明下，堆积如山的写本和绢画让伯希和大吃一惊。

"你们会毫无困难地想象，我当时该有一种什么样的令人心醉的激动心情涌遍了全身啊！我面对的是远东历史上需要记录下来的中国最了不起的一次写本大发现。"伯希和说，"我简直惊得呆若木鸡！"

伯希和的吃惊与王道士当年的吃惊完全不一样，他的经验和学识是王道士所无法比拟的。他不用请别人来鉴定，他自己就是鉴定的极佳人选。伯希和立即决定要将所有的写卷和绢画全部翻阅一遍，不使一件有价值的东西漏网。

这一天是 1908 年 3 月 3 日。一个让有着惊人记忆力的伯希和永远不会忘记的日子。在当天的日记里，伯希和写道："今天是节日！我一连十个小时都蹲在储藏文书的洞窟中。这个洞窟十尺见方，三面墙壁上堆满了如山的文书，不放在地上就挪不出来。一天下来我已疲惫不堪，但却没有一丝后悔。"

在以后的10天中，伯希和借着昏暗的烛光，蹲在藏经洞中，以每天1000卷的速度，翻检着每一件文书。他自称是"每小时阅百卷，浏览典籍之速，堪与行驶中的汽车相比拟"。接下来的第二个10天，因疲劳过度，文书里的灰尘直呛喉咙，伯希和说"进行稍缓"。

3月26日，伯希和结束了3个多星期的洞中文书挑选。20多天的时间，伯希和将所有藏经洞文书过了一遍。他在莫高窟前给中亚考察国际协会法国委员会主席塞纳写了一封长达63页、16000多字的信，把翻检藏经洞文书的经过及相关问题做了详细报告。今天我们找出这封几个月后发表在法兰西远东学院院刊上的长信，阅读后来整理出版的伯希和日记，依然能感受到他当时的那种兴奋。

伯希和自鸣得意地说："未经我过目而弃置的，我敢说绝对没有。"多年以后，他在一次演讲中稍稍作了更正：在近两万个卷子中，只后悔看漏了一个。听过伯希和演讲的荷兰汉学家杜文达认为，这个卷子可能是指罗振玉在《国学丛刊》第二卷上发表的摩尼教经卷。

要知道，按一般正常的速度翻检，至少得数月才能翻完，而伯希和只用了20多天的时间就把藏经洞文书细检一遍。毫无疑问，伯希和自始至终都处在极度亢奋之中。

翻检时，伯希和将藏经洞文书分成了两堆，一堆是最有价值、必须想方设法据为己有的，标准是有年代的文书、《大藏经》未收的佛教文献、汉文之外的各种语言文字材料；另一堆是虽然需要，但不是最重要的。

斯坦因挑选并带走大量经卷，已经将藏经洞文书的原始形态打乱。伯希和将一捆捆文书打散挑选，使得藏经洞文书的原始形态和摆放位置被彻底打乱，再也没有复原的可能。

伯希和的才华和学识在挑选藏经洞文书时得到了充分施展。在当时那种极度兴奋的情况下，伯希和没有半点丧失理智的倾向，他的挑选标准精明、专业。然而，他对待藏经洞文书的方式同样为人所不齿，同样以占有为根本。

事实上，在与王道士讨价还价之前，伯希和已经通过"长袖藏书"拥有了一些藏经洞文书精华。多年后，随行的瓦扬回忆说："在近一个月期间，他是蹲在一个只有数平方米的狭小天地中度过的，他在一盏蜡烛的摇曳烛光下，挑选所有这些文字宝藏。……当他每次在洞窟中长期停留之后返回住地时，长袖外套中都塞满了他的那些最有意义的发现物，他容光焕发。"

伯希和在还没有完成所有文书的挑选时，就已经开始了与王道士的交涉，即所谓"购买文书的谈判"。最后，经过一番密谈，伯希和以500两银子换取了他挑选出的藏经洞写本精华和斯坦因所遗留下的绢画等美术品。

伯希和在藏经洞里拣选敦煌文书。在 20 多天的时间里，伯希和将所有藏经洞文书快速挑选了一遍。努埃特 摄。图片来源：*Les Grottes de Touen-houang*

斯坦因到达敦煌藏经洞的时间比伯希和要早一年，但他不懂汉语，即使看过的一些珍品也因不能识别而没有带走。伯希和则不同，不仅亲自进洞翻检了所有藏品，而且凭借对汉语的精通和广博的学识，所获经卷数量虽不如斯坦因多，但质量却远在斯坦因获取品之上。

伯希和如何使王道士在如此短的时间内就允许他进洞挑选，又如何从王道士手中弄到大量藏经洞珍品，其中的一些细节至今不清不楚。不像斯坦因对其中的得手经过详细记录、不厌其烦地写作出版，伯希和没有作过多透露，只在一封写于莫高窟的长信和回到巴黎后的一次演讲中说，他得到这批宝藏的方法是"效法斯坦因"。

当最重要的文书到手之后，伯希和一行并没有急着离开，而是压抑住内心的兴奋，继续对莫高窟的洞窟做编号、拍摄洞窟壁画和塑像照片、抄录洞窟中各种文字题记。

尤其值得一提的是，伯希和与努埃特对莫高窟做了有计划的系统拍摄，壁画题记、供养人像、精美的壁画和有特色的场景，一一收入镜头。伯希和在给中亚考察国际协会法国委员会主席塞纳的信中写道："我认为，无论是从所拍摄的照片来看，还是从语言学角度来讲，我们都从千佛洞获得了人们希望从中得到的一切……"

5月27日，伯希和志得意满地离开莫高窟，回到了敦煌县城。第二天，是他30岁的生日。孔子曰：三十而立。对于深谙中国文化的伯希和来说，他对这句话的体会一定比谁都要深刻。

5月30日，伯希和考察队满载宝藏离开敦煌。他们沿着河西走廊一路东行。在兰州，伯希和曾被主管一省司法的甘肃臬司拘留，原因不得而知。伯希和事后叫屈说"力争始释（放），地无领事，忍辱而已"。看来只是虚惊一场。

满载着珍贵文物，伯希和的车队在中国大地上浩荡行进，如入无人之境。伯希和经西安、过郑州，在郑州乘火车于10月5日到达北京。

努埃特拍摄的莫高窟第 158 窟主室北壁《王子举哀图》。图片来源：*Les Grottes de Touen-houang*

秘密首次外露

斯坦因首次从藏经洞获取到的 29 箱珍贵文物，是从西北边境悄然出境的。伯希和所得大批文物，则是悄无声息地东运出境，只有一小部分感兴趣的藏经洞经卷被他随身带到了京城。瓦扬事后撰文说："只是当努埃特带着满装我们的选品的箱子上了轮船之后，伯希和才公开地谈到这些东西，并携带着一箱文书的样品前往北京。"

伯希和在北京有许多中国学界的朋友，但他并未向任何人展示新获秘宝。

在从北京回河内途中，伯希和前往南京等地活动了一些时日。事先他已通过法国驻华公使联络，前来拍摄著名收藏家、两江总督端方收藏的古器物。伯希和 1908 年 11 月在南京受到了端方的接待，同时他将藏经洞相关信息透露给了端方的幕僚、江南图书馆馆长缪荃孙。

缪荃孙在 11 月 15 日的日记中写道："法人伯希和来，能中国语言，并知书，中国人罕能及者，异哉！"

三天后，缪荃孙获悉慈禧太后驾崩（驾崩的日子为 1908 年 11 月 15 日，正是伯希和首次来访之日），同时第一次听伯希和谈敦煌藏经洞"奇闻"。他在日记中写道："伯希和到图书馆，言敦煌千佛洞藏有唐人写经七千余卷，渠挑出乙（一）千余卷，并有唐人《沙州志》，又有西夏人书、回纥人书、宋及五代刊板，奇闻也。"

伯希和看来并没有出示藏经洞经卷给缪荃孙看，不过他已经说出了部分实情。当时属于国内一流学者的缪荃孙只是听说、没有眼见，因此没有进一步深究。

1908 年 12 月中旬，伯希和返回河内，回到了法兰西远东学院。

端方礼遇伯希和

伯希和获得敦煌宝藏，一旦公之于众，必定掀起巨浪。

1909 年 5 月，伯希和离开河内，结束在法兰西远东学院的工作，奉调令回巴黎。伯希和再次将几十件敦煌写本带在身边，途经中国回国，顺便为巴黎国家图书馆购买一些中文书籍。

6 月初，伯希和再次来到南京，拜访了端方。这次，伯希和敦煌获宝之事，像一阵狂风，吹向中国学术界。

满洲正白旗人端方（1861—1911），曾任陕西按察使、湖北巡抚、湖广总督、江苏巡抚、两江总督、湖南巡抚、直隶总督等地方要职。作为大收藏家，他的《匋斋金石录》

是金石学名篇。他的幕府里，集中了一批中国当时的重要学人，被称为"宾从之盛，一时无两"。

1905年，端方从上海出发，参加了为期8个月、赴欧美15国的宪政考察，成为清政府中力主宪政的重要人物。即使在宪政考察期间，嗜古好古的端方也没有耽误其金石嗜好。1906年初，当端方在柏林民俗博物馆获见德国考察队1903年从吐鲁番带走的《且渠安周碑》时，他立即与博物馆馆长相商求拓，最后获得允许，带着拓片回到国内。

伯希和来到南京时，端方即将离任两江总督，调任直隶总督兼北洋大臣。6月8日，端方设晚宴招待伯希和，缪荃孙、刘师培等幕僚作陪。第二天，端方向伯希和展示了《且渠安周碑》拓片，伯希和愉快地在拓片上题写了跋文。

直到这时，伯希和才将随身携带的部分敦煌藏品拿出来给端方过目。端方见后大为震惊。伯希和说："端方总督向我们借去了最珍贵的文书之一，像任何国家的收藏家一样，他对于放弃已经在手的东西感到遗憾。直到6个星期后，他才退还给了我。"

端方知道文物的无上价值和其本身的无可替代性。针对敦煌宝藏，伯希和一定是强调了自己是购买所得，所以端方的第一个反应是再购买回来，即使是一部分也可以。然而，这一要求遭到了伯希和的拒绝。端方退而求其次，要求伯希和把部分精品印制后寄来。对此，伯希和没有拒绝。他在回到巴黎后的演讲中提道："端制军（端方）闻之扼腕，拟购回一部分，不允。则谆嘱他日以精印本寄予，且曰：'此中国考据学上一生死问题也。'"

端方深知，中国的许多历史就记载在这些文书之中。也许会找回众多已经逝去的历史记忆，也许会改写以往得出的许多历史结论。而这样的证据，如今就握在眼前这个年轻的洋人手中。对比伯希和获得的敦煌宝藏，他的那个《且渠安周碑》拓片不过是小巫见大巫而已。

闻风而动的北京学术界

伯希和再次来到北京，是在1909年的8月中旬。伯希和敦煌获宝并随身携带了部分藏经洞文书，这让北京的学术界震惊不已，他们正在以一种复杂的心情等待着伯希和的到来。大理院民科推丞兼学部谘议官王式通和刑部主事董康率先获悉这一消息，他们设法见到了伯希和以及他携带的敦煌文书。

伯希和住在八宝胡同，一时间这里成了北京的一道学术风景线。中国敦煌学的第一批代表性人物，几乎每天穿梭往来于八宝胡同的路上。董康、罗振玉、王国维、王仁俊、蒋黼、叶恭绰等，或抄录，或观看，或商量影印，或让伯希和讲述敦煌文书获取经过，忙个不停。

1909 年，王仁俊发表手写本《敦煌石室真迹录》，他在序言中提到了当时的情况：伯希和到达北京，学人纷纷走访。他自己连续四天带着干粮到伯希和住所抄写经卷，对涉及历史、地理、宗教、文学等方面的文书内容进行了考订，共抄写了五册。

学部参事、京师大学堂农科监督罗振玉在那些日子里同样忙个不停，他和董康、王国维、蒋黼等人拜访了伯希和，第一次见到了藏经洞宝物。罗振玉仔细观摩、抄写这些文书的同时，向伯希和详细了解了藏经洞的相关信息。他和董康等人打算凑钱，从伯希和那里影印藏经洞文书。

罗振玉在 10 月 2 日写给学部谘议官、创办过《时务报》等多种报纸的汪康年的信中说：

> 兹有一极可喜、可恨、可悲之事告公，乃敦煌石室所藏唐及五代人写木刻本古书是也。此书为法人伯希和所得，已大半运回法国，此可恨也；其小半在都者（皆隋唐《艺文志》所未载），弟与同人酿赀影印八种，传钞一种，并拟与商，尽照其已携归巴黎者，此可喜也；闻石室所藏尚有存者，拟与当道言之，迅电毛实君，余存不知有否？但有，尽力耸动之，前车已失，后来不知戒，此可悲也。弟有《石室书录》数纸，随后印成寄奉，公闻之当亦且喜且悲也。

罗振玉说，想跟伯希和商量，将他带走的敦煌文书全部拍照回来。听说藏经洞还没有全空，打算弄清楚余存情况，以抢救其余。他用“极可喜、可恨、可悲”表达当时的心情，可以说是当时中国学人心态的典型写照。

六国饭店的盛大招待会

在中国大地上发生的学术大事，中国学者一无所知。伯希和在兰州曾被扣留，那时的中国曾经出现过一线希望。如今，伯希和随身携带的部分，已经是无价之宝，更多的敦煌宝物藏身于巴黎。面对这个“中国考据学上一生死问题”，面对这件“极可喜、可恨、可悲之事”，北京的学者除了一件一件地抄写，还有哪些更重要的事情可以做？

1909 年 10 月 4 日，北京六国饭店举行了一次特别的学者招待会。大会的主角正是敦煌获宝者伯希和，出席人员全是京师学界名流：内阁学士耆龄、内阁中书吴昌绶、学部右侍郎宝熙、京师大学堂（现北京大学）总监督刘廷琛、京师大学堂经科代理总监督柯劭忞、翰林院侍读学士恽毓鼎、学部参事兼京师大学堂毛诗教习江瀚、学部图书局副局长兼京师大学堂尔雅说文教习王仁俊、学部谘议官兼京师大学堂音韵教习蒋黼、学部图书局编译王国维、国子丞徐坊，以及来自大理院的官员刘若曾、王式通、金绍城和刑部主事董康、姚大荣等，宴会出席人员多达 24 人。罗振玉因病缺席，不过宴会上散发了由他撰写、董康诵芬室刊印的《敦煌石室书目及发见之原始》。

恽毓鼎在日记中称此次宴会"大集知名嗜古之士二十余人"。从恽毓鼎、江瀚等人的日记中，我们得知：王式通和董康获悉伯希和携带了敦煌文书来京后，他们通过刚组织成立中国古物保存会不久的美国亚洲文艺会书记马克密引介，得以看到伯希和所携敦煌文书。10 月 4 日，学部、京师大学堂和大理院系统的上述官员和学者宴请伯希和，"拟将所藏分别印缮"。而比付印伯希和藏品更重要的，是直接促成了学部电告陕甘总督购买劫余敦煌文书一事。

这是一次决定中国敦煌学命运和走向的学术招待会！宴会上，与会的学部右侍郎宝熙和京师大学堂总监督刘廷琛等主事官员议定"由学部驰电长督饬敦，令尽收其余（闻多系经卷及破碎小册），为补牢之计"。

第二天（10 月 5 日），学部致电陕甘总督，要求将所存藏经洞文书"检齐解部"。

以德报怨

在六国饭店的学者招待会上，恽毓鼎致辞，继端方私下谆嘱伯希和他日以精印本寄予之后，正式提出影印其所携精要之本和已带回巴黎的经卷，伯希和表示"自可照办"。10 月 11 日，伯希和离开北京。

回到巴黎后，伯希和在法国各界为其举行的欢迎大会上说："他们为我举行了一次宴会，并且还结了一个社，以选择我们所获文书中最重要的部分影印刊行。他们要我居间调停，在巴黎为他们的影印工作提供方便。这确实是我们最起码应该为他们做的事情。"

罗振玉因病未能与会，但会后他是不遗余力的推动者。他请端方襄助，敦请伯希和出售敦煌文书中的四部要籍写本照片。伯希和如约陆续寄到，端方分交罗振玉和刘师培考释。1910 年，罗振玉编成《石室秘宝》，为刊行敦煌影本之始。1911 年初，刘师培撰成《敦煌新出唐写本提要》19 种，成为当时的敦煌学名篇。

恽毓鼎在招待会上致辞时，要伯希和回国后，将精要之本照出大小，一如原式寄还中国。回到家中，他在当晚的日记上写道："地方官吏绅衿，曾无一人过问，乃举而付诸法兰西人之手，重洋万里，辇归巴黎，岂非可恨可伤之事，吾辈尚为有人乎？安西牧俗吏不足责，身为学使之陈苏生，所司何事，岂不一闻问耶？可耻甚矣。"恽毓鼎私底下痛斥安西直隶州知州恩光是"俗吏"，愤骂甘肃提学使陈苏生对"所司之事"未闻未问，可恨可伤复可耻。

面对敦煌宝藏流失，中国学者百感交集。志得意满的伯希和同样感慨良多。在学者招待会上，伯希和说"诸君有端制军（端方）之风，以德报怨"。

伯希和的内心深处，对中国是有愧疚感的。他当然知道这些文物是属于中国的，但是当中国学者了解了事实真相后，没人指责他，更没人提出索还文物，即使背后有许多怨言，也都是针对本国当地官员的。他们积极努力的，是抄写和研究新发现的珍贵文书，从羞涩的囊中凑出钱来使敦煌文书影印面世。在文书影印方面他们固然是有求于伯希和的，但伯希和确实被中国学者的"以德报怨"所感动，这应该也是日后伯希和与中国学界保持了数十年友谊的一个重要基础。

叶昌炽的愧疚

伯希和敦煌获宝的消息，终于也传到了原甘肃学政、现在苏州读古书的叶昌炽的耳朵里。他是在六国饭店学者招待会一个多月后从弟子张阊如那儿听说的。初次听说时，他一面慨叹俗吏边民不知爱古，一面怀念爱古县令汪宗翰。他在 1909 年 11 月 28 日的日记中写道："午后，张阊如来，言敦煌又新开一石室，唐宋写经画像甚多，为一法人以二百元捆载去，可惜也。俗吏边甿安知爱古，令人思汪栗庵（汪宗翰）。"

又过了一个多月，叶昌炽得到了藏经洞文书流失更加确切的消息，不仅法国人有所得，英国人也有所得。这时，他一面慨叹中国守土之吏熟视无睹，一面对自己当年止步于酒泉满怀愧疚。他在 1910 年 1 月 23 日的日记中写道："午后，张阊如来，携赠《鸣沙山石室秘录》一册，即敦煌之千佛山莫高窟也。唐宋之间所藏经籍、碑版、释氏经典文字，无所不有，其精者大半为法人伯希和所得，置巴黎图书馆。英人亦得其畸零。中国守土之吏，熟视无睹。鄙人行部至酒泉，虽未出嘉峪关，相距不过千里，已闻石室发见事，亦得画像两轴、写经五卷，而竟不能罄其宝藏，轺轩奉使之为何？愧疚不暇，而敢责人哉！"

没能罄其宝藏，没有尽到保护之责，成了叶昌炽心中永远的痛。五年半后的 1915 年 8 月 13 日，叶昌炽在缮清《邠州石室录》序言时，公开表达了"未出关"的懊悔之情，"最可惜者，莫如敦煌之莫高窟也"。到此时，他仍然以为伯希和等外人捆载而去的敦煌宝藏，是莫高窟又新开一石室所出。后来（1916 年 7 月 21 日），商务印书馆经理张元济在寓所宴请伯希和时，曾邀叶昌炽等人作陪。不知道与伯希和见面后，叶昌炽有没有进一步了解敦煌文书，也不知道他当时的心情怎样。

抛开官僚的庸政懒政乃至腐败不说，抛开当时国人基本没有文物所有权概念不论，单就同样是一流的中西学者而言，一方（斯坦因、伯希和等）是不远万里四处考察、有着考古学等现代知识武装的西方学者，一方（叶昌炽等）是在自己的辖域内停下脚步、坐在书斋中收集探求金石之学的中国学者，两相比较，令人慨叹。鲁迅在《不懂的音译》中写道："当假的国学家正在打牌喝酒，真的国学家正在稳坐高斋读古书的时候，沙士比亚[3]的同乡斯坦因博士却已经在甘肃新疆这些地方的沙碛里，将汉晋简牍掘去了；不但掘去，而且做出书来了。"

3　莎士比亚。

第四章

难言之痛：从敦煌到北京

心急火燎的罗振玉

伯希和透露了有关敦煌藏经洞的部分实情。

当他说藏经洞里还有藏品的时候，中国学者的兴奋和焦虑之情可想而知，他们随即采取了行动。在保护和拯救剩余敦煌藏品的行动中，罗振玉的努力尤其突出。

19 世纪末 20 世纪初，对中国学术史而言，是"新发现的时代"。著名学者王国维对此做过恰当的概括：一、殷墟甲骨学；二、敦煌塞上及西域各地出土简牍；三、敦煌千佛洞六朝及唐人写本；四、清内阁大库之书籍和档案；五、中国境内之古外族遗文（四裔碑刻）。每一种新发现，都打开了一扇全新的学术窗口。每一种新发现，都预示着一门新学问的兴起。

然而，当时的中国学术界，对这些新出材料的反应是迟钝的。"举世莫知，知亦莫之重也。其或重之者，收集一二以供秘玩而已。"

从私人手中的把玩品，变为学术材料加以保存、流通、考释，由此奠定一门新学问基础，首推罗振玉。譬如，对发现于中原的殷墟甲骨和京城的内阁档案，便不能不提到罗振玉。

中国近代史上每一种学术材料的新发现，都可谓命运多舛。

1899 年出土于安阳小屯的殷商甲骨，被一帮古董商贩隐去出土地运到京津出售。当时，王懿荣、刘鹗（铁云）、端方等收藏家多有收集，但都不曾刊布流传。1901 年，罗振玉在刘铁云家里见到甲骨时，立即惊为"奇宝"，推动刘氏用急墨拓的方法选千余纸付印，由此著录甲骨文的第一部专书——《铁云藏龟》问世。之后，罗振玉着手搜集甲骨，在探知甲骨所出地是安阳小屯后，立即派人前往出土地收购，先后达三万余片。他陆续墨拓刊印，使未能见到龟甲兽骨的人也可利用。甲骨文开始由少数收藏家珍玩的"古董"，变为供学界研究的学术资料。

1908 年冬，11 岁的溥仪登基，摄政王载沣令内阁从大库检出清初摄政时有关典礼的旧档。因为档案太多，一时没能找到。内阁于是上奏请焚毁库中无用旧档。清内阁大库是明文渊阁的旧址，内藏元明清历代档案和古籍。任职学部的罗振玉了解到相关情况后，奔走呼吁。最后，在主管学部的军机大臣张之洞的过问下，总数达八千麻袋的档案移归学部保存。辛亥革命后，这些档案从学部移至历史博物馆。1921 年，北洋政府教育部因经费支绌，与历史博物馆相商，以这批档案无用为由，将其中的四分之三装进麻袋当作废纸售予造纸商。当罗振玉在北京街头见到《洪承畴呈报吴兆骞案揭帖》《高丽王进物表》等档案后，立刻意识到是那批曾经拯救过的档案，于是急忙追寻到纸铺，以高出原价三倍的价格从纸商手中买下。最后，几经转手，这批档案归入中央研究院历史语言研究所。

对敦煌藏经的抢救保存，罗振玉同样写下了重重的一笔。

1909 年的中秋节（9 月 28 日），罗振玉会见伯希和，详细了解了其所获敦煌文书情况。当得知藏经洞尚有遗存时，他立即行动起来。

罗振玉在 10 月 2 日写给汪康年的信中说，要"尽力耸动"以抢救存余文书。他立即将这一消息报告学部左丞乔茂楠，请学部火速拍电报给署理陕甘总督的甘肃布政使毛庆蕃，让他将遗存文书购买回学部，并拟好电文，先购买再说，花多少钱先垫付，学部随后偿还。

乔茂楠带着罗振玉拟写的电文到学部开会，商量的结果是电文照发，但删去还款等语。罗振玉感觉甘肃经济落后，假如让地方掏钱，办起事来也许不会利索。于是，他又急忙与京师大学堂总监督刘廷琛商量，由京师大学堂出钱购买，刘廷琛说"大学无此款"。罗振玉说："若大学无此款，由农科（时罗振玉为学部奏补参事兼京师大学堂农科监督）节省充之，即予俸亦可捐充。"

罗振玉心急火燎。这时，一场盛大的学术招待会在北京六国饭店举行。也许举行这次学术招待会的一个目的，就有将藏经洞劫余文书购买进京的意图。10 月 4 日，在宴请伯希和的学术招待会上，与会的学部右侍郎宝熙和京师大学堂总监督刘廷琛等主事官员一改推诿之态，议定"由学部驰电长督饬敦，令尽收其余（闻多系经卷及破碎小册），为补牢之计"。

第二天（10 月 5 日），学部终于将电文发出，这就是《行陕甘总督请饬查检齐千佛洞书籍解部并造象古碑勿令外人购买电》[1]。中央政府主管部门终于负起责任，虽然它已经是一份迟到的文件。电文如下：

兰州制台鉴：燉煌县东南三十里，三危山下千佛洞石室储藏唐人写本书籍甚多，上年经法人伯希和亲赴其地购获不少。据伯希和云，约尚存三分之二。本部现奏设京师图书馆，凡古书旧刻皆应保存。况此项卷册乃系北宋以前所藏，

尤宜格外珍护。即希遴派妥员迅往查明现共存有若干，无论完全残破，统行检齐解部，幸勿遗失散落。所需运费，由部认还。此外，各洞中造象、古碑亦颇不少，均属瑰异之品，并希派员详细考查，登记目录，咨部存案。勿再令外人任意购求，是为至要，仍祈电复学部。

电文说，敦煌石室藏有很多唐人写本，去年法国人伯希和购获不少。伯希和说还剩有三分之二，学部正在申请设京师图书馆，保存古书旧刻。希望立刻派员去查清数量，不管残破与否，一律检视运至学部。所需运费，由学部出。此外，各洞窟造像和古碑不少，也请详细调查，登记造册，交学部存档。不要再让外国人随便买走。

随后，北京方面收到了来自兰州的回电。电文是刚到任的陕甘总督长庚发来的。他说，已经让敦煌县令陈泽藩和王道士一道清点藏经洞文物，已经购得 8000 卷，总价3000 元。

事情由国家出面，罗振玉长长地舒了一口气。

苦难之旅

藏经洞藏品在它被发现后的第九年，终于由清政府完全接管。这些藏品虽然是斯坦因、伯希和挑剩下的，但毕竟还有 8000 多件，数量还是可观的。但是，谁也没有想到，从敦煌到北京，竟是一段匪夷所思的苦难旅程。

藏经洞文书东运的具体事宜，由刚刚调任的甘肃布政使何彦升负责。1910 年 5 月，由外交家、藏书家李盛铎的外甥傅宝华担任解送委员的藏经洞"劫余"，装满六辆大车，启程上路。

在王道士管理藏经洞的时候，藏品的流出都是在秘密的状态下发生的，只有极少数人了解一些情况。现在，北京的命令和兰州的执行，让藏经洞宝藏成了公开的新闻，无人不知敦煌经卷价值连城。于是，一场以获取藏经洞藏品为目标的伏击战沿途展开。

从敦煌到北京的路上，变成了一个掠夺藏经洞宝藏的战场。

运载文书的大车离开藏经洞后，首先到达敦煌县城。押送的人把车子停在官衙门外，大家入内吃饭。当他们在室内吃喝时，已经有人从大车上抽取经卷。押送的人对于门外发生的事睁一只眼闭一只眼，装作什么也不知道。负责招待押送官的人与门外抽取经卷的人实际上就是同伙。从敦煌，经过酒泉、高台、张掖、永登，到兰州、定西，一路都有经卷丢失，盗窃的人多半采用类似的手法。

对敦煌文书有兴趣、有窃取机会的人，都是当地的上层人士。敦煌文书一时成为抢手货，敦煌乃至甘肃的为官者，甚而至于行伍出身的军人，也无不以得到敦煌文书为快慰。有多少人参与这一路的窃取，有多少文书流失，如今已成了永远的谜，只是后来露出水面的冰山一角，令人推测一路的惊人盗窃，一路的悲惨情景。

在上海博物馆收藏的一个敦煌写卷中，有民国初年任官甘肃的许承尧写的跋。他说："其留于武威、张掖、皋兰者不少，且皆精整。"民国二年（1913），许承尧到皋兰，遇见市面上大量出售敦煌写经，价格便宜，先后购买多达 200 卷。

20 世纪 20 年代、30 年代、40 年代，兰州、酒泉书肆依然有当年流散出的敦煌经卷。1919—1921 年任兰山道尹和甘肃省省长的陈日，自称在甘肃为官时，与友朋争购敦煌经卷。贾缵绪在民国六年（1917）之后的 10 年里，先后任甘肃烟酒总办、甘肃教育厅厅长、安肃道尹，任职期内购得敦煌文书百余卷。北京大学的陈万里、向达等人先后西行敦煌，一路上依然能不时看到已开出大价钱的敦煌文书。

1949 年以后，流散于甘肃民间的敦煌文书，或收购或捐献，一部分又重新回到了国家图书馆和国内其他文物部门。不过，甘肃民间散品究竟有多少，没人能说出准确数量。

监守自盗

装载着十八箱敦煌经卷的大车，在进入西安以后似乎不再发生甘肃那样的悲剧了。地方官绅毕竟属于地方，国家意识淡薄，缺乏民族觉悟，甚至连儒家不应见利忘义的警示也完全抛在了脑后。在中国公民教育普遍缺乏的历史背景下，实际上也不难理解这一路的劫难。藏经洞的藏品，终于回到作为政治、文化中心的北京，虽然是劫后残余，毕竟有了一个看似美好的前景。

但是，到达北京的敦煌经卷，又开始了新一轮劫难。

当押解入京的敦煌经卷抵达北京后，载着文书的大车没有押进学部大院，而是进了李盛铎之家。李盛铎及其亲家刘廷琛、女婿何震彝（何彦升之子）和何家好友方尔谦等，率先进行了一番挑选，选出的精品入了自家书房。

当初陕甘总督在接到北京的指示后，曾经挑选了一件长达 7.7 米、首尾完整的《大般若波罗蜜多经》作为样本，装盒送往学部，同时附上敦煌经卷清单。这份清单中没有详细的目录，只有大概的总数。学部只掌握经卷总数，而没有经卷的具体名称及行款字数。因此，这些人从押解入京的敦煌经卷中取走一些精品后，将一卷撕成二份、三份，以符合上报清册的数量。

不过，撕烂经卷以一件充几件的事情，很快就暴露了。学部侍郎宝熙发现了学部的敦煌经卷有问题，并写了上告奏折。负责押送经卷的押解员傅宝华被扣留。后来，有人出面替傅宝华说情。吴昌绶在一封给当时担任学部总务司行走的张祖廉的信中写道：

> 顷邕威[2]同年来，谓访公未值。有言托为代致，甘肃解经之傅委员，淹留已久，其事既无佐证，又系风流罪过，今穷不得归，日乞邕威为道地。弟闻事已了，堂宪本不深求，可否仰仗鼎言，转恳主掌诸君，给批放行？其批即由公交邕威亦可。渠既相嘱，特为奉致，望径复之。

何震彝正是出面说情之人。他通过吴昌绶请张祖廉帮忙，说案件并没有证据，而押送经卷的傅委员（傅宝华）长期滞留北京，生活没有来源，负责案件的人也没有深究的意思，还是请说个情，放人走吧。吴昌绶与何震彝是同年进士，也许他的说情起了作用，也许是辛亥革命爆发的缘故，这个案件最后不了了之。

不过，我们见到了部分赃物被追回的证据。1910年11月，这批敦煌经卷由学部转交京师图书馆，在学部写给京师图书馆的文件中提到，经卷共十八箱，另有前一年陕甘总督送的一卷原样。文件同时提到，后来"原解委员续行呈到写经二十二卷、粘片二本"。

"原解委员"应该就是傅宝华。为什么他不一次把经卷交给学部，而是"续行呈到"呢？大概是学部侍郎宝熙告发，傅宝华被扣，如果交代出来，有关人员在所难逃，所以可能是大家又凑了一些散卷，帮助傅宝华度过这个关口，而帮傅宝华也就等于是帮自己。原来报告丢失了经卷，现在由傅宝华又交出一些，至少从结案角度看是很有必要的。

那么，李、刘、何、方等人所获敦煌经卷流向了何方？

多年以后，当著名学者饶宗颐在日本京都有邻馆看到何彦升旧藏敦煌经卷时，压住了心头的万千感慨。有邻馆藏的这批敦煌经卷，虽然为数不多，却是何彦升旧藏，为考查当时敦煌经卷的流散提供了线索。

何彦升早卒，除了生前赠给朋友的敦煌经卷之外，据说全都归了李盛铎。因此藤井有邻馆所藏敦煌经卷，并非直接得自何彦升，而是得自李盛铎。

李盛铎所藏精品，很长时间里只是偶露鳞爪，世人难窥其秘。晚年的李盛铎因涉官司，藏品由子女分次售出。在李盛铎的目录中有敦煌写本432号，李藏精品尽在其中，这批写本最后被卖到了日本。

刘廷琛的百余件经卷，则在其去世后，归了亲戚张子厚。

方尔谦所选，多是书法精品，后来被一段一段地分割高价卖掉了。

2　何震彝。

　　敦煌国宝流失，我们有充分的理由谴责外国的探险家，他们实际上使用了各种办法劫取中国的这笔文化宝藏，不合法的手段是显而易见的。但是，我们从国内出现的严重盗窃行径中，看到了中国饱受欺凌的原因。如果说甘肃的地方士绅国家观念淡薄、自私心太重的话，那么如何评价何彦升、何震彝、李盛铎、刘廷琛、方尔谦等人呢？他们不是一般民众，他们是政府要人、学界名流，属于中国当时的高级统治阶层。国人如此，在我们指责外国探险家的时候，内心不免更多了一份伤痛和尴尬，声音不得不有所降低。

第五章

大谷收集品的悲剧

藏经洞发现的那年，有一位日本僧人，正乘海轮前往英国留学。谁也不曾想到，这位京都西本愿寺的年轻僧人，会为日本在中国西北文物争夺中建立一番功业。

这位僧人，名叫大谷光瑞。这一年，他 24 岁。

大谷来得正是时候

1900 年，中国处在新一轮苦难中。与中国几乎同时遇到近代化问题的日本，已经走上了一条目标明确的近代化之路。

自从思想家福泽谕吉提出日本的近代化道路就是"脱亚入欧"之后，1894 年的中日甲午战争，日本战胜了师法千年的中国，不仅有力地证明了这个理论的正确，而且大大增强了整个国家的民族自信心。在日本国内，那些走在新知识分子最前列的帝国大学的教授们，紧随欧洲学术潮流，每当得到欧美出版的最新讲义手册，就会立即做一番取舍增补，然后加以普及。走出国门，感受欧风美雨，日本人正在努力与欧美一争高下。

向着同一方向迈进的，不只是日本学界。西本愿寺在日本近代化进程中，是佛教界的先锋。属于佛教净土真宗的西本愿寺，拥有近千万信徒，在日本有着巨大影响力。早在明治五年（1872 年），这个寺院就派出了僧侣前往欧洲考察宗教情形，随后派员留学英德。1900 年大谷光瑞前往欧洲考察宗教，不过是这个教派长期政策的又一次体现而已。作为第 21 代宗主大谷光尊嗣子，年轻的大谷光瑞别有一番抱负。

欧美基督教的对外传播和扩张，欧洲东方学界利用巴利文、梵文等原始典籍研究佛教的成绩，对建立在汉文佛典基础之上的日本佛教界提出的挑战，都是大谷光瑞所要面对的。欧洲探险家对中亚的探险和对佛教遗迹的探查，大谷光瑞一直在关注。他知道，中国西北是佛教进入中原并最后进入日本的初传之地，如果日本佛教界能在佛教初传问题上与欧洲有一样的发言权，那就是在这个领域内取得与欧洲同样的资格，也是日本能与欧洲并驾齐驱的一种有力证明。

在伦敦，大谷光瑞加入了英国皇家地理学会。在这里，大谷不仅看到了梵文学家霍恩雷刊布的著名的"鲍尔写本"，也看到了法国探险家杜特雷依·德兰斯撰写的中亚探险考察报告。当斯坦因第一次中亚考察回到伦敦后，大谷见到了风头正劲的斯坦因。在读完斯文·赫定的《穿越亚洲（1893—1897）》后，大谷专程前往瑞典拜访，只是斯文·赫定已经再次踏上了中亚的征程而没能见面。许多年以后，大谷光瑞说："我组织三次探险的目的，主要是想调查明白佛教东渐路线，往昔高僧西行求法的足迹，以及中亚佛教如何能被伊斯兰教取代等等佛教史上的疑难问题。"

大谷来得正是时候。在西方进行的中亚考察热潮中，他代表日本也分到了一杯羹。与日本大致同时遇到近代化问题的中国，彼时依然留在原地，并面对来自四面八方的瓜分。

[日]大谷光瑞（1876—1948）

首次考察

　　1902 年 8 月，26 岁的大谷光瑞结束欧洲留学生涯，买齐装备，对随行的更年轻的僧侣渡边哲信、堀贤雄、本多惠隆、井上弘圆说："你们跟我来！"

　　他们不是回到日本，而是走向了中国新疆。

　　一个月后，大谷光瑞一行到达喀什。在这里，他们兵分两路：渡边哲信和堀贤雄留在新疆，在西域考察；大谷光瑞带着井上和本多通过英国修建的军用道路去了印度。当时英、俄在中国的新疆等地争霸，英国为了能对新疆采取快速的军事行动，开拓了纯粹的军用道路，包括中国人在内的外国人未经允许不得涉足。1902 年 1 月，日、英缔结同盟，大谷光瑞的妻子是贞明皇后的姐姐，与日本天皇的特殊关系，让大谷获得了由此通过的特

[日] 橘瑞超（1890—1968）

别许可。不久，大谷光瑞收到父亲去世的消息，从海道回国，继任西本愿寺第 22 代宗主。

渡边哲信和堀贤雄作为大谷探险队第一次中亚考察的主力，围绕塔里木盆地周边的城镇遗址，进行了肆无忌惮的挖掘——基本上没做任何发掘记录，没有任何考古说明。这些年轻的僧人也许富有宗教激情，但对考古发掘却是十足的门外汉，比如他们也想剥离壁画，但根本没做技术准备，最后使得很多完好的壁画变成了一堆有颜色的土块。在各国的中亚探险队中，他们是第一批在库车从事大规模古物挖掘的，但是地震一来，他们便逃之天天，把唯一有照片、做了记录的资料抛到了脑后。

1904 年 5 月，带着获取的文书、塑像和切割的壁画，他们回到了日本。

可疑的身份

1908 年初夏，大谷光瑞派出两个更年轻的和尚——橘瑞超和野村荣太郎——前往新疆，开始了大谷探险队的第二次中亚考察。探险队主力橘瑞超当时只有 18 岁，他集中了这支探险队的主要特色：疯狂地挖掘，不论是坟墓还是古城遗址，不做考古记录，甚至连文物出土地点也没有说明；亡命地探险，两次纵穿塔克拉玛干大沙漠；神秘的行踪，从一开始就引起了英、俄情报机构的监视和跟踪。

大谷探险队这种寻宝式的考察行为，对文物的肆意破坏，连随后在同一地点挖掘的斯坦因也不时破口大骂。橘瑞超和野村荣太郎在吐鲁番考察时，不仅在交河故城乱挖一气，也把柏孜克里克、吐峪沟的佛教洞窟洗劫了一通，同时大肆挖掘阿斯塔纳与哈拉和卓古墓群，获得了大量文物宝藏。

吐鲁番考察结束后，橘瑞超和野村荣太郎到达库尔勒。在这里，野村西去库车，橘瑞超南下穿越沙漠，寻找楼兰古城。橘瑞超很快找到了楼兰，并获取了一批极为重要的文物，包括与公元 4 世纪前半叶西域长史李柏相关的"李柏文书"。然而，橘瑞超连文书在哪儿获取的基本信息都没有做记录，以致"李柏文书"的出土地点之争到现在还在继续。

大谷探险队的年轻僧人，几乎走遍了斯文·赫定和斯坦因在新疆考察时所到达的地方，不过到处挖掘的行为似乎并不像他们自称的仅仅是考察佛教遗迹。事实上，大谷探险队的第一次中亚考察，就已经被英、俄情报部门认为有政治和军事目的。

英国情报部门确信，橘瑞超和野村荣太郎除了探查佛教遗迹之外，与日本政府的情报总部有着密切的联系。不过，虽然这是英属印度情报部门送交伦敦的秘密报告中的结论，但两个日本人究竟是什么身份，依旧不清不楚。

俄国的情报机构似乎要高出一筹。1903 年，日本与俄国就各种利益谈判未果，旋即爆发战争，中国东北沦为战场。俄国战败。1908 年，日本人又出现在了俄国虎视眈眈的橘瑞超 1909 年在楼兰所获"李柏文书"——前凉王朝驻扎在楼兰的西域长史李柏写给焉耆王的一封重要信稿。图片来源：［日］香川默识 编，『西域考古图譜』（《西域考古图谱》）

中国西北，俄驻喀什领事馆自然加倍注意。他们调查出橘瑞超是个海军军官，野村荣太郎则是陆军军官，这些调查被英国方面所印证——他们派出跟踪的人发现两个日本人随身带有海、陆军方面的英文书籍。不过，俄方依旧没有捕获到更多的信息。

拥有印度殖民地的英国和北方的沙皇俄国，一个向北、一个向南，都在目不转睛地盯着中国新疆。来此考察的列强探险队，任务其实并不单一。斯坦因在新疆探险时，虽然以收集和攫取文物为主，但专门学过制图的他以及他的印度助手，考察途中对当地的地形地势、水文地理、交通道路多有勘测，并绘制地图。早于斯坦因多次在中国西北进行考察的俄国探险家普尔热瓦尔斯基，更是无视中国早已勘测命名了的黄河源头的鄂陵湖和扎陵湖，分别将它们命名为"考察队湖"和"俄罗斯人湖"。因此，日本探险队队员的诡秘行踪，被英、俄情报部门盯上并不让人感到意外。

对此，日本著名学者上山大峻曾向对大谷光瑞深有研究的杉森久英提问，到底大谷探险队是否兼搞军事情报。杉森说："因为关系到当时的军事机密，所以公文书、证据等都没有留下。从光瑞先生不断对亚洲问题的发言来看，从他和军人接触的办法等来看，那样的事实可以说当然是有的，没有的话才怪呢。"

橘瑞超的学生、日本学者金子民雄则解释说："西本愿寺的西域探险，说到底是以佛教东渐史和佛教遗迹的研究为目的的学术活动。可是，世界上都认为他们并不是纯粹的学术调查。对于西本愿寺的行动，关心中亚的英国、俄国、中国要怀疑其是在佛教掩盖下搜集情报，又有什么办法呢？这也有一定的道理。在新疆有利害关系的英国和俄国，在新疆各地建有间谍网，新去那里的日本可能插足。"

其实，何止是日本考察队存在间谍行为、从事情报搜集，俄国考察队、英国考察队等又何尝没有搜集情报的任务，更不用说曼纳海姆打着考察的名义，专门为俄国搜集情报而来。

令人不堪的是，清政府在这方面的迟钝和麻木，更谈不上跟踪和调查。新疆叶尔羌的知府对橘瑞超一直毒打当地人感到恼火，因为这完全不像宗教徒应有的态度和行为，对橘瑞超想方设法要获得叶尔羌的地图和其他相关资料也心生疑窦，不过只是起疑而已，并没有采取什么行动。

列强在中国领土上明争暗斗，清政府却如同木偶一般，没有自己的意志，甚至这些日本僧人在古代文明遗址上究竟肆意妄为地干了些什么，也都是斯坦因等外国人在著作中有所记录和议论，才使得今天的中国人了解到一些细节。

大谷探险队从吐鲁番获取的文物。图片来源：『西域考古図譜』

敦煌获宝

第一次大谷探险队成员渡边哲信在东返途中，曾经路过敦煌附近。由于经费紧张等原因，以及敦煌当时还没有受到特别关注，渡边哲信没有前往莫高窟。当后来传出斯坦因与伯希和在敦煌获宝后，渡边哲信遗憾不已，声称没去敦煌是千古憾事。

渡边哲信在《话说西域大流沙》中写道："在库车滞留的时间有点过长，对于今后剩余旅程的路费是否够用，心中没有底。由于怀着这样的心态上路，虽然对敦煌千佛洞的壮观早有耳闻，也知道《西域水道记》中有详细记录，在大约一个星期的返程途中，对于途经的敦煌没敢前去探访。后来的几年里，伯希和与斯坦因都获取了世界性的功名。而我们自己呢，虽然有首先到达敦煌的机会，但是却失掉了，这真是千古的遗憾事。"

不过，假设的事情都是"事后诸葛亮"。对藏经洞珍品，大谷探险队并非一无所获。大谷探险队第三次中亚探险时，其队员便来到敦煌，带走了一些敦煌文书。从他们与王道士打交道的过程来看，假如真是他们首先知道藏经洞宝藏，敦煌文书的命运将会是另外一种结局。

1910 年 8 月 16 日黄昏，20 岁的橘瑞超带着随从——18 岁的英国助手霍布斯，从伦敦出发，踏上了前往中亚探险的旅程。

上路前的准备是充分的。当第二次中亚探险于 1909 年结束，橘瑞超就随大谷光瑞夫妇前往欧洲，着手准备下一次的探险。在伦敦，橘瑞超拜访了刚运回大批敦煌珍宝的斯坦因；去瑞典，他拜访了斯文·赫定。同时，从法国的伯希和、德国的勒柯克等人那里，他获得了各种有关中国新疆的最新情况。大谷探险队第三次中亚考察的重点之一，正是斯坦因、伯希和运走大批经卷的敦煌莫高窟。

进入新疆，在吐鲁番挖掘了一个月后，橘瑞超让霍布斯带着挖掘品去了库车。橘瑞超则如同"独行大盗"，纵穿塔克拉玛干大沙漠，在塔里木盆地到处挖掘古物，当然也被英、俄情报机构跟踪。

经过一年多肆无忌惮地挖掘和考察，橘瑞超于 1911 年底到达敦煌。在这里，他见到了另一个正在此地焦急地等候了他快 4 个月的日本人——吉川小一郎。

因为长时间没有橘瑞超的消息，大谷光瑞于是派吉川小一郎前来中国寻找。吉川带着一位厨师从京都出发，由上海入境，经武汉、郑州、西安、兰州前往敦煌。挂着日本太阳旗的马车，畅通无阻地行进在中国大地上。吉川的使命，除了寻找橘瑞超之外，还有继续在中国西北考察并获取文物。

还没有到达敦煌，吉川就得到了从藏经洞流散出的经卷。在甘肃安西，他于当地电报局李又庚的家里看到了一件唐代写经。吉川在日记中写道："赠他刺绣品一块、罐头四个、茶叶一筒，经过努力得到了这个经卷。"两天后，又"好不容易争取到了有三藏法师题名的唐经"。

1911年10月5日，吉川小一郎到达敦煌。在敦煌，他一面派人向新疆各地发电报、托付来往商人打听寻找橘瑞超，一面乘等待橘瑞超的机会去莫高窟拍摄了部分洞窟照片，同时骗购文书、剥取壁画、敲取塑像。对此，他在日记中多有记录：10月10日，也就是武昌起义爆发的日子，吉川首次来到莫高窟，与王道士交涉购买藏经洞经卷，"与道士交涉，想要得到所藏的唐经。经过长时间谈判，终于达到了目的"；10月16日，再次来到千佛洞，"直接进入洞内，获得了经文的残片"；10月21日，"上午八时三十五分，五十五度，监督石拓，又采集壁画（即剥取壁画）"；10月23日，"早晨仔细察看洞窟，在众多佛像中，选出两尊做工最精巧、损伤也少的佛像，和道士交涉后买下，装入行李"。

[日]吉川小一郎（1885—1975）

吉川小一郎在莫高窟第 444 窟的刻画涂鸦。刘诗平摄于 2022 年北京"文明的印记——敦煌艺术大展"。

从莫高窟返回敦煌县城后，吉川小一郎继续等待橘瑞超的消息，同时从王道士和当地其他人手中又购买了一些经卷。

强取王道士的藏经

1912 年 1 月 26 日，吉川与到达敦煌的橘瑞超相见。四天后，他们来到莫高窟，并住了下来。他们这次来莫高窟的主要目的，是找王道士购买藏经洞所出经卷。吉川在 1 月 31 日的日记中写道："晚上九时左右，王道士遵守诺言，携来四十余卷唐经。王道士的神情就像搬运赃物的小偷。问他是否还有其他多余的经卷，他返回又拿来了四十余卷。"

吉川与橘瑞超没有满足于此。2 月 1 日，他们在离开莫高窟之前，贸然闯入王道士住处，四下搜寻经卷。对王道士来说，他已经和不少外国人打过交道了。但他最恨的外国人，应该就是眼前的吉川小一郎和橘瑞超了。这两个日本僧人不仅闯入他的住处，强行把他藏匿的经卷弄走，而且动用各种手段，耍赖使狠不给足银两，让六十多岁的王道士肝火大动、愤懑不已。

　　吉川小一郎在 2 月 1 日的日记中写道："两人同赴道士住处，看到柜子里有许多唐经。与道士交涉，将 169 卷唐经取走搬到马上。午后三时二十分从千佛洞出发。"

　　两个年轻力壮的日本僧人强行把王道士藏匿的经卷抢走时，并没有商量好价钱，更没有付款，就离开莫高窟扬长而去。

　　第二天，王道士来到敦煌县城，找到吉川和橘瑞超索要钱款。最后，双方以 300 两的价钱谈妥。不过，这些钱款王道士并没有完全到手，还需要交出自己藏匿的其他一些经卷才行。吉川在日记中写道，他们给了王道士 100 两，剩下的 200 两要等王道士将他保存完好的经卷拿来后才支付。

　　面对强势的日本僧人，明明是半抢半赖，藏经来路不正的王道士也只能悻悻离开。

　　2 月 3 日晚上，王道士带着 200 件经卷再次来到县城，找到吉川小一郎和橘瑞超。吉川说王道士的经卷中混杂了赝品，因此挑选经卷花了数小时，一直弄到半夜。当晚，吉川依然没有把 200 两钱款给到王道士。

　　2 月 4 日，王道士继续前来讨要欠款。这时，王道士几乎是怒不可遏了，这简直欺人太甚。但是，对方买通房东，且以官府相压，王道士没有任何办法。吉川小一郎在日记中说："道士认为自己吃了大亏，晚上气冲冲地来访，旁边有房东帮腔。我们对房东以利诱之，同时借助官衙的威风。道士孤立无援，虽然刚开始时喊着说 300 两的售价一钱也不许欠，但最后还是以 50 两的价钱出售。"也就是说，原本 300 两的售价，王道士最后只得到了 150 两。

　　在敦煌，吉川小一郎和橘瑞超总共得到了大约 600 件文书。橘瑞超说："我搜集斯坦因博士拿剩的东西，以及道士隐藏放置的东西，先后带回国来。"

　　带着宝藏和秘密，吉川小一郎和橘瑞超离开敦煌。随后，橘瑞超带着敦煌经卷等文物离开了中国西北。吉川小一郎则继续在新疆等地考察，切割壁画、攫取文物，譬如 1912 年 5 月至 6 月，吉川小一郎在克孜尔石窟挖掘了部分洞窟，切割了多幅壁画。

　　1914 年 7 月，吉川小一郎回到京都。至此，大谷探险队第三次中亚考察结束。然而，中国西北文物的苦难历程没有到此结束。

大谷收集品的流散

　　对大谷探险队所获文物而言，遭受流散的劫难才刚刚开始。同一批从中国西北获取的出土文物，挖掘时没有记录出土和获取地点，同时在没有被系统整理的情况下，分散到不同的地方，由不同的机构所保管。

大谷探险队驮载大量中国文物而去。图片来源：『新西域記』

1914 年 5 月，吉川小一郎还在归途时，大谷光瑞突然辞去了西本愿寺住持的职务，原因据说是他使寺院负债累累。

西本愿寺支持下的第三次大谷探险尚未真正结束，大谷光瑞突然的变化，预示着大谷收集品流散的命运。大谷探险队队员缺乏起码的考古知识，不仅没有关于发掘记录的详细报告，有的连发掘地点也没有记录，更别说给发掘品做科学编号了，这种混乱让流散在各地的大谷收集品境况雪上加霜。

大谷光瑞辞任西本愿寺住持后，开始了以旅顺为中心的客居生涯。大谷收集品陆续分散到中、韩、日三国的公私收藏者手中，去向扑朔迷离。

大谷收集品的分散，即使在日本也曾受到学界非议，就像批评大谷探险队当年挖掘文物时不够专业一样。1918 年 9 月发表在《国华》杂志上的一篇文章写道："西本愿寺前法主曾去新疆探险，投巨资搜集到大量的材料，其实它们也算得上是世界级的研究材料了，可是今天是怎样被处置的呢？据说，其中一部分放在了朝鲜的博物馆里，另一部分放在了某富豪的家里，还有一部分在大谷光瑞氏的手中。"

大概因为大谷光瑞本人打算以后长住大连，大谷收集品的主体，特别是文献资料部分，从神户二乐庄的私邸运到了他在旅顺的别墅。

包括敦煌遗书在内的大谷收集品，1916 年 11 月从大谷光瑞私宅移入将于第二年开馆的关东都督府满蒙物产馆[1]保存。为准备开馆展览，橘瑞超对大谷收集品进行了整理和登记。以后，又经过一些学者的整理和研究，有 639 件敦煌文书和大量新疆出土文物移藏旅顺博物馆。这些珍贵的文书和文物被当作大谷家的私人物品，直到 1925 年大谷将抵押存放的收集品作价变卖，馆方才正式将其登记入文物藏品账。

1945 年，第二次世界大战结束，日军撤出中国东北，随后苏联红军接管旅顺博物馆，改其名为旅顺东方文化博物馆。三年后，苏联红军中校西蒙诺夫接任馆长，由于略识汉文、粗通东方文化，这位中校曾拨弄过馆藏大谷收集品，当时敦煌经卷就堆放在他的办公室里。

1951 年中国政府接管，第二年改名为旅顺历史文化博物馆，并对馆藏文献和文物登记造册。当时被邀请来馆内协助清点、整理敦煌写本的人员，曾发现了一件《老子》写本残片。当这件极其珍贵的敦煌写本残片被放在办公室桌上的烟灰盒旁等待鉴定研究时，却被打扫卫生的工作人员当作废纸收走了。接着，这位整理者又将另外一些历经磨难的敦煌写本偷偷带回家，据为己有，后经公安局立案侦查，才将其带回家的敦煌文书追回。

1　满蒙物产馆名称屡有变更：1918 年 4 月改称关东都督府博物馆，1919 年 4 月改称关东厅博物馆，1934 年 12 月改称旅顺博物馆。

接着，文化部社会文化事业管理局提出将这批敦煌文书调往北京，集中保管。1954年1月，除留下9件敦煌文书供展览外，其余621件敦煌文书上交北京，存放于北京图书馆。大谷收集品中的新疆出土文书和文物，仍由馆方收藏。

遗留在日本的大谷收集品，最主要的收藏方是龙谷大学图书馆。

1948年，大谷光瑞去世。当人们整理他的遗物时，从西本愿寺的仓库中发现了一个长方形的大木箱，里面装有大谷探险队从新疆和敦煌所获的文书、木简、绢画等。第二年，这批文物由西本愿寺交龙谷大学图书馆保存。橘瑞超本人曾把部分存在旅顺的大谷收集品带在身边，多年以后这部分藏品也交给了龙谷大学图书馆。

在日本其他公、私收藏者手中，也多少不等地有大谷收集品。这些文书辗转收藏、内容庞杂，特别是同一组文书的不同部分散在各地，给整理和研究带来了很多麻烦。我们知道，大谷探险队和斯坦因在吐鲁番挖掘古墓时，在同一墓葬挖掘到同一内容的文书，各自带回到了自己的国家，大谷探险队的收集品又分散多处。当整理研究这些分散收藏的文书时，自然是平添了诸多困难。

大谷收集品在韩国的部分，是另外一番情形。

大谷光瑞将部分收集品（主要是文献资料）运到他在旅顺的别墅后，剩余没有运到旅顺的收集品（主要是考古资料），连同二乐庄的产业全部转卖给了当时的政商久原房之助。据说，久原房之助觉得二乐庄的地面过于潮湿，不适合文物收藏，有必要转移到干燥的地方去。时任朝鲜总督的寺内正毅是久原房之助的同乡，于是在1916年5月将二乐庄的一些收集品又转运到了朝鲜总督府博物馆（今首尔国立中央博物馆）。

这批得自新疆的大谷收集品从殖民时代漂泊首尔至今，其间的收藏变化，有着许多曲折的经历，特别是在20世纪50年代的朝鲜战争期间，辗转躲藏。

文物是古代文化的载体，我们今天仍然能从文物中感受到先人的思想和生活，感受到历史的脉动和变迁。大谷探险队的活动，令人感慨，一个处在朝不保夕境况中的民族，如何能够保护祖先的遗物？大谷收集品的流散，让人唏嘘，乱挖一气、四处劫掠而来的文物，再次散在四方，命运多舛。

第六章

勒柯克的终生遗憾

从 18、19 世纪以来，在西方列强的眼里，这个世界展现的无限风光全都是为了他们。即使到了 20 世纪初期，他们这个观念也没有发生太大改变。对于西方世界以外的地方，他们是以"发现"的眼光和居高临下的心态对待的，当地人们的生活和情感并不在他们的感受范围之内。即使是历史研究，他们也是以自己为中心来衡量一切的，世界不过是西方人的世界，世界各地不过是西方的文化遗存而已——虽然在西方列强中也存在各种差别和不同观念，各国之间更少不了明争暗斗。

作为列强之一的德国，在中国西北的探险活动，当然是不能缺少的。不过，面对敦煌宝藏，德国探险家勒柯克留下了终生的遗憾。

[德] 阿尔伯特·冯·勒柯克（1860—1930）

投币定命运

1905 年夏天的新疆哈密，一枚银圆被高高地抛向空中。在它下落的时候似乎很慢很慢，并且不断地翻滚……

哈密依然炎热干燥。勒柯克已经有些适应了这里的气候，尤其是从酷热难耐的吐鲁番来到这里。但是，这位对于别国文物从来都不手软的德国人，现在也有着难以抉择的时刻。东面的敦煌据说发现了重要文物，作为探险家，他应该立刻赶往敦煌。但此时他接到了来自德国的电报，命令他前往喀什，去迎接新一轮探险的探险队队长格伦威德尔。

此时此刻，他面临抉择：要么东去敦煌，要么西行喀什。

让银圆决定吧，勒柯克决定把自己交给命运。翻滚的银圆终于落地：文字面朝上，也就是说要赶往喀什。关于宝物出土的传说有许多，但有些并不像人们所说的那样神乎其神，这次敦煌也许是其中之一吧。勒柯克一边收拾行李，一边这样安慰自己。

新的文物争夺战

在中国西北的探险历史上，德国实际上只是一个后来者。早在 19 世纪下半叶，欧洲一些国家各种名义的考察队已经在亚洲腹地——新疆纷纷登场了，一些珍贵的写本和古物相继被运往欧洲。然而，直到 1902 年 9 月中亚考察国际协会的成立，才宣告了一个瓜分狂潮的到来。两个月后，当德国人和日本人同时出现在新疆时，一场强取豪夺中国西北文物的战争紧接着就开始了。

与神不知、鬼不觉的大谷探险队首次中亚考察相比，"德国皇家吐鲁番考察队"首次中亚考察，酝酿时间较长，主要集中在吐鲁番地区。中亚考察国际协会成立后，试图划分不同国家的考察地域，吐鲁番便是德国努力争抢的"势力范围"。

1898 年，俄罗斯科学院的克莱门兹在吐鲁番考察时，发掘并带走了大量古代写本和文物。他的考古发现和所获文物，挑起了俄国学者更进一步的欲望。1900 年初，克莱门兹和奥登堡等俄罗斯科学院的学者提出，对塔里木盆地进行深入考察，建议组织两支探险队，分别考察吐鲁番和库车地区、吐鲁番和于阗之间的广大地区。无奈的是，俄国财政部因为经费问题拒绝了他们的资助请求，对吐鲁番的大规模考察直到九年后才得以实施。此时，俄国学者只能眼睁睁地看着德国人由俄国境内前往吐鲁番考察。

格伦威德尔是德国首次吐鲁番考察队的队长。早在 1893 年，他就出版了轰动欧洲东方学界的《印度佛教艺术》一书，这是他在柏林人种学博物馆里对巴基斯坦等地出土的犍陀罗佛教艺术品面壁十年的成果。作为博物馆印度部主任，格伦威德尔坐在研究室里，面对眼前的艺术品，思想的目光常常继续越过帕米尔高原，投向塔里木盆地。在他看来，犍陀罗佛教艺术正是翻过帕米尔高原到达了那里，新疆很可能正是希腊式佛教艺术和中国佛教艺术之间的一个中心环节。

其实，早在 1895 年法国人德兰斯在和阗等地发现梵文写本、1896 年瑞典人斯文·赫定在和阗丹丹乌里克遗址发现佛教壁画时，格伦威德尔的目光就不断被新发现的文物所牵引。然而，格伦威德尔更多的是学者的气质，身体衰弱、经费紧张和不毛之地可能出现的危险，都在不停地遏制着他那颗渴望亲临现场的心。

1899 年，当他亲眼看到俄国人克莱门兹从吐鲁番掠回的大批稀世古写本和佛教壁画实物时，格伦威德尔觉得不能再迟疑了。在同一年的一份谈话备忘录里，他强调说："任何耽搁都会加速这批无价的中亚史料的永久消失。"

紧接着，斯文·赫定从中国新疆安全归来，说明可怕的危险并不存在。斯坦因也从新疆带回了大量宝藏，在欧洲出尽风头。

所有这一切，促使格伦威德尔下定了最后的决心。

列强的强势和霸权，不只表现在军事、经济层面，也表现在对文化和学术话语权的掌控。他们发起和主力参与中亚考察的，多为印度学家。除了法国考察队队长伯希和是个汉学家之外（负责派出考察队的中亚考察国际协会法国分会主席塞纳尔是印度学家），英国考察队队长斯坦因、德国考察队队长格伦威德尔、俄国考察队队长奥登堡，都是知名的印度学家。日本第一次中亚考察从欧洲出发前往新疆，也同样是在欧洲留学研修印度学等领域的大谷光瑞发起的。

或者是加强殖民管理的需要，或者是探秘印欧语系源头的吸引，或者是出于全球扩张和了解亚洲的动机，印度学在 19 世纪后期的欧洲成为一门显学。从 19 世纪最后十年开始，西方列强的印度学家将注意力从南亚次大陆转向亚洲腹地的中国西北（塔里木盆地）。斯坦因在提交第一次中亚考察申请书时，附有《关于中亚文物的札记》。札记写道："自从 1890 年鲍尔上尉将其在喀什获得的一件古代桦皮写本转交给孟加拉亚细亚学会后，所有对印度古物感兴趣的学者都将注意力转向了中亚古代佛教遗址，认为这里是能为研究提供重要资料的新源泉。"

进入 20 世纪，斯文·赫定发现楼兰古城轰动世界，斯坦因第一次中亚考察启程，列强的中亚考察新时代正在到来。1902 年，中亚考察国际协会正式成立。虽然它的任务是"协调各国的中亚考察"，但考察所在地中国反而没有被他们放在眼里，不存在与中国协商和协调的问题。

正是印度学的热门，导致中亚考察活动的兴起。正是中亚考察活动的开展，导致西方对包括敦煌文物在内的中国西北文物的追逐。这种追逐，实际上是对新的文化资源和学术话语权的争夺。可叹的是，当西方涌现探险考察热潮、考古学者在世界各地发掘时，中国还停留于传统金石学阶段，文人学者多热衷于碑帖鉴藏与书画题跋；当印度学成为欧洲学术界的热门显学时，中国学者对此几无所知，更没有能够与之对话的印度学家。对于列强组织对中国西北进行的大规模考察，当时也没有什么中国学者能够看清其本质。

首战吐鲁番

1902 年 8 月，在大谷光瑞带着他的几个年轻僧人从伦敦踏上中亚旅程的几天之前，格伦威德尔已经带上两个助手从柏林出发了。他们选择的地点，正是相对来说容易到达、据说遭到破坏较少而俄国人又发现了大量壁画的石窟之地——吐鲁番。

旅程漫长而枯燥。3 个多月的车上颠簸，对于常年待在博物馆里阅读写作的格伦威德尔来说，是有些难以适应和过于无聊了。但当他到达吐鲁番盆地后，从吐鲁番周围的高昌故城、胜金口、木头沟等地掘出无数的梵文、回鹘文、汉文、古藏文、古突厥文等不同文字的稀世写本，珍贵的壁画、雕塑，以及罕见的摩尼教、景教文献的时候，他和另一名队员胡特博士——德国著名东方学家缪勒的助手——便完全忘记了诸如身体、气候、饮食等一切的不适。他们不停歇地挖了 4 个多月，直到 1903 年 3 月才告一段落。

半年后，46 箱珍贵文物从吐鲁番被悄无声息地搬运到了柏林。虽然这些珍贵文物与以后的三次新疆考察所获相比，还不及总数的十分之一，但在德国国内造成了极大的轰动，不仅引起了德皇威廉二世的注意和社会各界的关注，更刺激了王公贵族和工业巨头对中国西北文化宝藏的贪欲。

格伦威德尔一回到柏林，便递交了组建第二次吐鲁番考察队的建议书，同时与中亚考察国际协会德国委员会主席皮歇尔联系具体考察事宜。皮歇尔是如此兴奋，连第三次考察的经费申请也一并报到了教育与文化部，德国国会则未经答辩就通过了第三次考察的经费预算。第二次的考察经费早就由军火大王克虏伯和德皇以个人名义准备停当了。

然而，第一次不知疲倦挖掘所导致的后果是：队员胡特博士因劳累过度不治而亡，队长格伦威德尔也一病不起。医生告诉格伦威德尔说在 1905 年之前别想再远行去挖掘什么宝藏了。于是，他的一个继承者走了出来。他，就是柏林人种学博物馆印度部的无薪人员勒柯克。

强盗的密室

勒柯克获任德国第二次吐鲁番考察队代理队长纯属偶然。然而，他的确具备了一个以盗宝式劫掠文物为主要目的的考察队队长的"综合素质"——会多种东方语言、意志坚定而具有强盗本色。

1860 年 9 月，勒柯克出生在柏林一个富裕的酒商之家。中学时，因不专心读书而遭学校开除，差点被他那有钱的父亲逐出家门。几年后，他父亲把他送往英、美，让他接受商业训练以继承家业。在美国学习商业时，勒柯克认真钻研过医术，这使得他日后在吐鲁番等地挖掘文物时，凭此疏通了不少与当地的关系。

27 岁那年，勒柯克回到德国西部加盟由他祖父创立的酒业公司。然而，勒柯克虽然对酒本身兴趣颇浓，但对酒业经营兴趣不大。13 年后当公司由 40 岁的勒柯克掌管时，他干脆把公司卖掉回到了柏林。

在柏林，勒柯克进入东方语言学校，一头钻进了东方语言的迷宫，开始学习阿拉伯语、突厥语、波斯语、梵文等。1902 年，腰揣卖掉酒业公司而拥有的巨款，勒柯克进入柏林人种学博物馆印度部，干着自己感兴趣而不拿工资奖金的事情。

格伦威德尔率领考察队前往亚洲腹地考察的时候，他不过是一个参加送行的人，当时他绝没有想到两年后，自己会代替格伦威德尔担任队长。这次，勒柯克出征，格伦威德尔站在送行者的行列。

所谓第二次吐鲁番考察队，其实只有勒柯克和参加过上次考察的博物馆勤杂工巴图斯两人。与勒柯克般配的是，巴图斯曾经在海船上工作多年，经历风浪、吃得了苦，而且力大无比，挖掘文物、切割壁画之类的活儿不在话下。

勒柯克虽然对经商没有兴趣，但商人的经验和灵活性给他带来不少方便。当他们带着一吨多重的行李到达莫斯科，准备搭乘火车出发前往新疆时，车站站长坚决要求他们暂缓通行。不过，一溜烟功夫，勒柯克便坐上了一辆满载着俄国士兵的运兵车（此时正值日俄战争）。20 多年后，勒柯克回忆此事时颇为得意地写道："我意识到他这是什么意思，就取出一张 50 卢布的钞票，轻轻放在他面前，然后装着没事似的走开了。过了一会儿，当我再去找他时，那张钞票不见了。站长说：'好吧，我们想想办法。'"

1904 年 11 月，勒柯克和巴图斯到达吐鲁番。在吐鲁番盆地周边不到 5 个月的时间里，他们已经给 100 多只箱子装满了锯割的壁画，以及雕塑、写本和其他文物。斯坦因在一封私人信件中对勒柯克的工作这样评论道："德国曾以独特的方式挖掘过（吐鲁番的遗址），并且所有地方都挖掘得很彻底。……寺院、庙宇都是用学术盗宝者的方式挖掘的，

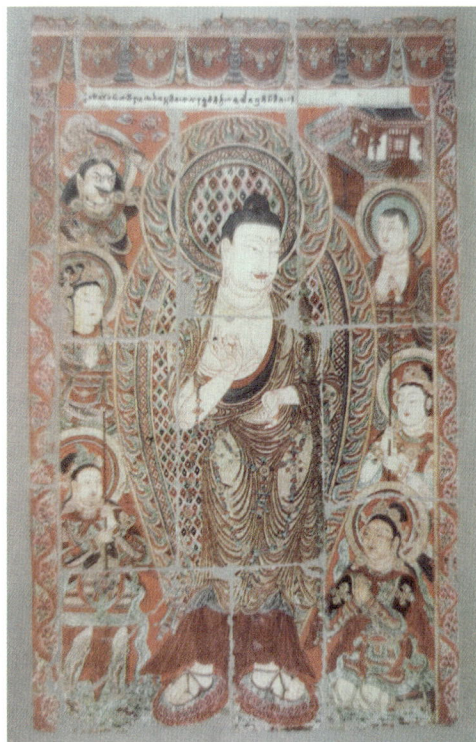

勒柯克在 Chotscho（《高昌》）一书中，公布了他切割而去的柏孜克里克第 9 窟 15 幅说法图中的 13 幅，这里是前 4 幅，尺寸大小分别是：3.25×2 平方米、约 3.25×1.9 平方米、约 3.25×1.95 平方米、约 3.25×2.27 平方米。

简直没有使用任何考古学周密仔细的方法。"

　　勒柯克自己也说，他恨不得把一切可以带走的文化宝藏全都带回柏林。仅在吐鲁番的柏孜克里克一个洞窟，就切割下了 15 幅巨大的有关佛陀的精美壁画。

　　今天，当人们来到吐鲁番的柏孜克里克，依然能看到勒柯克的工作"业绩"。美妙而完整的壁画，在最精美之处只剩下一个个切割整齐的方形窟窿。为了让观众能稍微领略一点古代艺术品的完整风貌，现在的洞窟管理者从勒柯克的书中把这部分壁画拍照放大，用玻璃镜框镶好，摆在了原来的位置上。

　　照片中的壁画也是不完整的，为了把壁画从墙壁上切割下来，勒柯克和巴图斯当时采取了分块再切割，因此照片上的壁画不可避免地留着整齐的切缝。真正的艺术品已经永远地被损坏了，不仅是照片上的壁画四分五裂，照片上的壁画其真身日后也踪迹全无。

　　然而，勒柯克却得意地告诉人们："凭借长时间艰苦地劳作，我们成功地把这些壁画都切割了下来，经过 20 个月的长途运输，最后安全地全部运到柏林。在那里，它们整整填满了博物馆的一个房间。"

　　就在勒柯克切割壁画的现场，他也曾感到过恐惧。他回忆道：在切割这些壁画时的一些夜晚，峡谷中的小河流过布满石块的河床时发出的声音，听起来就像一阵阵狂笑声。这些令人恐怖的"笑声"，又像洞窟壁画上的恶魔在死死地盯着他们。

　　勒柯克晚上经常睡不着，噩梦不停地困扰着他。就在快要切割完这些壁画的时候，他的坐骑不知道为什么在他的要害之处重重地踢了一脚。勒柯克有 10 天很难行动，只能挂着拐杖。随后，他换掉了这匹烈马而要了匹当地的种马。

　　烈马与噩梦，勒柯克不知道它们是不是有着一种内在的联系。可能是上帝的诅咒起了作用，或者是他自己感到了天谴，反正不知道是在一种什么样的心态下，勒柯克用他学会的阿拉伯语、波斯语、德语、拉丁语、希腊语，以及其他欧洲语言，在自己所住的房间里写满了赞美诗，以及诸如"善有善报，恶有恶报"之类的俗语，并且在房间的过道墙壁上，写下了几个大字——强盗的密室。

1906年，德国考察队在克孜尔石窟考察期间合影。（第二排从右至左依次为波尔特、格伦威德尔、勒柯克、巴图斯）

错失良机

在勒柯克看来，吐鲁番的宝藏，除了格伦威德尔交代要由他亲自处理的之外，已经所剩无几。这个以"火洲"闻名的盆地，一进入夏天，便热浪滚滚。于是在 1905 年 8 月初的一个傍晚，勒柯克和巴图斯转移到了比较凉爽的东部绿洲——哈密。

在这里，一个激动人心的消息传到了勒柯克的耳朵里：敦煌莫高窟发现了一个藏书室，其中还有许多用人们不认识的文字写的各种古代文书。在吐鲁番，勒柯克已经挖掘到了 17 种语言、24 种文字的古代绝世文书。在敦煌这个丝绸之路上更为国际化的城市里，那些埋藏千年的珍宝，似乎正在等待着他。勒柯克暗喜不已：如果我去那里，他们一定会把那些除我之外别人看不懂的古代文书给我。

然而，一纸电文让勒柯克停下了将要前往敦煌的脚步。格伦威德尔已经完全康复，正在赶往喀什的路上，他让勒柯克和巴图斯于 10 月 15 日之前赶到喀什与其会合。勒柯克一时不知所措：喀什在哈密西边 1800 多公里，而东边的敦煌只是单程去那里就要 17 天，最快也要 12 天，再在敦煌待几天，光从哈密到敦煌来回就得一个月。现在已经是 8 月底了。

一方面是敦煌宝藏的诱惑，一方面是队长的召唤。勒柯克后来在《新疆的地下文化宝藏》一书中写道："无可奈何之下，我决定抛银圆来决定我们的命运：如果正面的是图案，我们就去；如果是文字，我们就回。结果，文字的一面在上。我们只得立即开始做回喀什的准备。"

勒柯克和巴图斯日夜兼程，终于在 10 月 15 日之前赶到了喀什，住进了英国驻喀什领事马继业的家里。然而，格伦威德尔并没有准时到达喀什。由于行李的原因，他在俄国境内辗转停留，需要大大推迟到达喀什的时间。

勒柯克肺都要气炸了。不仅仅是格伦威德尔没有像他那样在途中拿出钞票对付俄国人，从而按照约定时间到达喀什，更因为这样一来错过了去敦煌的机会。后来，当斯坦因和伯希和从敦煌掠走宝藏后，勒柯克差不多是怒不可遏了。直到去世前的几年，他仍然念念不忘地写道："这实在是太糟糕了，我们简直无话可说，真后悔丢掉了前往敦煌考察的机会。"

勒柯克错失良机，敦煌宝藏却因此躲过了他这一劫。从勒柯克在吐鲁番的考察可知，他的兴趣将不仅仅是藏经洞文书，同样少不了莫高窟壁画。

激烈冲突

勒柯克的遗憾，在第三次考察时曾部分转化成对格伦威德尔的怒气。1905 年 12 月初，格伦威德尔到达喀什，第三次德国皇家吐鲁番考察队就此成立。考察队由格伦威德尔、勒柯克、巴图斯，以及会说一点汉语、摄影技术不错的博物馆无薪人员波尔特四人组成。让勒柯克格外恼火的，不仅仅是自己的队长位置被取代，更在于格伦威德尔时常不让他"保护"壁画，也就是说不让他切割壁画运回德国。

由于斯坦因正在着手第二次中亚考察，俄国人也将启程，据说法国人的探险队不久也将到达，所以尽管格伦威德尔一到喀什就再次病倒，但也不能等到他完全病愈。在因养病耽误了 3 个星期的时间后，勒柯克想办法找来一辆马车，垫上些草，让身体稍有好转的格伦威德尔躺着，向此行的主要目的地——库车进发。

当他们到达库车的克日西挖掘时，俄国的别列佐夫斯基兄弟已经在那里挖掘。俄国人发现勒柯克在库车出现，大别列佐夫斯基立即就火了，拔出手枪挥舞着令勒柯克离开，因为当初说好这里是俄国人的考察地盘。勒柯克在争吵了一阵之后，只好悻悻地离开了。

还是第一次吐鲁番考察路过圣彼得堡时，格伦威德尔就已经同俄国学者商定：德国考察队主要考察吐鲁番一带时代较近的遗址，俄国考察队则考察库车地区一些较早的古迹，两者互不干扰。但是，俄国人毁约在先，当勒柯克带着巴图斯刚由乌鲁木齐去吐鲁番之时，俄国也派人去了吐鲁番，并宣称俄国人是最早到达的，以后还要在那儿拥有更大的权利。

因此，当格伦威德尔到达喀什开始第三次考察时，勒柯克建议去他已经探测好了的克孜尔和库木吐拉地区。勒柯克在《新疆的地下文化宝藏》一书中就他与别列佐夫斯基兄弟的冲突写道：

> 我知道这两个地区都位于拜城地区，因此同那个慷慨的协议并无多大关系。如果不是圣彼得堡的那些绅士们这样玩两面派，说不定我还不会那样拼命地在格伦威德尔病愈不久就在这两个地方进行挖掘考察。以牙还牙并不是我的人生信条，但这一件事真是把我给惹火了。克日西位于库车地区，当我们在这里考察时，大别列佐夫斯基立刻气冲冲地跑到我们跟前，甚至威胁要用武力把我们赶走，我不得不说好话让他先平静下来。
>
> ﹒﹒﹒﹒﹒﹒﹒﹒﹒﹒

别列佐夫斯基兄弟无论如何也无法把壁画从墙上剥离，但我们在此处已经取得了丰富的成果，留下的东西中再没什么有价值的了，于是我们决定按计划放弃克日西，在同俄国人重归于好后，继续向东方（克孜尔）前进。

在克孜尔，勒柯克与格伦威德尔发生了激烈争吵。除了没有去成敦煌之外，勒柯克强调要将克孜尔千佛洞的壁画切割下来运往柏林，格伦威德尔则坚决反对，说应该在这些壁画的原地研究和记录，而不是将它们搬走，因此他更多时候是埋头对壁画临摹和做相应的记录。

两人在一起时，勒柯克也有让步的时候。勒柯克说："我很想将所有洞窟窟顶的装饰画锯下，这样整个窟顶就可以运回柏林再拼接起来。但是，格伦威德尔极力反对，好像如果我再坚持，就意味着我们之间的友好关系从此断绝。所以很遗憾，只有两块装饰画运回了柏林。"还有一次，"和在其他洞窟一样，我说服不了格伦威德尔将现存所有的壁画都弄走。所以一直到日后的第四次考察，我才将这些极美的壁画大部分弄走。"

勒柯克的办法确实不少。有一次，"我们无法说服格伦威德尔同意我们将这件极有价值的塑像弄走，于是我同巴图斯一起，背着他将这个塑像装进了包里"。还有一次，"我执意要把壁画带走。后来格伦威德尔临摹了它们，非常不高兴地同意了。费了很大劲，我们把壁画锯了下来"。

勒柯克的确比一般人更具有盗宝徒的性格，不过这回轮到他生病了。毫无办法，他得提前回喀什治疗，因为未得到及时治疗，在第一次考察中去世的胡特就是前车之鉴。此时，他已经听说斯坦因正准备从罗布泊前往吐鲁番和敦煌。在离开之前，勒柯克满腹怨气地向队长交代：赶紧趁斯坦因到来之前，赶往吐鲁番，"因为在那里，根据他（格伦威德尔）的要求，我为他留下了许多没有碰过的寺庙洞窟"。

勒柯克收拾切割下来的壁画和获得的写本西去喀什，并从那里踏上归途。当勒柯克到达喀什时，斯坦因已经在一个星期前离开这里前往和阗了。法国的伯希和要不是因为和格伦威德尔一样在俄国境内丢了行李，这时也可能已经到达了喀什。也就是这次考察，伯希和获得了敦煌宝藏。

最后的疯狂

勒柯克再次前往中国西北，已经是六年后的1913年春天。

当第二次和第三次考察所获珍贵文物于1907年秋运抵柏林后，勒柯克很快从格伦威德尔的阴影中走了出来。那些切割成一块块的精美壁画，那些发掘到的各种不同文字的文书，不仅让柏林为之兴奋，也让欧洲为之倾倒。德皇威廉二世亲自来到博物馆，对勒柯克带回的壁画和文物赞赏有加。勒柯克不仅在博物馆里接待着来自世界各地的访问者，也走出博物馆在欧洲各地做巡回演讲。

勒柯克享受着这些美好时光，但是他依然无法忘记还留在库车石窟里的精美壁画，还有丝路南道他没有光临过的众多文物聚集地。况且，在他上一次离开新疆后，伯希和、斯坦因、奥登堡等英法俄考察家，要么首次、要么再次前往了那里。因此，他期待着重返新疆，光顾格伦威德尔没有让他切割走的壁画，再获新疆精美的文化宝物。

当他还在准备第四次考察时，由于清朝覆灭，新疆政局正处在混乱之中。德国外交部警告勒柯克不要轻举妄动。但是，在库车精美壁画和新疆地下宝藏的诱惑下，勒柯克和巴图斯完全听不进劝告。虽然没有中国方面的旅行官方许可、更别说挖掘和带走文物，虽然中国各地的形势依然动荡不安，但渴望出发的勒柯克急不可耐、无法等待，他签下生死书，不计一切后果地在 1913 年 5 月到达了新疆。

这次没有格伦威德尔的牵制，勒柯克和巴图斯在库车等地放开手脚，大大满足了自己毫无拘束的切割欲和占有欲。勒柯克在 1913 年 7 月 5 日写给柏林民俗学博物馆馆长的信中说："虽然过去了七年，我最想带回的那些壁画保存得都还不错，足以成为我们'吐鲁番藏品'[1]中的精品。"

勒柯克这次考察的主要任务就是切割壁画，远超此前的数量和面积。切割起壁画来，没有谁比他们更疯狂。在克孜尔、库木吐拉、森木塞姆等石窟，有的是切割一个洞窟整面墙上的壁画，有的是切割一整幅画面中较大较突出的单幅图像。上次就想切割的壁画当然到手，更多新发现的精美壁画也被切割了下来。有的洞窟，在穹顶上的壁画或一面墙上的壁画被切割太多后，发生了部分坍塌。

勒柯克在后来出版的书中，有时会强调洞窟和壁画受到暴雨、泥石流和地震等自然因素的损毁，强调当地不同信仰的民众和农民等人为的破坏，视自己将大量壁画切割带回欧洲是一种拯救行为。然而，在重新返回的克孜尔、库木吐拉等石窟现场，他也吃惊地看到这些洞窟和壁画在当地发生地震和革命后，并没有什么变化。

勒柯克在书中写道："在罗曼蒂克的山谷中，我们忐忑地从陡峭的小道一路看下来，这些石窟寺会成为什么样子？地震、当地的寻宝者和毁画者，还有其他考察队，都可能已经将壁画破坏或者带走了，真是令人紧张的时刻——我们立刻骑马去了最重要的石窟，接着很高兴地发现，那些壁画都还在。"

从考古学本身，他不认同格伦威德尔认为文物应该保留在本地、应尽可能地记录和拍照等等，而是坚持尽可能地切割壁画、挖掘文物，打包带回柏林。对此，长期追寻流失海

1　德国探险队运到柏林的新疆文物通称为"吐鲁番藏品"。

外的克孜尔石窟壁画并进行复原研究的中国学者赵莉说："克孜尔石窟历经千余年历史沧桑，虽然受到自然营力的侵蚀破坏，但大部分洞窟依然屹立在明屋塔格山的山腰及沟谷崖壁间，现存壁画整体保存尚好，大部分壁画色彩鲜艳如新，以事实有力地反驳了外国探险家盗割壁画是为了所谓的'保护'的理由。相对于自然营力而言，外国探险队的野蛮剥取是克孜尔石窟壁画的致命一劫。"

勒柯克在新疆无所顾忌地切割壁画和挖掘，一直持续到 1914 年 2 月，之后撤离。这期间，他没有与格伦威德尔分歧带来的烦心，也没有在克日西考察时被俄国别列佐夫斯基兄弟赶走的困扰。

勒柯克的疯狂行动，带来了丰硕的成果。他所攫取的 136 箱文物，在第一次世界大战爆发前夕途经俄国全部运抵柏林。

勒柯克以保护壁画、探究文明的名义，将新疆壁画切割成一块块碎片，运到了他自己国家的博物馆里，而这恰恰是对新疆壁画的摧毁，对文明的亵渎。正如中国学者赵莉所说："精美的壁画和雕塑，被无情地从母体分割，远走他乡，天各一方。新疆文物的流失，与敦煌文物流失一样，是一部中国文物的'伤心史'。"也如中国学者段晴谈及龟兹洞窟的壁画时所说："龟兹壁画是公元四五世纪的，要早于文艺复兴一千年。古代艺术品是要有

第二次世界大战期间，柏林民俗学博物馆遭到盟军轰炸。这些从中国新疆切割而来固定在博物馆墙上的大型壁画，在炮火中化为灰烬。图片来源：[德]阿尔伯特·冯·勒柯克 著，《新疆的地下文化宝藏》

背景的，比如石窟寺，它要有自己的位置，它属于一个艺术的逻辑。……艺术之所以震撼，是因为它后面都是有逻辑的。这个逻辑如果被揭取了，被割裂了，你就看不到它背后想表达的是什么，也就不可能还原一种文明。"

珍宝毁灭

德国"皇家吐鲁番考察队"将所获文物带回柏林后，收藏在柏林民俗学博物馆，有些艺术品曾经展出过。一些拼接起来的巨型壁画，固定在博物馆的墙上，气势恢宏。

对中国西北文物的占有，在西方列强中，德国拥有了不俗的资本。

勒柯克如愿以偿成为博物馆的研究员，并在格伦威德尔离职后成为博物馆印度部主管。由于通货膨胀和经费短缺，在20世纪20年代初，勒柯克曾经将少部分从新疆带回的壁画出售，数十幅精美壁画被卖到了美国，另有一些则流入英国、日本等国官方机构以及私人藏家手中。另有少量壁画，被勒柯克作为礼品送人，譬如送给了匈牙利布达佩斯东亚艺术博物馆和法国吉美博物馆的馆长。

勒柯克死于1930年。在他死后第9年，一个比他更疯狂的德国人发动了第二次世界大战。二战后期，柏林民俗学博物馆遭到盟军轰炸机的多次轰炸，博物馆主建筑被炸成了碎石瓦砾。除了打包装箱存放在地下室里的壁画等文物被炸毁之外，损失最大的，正是那些已被固定在墙上无法取下来的大型壁画。它们中的一些最精美者，在炮火中化为灰烬。

德国学者卡恩·德雷尔在论及这些壁画等藏品在二战期间的遭遇时写道："那些大尺寸的壁画，如来自（吐鲁番）柏孜克里克第20窟的15片平均高3.5米、宽2米的《誓愿图》需要专门运输，但是战争期间似乎没有办法运走。它们便留在了（战时为保护壁画安全而堆放的）沙袋之后，并在一次夜间轰炸中被炸毁。地下室中存放的约100个等待转移的箱子，也遭到了同样的命运。"

英国记者、历史学家彼得·霍普科克在为勒柯克所著《新疆的地下文化宝藏》一书的英文版撰写导读时说：战争爆发之前，较易移动的收集品虽被搬出博物馆，存入了地堡或矿井中，但苏联红军在攻陷柏林后，曾在护城河中打捞出5箱文物，并在动物园的一个地堡中，搜出并带走了至少10箱由德国"皇家吐鲁番考察队"从中国西北掠去的雕塑等艺术珍品。这些从柏林带到苏联的中国珍贵文物，即使到今天，也没有人知道它们的下落。有人估计，中国西北文物柏林收集品在二战期间至少损失了40%。

掠夺这批文物最积极的功臣勒柯克，此时已经去世，没有见到这些惨烈的情形。如果他看到这些壁画的不幸结局，是否会为他带到柏林的这些全人类的文物珍宝被破坏、被毁灭而遗憾和自责？

第七章

俄国人的神秘之旅

　　最感谢清政府腐败无能的，应该就是俄国。在它竭尽全力扩张的时候，正遇上清政府肆无忌惮的腐败。利用与中国接壤的地缘优势，俄国让近代中国蒙受的耻辱是无以复加的。但是，在中国文物的攫取方面，俄国的情况却一直扑朔迷离。

库库什金的故事

　　多年以来，很多学者都认为第一个将藏经洞宝藏劫往国外的是俄国人。他，便是俄国的地质学家奥布鲁切夫。

　　1905 年，一个俄国"寻宝人"——库库什金，在这一年的 10 月千里迢迢赶到敦煌。他是在新疆塔城时从来自敦煌的商人那里了解到敦煌千佛洞有佛教经卷的。后来，他获得的多种文字的写本，由俄国驻塔城领事用几个不大的公文包裹寄往圣彼得堡。

　　这是奥布鲁切夫在 20 世纪 50 年代出版的一本书——《在中亚僻远的地方》中的大致情节。这本书一度引起人们的极大兴趣。它究竟是一本"回忆录式的旅行记"，还是仅仅只是虚构的小说故事？"库库什金"的经历，是奥布鲁切夫的某种自述，还是虚构的小说主人公？这关系到谁是第一个获取敦煌藏经洞文物的外国人。

　　如果是事实，最难解释的是这批敦煌文书下落不明。但反对者的意见也并非全无道理：俄国掠去的大批古代写本——敦煌文书也好，新疆和黑水城文献也罢，都因太多太杂而混乱不清。这批文书下落不明，并不能说明什么。虽然不见这批文书整理发表，也不见它的收藏记录，但一些专家推测：它们很可能被混到俄国人从中国西北掠去的几万件古代文书的汪洋大海之中去了。

　　奥布鲁切夫是否从敦煌获取了文书，令人真假莫辨。奥布鲁切夫曾多次到中国西北探险考察。俄国十月革命后，奥布鲁切夫名声显赫，成了苏联科学院院士。不过，他也确实喜欢文学创作，并且发表过一些科幻小说。

　　很多年过去了，外界始终处于怀疑之中。

　　1989 年冬，接触了所有列宁格勒藏敦煌文献的苏联敦煌学家孟列夫第一次来到敦煌。他对这个流传甚广的说法进行了澄清：这本书只是一部游记小说，库库什金是小说中虚构的人物。将这一虚构的活动，视为一位俄国探险家在敦煌的探险活动，实属误传。

　　将近二十年后，俄罗斯科学院院士、东方学家伊莉娜·波波娃在论述 20 世纪转折时期俄罗斯的中亚探险时，也同样做出了否定回答。她说：奥布鲁切夫 (1863—1956) 对西伯利亚和中亚的地理、地质研究做出了巨大贡献，他在大量的科普书籍和迷人的科幻小说中描述了自己的经历。

"俄国委员会"的任务

　　库库什金的故事，不过是虚构的篇章。而十年过后，奥登堡带走一万多件敦煌文书的故事，就不再是天方夜谭了。

　　早在 19 世纪下半叶就到过敦煌并记录过莫高窟的俄国人，是沙俄军官出身的普尔热瓦尔斯基和罗波洛夫斯基。然而，是奥登堡为俄国分到了敦煌藏经洞的宝藏。

　　19 世纪末 20 世纪初，列强纷纷在中国割取租借地、扩大势力范围，中国西北则成为西方探险家冒险的乐园。对俄国来说，俄驻喀什总领事彼得罗夫斯基与英国驻喀什的代表人物马继业，很早就在新疆展开了文物的争抢竞赛，收集了大量古代文书和文物。1898年，俄罗斯科学院的克莱门兹首次来到吐鲁番做细致考察，对石窟、古城、墓地等拍摄、绘图，同时发掘并带走了大量古代写本和文物。

　　在 1897 年巴黎举行的第 11 届国际东方学家代表大会上，奥登堡提交的论文便是对彼得罗夫斯基收集品中的梵文写本的研究；在 1899 年罗马举行的第 12 届国际东方学家代表大会上，俄罗斯科学院院士拉德罗夫则展示了克莱门兹在吐鲁番的收集品，同时呼吁建立一个中亚考察的国际性组织。

　　在 1902 年汉堡举行的第 13 届国际东方学家代表大会上，首次中亚考察获得成功的斯坦因大放异彩，令与会者激动不已。而此前克莱门兹在吐鲁番进行的考察早已吸引了德国人的目光。会后，"中亚考察国际协会"正式成立，任务是"协调各国的中亚考察"。总部设在圣彼得堡，拉德洛夫和奥登堡受委托组建中央委员会，欧洲其他国家和美国设立分会。

　　俄国被列强们优先考虑，不仅因为它在中国西北挖掘和收集到了大量文物，还因为它地缘中国西北，而欧洲要想进出这一地区，取道俄国是首选。

　　与英国从印度北上相似，俄国一直在注视着南方。1903 年 2 月，俄国委员会章程被沙皇批准，并且领到了 5000 卢布的款项。俄国委员会隶属外交部，宗旨是：联合研究远东及中亚的俄国学术机构和政府相关部门的代表，在远东及中亚研究方面发挥更大作用。章程第一条规定：委员会的基本任务是研究现存古迹，并对当地古物进行"科学性的抢救"。当然，所谓"抢救"，大约也就是将当地古物抢救回他们自己的国家。

沙俄政府同时以"科学考察赞助者"的姿态出现，协助其他各国学者前来亚洲腹地考察。不管是法国的伯希和，还是德国的格伦威德尔和勒柯克等，经过俄国领土时，都与俄国有着不同程度的来往。

在"协调各国的中亚考察"方面，实际上，国际协会也好，中央委员会也罢，因为各国竞争激烈，并没有也不可能起到多大作用。俄国委员会作为本国的联合机构，倒是成了俄国考察家到中国西北考察和劫掠文物的实际组织者。

俄国委员会直到 1918 年解散为止，十五年间，策划了一系列前往中国西北的探险考察活动。主持该国科学院日常事务，同时也主持俄国委员会事务的奥登堡，既是探险考察活动的主要策划者，也是亲自披挂上阵的主力干将。

奥登堡（1863—1934）在敦煌

闪光的金质奖章

奥登堡第一次率领考察队来到中国，是在 1909 年 6 月。他的考察队叫作"中国西域（新疆）考察队"，这是因为考察地点在中国。〔第二次名为"俄国西域（新疆）考察队"，即俄国的西域（新疆）考察队。〕队中除了奥登堡之外，还有画家兼摄影师杜金等人。考察队的收获，是在新疆喀什、吐鲁番、库车等地带走了大批梵文、回鹘文等写本文书和古钱币等文物，同时对这些地区做了大量的地形测量与绘图。

俄国考察队合影。图片来源：魏同贤、[俄]孟列夫 主编，《俄藏敦煌艺术品》

　　满载着被"抢救"出的珍贵文物，考察队于第二年元月回到了圣彼得堡。当奥登堡在俄国委员会上做内部报告并出示其所得后，极大地吸引了沙俄政府的注意力。此时，英国、法国和德国的探险队都已满载着中国的珍宝而归。为了增强俄国委员会的竞争力，沙俄政府迅速增加拨款数额，1913 年达到 10 万卢布。

　　与此同时，奥登堡公开发表的本次考察的考古勘察报告，让他获得了一枚闪光的金质奖章——俄国考古协会的最高奖章。初尝成功滋味，奥登堡决定再接再厉。

　　这个时候的中国，在大总统袁世凯统治之下，名义上统一，实际上地方统治者都在各行其是。人们依旧在为生存而努力。没有人在意俄国探险家在中国干了些什么，更不会对其采取什么措施。奥登堡决定再去中国考察和搜寻文物，看起来完全是他自己的事情。

奥登堡的"忧虑"与收获

　　1914 年 5 月 20 日，奥登堡开始了规模更大的远征。这次的目标，正是敦煌莫高窟。他在向委员会做的考察方案中说：考察队的主要任务，是对敦煌莫高窟的历史文物进行综合描述和研究。在去敦煌之前，奥登堡已经与伯希和反复地交换过意见。他说要全面、彻底地考察莫高窟。从后来奥登堡的敦煌考察和所获巨量文物来看，他确实做到了"全面、彻底"。

　　早在组建并率领 1909—1910 年"中国西域（新疆）考察队"时，奥登堡就曾萌发过组建第二次考察队去敦煌的念头。那时莫高窟已经名扬天下，而且继 1907 年斯坦因获得大量藏经洞珍宝后，1908 年伯希和还能弄到更有价值的经卷，奥登堡知道一定还会有所收获。

　　1914 年 2 月 8 日俄国委员会的会议备忘录中有这样的记载："奥登堡指出，有些旅行——考察者的破坏性活动，根本无从谈及对历史文物与古代文献的研究，而是对其科学价值的破坏。他还提出，今后的考察必须十分慎重地对待这些无与伦比的历史文物与古文献。"

　　在谈及斯坦因的考察时，奥登堡写道："发掘工作毫无系统性，仅为追求各类经卷与艺术品。"对于勒柯克，奥登堡更是充满了愤怒。他说勒柯克："其目的仅为博物馆收藏，缺乏专门知识，连起码的照相摄影都不搞。……更为突出的是，他竟对法国人的活动一无所知。"

　　奥登堡宣称：在考察中，"如非当地的文物面临毁灭性的威胁，概不触动"。因此，奥登堡的考察被视为秉持了一定的文物保护原则。苏联汉学家斯卡契科夫写道："不少欧洲学者在中国所采用的考察方法，令奥登堡大为不安。他对这些文物与古文献的命运，产生了一种具有正义感的忧虑。他发现，远不是所有的学者都能以应有的审慎态度对待这些历史文物与古文献，而且大量具有科学价值的历史文物遭受破坏，甚至被盗。"

这次考察做了充分准备，出发之前就制订了详细的计划。同时，考察队员配备齐整，除了队长奥登堡之外，成员包括画家兼摄影师杜金、地形测绘师斯米尔诺夫、民族学家龙贝格和艺术家贝肯伯格。

9月2日下午，奥登堡一行到达莫高窟。头三天是总体参观，随后是记录洞窟情形、摄影、复描、绘图、挖掘等。考察队对莫高窟进行了截至当时最为全面彻底的研究，甚至对莫高窟北区石窟也做了考古清理，并且首次绘制了包括南北两区在内的莫高窟总立面图。就拍摄而言，杜金比斯坦因和努埃特拍摄的莫高窟更全面、更系统。除了拍摄石窟的窟形、彩塑和壁画之外，杜金还首次逐段拍摄了莫高窟崖体的洞窟分布情况。

奥登堡等人在敦煌工作的彻底性是空前的，收获当然也是丰硕的。无论是沙俄、苏联，还是时下的俄罗斯，他们都在为有着崇高学术地位的奥登堡在敦煌的工作感到骄傲、自豪，至少是为其辩护的。

但是，俄国同样是以获取文物并把它们带回自己的国家为基本目标，并没有真正认真地考虑文物本身的命运。奥登堡那"正义感的忧虑"，主要还是基于在攫取中国文物这个问题上，俄国不应该落后于其他国家的观念。

奥登堡的确不似勒柯克和大谷探险队中的年轻僧人，而像格伦威德尔，主张不是让文物离开原地，而是采用摄影、绘画和测量等方式加以记录。但是，他同样从莫高窟剥走了一些壁画，拿走了几十身彩塑，带走了南区和北区洞窟中清理发掘出土的各类文物。奥登堡在日记中有这样的记录："为了割下此窟（D464窟）的一部分有回鹘文文字的水彩壁画，按照我们的惯例，首先要拍照……水彩壁画我们决定不割了，只割了些小画像和拍了照。"现收藏在圣彼得堡艾尔米塔什博物馆的莫高窟北区B77窟的彩色佛座背屏，同样是奥登堡考察队切割走的。

各国考察队之间的相互攻击，有一点比较引人注目。他们不满于别人毫无科学性的发掘都是不加掩饰的，有的甚至破口大骂，像斯坦因在楼兰大骂大谷探险队队员糟蹋文物、奥登堡大骂勒柯克盗宝式挖掘等等。

事实上，一些挖掘确实等同于破坏。文物之间的有机联系被人为地割裂了，造成信息的不完整和大量流失。但是，一个更重大的文物割裂现象，被他们有意无意地忽略了。文物脱离了原生地，成为西方博物馆里孤零零的展品或藏品，与原来的地层、遗址和具体环境失去了联系，如此造成的信息流失何止万千。

第一次世界大战爆发后，奥登堡迫于严峻的战争形势，结束考察，于1915年2月10日启程，赶着8匹马、9峰骆驼、11头驴子组成的满载文物的驮运队离开敦煌，踏上归途。

杜金拍摄的莫高窟第 196 窟（上）、第 202 窟（中）和第 225—220 窟（下）。杜金拍了 86 幅南区洞窟外立面照片，并且是分段分层拍摄的，可拼接起南区洞窟整个外立面的全景。图片来源：《俄藏敦煌艺术品》

杜金拍摄的莫高窟第 285 窟局部。他为此窟拍摄了 45 幅照片，全景、局部和特写均有。图片来源：《俄藏敦煌艺术品》

　　奥登堡此次考察所获取的文书和文物，回到圣彼得堡之后被分放多处。写卷部分移交亚洲博物馆保管，即该所的"敦煌特藏"；艺术品、地形测绘资料和民族学资料、野外考察记录和日记等，分别存放在俄罗斯艺术博物馆、民族学博物馆、地理学会等处。在往后的岁月中，它们屡被搬迁，最后全部集中到了艾尔米塔什博物馆。

　　让世界各地学者不能接受的是，许多年里，这些宝藏深锁宫中，没有出版任何完整的藏品原件，连完整的目录汇编都不曾有过。今天，我们终于了解到这些极其丰富的藏品，敦煌文书部分有：写卷 18000 余号，其中包括完整的经卷 365 件以及一些尺寸不大的写卷残片；文物部分有：雕塑（含附件）43 件，壁画 16 件，绢画 9 件，麻布画、幡画 78 件，工艺品 36 件，纸画 24 件，残片 49 件。

　　20 世纪 80 年代，苏联汉学家斯卡契科夫曾根据没有公开的档案材料写道："奥登堡考察团在挖掘与清理洞窟垃圾的过程中，除了发现古代艺术品残片外，还发现了大量的古代写卷残卷。奥登堡小心地收集了这些残片与残卷。此外，他还成功地从当地民众手中，搜集到大量散失的残卷与将近 200 件一定程度上还算完整的写卷。"

　　根据斯卡契科夫的说法，奥登堡除了从当地民众手中购买了几百件写卷之外，其战利品最主要是"挖掘与清理洞窟垃圾"时所得。实际上，奥登堡将莫高窟南区的一些洞窟和少有人关注的北区洞窟掘地三尺，刨了个底朝天。

俄国考察队驮载文物而去。图片来源：敦煌研究院 编，《敦煌旧影：晚清民国老照片 》

不止一个奥登堡

奥登堡获取的文书，是目前俄罗斯科学院东方研究所引以为傲的"敦煌特藏"的主体。"敦煌特藏"并不都是敦煌所获，有许多是来自新疆的古文书，获取它们的"功臣"当然不只有奥登堡。

从19世纪末到1915年，俄国派出了一批又一批考察队，来到中国西北地区挖掘古物，克莱门兹、可卡洛夫斯基和奥登堡在吐鲁番，科兹洛夫在黑城，别列佐夫斯基兄弟在库车，马洛夫在和阗等等，都获得了大量的古代文书和文物。与此同时，俄国在新疆各地的外交人员，以其便利的条件和特殊的身份，同样收集到了数量可观的古代文书和文物。

俄国在新疆地区所获文书数量之大、来源之多，加上文字不同、内容庞杂，考察收集时的原始记录和入库时的入藏登录多不完备，因此库藏记录也就混乱不堪：要么库藏记录的文献来源与文献的实际来源不相符，要么库藏记录的文献数量与实际数量有出入。有的收集品甚至只有库藏记录而实物不见踪影，而实际存在的文献又不在库藏目录中。种种问题，不一而足。

奥登堡本人和考察队成员的旅行记和工作日志，统统锁在了科学院的档案库里。杜金和奥登堡分别于1929年和1934年去世，但他们的档案材料依然没有对外披露。至于敦煌宝藏，更是在很长时间内不曾公开。

在以记录对各国探险家丝路夺宝调查而闻名的《丝绸之路上的外国魔鬼》一书中，英国记者、历史学家霍普科克曾谈到"奥登堡1914年前往敦煌的短暂旅行"，也曾写到奥登堡在莫高窟弄到不少彩塑，并在王道士手中榨出两百多件写卷。但是，霍普科克对奥登堡的敦煌之行所知有限。他在谈及书中对俄国着墨较少的原因时说："第一，没有脱颖而出的个人；第二，虽然他们比其他人更容易接近现场，但并未找到令人震惊的东西；第三，他们拿走的东西数量不多；第四，尽管多年以来他们早就知道那些失落的文化遗址，但他们动作太慢。"

今天，我们知道，奥登堡在敦煌考察的收获，完全否定了霍普科克谈到的前三个原因。至于"动作太慢"，奥登堡到达敦煌确实较晚，但他的考察和清理更加细致，也是最后一个从王道士手中弄走大量敦煌宝藏的外国考察家。

奥登堡一行从敦煌回国后，对外没有公布过有关考察队工作的总结材料，虽然考察回国后，奥登堡曾计划出版论述敦煌千佛洞的绘画和雕塑的著作，也有提议出版本次考察所获材料的相关著作，但也只是计划和提议而已，未曾成为事实，只有考察队成员杜金发表过两篇简略的文章，奥登堡简单地谈到过有关考察成果，发表了一篇关于敦煌艺术古迹的文章。别的研究者虽偶有论及，也只是一鳞半爪。此外，俄罗斯学者波波娃说敦煌石窟壁画的描摹图和照片曾在 1919 年 8 月举办的一场展览中展示。此后，据另一位俄罗斯学者缅西科娃说放在冬宫的部分敦煌藏品在 1935 年至 1941 年展出过，但国外学者少有人知悉和看到。

一直到多年以后，奥登堡的神秘之旅才慢慢浮出水面。

当初以学术研究为名进行文物挖掘，何其冠冕堂皇。以保护文物为由，只要能够获取文物，哪管文物身在何处。但是，在后来的整理和研究中，俄国学术界当初的那种疯狂，突然烟消云散、不知去向。

白俄残兵的祸害

俄国将敦煌宝藏掠回国后深藏未露的原因，多少与第一次世界大战炮火的持续和俄国的"改朝换代"有关。而敦煌莫高窟的壁画与塑像，竟然也同样受此影响而遭受厄运。

1917 年 11 月 7 日，俄国发生震撼世界的"十月革命"。随后，革命风暴席卷俄国的中亚和西伯利亚边区。协约国迅速讨论武装干涉之事，北洋政府随声附和，致电新疆总督杨增新"助旧党以攻新党"。对此，杨增新选择了中立，对苏联红军要求入境逮捕旧俄领事和捉拿逃入新疆的白军，以不符国际法为由予以拒绝；对旧俄领事要求借道进攻苏联红军，同样予以拒绝。

1920 年 4 月，旧俄白军军官阿连阔夫残部被苏联红军追击进入新疆。杨增新虽然根据国际公法，派军队解除阿连阔夫残部的武装，但阿连阔夫并未束手待毙，非但没有按要求彻底解除武装，而且一度在古城发生暴动。

面对新生的苏维埃政权日益巩固，同时消除阿连阔夫残部以避免其成为新疆的安全隐患，杨增新开始思酌如何处理阿连阔夫残部。

1921 年 2 月，杨增新致电北洋政府及甘肃省方面，提出对阿连阔夫残部先设法安置监视、再行遣送回俄之法。具体来说，就是将一部分阿连阔夫残部安置在敦煌。杨增新认为这里"四面戈壁，便于监视"，且和其他各县相互隔绝，不会骚扰到民众。

杨增新接着强调，将阿连阔夫残部遣送敦煌，同时将阿连阔夫扣留在新疆，使其脱离属下部队，防止在甘肃出现破坏活动。

在新疆、甘肃与北洋政府反复商讨下，甘肃方面答应接受安置白俄，待国际形势好转后，再将其迁出敦煌遣送回国。

4 月，杨增新致电甘肃方面，告知白俄起解到甘肃的具体安排，除了安置在新疆的白俄官兵之外，安置敦煌者拟分两批进行。

当白俄残兵安置在敦煌的消息公布后，敦煌各界群情激愤，但这是北洋政府及甘肃省政府的命令。敦煌县知事陆恩泰于是召集各方商议，商量来商量去，最后确定把他们安置到离县城 40 多里地的千佛洞，因为这样可以使县城安全一些。

5 月，甘肃督军陆洪涛致电杨增新，"已将俄党预备安置千佛洞，请分起护送"。

6 月 11 日，阿连阔夫残部到达敦煌，"计共俄旧党官兵四百六十九名，马四百八十八匹，车十八辆"。

白俄残部住进千佛洞后，中国方面派有驻军监视，同时制定了禁止损坏古迹的相关规则。不过，禁令虽然制定，但并没有得到遵守。白俄残兵"在洞窟中生火造饭，熏黑许多精美壁画，肆意破坏佛像雕塑，并在壁画上乱刻乱画"。

面对这种现状，负责监视白俄残部的营长周炳南，曾会同敦煌县政府向甘肃省政府报告，要求将白俄残部迁出莫高窟。甘肃省方面随即致电北洋政府，希望尽快将白俄残部从敦煌迁出。报告和电报在一级一级地向上面递送，白俄残兵依旧在一天又一天地破坏着敦煌壁画和塑像。直到半年后的 1921 年 11 月，甘肃省政府决定给予白俄残部每人路银六两，分批解送。1922 年 3 月，白俄残兵全部离开敦煌。

在被安置于莫高窟的日子里，一些绝望潦倒的白俄残兵冲着艺术珍品恣意发泄：在佛像脸上刻写俄军番号，让菩萨口吐秽言，在洞窟夹角处支灶生火做饭，烟熏火燎致使大批

白俄残兵在敦煌莫高窟。

壁画受损。国人见之，无不黯然。

1925 年受北京大学研究所国学门派遣来敦煌考察的陈万里看到，164 号洞窟内的《李君碑》为"居留俄人所断，已折为二"；157 号洞窟及 159 号洞窟的壁画"均被熏染成墨，亦居留俄人所为也"；俄人所居之洞，毁坏更甚，"寝食于斯，游憩于斯，而一部分之壁画，遂受其蹂躏矣"。

1935 年来此考察的国民党中央执行委员会委员邵元冲慨叹："俄军人在各洞筑灶设火烟，凿壁通火管，因为烟煤熏坏者，凡十余洞。而各洞壁画及佛像，俄人亦多任意涂抹之，如于佛颔间，涂以俄国式之须髭，壁画佛像之眉，涂以绿色及俄国式须髭者，皆为国宝美术留一重大污玷。"

1941 年在敦煌考察的北京大学向达教授慨然写道："民初将白俄收容在千佛洞里，于是凿壁穿洞，以便埋锅造饭出烟，好多唐代的壁画都因此弄坏了，熏黑了。如今在许多窟里，壁上还有当时白俄的题壁、漫画，甚而至于账目也写上去了。"

莫高窟的壁画和塑像饱受摧残。然而，劫难并未结束。

紧接着，美国人来了。

第八章

陷入困境的华尔纳

中学历史课本中，有一幅名为《时局图》的漫画，列强染指中国版图：北方，一头黑熊（俄国）盘踞东北地区；中部，一只黄狗（英国）活跃在长江流域；南部，一只青蛙（法国）一手托着海南岛、一手伸向西南地区；东北，日本岛上的太阳人一面用绳子捆住台湾岛、一面觊觎着沿海和内陆；东部，一根德国香肠套着山东半岛；东南，一只衔着美国国旗的鹰正展开双翅飞向中国。在这幅描述清末列强瓜分中国的漫画中，美国显然在瓜分浪潮中慢了一步。不过，它并不是没有分到一杯羹。

美国人来了

在中国西北文物争夺战中，当丝绸之路上形形色色的"探险队""考察队"你来我往，大箱小箱地往自己国家搬运文物宝藏的时候，美国人还没有反应过来。

不过，美国人终于还是来了。

1923 年初冬，寒风凛冽，美国哈佛大学福格艺术博物馆考察队步履艰难地出现在了中国的河西走廊。四辆简陋的双轮马车，哈佛大学福格艺术博物馆的兰登·华尔纳、宾夕法尼亚博物馆的霍里斯·翟荫，加上雇佣的翻译——燕京大学学生王近仁，构成了第一次福格考察队的队伍。格外醒目的是，为首的华尔纳是个长着一头红发的彪形大汉，马车上临时拼凑的只有六颗星的美国国旗——星条旗——在风中飘荡。

英国斯坦因收获颇丰。法国伯希和留下了美好的回忆。日本大谷光瑞满足了国家的虚荣心。德国勒柯克摆脱了同伴的反对，在第一次世界大战前夕的最后一刻进行了疯狂地挖掘，硕果累累。俄国奥登堡没有辜负地理位置优势，神不知鬼不觉地从敦煌满载而归……

华尔纳代表美国来了。他在大宗中国文物成为列强口中食之后来到中国，这样的一个时间，也许本身就暗含着一种命运。

华尔纳的心事

华尔纳对中国西北早就心向往之，但有过几次机会都没能成行。当他终于开启中国西北之旅时，也许他的心中依然热情如火，他决不会想到前方路上是什么在等待着他。

第一次世界大战正在进行中的 1916 年，伯希和调任法国驻华使馆陆军武官次官。此时，恰好华尔纳代表新成立的美国克利夫兰美术馆来到中国收集文物。听说伯希和在北京，华尔纳曾亲自前往拜访。当谈到中国西北探险时，伯希和建议一战结束后，他们俩一起前往中亚考察。

对此，华尔纳异常兴奋。在一封致克利夫兰美术馆馆长的汇报信里，华尔纳写道："这真是我们值得夸耀的事，他（伯希和）是席卷了敦煌文书和壁画的少数几个人之一，他私下还打算挖掘几处遗址，只是苦于没钱。如果他能参加我们的考察，那等于我们新添了一位世界上最有名气的学者！"

战争结束后，1919 年 5 月伯希和回到法国重登巴黎讲席，他们合作的愿望没有实现。不过，华尔纳并没有忘记敦煌。这位只比伯希和小 3 岁的美国人，目光早就注视过中国西北。

1908 年，美国波士顿美术博物馆借调华尔纳到奈良学习日本佛教艺术。他的老师——日本著名佛教美术史家冈仓觉三曾打算派他到中国新疆考察，加入当时已经达到高潮的中亚文物争夺战。为此，兼任波士顿美术博物馆亚洲艺术部主任的冈仓觉三曾专程到波士顿，为华尔纳筹集了一万美元考察经费。当华尔纳准备启程前往新疆和阗时，不料遭到他当律师的父亲和波士顿美术博物馆的双双反对，这次中亚考察由此夭折。

1913 年上半年，拥有大量东方艺术藏品的大资本家查尔斯·弗利尔打算在北京建一所美国考古学校，派华尔纳前往中国谈判筹建。6 月，执教于哈佛大学、在美国首开东方艺术课程的华尔纳欣然同意，携已婚 3 年的妻子——美国总统西奥多·罗斯福家族的罗兰·罗斯福——开始了他的第一次中国之行。

在前往北京途中，华尔纳游览了伦敦、巴黎、柏林和圣彼得堡，见到了众多来自中国西北的艺术品。途经伦敦时，他拜访了大英博物馆东方美术品管理员罗伦斯·宾雍。在巴黎，他拜访了沙畹与伯希和。在柏林，他参观了格伦威德尔、勒柯克从新疆获取的壁画等文物。在圣彼得堡，他多次参观科兹洛夫从黑城（又称"黑水城"）和新疆掠回的艺术品。所有这些，都加深了他对中国西北文物的了解，同时刺激了他对中国西北文物占有的欲望。

　　1921 年，斯坦因第二次中亚考察的两部著作——《西域考古图记》和《千佛：莫高窟的古代佛教绘画》出版，更激起了华尔纳要前往一试的欲望，而此时福格艺术博物馆正想大力扩展东方艺术品的收藏。

　　1923 年，在哈佛大学任教的华尔纳，终于带着斯坦因的著作，带着他在宾夕法尼亚博物馆工作时的同事兼好友翟荫，踏上漫长的中国古道，开始了首次试探性的"侦察之旅"。

1921年，斯坦因的《西域考古图记》和《千佛：莫高窟的古代佛教绘画》出版，更加激起华尔纳前往敦煌的欲望。

牛刀小试

华尔纳和翟荫到达北京的时候，正是火热的 7 月。一到北京，华尔纳立即写信给司令部设在洛阳的直系军阀吴佩孚，请求沿途给以保护，同时在美国教会办的燕京大学物色了学生王近仁作为翻译兼事务员。

华尔纳一行在洛阳、西安一带，有吴佩孚部下的保护，可谓一路顺利。特别是在洛阳，他们不仅受到吴佩孚宴请，还参观了早在 14 年前华尔纳在日本留学时就想考察的龙门石窟。

9 月，华尔纳一行到达西安后，告别了吴佩孚安排的武装护送人员，继续西行。没有武装人员的护卫，人身安全方面多了一些危险，盗挖文物则多了一些方便。十天后，他们

华尔纳（1881—1955）在黑城

来到了甘肃泾川县西的王母宫石窟。华尔纳对这个被称为"象洞"的石窟进行了考察，并攫取了几尊精美石雕。

小有收获不过是顺手牵羊。华尔纳第一个明确的目标，是额济纳旗的哈拉浩特——黑城。1275 年，年仅 21 岁的马可·波罗曾和他父亲来到这里，从城东门进入，受到了士兵和民众的热烈欢迎。

黑城，这个静穆安谧的古城堡，埋藏着无数西夏时期的文物珍宝和西夏王国的历史往事。然而，它的重新被发现，却是一个充满欺诈和诱骗的故事，一段文物散失的伤心过往。

黑城之旅

19 世纪末，俄国旅行家波塔宁、地质学家奥布鲁切夫等来中国西部探险游历时，都曾听说过黑城。当他们试图找到这座沙埋故城时，当地的土尔扈特蒙古人要么沉默、要么将他们引向了歧路，因为这是他们心中的圣城。

1908 年暮春，由俄国地理学家科兹洛夫率领的探险队，终于用重礼和许诺向清朝政府请封的条件，贿赂蒙古王爷和土尔扈特贝勒，打通了关节，得到他们的允许，并派遣向导，穿过蒙古高原，闯入了陌生的巴丹吉林沙漠。

科兹洛夫在 1908 年 3 月 12 日致俄国地理学会的信中不无得意地写道："起初，蒙古王爷巴登扎萨克和他的手下得知我要去黑城挖掘时，都竭力使我相信，在我要去的方向是没有路的。但是，礼品帮了大忙，首先是左轮手枪和步枪、宴请和留声机，还有那封请俄国驻北京使团转请清廷加封巴登扎萨克的信件，此举将使他从博格多汗朝廷所得俸薪增加两倍。"

科兹洛夫的探险队赶着 40 峰骆驼行进在巴丹吉林沙漠的茫茫沙海中。半个多月过去了，饥饿、干渴、疲劳、疾病、向导逃离，曾使这支远征队濒临死亡，但最后他们还是找到了黑城。

黑城遗址被找到了，也就意味着它被毁灭的日子来到了。

科兹洛夫在黑城从 4 月 1 日逗留到 13 日，攫取了 10 个俄担箱（一俄担箱合约 16 公斤）的文物。他在日记中写道："挖呀，刨呀，打碎呀，折断呀，都干了。"

第二年，科兹洛夫再度闯入，运走文物 40 驮，"骆驼运出了一个保存完好的图书馆，计有二万四千卷"。

在黑城，同样有斯坦因留下的痕迹。1913—1915 年的第三次中亚考察，斯坦因一开始是在塔里木盆地周边与勒柯克展开挖掘文物的竞赛。当勒柯克于 1914 年初返国后，斯坦因再度前往敦煌。之后，带着科兹洛夫提供的信息，抱着侥幸的心理，斯坦因踏进了黑城。在一阵挖掘后，斯坦因也如愿以偿，获得了大批珍贵的汉文、西夏文、古藏文和回鹘文文书，以及版画和其他艺术品。

现在，轮到华尔纳了。

十年前，华尔纳在圣彼得堡参观过科兹洛夫从黑城运去的大批精美文物。后来在与斯坦因的通信中，他又进一步了解了有关黑城的情况。今天，华尔纳同样想来碰碰运气。

到了酒泉后，插有星条旗的双轮马车换成了骆驼，离开丝路干道，向北进入戈壁荒漠，在凛冽的漠风中，缓慢地向黑城方向移动。1923 年 11 月 13 日，在寒冬已经降临的这天中午，华尔纳一行同当年马可·波罗到来时一样，从东门进入了黑城。

华尔纳在写给国内的信中描述道："没有守城的士兵来检查我的证件，没有挽弓持箭者在城楼上用异样的眼光看我，也没有旅馆的人用茶水招待我。……此时正是午后，街上连一个人影都没有。"

没有古人检查证件，也没有今人拦阻监视，面对寂静而荒凉的城堡，华尔纳开始了挖掘。然而，挖掘过程令人失望。整整 10 天，华尔纳挖掘的每一处，几乎都能看到被科兹洛夫和斯坦因挖掘过的痕迹。华尔纳说：每一件有价值的东西——不论是壁画、木雕还是塑像、文书，都已经被拿走。

华尔纳大骂科兹洛夫和斯坦因是"两头野猪"，把这里啃得一干二净。不过，华尔纳还是挖到了 3 件壁画、3 只陶罐、1 件泥塑和几十枚钱币。在他记述此行的著作《在中国漫长的古道上》一书中，华尔纳写道："这次额济纳的远征已经证明了，除非用大量的劳力和进行长时间的挖掘，否则，别想再找到更多的东西，因为科兹洛夫和斯坦因已经把这个地方挖掘得如此干净，后来的人简直无物可挖了。"

对华尔纳来说，他的黑城之行，是一次黑色之行。在这里，不仅收获不多，而且损兵折将——同伴翟荫差一点就被冻死。回程途中，寒风凛冽，翟荫实在是不想走也走不动了，他决定骑上骆驼。然而，走上一程后，当翟荫从骆驼上下来时，倒在地上再也起不来了——因血液循环缓慢而被冻僵。华尔纳立即派王近仁不惜代价找到村庄弄辆马车来，自己留在雪地里守候。

三天后的午夜，王近仁带着一辆破旧的马车及其车主出现在了华尔纳的视线之内。将翟荫放上车后，华尔纳一行向东跋涉折回张掖，因为那里有一个传教的中国医生。在这名医生的精心治疗下，翟荫的命总算是保住了，但已经无法与华尔纳一同前往敦煌。

翟荫只得带着在泾川、黑城等地所得文物，独自踏上回家之路。华尔纳和饱受折磨的翻译王近仁则继续沿着冰雪覆盖的车道，向西走近敦煌，走近莫高窟，那里才是他们真正要去的地方。

转悲为喜

黑城探险，几乎断绝了华尔纳继续西行敦煌的去路。但半途而废不是华尔纳的性格。虽然他知道斯坦因、伯希和、奥登堡和橘瑞超等全都到过敦煌，并拿走了他们所能拿走的东西，但是作为艺术史家的华尔纳对经卷本身兴趣并不大，壁画才是他关注的重点。不要说福格艺术博物馆正在翘首等着他带回东方艺术珍品，哈佛大学的实验室也在等着他带回壁画，以弄清诸如壁画颜料及其来源等艺术史上的种种问题。

华尔纳早就从搬回了大量新疆壁画的斯坦因和勒柯克那里受到鼓舞而跃跃欲试。从《在中国漫长的古道上》一书可以看出，他带齐了斯坦因记述其第二次中亚考察暨敦煌获宝的相关书籍，他讲述读斯坦因《沙埋契丹废墟记》时的情景是："直到妒忌得不能再读下去为止。"

斯坦因第一次来到莫高窟时，王道士外出。伯希和来到莫高窟时，王道士也外出了。华尔纳到达时，王道士还是外出。但华尔纳用不着等王道士回来，因为他主要是冲着壁画而来。

华尔纳考察队拍摄的莫高窟第 96 窟北大像。图片来源：[美] 兰登·华尔纳 著，*The Long Old Road in China*（《在中国漫长的古道上》）

华尔纳走进石窟，精美的壁画就在眼前，他惊得呆若木鸡。一连十天，华尔纳沉醉在这些艺术珍品之中。几年以后，他回忆了第一次看到敦煌壁画时的情形："我除了惊讶得目瞪口呆之外，再无别的可说……此时我才第一次明白了，为什么我要远涉重洋，跨越两大洲，并在那些恼人的日子里，蹒跚地随着马车一路跋涉。"

黑城的懊恼冰消雪化，敦煌的天空万里无云。华尔纳兴奋莫名，这次终于没有迟到。

窃取的理由

现在，华尔纳最关心的，是如何把壁画剥离并带回美国。

关于敦煌壁画的劫取，很多人以为华尔纳是开先河者。事实上，斯坦因、伯希和、奥登堡都有所攫取，不过没有像华尔纳这么猖獗、这么恶劣。斯坦因的注意力主要在藏经洞宝藏，对于莫高窟的壁画和塑像，他在公开出版的书里曾说："来千佛洞参拜的民众数以万计，可知庙宇虽然残破，依然是礼拜敬佛之地，因此我对壁画和塑像深加敬护，除摄影绘图之外，不敢有所希冀，恐伤民众感情。"

其实，"不敢有所希冀"，是他刚到莫高窟之时。那时佛诞庙会热闹非凡，到处是进香拜佛的人群，5天之后依然如此。斯坦因怕犯众怒，只是对洞窟和壁画等照相、绘图。然而，此后在敦煌的20多天里，斯坦因曾偷偷地剥取过壁画。对此，他在写给华尔纳的信中曾有所透露。

伯希和考察队在敦煌时，除了摄影师努埃特将壁画拍摄了一遍之外，伯希和也曾剥取了莫高窟的壁画，这在几十年后才公开出版的《伯希和敦煌石窟笔记》中有所反映，譬如他剥取了第55窟甬道上的壁画。

奥登堡在敦煌考察时，则剥取了第263窟等数个洞窟的十几幅精美壁画，以及收获了数十尊精美塑像。

华尔纳说，他之所以要将壁画剥离带回美国，是因为白俄残兵在这里破坏了大量的壁画。他说："在这些可爱的脸上，有几个被涂写着俄国军队的编号。从一个宣讲《妙法莲华经》的坐佛口中，喷出了一些斯拉夫人的下流话。""我的任务是，不惜粉身碎骨来拯救和保存这些即将毁灭的任何一件东西。若干世纪以来，它们在那里一直是安然无恙的，但在当前看来它们的末日即将到来。"

华尔纳在《在中国漫长的古道上》一书中写道："看到这种摧残文化与艺术的行为，就是剥光这里的一切，我也毫不动摇。……恐怕在20年以后，这个地方就将不值一看了。"

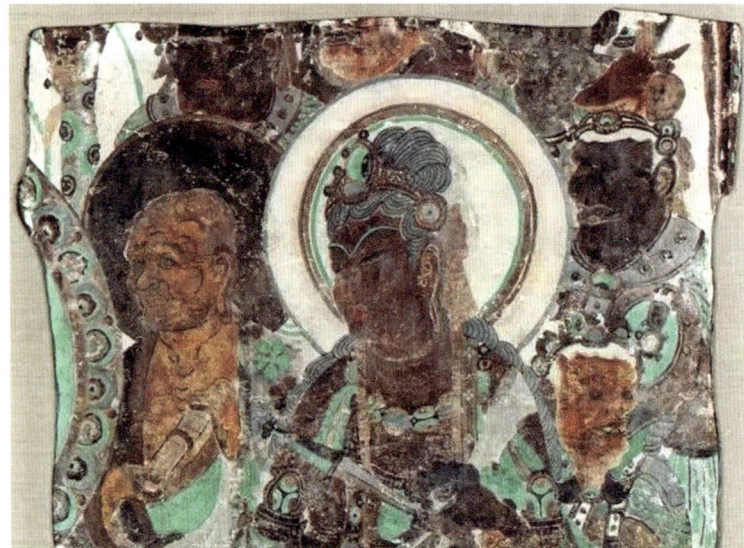

```
1 | 2
--+--
4 | 3
```

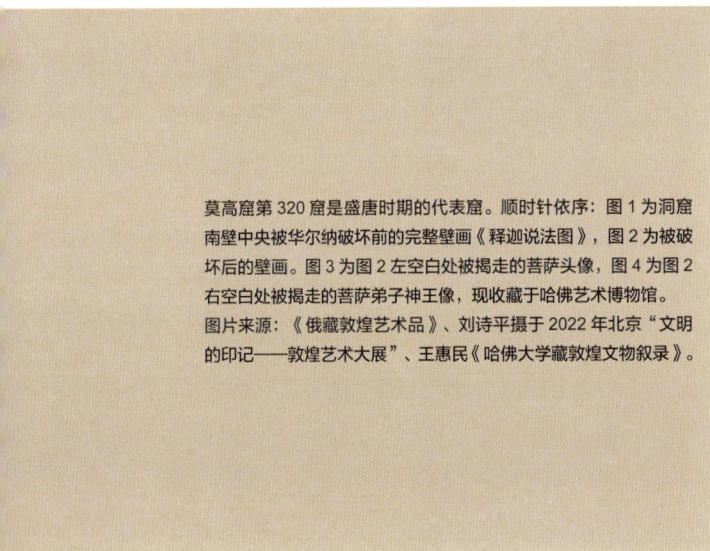

莫高窟第 320 窟是盛唐时期的代表窟。顺时针依序：图 1 为洞窟南壁中央被华尔纳破坏前的完整壁画《释迦说法图》，图 2 为被破坏后的壁画。图 3 为图 2 左空白处被揭走的菩萨头像，图 4 为图 2 右空白处被揭走的菩萨弟子神王像，现收藏于哈佛艺术博物馆。图片来源：《俄藏敦煌艺术品》、刘诗平于 2022 年北京"文明的印记——敦煌艺术大展"、王惠民《哈佛大学藏敦煌文物叙录》。

这与勒柯克切割新疆壁画的理由如出一辙，例如农民的无知、伊斯兰教徒的愚昧、地震的破坏等等。不过，华尔纳对勒柯克切割壁画的水准很不以为然，因为好好的壁画被切割成一块一块的，有碍观瞻。他在 1913 年参观了柏林民俗学博物馆展出的勒柯克藏品后，曾极不满意地说："先不谈这些收藏品的重要性，单就斯坦因带回博物馆的东西来看，在美观方面就远胜于此。"

事实上，华尔纳是有备而来的。他已经带着分离壁画的化学溶液，做好了进行实验性剥离敦煌壁画的准备。一些自欺欺人的说辞，不过是找个冠冕堂皇的理由罢了。由于时值隆冬，溶液极易冻结，华尔纳的喷胶技术又不过关，从洞窟壁上将壁画剥离下来的难度增大，对壁画的损害可想而知。

在剥取壁画的过程中，没有剥离成功遭到毁坏的不少。最后，华尔纳剥下了 12 幅莫高窟的壁画。他在写给家人的信中讲述壁画剥离的情况时，要求家人不要向赞助单位透露有关壁画的事情，因为哈佛大学实验室能否将胶布与脆软的画面分解开来，他一点把握都没有。不过，让华尔纳感到幸运的是，12 幅带回美国的敦煌壁画，挽救出了 11 幅。

直到这时，华尔纳才喜形于色："（这些壁画）是极其可贵的珍品。在美国我们还从未见过能与之相比的东西。同时它们与德国人从新疆洞窟的墙壁上锯下来呈方形的壁画相比，也可能会引起他们的嫉妒。"

深夜的真相

关于华尔纳剥离壁画的经过，一般的说法是：王道士外出回来后，华尔纳送给了他一些早已准备好的"礼品"和银子。华尔纳在酒泉所雇、在黑城和敦煌受雇数月的木匠老周说，华尔纳给了王道士 70 两银钱作为布施（华尔纳则说自己给王道士送过 75 两银钱）。之后，华尔纳提出剥离一些壁画的要求，王道士没有反对。

据翻译王近仁说，华尔纳剥离壁画是夜间所为。曾任燕京大学教务长的洪业在口述自传（陈毓贤著《洪业传》）中讲述了王近仁的一次现场目击：

"王近仁流着眼泪跟洪业说，他前一年向燕京请假，替一个来自哈佛叫华纳[1]的人当翻译员，又替他安排到西北探险。到了敦煌，他们在窑洞附近一个庙里住下，华纳说他要研究洞里的佛教古物。一天晚上王半夜起来，发现华纳不在，去找他，原来他在一个洞窟里，用布把一片壁画盖上，不知道在干什么，华纳看见王进来，吃了一惊，便要王替他守密，说这些壁画是很有历史与艺术价值的，但中国人对此类文物没兴趣，美国的诸大学却

1　即华尔纳。

华尔纳掠走的第 328 窟彩塑菩萨。图片来源：*The Long Old Road in China*

第 328 窟现存塑像全貌

很想研究它，所以他正用甘油渗透了的棉纱布试验，看能不能把一些壁画搬回美国去。他说实验成功的话，就再回中国来，到时候又有差事给王近仁做。"

　　华尔纳除了剥走精美的壁画之外，还从莫高窟搬走了两尊彩塑。其中，第 328 窟的一尊唐代半跪式观音菩萨像，现在已经是哈佛大学艺术博物馆的"镇馆之宝"。

　　华尔纳对敦煌文书的兴趣不大，因而没有投入多少精力，只得到了一件敦煌唐人写本《妙法莲华经》残卷。

　　春天已经到来。带着精美的壁画和塑像，华尔纳经河西走廊到达北京，然后返回美国。在北京，华尔纳当然不会透露关于敦煌壁画和塑像的任何信息，因此北京的学术界对此一无所知。当华尔纳回到美国后，立即引起了巨大轰动。

　　福格考察队带回的敦煌艺术品和在其他地方的所得，引起了福格艺术博物馆负责人弗比斯、萨克斯的重视，也吸引了对西域美术品感兴趣的哈佛大学校长的注意力。随即，第二次福格考察队迅速结成。

"红魔"笔下的白匪

在华尔纳的双轮马车来到敦煌以前的 8 年时间里，代替所谓"探险队""考察队"出现在中国境内丝绸之路上的外国人，主要是旧俄的士兵和难民。丝绸之路一时成了白俄残兵和难民过往的通道。作为丝路珍宝的敦煌莫高窟艺术，没能逃脱白俄残兵的野蛮蹂躏。

在回忆当时西行途中的情景时，华尔纳说："几天以来，老有一种怪怪的感觉，好像在这条丝路大道上，总有什么别的外国人和我们在一起似的。……每一家客栈的每一间房子和荒芜城镇的光光的墙壁上，到处都涂写着几个月前离开这里的俄国人的姓名、团队的编号和日期。"

在《在中国漫长的古道上》一书中，华尔纳写道："在 3 年以前走在这条丝绸之路上的外国人，比在两千年之前的还要多。……其中，许多人已经在北京和上海定居，还有一些人则走得更远。""有史以来，第一次在亚洲城市见到了白色人种，有光着脚的白人妇女在路旁向亚洲人行乞。"

到达莫高窟的当天，华尔纳在洞窟里参观了一天，之后趁着"第一印象还没有消失"，给远在美国的妻子写了封长信。信中说："两年前曾经有 400 多名俄国囚俘在这里住过 6 个月，他们对壁画进行了大量的、无可弥补的破坏，现在再也拍不到当年斯坦因和伯希和所能够拍摄到的那些照片了。"

华尔纳后来在《在中国漫长的古道上》一书中，针对白俄残兵对敦煌壁画的所作所为写道："当我的目光从它们那椭圆形的面孔和平静的嘴部扫过时，我不禁为俄国士兵及其同伙遗留在上面的划痕和部队番号所震惊。这真是一种斯拉夫式的对神灵的亵渎。两年前，一支四百多人的俄国小股部队被苏联红军击溃尾追时，走投无路，从中亚逃了出来。中国当局解除了这股逃兵的武装，将他们关进千佛洞，而部队司令官则被关押在乌鲁木齐的监狱中。……敦煌壁画是古代中国经历了许多世纪的劫难之后，留给我们的独一无二的遗产，是无以替代的珍宝。但那些寂寞的农民士兵却把他们毫无价值的姓名和部队番号刻写在上面。刚开始，我曾对此行为盲目发火，但很快我就认识到，他们并不知道自己在干些什么。这只不过是大战导致的又一个灾难性后果而已。"

华尔纳对白俄残兵的所作所为怒不可遏，但很快认识到他们其实并不知道自己在干些什么。那么，华尔纳知道自己在干些什么吗？长着一头红发的高个子华尔纳，被当时的敦煌人称作"红魔"，与他笔下的白匪形成了鲜明的对比。他们之间确实有很多差别，比如华尔纳对艺术品有着专业的理解力，但他们也有相似之处——以不同的方式破坏着敦煌莫高窟的艺术珍宝。

华尔纳的雄心

1925 年初春，寒冰还没有消融，华尔纳组建的第二次福格中国考察队抵达北京。这次除了带来大量剥离敦煌壁画的材料之外，他把发明剥离敦煌壁画技术的 22 岁的汤普森也带来了。考察队员增加到了 6 人，华尔纳雄心勃勃，准备大干一场。

华尔纳成为哈佛的英雄后，在获取敦煌艺术品方面被寄予了更大的希望。因此这次考察的目标相当宏大——将敦煌莫高窟第 285 窟西魏时期的壁画一块不剩地全部剥离运到美国。华尔纳曾在看到白俄残兵摧残敦煌文化与艺术的行为时说，"就是剥光这里的一切，我也毫不动摇"，这次他的目标正是前往"拯救"敦煌壁画。

华尔纳此行，除了打算揭剥敦煌第 285 窟壁画之外，还有一个任务，那就是代表霍尔基金会和哈佛大学同北京大学商谈合作事宜。

美国铝业大王查尔斯·马丁·霍尔（1863—1914）的临终遗嘱指明，将遗产的三分之一用于中国文化研究，暨在美国和中国各选一所大学组成联合研究机构。由于第一次世界大战爆发，这一计划未能立即实施。战争结束后，霍尔遗嘱执行团在美国选中哈佛大学，在中国则看上了北京大学。

同北大谈判与哈佛合作事宜，预计需要一段时间，华尔纳于是让上次半途而返的翟荫担任考察队代理队长，于 1925 年 2 月 16 日率队先行。由于北大与哈佛有合作的打算，北大的陈万里于是代表北京大学研究所国学门，参加哈佛大学福格考察团，作为两校合作的初次尝试。燕京大学的王近仁再次作为翻译兼事务员随队西行。

象洞冲突

考察队进入甘肃境内后，翟荫等人再次来到了泾川县西的"象洞"。当他们剥离石窟内的造像时，被村民赶到现场逮了个正着，冲突随即爆发。

这次冲突过程，陈万里在日记中做了详细记录。事情发生在 3 月 24 日上午 9 时。翟荫等人在洞窟剥离造像，忽然 20 多个当地村民从外边涌入，连声责问。翟荫等人于是收拾东西打算离开，村民不依，拉住骡马不放。在场的陈万里好言相劝，村民的情绪有所缓和。就在这时，又有十几个村民冲了过来，责问声更大，矛头直指翟荫。其中，一个村民拉住翟荫的衣袖说，不修好佛像就别想离开，旁边的村民同声呼应。

这个石窟由附近 6 个村庄的村民供养，遇到这样的大事，当然要集合全体村民共同商议解决。随着集合其他村民的锣声急促地敲响，形势骤然紧张起来，肢体冲突随时可能爆发。面对这种情形，陈万里耐心地向村民解释。一位长者同意和平解决，开会推选代表进城，商量修复佛像事宜。

来到泾川县城后，陈万里向翟荫建议，尽量不要惊动官府，采取"私了"的办法更好。翟荫点头称是，随即与村民代表商量赔偿金额，小佛像每个 2 元，大佛像 30 元，共66 块银圆。村民代表没有还价，表示接受。如数收到银圆之后，村民代表离开。

一场纠纷就此收场。

村民们的要求并不高，他们当时甚至不了解那些佛像的文物价值。他们不过是在保护自己的信仰、传承延续的习俗而已，虽然很多自以为是的高级文化人并不这样看待。

翟荫不愿意惊动官府，是因为考察队还有进一步的计划，事情闹大了的话，将对下一步行动产生不良影响。但从发生的冲突来看，中国的民众不好对付，看来最好是能争取到中国官方的支持。

"保护"无处不在

一个多月后，考察队到达酒泉。有了与村民打交道的经验，翟荫决定从官府入手达成目标。

5 月 2 日上午，翟荫带着翻译王近仁去见吴镇守使，虽然说了很多，但主要是请求批准剥离敦煌壁画一事。客客气气的吴镇守使，看不出对文物有深刻理解，但就是不同意，而且语气坚决。这是对翟荫的当头一棒，他隐约看到了惨淡的前景。他私下已经决定：如果万不得已，那就放弃。

几天后，考察队离开酒泉，翟荫把准备用于剥离壁画的洋布和木箱工具寄存酒泉，抱着侥幸心理继续向敦煌进发。

让翟荫等人感到不自然的是，中国官府对外国客人表现出了百分之百的照顾，每到一处，都有官署出面热情招待，一路上都有警员和骑警进行保护。

5 月 18 日清晨，当考察队到达距敦煌还有 70 里地的胳嗒井时，出人意料的是敦煌统领周静山已经在此恭候。翟荫与周静山进行了一番长谈。将近一小时后，周静山离去。

双方交谈的内容没有别人知道。不过，翟荫的决定说明了谈话结果：他要继续去敦煌，但不作久留，之后与翻译王近仁返回酒泉，目的是挡住华尔纳，放弃整个计划。翟荫已经感觉到，华尔纳前年剥离千佛洞壁画后，敦煌上下已经像一座随时都可能爆发的火山，华尔纳来此多半会遇到麻烦。

在中国官府客气的表现和无处不在的保护背后，翟荫知道他们的一切可能已经在中国官府的掌握之中，虽然他始终不能理解到底发生了什么事。此时，除了指望在与敦煌县政府谈判时出现最后一线希望之外，他已经没有任何办法可想了。

草草收场

5月19日下午，翟荫一行到达敦煌县署。他与当地官员及相关代表进行了最后一次商议。在座者有周统领、肃州镇道两署所派专员张参谋长、牛科长、杨知事，以及敦煌县商会、教育会会长及各界代表七八人。翟荫首先说明来意：这次前来是想剥离一部分敦煌壁画，运到北京陈列，以便中外学者就近研究，这个意思已经向陆省长表达过了，但没有获得批准，因此放弃原计划，只拍照获取资料，希望给以充分的时间等等。

杨知事、牛科长、周统领和教育会会长相继发言，大家的意思相差不多，都说因为前年华尔纳运走千佛洞壁画二十余方和佛像数尊后，地方民众意见很大，甚至向政府质问，政府压力很大。今年庙会时，更多的人指责盘问千佛洞的王道士，群情激愤。所以这次游历，时间一定不能太长。如果在千佛洞居住，也有种种不便，即使派军警保护，也难保不发生意外。

最后双方商定的结果是：考察队员不在莫高窟居住，当日返回县城，同时派军警加以"保护"，时间不超过两个星期。

翟荫知道这意味着什么，同时感受到了浓烈的火药味。

官府的明确表态，警员的一路监视，民众的群情激愤，翟荫在无可奈何的同时，也许还感到了一些幸运，那就是在上次考察时救了他一命的华尔纳，此时在北京商谈与北大合作事宜没有同来，要是他到了敦煌县境，那结局就不好推测了。他决定这次要为华尔纳解围。

原本计划在莫高窟停留半年，最后翟荫等人仅于5月21—23日前往莫高窟游览摄影。在最后一天从莫高窟返回敦煌县城的车上，考察队员汤普森对陈万里说：以所花费用计算往游莫高窟的时间，每秒钟是大洋四角，而与摄影照片数比较的话，每张照片的费用就没法比了。

5月24日，考察队启程返回安西，翟荫和翻译王近仁前往酒泉等候华尔纳的到来。

莫高窟考察的第二次行动就这样完结了。队长华尔纳此时正在前来敦煌的路上。他也许还在想，北京的事情办得一团糟，敦煌的收获也许能得到某种补偿吧。

噩梦相继

当华尔纳到达北京时，中国各地的反帝爱国运动已经迅猛发展，北京大学在考虑与哈佛大学合作一事上小心谨慎，北大一些爱国教授坚决反对接受美元，因而校方迟迟未决，一个多月下来没有取得进展。于是，华尔纳带着在北京吸纳的临时考察队员阿兰·克拉克于3月底离开北京，向敦煌进发，追赶考察队的大队人马。5月底，华尔纳到达玉门，与前来远迎的翟荫相会。

翟荫向华尔纳汇报了所发生的一切。这世界变化太快了，上次的美好回忆还停留在脑海中。华尔纳不想就此放弃，也许还有一线希望。千佛洞（莫高窟）太引人注目了，外国人去得比较少的其他洞窟，应该还有机会。

6月2日，华尔纳、翟荫来到安西，向当地政府提出考察另一个"具有希望的地方"——万佛峡（榆林窟）。与地方政府讨论时，华尔纳、翟荫要求在万佛峡停留一个月，但对方只允许停留3天。最后，双方商定考察队先去一星期，一星期后还有摄影工作需要继续的话再商量。

6月4日，华尔纳一行进入榆林窟考察，安西县县长芒皋也一道参加。第二天晚上，陈万里似乎节外生枝一般，突然提出要先回北京，这使得华尔纳措手不及。他说什么也不让陈万里先走，哪怕多留一天。华尔纳说：当地百姓对我们极其愤怒，县长第二天也将返城。你要是走了的话，我们在这里就太危险了。

前面发生的事情，华尔纳没有亲身经历，如今他和他的美国同伴一样胆战心惊。陈万里收到北京发来的电报，要求他尽快返回北京。不过，既然华尔纳如此相求，他决定多留一天。

6月7日，陈万里启程返京。华尔纳只好草草收拾提前结束。随后，考察队解散，队员各奔东西。翟荫和溥爱伦西去新疆，汤普森和克拉克骑马东归，华尔纳北上游历蒙古高原。

1925年秋，华尔纳悄无声息地回到了哈佛，第二次福格考察队的中国考察结束。考察结果令福格艺术博物馆大跌眼镜：除了购得1件敦煌隋朝的佛经写本之外，没有给博物馆带回任何其他实物。

考察失败让华尔纳百思不得其解，失败疑团始终纠缠着他。

到底发生了什么事？陈万里的《西行日记》透露了一些信息：5月20日，他当时还在敦煌。一位姓陆的敦煌县警员，在与陈万里闲谈时告诉了他一些消息。上一次，华尔纳盗取敦煌壁画，很快就被当地人发现了，但华尔纳已经离开敦煌，没办法追回，群众的情绪于是就倾泻在了与华尔纳有过交往的县长陆恩泰身上。当陆县长卸任离开敦煌时，在一个叫新店子的地方被群众截住。群众要求收回华尔纳盗走的壁画，县长不能没有交代就一走了之。不得已，县长派护送自己的警员骑马返回敦煌，请来几位当地绅士作保，才算和平了结。当第二次福格考察队到来时，现任县长接受前车之鉴，对外国人的游历不得不严加限制。

陈万里的日记同时涉及王道士。群众不仅堵截了卸任的县长陆恩泰，而且围攻了王道士。有一种说法是王道士已经精神失常。在听说美国考察队又来到敦煌，王道士逃难一样地到外地云游去了。陈万里仔细询问了莫高窟的其他人，回答说王道士精神很好，没有得病。陈万里推测说，精神失常的说法，可能是王道士为了躲避官府的追查而采取的自保措施。

正是中国的一般民众，使得美国考察队无功而返；正是中国的一般民众，挡住了文物盗窃者的去路。他们不仅给官府施加压力，而且直接出面制止破坏文物。虽然他们的支持，更多出于宗教习俗因素而不是文物保护观念，但维护信仰不正是人的基本权利吗？事实上，莫高窟的艺术宝库，也同样是这样的历代信仰者累积创造的。

1925年，是近代中国反对帝国主义的一个重要年份。上海爆发的五卅运动，引发了全国性的反帝运动浪潮。僻居西北一隅的敦煌民众，当然与五卅运动没有直接关系，但却在另一个方向上表达了中国人的民族自觉。

如果说敦煌民众的所作所为与五卅运动无关的话，那么陈万里的情况则并非风马牛不相及。陈万里在华尔纳最需要他的时候提前回京，是因为他确实收到了北京大学令他速返的电报。这封电报正是北大在五卅运动之后全国反帝浪潮中的一个具体反应。北大做出了不与哈佛大学合作的最后决定，同时学校不愿成为帝国主义破坏中国文物的帮凶，所以才有了这封电报。

华尔纳对陈万里其实是有所怀疑的，他曾对翻译王近仁说过，就是因为随行的陈万里从中作梗，才使行动遭到失败。华尔纳事后曾向北京大学国学门考古学研究室主任马叔平（马衡）大发其火，因为陈万里正是由北大国学门派出的。他在1926年12月26日写给斯坦因的信中，说他相信这次考察有一些麻烦可能是陈万里引起的，他甚至认为陈万里是北京大学派来监视他的间谍。

1938年出版《万佛峡：九世纪佛教壁画洞窟研究》一书时，华尔纳在"绪论"中写道："我们并没有能够利用陈万里博士的服务。我之所以要提起他，是因为他在民族主义势力上升到最高峰的时期出版了一本书，讲述他的冒险旅行。他在书中解释说，他之所以要与美国人合作，是为了一种特殊的目的，即记录美国人的行为，防止他们的劫掠。更有甚者，他不辞辛劳地试图使人们对我们考察队的性质产生怀疑。"

陈万里在 1926 年出版的《西行日记》，隐约让华尔纳感觉到他的怀疑是正确的。1950 年朝鲜战争爆发，中国抗美援朝，国内再次掀起反帝浪潮，陈万里为了揭露美帝国主义对中国进行文化侵略的事实，写文章进一步透露了事情的真相。当时哈佛与北大正在探讨组成联合机构研究中国文化，北大可派人随考察团同去西北，北大国学门的负责人沈兼士和马叔平于是派陈万里西行。陈万里回忆道："离开北京以后，我先从王姓翻译那里，知道了华尔纳在第一次去敦煌的时候，曾经盗窃过几幅壁画，确是事实，因此我就时时注意他们的行动。同时在我们的大车行列中，果然有一大车的布匹，我更时时警惕我所负的任务。本来我从北京出发时候，已经知道华尔纳的行径，我们决定应该密切监视，设法防护。个中情形，当时除马（叔平）、沈（兼士）二先生外，只有马夷福先生知道。"

洪业先生

由于北京大学胡适等教授反对接受美元以及与哈佛大学合作，哈佛与北大合办中国文化研究机构的计划夭折。最后，热心此事的燕京大学如愿以偿，与哈佛大学合作成功，这就是哈佛燕京学社的由来。华尔纳虽然没有参加后来哈佛与燕京的合作谈判，但与燕京大学教务长洪业先生以及燕京大学校长司徒雷登见过面。

当华尔纳带着第二批考察队队员到达北京时，司徒雷登曾宴请华尔纳和考察队员，洪业等人作陪。举止优雅、有着美国留学背景的洪业一定给华尔纳留下了深刻印象，因为洪业在饭桌上明确表示：欢迎国外来帮助中国研究文物的朋友，因为中国历年来政局和经济不稳，中国人没能很好地加以研究，但是中国的文物最好保留在中国，中国总会有能力进行研究的。即使已经被运往国外的，以后也一定要归还中国。但当时的华尔纳装作什么也没有听见。

华尔纳当然不会想到，眼前的这位洪业先生与他西北之行的失败有什么关系。

1955 年，华尔纳去世。

20 多年后，在美国的一所宅院里，每个周日，陈毓贤女士都准时来到这里，听一位退休多年的老教授回忆往事。这位老教授，就是洪业先生。

华尔纳去世得太早，无缘听到这些谈话，无缘看到这些谈话结集出版。这些谈话中，就有涉及他那次惨痛的中国西北之行。

华尔纳的中文翻译王近仁是燕京大学学生，洪业是燕京大学的教授和教务长。华尔纳对王近仁是信任的——想想翟荫几乎送命的那个寒冬。但这位中国翻译对这个美国人的行动却不是那么信任，或者说是有些拿不准，他不知道怎样对待华尔纳的某些行为。在敦煌，王近仁见到过华尔纳深夜在莫高窟里揭剥壁画，华尔纳当时鬼鬼祟祟的样子让王近仁很是担心。华尔纳第二次到来，并且再次邀请他出任翻译。王近仁紧张了，在一天夜里，他找到洪业先生请教办法。

"王近仁那时便猜疑这件事是不合法的，现在华纳果然又来了，还携带了一大帮美国人来。他们带了一罐一罐的甘油，无数巨卷棉纱布，王近仁深信他们要把敦煌壁画都偷走。

"他[2]吩咐王近仁装着没泄密，仍跟华纳到敦煌去，第二天自己雇了洋车去见教育部副部长秦汾（号景阳）。秦汾是北京大学数学教授，他马上采取行动，打电报至每一个由北京到敦煌沿途的省长、县长、警察长，说不久有一个美国很重要的机构派人来西北考古，请各官员客气地对待他们，并加以武装保护，可是得防备他们损害任何文物。

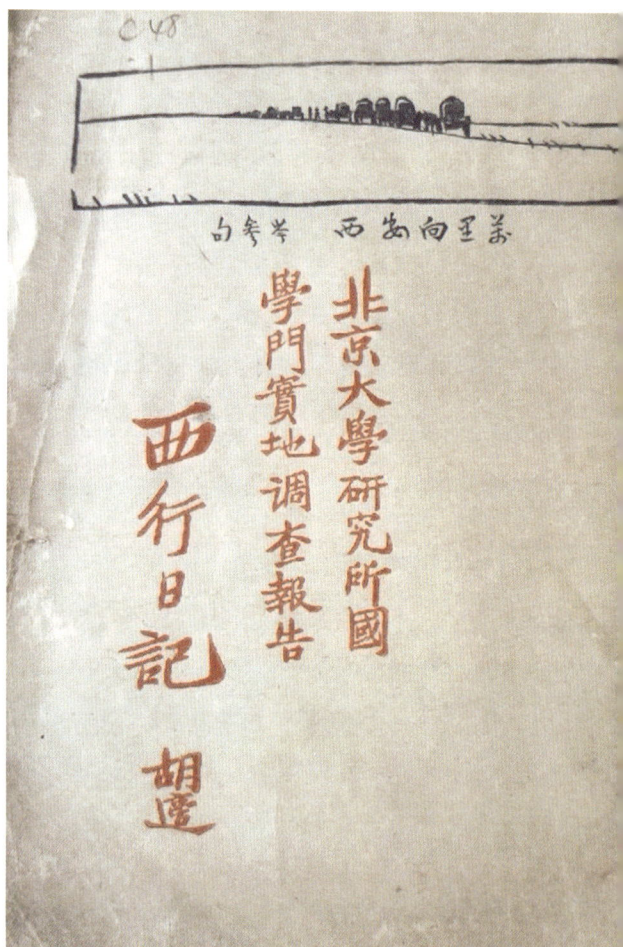

陈万里与其撰写的《西行日记》（胡适题字）

---

2 洪业。

"结果哈佛那一批人每到一个地方，就有政府代表欢迎他们，到了敦煌，每个外国人都被两个警卫彬彬有礼地挟护着，动弹不得。……壁画既偷不到手，只好回北京，路过兰州把大量的甘油及棉纱布捐献给一个小教会医院。华纳私下告诉王近仁，一定是队伍中的北京大学代表陈万里作梗。因为每到一个地方，陈万里便去拜见地方官，地方官便坚持保护他们。"

华尔纳受到中国民间、学者和政府三方面力量的夹击，结局不难想见。

1925 年，中国西北，出现了一道希望的曙光。

中国学者的首次敦煌行

陈万里西行，迈出了国人实地考察敦煌石窟艺术的第一步。

出发前三天，陈万里尚不知道有西北之旅。对他来说，这的确有点突然；对博大精深的敦煌考古而言，在敦煌 3 天共 15 个小时的时间也的确过于匆忙，然而中国学者的西北考察之旅就这么起步了。

为什么打算去敦煌将整窟壁画剥离带回的哈佛大学福格考察团，会让中国人陈万里参加？那是因为当时华尔纳代表哈佛正在与北大探讨组成联合机构，研究中国文化；陈万里代表北京大学参加考察团，是两校合作的初次尝试。

那么，北京大学研究所国学门又为什么首选陈万里？

学医出身的陈万里（1892—1969），1917 年开始担任北大校医。五四新文化运动开始后，陈万里钻研摄影，在校内组织成立了中国第一个摄影艺术团体——艺术写真研究会（后来扩展为鼎鼎有名的北京光社），1919—1921 年间在北大组织举办了 3 次摄影展览会。

1924 年 6 月，北京光社在中央公园举办国内第一次摄影展览，陈万里的 60 余幅作品参展。随后，他从中选出 12 幅，出版了中国第一本摄影作品集《大风集》，钱稻孙、顾颉刚作序。钱稻孙称陈万里"是艺术天才，有极丰富的艺术生活"；顾颉刚则说陈万里"高兴起来，可以独自出行几千里路，搜寻名胜"；俞平伯为《大风集》题词，称"摄影得以艺名于中土，将由此始"。

《大风集》展示了陈万里在摄影艺术性上的探索，《民十三之故宫》则是他在摄影纪实性上的探索。1924 年，废帝溥仪被逐出故宫，陈万里参加清室善后委员会担任摄影任务，留下了清朝末代皇帝出宫的许多珍贵镜头，跟踪拍摄了清点现场全过程（后来陈万里出版了《民十三之故宫》《故宫图录》）。

而将摄影应用于田野调查和考古研究，陈万里同样有过尝试。1922 年，他和顾颉刚一道从北京回苏州，在角直古镇拍摄了千年古刹保圣寺的唐塑。1924 年 10 月，陈万里受北京大学考古学会指派，前往云冈石窟拍摄，回京后为所摄照片举办了展览。

　　由此可以看到，作为中国摄影事业的拓荒者、旅行摄影家，国学功底深厚的陈万里本身具备参加西北考察的多重素质。陈万里也一直有西北旅行的打算。他在《西行日记》自叙中说："十数年来所梦寐不忘之西北旅行，今竟于三日内决之，其愉快为何如耶！"

　　1925 年 2 月 15 日上午，一场欢送会在北京大学三院举行。陈万里在日记里记下了这难忘的一幕："10 时，研究所国学门欢送会开会，到会者有：沈兼士、马叔平、袁希渊、胡适之、叶浩吾、林玉堂、陈援庵、张凤举、沈尹默、黄仲良、李玄伯、徐旭生、常维均、容希白、朱骝先、钱稻孙诸先生。先由叔平先生致欢送辞，次为余之答辞。兼士、适之、希渊、玉堂、浩吾诸先生均有赠言。会散，请吴郁周先生合摄一影。"

北京大学研究所国学门开会欢送陈万里西行合影。图片来源：2018 年"丝路研究与北大人"展览。

致辞、答辞、赠言、留影，欢送会开得热烈而隆重。

参加欢送会的当天，陈万里把故宫清点的剩余拍摄任务委托给了光社的其他摄影师。下午，他到多个地方购买了一些途中用品。傍晚，找人详细了解甘肃情况。晚上9时，回到家里整理行装。一个小时后，当陈万里拿着行李来到东四头条华尔纳、翟荫等人的住处时，才知道行程已经改在了第二天晚上。

第二天上午，陈万里急忙到北大三院拿上《西域水道记》《观堂集林》和《斯坦因西域考古记》等西行参考书，这才知道沈兼士、马叔平等人曾于头天晚上在车站的寒风里等待着为他送别。18时30分，陈万里收拾好行装赶到东四头条，翟荫等人已经去了车站。他于是急忙赶到火车站，终于见到了考察队的全体成员。沈兼士、马叔平等人再次来到了车站，被聘为北大国学门通讯员的60岁的罗振玉也亲自赶来为他送行。

这是中国敦煌学史上感人的一幕。毫无疑问，陈万里感到了自己肩上担子的分量。

华尔纳等人在敦煌的如意算盘破产，陈万里的研究和考察计划也没有如期完成，但他利用短短的几天时间，还是完成了一系列重要的工作。从翟荫东去迎接华尔纳到6月1日华尔纳抵达安西的几天里，陈万里将在莫高窟拍摄的照片一张张冲洗了出来。让他感到欣慰的是，胶片冲洗"结果极佳，良足自慰"。

6月7日，陈万里东返，7月31日到达北平。他回到北平后举办的"西行考察收获展览"引起了轰动，所摄17帧敦煌石窟照片尤其夺人眼目。

一年后，陈万里的《西行日记》作为北京大学国学门实地调查报告出版，由胡适题写书名，沈兼士、马衡和顾颉刚作序，同时发表了《敦煌千佛洞三日间所得之印象》和《万里校碑记》。

陈万里是第一个到达莫高窟的中国学者，他的考察是中国敦煌学史上的里程碑。作为第一个拍摄敦煌壁画的中国人，有着专业水准的陈万里拍摄前做了精心准备，阅览了伯希和考察队出版的《敦煌石窟图录》。在万佛峡，陈万里除了抄录题记、画速写之外，也拍摄了二十多张照片。1926年，陈万里应上海美术专科学校的邀请在上海慕尔堂举办"陈万里个人影展"，展出了在千佛洞和万佛峡拍摄的照片。两年后，陈万里出版《西陲壁画集》，进一步扩大了敦煌壁画在社会上的传播。

陈万里3天15个小时"殊非意想所及"的莫高窟之行，成绩之大令人惊叹。他的《西行日记·自叙》和《敦煌千佛洞三日间所得之印象》，是如此敏锐和深刻，以致在20世纪40年代开展大规模的敦煌考古时，绝大部分问题就是他所提及的。

此前中国学者更多的是关注藏经洞发现的敦煌文书，陈万里则首次提出了全面的敦煌学研究方向和具体的组织方案。其中，《西行日记·自叙》就"国内无第二处足以相抗的伟大古迹"——敦煌莫高窟的壁画年代和内容、塑像研究、洞窟题记、有无被流沙所湮没

陈万里拍摄的敦煌莫高窟壁画。图片来源：陈万里 编，《西陲壁画集》

的洞窟和摄影计划等都做了提示，并指出"非多假时日不为功"。

《西行日记·自叙》提出的希望，尤其振聋发聩，虽然回音要到十几年后的抗日烽火中才能够被听到："最后实际上之保存方法，更非几句空泛之门面语所能了事。因此，我所希望于未来者，在于有组织、有计划、有各种专门学者分工担任之中国敦煌考古队，以从事于各方面之研究，并在实地经验上计划保存方法。若仅仅以敦煌经典为范围，求所以影印、纂述、留传者，抑亦狭矣。"

20 世纪 20 年代的敦煌莫高窟外景。图片来源：*The Long Old Road in China*

第九章

斯坦因的最后出场

　　华尔纳的失败在美国受到了怎样的非议，我们不得而知，但从很快发生的事情来看，美国人把华尔纳的失败归因于华尔纳自身，因为之后他们决定聘请久经沙场、经验丰富的斯坦因出面。斯坦因已经等待多时，双方一拍即合，于是就有了斯坦因的第四次中国西北行。

一拍即合

　　1925 年，斯坦因正在为他的第三次中亚考察报告——《亚洲腹地》做最后的润色。时刻都在想象着下一次辉煌的斯坦因，这时又升起了第四次前往中国西北考察的欲望。然而，此时英国及英属印度的相关博物馆并不想给斯坦因提供大量资金，因为它们的库房里已经不那么需要中国西北的文物了。

　　斯坦因曾经寄希望于庚子赔款基金的资助。1925 年 8 月 16 日，他给英国外交部写了一封洋洋洒洒的长信，谈论他的第四次中亚考察的计划和意义。然而，中英两国在庚款管理方面的谈判一直没有结果，斯坦因只能焦急地等待。

　　1928 年夏天，一封哈佛大学的邀请函送到了斯坦因的手里。洛维尔校长邀请他去哈佛大学做关于中亚考察的演讲。这对斯坦因来说堪称喜从天降，他知道机会已经来临。

　　1928 年 1 月成立的哈佛燕京学社，哈佛方面的骨干仍然是弗比斯和萨克斯等人，他们仍然希望利用哈佛燕京学社搜集中亚古代艺术品。无论从与中国人打交道的能力，还是获取中国西北文物的手段，华尔纳都让哈佛方面感到失望。况且这时的华尔纳在丝绸之路上已经声名狼藉，不可能重返中国西北了。

　　哈佛大学想到了两个人。一个是汉学家伯希和。或许是伯希和在一战期间曾答应过华尔纳一同前往中国西北考察，当然更因为此时的伯希和已经是西方中国学的领军人物。他们恳请伯希和出任哈佛燕京学社第一任社长，但是向来高傲的伯希和根本就没看上，他推荐了他的学生叶理绥。也许在伯希和看来，文化根基不深的美国，有叶理绥就足够了吧。

　　另一个就是探险考古家斯坦因。哈佛正需要亲自到过新疆和甘肃、与当地官方有着良好私人关系并善于打开局面的斯坦因。洛维尔获知 66 岁的斯坦因将从英属印度政府退休的消息后，给斯坦因发去了一封试探性的邀请函。斯坦因除了立即给洛维尔回信表示接受邀请之外，同时给其好友、哈佛大学的凯乐教授写信，询问哈佛是否愿意资助他进行第四次中亚考察。没想到斯坦因的愿望与哈佛的希望如此一致，双方一拍即合。

1929 年 8 月 15 日，是能充分显示斯坦因身价的一天。这天，华尔纳与凯乐都在给他写信。华尔纳信中说由萨克斯负责筹集资金，洛维尔校长全力支持，一个多月后，结果即可明了。华尔纳虔诚地写道："我们这些人都是您的《西域考古图记》《亚洲腹地》等著作的热心读者。"

凯乐建议斯坦因来哈佛演讲时，与萨克斯等人深入讨论中亚考察的问题，届时哈佛一定会按照斯坦因的愿望去做的。凯乐充满期待地写道："如果您再能碰上类似敦煌那种事儿，并给哈佛大学带回一些如同我们在大英博物馆看到的那么珍贵的宝物，那该多好！"

然而，让斯坦因感到绝望的事情紧接着就发生了。1929 年 10 月，纽约股市崩盘，世界经济危机爆发。哈佛大学为斯坦因筹集考察经费的主要来源，正是哈佛燕京学社所受霍尔基金的股票。斯坦因是如此失望，当即表示放弃赴美演讲。

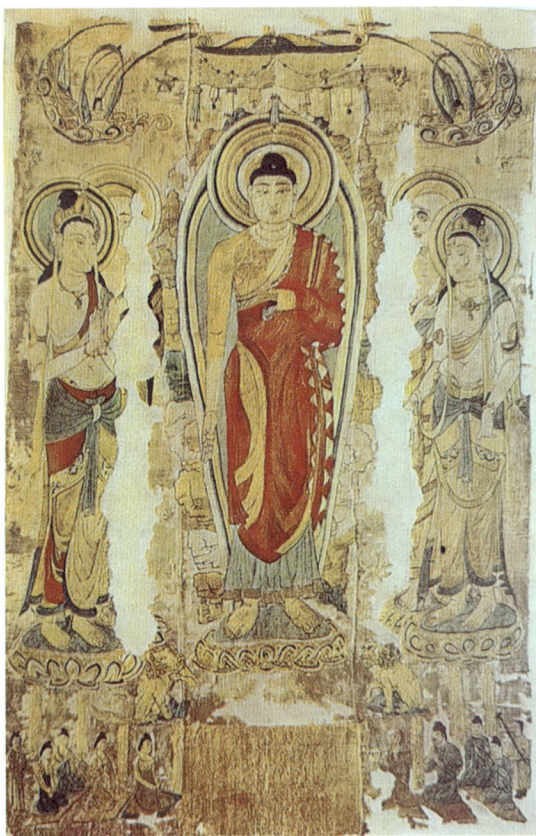

斯坦因在敦煌藏经洞所获绢画（左），在尼雅、楼兰和敦煌古长城所获木简（右）。图片来源：*On Ancient Central-Asian Tracks*

　　不过，哈佛方面并没有放弃，说在继续多方筹集资金。在哈佛大学的鼓励下，斯坦因于 1929 年 11 月底到达哈佛，从 12 月 5 日至 27 日，他在哈佛做了十次关于中亚考察的演讲（演讲稿整理后于 1933 年在伦敦出版，1936 年中华书局中译本首版，即向达译《斯坦因西域考古记》）。

　　与此同时，萨克斯等人从多种渠道筹集到了 10 万美元的考察经费。

讨价还价

　　1929 年的最后一天，身在华盛顿的斯坦因收到萨克斯的电报：哈佛燕京学社理事会批准了斯坦因的考察计划。4 天后，萨克斯代表哈佛大学福格艺术博物馆与哈佛燕京学社给人在纽约的斯坦因写了一封长信，正式向斯坦因提出有关条件和建议，提出由哈佛大学福格艺术博物馆和哈佛燕京学社出资 10 万美元，资助由斯坦因领导的中亚考察，所获文物归出资的两家机构；洛维尔校长可在斯坦因的要求下与美国政府相关部门磋商，向斯坦因提供外交支持。

　　让哈佛没有想到的是，斯坦因坚持要求大英博物馆参与此次中亚考察。

　　在斯坦因看来，如果大英博物馆参与，考察便多了一股可资利用的力量。英国在中国有着强大的外交影响力，而英国外交大臣是大英博物馆的法定董事。斯坦因在 1929 年 7 月 1 日写给凯乐的信中说："考察需具备的环境已发生明显的变化，原因是中国国民党人对待外国人在华学术活动的态度最近变得强硬起来，尤其是涉及古物的活动。"斯坦因面临的是席卷全中国的反帝运动，是已有阻止外国人在华单独考察经验的中国学术界，是华尔纳离去之后成立起来的两个专门的文物保护机构——中国学术团体协会和古物保管委员会。

　　斯坦因坚持让大英博物馆参与，还因为英国已是他的祖国。虽然不得已接受他国资助，但斯坦因依然希望自己的考察带有英国色彩。1929 年 6 月底，斯坦因专程拜访了他的老朋友大英博物馆馆长肯雍。7 月 18 日，斯坦因在写给凯乐的信中说："如果美、英外交机构联合起来支持我的考察计划，或许会有助于同中国中央政府之间达成令人满意的初步协议。若想获得英国的外交支持，最好的保证是争取大英博物馆的捐款资助。……如果能将这次考察变成一次半英国、半美国性质的考察，我将非常高兴。"

　　哈佛大学始终不乐意大英博物馆插手，它关心的是文物的归属问题。因为如此一来，将来斯坦因所获的一部分文物就得归属英国。哈佛大学对斯坦因的坚持虽然难以当面拒绝，但华尔纳和凯乐在给斯坦因的回信中都委婉地表示：没必要让大英博物馆参与。

　　斯坦因一面坚持己见，一面不断敦促肯雍支持。1929 年 11 月 9 日，肯雍写信给斯坦因，表示大英博物馆将参与考察。

当斯坦因将这一消息告诉哈佛时，哈佛虽不满意，但也不好阻止，只得在金额上加以限制。萨克斯给斯坦因回信说，大英博物馆的资助额最好限制在 1 万美元（2000 英镑）以内。对此，斯坦因不以为然。最后，大英博物馆董事会批准资助 15000 美元（3000 英镑）参与斯坦因的第四次中亚考察。

就这样，一次以搜集中国西北文物为目的的美英联合考察达成协议：以美国为主，英国象征性参与，所得文物根据出资份额由哈佛与大英博物馆分配。

幕后活动

67 岁的斯坦因依然精力充沛。他开始了一连串的拜访活动，在英美两国间来回穿梭。

1929 年下半年，斯坦因与刚刚返回伦敦的南京国民政府首席政治顾问怀特晤谈，怀特表示届时一定以南京国民政府首席顾问的身份相助。

1930 年 1 月，斯坦因现身华盛顿，与美国国务院远东司前司长、新任美国驻华公使詹森会晤，获取美驻华机构支持；2 月，斯坦因出现在英国外交部代理副外交大臣威里斯利的办公室，请求英国外交支持，威里斯利立即知会了英国驻华公使馆及美国国务院；3 月，斯坦因再访哈佛大学，请洛维尔校长敦促美国国务院正式向美驻华公使馆下达指令。

斯坦因的确不是华尔纳。斯坦因做事讲究"知己"和"知彼"。

从 1929 年起，斯坦因就已经在着手搜集有关中国政治动态的各种信息。他首先请英国驻华公使馆汉文书记官台克曼持续向他提供有关中国学术团体协会、古物保管委员会——这两个机构的宗旨正是阻止外国考察家单独在中国考察和考古发掘——的最新活动情况，同时不断从来自中国的欧洲人那里打听中国尤其是中国西北的形势。在哈佛，斯坦因还与哈佛燕京学社的成员一道，座谈了中国当前形势问题。

万事俱备，只欠护照。在英美的一切活动准备就绪，斯坦因决定前往南京。

走上前台

1930 年 4 月中旬，斯坦因到达上海。4 月下旬，他前往国民政府所在地南京。

在南京，斯坦因在英国驻华公使蓝普森和南京国民政府首席顾问怀特的陪同下拜访国民政府要员。接着，蓝普森和台克曼约见中国外交部长王正廷，陈述斯坦因第四次中亚考察的意义，要求王正廷会见斯坦因并给新疆省政府发电报准许斯坦因入疆。美国驻华公使詹森也约见了王正廷，要求国民政府支持与哈佛大学有关系的斯坦因。

5月1日下午，王正廷正式会见斯坦因，蓝普森、台克曼和中国外交部欧美司司长徐谟与会。斯坦因的开场白是玄奘西天取经的故事——这是他屡试不爽的灵丹妙药，然后侃侃而谈他此次中亚考察的计划，并提出要找一位中国学者帮助释读将来发现的汉文文书，当然必须避开古物保管委员会。

让斯坦因满意的是：王正廷答应在5月13日之前给他发放去新疆游历的护照。更让斯坦因没有想到的是：6天之后他就收到了护照，手持护照的斯坦因兴奋地说："真是意外。"随后，蓝普森向英国外交部发回电报："斯坦因开端大吉，值得庆幸。"

一切顺利。斯坦因比预定的时间提前，于1930年5月13日离开中国前往印度，6月7日回到克什米尔营地，为考察做最后的准备。

朝野抗议

就在蓝普森认为"开端大吉"、斯坦因拿着护照离开南京的当天，一场强烈的抗议风暴正在生成。

斯坦因和蓝普森对华尔纳第二次敦煌行之后，中国知识界抵制外国人来华考古调查的情况是熟知的，因此他们的策略是让活动尽量保密，不接触学术界与新闻界，私下拜访政界高层人士，从中国外交部秘密获得护照后，从遥远的中国西部入境。因此，中国的学界，尤其是北平的中国学术团体协会和古物保管委员会，对斯坦因到访南京及其考察计划并不知晓。

但纸毕竟包不住火。斯坦因来华为其第四次中亚考察进行秘密交涉的消息，在他刚刚离去时便被传开。

首先是南京的中央大学有消息灵通人士得知斯坦因在南京，因而想邀请他做演讲，但被不愿暴露行踪的斯坦因借故拒绝。中央大学立即意识到斯坦因拒绝演讲别有目的，因而在5月13日一早，派人赴教育部控告斯坦因来华秘密考古之事，并说其真实目的是要"开掘成吉思汗墓"，请教育部严加注意。教育部随后转报中央研究院等学术机构。5月20日，蔡元培领导的中央研究院致函外交部，请求限制斯坦因来华考古。

外界最早知道的比较准确的消息，则是外交部参事张歆海提供的。斯坦因在南京时曾拜访过他，并透露了自己的考古计划。斯坦因刚离开南京，张歆海便将此消息转告给了时在南京的朋友、古物保管委员会委员陈垣。陈垣听后大怒，立即返回北平发动古物保管委员会举行抗议活动。

5月21日，北平的古物保管委员会向南京国民政府递交呈文。第二天，这份反对斯坦因在新疆、甘肃旅行的呈文，被《大公报》以"古物保委会反对斯坦因旅行西北"为题公之于众。几天后，古物保管委员会又通电外交部"请拒发斯坦因赴新疆、甘肃发掘古物护照"。

古物保管委员会并不知道外交部已向斯坦因发放了护照。教育部也不知道。6月初，教育部得知斯坦因护照已经发放后，立即致电新疆、甘肃省教育厅，令其防止斯坦因"搜集古物及携带出境"。

7月中旬，报刊纷纷报道，说斯坦因已从印度入境前往新疆考古。古物保管委员会听说后，立即给新疆省政府的金树仁拍发电报，请他将斯坦因驱逐出境。

新法出台

1930年5月24日，在朝野抗议的巨大压力下，南京国民政府立法院通过了《古物保存法》，6月2日正式公布，6月15日起施行。

中国历史上第一部关于文物保护的成文法规应时而生。《古物保存法》规定：中央古物保管委员会为全国考古与文物保护的最高专司机构，无该委员会与教育、内政两部合发的发掘护照而发掘古迹者，以盗窃论。外国人在华参加协助考古，须经该委员会批准。采掘古物应由中央古物保管委员会派员监察。禁止文物流通外国。

中央古物保管委员会成立之前，一切职权内事宜暂由北平的古物保管委员会负责办理。

《古物保存法》面对的第一个目标，就是斯坦因的中亚考察事件。根据新法，斯坦因虽已从中国外交部获得护照，但无古物保管委员会、教育部、内政部合颁的发掘护照，将来若进行考古发掘属非法行为。如要获得发掘护照，首先必须与古物保管委员会谈判，最好是中外合作进行考古活动。

新闻披露

外交部接到5月20日中央研究院请求限制斯坦因来华考古的信函后，面对学界压力，外交部长王正廷随即致函英国驻华公使蓝普森，表示斯坦因所持护照仅为游历的普通护照，要想考古则须先将申请书呈交中央研究院。

蓝普森接王正廷函后，于6月12日向英属印度政府方面拍发电报，请其设法转告斯坦因关于中国外交部函的内容。蓝普森建议斯坦因不要与中央研究院等机构交涉，先利用已获普通游历护照去新疆再说，待形势发生变化，再考虑文物出境问题。

斯坦因收到电报后，接受了蓝普森的建议，未与中央研究院交涉，只是向印度政府保证"在不事先征得中国政府同意的情况下，绝不运走任何文物"，请印度政府转告中国。

8月29日，印度总督致电蓝普森，转告斯坦因向印度政府做出的保证。不过，蓝普森没有立即将斯坦因的保证转达给中国方面。

10月，新闻界的相关报道，使斯坦因的中亚考察广受关注。

10月17日，天津一家英国报纸夸张地报道了斯坦因第四次中亚考察的经费多达200万元（46万美元）。这个来源不清、动机不明的报道，在中国朝野引起了极大震动，人们甚至对斯坦因携此巨款去中国边疆地区活动是否仅与学术有关也产生了怀疑。

十天后，又有一家通讯社报道了一位从哈佛大学回国不久的留学生的证言，透露斯坦因曾在美国哈佛燕京学社董事会上有攻击中国的言论。一家有影响的报纸也说斯坦因在哈佛大学曾大放厥词，称"新疆并不能算是中国领土"云云。

在此前后，中国新闻界还根据美、欧、印有关报纸的报道，披露了哈佛大学与大英博物馆之间将瓜分斯坦因第四次中亚考察收集品的消息。

学界反击

新闻报道透露出的一些实情，震惊了中国学术界。中国学术团体协会、中央研究院、古物保管委员会等团体和机构，随即展开了一场强有力的抵制斯坦因中亚考察的运动。

11月7日，中国学术团体协会为防止斯坦因从新疆进入甘肃，致电甘肃省政府，要求其严防斯坦因，一旦入甘肃省境，立即予以驱逐并扣留其采集品。甘肃省政府接电后，随即发文指令各县政府一律照办。

11月27日，蔡元培代表中央研究院具呈南京国民政府，称斯坦因的考察将极大损害中国的国防与学术，斯坦因对中国外交部要求其与中央研究院交涉的通知置之不理，"蔑视吾国主权者如此之甚，而关系吾国国防及学术者又如此之巨"，请中央政府电令新疆省政府阻止斯坦因入疆，若已入疆则驱逐出境，并令外交部吊销其护照。

国民党元老、古物保管委员会主任委员张继专程从北平赶往南京，诘问外交部长王正廷为斯坦因发放护照一事。接着，古物保管委员会向国民政府行政院、教育部递交呈文：为挽救国宝、巩固国防，强烈要求中央政府驱逐斯坦因，并吊销其护照。

与呈文相前后，古物保管委员会还用英文写了《关于斯坦因爵士在新疆进行考古学考察的声明书》，分别寄给英国外交部、美国国务院、哈佛燕京学社、哈佛大学、大英博物馆、印度考古局、英国驻华公使馆、美国驻华公使馆等支持斯坦因考察的美、英及英属印度相关机构。声明书回顾了斯坦因以前在敦煌等地考察的行径，力陈新的考察有可能造成严重后果，促使各相关机构撤销对斯坦因考察的支持。

声明书与呈文相比，做到了内外有别。呈文的对象是国民政府的官方机构，因而措辞异常激烈，同时列举了一些尚不能证实的传闻材料，如斯坦因考察经费的数额、斯坦因在美国的言论等等，以引起政府重视。声明书则与呈文风格迥异，因为是用英文写给外国机构，因而较呈文平和，以理服人，有理有节。

关于斯坦因爵士在新疆进行考古学考察的声明书[1]

著名探险家奥雷尔·斯坦因爵士今年春天来到中国，并从中国政府那里获得一份允许其从印度进入新疆的护照。在发放护照时，中国政府曾得到斯坦因爵士的保证说，他几次游历的目的仅仅是调查玄奘走过的古道路。但是最近我们已获得可靠的情报，说斯坦因爵士的真正目的，是从事大规模的考古发掘，并由哈佛燕京学社、印度考古局和大英博物馆董事会提供了数目庞大的经费。斯坦因爵士的资助者达成协议授权他所做的事情中，有一项是从其搜集品中确定哪些可被视作复品。根据这一协议的性质，人们可以明显看出，他不仅打算在新疆进行发掘，而且还想将考古文物与艺术品运出境。

作为中国的古物保管委员会的委员，我们认为有责任将我们的观点陈述于上文所提诸机构的面前，这些机构或许还不了解这种行为的不正当性质，及其在中国所激起的极大愤慨，我们要求这些机构予以考虑：为了科学和国际亲善的利益，是否还应该继续答应向斯坦因爵士提供资助。

（1）我们想要指出，中国的人民对于他们自己的历史极为重视，在这样的一个国度里，若有人假冒调查古道路为幌子，实际上要从事如此大规模的考古工作，这与他身为著名科学机构的代表所应具有的个人品质是格格不入的。假如没有斯坦因爵士过去的所作所为，向我们确证了他从未有过良心上的责备，我们也难以相信这种可能性。所谓调查玄奘走过的古道路，实际上不过是斯坦因爵士在前几次旅行中曾三番五次重复过的动听的谎言。且听他的自述：

"中国文人天生具有的真实历史感，以及他们对我宣称的引路人、伟大的'唐僧'玄奘的传奇般的记忆，都有助于我解释我的考察目的。"

"还有另一种可以依靠的力量，那便是对于玄奘的记忆，玄奘具有一种感染力，我无论是在饱学之士当中，还是在卑贱文盲之中，时时都可觅得知音。"

---

[1] 参考兰州大学王冀青教授汉译。

　　因此，当他再次使用这一动听的托辞时，我们已不难看出他这一次的真正目的所在。难道资助他的各科学机构赞成他用花言巧语骗获护照的这种方法吗？

　　（2）考古物从它们的来源国出境，只有具备以下条件时方为正当：（甲）考古物系合法地获自其正当的所有者；（乙）拿走一批考古物的任何一部分都不会损害这批考古物的整体性；以及（丙）在考古物来源国中没有一个人完全具有研究或保管这些考古物的能力或兴趣。否则的话，将考古物移出境外就不能属科学性的考古学，而只能是商业性的汪达尔主义式的考古物毁坏。

　　斯坦因爵士在前几次游历中国期间的所作所为，已经危险地接近了后一种情况的边缘。在此仅举一例足矣。敦煌附近一个石窟中有一个封存了的藏书室，其内藏有一批无价的早期汉文写本。斯坦因爵士利用了主管道士的无知与贪婪，说服道士将他认为属于精华的写本部分卖给他，而只付了少量的钱。不用说，这批写本根本不属于卖者所有。这种情况就好比有一个中国旅行者，冒充成宗教史研究者，去了坎特伯雷并从大教堂的主管人那里将珍贵的遗物统统买光。

　　斯坦因爵士在其著作《沙埋契丹废墟记》第二卷第159页至第219页，曾兴高采烈地、恬不知耻地大肆渲染这件事的全过程，从而使他的品质大白于天下。敦煌所藏早期汉文写本本身是一个整体，但是连一句中国话都不懂的斯坦因爵士竟将他认为最有价值的那一部分席卷而去，并把许多原来实际属于同一件的写本肢裂开来，这样就损害了写本本身的价值。

　　此后不久，法国和日本的游历者也步其后尘接踵而至，结果使这一批珍品被分割成好几部分，散落在伦敦、巴黎和东京。至少可以说，收藏于前两个城市的写本，在过去的二十年间被束之高阁，未获研究，而它们的合法主人，即最有资格研究它们的中国人，不仅被剥夺了所有权，而且也被剥夺了研究的机会。难道资助新一次考察的各科学机构没有意识到它们正在做些什么，并眼睁睁地看着斯坦因爵士作为它们的代表去重复他那不光彩的行径吗？

　　（3）正是为了防止这类汪达尔主义行为，所有国家都制定了法律，以禁止非法发掘以及考古学珍品的外流。意大利甚至禁止将旧画出售给外国。当1903年拉·朋普利在俄国突厥斯坦进行发掘时，他不得不将所有的搜集品都交还给俄国的博物馆。甚至连半独立的埃及也实施了法规，以打击非法发掘者。

　　1930年6月2日，中国政府颁布了《古物保存法》，从而使斯坦因爵士打算要干的这种事成为非法活动。难道代表着各个最著名大学机构、为他提供资助的人们，想让他直接冒犯中国法律去秘密进行工作，并接着将所获考古物走私出境吗？

（4）我们想要强调，中国的学者和科学家丝毫不想阻拦外国的学者对中国考古学做出贡献。相反，在过去的二十年间，已经有好几位外国人接受了双方满意的条件与我们合作。我们在欢迎外国学者参与中国考古学研究的同时，也将运用各种手段反对诸如斯坦因爵士这一类的外国人，在冒牌幌子下企图从事发掘，并秘密走私历史学与考古学物品出境的任何阴谋。

我们相信，我们的这一做法会赢得全世界科学考古学的真正研究者的一致同情；我们还相信，已经答应资助斯坦因爵士的各科学机构一旦明白了他所使用的不正当手段，以及因此有可能造成的灾难性后果时，一定会以真正的科学和良好的国际关系为重而撤销其资助。

国民政府会议委员、古物保管委员会主任委员张继
南京：中央研究院院长蔡元培
国立北平研究院院长李煜瀛（石曾）
北平：故宫博物院院长易培基
北平：国立中国地质调查所所长翁文灏
北平：国立历史语言研究所所长傅斯年
南京：国立中央大学校长朱家骅
国立清华大学地质学教授、西北科学考查团野外团长袁复礼
上海：国立地质研究所所长李四光
故宫博物院秘书长、国立北平研究院历史研究部主任李宗侗
北平：国立女子师范大学校长徐炳昶
北平：国立北京大学考古学教授马衡（叔平）
北平：国立历史语言研究所考古学研究组主任李济
北平：国立北京大学教授、国立女子大学校长刘复（半农）
北平：国立北京图书馆代理馆长袁同礼
北平：燕京大学教授陈垣
北平：国立北京大学教授沈兼士
北平：故宫博物院行政秘书俞同奎
北平：国立北京大学讲师黄文弼

外交斡旋

在中国政府和学界强烈抗议下，英美进行了一系列外交斡旋。从 1930 年 12 月到 1931 年 3 月间，英国驻华公使蓝普森、临时代办英格拉姆、英国外交大臣韩德森、英国驻南京总领事许立德、英国驻喀什总领事舍里夫为斯坦因考察一事忙前忙后。

但是，再也不是没有文物保护法的时代了，再也不是斯坦因前几次到达中国时的政府和民众了，再也不可能任由斯坦因胡作非为地挖掘和带走文物了。

1931 年 3 月 31 日，蓝普森在最后一次就斯坦因考察问题约见中国外交部长王正廷后，意识到了事态的不可逆转性。十天后，蓝普森致电英国外交大臣韩德森，赞成美驻华公使詹森的看法，认为斯坦因遇到的麻烦，在于他在自己所写的书中过多地渲染了他从敦煌搬走文物一事。电文最后写道："我觉得我再也无能为力。是继续考察，还是中止考察，由斯坦因自己定夺吧。"

至此，英国驻华外交机构为斯坦因第四次中亚考察所做的外交努力以失败告终。

斯坦因当初始终坚持要让大英博物馆参与此项中亚考察以利用英国的外交影响力，表明他确实深谋远虑。事实上，为斯坦因第四次中亚考察进行外交努力的主要是英国方面，虽然斯坦因这次考察主要是为美国的哈佛大学搜集文物。

当斯坦因在新疆严重受阻后，英国外交大臣韩德森曾致电英国驻美大使林德西，让他说服美国国务院，令美驻华公使詹森与英国临时代办英格拉姆联合向中国提出抗议。后来，林德西虽然做出努力，但美国国务卿依然只是电令詹森就斯坦因考察一案"采取恰当的行动"，因为他已经收到了张继、蔡元培等 19 人所寄的声明书。

2 月 9 日，詹森向美国国务院回电一封，说他也已经看到张继、蔡元培等人的声明书，他认为向中国政府提出正式抗议是不会有效的，同时建议哈佛燕京学社承认古物保管委员会或中国学术团体协会，并与其直接谈判考察事宜。

两天后，詹森给王正廷寄去照会一份，只是请求中国政府与学术团体能够理解斯坦因考察的意义。美国驻华使馆与中国方面的官方交涉仅此而已，没有丝毫的抗议意味。

强行突破

6 月中旬，英属印度政府收到中国外交部 1930 年 5 月 26 日函之后，曾劝斯坦因暂缓考察，但斯坦因根本听不进去。7 月 11 日，他在一封私人信件中表明自己的决心："无论如何我必须设法完成我的考察计划，我打算下月启程。"

　　果然，一个月后即 8 月 11 日，斯坦因率领随员离开克什米尔首府斯利那加，开始了第四次中亚考察的旅程。

　　两个星期后，考察队到达离中印边境不远的吉尔吉特。在这里，斯坦因获知新疆省主席金树仁已下令禁止外国人入疆，并将在 8 月底封闭所有入疆关口，以防外界插手新疆事务。斯坦因持有中国外交部所颁护照，同样不能进入金树仁管辖的区域。

　　不过，一个偶然事件帮助了斯坦因。

　　金树仁为巩固统治，1930 年与英国驻喀什总领事秘密谈判，用现金从印度购买步枪 4000 支、子弹 400 万发，这笔交易尚在进行之中。英属印度政府利用金树仁对印度军火的暂时依赖关系，要求允许斯坦因入疆。几经商谈，斯坦因终于在 1930 年 10 月 8 日进入新疆。

　　斯坦因到达喀什时，金树仁为从英属印度购买军火，任命会英语的潘季鲁为疏勒县县长，并驻喀什与英国总领事办理军火交接手续。潘季鲁正是斯坦因在前三次中亚考察期间结识并获得大力帮助的老朋友潘震之子。于是斯坦因与刚上任的英国驻喀什总领事舍里夫和潘季鲁一道商量考察事宜，并走访马绍武等喀什地方官员。

　　商量的结果，舍里夫先致电金树仁，告以斯坦因冬季考察计划，请求批准。一周后，金树仁的回电对斯坦因考察计划未置一词，只是建议斯坦因去乌鲁木齐与他本人会晤。

　　舍里夫随即以武器交易为筹码，回电金树仁："这种拖延行为极令人失望，必将影响印度政府对于贵主席要求印度提供武器一事的反应。迄今为止仅一部分武器运抵贵省，印度是否愿意进一步提供军火，显然取决于贵主席现在对待斯坦因的态度。"

　　这一招果然见效，金树仁再次为斯坦因开了绿灯。

　　1930 年 11 月中旬，斯坦因开始从喀什向东考察。寒冷而寂寥的沙漠没有影响斯坦因喜悦的心情。在新年到来的时候，斯坦因到达了他曾经运走无数珍贵文物的和阗。然而就在此时，南京国民政府要求金树仁驱逐斯坦因并扣留其所获一切文物的电令到达乌鲁木齐。一向对南京国民政府阳奉阴违的金树仁接到电报后，认为有了阻止斯坦因考察的借口，同时还可向南京国民政府表功，随即于 1931 年 1 月 9 日发电报给和阗官府："遵中央令，禁止斯坦因考古。"

　　斯坦因行动受阻后，立刻向舍里夫求救。当舍里夫追问金树仁时，金将原因全部推到了南京国民政府的电令上。舍里夫随后多次电请英国驻华使馆寻求外交上的支持。

　　出人意料的是，斯坦因在沙漠的旷野中，竟然成功地甩掉了和阗官府随员的监控，在尼雅遗址进行了为期一周的发掘。这是斯坦因第四次考察中唯一一次较大规模的考古发掘。斯坦因在写给好友艾伦的信中说："虽然克里雅昂邦（于阗县县长）派遣的相当凶猛粗暴的中国密探在场，并吓住了我所能找到的十几个劳工，但我还是得以依靠自己带来的帕坦人及一些老随从的忠诚努力，搜寻了以前我隐藏在自己心中的几处遗址。就这样，我为我们公元 3 世纪文书的搜集品又增添了一批财富。"

然而，要想再进行大规模的发掘，谈何容易。当初那种想躲进沙漠一住 3 年的想法看来也不现实。斯坦因在塔克拉玛干沙漠边缘绕行了最后一次后，4 月 25 日回到了喀什。

时代变了

斯坦因返回喀什后，看到了古物保管委员会写的声明书和中国外交部 1931 年 1 月 8 日致英国驻华公使馆的备忘录。郁闷不已的斯坦因就着英国驻喀什领事馆里昏暗的灯光，写了一份长达 20 页的备忘录。斯坦因对古物保管委员会声明书和中国外交部备忘录中对他的抗议进行反驳，要求舍里夫将其转呈蓝普森，由蓝普森转交中国外交部和古物保管委员会。斯坦因扬言，将在荷兰莱顿召开的国际东方学家代表大会上给每位与会者发放他的备忘录，以向世人说明他受到的是污蔑，是不实之词。他是冤枉的，是被侮辱者、被损害者。

当蓝普森收到斯坦因的长篇备忘录后，立即致信斯坦因，令他必须及时遏制自己的冲动。蓝普森在信中写道："时代变了，在诸如此类的事情上，中国人现在是他们自己的主人。……我们失败了。就我而论，我宁愿认为这件事情已经了结。……如果你真要发表任何声明，在涉及英国在华当局及我本人代表你采取行动的任何场合，请务必谨慎。……如果我是你的话，我会尽可能少说整个事件的过程，而是让事实去为自己辩解。"

斯坦因确实有一肚子的郁闷。想想前几次的考察是何等风光，不过才十几年时间，他没有想到以前建立起来的关系网已经失效，也没有想到以前所使用的招数全部失灵。一旦斯坦因冷静下来，他是不会向世人发表什么声明的。此后，斯坦因从来不曾在公众场合提到过他的第四次中亚考察，更不曾有任何文字的公开发表。直到历史学家从斯坦因的陈年档案中寻踪觅迹，才揭出了这次考察的真相。

抄送

南京来电

迪化金主席鉴绷密省电悉司代诺此次入新掘

各方报告赀具有发掘古物及测探军路之阴谋

府为维护国防及学术计已令外部取销其游历

护照该省政府自应恪遵迭令勒令即日出境切勿

放任致贻隐患仍将遵辫情形电复查核行政院世

二十年一月二日到

1931年初，南京国民政府电令新疆将斯坦因（司代诺）驱逐出境。图片来源：中国新疆维吾尔自治区档案馆、日本佛教大学尼雅遗址学术研究机构 编，《近代外国探险家新疆考古档案史料》

中国关上了大门

1931 年 5 月 30 日，斯坦因带着满脸的失望，带着只装了数百张文物照片的行囊，离开中国国境，从此再也没有回来。马绍武致电金树仁，"英员司代诺已于 5 月 30 日由蒲犁卡出境，查验行李并无任何古物及其他违禁品"。不久，金树仁将此消息电告了南京国民政府。

在过去的半年时间里，斯坦因绕行塔克拉玛干沙漠，获得文物百余件。南京国民政府曾多次电令新疆省政府扣留斯坦因所获一切古物，因此斯坦因一回喀什，便让舍里夫对所获文物一一摄影，并与舍里夫一道日夜赶做了数份文物的目录清单，以应付可能出现的情况。与此同时，斯坦因给蓝普森寄去文物清单两份，请他与中国政府交涉，希望能将此批为数不多的文物相赠。

蓝普森及台克曼等人在南京与中国外交部多次交涉，没有取得进展。

5 月 6 日在英驻喀什总领事馆，斯坦因曾向马绍武展示了这批文物。斯坦因同样交给马绍武清单一份，请其转呈金树仁，希望能将这批文物相赠。金树仁回函："清单所列古物极为重要，为研究新疆省历史所急需……请英总领事馆以我们之间的友情为重，将所有古物移交给我们。"

11 月 6 日，中国外交部正式答复蓝普森呈交的备忘录：要求将全部文物移交给新疆省政府，然后再转交北平古物保管委员会审查。21 日，新任英驻喀什总领事斐慈默将斯坦因所获文物移交给了马绍武。

舍里夫文书谜团

斯坦因第四次中亚考察所获文书没有带出中国国境，但时隔近 60 年后，敦煌学家王冀青却在大英博物馆东部发现了舍里夫捐赠的文书小木盒，其中一个被编为 Or.11344 号的扉页上写着："皇家陆军炮兵乔·舍里夫上尉赠。1932 年 1 月 1 日。"另一个被编为 Or.11345 号的小木盒中也有一张小纸条："婆罗谜字木牍。皇家陆军炮兵乔·舍里夫上尉赠（见 1931 年 5 月 20 日信）。"

"舍里夫文书"共有 60 件于阗语文书和 1 件于阗语木牍残片。它们究竟从何而来？也许就是斯坦因第四次考察所获文书——那些没有交给新疆省政府的部分。

1931 年 4 月 25 日，斯坦因结束考察回到喀什后，带着所获文物入住英国驻喀什总领事馆。除了写备忘录之外，他最重要的事情就是和舍里夫一道，处理他所获取的文物，比如制作文物清单目录数份，用于与中国方面交涉，同时将所获文物进行拍照等等。

　　尽管斯坦因向中国政府保证"在不事先征得中国政府的同意下绝不运走任何文物"，但他并不想一无所获。就在他和舍里夫二人秘密编写文物目录时，斯坦因将他认为最重要的一些文物残片交托给舍里夫，而没有编入拟送新疆政府的文物目录清单之中。直到 5 月 6 日，即 11 天后，斯坦因和舍里夫才将喀什行政长官马绍武请到领事馆中，向他展示这批新获取的文物，并提交了一份文物目录清单。

　　此后，斯坦因和舍里夫虽然为那些制作了清单的文物与中国方面交涉多次而没有结果，但私自留下的部分则由舍里夫通过特殊途径发往伦敦了。

　　1931 年初夏，第一个搬走藏经洞珍宝的外国人斯坦因，垂头丧气地跨出了中国国境。从此以后，虽然像舍里夫之流以各种方式偷偷将中国文物运出国境的事情一直没有杜绝，但是外国探险家明目张胆的盗宝日子已经一去不复返，人们再也不会见到装满中国文物珍宝的外国驼队大摇大摆地穿梭在丝绸之路上了。

第十章

不是尾声：王道士之死

在全世界刮起敦煌旋风的时候，许多人暴得大名，而一直身在旋涡中心的王道士，却始终处于边缘状态，只是偶尔被人提及，若有若无；他在多大程度上改变了这个世界和它的历史，王道士自己是浑然不知的。在接踵而至的事件中，他有时手足无措，有时喜出望外，有时忧虑重重，有时还要装疯卖傻。他的生活其实并没有什么本质的改变，但也确实发生了许多变化。

王道士的一生，与敦煌藏经洞不期而遇，难解难分。

王道士的"业绩"

王道士首先意识到藏经洞经卷的意义，可能主要是精神上的。后来，当他挑选出一些书法好、品相好的经卷奉送给官府要员时，王道士从他们脸上的笑容，感到了这些东西的有用：能打动官员的东西当然是有价值的。而卑微的王道士能凭此与官员打交道，也证明了这些东西对自己的价值。

与"大英国总理教育大臣司代诺"交往以后，王道士经历了犹豫、焦虑与内心的煎熬，认识也随之发生了重大变化。他发现，藏经洞的经卷原来如此奇货可居。毫无疑问，这个发现对王道士来说，比发现藏经洞更让他兴奋。

王道士是有宗教信仰和道教功德理想的，当时他的主要难题是经费。他每天外出化缘，省吃俭用，但得来的银两仍然极其有限。所以，当从斯坦因那里讨价还价获得200两银子的捐献之后，王道士那大喜过望的表情是可以想象的：要靠化缘，得奔波无数个日夜；如今，得来全不费功夫。后来伯希和拿出了更多的银子，日本人也出了些银子。斯坦因再来的时候，虽然所得经卷跟上一次没法比，但所出的银子却不少。在这一系列交往中，经卷的价格显著提高，显示出王道士对经卷价值的认识在提高。

不过，王道士一直是在他的原则内小心地经营着这些经卷。王道士始终没想过要改变自己的信仰初衷，这一点也极大地影响了他对藏经洞藏品的处理方式。

斯坦因曾想给王道士一笔可观的银两将藏经洞藏品一网打尽，但遭到了王道士的严词拒绝。斯坦因后来告诉大家：王道士"既担心圣洁的名声因此受到玷污，又不愿放弃一个为他修缮庙宇洞窟提供捐赠的好机会。……看得出来，王道士一直都在上述两种选择之间犹犹豫豫，举棋不定"。

的确，对虔诚于宗教事业的王道士来说，募集钱财修建道观，是他最为急切的事情。看管好藏经洞与其说是在执行官府的命令，不如说是在做自己的功德。斯坦因开出的价钱是40个马蹄银，甚至80个马蹄银（4000两），这无疑是笔巨款，但王道士不为所动。斯坦因也劝王道士："如果敦煌不宜停留，可以拿了这笔钱告老还乡，享受安逸的晚年。"对此，王道士也同样断然拒绝。他并不仅仅是为了金钱，更不想因为金钱而玷污自己的信仰。

王道士与斯坦因的交易，是用一种十分奇怪的方式进行的。斯坦因获得经卷，不是用钱买的，但他确实拿出了一笔钱。王道士交给斯坦因一批经卷，但不是卖的，而是奉送。双方是以互相赠送的方式完成交易的。不能简单认为这是一种掩耳盗铃和自欺欺人，斯坦因实际上是屈从于王道士的观念。毫无疑问，如果斯坦因不出钱捐献给王道士作为庙宇修缮的经费，他是得不到王道士的经卷的，但王道士拒绝使用买卖的方式。

王道士的观念是耐人寻味的。他到处化缘求财，他的计划确实需要很多钱，但他拒绝买卖经卷。他送给斯坦因许多经卷，但又要接受者保守秘密。一切也许可以从他有宏大理想但没钱没势这样一种现实的状况得到解释。他作为一个道士，接受他人的捐赠是天经地义的，在这个观念中的一个前提是，赠物给求道者也是天经地义的。不应忘记的是，斯坦因打动王道士的一个重要理由，是利用了唐僧玄奘，斯坦因把自己描述成了一个追寻玄奘的西方信徒。当斯坦因打开的第一卷佛经，竟然就是玄奘的译经的时候，王道士实际上比斯坦因更加震惊，他认为这是斯坦因信仰的精诚所至。一个西方的信徒需要经卷，一个中国的道士需要做功德的银两，两者各取所需。

从斯坦因的记录来看，王道士的犹豫和反复显而易见，他的矛盾也许不是来自内心深处，而是来自官府和民众的存在。他是从现实的社会关系上理解送给斯坦因经卷的不利。

王道士的信仰热忱，导致了他从信仰的立场上去理解斯坦因，以及他和斯坦因的关系，虽然事实上斯坦因只是一个文物的巧取豪夺者，与宗教信仰没有一丝一毫的关系。当斯坦因1914年第二次来到敦煌的时候，王道士还主动将斯坦因当年"捐助"的200两银子的支出账目拿给斯坦因看，表示自己全部用在了功德事业上。他把自己与斯坦因的关系，视为信徒与施主的关系。

王道士是个虔诚的道教信徒，虽然他的宗教理解水平很容易受到质疑，但这并不妨碍他的自我认定。

当然，王道士并不是一成不变的。从与斯坦因的交往中，王道士毕竟尝到了前所未有的滋味，经济观念开始觉醒，而从北京取走所有藏品的那一刻开始，他已经学会了讨价还价。这在与日本人交易的时候，在斯坦因第二次到来的时候，都有很充分的表现。但正是他的宗教热忱引导他犯下大错，他要利用藏经洞的经卷去完成自己的宏图大业。这是他千古"业绩"最显著的一笔。

王道士的第二项"业绩"，是为了方便进香礼佛者而兴修"古汉桥"，将一些洞窟的窟壁打掉，让窟与窟相通，这使得许多壁画彻底被毁。1942年，敦煌学家向达写道："阁道既毁，有许多窟就此无从上下，于是那位以盗经著名的王道士王圆箓又想出一个绝妙的办法。他将许多窟壁凿穿，因之以前不能登临的窟，如今都可以彼此往来。不过这一来却糟了，窟中的壁画凭空开了一个以至于两个大洞。千佛洞壁画所遭的劫，以这一次为最大。千佛洞所有最早的魏隋以及初唐诸窟都聚集于今称为古汉桥的一带，而凿壁通路也以这一带为最甚。单就这一点而言，王道士真是罪不容诛。"

把已经显得陈旧的壁画重新绘画，是王道士的第三项"业绩"。莫高窟吸引王道士的地方，是这里浓厚的宗教氛围，但是当他看到古代的壁画斑驳陆离时，他首先意识到的是信仰的没落。他决心像古人一样重新绘画，让古老的莫高窟焕发出新的光彩。他化缘求钱，请工匠来做这个功德，使用新的色彩把原来的旧壁画遮盖起来。每完成一面墙壁，他的成就感就增强一分。

王道士当然不知道，他的这项功德正是完完全全的破坏。古老的珍贵艺术就在这种信仰的热忱中被毁。包括斯坦因在内，到过莫高窟的学者，没有人不为王道士的这个行为感到惋惜，但谁也无法否认他的信仰动机。从良好的动机出发，以破坏的效果为结局，这种事情在敦煌、在中国不是第一次，也不是最后一次。

王道士对宗教的热忱，还表现在他的"千相塔"上。那时的莫高窟，有许多残损的佛像和彩塑，王道士没有把它们丢弃，而是虔诚地收"葬"起来，在莫高窟东面的大泉河畔为之建塔，并且邀请已升任安肃道道台的廷栋写下《敦煌千佛洞千相塔记》。这是1910年的事情，塔记的额首题曰"永垂不朽"。这个千相塔一直保存到20世纪50年代初。

1906年，王道士的事业达到一个高峰——主要由他主持修建的三层楼拔地而起，巍峨壮观，成为莫高窟醒目的建筑。两年后，他的太清宫（下寺）落成。让王道士感到遗憾的是，在他去世前没能看到一栋正在建设的、更加宏伟的五层楼建筑竣工。

实际上，王道士真正的业绩，是他当时最不重视的另外一些事情。他在莫高窟前种下了一片白杨，现在已经蔽日参天；他开垦的田地，每年都有些收成；他盖了几间房屋，后来的人仍可以歇脚或居住；他收留了几个徒弟，并有徒孙传业。他最后的一个徒孙死于1944年的冬天。那年之后，王道士的画像才从太清宫的墙壁上取下。

王道士和他的一切从此成为历史。岁月无声，只有他的墓塔依然还立在河岸，听凭风吹日晒，历经春夏秋冬。

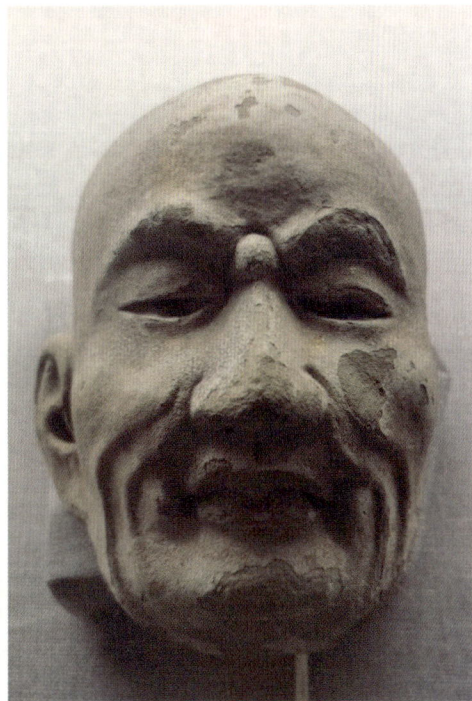

王道士建在大泉河畔的千相塔。1951年被敦煌文物研究所拆除时，出土了王道士从莫高窟洞窟中收集并瘞埋的残损塑像等文物近200件。图为千相塔（上）和千相塔所出文物（下）。

图片来源：敦煌研究院 编，《坚守大漠 筑梦敦煌——敦煌研究院发展历程》、刘诗平摄于2022年北京"文明的印记——敦煌艺术大展"。

三个女基督徒眼中的王道士

1925 年端午节，长期在华传教的三位英国基督教女传教士盖群英、冯贵珠、冯贵石，来到嘉峪关以西属于安西县境的赤金堡。两年前的 1923 年 6 月，她们离开生活了多年的山西，前往遥远的甘肃布道，在张掖停留了数月后，于 1924 年抵达酒泉。在此后的十数年中，她们以酒泉为基地，多次沿丝绸之路穿行于戈壁沙漠，在甘肃和新疆巡回布道，直到 1937 年离开中国。

1925 年，盖群英三人开始遍访酒泉及周边地区。正是在赤金堡，她们首遇王道士。当时，赤金寺年过八旬的李姓方丈邀请周边众寺住持帮忙做法事，王道士在获邀名单中。虽然华尔纳盗揭敦煌壁画和拿走塑像之事使王道士受到牵连，他甚至有时还要靠装疯卖傻来躲避官府和村民的追问，但此时王道士一切正常，对这三个说着中国话的外国女传教士非常友好，并邀请她们走访莫高窟。

由盖群英、冯贵石执笔的《戈壁沙漠》一书写道：

> 就是在那时，来自一座著名石窟寺的王道士，邀请我们参访他所管护的洞窟神龛。
>
> "很少行人路过我们那儿，"他说，"这些洞窟神龛非常古老，和南山脚下的佛窟寺庙是同一路的。"
>
> "道长，"我们说，"数月后，我们希望在您的墙阴下搭起我们的帐篷。那时您有更多的空闲时间，可以告诉我们您所知道的千佛神龛种种，而我们也会告诉您我们所知道的人类接近上帝的方式。"
>
> "希望再次见到你们。"他说，然后鞠了个躬，便离开了。

几个月后，盖群英三人来到敦煌。忙碌之余，她们想到了莫高窟和王道士。敦煌友人不时鼓动她们走访莫高窟："千佛洞备有客房、马厩和厨房。王道士认识你们，会对你们多多关照的。"

盖群英三人于是来到莫高窟，见到王道士，在下寺的客房里住了一段时间。

王道士虔诚化缘所建下寺客房，给她们留下了深刻印象。《戈壁沙漠》讲述王道士经营这片绿洲、栽下一行行白杨后写道："给香客们建一座客房，是他接下来的心愿。尽管敦煌的物资和劳力比其他地方便宜，但要建这样一座客房，仍须花费相当可观的金钱。为达成这一心愿，他不停地外出化缘，拜访城里的有钱人和富户，寻求他们布施。没有谁会

盖群英等人拍摄的莫高窟。王道士请人将一些窟壁凿穿，便于洞窟间往来，对壁画造成了巨大破坏。图片来源：[英] 盖群英（Alice Mildred Cable）、[英] 冯贵石（Francesca Law French）著，*The Gobi Desert: The Adventures of Three Women Travelling Across the Gobi Desert in the 1920s*（《戈壁沙漠：20 世纪 20 年代三个女人穿越戈壁沙漠的冒险故事》）

让他空手而归，他总是带着足够的钱返回心爱的石窟寺，继续实施他那朴素的计划。"

她们同时在书中讲述了王道士用藏经洞文书从斯坦因那儿换取银两的过程。"此后，千佛洞不再缺钱，有可观的银子储备着使用，继续维持他的工程。这些银子进一步用在了千佛洞的美化上。现在，来到这里的旅行者，可以穿过一片浓荫，进入凉爽、舒适而宽敞的客房。客房里有一个干净的房间等着他，舒适生活所需的用品都任其使用。我们从沙漠旅程的炎热刺眼、疲劳干渴中，走进这座幽静的建筑物。坐下歇息片刻后，便听到一句颇受欢迎的话——'水大开了'，提醒我们烧水壶里的水已经烧开。"

《戈壁沙漠》写道：玄奘是王道士给自己选定的守护神。"在住持（王道士）的亲自监督下，客房几面墙上装饰着具有传奇色彩的玄奘取经故事图画，其中一幅描绘了玄奘从印度朝圣归来的漫长旅程中，牵着一匹驮载珍贵佛经抄本的马。他们站在激流的岸边，这匹不情愿的马儿拒绝涉水。这时，一只巨龟出现，将他们安全渡过了河。在另一幅图画中，可以看到一条巨大的、凶恶的龙，这个巨兽吞下玄奘的马，但这位朝圣者的威严和无畏，迫使巨兽将马归还。"

王道士 1931 年去世后不久，盖群英三人再访莫高窟。她们看到的是新建的王道士墓塔，接待她们的人已经换成了王道士的大徒弟赵明玉。物是人非，"在外面多石的缓斜坡上，一座新的坟墓被修建起来，里面躺着王道士"。走进王道士曾经的住室，"我[1] 发现，我很难相信王道士没有像从前那样走出门来，手里拿着念珠，边走边说：'你们又都来啦！欢迎啊！很好啊！'"

不翼而飞的"转经桶"

王道士已经远去，但给后来的人们留下了许多悬念。

伯希和运走藏经洞宝藏不久，敦煌县政府就对藏经洞采取了措施，把其中的一些经卷装在两个大木桶里，木桶外面画上彩漆，封钉坚固，将桶的上下端掏空，套立在木柱上。木桶可以推动旋转，安放在佛殿上，叫作"转经桶"。其余的经卷仍然堆积在藏经洞里。县政府的文件中明确规定："责成王道人将此项经卷妥为保守，毋再遗失私卖，致干咎戾。"经卷依旧由王道士负责，只是强调不得遗失和私自转卖，不然就要追究责任。

1910 年春，敦煌县政府接到上级命令后，将藏经洞中留存的经卷搜罗护送至省会兰州。经查点，共计写经 8000 卷。这就是运送到学部后入藏京师图书馆的敦煌"劫余"。敦煌县政府由此领到了库平银 6000 两，兑换成敦煌市平银 6918.4 两。

1　《戈壁沙漠》一书写作时，冯贵珠年龄已经很大，由盖群英和冯贵石执笔撰写，书中用第一人称"我"指代她们三人。

敦煌县政府在上报文件中说按计划分配了这笔款：300 两银子留作莫高窟香资，503.4 两作为修补瓮城之费，其余的大宗据说要将文庙改造一新。

王道士领到了 300 两"香资银"，是在宣统三年二月初五（1911 年 3 月 5 日），并且写有领条。

敦煌县政府浮皮潦草地将藏经洞遗留品运走后，经桶则原封未动，只是加盖了两个省里的官印，算是进一步加封，依旧由王道士负责。

1910 年 12 月 13 日，敦煌知县打给上级的报告说："查卑县千佛洞佛殿转经两桶并未拆视。"

1911 年是新旧政权交替之年，敦煌的知县更换频繁。这一年以及此前和此后的三年内，上面打来报告要求各新任知县"请烦查照，严谕王道人将经桶看守，以免遗失"一类的文件特别多，看来政府对留在王道士手上的两个转经桶是重视的。

1911 年的最后一天，敦煌知县打给上级的报告写道："敝县除分谕王道人会首，妥为保护外，当即亲往千佛洞查验经桶，原有本道宪两次朱标印封，敝县未便启视，所有查验情形，拟合移知。"当时的知县申瑞元不仅把王道士叫到跟前，嘱托他好好看管，而且亲自去莫高窟查验了转经桶，只是当他看到上面盖的朱红大印原封未动时，便没有打开检查。

王道士一面服从知县的命令，一面却在干着转移经卷之事。到最后，干脆连两个转经桶也不见了踪影。

斯坦因在写他的敦煌获宝经历时，讲述了"王道士的故事"。在说到王道士收藏经卷时，斯坦因写道："当官府下令运走藏经时，王道士曾设法将一部分他认为特别有价值的汉文写卷另藏了起来。这批卷子的数量想必也不会太少，1911 年吉川小一郎就曾取走一部分卷子。后来我再度造访这里时，还有丰厚的收获，满满地装走了 5 箱子的汉文经卷，大部分保存完好。为了获得这些经卷，银钱自然也得增加。我怀疑直到现在王道士的小库房也还没有被取光。"吉川小一郎、斯坦因的所得，也许就是转经桶里的经卷。

王道士"小库房"里的经卷确实还没有被取光。奥登堡 1915 年来到这里时，获得了数量惊人的卷子，大量较碎的卷子是奥登堡将洞窟底部刨过一遍后获得，少量的完整经卷则是从王道士及当地人手上所购买。

在藏经洞被发现半个多世纪后，人们发现在丹麦首都哥本哈根的皇家图书馆里，竟然也藏有来自敦煌藏经洞的 14 卷汉文文书，其中既有天下孤本《华严经论》，也有早已散佚的《太玄真一本际经》。这批藏品来自丹麦商人索仁森。他在 1915 年初到达敦煌，当时奥登堡刚刚离去。他随后就从王道士手中买到了这批经卷，并于同年 11 月捐给了丹麦皇家图书馆。

王道士是把这批藏品当作宝物来囤积居奇的。转经桶中经卷的去向，是王道士留给世人的悬念。事实上，王道士留下的悬念还不止于此。

神秘的藏文写经

在大宗经卷从敦煌运出之后，中国的各级官府没有人认真对待王道士，也没有人真正清理过藏经洞，虽然政府并没有忘记留下的转经桶。宣统三年（1911 年）、民国元年（1912 年）、民国二年（1913 年）都曾查询过此事的下落，但始终不明不白，最后不了了之。

几年过去后，又传出有人在莫高窟买走大量经卷的消息，另有人说其中还存有大批的藏文佛经。因此，到了民国八年（1919 年），甘肃省政府教育厅令敦煌知县将该项藏文经卷悉数运送来省，交由省图书馆保存。

我们找到了一件民国八年甘肃省教育厅就运送"梵字经卷"到省城兰州下达给敦煌县的文件。

甘肃省教育厅下达第三一九号训令：

> ### 令敦煌县知事
>
> 照得释氏经文，流传最久，保存古物，中外皆然。该县属之千佛洞，旧藏古代梵字经文，亦为古物之一种。近闻该处住持道士不知爱惜，任意毁灭，或为酬赠之品，或为渔利之资，殊非保存古物之道，合亟令仰该知事，遵将该项梵字经卷，悉数运送来省，交由省城图书馆保存，脚费若干，运到后由该馆照数付给，切切，勿延此令。
>
> 阎世璘
> 民国八年九月五日

接到省教育厅的文件后，敦煌县随即又转发了一个责成劝学所所长处理此事的文件，然而劝学所让王道士将所存梵字经卷点验后，将其封存于莫高窟的一个洞窟内，并没有按照省教育厅的要求把梵字经卷运往兰州。其中，王道士不同意拿走或者敦煌县政府不愿意将此运出县境大概是根本原因。

第二年，省教育厅厅长阎世璘再次派专员到敦煌县处理将藏经洞经卷运送兰州一事。由兰州来的督办员于 1920 年 6 月 17 日抵达敦煌，随后会同劝学所所长朱文镇等相关人员一道骑马来到莫高窟。他们指令住持王道士将洞门泥封挖开，一一点验清楚，成捆的藏文写经竟达94捆之多，带夹板经书11打。

检验完毕后，王道士和敦煌县政府依然没有让来人将其全部带走。议定的办法是：以"石洞严密干燥"为由，将90捆仍旧保存在洞中；其余4捆及带夹板经书11打移置劝学所内。移置劝学所内的4捆及带夹板经书，后由兰州来的督办员带回1捆、1打保存甘肃省图书馆外，其余3捆、10打保存于敦煌县劝学所，以作古物纪念。

现在，这批藏文经卷分藏于甘肃省图书馆、敦煌市博物馆、敦煌研究院等处。

王道士之死

1931年佛诞日后的第10天，即农历四月十八日（6月3日），守望了莫高窟30余年的王道士，走完了他辛苦的一生，终年八十有余。他的徒子徒孙为他修建了一座道士塔，塔上嵌有其徒子赵玉明、徒孙方至福于民国二十年七月三十日（1931年9月12日）即王道士死后百日撰写的墓志。碑首中央篆刻了"功垂百世"四个大字。墓志铭写道：

太清宫大方丈道会司

王师法真墓志

民国二十年古历七月卅日，为吾师王法真仙游之百日，门弟子咸颐碑记行略，请命绅者，众皆曰"可"，何幸如之！夫吾师姓王氏，名圆篆，湖北麻城县人也，风骨飘然，尝有出世之想。嗣以麻城连年荒旱，逃之四方，历尽魔劫，灰心名利。至酒泉，以盛道道行高洁，稽首受戒，孳孳修炼。

迨后云游敦煌，纵览名胜，登三危之名山，见千佛之古洞，乃慨然叹曰："西方极乐世界，其在斯乎！"于是建修太清宫，以为栖鹤伏龙之所。又复苦口劝募，急力经营，以流水疏通三层洞沙。沙出，壁裂一孔，仿佛有光，破壁则有小洞，豁然开朗，内藏唐经万卷，古物多名，见者惊为奇观，闻者传为神物，光绪二十五年五月二十五日事也。呜呼！以石室之秘录，千百年而出现，宜乎价重连城，名驰中外也。

观其改建三层楼、古汉桥，以及补葺大小佛洞，积三十余年之功果，费二十多万之募赀，佛像于焉庄严，洞宇于焉灿烂，神灵有感，人民受福矣！惟五层楼规模粗具，尚未厥观成功，陆前县长嘉其功德，委为道会司以褒扬之。今者羽轮虽渺，道范常存；树木垦田，成绩卓著。道家之香火可继，门徒之修持有资，实足以垂不朽而登道岸矣！夫何必绝食练形，而后谓之飞升哉。

千佛洞太清宫徒子赵明玉、徒孙方至福稽首谨述

莫高窟前、大泉河对岸的道士塔。图片来源：[日] 共同通信社 著，『シルクロードの旅：砂と緑と太陽と』（《丝路之旅：沙、绿与太阳》）

　　王圆箓的墓塔——道士塔，位于莫高窟前、大泉河对岸。在这个拥有千年辉煌的佛教圣地莫高窟，最后由一位道士终结了它的古典时代。其中的象征意味是深长的。直到一些年后，莫高窟重新受到重视，重新展现它的古典之美的时候，为了艺术巡礼和旅游，敦煌游人如织的时候，很少有人再提起王道士。道士塔在不远处观望着今日繁荣的莫高窟，在岁月的风沙中斑驳，无声无息。

　　在佛教氛围浓厚的莫高窟，道士塔孤零零地立在一边，它与这里的整体土黄色环境是一致的，但与这里的气氛又有许多的不和谐。王道士已经作古，但他与莫高窟的关系并没有结束，他已经成为莫高窟历史的一部分。对于那段历史，可以扼腕痛惜，可以激扬文字，可以愤怒呐喊，但无法改变，无法假设。

　　王道士在最后一次接待了美国人华尔纳之后，人生的境遇突然发生了急剧的变化。虽然也有像基督教女传教士盖群英等人来到莫高窟时热情的欢迎和开心的时刻，但是总体而言，从1924年以后，王道士便进入了他一生中最黑暗的时期，这黑暗整整持续了漫长的七年时间，一直护送他走进孤独的道士塔。

　　很多年以来，四月初八佛诞日，都是王道士最忙碌、最兴奋的日子。这一天，他要早早地起床，清扫庭院。敦煌及其附近的人们纷纷涌入莫高窟礼拜进香，作为这里的主人，王道士不能怠慢香客。他们都承认王道士的地位，向王道士捐献一些香火钱。王道士笑吟吟地与施主聊家常。他在人群中穿来走去，不停地与熟人打招呼。后来他有了一些弟子，许多事情就由弟子们去做。他率领着自己的弟子们，穿着浆洗干净的衣服，迎来第一批客人，送走最后一批客人。当夕阳照在三危山上的时候，他实实在在地感到充实和满足。

　　不仅如此，敦煌县政府曾经一度邀请他来主管全县的道教事务。作为当地宗教上层人士，王道士振兴道教的空间大了许多。很多时候，他还接受河西一带其他宗教人士的邀请，前往帮忙做做法事。这一切，同样让王道士感到惬意。

　　那是一些多么令人怀念的日子啊。在他人生的最后几年里，他常常在心里这样对自己说。

　　那样幸福的日子，从1925年的佛诞日开始就渐渐溜走了。从此，他不仅不再兴奋，而且开始逃避和恐惧这个日子。头一年华尔纳的行为被人们发觉，在这年佛诞日，人们不再像往年那样友好地对待他了，他突然之间变成了人们的仇敌，他们像对待叛徒一样向他大喊大叫，指责他与外国人勾结，破坏和玷污大家心中的这方净土。几乎所有的人都对他怒目而视，他突然成了贼，他不得不逃避一切目光。在他身体还可以坚持的时候，每逢佛诞日他就离开莫高窟出去云游。最后他已经没有这样的体力了，就干脆躺在屋里不出来。

　　那些曾经支持他的敦煌地方官员，也突然之间就与他拉开了距离，新调来的知县不再待见他，避之唯恐不及。从前那位经常在官场走动的王道士，一夜之间就消失了，他甚至不得不装成精神失常的样子，以躲避官府和村民没完没了的追问。

　　华尔纳买通王道士从莫高窟剥移走一批壁画和塑像，引起当地人们的极大愤慨。华尔纳在 1926 年 12 月 26 日写给斯坦因的一封信中说，他曾经给王道士送过 75 两银钱，但这个数字被夸大到了 10 万银圆。村民们为此找到王道士，要求他拿出这笔钱来。王道士当然拿不出来，有的村民于是以死相威胁。王道士不得已，只能装疯卖傻，才算躲过一劫。

　　王道士最后岁月的凄凉，是可以想象的。后来发现的许多隐藏起来的经卷，实际上都与王道士有关，但王道士为日后准备的东西，许多他都没再动用，就像被他自己遗忘掉了一样。也许他并没有忘记，但他已经没有那个心思了。结果，那就成了王道士留给我们的悬念。

　　事实上，王道士到死都不明白他的行为给中国和敦煌带来的损害。他不明白，当时的中国正在发生怎样的变化。民族的情感经过几十年的刺激终于成长起来，中国已经从压迫者那里学会自我保护，知道维护自己的民族利益和保护民族文化。王道士不知道，让他自鸣得意的事情，其实是上了外国人的当。他是渐渐发现经卷的经济价值的，但即使价钱要得再高，他仍然是被欺负的中国的代表。文物是唯一性的，是无价的，他最多是把这些经卷等同于财宝，并不能理解文物的意义、文化的意义。

　　王道士在百思不解、寂寞难耐和众人指责的氛围中死去。一个民族精神匮乏的时代，与王道士一起走到了尽头。

寻梦与归来

敦煌宝藏离合史

中编 四海寻梦

刘诗平 孟宪实 著

广西师范大学出版社
GUANGXI NORMAL UNIVERSITY PRESS
·桂林·

中编

四海寻梦

有形的文物已经丧失，无形的精神不能沉沦。敦煌宝藏如同鲜血一样从中国的母体中流失，哀伤如同空气一样在中国的大地上徘徊。近代以来，中国已经习惯了这种气氛，也习惯了在悲伤之后的奋进。一个民族的不屈不挠，可以表现在战场上的英勇牺牲，可以表现在外交上的寸土必争，也可以表现在文化建设上的辛勤耕耘。国际学术界是个没有硝烟的战场，以中国人的名义，中国学者的发奋图强同样是可歌可泣的——即使看不见惊心动魄的搏杀场面。这个战场不是你死我活的破坏，更本质的是共同的文化建设。敦煌资料流散在世界各地，所以敦煌学从一开始就形成了它国际性的特征。对于中国学者，无论是不远万里『西天』取经，还是风尘仆仆敦煌『礼佛』，他们所追寻的，不只是看得见的敦煌文物，更是一种生生不息的民族精神。他们不离不弃，前赴后继。

目录

第十一章

漫漫西天取经路

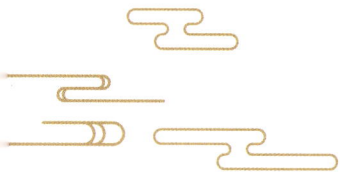

1909 年，八宝胡同。北京的一批学者在奋笔赶抄伯希和携来的敦煌文书。他们每天都在谈论着这些新发现的文书的价值，从不涉及这些文物的所有权问题。只有在他们的日记或与友人的通信中，有时才透露出他们内心的真实情感。作为一个中国人，抄写被外国人拥有的本国经卷，其内心深处的悲凉和痛苦可以想见。

伯希和一面说中国学者"以德报怨"，一面带着成箱的敦煌文书返回了巴黎。敦煌文书的精华流失海外，中国敦煌学的发展历程，很大程度上也就变成了中国学者追寻、抄写、刊布与研究海外敦煌文书的过程。他们追寻、整理敦煌文书本身，同时或取地下实物与纸上遗文相互释证、或取异族故书（胡语文书）与本国旧籍相互补正、或取外来观念与固有材料互相参证，把新发现的敦煌文书变成新的学术资源，拓展史料运用，扩宽学术视野，推动学术发展。他们持续多年的海外寻梦之旅，是不断提升中国敦煌学研究水平的过程，更是民族精神在国际学术领域里的证明。他们所走的路，比唐僧玄奘当年的西天取经路更加崎岖，更加漫长。

中国敦煌学的兴起

随着藏经洞经卷的流散，研究实际上已经萌芽，比如叶昌炽的研究。但敦煌学在中国的兴起，却是从借阅抄写伯希和携带到北京的敦煌文书开始的。董康、罗振玉、王国维、王仁俊、蒋黼、曹元忠、叶恭绰等，尽管心情复杂，依然或观看、或抄录，忙个不停。敦煌宝藏已经落入外国人手中，研究上不能再落于人后了。

中国敦煌学的真正起步，实际上就是从这几天开始的。

对中国敦煌学有开山之功的一部文集，是王仁俊在抄录文书当月、由国粹堂用石印方式印行的《敦煌石室真迹录》。虽然不是抄录全部原文，但书中题跋多有精辟见解，是世界上最早利用敦煌文书研究唐宋时期历史、地理、宗教的代表性著作。

从八宝胡同伯希和住处抄录敦煌文书的第二天，罗振玉就开始撰写《敦煌石室书目及发见之原始》一文，由商务印书馆发行的《东方杂志》于 1909 年 11 月 7 日刊登；《呜呼祖国之文物》分六次在 1909 年 11 月 1 日至 11 日的《民吁日报》上连载，首次公开向国人介绍了敦煌宝藏及其发现的情况。之后，他又接连写出增补改订本《莫高窟石室秘录》《鸣沙山石室秘录》。在收集敦煌文献和提请国人注意方面，罗振玉可谓不遗余力。

同年 12 月，罗振玉编写的《敦煌石室遗书》（包括蒋黼的《沙州文录》、曹元忠的《沙州石室文字记》）由诵芬楼印行。这又是一部八宝胡同抄经的重要学术成果。罗振玉还迅速组织了王国维、樊炳清等学者将斯坦因、伯希和、勒柯克等人所写在中国西北考察经过的文章翻译过来，《流沙访古记》就是第一次集中介绍藏经洞文书外流经过等内容的译文集，虽然它是以《敦煌石室遗书》的附录形式发表的。

伯希和随身携带的一批敦煌文书，立刻引发了北京学界抄写和研究的浪潮。那么，伯希和带到巴黎以及斯坦因带到伦敦去的大宗敦煌文书，情况又如何？

张元济西行

1910 年，罗振玉计划刊印伯希和所得敦煌文书，伯希和称需照印费 3000 多元。罗振玉托时任商务印书馆编译所所长张元济在商务印书馆影印。此前，罗振玉的《敦煌石室书目及发见之原始》一文，就是发表在商务印书馆创办的《东方杂志》上。从一开始，张元济便致力于敦煌文书的出版。

1910 年春，张元济从上海出发，经南洋，入红海，抵伦敦，游历欧洲数月，再往美国、日本，完成了历时十个月的环球旅行。正是这次旅行，使他成为第一个浏览了伯希和大宗敦煌藏品的中国人。

出发之前，张元济给商务印书馆北京印书局经理孙壮写信，想到达欧洲后会见伯希和，商量出版敦煌文书，要求北京方面写封介绍信。

5 月 4 日，张元济到达伦敦。这里是他此次环球旅行的第一站。此时，斯坦因携来的敦煌珍宝正在布展，6 月份将在大英博物馆展出。张元济当时并不了解斯坦因的中亚考察和敦煌获宝过程，更不了解斯坦因搜集品的收藏情况，因此访英之初他并没有调查英藏敦煌文书，同时错过了参观展览的机会。

10 月 18 日，张元济抵达巴黎。他从北京方面开的介绍信没起什么作用，因为存放敦煌文书房间的钥匙在伯希和手中，他几乎没有向别人打开过。别说外国人，就是法国人自己见过这批东西的人也不多。

伯希和的这个行为给自己招来了不小的麻烦。

敦煌宝藏运到巴黎时，伯希和曾受到热烈欢迎——在巴黎大学的演讲，4000 多名听众聆听，连大厅过道也被挤得水泄不通。

然而，在巴黎学界还有另一种情形。三十岁出头的伯希和，不仅暴得大名，而且恃才傲物。伯希和带回的文物，除了绢画、塑像等艺术品在罗浮宫以伯希和为名的大厅中展出之外，大量珍贵的文书一直锁在巴黎国立图书馆东方部的一个黑暗的房间里，钥匙由伯希和自己拿着。已经过了整整一年的时间，伯希和连一份文书的目录也没有编制。他在远东学院学报上发表的文章曾说：在斯坦因拿走了几千件敦煌写卷后，我又进入洞内，一天阅读上千件写卷，后来挑选出精华部分带回巴黎。但现在他不让其他学者观看，甚至捆敦煌写卷箱子的绳索有的都还没有解开过。

这不由得别人不恼火，尤其是图书馆东方部的管理人员。东方部一位资深的管理人员公开发表文章，不仅怀疑伯希和没有整理能力，连敦煌文书是真是假都存疑。他甚至公开声明：鉴于伯希和带回的敦煌文书连看都不让看，并且很可能是赝品，他放弃负保管的责任。

有位法国汉学家在 1910 年 12 月的一篇长文中写道：斯坦因既已进入藏经洞，这许多手稿又从何而来？一天读上千份写卷，也就是说一分钟要阅读两份写卷，这有可能吗？如果不是假的，为何又长期不许人们观看？

馆方没有存放敦煌文书房间的钥匙，伯希和正在受到攻击。

张元济没有办法，只好去找中国驻法国公使馆。经官方交涉，张元济最后获得特别参观许可，于 10 月 26 日得以一睹为快。张元济在 1911 年 3 月 23 日写给汪康年的一封信中说：这是一个由重重大门和铁锁保护着的密室，光线暗淡，根本不是用来阅读的。伯希和打开了密室之门，但是在不停地催促之下，他只能匆匆浏览。后来，由于行期紧迫，没能有机会再往观览。

张元济就出版法藏敦煌文书一事，与伯希和进行了商谈。他在回国后发表的演讲中说："我到了法国的京城巴黎，便去访伯希和，邀他同我到图书馆内去看。他们看得这些古书很郑重，不轻易许人去看的。我见敦煌来的古书陈设了几大间屋子，都用镜架镶好了。每一卷子用一个木匣，挨次藏着，其余没有理清的还堆在桌上，我没见过。记得有一种唐人写的《论语》，翻阅几页，和现在的本子多有不同，可惜没有工夫细看，看也看不得许多。我已经同伯希和商量停妥，陆续照了相寄回中国，将来还要设法印出来。"

令张元济感到高兴的是，不仅商妥将中国传统典籍中关于四部书的敦煌文书刊行，还从伯希和那儿听到了斯坦因所获敦煌文书的一些情况。张元济又惊又喜，随后拜访了伯希和的老师沙畹。沙畹于 1909 年春接受斯坦因邀请，对斯坦因第二次中亚考察所获汉文简牍进行整理、考释和刊布。此时，沙畹已基本完成考释，将简牍和考释成果一并交还给了大英博物馆。沙畹也给张元济提供了许多有关斯坦因搜集品的信息。

斯坦因第二次中亚考察所获文物，除了一小部分在大英博物馆展厅展出外，都被放进了博物馆的地下室。大英博物馆举行的第一次敦煌文物展获得了极大成功，斯坦因得意非常。伯希和也从巴黎赶来参观，并快速翻检了斯坦因所获敦煌汉文文书。斯坦因于是邀请伯希和参加整理，虽然斯坦因觉得伯希和有点自高自大，但让他感到欣慰的是，伯希和答应为其所获敦煌汉文文书编目。[1] 沙畹等各有所长的专家，已经开始对斯坦因带回的汉简等进行整理和研究。

对张元济来说，没有什么比立即重返伦敦看大英博物馆所藏敦煌文书，并与斯坦因商谈敦煌文书出版事宜更重要的了。

10 月 30 日，张元济从巴黎来到伦敦。像在巴黎时一样，张元济找到了中国驻英国公使馆。到达伦敦的第二天，张元济便请驻英国公使馆二等参赞陈贻范帮助他与斯坦因取得联系，并介绍他参观大英博物馆所藏敦煌文书。与斯坦因有过两面之交的陈贻范，于是为张元济写了一封给斯坦因的介绍信。

张元济来到大英博物馆，博物馆负责汉文图书的管理员翟理斯接待了他，并领他参观了一些馆藏敦煌文书展品。翟理斯对张元济说：斯坦因眼下正在整理他带回的文物，并对其有监护权，你想调查敦煌文书要征得斯坦因同意。张元济在博物馆看了将近一个星期的书，也没有见到斯坦因。于是他按照翟理斯提供的斯坦因的牛津通信地址写了封信，信中附寄了陈贻范写的介绍信。张元济与斯坦因取得联系后，双方约定于 11 月 7 日或 8 日在大英博物馆见面。

张元济在伦敦参观大英博物馆展品，见到了难得一见的敦煌秘籍。回国后，他在朋友张罗的欢迎会上发表演讲《环球归来之一夕谈》，讲述自己在伦敦看到敦煌文书时的心情："最刺心的是，我们一千多年前的古书竟陈设在伦敦的博物院中。"

他在给汪康年的信中写道："其珍密一如法人，四部不如伯君多，而佛经及其他古物则远过之。其四部书亦以商妥，将来亦可影照也。"

从信中所写看来，经协商，斯坦因答应敦煌文书中的四部书可以影印。然而，这不过是斯坦因的口头应付而已。因为一年后，斯坦因又去了印度，做着第三次中亚考察的计划，张元济影印四部书的愿望并没有实现。

1　伯希和连他自己带回法国的敦煌文书也没有编目，更没有为斯坦因带回伦敦的敦煌文书编目。对此，英国学者吴芳思提供了另一种解释。她在《中亚考古学家和探险家斯坦因》（载于布莱恩·费根主编《伟大的考古学家》）一文中写道："他（斯坦因）也担心自己 1906—1907 年偷偷前往敦煌的举动会令欧洲的同行不悦。法国学者保罗·伯希和（1878—1945）当时已经宣布考察敦煌洞窟的计划，以为这样可以打消其他人捷足先登的念头。当伯希和 1907 年出发时，斯坦因（对自己的计划守口如瓶）已经在克什米尔待了数月，并为启程前往敦煌准备好了人员和设备。被蒙在鼓里的伯希和还在不紧不慢地考察丝绸之路北段沿线的遗址，到达敦煌时已经比斯坦因晚了一年多。伯希和无法原谅斯坦因的狡猾，但出于汉学家的好奇，他还是几次前往大英博物馆检视斯坦因所发现的古代写本文书（趁斯坦因不在时），并主动提出帮助斯坦因为这些文书编目。后来虽然有约 430 件写本文书被送往巴黎，但伯希和自始至终都没有为斯坦因做过编目工作。"

张元济的此次西行，是商务印书馆敦煌编译和出版史上不能遗忘的一页，虽然没能完成任何一项出版敦煌文书的计划。

值得一提的是，在离开伦敦的前一天，即 1910 年 11 月 8 日，张元济见到了同样是环球航行来到伦敦的金绍城。金绍城这次来欧洲，也想调查英、法所藏敦煌文书。

1909 年伯希和在北京期间，参加 10 月 4 日六国饭店学术招待会的人员里，大理院刑科推事金绍城就是其中之一。第二天上午，金绍城还前往伯希和下榻的八宝胡同住处观看了敦煌文书。

金绍城是从美国来到伦敦的。1910 年 8 月 20 日，金绍城一行从上海起航，前往美国出席 10 月举行的第八届万国刑律监狱改良会议。开完会后，金绍城于 11 月 7 日到达伦敦，8 日陈贻范宴请金绍城一行，并邀请第二天就要离开伦敦的张元济作陪。

1910 年 12 月 1 日，金绍城离开英国，前往巴黎。在巴黎，他致信伯希和商量参观敦煌文书一事。金绍城在当天的日记中说："伯君得敦煌秘籍，故函商请往一观。"

在没有收到伯希和的回信后，金绍城在他担任留法学生监督的妹夫王继曾的帮助下，与法国汉学家沙畹取得了联系。12 月 10 日，金绍城拜访沙畹。三天后，沙畹回访。

金绍城了解到沙畹已考释斯坦因简牍一事后，请他设法帮忙拍摄简牍照片。于是，沙畹致信斯坦因，并将金绍城在巴黎的通信地址告诉了斯坦因。然而，金绍城并没有收到来自斯坦因的任何消息。

随后，金绍城继续在欧洲游历，于 1911 年 5 月 21 日返回上海。

罗振玉的京都岁月

在拥有敦煌宝藏精华的西洋，张元济只能投之以惊鸿一瞥，金绍城则连法藏和英藏敦煌文书的影子也没见着。不过，在东洋，在罗振玉、王国维的努力下，敦煌遗宝绽放出别样的光芒。

日本京都是一座古色古香的城市，漫步在京都的林荫道上，满目的汉字招牌和彬彬有礼的行人，如果不是话语的提醒，一个中国人在这里不但很少有陌生感，而且会生发出思古之幽情。京都大学，是日本关西地区的文化中心，文化精英汇聚之地。

1913 年春，京都大学附近，一个不算大的庭院落成，主人名之为"永慕园"。永慕园中有一大而醒目的书屋，主人名之曰"大云书库"。运到这里的书和相关资料，光整理就花了主人几个月的时间。不算碑拓、金石、甲骨等，只图书一项就有约 50 万册，加上专业性强，所以相当于一个大型专业书库。在以后的数年时光里，永慕园成了京都文化的一道耀眼风景线。

永慕园的主人，是来自中国的罗振玉。

自从伯希和在北京公开藏经洞秘密和出示部分敦煌经卷，罗振玉便积极投身于敦煌学的研究之中。但是，一场没有预料到的事件发生了，这就是辛亥革命。先是战争，接着是各地纷纷独立，清政府很快就丧失了任何抵抗能力，清皇室的统治范围被限制在紫禁城的狭小天地中。对清室忠贞的罗振玉，眼见清朝大势已去，是时候找个地方"洁身引退"了。

这时，一个日本僧人出现在他家门前，是大谷光瑞派来的说客，劝他去日本一避。与大谷光瑞素不相识、有些惊诧的罗振玉有些犹豫，没有答复。恰在这时，京都大学的内藤湖南、狩野直喜和富冈谦藏等教授的联名信到达，他们希望他到日本继续其学术研究。

政治理想已经无从谈及，时局又是如此混乱，罗振玉于是下定决心东渡扶桑。1911年的冬天，罗振玉和王国维一起举家东渡，一箱一箱的藏书和古器物也都运到京都。罗振玉一行暂时寄居了下来。然而，国内局势依旧不明，看来一时难以返回，而运来的书物全部寄存了京都大学图书馆。因此，在京都大学附近，罗振玉筑起了永慕园和大云书库。

罗振玉在京都一住八年。埋首于新出古代文献——甲骨文、敦煌文书和汉简等的整理和研究，罗振玉经常连续数月足不出户，专心著述。他的研究成果，正是在这个时候形成了一个高峰。

1913年，罗振玉把伯希和三年里断断续续寄来的18种敦煌文书照片悉心整理，印行了寓日期间的第一部敦煌学著作《鸣沙石室佚书》。

或许是金绍城将沙畹考释斯坦因第二次中亚考察所获汉文简牍的相关信息告诉了罗振玉。罗振玉于是就简牍一事致信沙畹。1913年冬，沙畹将自己手头的稿本寄给了罗振玉。1914年，罗、王分工合作，将沙畹所寄在敦煌和新疆发掘的汉晋木简影照、考释并出版，这就是中国学者整理研究汉晋简牍的开山之作——《流沙坠简》。

1914年2月，罗振玉把他收藏的西域和敦煌碑刻拓片15种（包括著名的《且渠安周碑》）编为《西陲石刻录》印行。8月，他又冒着烈日来到大谷光瑞的居所二乐庄，将大谷探险队所获高昌墓砖加以录文，不清楚的地方亲自到探险队员吉川小一郎处校录，编为《西陲石刻后录》印行。

这一年，罗振玉参观了"西陲古物展览会"，并与大谷探险队队员橘瑞超相见。当他从橘瑞超处看到大谷探险队敦煌收集品相关记录后，立即借回，"簿灯录之"，编成《日本橘氏敦煌将来藏经目录》，留下珍贵记录，使世人对大谷探险队所获敦煌文书有了更多了解。

1916年，罗振玉再将大谷探险队所获敦煌绘画二帧和勒柯克所获高昌壁画二十帧，编成《高昌壁画菁华》出版。……

王国维（1877—1927）与罗振
玉（1866—1940）（右）。
图片来源：刘诗平摄于 2023 年
北京"二十世纪初中国古文献四
大发现展"。

　　无须罗列更多罗振玉的著述了。在东瀛，他和王国维一道，不遗余力地搜集、刊布、
研究敦煌文书，有力推动着中国敦煌学向前发展，也有力推动着国际敦煌学的交流与合作。

王国维的学术转移

　　自 1898 年加入罗振玉创办于上海的东文学社后，王国维很快就获得了罗的赏识。
　　在很长一段时间里，王国维的学术兴趣集中在西洋哲学和中国古典文学方面。他对叔
本华和尼采等西哲的研究见解独到，他的《人间词话》是人们学习中国古典文学的必读之
书，《宋元戏曲史》也是这个领域的权威著作。

1909 年，伯希和在北京展示他获取的敦煌文书时，王国维的研究重心还在宋元戏曲上。当罗振玉、蒋黼、王仁俊等北京学者纷纷前往观看和抄录，时为学部图书局编译的王国维也前去观看了。10 月 4 日晚，北京学界为伯希和举办的盛大学术招待会上，王国维也是其中的一员。随后，罗振玉辑刊《敦煌石室遗书》时，王国维曾帮助校理，并翻译了斯坦因的演讲《中亚细亚探检谈》。

辛亥革命后，王国维随罗振玉举家东渡。在寄居京都的日子里，他协助罗氏整理大云书库藏书，悉知罗氏所藏。与罗振玉切磋论学，与京都大学学者交流来往，不时获读法英所藏敦煌文书和简牍资料，王国维的学术方向发生转移，开始了中国古代历史、古文字和古器物的研究。其中，对敦煌学的研究创获极多。

罗振玉在京都的大云书库，取名于他所藏源自敦煌藏经洞的北朝初年写本《大云无想经》。新、旧《唐书》记载：武则天为了取代李唐，指使薛怀义伪撰《大云经》，以黑河女主故事，称武则天为弥勒转世，李唐式微，是故则天革命周。那么，《大云经》果真是武则天时期伪撰的吗？王国维仔细研究敦煌文书《大云经疏》，将它与《大云无想经》对勘，发现薛怀义等人确曾利用《大云经》配合武则天上台制造舆论，诡称符命，但《大云经》北朝已经存在，并非武则天时期伪造，从而更正了一段历史记载，还原了历史本真面目。

王国维利用敦煌文书研究古典文学和音韵学，令人印象深刻。答应给中国学者寄敦煌文书照片的伯希和，给王国维寄来了三种唐写本《切韵》残卷照片。王国维根据这些文书写成《巴黎国民图书馆藏唐写本切韵残卷三种》，对唐代音韵沿革进行精细研究，第一次系统论述了唐代韵书的流变问题。不过，伯希和寄这些照片时，没做任何交代，王国维误以为这三种唐写本是伯希和所获文书，其实是斯坦因所获文书，应为《大英博物馆藏唐写本切韵残卷三种》。

另有一次，罗振玉请伯希和寄一份他获取的敦煌写本云谣集杂曲子资料，伯希和寄来的却是斯坦因所获的那部分残卷照片，同样没做说明。好在是谁获取的文书本身并不重要，王国维根据曲子词残卷，充分揭示了这种重要的俗文学体裁——唐代曲子词的文学价值。

就敦煌学而言，王国维在制度史、宗教史、俗文学、西北史地、音韵学等方面均有创获。他的"二重证据法"，即取地下实物与纸上遗文互相释证、取异族故书与本国旧籍互相补正、取外来观念与固有材料互相参证，让他的研究成果备受瞩目。

方法论上的突破和研究成果的突出，使王国维成为"中国新史学的开山"。

奔走于东西洋的董康

当年北京学界获知伯希和敦煌获宝的消息，是由端方告诉董康，再由董康传播开来的。喜欲狂、痛如绞地去伯希和寓所观看敦煌文书的人群中，董康也是其中的一个；六国饭店的学术招待会，董康是主要的组织者；当年最重要的一部敦煌文书资料及译文集《敦煌石室遗书》，就是在北京烂漫胡同董康寓所内刻印的。

既是藏书家，也是刻书家，既是学界名流，也是政坛巨子，这就是多面手董康。

董康的购书藏书之奇和刻书印书之精，都曾经轰动学林。进士出身的董康虽任官刑部，却每每能在街头巷尾的书肆中见到他的身影，因而一些善本秘籍便不时地集于他的手中。有一次，董康以 8 元购得法式善手抄的 80 册《宋元人小集》，害得叶昌炽在日记里大发醋意，认为是"书痴的奇遇"；而由董康在 1906 年发现的宋人周密的《草窗韵语》，更是藏书家几百年不曾见过的秘籍，大儒沈曾植慨叹为"尤物"，富豪藏书家蒋汝藻辗转得到这部宋本后，索性将藏书室改名为"密韵楼"。

作为诵芬室主人，董康花 30 年之功刻印的 30 余种《诵芬室丛刊》，既多海内孤本，又精雅绝伦，因此蜚声士林。然而，一"刻"而举国震惊的，是刻印 1907 年日本汉学家岛田瀚所写《皕宋楼藏书源流考》。1905 年，岛田瀚秘密促成皕宋楼藏书以 11.8 万元卖给日本岩崎文库，之后写成此书，从日本寄给董康刊行。清末四大藏书家之一，归安（现浙江吴兴）陆心源的皕宋楼，号称藏有珍贵宋版书 200 部。陆心源死后，其子不能守业，导致文化珍宝外流。

《皕宋楼藏书源流考》一出版，立即震惊了中国学术界，无人不痛悼皕宋楼藏书外流。董康写的跋语甚至说：众多名家旧本流落异域，一去不返，还不如遭水火兵灾算了，那样至少魂魄还可以长留故土。

辛亥革命爆发后，董康与罗振玉一样避居京都。不过，董康没有罗振玉那样幸运，能坐拥大云书库。罗继祖在《庭闻忆略》中写道："当日同侨居京都的还有董授经（董康）一家，董和祖父（罗振玉）的旨趣完全不同，所以虽然在京都结邻几年，除了互相研究版本之学外，没有共同语言，他曾公开对缪艺风（缪荃孙）说：'吾人之所图者惟名与利，宗社已复，惟藉此数片梨枣，以博身后之名耳。'可见董的刻书专在求名，不在传古，仅就刻书这一点看，和祖父也谈不到一起，遑论其他。"

其实，董康与罗、王同样避居京都，但罗振玉生活安定，潜心于学；王国维得罗氏襄助，学术转向，再创高峰；董康则穷困经年，本拟开设书肆谋生，但始终没能实现，只好将随身携往日本历年藏书中的一部分，售给日本巨富大仓氏以维持生活。这对董康而言，是在皕宋楼的痛上再加切身之痛。

董康与罗振玉的不同，更表现在对国内的政治态度上。清朝被取代，对罗振玉而言，有失君之痛；董康前往日本则只是避乱，对民国取代清朝，认为是"宗社已复"。所以罗振玉在日本一住就是八年，董康则在 1913 年 10 月回到了国内，不久即活跃于北京政坛。

1922 年 10 月，辞去北洋政府财政总长职位的董康出现在法国国家图书馆。他正是奔着收藏在这里的敦煌文书而来。

在董康到达巴黎的前一年春天，蔡元培在巴黎拜访了伯希和。伯希和告诉蔡元培，"在新疆所得之古物，有在鲁佛尔（罗浮宫）博物院者，有在东方古物馆者，现考订未竟，且印费极贵，一时未能出版"。当时的蔡元培主要是受中国政府派遣，考察欧美大学教育及学术机关研究状况，并非专门调查敦煌西域出土文书，所以没有亲见法藏敦煌文书。

目睹由伯希和带到巴黎的敦煌宝藏，董康百感交集。这是相距十多年后，他与伯希和的再次见面，场所由北京换成了巴黎。他这次是率实业考察团赴欧美考察途径巴黎的。在巴黎停留的一个多月里，公务之余，董康抄录了敦煌文书中法制方面的资料，并挑选拍摄了 50 种带回。随后，董康前往伦敦，在伦敦停留约 20 天，得到翟理斯接待，阅览了部分敦煌文书，并从敦煌文书中幸运地抄到了《云谣集》等珍贵的文学史料。

在巴黎，董康还介绍同来考察实业的胡光麃与伯希和见面，获准查阅科技方面的敦煌资料。后来，胡光麃获北洋政府颁发嘉禾勋章。当报章将这一消息登出后，赫然在目的名单中竟然有与中国学界交往频繁的伯希和。胡光麃断然拒绝领奖，原因是不愿与伯希和同获奖章。事后，胡光麃说："当时以为我们祖先留传下来的宝贵文化物，竟为外人于取于携、大包小捆饱载而去，反而政府予以奖，是为赏罚不明，因而虽获奖而终未领受。"

董康在法国和英国搜寻敦煌文书，曾经撰成目录，后来日本学者内藤湖南赴欧洲调查敦煌遗书时，拿着董康的目录参考查询，大受其益。

董康海外搜寻敦煌文书，不限于西洋。

从政坛引退后，董康以法学家的身份活跃于大学讲坛。1926 年出任上海法科大学校长。同年年底，因为被别人冒名发通电而遭到直系军阀孙传芳通缉，董康不得已冒别人之名避难日本。

古籍善本东流日本，是董康多年的痛。有时，董康甚至梦想着东京、京都的旧藏尽为己有，以为皕宋楼善本流失的报复。不过，这终究只是梦想。在近半年的避难时间里，董康穿梭往来于京都、东京之间，与日本汉学界广泛接触，阅览了无数善本秘籍，写成以访书为主要内容的东游日记，这就是被傅增湘誉为"足为馈贫之粮、夜行之烛"的《书舶庸谈》。以后董康又三次赴日，每次对《书舶庸谈》都有增补。幸运的是，董康见到了许多日本公私所藏敦煌文书，也见到了一些日本学者摄自巴黎和伦敦的敦煌文书照片，并抄录了许多流散在日本的敦煌文书。

奔走于东西洋的董康，推动了中国敦煌学的发展，同样推动了中日敦煌学界的交流。

刘半农辑录《敦煌掇琐》

20 世纪的中国与世界，已经越来越紧密地联系到了一起。面对祖国的孱弱，背负民族的尊严，一批批学子走出了国门。凿壁偷光，悬梁刺股，发奋图强，一批批学有所成的留学人员回到了国内。近代以来，在学术上与西方接轨，与西方平等对话的时代终于到来了。

北京大学教授刘半农的留学生涯，打开了中国敦煌学研究的又一扇大门。

刘半农早年曾在"鸳鸯蝴蝶派"的阵营里闯荡，不过并非海上一般专写柳荫花下"卅六鸳鸯同命鸟，一双蝴蝶可怜虫"之类的"礼拜六派"文人，他最早将《福尔摩斯探案全集》、安徒生《皇帝的新衣》等翻译介绍给了国内读者。1917 年夏，26 岁的刘半农被蔡元培聘为北京大学教员后，一变"鸳鸯蝴蝶派"才子而为文学革命的闯将。

1920 年初，风头正劲的刘半农登上了赴欧留学的远洋海轮。

刘半农赴欧留学，发愤要挣个"洋博士"回来，传说是一气而成的。据文学评论家李长之说："当陈独秀、胡适之们提倡文学革命的时候，一位刚从'鸳鸯蝴蝶派'文场中出来的叫刘半农者也在倡和。当时因为别人说他一句：'你懂些什么，也有资格来提倡？'他就一气到法国。"

李长之没有明言气刘半农的"别人"是谁。周作人晚年在《知堂回想录》里指出气他的是胡适，并说："刘半农当初在上海卖文为活，写'礼拜六派'的文章。但是响应了《新青年》的号召，成为文学革命的战士，确有不可及的地方。来到北大以后……英美派的绅士很看他不起，明嘲暗讽，使他不安于位，遂想往外国留学。"

事实是否如此不得而知。刘半农与胡适同年进入北大，但与获得美国博士头衔的胡适不同，刘半农是一个中学肄业生。李长之接着说："假如这个传说是对的，则他的专攻语言学是因中国文学革命而起，其目的也是提倡白话文吧？同时，那个在一气就去法国之气，是一个多么可贵之气！这气不是骄傲，而正是谦虚：他反省自己之无学，从根本来研究语言。"

最初在伦敦一年多的时间里，刘半农除了在伦敦大学研究语言学之外，更致力于白话诗和民歌的拓荒，包括《教我如何不想她》在内的《扬鞭集》即写作于此时，山歌荟萃的《瓦釜集》也编成于此地。同时，他还跑去大英博物馆查阅了敦煌文书。

五四运动中表现突出的北大学生傅斯年，此时正在伦敦大学留学。刘半农与傅斯年一道，经留英学生陈源介绍去看了斯坦因所获敦煌文书。当时，大英博物馆东方部的翟理斯正在整理这批文书，他对中国学者（包括部分日本学者）一向抱持资料封锁态度，刘半农和傅斯年看到了什么不得而知，他们也很少向人提起。

第二年夏天，刘半农转赴法国，入巴黎大学语音学院。在伦敦时，刘半农尚能将文学创作与语言研究并举；如果想获得法国国家博士学位，就断难兼顾了。刘半农后来谈及这段求学经历时说："我出国的时候，是想研究文学和言语学的。不料一到国外，就立时觉得'两者不可得兼'，于是连忙把文学舍去，专重言语学。"

"五四"前后的刘半农，作为杰出的白话诗人载誉文坛，同时作为国语运动先驱蜚声海内。在刘半农看来，白话诗只有建立在"破坏旧韵，创造新韵"的基础上，才能确立。因此，他专攻言语学，正是因为文学革命而起，其目的也在于提倡白话文。

在巴黎留学的岁月，刘半农在为博士论文而忙碌。然而，他没有忘记伯希和捆载而去的敦煌宝藏。它们不仅是学术研究最可贵的资料，更是民族被侮的耻辱记录。对于这位在五四运动中心熔炼过的激进教授，更多了份民族自尊和爱国情怀。

抄录敦煌文书占去了刘半农的许多时间，一字字，一篇篇，抄就了有关文学、社会、语言材料共104种。这期间，傅斯年有时也和刘半农一道，在法国国家图书馆阅览敦煌文书。

1925年3月17日，是让刘半农惊喜交集的日子。这天，他的博士论文答辩。杨步伟女士（为《教我如何不想她》谱曲的语言学家赵元任之妻）记录了答辩过程：刘半农带着语音仪器赴试，包括伯希和在内的六个主考官严阵以待，答辩一直持续了6个小时，中途仅仅出去喝了点咖啡之类。考试完毕，刘半农几乎瘫倒在座位上。最后，他以法文《汉语字声实验录》和《国语运动史略》两篇长文，成为首位获得法国国家文科博士学位的中国人，并经答辩老师之一——巴黎大学语音学院院长贝尔诺教授提名，吸收为巴黎语言学会会员，获法兰西学院伏尔内语言学专奖。

1925年4月23日，刘半农和赵元任夫妇搭乘海轮由马赛回国，任北京大学国文系教授，兼研究所国学门导师。刘半农将所抄敦煌文书辑印为《敦煌掇琐》，作为北大研究所国学门丛书之一出版，北大校长蔡元培撰写序言。蔡元培说：

> 从敦煌石室发现以后，大多数重要的材料都已为英国学者司泰因氏、法国学者伯希和氏运往欧洲。所遗在本国的，只有佛经抄本，这种抄本除北京国立图书馆藏有八千卷外，私人收藏的也还不少。我们得了这种抄本，一可以校经文的异同，二可以见当时的别字，三可以看当时普通人的书法，已不能不算是希世之宝了。

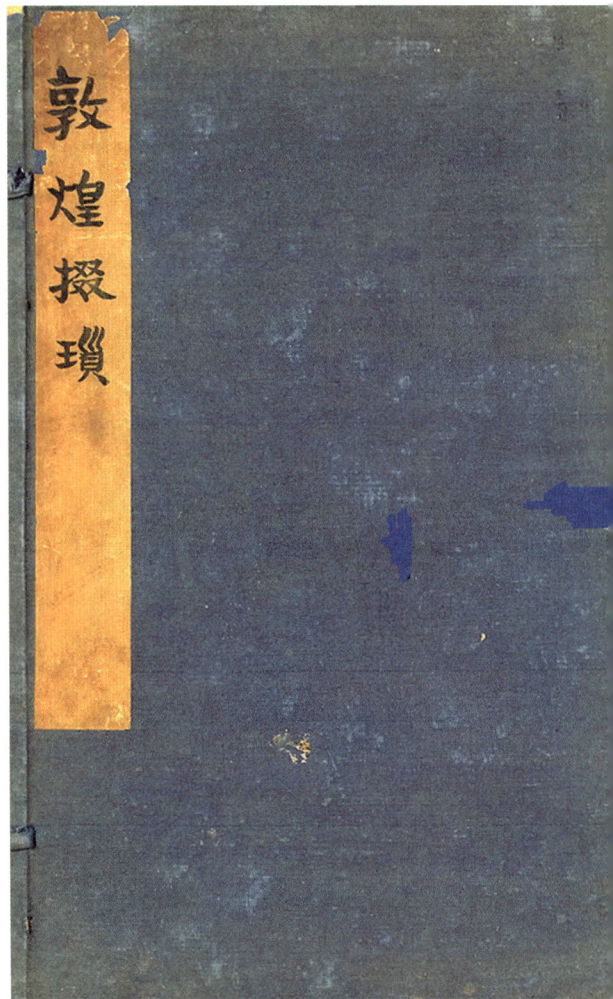

刘半农与《敦煌掇琐》

　　然而，那些运往英法两国的材料里面，还有各种杂文的写本。这些写本于佛经写本的三种关系以外，还有两种重要的关系，一是可以见当时社会状况的断片，一是可以得当时通俗文词的标本。可惜这许多杂文，还没有摄出照片来。凡是不到欧洲的学者，都无缘一读。

　　但是，没有照片的时候，若能照样的抄出原文来，于上两种的重要关系，也未尝不可以接触。刘半农先生留法四年，于研究语言学的余暇，把巴黎国家图书馆中敦煌写本的杂文都抄出来，分类排比，勒成此集。

　　刘半农辑录的《敦煌掇琐》，是敦煌学发轫时期敦煌文书搜集的集大成者。资料是研究的前提和依据。与罗振玉相较，刘半农有着截然不同的学术背景，他所辑录的敦煌资料，主要是民间文学、社会生活、语言文学方面的材料，因而大大开阔了研究者的眼界，增辟了敦煌研究的新领域。

胡适追查禅宗资料

　　紧接在刘半农之后前往欧洲查阅敦煌文书的，是北京大学国文系教授、研究所国学门的另一位导师——胡适博士。虽然同样不是由政府或学校委派专门去查阅，但胡适却是最早专门带上相关资料，做好准备，前去欧洲查阅敦煌文书的学者。

　　1925年，胡适参加了段祺瑞策划的善后会议，并担任中英庚款咨询委员会中方委员。第二年，胡适前往伦敦参加中英庚款委员会会议。他此行的另一个重要任务，是查阅伦敦和巴黎藏敦煌文书。

　　作为新文化运动领袖和新学术权威，此时的胡适正在撰写《中国禅学史》。当他写到神会时，感到无从下笔，因为世所留存的禅宗材料，多是宋代以后改造过了的，要找到唐朝的原始材料，需要到新出敦煌文书中寻找。

　　8月4日，胡适到达伦敦。除了开会、演讲，便是在大英博物馆里抄看敦煌文书。十天后，他赶往巴黎查阅敦煌文书。9月23日，胡适从巴黎返回伦敦，继续开会和在大英博物馆查阅敦煌资料。

　　12月31日，胡适离开英国，乘海轮赴美，结束欧洲之旅。

　　胡适在大英博物馆受到了翟理斯的热情接待，查阅了将近100件敦煌文书。数年前，刘半农想查阅大英博物馆敦煌文书时，曾担心不被接待。胡适为何会大受欢迎？原来翟理斯和胡适之间很早就有过"文字交"。

　　1914年8月，刚从美国康奈尔大学毕业的胡适，偶然读到《英国皇家亚洲学会会报》

第 7 期刊载的翟理斯《敦煌录》一文。23 岁学农业经济的胡适发现，《敦煌录》"讹谬无数"。他顺手将文中谬误摘出，写了个校勘记寄给英国皇家亚洲学会。

没想到时隔半年，胡适收到了英国皇家亚洲学会寄赠的杂志和抽印本，正是他的论文《关于翟理斯博士〈敦煌录〉一文的札记》和翟理斯的《＜敦煌录＞重译》，同时发表在该杂志 1915 年 1 月号上。胡适在日记中写道："西人勇于改过，不肯饰非，亦足取也。"

这是胡适在国际汉学界初露头角之时。让胡适没有想到的是，这也为他在十多年后查阅英藏敦煌文书埋下了伏笔。

刚到伦敦时，胡适忙着开会，同时几次找管理敦煌文书的翟理斯都没找着，直到查阅法藏敦煌文书回到伦敦后，才见到了翟理斯。

胡适受到翟理斯的友好接待，不仅可以查阅敦煌文书、拍摄文书照片，而且有时在目录中查到相关敦煌文书后，忙碌的胡适还请翟理斯为其找出，待有空时前去阅览。也因此，胡适在他的《神会和尚遗集序》中，将翟理斯大大地感谢了一番。

然而，翟理斯对胡适也并非没有保留。即使胡适只是看他想看的禅宗史料，一些最重要的也未能看到。多年以后，胡适回忆此事时说："七个月之后，我在日本才听说，日本学者矢吹庆辉先生曾在英国博物院挑一些敦煌写本照了回去，其中有《南宗顿教最上乘摩诃般若波罗蜜经，六祖惠能大师于韶州大梵寺坛经一卷》，这一卷最古写本，我当时竟没有知道，英国博物院专家 Dr Lionel Giles（翟理斯）也没有提起这一件最难得的宝贝。"

8 月 24 日下午，胡适在巴黎见到伯希和。他在当天的日记中写道："他（伯希和）是西洋治中国学者的泰斗，成绩最大，影响最广。我们谈了两点钟，很投机。"两天后，由伯希和陪同，胡适来到法国国家图书馆看敦煌文书。此后的近一个月，胡适集中精力查找禅宗史料。此时在柏林留学的傅斯年也特意赶到巴黎，看望当年在北大的老师胡适并查阅敦煌文书。

胡适的心情是兴奋的，即使在多年以后也能够感觉到。"我到法国的时候，傅斯年先生听说我在巴黎，也从德国柏林赶来。我们两人同住一个地方，白天在巴黎的国家图书馆看敦煌卷子，晚上到中国馆子吃饭，夜间每谈到一两点钟。……在巴黎不到三天，就看见一段没有标题的卷子，我一看，知道要找的材料找到了。我走了一万多里路，从西伯利亚到欧洲，要找禅宗的材料，到巴黎不到三天就找到了。"

胡适的收获也算是满意的。他说："在巴黎，住了三十四天，游览的地方甚少，瑞士竟去不成。然在图书馆做了十几天的工作，看了五十多卷写本，寻得不少绝可宝贵的资料，总算不虚此一行。"

回到国内后，胡适在《整理国故与"打鬼"》一文中写道："这回到巴黎、伦敦跑了一趟，搜得不少'据款结案'的证据，可以把达摩、慧能以至'西行二十八祖'的原形都给打出来。'据款结案'即是'打鬼'。打出原形，即是'捉妖'。这是整理国故的目的与功用。这是整理国故的好结果。"

在巴黎，作为"中国新学术权威"的胡适和作为"西洋治中国学泰斗"的伯希和有过几次深谈，后来也几度一起出席会议。从美国取得博士学位的胡适与正统巴黎学派的伯希和，在学术风格和个人气质上并不十分对路，两人主要是学术上的过招。

关于达摩，治禅宗史多年的胡适认为道宣的《续僧传》最可信，伯希和则称道杨炫之的《洛阳伽蓝记》，致使胡适怀疑伯希和是否看懂了《续僧传》达摩的全文；胡适对伯希和的学生仅翻译几篇汉语文章，便可拿到像刘半农那样拼命才能获得的国家博士学位，觉得未免太容易了，伯希和则觉得中国的留学生大多只顾出洋镀金、不用功读书而感慨"近代的中国青年，不知中国"；伯希和所获敦煌文书，在莫高窟时曾初编了 500 号汉文文书的目录，胡适只读了 50 号便发现不少错误。除了当面直言之外，胡适建议由中国学者帮助整理分类编目。伯希和表示接受，并请其记下错误，以便改正。后来，胡适用英文将笔记写出寄去，而伯希和的目录迟迟未能完成。为了编目和研究方便，伯希和曾将文书带回家里，导致一些文书丢失。他甚至将其当作私产送人，美国财阀摩尔根就获得过一件观世音菩萨像，摩尔根后来在 1924 年将它捐献给了纽约大都会博物馆。

根据从英法所藏敦煌文书中找到的数种神会著作及其他禅宗典籍，胡适于 1930 年出版了中国禅宗研究史上的代表作——《荷泽大师神会遗集》。

逃亡欧洲的郑振铎

1927 年 5 月 21 日，《小说月报》主编郑振铎乘邮轮离开上海，前往法国。因为在一封针对"四一二"政变大屠杀的抗议信中带头签名，郑振铎上了当局黑名单，只得远走海外避难。

六年前，与沈雁冰（茅盾）同为"文学研究会"发起人的郑振铎，在《小说月报》主编沈雁冰推荐下，进入商务印书馆编译所，两年后接任《小说月报》主编，直至 1927 年逃亡法国。

虽然是逃亡，郑振铎仍然决心将其转变为一次学习和研究的机会。在出发当天的日记中，郑振铎写道：希望把自己研究的文学，做一种专心的研究；希望能走遍各大图书馆，遍阅有关中国文学的罕见之书，如小说、戏曲之类，至少"因了各处图书馆的搜索阅读中国书，可以在中国文学的研究上有些发见"。

6 月下旬，郑振铎到达巴黎。在 6 月 30 日的日记里，郑振铎写道：饭后，同（高）元到国立图书馆，得到四个月期的长期阅览券。仔细地看他们的目录，颇有好书。第一次借出敦煌的抄本来看。这不是在大厅中，是在楼上"抄本"阅览室看的（中国书都要在这里看了，我借的是《太子五更转》，没有看别的书）。

郑振铎发现了敦煌宝藏。此后在巴黎的两个多月中，他把大部分时间花在了图书馆，写成《巴黎国家图书馆中的中国小说与戏曲》寄回国内，发表在了同年 11 月号的《小说月报》上。

9 月下旬，郑振铎前往伦敦，直奔大英博物馆。来这里查阅敦煌变文，是他渴望已久的目标。一部郑振铎的传记这样描述他在伦敦查阅敦煌文书时的情景：据说，当时不列颠博物馆的善本部（东方部）还有一条规定，就是只准看、不准抄录。这可苦了他，只好默默地背熟一段，然后走到吸烟室里再记下来。一个人干太慢了，他又动员老舍、（朱）光潜等友人来帮忙，轮流背诵与默写。这种描述虽然是"据说"而不足信，但负责英藏敦煌文书编目的翟理斯态度不好是常态，英藏敦煌文书的查阅和利用不方便是常态。

郑振铎在 20 世纪 30 年代出版的《中国俗文学史》中说：关于伦敦的一部分（通俗文学材料），简直还没有什么人去触动它们，利用过它们。著者曾经自己去抄录过一部分，所得究竟寥寥有数。伦敦藏的敦煌写本目录，至今还不曾编好，我们简直没有法子知道其中究竟藏有多少珍宝。

1928 年秋，郑振铎回到上海商务印书馆。第二年，他运用敦煌文书资料发表了《敦煌的俗文学》和《词的启源》。同在商务印书馆编译所工作的向达，则在同一年发表了《论唐代佛曲》。两人就敦煌俗文学进行了广泛讨论，但是材料的限制影响了他们讨论的深入。直到 1936 年已经入职国立北平图书馆（前京师图书馆）的向达前往大英博物馆调查敦煌文书，才看到了更多的敦煌俗文学材料，俗文学研究也才更深入地开展起来。不过，日后我们看到，向达的西方"取经"之路，充满了更多艰难和曲折。

在向达和他的同事王重民获国家委派前往欧洲调查敦煌文书之前，中国学者基本上都是通过个人努力，寻找各种机会寻宝式地接近英法所藏敦煌文书。而在邻国日本，除了大谷探险队从中国西北劫掠大批文书和文物之外，日本学者闻风而动，有组织地前往海外，掀起了一股追逐敦煌宝藏的东洋旋风。

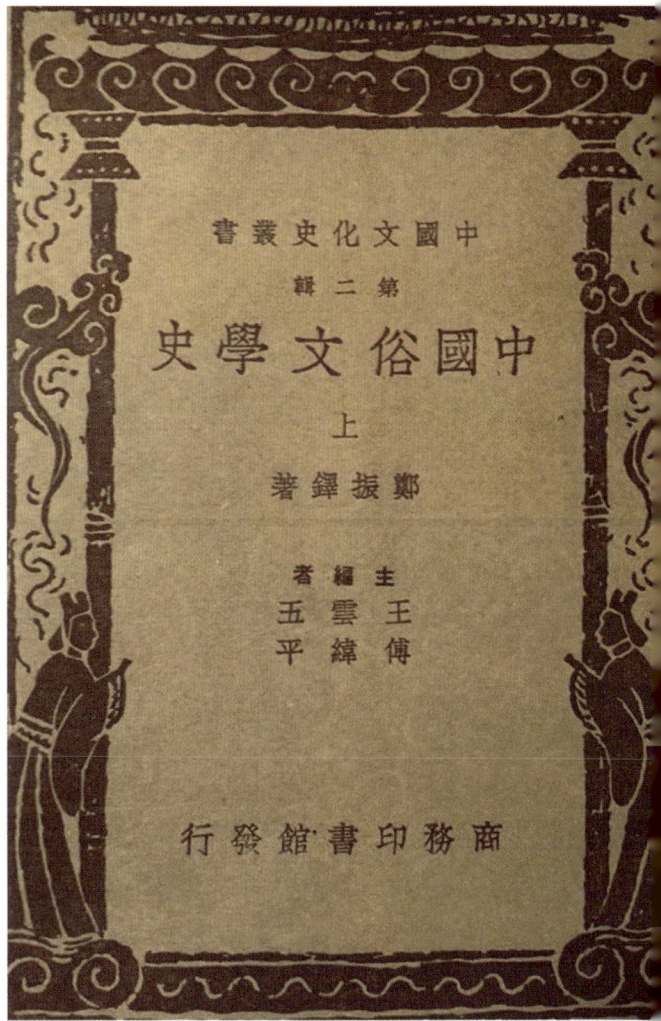

郑振铎与 20 世纪 30 年代出版的《中国俗文学史》

第十二章

敦煌学的东洋旋风

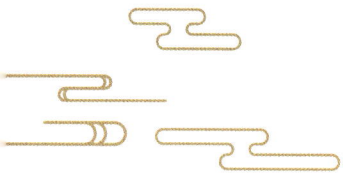

日本的明治时代，是日本欧美化的时代。

在明治维新之前的漫长岁月，日本人充满了对中华文明的欣赏与向往。对于作为中国文化载体的文献典籍，日本人有着长久而热烈的追求。

然而，明治时代的到来，日本将目光转向西方。外务大臣井上馨提出"把我国变成欧洲化的帝国，把我国人民变成欧洲化的人民"；文部大臣森有礼甚至提出了"以英文取代日文"的教育改革；影响更大的启蒙思想家福泽谕吉于 1885 年发表《脱亚论》，主张与中国文化全面决裂，吸纳西方近代文明。

"脱亚风潮"在日本社会兴起，蔚然成风。

日本的中国研究，也在发生新的变革，开始从传统汉学向中国学过渡。当发现敦煌宝藏的消息一传到日本，日本学术界立即行动起来，掀起了一股追逐敦煌宝藏的东洋旋风。与中国敦煌学同时起步的日本敦煌学，呈现出了更多现代学术的底色。

风乍起

伯希和住在八宝胡同的时候，藏经洞的秘密不仅震惊了中国学者，日本也很快获得了消息。专门从事中国古籍买卖的书店老板——文求堂书店主人田中庆太郎，在中国学者纷纷往来于八宝胡同的时候，也闻讯赶到。他向伯希和递上了名片，然后两人用北京官话进行了交谈。目睹了敦煌文书的田中，随即参照罗振玉的文章，于 1909 年 11 月初在北京出版的日侨杂志《燕尘》上发表了《敦煌石室中的典籍》。

在日本，东京、大阪《朝日新闻》（11 月 12 日）以《敦煌石室的发现物》的长篇报道，披露了伯希和敦煌获宝这一"足以耸动学术界的大发现"。这篇没有署名的报道的执笔者，据认为是做过多年记者、当时在京都大学任教的内藤湖南。报道的主要内容，来自罗振玉的《敦煌石室书目及发见之原始》。随后，内藤湖南又根据罗振玉发给他和另一位京都大学教授狩野直喜的文章及敦煌文书照片，在 11 月 24 日至 27 日的《朝日新闻》上，以《敦煌发现的古书》为题进行了连载。

紧接着，11 月 28 日、29 日，京都大学史学研究会召开第二次总会，新发现的敦煌文书成为会议重点。其间，陈列了罗振玉寄给内藤湖南和狩野直喜的敦煌文书照片。狩野直喜、桑原骘藏、小川环树、内藤湖南、富冈谦藏、滨田耕作等京都大学的汉学名家，各就中亚探险及伯希和敦煌获宝、敦煌文书等相关内容，做了解说和演讲。会上气氛热烈，展览引起轰动。

来自中国的资讯，还没有平息日本学者的兴奋，欧洲又传来了激动人心的消息。1910 年 2 月，东京大学副教授黑板胜美留欧回国，将欧洲考察队带回的各种中亚出土文物的新见闻传到日本学界。黑板胜美在柏林民俗学博物馆和大英博物馆参观了勒柯克和斯坦因带回的文物，特别是在大英博物馆地下室看到了斯坦因从敦煌带回的文书、绢画和汉简。3 月 19 日，在东京召开的文字研究会上，黑板胜美将他的所见所闻，以 "欧洲的支那考古学研究" 为题发表演讲，并在《汉学》杂志创刊号上公开发表。

与此同时，来自中国西北的文物正被运往日本。参加第二次中亚探险的大谷探险队队员野村荣太郎，带着从中国新疆攫取的文物回到京都。此时，以京都为中心的敦煌热正席卷日本，野村荣太郎回来得正是时候。京都大学的松本文三郎、狩野直喜、桑原骘藏、小川琢治、内藤湖南、富冈谦藏、滨田耕作、羽田亨，以及东京大学美术史教授兼京都大学讲师泷精一，都以极大的热情投身其中。内藤湖南迅速写成《西本愿寺的发掘物》，在《朝日新闻》上刊出，第一时间报道了大谷探险队及其收集品。同时，大谷光瑞在京都大学众学者的协助下，将探险队的部分收集品在其别墅二乐庄展出，使日本民众亲眼看到了来自中国西北的文物。

就在这时，内藤湖南又收到了来自北京的惊人消息：敦煌藏经洞的劫余文书正在运往北京。随即，日本学界追踪世界各地敦煌宝藏的行动开始了。

"五教授团" 访华

藏经洞劫余文书运到北京不久，京都大学派出的 "五教授团" 闻讯而来。

所谓 "五教授团"，实际上是狩野直喜、内藤湖南、小川琢治三位教授和富冈谦藏、滨田耕作两位讲师。放在今天来看，日本的五位教授来北京，或者中国的五位教授去京都，没有什么稀奇，但在当时却是学术界的一桩大事。隆重的送行场面，以及诗赋酬答，成为当时京都的头等新闻。京都大学是日本敦煌学研究的大本营，内藤湖南和狩野直喜则是日本第一代敦煌学家中的代表人物。

内藤湖南是近代日本中国学的奠基者。在他 40 年的职业生涯中，前 20 年先后在《万朝报》《朝日新闻》等报社当记者，他了解中国历史，关心中国时事，多次到中国考察，以一个 "中国通" 的形象活跃于日本明治中晚期的政界文坛；后 20 年执教于京都大学，任东洋史第一讲座教授，对近代日本中国学的形成和京都学派的兴起，有开创之功。同是1866 年出生的内藤湖南和罗振玉，初识于 1899 年的上海，此后这两位异国同龄人的学术交往维系了 30 多年，直到生命终止。

狩野直喜是为日本中国学奠基的另一个代表性人物。1900 年，狩野直喜作为日本文部省留学生到北京留学，恰逢义和团起，滞留日本大使馆两个多月后，仓皇回国。第二年秋，狩野再赴上海，在江南逗留近 3 年，结识了张之洞、沈曾植、罗振玉、王国维、董康等政学两界精英。1906 年，狩野在京都大学主持中国哲学讲座，两年后主持并讲授中国文学史，是将敦煌学嵌入中国学研究的先驱。

日本中国学的奠基者以其深厚的汉文化基础，与西方现代学术思想相结合。当时东京学派的第一代学者服部宇之吉、白鸟库吉、池内宏与京都学派的第一代学者内藤湖南、桑原骘藏、狩野直喜，无不如此。狩野直喜的英语和法语口语之纯正，据说在电话里常常使得英国人和法国人误认为是自己的同胞。

伯希和敦煌获宝，对中国学者的刺激，是立即产生了一批敦煌学著作，并促使中国政府将"敦煌劫余"运到北京。对日本学者的刺激，则是在京都大学形成了一批热衷于敦煌文书研究的"敦煌派"，并把他们吸引到了北京。

由于斯坦因、伯希和攫取在先，送往北京途中和到达北京后又遭劫掠，这批敦煌文书数量虽然不少，但多为佛教经典，价值不免大打折扣。不过，这是日本敦煌学家第一次亲眼看到如此之多的敦煌文书。从 1910 年 9 月 19 日到 23 日，他们查阅了将近 800 件敦煌文书，并拍摄了一些照片。

带着有点失落又有些满足的心情，内藤、狩野和富冈于 10 月中旬回到了日本国内；小川和滨田则南下洛阳考察了龙门石窟，然后从中国东北回国。

"五教授团"回国后，在京都大学举行了盛大的报告展览会。不用说，报告和展览引起了巨大轰动。狩野直喜做了本次北京敦煌文书调查的总体情况报告后，其他几人轮番登场。《朝日新闻》星期副刊以整整两版的篇幅，刊登了内藤湖南执笔的"清国派遣教授学术视察报告展览号"专题报道，并配以教授们拍回来的敦煌文书大幅照片。

"五教授团"访华期间，日本美术月刊《国华》杂志主编泷精一正在北京做中国古画调查。此前，他已经在关注大谷探险队和伯希和从新疆带回的美术品，因为兼任京都大学讲师，与狩野直喜等人熟悉，他在北京期间经常与狩野等人一起活动。实际上，这次日本学者在北京的敦煌藏品调查，是"5+1"调查——五人主要调查敦煌写本、一人重点调查敦煌美术品。

泷精一重点调查了当时被日本誉为"清国第一个古美术品收藏家"——端方的收藏品。在端方家里，出自藏经洞的唐代观音像绢画让他赞不绝口。回到日本后，泷精一对端方收藏的唐代观音像绢画做了详细介绍，撰写了研究这幅绢画的长篇论文。初遇敦煌美术品，激发了泷精一对敦煌画的浓厚兴趣。

狩野直喜欧洲行

"五教授团"访华，在京都掀起了敦煌热，但是运到北京的敦煌文书是"劫余"，他们看到的将近 800 件文书，基本都是与宋代以后的刊本《大藏经》内容相同的佛教经典。

就在这时，从中国又传来了未曾披露的法藏敦煌文书的种种新情报。内藤湖南在 1911 年 4 月京都大学的《艺文》杂志上发布了最新消息："去年末，由法国伯希和氏寄给北京端方氏的敦煌遗书照片数十种，达一千张左右。"这些照片是伯希和应端方要求从巴黎寄出交给罗振玉整理的。罗振玉把这一消息写信告诉了内藤湖南，不久又寄出了北京新创刊的《国学丛刊》杂志，上面载有伯希和寄给端方的敦煌文书照片目录。

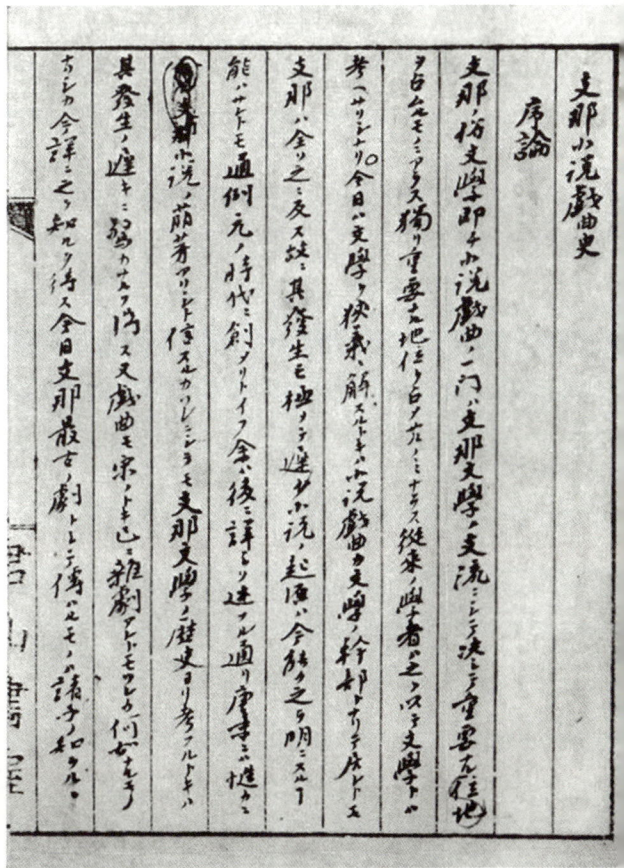

[日]狩野直喜（1868—1947）与他的《中国小说戏曲史》手稿

与此同时，《国粹学报》连载了刘师培撰写的《敦煌新出唐写本提要》，文中论及的敦煌新出写本，也是伯希和按要求寄给端方，端方再交给他的幕僚刘师培。

法藏敦煌文书的价值历历在目，京都大学教授们的脚步开始迈向欧洲，狩野直喜成为最早赴欧洲调查敦煌文书的日本学者。

1912 年 9 月，狩野直喜开始了为期一年多的欧洲之旅。当时正在京都的王国维写了《送日本狩野博士游欧洲》的长诗赠别。狩野直喜与王国维的友谊，是狩野在北京调查敦煌遗书时建立的。辛亥革命后王国维来到京都，两人交往增多，感情加深。

旅欧第一站，是圣彼得堡。在这里，狩野拜访了中亚考察国际协会发起人之一拉德洛夫，调查了俄国探险队带回的文物。在 1912 年 10 月 20 日从圣彼得堡发回日本的信中，狩野说已察访并拍摄了科兹洛夫探险队携回的黑城文献，其中有"西夏语掌中字汇、西夏文字经卷、北宋刊本列子断片、宋刊吕观文进注庄子、杂剧零本、宋刊广韵断片"。狩野在"杂剧零本"下注明："匆忙过目，未能断言，疑为宋刊，此为海内孤本，为元曲之源流，将放一大光明也。"

被狩野疑为宋刊的"杂剧零本"，其实是中国戏曲史上的瑰宝、目前在全世界也只有三种"诸宫调"之一的《刘知远诸宫调》。至于奥登堡得到的敦煌藏卷，要等到 1915 年以后才运回圣彼得堡，狩野当时自然无从得见。

在巴黎，敦煌文书当时还没有整理。伯希和还没有从国内的攻击中脱出身来，而且因为他的父亲生病，狩野到达巴黎时伯希和并不在那里。不过，狩野得到了法国汉学家沙畹的种种帮助。

1913 年春，狩野直喜到达伦敦。斯坦因所获敦煌文书也还没有整理。斯坦因当时已回英属印度，正在申请开展他的第三次中亚考察。因此，狩野不时抱怨查阅敦煌文书不易，说只能有限制地看自己研究领域的一些文书。

狩野告诉罗振玉，英、法"典守森严，不殊秘阁，苟非其人，不得纵览"。不过，狩野还是抄到了不少珍贵的敦煌资料。1916 年发表的《中国俗文学史研究的材料》，就是狩野赴欧追踪英法所藏敦煌文书的直接成果。

狩野还抄录了"唐太宗入冥故事""秋胡戏妻故事""孝子董永故事"等"故事"。此前他在巴黎曾抄录了"伍子胥故事"。在研究了这些"故事"的源流和影响后，狩野写道："治中国俗文学而仅言元明清三代戏剧小说者甚多，然从敦煌文书的这些残本察看，可以断言，中国俗文学之萌芽，已显现于唐末五代，至宋而渐推广，至元则更获一大发展也。"

狩野研究的这些"故事"，就是后来学术界所说的大名鼎鼎的"变文"。20 世纪初中国俗文学研究起步之时，狩野开发出新史料，并在此基础上创立新说，把敦煌文学材料引入中国古代文学研究之中。1920 年，王国维依据狩野提供的敦煌资料，发表了更为精湛、堪称敦煌文学研究史上里程碑式的作品——《敦煌发见唐朝之通俗诗及通俗小说》。

泷精一的敦煌画调查

日本学者在展开敦煌文书调查的同时，也展开了敦煌绢画等艺术品的调查。在北京看到敦煌绢画后，泷精一开始关注英、法、德、俄等国探险家从敦煌和新疆获取的绢画等美术品，并以他担任主编的美术月刊《国华》杂志为阵地，持续介绍，长期追踪。

1912 年，受东京帝国大学（今东京大学）之命，泷精一前往欧洲进行为期一年的学术调查，当年 9 月出发，年底到达法国。在巴黎，他再次遇到了来欧洲调查英法所藏敦煌文书的狩野直喜。他们一道在巴黎查阅伯希和收集品，在伦敦查阅斯坦因收集品。

泷精一在一篇回忆文章中说，从 1913 年 4 月开始，"我花了两个月的时间，在伦敦的大英博物馆阅览斯坦因氏在新疆发掘的文物，每天都在大英博物馆的地下室里进进出出"。

1913 年 6 月，完成英藏敦煌艺术品调查后，泷精一前往德国，调查柏林民俗学博物馆所藏格伦威德尔、勒柯克的新疆收集品。此时，勒柯克正忙着在新疆切割壁画，泷精一与格伦威德尔见面，了解了新疆考察和藏品的相关情况。

随后，泷精一来到俄罗斯。在圣彼得堡，他调查了奥登堡的新疆收集品和科兹洛夫的黑城收集品。此时，奥登堡还没有开始敦煌之行，泷精一拜访奥登堡，听他介绍了新疆考察的相关情况。

1913 年 9 月，泷精一完成调查回到日本。回国后，他在《国华》杂志社举办的一次活动中，做了题为"欧洲所藏中亚发掘品"的演讲。泷精一说："我在西洋视察中亚考古发掘品的时候，刚好京都大学的狩野博士也在，于是我们便一起合作。不仅在英国，在其他地方也经常和狩野君一起阅览。我和狩野君在英国阅览时，自然而然地有所分工。我侧重阅览美术品及与之相关的东西，文书方面主要阅览与佛教有关的内容。与汉文文学及历史相关的文书，则由狩野君阅览。半道上，滨田耕作君也参加了进来，于是我们得以将汉文文书通览了一遍。这些汉文文书装在八十多个箱子中，大约有三千件。"

值得一提的是，半道上参与进来看敦煌文书的滨田耕作，在伦敦时遇到过斯坦因收集品的公开展览。1914 年 5 月，爱德华七世展览馆落成时，举办了一场以敦煌文物为主角的盛大展出，这也是斯坦因第二次中亚考察所获收集品最完整的一次展示，因为按照分成协议，它们不久后就被分藏于大英博物馆和印度德里中亚古物博物馆。滨田耕作看后以《斯坦因的中亚发掘物》为题，向国内做了介绍。

在担任《国华》杂志主编的同时，泷精一此时还兼任东京帝国大学文学部教授，主持美术史讲座。

　　泷精一的海外调查，让日本从一开始就实现了敦煌文书和敦煌美术品研究的齐头并进。但是，敦煌文书可以抄录下来供长期研究，敦煌美术品能不能也临摹下来呢？

　　1920年春，在财团法人启明会资助下，泷精一发起了临摹英藏敦煌绢画的行动。在他的安排下，日本画家永田春水和井上白羊于1920年6月赴英，有选择地临摹英藏敦煌绘画品。到1921年1月下旬，临摹了20幅唐代绢画的两位画家回到日本，随即在《国华》杂志上以《敦煌画的临摹》为题进行了介绍。几个月后，他们发表《敦煌千佛洞古画摹本的制作》，更详细地介绍了赴英临摹敦煌绢画的经过，并对所临绢画进行了分析。

　　1921年9月下旬至10月上旬，第二届国际美术大会在巴黎举行。泷精一作为日本代表前往参会，7月29日从横滨出发，途中在英国逗留，对斯坦因收集品再次进行了调查。在巴黎出席国际美术大会后，泷精一继续调查法藏敦煌文物，直至12月8日回到日本。

　　第二年，泷精一在《国华》杂志上发表了《关于斯坦因带回的敦煌千佛洞所出古画》《敦煌所出文殊普贤四观音图解》《关于欧洲和美国藏东洋古美术品》《关于敦煌所出＜引路菩萨图＞》等文章，对斯坦因所获敦煌美术品总体情况及一些精美绢画进行了分析和研究。

　　此时，正在东京帝国大学读书的松本荣一，被这些临摹的敦煌绘画深深吸引。他撰写的《引路菩萨考》，被泷精一发表在了1922年的《国华》杂志上。一个研究敦煌画的名家，一部研究敦煌画的名作，日后将出现在敦煌美术研究的殿堂里。

矢吹庆辉的佛教文献调查

　　幸运地在20世纪一二十年代就抄录到了大量英藏、法藏敦煌文书，同时拍成照片，进而深入研究取得辉煌成就的，是日本学者矢吹庆辉。这不仅因为他研究的是佛教典籍——这是英、法持有存放敦煌文书房间钥匙者所不太涉猎的领域，还因为矢吹庆辉第一次到伦敦看敦煌文书时就见到了斯坦因，更因为他锲而不舍、孜孜不倦地长期调查和研究。

　　1915年，矢吹庆辉作为日本净土宗派遣海外留学生，先后留学美国哈佛大学和英国曼彻斯特大学。欧美利用最新的梵文、巴利文佛典研究佛教所取得的成绩，矢吹庆辉深有感触。他在想：能不能找到一种新的途径，让日本的佛学研究取得突破？斯坦因、伯希和所获上万件敦煌文书中蕴藏着大量的未知信息，每一件都是一千多年前的新出资料，矢吹庆辉决定对这些敦煌文书展开调查，希望从中寻到宝藏。

　　矢吹庆辉选择的是古逸未传的佛典。占敦煌文书绝大部分的佛经，除了有构成《大藏经》主体部分的汉译经律论之外，还有出自中国各朝佛教徒之手的注释、诸宗的教义与历

[日] 矢吹庆辉（1879—1939）

史书。所谓古逸未传佛典，就是很早以前就散失而至今已不明了的佛典。

　　中国的佛教典籍，在唐代整理成《大藏经》。《开元释教录》根据敕令来分辨三藏的真伪，确定入藏经律论数为 5048 卷，这成为宋代以后的刻本《大藏经》的母本。印刷术的发明和广泛应用，使得手抄形式的写本形态逐渐消失，《大藏经》以外的写本更是早已失传。如果能发现哪怕是一种失传了的写本形态的佛典，也弥足珍贵。而敦煌佛典绝大部分是 5—11 世纪雕版印刷流行之前的写本，包括大量在唐代整理《大藏经》以前的佛教典籍。

　　入藏《大藏经》的佛典，需要皇帝批准，入藏的当然只是那些有利于社会稳定的佛典，而作为丝绸之路上文化交流频繁的敦煌，是一个佛教色彩异常浓厚的城市，有"佛教都会"之称。这里不仅有大量入藏前的佛教经典，而且在唐朝都城长安早已遭禁绝迹了的三阶教和民众信仰的净土教的经卷也多有保留。矢吹庆辉关注的，正是这样的古逸未传佛典。

1916 年 6 月上旬至 11 月上旬，矢吹庆辉获得斯坦因允许，展开对敦煌古老写经的调查。在英藏敦煌文书还没有编号整理之前，矢吹庆辉几乎浏览了斯坦因带回伦敦的所有他想要看的材料，并将其中一部分拍成照片，于第二年 1 月带回了日本。

这是矢吹庆辉敦煌佛典研究的最初篇章。十多年后，他深情地回忆起当时在一战炮火声中沉浸于敦煌经卷的情景：

第一次自己调查时，因为德国侵袭的骚扰，在英国博物馆地下室，有名的罗塞达碑也藏于此。在斯坦因搜集品室里，斯坦因氏的助手罗丽美小姐忙于原稿的整理和其他事务，最初我一包一包地借阅，后来她借给我书库钥匙，使我获得了随意取出写本阅览的特权。每天十二小时在敦煌千年的灰尘中展开古卷，蓝色的西服沾满了怪怪的颜色。在调查斯坦因搜集的数千卷古写本时，主要是努力搜索失传佛典，也涉猎一些古写经、古文书。从 6 月到 11 月初，愉快地进行调查、鉴定，把我认为珍贵的卷子，其中必要的一部分摄成了黑白照片。

1917 年 5 月 25 日，矢吹庆辉举行了他从伦敦拍回的敦煌佛典的黑白照片展览，介绍了 132 件珍贵的佛教典籍，其中有 7 种敦煌禅籍，极大地丰富了日本热门的禅宗史研究。

1922 年冬至第 1923 年春，矢吹庆辉得到东洋文库财团法人启明会的支持，进行了第二次英藏敦煌文书的调查。

当矢吹第一次调查时，斯坦因带到伦敦的文书还是些没经过整理和编号的纸包。除了拍一些无底片黑白照片之外，矢吹还从中挑选了一批他认为重要的文书放在一起，以备日后再次调查。但当他进行第二次调查时，文书已由翟理斯做了整理并有了新的编号，许多第一次挑选好有待拍照的卷子没能看到。

不过，矢吹仍然兴奋不已，因为他发现了很多新的资料，拍摄了 6000 多张照片。1923 年 9 月日本发生关东大地震，让矢吹感到庆幸的是，虽然第一次调查拍摄的照片在地震中化为乌有，但第二次拍摄的照片幸存了下来。矢吹说："如果船早到两三天的话，就会在横滨遇到因地震而发生的火灾，万事将化为泡影。"

查阅资料，埋头整理，潜心研究，矢吹庆辉利用敦煌文书写成了《三阶教之研究》。遭到镇压而绝迹了一千多年的三阶教重放异彩，矢吹庆辉也因此像英雄一样受到了学界尊重。

此后，矢吹庆辉相继出版了颇有影响的《鸣沙余韵》（1930）《鸣沙余韵解说》（1933），并参加了以高楠顺次郎为都监修订《大藏经》（《大正新修大藏经》）的工程。《大正新修大藏经》作为学术研究资料，受到了国际学术界的信赖，收录新出敦煌佛典，正是新修《大藏经》的一大特色，至今它仍然是学者参考的工具书。

追寻敦煌宝藏的旋风，成就了一批卓有成绩的学者，将日本的敦煌学和中国学推向了一个更高的阶段。相较于同时代的中国，日本学者在欧洲调查敦煌文书时，多由国家组织派遣或有财团资助而做专门调查，又因为他们国家富强，身在列强行列，因而在调查过程中，既比中国学者的人数多，也比中国学者受到的接待要好。

羽田亨访学欧洲

在赴欧洲考察敦煌文书的日本学者中，羽田亨不能不提。

当羽田亨 1920 年来到伦敦和巴黎调查英法所藏敦煌文书时，他已经在西域史研究上奠定了不可撼动的地位，特别是回鹘史方面，是当时日本最权威的研究者。

还在东京大学读书时，羽田亨就已经确立了将西域史作为终生的研究方向。毕业后，羽田亨来到敦煌学研究重镇——京都大学。1909 年，当内藤湖南和狩野直喜力倡敦煌研

[日] 羽田亨（1882—1955）

究，并迅速对中国学者罗振玉寄来的一批伯希和写本展开研究时，27 岁的羽田亨加入了这一阵营。他接触的第一件敦煌文书，是伯希和获取的《摩尼经残卷》。在日后数十年的学术生涯中，摩尼教成了羽田亨最感兴趣的课题之一。

羽田亨赴欧洲考察敦煌文书，是日本持续多年海外"搜宝"进程中的一环。

在伦敦，羽田亨见到了斯坦因。他以大英博物馆所藏回鹘文佛典为重点，进行了全面的查阅和抄录。借此机会，斯坦因则请羽田亨将回鹘文译本《安慧俱舍论实义疏》残卷的篇首译出，收在了他于一年前写好的第二次中亚考察报告——《西域考古图记》的卷首。

在巴黎，羽田亨与年纪相仿的伯希和相处融洽。他们共同整理抄录了一批汉文写本，编辑了敦煌遗书资料集，即 1926 年由上海东亚研究会印行、羽田亨与伯希和合编的《敦煌遗书》第一集（活字本和影印本各一本）。这两本公布的文书加起来一共也就 13 件，但在目录不齐、敦煌文书难得一见的当时，却是一件轰动国际敦煌学界的大事。

作为担任过京都大学校长、获得过日本政府颁授文化勋章的学者，羽田亨是日本第一位兼通西域古代胡语文字的史家，是他使西域史研究在日本真正成为一门学科。

日本许多研究敦煌学和中国历史文化方面的一流学者，往往都有欧洲访学的经历，这是日本迅速形成中国学研究高峰的一个重要原因。之所以如此，与敦煌文献流往欧洲的现实密不可分。一个时代的学术新潮流，正是用新材料研求新问题。在日本朝野上下本来就有轻视中国现有文化的气氛下，以敦煌文书为代表的中国文物的流失，使得中国学者本身连材料也不易看到，遑论掀起学术新潮流。与中国学者艰难的研究相比，一批又一批研究中国文化的日本学者，出现在了伦敦的博物馆和巴黎的图书馆中。

内藤师徒的欧洲之旅

穿行在日本与欧洲旅途上的，是一个接一个查阅敦煌文书的日本学者。1922 年，羽田亨由欧洲回到日本。这年年底，矢吹庆辉为调查敦煌文书第二次前往伦敦。这时在巴黎查阅法藏敦煌文书的，则有赤松秀景和山田龙成等日本学者。

1924 年，就在矢吹庆辉回到国内一年后，内藤湖南率长子内藤乾吉和大弟子石滨纯太郎也专门为了敦煌文书而启程前往欧洲。

赴欧途中，内藤湖南在上海会见了董康等中国学者。在欧洲查阅过敦煌文书的董康，将自己当年在巴黎和伦敦查阅敦煌文书所做的目录相送，方便内藤接下来的敦煌文书查阅。同时，写信让他带给伯希和与翟理斯，以及请他代为抄录和拍些敦煌文书。

10 月，内藤湖南从巴黎给董康发来一信，讲述他在欧洲的行程和查阅所得。但不知道为什么这封与董康兄弟相称的信，一直没能到达董康手上。信中说：法国伯希和、英国

[日] 内藤湖南（1866—1934）

适尔士（翟理斯）二君，弟皆已见之，见托各书皆递交。讫勾留伦敦五礼拜，英博物馆所藏石室遗书，除内典未染指外，已睹一百四十余种。……弟属适尔士影照四十余种，但有未允照者廿余种，《治要》、法令、建初户籍与阁下所录《摩尼赞文》并在未允之列，洵不知其何故，为之郁闷累日。

像当年狩野直喜告诉罗振玉，说英、法"典守森严，不得纵览"一样，内藤湖南向董康讲述了翟理斯不让"影照"相关文书的郁闷。以内藤这样精明的人，竟然也有这样的遭遇。十多年前，内藤湖南在中国沈阳的经历完全不是这样的。

1912 年，内藤湖南带着羽田亨来到沈阳故宫（今沈阳故宫博物院），拍摄奉天宫殿内珍藏的清朝史料。奉天宫殿对于外国人调查向来是极其谨慎的。内藤到达后，先由领事馆与奉天都督赵尔巽交涉，之后又私人出面，以多年前旧识的身份，给赵尔巽及其手下的外交官送厚礼，公私并举，并谎称只拍摄文字书籍《清文鉴》，从而得以进入宫殿拍摄。然而，当他们来到室内，却秘密地借出了《满文老档》。全部拍摄完《满文老档》的

4300 张胶片后，又借出只以抄本传世的满、汉、蒙、藏、维吾尔文《五体清文鉴》。随后，内藤湖南去大连，两天后回来提出续拍《五体清文鉴》。这次，从总督到交涉使到具体管文书的工作人员，都坚决不许他再拍摄。于是，内藤又使出种种手段，最后拍完了《五体清文鉴》的 5300 张胶片，并且以"又是劝、又是哄，最后还吓唬一通"的办法，再次借出《满文老档》，把检查胶卷时发现拍坏的 200 多张胶片补拍完成。他的弟子、京都学派的第二代代表性人物宫崎市定后来自豪地说："这场交涉本来就非得内藤湖南来办不可。"

内藤湖南随后去了巴黎和柏林等地。在巴黎，内藤一扫伦敦的郁闷，不仅看到了法国国家图书馆里的敦煌文书，还借阅了伯希和放在家里秘不示人的珍贵文书，并且拍摄了大量照片。在柏林，内藤也和勒柯克就中国西北文物等相关问题进行了讨论，并抄录了一些勒柯克掠去的吐鲁番出土文书。

从欧洲回日本途经上海时，内藤再次与董康见面。1927 年 1 月 2 日，董康往访内藤时，内藤出示了他自欧洲带回的 200 余种敦煌文书照片，并赠董康他新出版的《航欧集》——上文所引内藤给董康的信就收在里面。直到这时，董康才看到了这封信。

内藤湖南回到国内后，一则忙于政事，二则后十年他的主攻方向已转为清史研究。因此，欧洲之行带回的材料，除写有《欧洲所见东方学材料》一文之外，大多没有整理出研究成果。

不过，这次欧洲之行，使他的随行弟子石滨纯太郎眼界大开，对敦煌文书及敦煌研究的历史和现状有了全新的认识和全面的掌握。1925 年 8 月，石滨纯太郎在大阪怀德堂做了三次"敦煌石室遗书"的暑期演讲，拓宽了日本敦煌学的研究视野。

松本荣一的敦煌画调研

继内藤师徒之后，1925 年，京都大学的小岛祐马留学巴黎。他对法藏敦煌文书同样进行了细致调查，拍摄了大量照片。回国后，他发表的所见所录，为日本敦煌学发展起到了推波助澜的作用。

与此同时，朝鲜京城帝国大学（1910 年朝鲜被日本吞并）的大谷胜真、九州帝国大学的重松俊章等学者，也在巴黎、伦敦查阅敦煌文书。松本荣一对斯坦因、伯希和、勒柯克收集品的调查，则诞生了敦煌艺术研究名作——《敦煌画研究》。

1900 年 3 月出生于台北的松本荣一，在东京帝国大学文学部读书时，已经初露锋芒，在泷精一帮助下发表《引路菩萨考》后，正式走上敦煌画研究的道路。

大英博物馆、吉美博物馆藏绢本设色《引路菩萨图》。图片来源：[日]松本荣一 著，『敦煌画の研究』（《敦煌画研究》）

　　1928 年 5 月，松本荣一前往欧洲调查斯坦因、伯希和、勒柯克等从敦煌和新疆带回的收集品。此前，他一遍又一遍地阅读过伯希和出版的 6 大本《敦煌石窟图录》，这次终于来到巴黎，看到了伯希和带到巴黎的敦煌藏品。目睹真迹，松本欣喜若狂，这加深了他对敦煌画的认识和理解。在伦敦和柏林，松本也调查了斯坦因和勒柯克获取的绢画、壁画等艺术品。松本心中的狂喜，同样可以想见。与他的老师泷精一对欧洲所藏敦煌美术品的调查不同，松本带着更明确的研究课题和研究方向而来。

　　1929 年 6 月，松本带着满满的收获回到了日本。

　　依靠《敦煌石窟图录》等少数图像类出版物和在欧洲、日本见到的敦煌画藏品，从未到过敦煌的松本荣一在 1937 年出版了《敦煌画研究》，对敦煌画中的各类经变画、佛传及本生图、尊像图、罗汉及高僧图、密教图、外教图等，进行了系统的图像学研究。

作为第一部系统研究敦煌画的著作，《敦煌画研究》在敦煌图像学研究中起到了发凡起例的作用，对敦煌壁画和绢画的基本分类和研究有着开创之功。

《敦煌画研究》出版两年后，松本荣一凭借此书获得东京大学文学博士学位。他的指导老师，就是在中国看过敦煌绢画、在欧洲调查过敦煌美术品的泷精一。

神田喜一郎的敦煌缘

学术事业体现民族精神，需要一代接一代学者的不懈努力。只有学术的薪火相传，民族精神之所寄托的学术事业才会不断进步。近代日本学者西行搜集敦煌资料，正是一波接着一波、一浪接着一浪向前推进的。

1935 年，神田喜一郎来到巴黎。作为内藤湖南的关门弟子、当时正在台北帝国大学（其时台湾受日本殖民统治）任教的神田喜一郎，花了一年多时间，对伯希和所获敦煌文书进行调查，并拍摄了大量照片。

出身于汉学世家的神田喜一郎，家富中国古籍收藏。早在中学时，他对敦煌学就有过大量接触。神田接触的第一个中国人，就是到他家去看他祖父神田香岩所藏汉籍的董康。

神田日后回忆说："自我记事以来，第一次接触的中国人即是董康先生，因为当时不晓得是什么了不起的人物来访，所以全家都一半以好奇的眼光忙作一团。董先生背后垂着辫发，穿的是中国服装，有一个堂堂的相貌。捧茶送点的下女，两三天后还在厨房里把这件事作为朋友之间的谈论话题。我当时还是小孩，即席被祖父招进，始终在祖父身旁，以稀奇的眼光侍立着。"

这一天是 1906 年 11 月 5 日，时为清朝刑部郎中的董康在岛田翰陪同下，到神田家观书。

辛亥革命后，董康避居日本。在搜求中国古籍时，他也到过神田家。神田喜一郎写道："他想要影刻元版的《中州集》，可是在他所藏的版本之中，缺少《中州乐府》，必须由我家所藏五山版的《中州集》加以补正，所以前来乞假数日。其时我已是中学生，这种图书的借出和收回，都是由我经手，故始终得侍几席。他们是用笔谈，并偶尔杂以片段的日语，听起来甚觉有趣。自此以来，便和他有了深厚的情谊。"

1909 年 11 月，京都大学史学研究会第二次总会召开时，陈列了罗振玉寄给内藤、狩野的三百多种敦煌文书照片，同时京大教授们轮番上台，或解说，或演讲，当时还是中学生的神田喜一郎跟着祖父一道来到现场，参观了展览。几十年后，神田对此依然记忆犹新，"回想当时，有如幻如梦的感觉"。

所有这些，都是神田喜一郎走上敦煌学研究之路的因缘。

毕业于京都大学中国史专业的神田喜一郎，1930 年起任教于台北帝国大学。这年夏天，神田来到上海游历时，董康曾专程陪着他拜访了当地一些学人，还乘坐商务印书馆张元济的车一道去了胡适在上海的寓所。

神田喜一郎在巴黎调查敦煌文书时，拍摄了汉籍四部书善本照片上千张。后来影印出版时，因需巨资，他只择优挑出 63 种，每种一二页，于 1938 年印行了《敦煌秘籍留真》，成为 20 世纪 30 年代为数不多的几种珍贵的敦煌资料集之一。

20 世纪 40 年代，鉴于《敦煌秘籍留真》影印的只是些单篇零页，神田喜一郎又选取 23 种敦煌写本，每种全部刊出，于抗日战争期间在台湾出版。不过，还没印行，日本已经战败投降。1947 年，台湾大学将其装订印行，这就是《敦煌秘籍留真新编》。

后来居上的那波利贞

20 世纪 30 年代，查阅过英法所藏敦煌文书的日本学者还有一些，但取得重大突破，成为敦煌学研究代表性人物的，是京都大学的那波利贞。神田喜一郎在 1952 年发表"敦煌学五十年"的演讲中说："在较偏僻的领域取得成绩的，首推京都大学的那波利贞教授。调查敦煌文书的学者，一般都将注意力放到佛典和汉籍上，而那波博士抄写了大量史料文书带回国，其实正当社会经济史在我国兴起，博士的研究响应了社会经济史的发展势头，并为此领域做出了极大贡献。"

那波利贞 1912 年就读于京都帝国大学东洋史专业时，敦煌学研究正在兴起热潮，内藤湖南、狩野直喜等一流的敦煌学家，自然深深地影响着他，尤其是内藤湖南的学说，把他引上了研究唐宋之际社会经济的学术道路。

不过，那波利贞真正大量接触敦煌文书原件，并在敦煌学研究领域大放异彩，是在过了不惑之年以后。

1931 年，41 岁的那波利贞作为日本文部省在外研究员，开始了他的欧洲之行。他此行的主要目的，正是调查欧洲所藏敦煌吐鲁番文书。在欧洲两年，他以巴黎为主，先后去过柏林和伦敦。在巴黎，那波利贞与伯希和相谈甚欢，并帮助伯希和编写敦煌汉文文书目录。

编写目录的同时，那波利贞废寝忘食地抄录了大量法藏敦煌文书。与其他日本学者不同，他把主要精力放在了抄写敦煌经济和社会文化方面的世俗文书上。在当时看来，虽然这是"较偏僻的领域"，但却开辟了利用敦煌文书研究唐宋社会经济的新战场，推动日本敦煌学继续向纵深发展。他的《唐代社邑研究》《梁户论》等论文，利用新史料，提出新问题，获得新成果。

那波利贞是认识到敦煌世俗文书重要价值并抄录利用的第一个日本学者。当时能看到敦煌文书原件的人非常有限，抄录文书使他掌握了文书整理方法，占有了资料优势，为日后不断抛出重磅论文提供了"弹药"。从 1915 年大学毕业到 1931 年，从事学术研究十几年后才触摸到敦煌文书的那波利贞，虽然在敦煌学方面起步较晚，但后来居上，成为第二代日本敦煌学者中的代表人物之一，与东京大学的仁井田陞等一道，把日本敦煌学研究推进到一个新阶段。

铃木大拙与胡适的半世"禅"缘

20 世纪中国禅学史研究中最显光华的，是"禅者大拙"与"史家胡适"关于"禅"的长达近半个世纪的切磋与论辩。这一切，正是围绕着敦煌文书展开的。

1953 年，夏威夷大学的《东西哲学》杂志同时刊出了胡适尖锐批评铃木大拙的《禅宗在中国——它的历史与方法》和铃木针锋相对的《禅：答胡适博士》。

胡适反对铃木对禅的阐释方式，强调"禅是中国佛教运动的一部分，而中国佛教是中国思想史的一部分，只有把禅宗放在历史的确当地位中，才能确当了解"。铃木则声称，禅是超越历史和时间的，胡适"对于历史可能知道得很多，对于幕后的角色却一无所知"，因而"胡适知道禅的历史环境，但却不知道禅本身，大致上说，他未能认识到禅有其独立于历史的生命"。

一个将禅置于历史与时空之中，强调禅思想与禅文献在时空中的变化；一个关心禅体验，强调禅者的超历史与超时空。

相隔六年后，当胡适和铃木再次来到夏威夷时，他们肩并肩地合影，六年前学术论争时的剑拔弩张和针锋相对，像是根本没有发生过。而其实，就在这次夏威夷大学主办的东西方哲学讨论会会场，"史家胡适"和"禅者大拙"依旧在论辩，依旧坚持"执着历史"和"超越时空"的不同视角和各自立场。

早在 1927 年，禅学家铃木大拙就出版了《禅宗论文集》第一辑。胡适当时新发现了大量禅宗材料，在《泰晤士报》上撰文对铃木展开了激烈批评，称之为"半是学问，半传教"，拉开了两人交锋的序幕。

多年以后，铃木说："因为我当时对敦煌发掘的有关禅宗的资料一无所知，所以认为中国禅宗初期的历史观，不出传来文献的范围。对此加以指评的是《泰晤士报》上的评论。当时怎么也想不到在英国还有谁能写出如此的批评文字。我感到不可思议，因此，我想无论如何也要看到敦煌出土的资料。"

　　准确地说，让铃木真正转入敦煌文书研究的，是金九经让胡适看了铃木 1930 年在伦敦出版的《楞伽经研究》之后。朝鲜籍的金九经是铃木的学生，从日本大谷大学毕业后，又到北平师事胡适，从事敦煌资料的整理和出版。金九经让胡适看了铃木的《楞伽经研究》并请其评论。

　　胡适看过《楞伽经研究》后，于 1931 年 1 月回信寄去了评论。信中，胡适通过金九经告诉铃木自己手中有《楞伽师资记》影印本，是五年前在巴黎和伦敦查阅敦煌文书时，与《神会语录》一道发现的。铃木压根儿就没听说过还有《楞伽师资记》，因此立即通过金九经请胡适将之发表。随后，金九经校勘、胡适作序的汇编本《校刊唐写本〈楞伽师资记〉》出版。

　　铃木对《楞伽师资记》加以研究后，于 1931 年 10 月发表了《〈楞伽师资记〉内容概观》。从此，敦煌禅籍在他心中发酵。怀着对敦煌资料的强烈渴望，铃木来到了中国，着手调查北平图书馆的敦煌文书。

　　1910 年京都大学"五教授团"来到北京，看到"劫余"的敦煌文书多是与宋代以后刊本《大藏经》内容相同的佛典后，日本学者的注意力便转向了欧洲，来京查阅敦煌文书的日本学者寥寥无几。有记载的如 1923 年 3 月"日人丸山来参观，摄《尊胜咒》一卷而去"，9 月"日本文部省支那视察学生胁本寿泉、大谷大学研究科学生名畑应顺来参观写经"，但他们算不上是为研究而查阅，只有日本学者加地哲定在 1924 年和 1925 年多次前来抄录和拍摄经卷，才是真正以研究为目的。

　　1934 年，铃木从北平图书馆所藏敦煌文书中，找到了初祖达摩的《二入四行论》《绝观论》、六祖惠能弟子神会的《坛语》，以及《惠达和上顿悟大乘秘密心契禅门法》等可以改写早期禅宗史的大量史料。

　　北平图书馆所藏敦煌文书，让铃木从中找到了珍贵的历史资料。但是，三年后，日本军国主义悍然发动全面侵华战争，多灾多难的北平图书馆所藏敦煌文书，又迫不得已开始了新一轮的颠沛流离。

第十三章

敦煌劫余伤心史

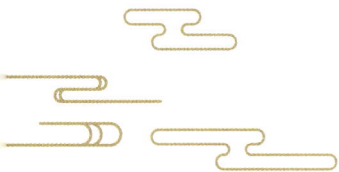

说起敦煌学，没有什么比"敦煌者，吾国学术之伤心史也"更能浓缩历史的辛酸和触动国人的心灵。这不仅在于文物流失本身，也在于中国自己内部的种种不齿现象。

就在学者们寻踪流散四方的敦煌文书之时，保存在京师图书馆（北平图书馆）内的敦煌文书，也开始了编目、整理和研究。然而，它的命运始终是多舛的，还没有安稳地度过一段日子，日本军国主义又发动了侵华战争。

糟与偷：敦煌经卷的增减

敦煌经卷存入京师图书馆后，清点总数为 8679 卷。当初敦煌县政府将藏经洞劫余经卷装车运京，第一批起运的准确数字是 6004 卷，沿途散失，到京后又连连被盗，可是数量没有减少，反而有了大量的增加。

那么，运到北京的敦煌经卷真的增加了吗？当然没有。原因很简单，监守自盗者为了掩盖自己的盗窃行为，把原来的经卷一分为二或一分为多，反正纸质文书很容易一把撕开，使得总件数并没有减少。但是，这个掩盖行动是一种更严重的破坏，它导致了经卷固有联系的进一步丧失，为后来的理解和研究人为地制造了麻烦。

不仅如此，从京师图书馆接收经卷到 20 世纪 20 年代初的十年里，还有一组会"变"的敦煌文书数据。这次，不是增多，而是减少。

1912 年 6 月核查京师图书馆所藏敦煌文书时，8679 卷已经只剩下 8662 卷，丢了 17 卷。

1917 年 5 月核查时，查明 4 卷送到奥地利展出有去无回、4 卷送了张謇，另外 11 卷下落不明，为 8660 卷，比 5 年前少了 2 卷。过了不久，又被魏家骥等人合伙偷去 1 卷。最后，魏家骥倒是抓到了，并且被判罪，但偷走的经卷没能追回。

1918 年 10 月，图书馆馆事赵宪曾从橱柜里意外地发现了 5 卷未曾见过的经卷。3 个月后，新来的馆事张宗祥和主管写经的孙某，又从过去整理过的经卷灰土堆中，清理出了残经 5 种又 143 页。不过，这些辛辛苦苦吃着灰土清理出的经卷，以及赵宪曾新发现的 5 卷，后来又下落不明了。而原来的 8660 卷敦煌文书到 20 世纪 20 年代初，实存 8653 卷，又少了 7 卷。

遭到斯坦因和伯希和劫余的敦煌遗书，从敦煌到北京，数量的增和减，这种种不幸现象，很容易让人想到曾经参加明清内阁档案整理的鲁迅说过的话："中国公共的东西，实在不容易保存。如果当局者是外行，他便将东西糟完；倘是内行，他便将东西偷完。而其实也不单是对于书籍和古董。"

防盗式目录与《敦煌劫余录》

在有监守自盗行为发生的背景下，学者们只好开始做防盗式的抢救性整理和研究。1911 年，京师图书馆将学部移交的敦煌文书编成草目。

为防止敦煌文书再度被盗和丢失，佛学家李翊灼挑出比较完整的经卷，进行了初步登录编号，记录经卷的长度、开头二行的开头二字和最后二行的最后二字，做了一个防盗式的财产账。按照《千字文》的顺序用字排号，"天""玄""火"三字空缺未用，从第一个"地"字到第九十个"位"字，每字下面安排 100 个号，其中"位"字只编了 79 个号，所以总数为 8679 号。同时，对其中 2000 多号经卷做了比较详细的著录。此后，又相继请邓高镜、周叔迦等学者排定编目，草拟目录初稿，每号的天头标注库内收藏号，地脚标注经名。这就是京师图书馆所藏敦煌文书的第一个目录——《敦煌经卷总目》。

京师图书馆最早收藏敦煌文书时，将其放在位于广化寺馆舍中的善本书库。1917 年位于前国子监旧址的京师图书馆新馆开馆后，敦煌文书被运到新馆收藏。俞泽箴、孙初超、江味农、张书勋、邓高镜等馆员对敦煌文书做了整理收藏，同时开始编纂更加详细的敦煌文书分类目录。1925 年，比《敦煌经卷总目》更加细致的《敦煌经典目》编纂完成。

在中国学者的心中，并非只是编纂京师图书馆所藏敦煌文书目录，他们还希望编纂出海内外所藏敦煌文书总目录。面对敦煌宝藏流散四方，学术界开始整合力量，着手更大范围的敦煌文书调查和整理。

1925 年 9 月，交通部总长叶恭绰集结一批学者发起成立"敦煌经籍辑存会"，编目整理海内外公私所藏敦煌文书。辑存会对流散各地的敦煌文书展开调查征集，汇聚公私所藏，进行系统整理，翻译海外所出馆藏目录，着手编辑敦煌文书总目录。

在辑存会号召下，历史博物馆编出了《海外所存敦煌经籍分类目录》，发表在 1926—1927 年的《国立历史博物馆丛刊》上。在此前后，其他几种英法所藏敦煌文书的目录和资料也相继问世。

然而，随着工作的开展，国外敦煌文书原件不易见到，私家所藏也不愿公布，学者们空有一番雄心。渐渐地，辑存会的活动开始悄无声息。

时为北京大学研究所国学门导师兼京师图书馆馆长的陈垣，是敦煌经籍辑存会的采访部长，应辑存会之约，著录京师图书馆藏敦煌写本。以《敦煌经典目》《敦煌经卷总目》为基础，陈垣将馆藏敦煌文书进行新的编排，将编目内容加以考订、完善，形成《敦煌劫余录》。但是，书还没来得印行，辑存会已经停顿。

1929 年，中央研究院历史语言研究所所长傅斯年和史语所历史组主任陈寅恪，敦请陈垣将其手中的北图藏敦煌文书目录完成付印。陈垣于是修订初稿，删其复出，补其漏载，正其误考，由史语所于 1931 年刊行。

《敦煌劫余录》大体按一件一号的原则著录，共著录 8738 号。每个经卷都作了提要，每卷注明原编号、起止字、纸数、行数等。这种著录方式被称为"防盗式目录"，是汲取了敦煌经卷运到北京被偷的教训，防止割裂首尾或窃取中间。如此编目，可谓用心良苦。

陈垣（1880—1971）与陈寅恪（1890—1969）

振聋发聩的"二陈"序言

《敦煌劫余录》这部"防盗式目录",是我国学者编纂公开出版的第一部中国馆藏敦煌文书目录,也是世界上最早的敦煌汉文文书分类目录,对日后敦煌学的发展起到了不可估量的作用。

与此同时,"史学二陈"——陈垣与陈寅恪充分展现了作为敦煌学第二代代表性人物的个性和风采(罗振玉和王国维为第一代敦煌学代表性人物),使敦煌学的影响超出学术圈,引起全社会的强烈共鸣。正是这部书,中国学者表达了"敦煌者,吾国学术之伤心史也"的伤心苦语,提出了"敦煌学者,今日世界学术之新潮流也"的时代召唤。

《敦煌劫余录》篇首,有陈垣和陈寅恪撰写的序言各一篇。"劫余"二字,取其历劫仅存之意。陈垣在序中直陈:"匈人斯坦因、法人伯希和相继至敦煌,载遗书遗器而西。"有人劝陈垣不要直接点出斯坦因和伯希和的名字,因为二氏来华,在学术界集会上彼此还经常见面,而且"劫余"二字过于"刺激",是否将书名改改。陈垣回答说:"用'劫余'二字,尚未足说明我们愤慨之思,怎能更改!"

陈垣在出版《敦煌劫余录》时,斯坦因正在悄悄地开始他的第四次中亚探险。当斯坦因带着护照离开南京后,时在南京的陈垣得知消息大怒,立即返回北平发动古物保管委员会举行抗议活动,这也许是使陈垣多一层愤慨的原因。

已是欧美汉学界泰斗的伯希和,看到这本书的中文书名,自然感觉不爽。他的弟子、著名敦煌学家戴密微多年以后写道:"当时中国的学者们也欢迎这批(敦煌)写本的发现,伯希和曾在北京为他们展出,并以一些影印件或抄件相赠。但中国后来又指控他盗窃或抢劫,如陈垣于一九三一年编制的敦煌遗书目录就耸人听闻地称为《劫余录》,中国人今天还咒骂伯希和为'法帝国主义的文化间谍',甚至在法国也有人指责伯希和太肆无忌惮、太过分了,对伯希和的攻击,甚至也株连到了他的老师沙畹。"

戴密微接着说:"伯希和曾在一次晚餐上给了攻击者有力反击,这已成为汉学史上流传的趣闻。"

的确,当时的伯希和不仅在饭桌上发泄了不满,还在他所编辑的《通报》杂志上提出了抗议。

《敦煌劫余录》是这部书的中文名称,它还有一个鲜为人知的英文书名:*An Analytical List of the Tun-Huang Manuscripts in the National Library of Peiping*(《国立北平图书馆藏敦煌写本分析目录》)。据中国近代考古学先驱李济认为,这一英文名称是陈寅恪的主意。李济当时是中研院史语所考古组(第三组)主任,陈寅恪是历史组(第一组)主任。

陈垣所取的中文书名，充分反映了当时国人的悲愤心情，陈寅恪则压住了内心的情感。他在序言中提出了"敦煌学"的概念，充分揭示这八千多号劫余经卷的价值，进一步借此伤心史呼唤和激发国人，借此材料研求问题，作敦煌学"预流"。

陈寅恪在序文中写道：

> 一时代之学术，必有其新材料与新问题。取用此材料，以研求问题，则为此时代学术之新潮流。治学之士，得预于此潮流者，谓之预流（借用佛教初果之名）。
>
> ⋯⋯⋯⋯⋯
>
> 敦煌学者，今日世界学术之新潮流也。自发见以来一二十余年间，东起日本，西迄法英，诸国学人，各就其治学范围，先后咸有所贡献。吾国学者，其撰述得列于世界敦煌学著作之林者，仅三数人而已。
>
> ⋯⋯⋯⋯⋯
>
> 新会陈援庵先生垣，往岁尝取敦煌所出摩尼教经，以考证宗教史。其书精博，世皆读而知之矣。今复应中央研究院历史语言研究所之请，就北平图书馆所藏敦煌写本八千余轴，分别部居，稽核同异，编为目录，号曰《敦煌劫余录》。诚治敦煌学者，不可缺之工具也。
>
> 书既成，命寅恪序之。或曰，敦煌者，吾国学术之伤心史也。其发见之佳品，不流入于异国，即秘藏于私家。兹国有之八千余轴，盖当时唾弃之剩余，精华已去，糟粕空存，则此残篇故纸，未必实有系于学术之轻重者在。今日之编斯录也，不过聊以寄托愤慨之思耳。
>
> 是说也，寅恪有以知其不然。
>
> ⋯⋯⋯⋯⋯
>
> 今后斯录既出，国人获兹凭藉，宜益能取用材料以研求问题，勉作敦煌学之预流，庶几内可以不负此历劫仅存之国宝，外有以襄进世界之学术于将来。

陈寅恪没有在"劫"字上花费太多笔墨，留存下来的敦煌文书，同样有相当多极为珍贵、极有价值者。他的主要倾向在于主张"预流"，就是利用新出的敦煌资料研究问题。只有这样，才能够对内不辜负历劫仅存的国宝，对外更能推进世界学术的进步；只有这样，才能做到敦煌文物流散已是伤心史，中国的敦煌学研究不再是伤心史。

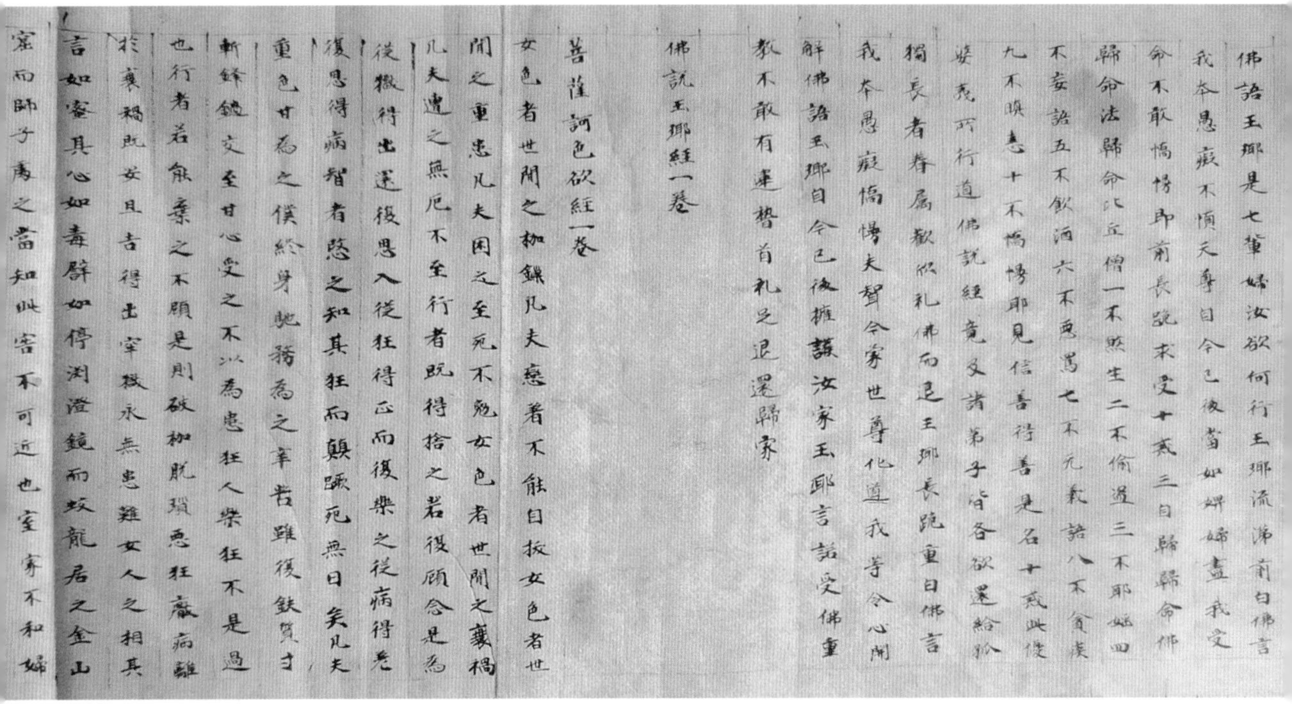

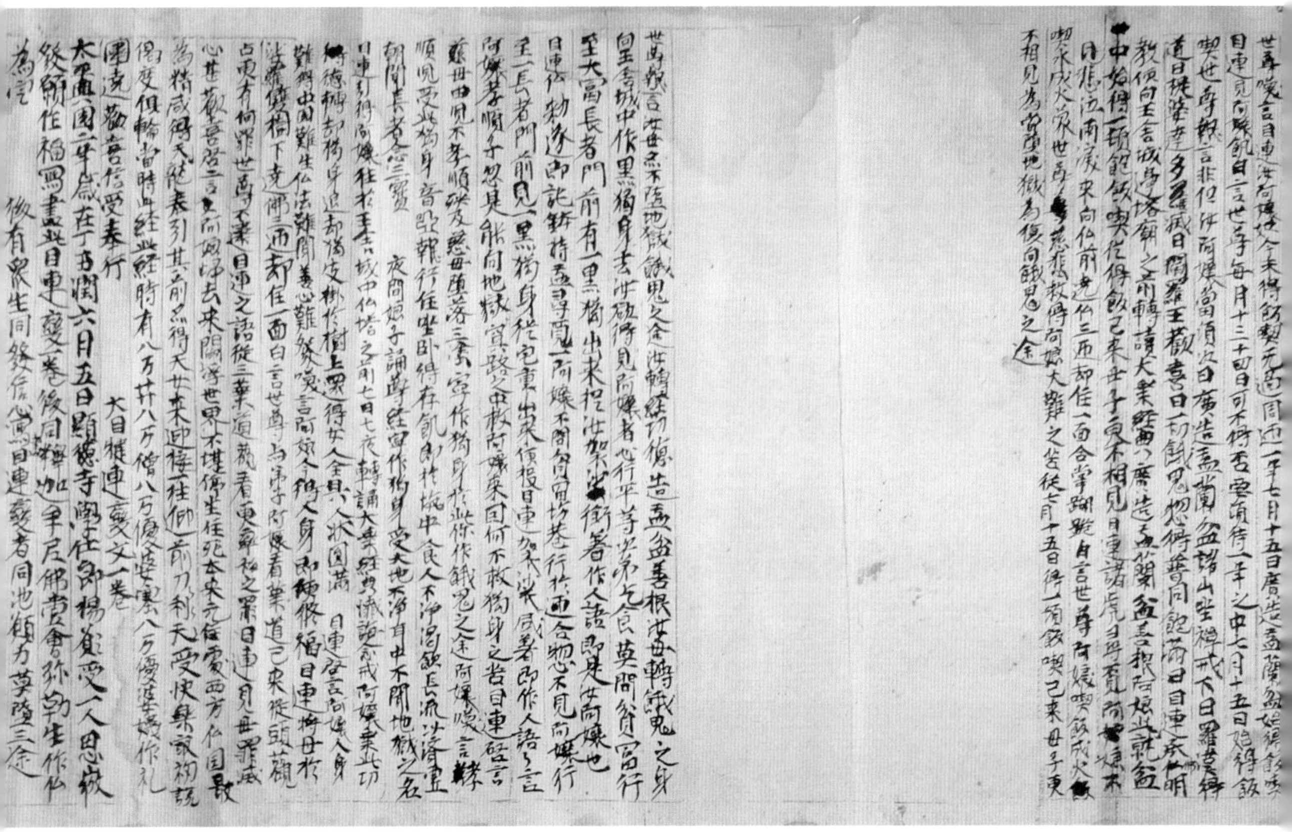

国家图书馆藏敦煌文书。上为唐朝的《佛说玉耶经》，下为北宋的《目连救母变文》。

多灾多难：战火下的敦煌劫余

北图藏敦煌文书的悲剧并没有结束，学者们所做的目录成果更是历经磨难。

20 世纪 20 年代，京师图书馆成立了专门为馆藏敦煌文书编纂目录的写经组。先后参加过写经组工作的徐鸿宝、胡鸣盛、李炳寅、徐声聪、张书勋、陈熙贤、于道泉、许国霖、李兴辉、孙楷第、朱福荣、王廷燮、王少云、马淮等人，接续努力，在原有工作的基础上，为馆藏敦煌文书编纂了更加完善的分类目录——《敦煌石室写经详目》。

写经详目编录的敦煌文书，是馆藏敦煌文书中比较完整的部分，一批残品继续等待清理。北平图书馆写经组在胡鸣盛组织下继续清点，又整理出了 1192 号相对比较完整的敦煌文书，并在 1935 年 6 月前完成了目录——《敦煌石室写经详目续编》的初稿。

就在中国敦煌学者为全面振兴敦煌学而努力，北平图书馆写经组为完善敦煌文书编目而孜孜以求之时，磨难再次降临在北图藏敦煌文书上，降临在中国敦煌学家的头上。

日本军国主义侵华，华北局势动荡。还在 1933 年时，北平图书馆为确保敦煌文书安全，在原来放置敦煌文书的樟木、楠木书柜外制作套箱，连同书柜一起，分两次装了 47 箱敦煌文书，存放于北京德华银行保险库。1935 年，北平图书馆又将 1933 年装箱时没有整理完的残片，装了 2 箱。随着局势恶化，北图将 49 箱敦煌文书和其他一些最珍贵的文献南运上海，存放于公共租界的上海商业储蓄银行第一仓库。

然而，上海也非"桃源"。日军如果抢占公共租界，敦煌文书就随时有可能落入日本人之手。北平图书馆善本部主任徐森玉于是向法国人资助的震旦大学图书馆要了一张凭证，冒着危险将包括敦煌文书在内的 100 箱善本珍籍运到了法租界。

徐森玉一颗悬着的心还没有完全放下，就有人暗中向日本人告了密，这批珍籍不得不又要想办法另藏别处。北平研究院历史研究部主任李宗侗在上海的住地距离藏书处不远，并天天与徐森玉见面。当时李宗侗租的是法国人的一栋房子，房子的后面有一间车房，而他刚好又没有汽车，里面堆放着他自己的各种图书。徐森玉和李宗侗于是密商，将李宗侗的图书放在外面做掩护、北平图书馆的珍籍藏在车房后面，才使这批珍籍暂时躲过劫难。

饱经磨难的迁沪敦煌文书，直到 1950 年初才在新的套箱装载下，回到北京，存放于北京图书馆文津街馆舍地下书库。

国难当头，北平图书馆写经组的工作陷于停顿，写经组被迫解散。已编好的馆藏敦煌文书目录及索引还没来得及做最后的修订定稿，即被束之高阁。战争的炮火一烧数年，时过境迁，物是人非，渐渐地这些学者心血所聚的研究成果变得无人知晓。

半个世纪后，1987 年，北京图书馆新馆落成，善本部由文津街 7 号北海老馆，搬往白石桥路 39 号新址。善本库房于 1989 年冬至 1990 年春完成搬迁入库，敦煌文书随同迁移到新馆地下善本书库。当工作人员开始清理原写经组的各项遗留物品时，突然发现一堆手稿本。打开一看，正是当年写经组没来得及修订定稿的馆藏敦煌文书目录及索引。

　　这真是悲喜交加的发现。而且，发现尚不止此。清理人员还发现了从老馆善本书库搬来的两个标有"残破经卷"的木箱，里面是一个个陈年旧纸包着的小包，有的盖着写经组的印。打开小包一看，竟然是敦煌文书残片。它们是从甘肃运送到北京的敦煌文书——经第一次、第二次整理后剩余的残片。1990 年 8 月，北京图书馆善本部的方广锠、杜伟生、王扬和姚永炬四位研究人员清点这些文书残片，共清点出 3614 号。

　　因为战争的炮火，北图藏敦煌文书经历了多灾多难的折磨。战火燃烧，那些被派往欧洲调查英藏、法藏敦煌文书的中国敦煌学家，又会遭遇怎样的磨难？

第十四章

欧洲寻梦之旅

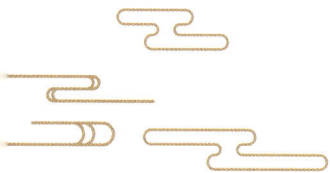

　　1934年深秋，中国政府派遣的学者出现在了巴黎的法国国家图书馆。

　　这一年，国立北平图书馆派遣编纂部索引组组长王重民前往法国调查和拍摄法藏敦煌文书。第二年，派写经组组长向达前往英国调查和拍摄英藏敦煌文书。这是中国由政府部门派人前往欧洲专门调查和拍摄敦煌文书的开始，也是中国专门研究敦煌学的学者首度远涉重洋西天取经。

袁同礼：敦煌学发展的重要推手

　　20世纪30年代的国立北平图书馆，不只是一个开拓进取的图书管理机构，更拥有一支高水平的学术研究队伍。已经成名成家者不论，馆内同时还聚集了一批潜心治学的年轻人，赵万里、胡鸣盛、谭其骧、万斯年、王庸、王重民、贺昌群、谢国桢、孙楷第、于道泉、刘节、向达等，就是其中的佼佼者。他们互相激励，各展所长，密切注视当代学术的发展潮流，开拓新的学术领域。就敦煌学研究而言，胡鸣盛、王重民、贺昌群、孙楷第、于道泉、向达等都是行家里手，向达、王重民、贺昌群更被称为中国敦煌学学术史上长跑不歇的"三驾马车"。

　　这种局面的形成，与北平图书馆主持馆务的副馆长袁同礼密不可分。

　　在1926年到1937年"七七事变"爆发之前的十多年里，袁同礼大力开拓，北平图书馆不仅出版了多种为学界推重的善本丛书和目录索引，开办了诸如馆际互借、国际刊物交换等新兴业务，更创造浓郁的学术研究氛围、选派馆员出国深造，罗致和培养了一大批人才。此时的北平图书馆，不满足于现有学术资料的管理，更重视自身的学术建设，因而成为当时中国的一个学术重镇。

　　对流失海外文物和典籍的调查，早在20世纪20年代留学美国时，袁同礼就投注过关切的目光。他曾经到德国等欧洲国家寻访1900年八国联军入侵北京时流失的《永乐大典》，并撰写了一系列文章。也正是在这时，他读到了斯坦因洋洋自得、不厌其烦地讲述自己获取敦煌宝藏经过的著作。

贺昌群在《东方杂志》（1931 年第 28 卷第 17 号）发表《敦煌佛教艺术的系统》。这是中国学者发表的第一篇系统论述敦煌艺术
的文章，首次系统介绍伯希和《敦煌石窟图录》并引用其中图片。图为伯希和编号第 58 窟唐代塑像、120 窟北魏壁画。

20 世纪 30 年代，当袁同礼主持北平图书馆工作时，派员赴欧洲调查和拍摄敦煌文书，成了北图的一项重要事业。袁同礼的志向是让北图成为中国文化宝库、中外学术重镇。正如他在《国立北平图书馆之使命》一文中所写："吾人于固有旧籍自当力为搜进，毋使远渡异国，有求野之叹；外国新书，亦应广事探求，庶几学术可与国家新运而俱进。其志在成为中国文化之宝库，作中外学术之重镇，使受学之士观摩有所，以一洗往日艰闭之风。"

凯旋门前无重民

1934 年 9 月 27 日，王重民到达巴黎。壮丽的凯旋门，雄伟的埃菲尔铁塔，浪漫的塞纳河，都没能把他吸引，因为他的心早已飞到了敦煌文书和其他流失的中国古籍上。

王重民这次作为交换馆员来法国国家图书馆工作，主要是负责编纂法国国家图书馆馆藏汉籍中伯希和专藏的中文目录，不过他主要是为伯希和敦煌收集品而来。除了阅览敦煌文书并编目，他还选出比较有价值的文书摄制成缩微胶卷。他说调阅敦煌文书"最为快乐"。从 1934 年秋到 1939 年，王重民在巴黎和伦敦等地工作了五年，之后前往美国。

有人统计：把节假日计算在内，不算看太平天国等史料（起码占去他一半的工作时间），王重民在巴黎平均每天得看五六个敦煌卷子，并做详细记录，有的是全部抄录，这还不包括他编写"伯希和劫经录"这项重要工作，不包括赴柏林调查和拍摄德藏吐鲁番文书、赴伦敦拍摄英藏敦煌文书——袁同礼为了尽可能多地拍摄英藏敦煌文书，反复与美国国会图书馆东方部主任恒慕义协商，推迟王重民赴美行程，使王重民得以推后一年赴美，专心在伦敦拍摄敦煌文书。

1935 年圣诞节前后，法国国家图书馆放假。既然不能到图书馆查阅敦煌文书，王重民决定前往伦敦，好好利用这段时间。他知道伦敦看敦煌文书不易，因此事先找伯希和写了介绍信。

来到伦敦的第二天，王重民怀揣介绍信来到大英博物馆，找正在为英藏敦煌文书编目的东方写本部主任翟理斯。遗憾的是，翟理斯去乡间度假了。王重民于是前往剑桥大学图书馆查阅汉籍。几天后，当他从剑桥回到伦敦的住处时，让王重民感到惊喜的是，翟理斯留下便条，说欢迎前往。

王重民立即赶往大英博物馆。因为有伯希和的介绍信，翟理斯对待王重民的态度相对较好，不似派到伦敦"影印及研究英伦博物馆所藏敦煌写经"的北平图书馆同事向达那样受到刁难。当翟理斯同意王重民阅览敦煌文书时，惊喜之余，王重民不禁感谢起为他写介绍信的伯希和来。这该是一种怎样的心情？对中国人而言，别说这些经卷不能收为国有，

王重民在巴黎

就是看的机会也并不多。

　　王重民没有辜负国家的派遣。他将有关敦煌文书的新材料和自己的研究心得不时寄回国内，在《大公报》《北平图书馆馆刊》《图书季刊》《东方杂志》等报刊上发表，持续推动国内的敦煌学研究。他在一封写给胡适的信中说："重民在欧洲流落了几年，受了不少洋气，也算看了一点洋玩意（在东方学方面），所以图强之心非常迫切。"

　　凯旋门前，没有留下王重民的身影，五年的时光，他的身心都扑在了敦煌文书和其他中国典籍上。作为一名中国学者，他知道此行的意义。中国已经错过太多机会，他不愿意再因为自己的不努力导致中国文化失魂落魄。一个民族的心灵就这样与一位学者的良知紧连在一起，民族文化的希望由此升起。一句"图强之心非常迫切"，道出了王重民的心声。就如同王仁俊可以忍受白水干粮每天抄写伯希和获取的经卷一样，王重民并不在意身体的舒适与否，他追求的是心灵的愉悦，是中国文化的保存和民族精神的升华。

大英博物馆里的向达

　　图强之心，不只是王重民非常迫切，被派往伦敦调查敦煌文书的向达也是一样。不过，向达更要时时忍受翟理斯的刁难和白眼。对一个充满血性的湘西人而言，向达的欧洲之行，色彩比王重民要浓厚得多。

　　1923 年，向达从东南大学毕业，考入上海商务印书馆编译所。20 世纪 20 年代的商务印书馆，不只是一个开拓进取的图书出版机构，更成为"各方知识分子汇集的中心"。1920—1922 年间，也就是向达加入编译所前的三年里，陆续加入商务印书馆的就有陈布雷、谢六逸、郑振铎、周予同、李石岑、王云五、竺可桢、任鸿隽、陶孟和、顾颉刚等，他们后来大都成了各学术领域的佼佼者。

在伦敦的向达

在商务印书馆编译所，向达以一天最少翻译 1500 字的工作量，翻译了大量英文著作。他既与梁思成等人合译了《世界史纲》，也与丰子恺合著了《东方艺术与西方艺术》。正是在这里，向达开始了中外关系史和敦煌学的研究。

除了翻译《世界史纲》《印度现代史》，向达接触了大量外国探险家在中国西北考察的著作，翻译了《斯坦因黑水获古纪略》《斯坦因敦煌获书记》(1930 年发表)，并着手翻译勒柯克的《高昌考古记》和斯坦因的《西域考古记》。

同时，向达利用新材料，提出新观点，发表了一批中外文化交流史和敦煌学的论文，如《龟兹苏祇婆琵琶七调考原》(1926)、《唐代刊书考》(1928)、《汉唐间西域及海南诸国古地理书叙录》(1930)、《论唐代佛曲》(1929)等。

1930 年，向达加入北平图书馆。丰富的资料，潜心治学的青年精英们之间的互相砥砺，使得向达的研究水平突飞猛进。1933 年他发表的代表作《唐代长安与西域文明》，向人们展示了一幅盛唐时期色彩斑斓的历史画卷。在这篇被李约瑟称为"论述唐代长安西方人的卓越论文"里，通过长安这个当年的国际大都会，展示了东西方文化的交相辉映和中华文明海纳百川的开放心态。

1935 年秋，向达因"在本馆服务五年成绩卓著，并对于经典夙有研究"，被北平图书馆派往英国，负责"影印及研究英伦博物馆所藏敦煌写经"。

向达到达英国后，先在牛津大学图书馆整理中文图书。第二年秋天，这项工作结束后，他来到大英博物馆，开始了敦煌文书的借阅和研究。

在别人的国土上研究自己祖先留下的遗产，个中滋味向达体会最深。以前只是翻译斯坦因的书和文章，现在目睹被劫原物，他感慨万端。这些外国探险家攫取中国文物，在世界上掀起一股"学术新潮流"。中国学者对这些敦煌文物，不仅被剥夺了所有权，而且也被剥夺了阅览和研究的机会。如今，不远万里前来阅览，总算可以亲眼见到这些宝藏了。

但是，情况并不乐观。向达在 1936 年 2 月从伦敦寄给国内的信中说：弟来英目的，在看 British Museum（大英博物馆）之敦煌卷子，管理人员为 Dr Lionel Giles（翟理斯博士），前后见到两次，俱甚冷淡，且对人表示拒绝。弟助其工作，有一次曾以可否允人对于敦煌卷子作一通盘研究相询，彼亦表示拒绝。此种情形，大有陷弟于进退两难之势。然现已至此，不能不尽力想办法，庶不致如入宝山，空手而返。现在拟托其他英国人代为转圜，将来研究一层或百有万一之望也。

翟理斯的冷淡和拒绝，让向达愤懑不已，只得另想办法，避免进入宝山，空手而返。

事实上，向达的遭遇在两年前浦江清就已经遇到了。1933 年底，北平图书馆委托清华大学的浦江清与大英博物馆东方写本部商量，拍摄敦煌文书中佛经以外的写本，然而遭到了拒绝。浦江清退而求其次，请求入库选取部分抄录但同样被拒绝，只能依据目录厅中不反映内容而只有编号的卡片，做限时限量的借阅。从几千件敦煌文书中找到自己想要的内容，而且连提示也没有，可谓大海捞针。浦江清实在没有办法，提出义务为英藏敦煌文书编目，以方便学者利用。然而，他还是遭到了冰冷的拒绝。

第二年，另一位学者——浦江清的好友张荫麟在伦敦停留时，来到了大英博物馆。鉴于受北平图书馆之托的浦江清也吃闭门羹，张荫麟大为慨叹"西方所谓汉学家之不能修而畏人修"。因此，他没有去找有关人员，而是站在写本陈列室内，利用展品的更换，一个字一个字抄录了十数种珍贵的敦煌写本资料。像武则天时代的经书长卷、一位 18 岁的女子以 10 匹绢的价格被卖掉的"卖女契"、妻子如何给婆婆及丈夫写信的范文、解梦书、现存最早讲解围棋战术的棋经等，就是这样抄回来的。

对敦煌学来说，由于敦煌文书的精华和巨量的新疆地下文化宝藏被掠到了西方，刊布极少，而"它们的合法主人，即最有资格研究它们的中国人，不仅被剥夺了所有权，而且也被剥夺了研究的机会"，中国从一开始就处于不平等和耻辱之中，看材料尚且不易，精深的研究更需要付出多少努力。

向达查阅敦煌经卷，受到了翟理斯的冷眼相待，一年时间才看了约 500 个卷子。他在《伦敦所藏敦煌卷子经眼目录》前记中写道："一九三六年九月至一九三七年八月，我在不列颠博物院阅读敦煌卷子。因为翟理斯博士（Dr Lionel Giles）的留难，一年之间，看到的汉文和回鹘文卷子，一共才五百卷左右。"

对此，向达每每有不堪回首之感。他写信提醒在巴黎想来伦敦查阅敦煌文书的姜亮夫，来之前最好是让伯希和写封介绍信，免得吃闭门羹。

50 多年后，姜亮夫回忆起这段往事依然记忆犹新——我到巴黎后，他（向达）听说我愿加入看敦煌卷子的工作后，他在伦敦写信对我说："你既然要看敦煌卷子，来伦敦前先做好一个准备，因英国这里的翟理斯是非常坑人的，最好先找伯希和写个介绍信，来后会顺利。"我幸好得到觉民（向达）这封信的提示，找到伯希和写了一封介绍信给翟理斯，果然我到伦敦去看卷子，我要看几卷，翟理斯就给我看几卷。觉民很感叹地说："我们国家的影响力量还不及学术界私人的力量。我一天坐在这里他只给我看四卷，这点数量是不够我看的，但翟理斯多一卷也不肯给。"

向达在伦敦还有另一种烦恼，那就是生活津贴时常没有着落。向达没有忘记祖国的苦难，没有忘记自己的使命。他在 1936 年 2 月 21 日给袁同礼的信中写道："达虽一介书生，身无傲骨，然与其向此辈人足恭唯诺以讨生活，则毋宁返国饿死之为愈耳。惟念祖国风尘艰难，断不敢效叔宝之流，以海外桃源为避秦之乐土也。"

中国是个穷国，即使是国家派出的学者，也是经费不足，只有靠信念和意志去完成自己的历史使命了。国家艰难，更要不坠青云之志。向达把所能看到的敦煌卷子做了详细的卡片，抄录、写成目录提要。记上卷子的编号、名称、长短、所存行数，并抄下其前5行和后5行，重要卷子还拍了照片。他撰写的《伦敦的敦煌俗文学》和《伦敦所藏敦煌卷子经眼目录》等文章，为学术界提供了丰富的资料，提高了中国敦煌学的研究水平。

翟理斯在向达查阅敦煌文书方面为何如此吝啬？在英国图书馆工作了多年的吴芳思说：英国图书馆档案没有保存下来向达访问一事，唯一可能有关的卷宗，也就是翟博士1932年至1938年的通信资料也已不存。我难以明白翟理斯对中国学者的敌意，只能推测他是出于嫉妒而守着这批收藏品，以便自己来为敦煌文书编目，这份编目直至1957年才得以面世。

事实上，在翟理斯花了38年心血于1957年出版的《大英博物馆藏敦煌汉文写本注记目录》（*Descriptive Catalogue of the Chinese Manuscripts from Tunhuang in the British Museum*）中，仅"变文"部分，错误就很多。如果当时翟理斯向向达请教，或者相互之间交流，这种错误即可完全避免。他没有汲取当年还是本科刚毕业的胡适对他论文《敦煌录》勘误的教训，也不似伯希和、戴密微等法国学者那样与王重民相互切磋，从而各取所需、共同提高。

1937年冬，向达由伦敦转赴柏林，研究勒柯克掠去的新疆壁画和古文书。然后，他又转到巴黎查阅法国国家图书馆藏敦煌经卷，以及法国所藏明清之际天主教会在中国活动的一些文献。

当向达启程去英国之时，国内已是烽烟四起，1937年"七七事变"，日本全面侵华。身处异乡的向达，在极力搜集流落异域的祖国文献之外，没有把国外当作桃源以为"避秦乐土"，他参加了中国留英学生抗日救国会的工作，并与吕叔湘、王礼锡等人办了一份宣传抗日的油印报纸，免费供华侨阅读。这份报纸共出了一百多期，在欧洲大陆广为传播。语言学家吕叔湘后来回忆说：向达是刻写报纸蜡版最多的人之一。

1938年秋，向达带着抄录的数百万字的珍贵资料，回到了正在遭受日本侵略者欺凌的中国。

联手拍摄万张照片

王重民和向达在欧洲查阅敦煌文书时，北平图书馆展开了一场当时最大规模的海外敦煌文书拍摄行动。

王重民在法国国家图书馆工作了几个月之后，对馆藏敦煌文书有了总体了解，与伯希和相处也比较融洽。袁同礼于是做出重大决定，将法藏敦煌文书中的重要部分拍成照片带回国内，以方便学界利用。这既是第一代敦煌学者就想达成的愿望，也因袁同礼欲将北平图书馆打造成"中国文化之宝库"的一部分。

然而，拍摄经费巨大。北平图书馆一面与巴黎方面商量拍摄费用，一面在国内寻找合作机构。1935 年 5 月，北平图书馆与清华大学商定：双方共同出资，各承担一半的照相费用，照片各得一份。

在巴黎，王重民立即投入文书拍摄。他与一位犹太摄影师签订拍摄合同，摄影师上午来馆拍摄、下午在家洗晒照片，王重民大致每天花半小时指挥和监督拍摄。一个月里，"先后已摄照数十种国人所未见之秘籍"。

法藏敦煌文书相关拍摄谈定并展开拍摄后，袁同礼着手英藏敦煌文书重要部分的拍摄，并继续与清华大学商议拍摄费用问题。1935 年 6 月初，双方再次商定以照相费用各占一半、照片各得一份展开合作。由大英博物馆介绍，向达请弗莱明照相馆拍摄。

向达在大英博物馆调查和研究敦煌文书时，翟理斯的冷眼以待，曾让他苦不堪言。但是，当英藏敦煌文书相关拍摄谈定并展开拍摄后，翟理斯有时也"格外开恩"。王重民在 1936 年 4 月 4 日写给向达的信中说："Giles 又许照相，更是开一大恩，于敦煌学之流通，尤开亘古未有之盛。"6 月 13 日与向达通信时写道："Giles 如此大方，实堪庆幸，'尽量看，尽量照'，则吾兄地狱出来，即可升天堂矣！"

英法所藏敦煌文书拍摄事宜落定，袁同礼鉴于敦煌文书"大多数散佚海外，我国学者无由窥其全豹"，决心更进一步，将所拍敦煌文书影印公开出版。但是，随着拍摄文书数量增多，拍摄经费捉襟见肘。北平图书馆于是向管理中英庚款董事会申请补助。1936 年 9 月 29 日，北平图书馆致函管理中英庚款董事会，报上需要资助的《整理及选印敦煌经卷计划书》和预算草案，拟定的经费预算包括编辑总目录、影印和考订费用共三万元。

随后，王重民和向达分别在巴黎和伦敦，用北平图书馆和清华大学共同筹款以及中英庚款拍摄敦煌文书照片，拍摄时按影印出版要求进行。

影印出版敦煌文书的合作方，正是张元济主持的商务印书馆。1910 年，张元济访欧期间分别与伯希和、斯坦因协商影印英法所藏敦煌文书事宜，虽然都获得口头同意，但此后并未执行。这次，北平图书馆全力拍摄法英所藏敦煌文书，由商务印书馆出版，正可以弥补他当年的遗憾。

中国的敦煌学在克服重重困难中向前推进，一面拍摄敦煌文书，一面整理编辑出版。《敦煌古籍丛编》第一辑的编辑工作在 1937 年 8 月之前已经完成，进入制版印刷阶段，预计 1938 年出版；《敦煌古籍丛编》第二辑的编辑工作也在进行之中。

从 1937 年 6 月开工，到 1938 年 2 月，法藏敦煌文书拍摄大致完成，因陆续发现重要资料，拍摄费用有所追加。英藏敦煌文书从 1938 年开始拍摄，预计一年拍完。1938 年春，北平图书馆对管理中英庚款董事会资助拍摄经费运用计划做出调整，将原拟定的三千元出版费移作拍摄费用。王重民在完成巴黎的工作后，用这笔费用赶赴伦敦，与向达一起并肩拍摄。

　　向达 1938 年秋回国后，王重民也要前往美国国会图书馆。袁同礼为了尽可能多地拍摄英藏敦煌文书，反复与美国国会图书馆东方部主任恒慕义通信磋商，推迟王重明赴美行程。在袁同礼的努力下，王重民得以在伦敦继续拍摄敦煌文书，到 1939 年秋离开伦敦前往美国。

　　然而，令人痛心的是，王重民与向达拍摄的近万张敦煌文书照片，清华大学的一份在抗日战争期间遭到日军炸毁。

　　同样令人痛心的是，日军发动全面侵华战争，商务印书馆业务受到重创，《敦煌古籍丛编》出版夭折，张元济的敦煌文书出版再次梦碎，中国敦煌学的发展进程因战争遭受重大打击。

　　唯一还算幸运的是，北平图书馆的一份敦煌文书照片保存完好。70 年后，这份照片终于分 30 巨册影印出版，这就是北京图书馆出版社 2008 年出版的《王重民向达所摄敦煌西域文献照片合集》。

专注藏文经卷的于道泉

　　在斯坦因与伯希和捆载而去的敦煌宝藏中，除了汉文文书之外，还有藏文、回鹘文、吐火罗文、粟特文等不同语言文字的文书，而以藏文文书（亦称藏文写卷、吐蕃文写卷、古藏文手卷）为最多，仅次于汉文文书，有大约 5000 余卷藏文文书流落在伦敦和巴黎。在很长一段时间里，中国学者连藏文文书的内容也多所不知，更遑论研究。

　　1934 年，于道泉被中央研究院历史语言研究所派往法国留学。在继续学业的同时，作为北平图书馆兼职研究馆员的于道泉，经常到法国国家图书馆查阅敦煌藏文写卷，并受北平图书馆之托拍摄了一些敦煌文书照片。

　　为了学好藏文，于道泉曾在 1925 年搬进北平的雍和宫小平房，拜藏族喇嘛为师苦学两年，同时向蒙古族喇嘛学习蒙古语文。1927 年，于道泉经袁同礼推荐加入北京图书馆[1]，从事满蒙藏文图书的采访和编目工作。在此期间，于道泉参与了馆内敦煌文书的整理。

　　1930 年，在中央研究院史语所历史组任助理研究员的于道泉，撰写《第六代达赖喇

1　此处指成立于 1926 年的北京图书馆，由中华教育文化基金董事会出资创办，今中国国家图书馆前身之一。1928 年更名为北平北海图书馆，1929 年与原京师图书馆合组成立国立北平图书馆。——编者注

嘛仓央嘉措情歌》，被列为中央研究院历史语言研究所单刊。于道泉后来回忆说："这是在历史语言所的领导开始对我不满的情况下，我才把来到研究所以前所写的这份我认为还有很多问题的旧稿，拿出来交给了傅斯年，当作我在研究所的工作成绩。"

1939 年，于道泉转赴英国，应伦敦大学东方学院之邀，担任高级讲师，讲授汉、蒙、藏等语言课程。在伦敦，于道泉曾前往印度事务部图书馆查阅敦煌文书的藏文写卷，并挑选其中的一些进行了拍摄。

于道泉是中国藏学研究的开拓者。1949 年中华人民共和国成立前夕，羁留海外 15 年的于道泉回到祖国，任北京大学东方语文系教授，并设立藏语专业，使藏学这一专业在高校立足。1950 年国家设立中央民族学院时，由于道泉负责西藏语文的教学和规划。对英法所藏敦煌藏文文书的研究，也在他的学生、著名藏学家王尧等教授的努力下发扬光大。

姜亮夫的敦煌情缘

与王重民、向达同时在欧洲埋首抄录和拍摄敦煌经卷的，还有倾尽家财自费赴欧的姜亮夫。

早年师从章太炎、王国维等名家的姜亮夫，与敦煌学结缘于欧洲。

1934 年夏，33 岁生日刚过不久的姜亮夫，辞去中山大学教授职务，自费前往法国学习考古学。当他来到巴黎，参观了这座世界文化名城的众多博物馆、图书馆后，在令人眼花缭乱的展品中，发现不少是中国的文物。

"我感到是一种耻辱。这些守国重器被洋洋得意地陈列在展室中，我如何能安下心来搞什么考古？于是，我决定放弃在巴黎大学研究考古学的机会，发下宏愿，要尽我的力量抢救这些祖国文物。记得那时我住在一个名叫布朗维尔的普通旅店里，每天一大早出门，就去跑图书馆、博物馆、美术馆，如饥似渴地对各种青铜铭器、石刻碑传、古字名画、文书简册等，进行抄录、拍摄和拓印。我光拍照就拍了三千多张。"

然而，当他接触到敦煌经卷时，立即被这些祖国的文化宝藏所吸引。他不顾一切地抄录、拍摄，对有关韵书的敦煌卷子所花力气尤其之多。

将近半个世纪后，姜亮夫回忆起在异国他乡查阅和拍摄敦煌经卷的那段日子仍然难以忘怀：

> 丰富多彩的敦煌卷子，主要是在巴黎国民（家）图书馆看的。那里所藏的敦煌文物，全部是法国人伯希和从我国盗去的。当时，我的一位好朋友王重民正好在续编敦煌经卷目录。我们商量分工合作，我专门收集和摄制韵书、字书、儒家

经典、老子卷子以及有关文学、史地卷子。……每照一张片子要付十四个法郎。我本来就穷，为了尽可能多照一点，就只能勒紧裤带。我一早一晚吃的都是包心菜煮大米稀饭——那时巴黎大米最便宜。中午就在馆内啃些面包干。一天伙食不过二十多个法郎。

这时，我几乎成了敦煌卷子迷了，兴趣越来越大，只要听说什么地方藏有这类经卷，我必去无疑。我的朋友向觉民从伦敦来信说，匈牙利籍英国人斯坦因从我国盗去的敦煌文物，都藏在伦敦不列颠博物院，我就立即赶到伦敦看了那里关于韵书、字书、尚书、诗经、老子类的卷子。

"七七事变"的前两天，姜亮夫经莫斯科，穿越西伯利亚，过伪满洲国回到北京。他后来回忆起这段经历时说："我带回的东西在满洲里被日本人全部拿走了。幸而关于敦煌学的这部分材料，以及许多考古学的材料没有带在身边，而是由一个公司给我寄回来的。"随后，姜亮夫回到上海。他在欧洲收集的照片和资料，经托运也已到达上海。

"我从中取出了心爱的三百来张敦煌卷子后，把余下的东西全部存放在上海闸北我的一位朋友家里。万万没有料到，这一箱资料不久便全部毁于日本鬼子的轰炸中。这是我在今天想来都深感痛惜的一件事。"在近半个世纪后，姜亮夫这样回忆道，"不幸中之大幸，敦煌卷子幸亏带在身边，完好无损。我自然就愈加珍惜爱护，把它看作比自己的生命还重要。我意识到，这些文献资料在国内是没有的。……当时，我已在东北大学任教，随校逃难，经郑州、西安而至四川。但是，日本鬼子仍然追逼过来，空袭频繁。这时，我更加觉得必须以最快速度把卷子整理出来，否则一个炸弹下来，那就彻底完了。于是我借住三台县一户农家，在我夫人陶秋英协助下，天天伏案。"

在艰苦的战争环境下，找不到学界同行交换意见，找不到重要的工具书、参考书，能找到的只有自己的记忆。三度寒暑，姜亮夫终于完成了24卷的《瀛涯敦煌韵辑》。姜亮夫把它们看得比性命更重，这是民族文化的命脉。

书稿完成了，但是战争时期如何保存又是一个大问题。为了保护书稿和相关资料，姜亮夫将它带在身边，一有空袭背起来就跑。

1983年，81岁的姜亮夫为"全国敦煌讲习班"做演讲。回忆起这段往事，他不胜唏嘘，开篇的第一句话说："我是从一无所知慢慢走到喜爱敦煌学的。其间经历，相当艰苦。许多条件不允许我做得很痛快，是辗转地想着法子，拼拼凑凑地把这个工作做下去的。"

幸运的王庆菽

战争的烽火一烧数年，距王重民 1939 年离开欧洲赴美将近十年之后，一位自费旅欧的中国女学者传接了调查敦煌宝藏的薪火。

1948 年 8 月，王庆菽前往英国，她的爱人在谢菲尔德大学获取博士学位后留校任教，接她前往。对王庆菽来说，使她兴奋的不只是能与爱人团聚，更重要的是能前往伦敦查阅敦煌经卷。

两年前，在南京国立编译馆工作的王庆菽，开始为唐代小说做总目提要。对唐代小说而言，敦煌文书是一个宝库。当时，法国巴黎所藏，已有刘半农抄录的《敦煌掇琐》和罗振玉辑录的《敦煌零拾》可以利用；北平图书馆所藏，目录有《敦煌劫余录》，材料有许国霖辑录的《敦煌杂录》；但是，大英博物馆所藏，不但没有公开，连份目录也还没有。

已经用了两年多时间编写唐代小说总目的王庆菽，对敦煌文书中的俗讲、变文等通俗文学作品，有故事内容而认为属于小说性质的，国内能看到的都大略看了一遍，但众多国外的敦煌资料，就只能望洋兴叹了。

1949 年初，王庆菽开始每天去大英博物馆阅览敦煌卷子。已经任东方写本部主任多年的翟理斯，虽然做了几十年目录，但仍未能出版。他本人几年前已经退休，但这里的阅览规定依然没变，即每次只准借阅 5 个卷子，阅毕交还后，再予续借。在没有目录可供参考的情况下，要想在几千件文书中找到自己需要的资料谈何容易。就在这时，王庆菽获得了"一个偶然的幸运而又难得的机会"。她说：

> 　　我经常因所借来的五本卷子并非所需要的，只十分钟看完后，即要再看其他卷子。该室职员每次须用电话通知书库，由书库的职员须在七千卷子当中，找出某号的卷子，从很远的书库送到原稿室。这样，次数一多，原稿室的职员和书库的职员都很嫌费神而表示讨厌。他们这种情绪，使我非常难受。
> 　　有一天，我跟原稿室职员士汪（W. H. Swan）商量。我说：按翟理斯所给我的卷子号码，不能取得我所需要的资料，因此很希望能从第一号看起，遍阅七千卷子，使我自己搜得所需要的资料，也可以减少室内和书库内职员的麻烦了。士汪同意我的建议，并和该室主管职员基里夫（A. H. Griffith）协议后，使代请新室长福尔敦（A. S. Fulton）批准，使我开始由第一号看起了。
> 　　……但是，当翟理斯知道让我遍阅七千卷子时，曾经对新室长福尔敦控诉几次，谓对他的整理工作有妨碍。后来前中央研究院研究员傅乐焕先生说，当时他

也常到伦敦博物馆东方书籍及原稿室（即东方写本部）参考敦煌卷子，而自我遍
阅七千敦煌卷子后，该室对借阅敦煌卷子就限制很严了。

　　王庆菽利用这种难得的机会，除了将俗讲、变文和通俗文学资料抄录了一些之外，还
影印了一些诗词、医药方和一部分古籍及其他资料，共计 262 卷，1182 张缩微照片。

　　1950 年，王庆菽又前往巴黎查阅法国国家图书馆所藏敦煌经卷。当王庆菽向管理敦
煌卷子的杜乃扬女士（曾于 1934 年与王重民为互换馆员来到北平图书馆工作）递上由王
重民写的介绍信后，杜乃扬拿出还没有编全的目录对王说："有些卷子在伯希和生前已失
去（伯希和 1945 年去世）；有些为伯氏所借阅，伯氏死后，在其家搜查已未得。"

　　除此之外，杜乃扬在向室长请准后，王庆菽得以随杜女士进入书库，阅读了所能看到
的敦煌经卷。同样，除了将俗讲、变文和通俗文学资料抄录了一些外，她还影印了 45 卷，
553 张缩微照片。

　　30 多年后，王庆菽回忆起这段往事时写道："当时，这使我不禁思绪万千，遐想无限。
我在国外目睹如此丰富、宝贵的祖国文化遗产，心里很激动和焦急，恨不能都把它们抄录、
影印回来。可是由于我往伦敦、巴黎阅读、搜集敦煌卷子和影印缩微照片，都是从我爱人
的薪金里节衣缩食自费进行的，受到经济条件、生活环境和个人能力水平的限制，不可能
较长时间逗留在伦敦和巴黎，所以只能侧重那些俗讲、变文和有关通俗文学的资料，除抄
录一部分和影印外，就无法再对其他材料予以更多的注意和搜集整理了，真是可惜！"

　　自费前往欧洲查阅敦煌经卷，王庆菽已经尽了她作为一个学者的全部力量。

　　在伦敦，在巴黎，一批中国学者日复一日、月复一月地奔走其间。这些为学术为民族
激情涌动的心，不只是在敦煌文书中皓首穷经以传承文化，更是在绵延生生不息的民族精
神血脉。

　　在漫漫的西天取经路上，在异国他乡的天空底下，学者们苦苦追寻、不懈努力。在中
国西北，在敦煌，又是怎样的一番情景？

第十五章

民族觉醒：西北考察之变

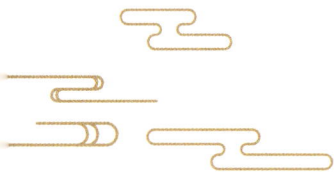

20 世纪 20 年代以前的敦煌和新疆，是外国考察家冒险的乐园、获取文物的宝地，他们来去自由，予取予求。1925 年华尔纳率领第二次福格考察队来中国考察，陈万里作为北京大学的代表随队西行。从某种意义上说，这可以看作哈佛与北大的一次合作。然而，华尔纳带着剥离敦煌壁画的目的而来，合作没有任何基础。因此，这次考察遭到中国知识界、地方政府和当地民众的抵制。陈万里提前离队，考察队随后解散。

这是中国成功抵制外国考察家在中国西北肆意妄为的开始。中国并不拒绝科学考察，不拒绝中外学者间的友好合作。中国要求的只是国家主权的尊严，文物的合理保护和科学研究，中外学者间相互尊重和平等合作。

就在华尔纳回去一年后，瑞典的斯文·赫定带着他的第四次中亚考察计划，飞越太平洋，来到了中国。

开路先锋斯文·赫定

20 世纪初期的中国西北，成就了一个又一个探险英雄。随着一箱箱珍贵文物运到西方，斯坦因、伯希和、勒柯克等人一夜之间名闻世界。在这些人当中，还有一个人的名字如雷贯耳，他就是斯文·赫定。虽然斯文·赫定更以亚洲腹地的地理探险闻名，虽然他比斯坦因、伯希和、华尔纳等人到达敦煌的时间要晚，但他却是中亚考古探险的开路先锋。

1895 年 2 月 17 日，还有两天就过 30 岁生日的斯文·赫定，迫不及待地离开喀什，前往麦盖提筹备深入塔克拉玛干大沙漠的物资和人员。在喀什等绿洲城市，他听到了许许多多充满诱惑的传说：有一些满是奇珍异宝的城堡被埋在了暴戾恣肆的沙漠深处。去这些沙漠城堡的寻宝人很少能活着回来，因为谁要是想把财宝带走，负责守护的沙漠鬼怪就会前来纠缠。只有一个欠债的和阗人，被债主追逼无奈，本想遁入沙漠，一死了之，没想到在那里他幸运地发现了成堆的金银宝藏，并把它们搬了出来，从而摇身一变成了大富豪。随后无数的人到沙漠里去，盼望跟他一样发大财，但全都有去无回。

斯文·赫定显然被这些神奇的传说迷住了。他坚信：在这些传说的背后，一定有种种遥远的事实是这些传说的出发点，当年德国的谢里曼就是根据《荷马史诗》那令人难以置信的记载找到特洛伊城堡的。他内心渴望："我企盼着作为第一个踏进这神话王国的人的那个时刻尽快到来。"

事实上，早在 1890 年寒冷的冬天，斯文·赫定便第一次越过风雪帕米尔，来到了塔里木地区的中心——喀什。只是他在这里只停留了 10 天，便匆匆踏上了返回欧洲的长旅。曾经师从地理学家李希霍芬的斯文·赫定，再次回到柏林大学，随李希霍芬教授学习。正是在中国等亚洲地区进行过多年考察的李希霍芬，在他的《中国：亲身旅行的成果和以之为根据的研究》一书中，首次提出了"丝绸之路"的概念。1894 年春天，斯文·赫定又一次来到喀什。这次赫定没有匆匆离去，他决定攀登位于喀什南面的"冰山之父"——慕士塔格峰。赫定一连攀登了 4 次，都没能把它征服。寒冷冬季到来，攀登不得不延期，赫定的注意力随即由雪峰转向沙漠，因为就在这时，他听说了关于沙漠城堡的传说。

1895 年 4 月 10 日，斯文·赫定与他雇佣的助手、向导和驼夫一行五人，带着精心准备的队伍——8 峰满载食物、冬装、枪支和科学仪器的骆驼，2 条猎犬，一个装有 3 只羊、1 只公鸡和 10 只母鸡的食物橱柜，离开麦盖提，开始横穿沙漠之旅。村民说，这群人肯定有去无回。

对赫定来说，头一次深入塔克拉玛干，差一点也就是他的最后一次。这次由叶尔羌河横穿沙漠抵达和阗河（今和田河）的探险，是一次不折不扣的死亡之旅。或许真的是沙漠鬼怪起了作用，城堡和财宝没有找到，水没有了，路迷失了。赫定一行最后喝起了鸡血、羊血和骆驼的尿……在几乎丧失了所有的骆驼、两个驼夫的生命、绝大部分的装备之后，死死支撑的赫定才幸运地被正巧路过和阗河畔的一支驼队所救。

6 月 21 日，斯文·赫定回到喀什。

第一次折戟沉沙，并没有动摇赫定继续寻找沙漠城堡的决心。12 月 14 日，他再次从喀什出发。让赫定欣喜若狂的是，这次他发现了丹丹乌里克（意为"象牙房子"）、喀拉墩等沙埋古城。金银财宝虽然没有找到，但找到了无法用金银财宝计算的精美壁画、雕塑、古文书等珍贵文物。他搬走了能够搬走的所有文物，这是将无数中国西北文物运到斯德哥尔摩的开始。

斯文·赫定从中国西北带回的沙埋城市中的文物，引起了西方各大博物馆的浓厚兴趣，吸引其他国家探险家的纷纷到来。斯坦因正是拿着赫定记载此次探险的《穿越亚洲（1893—1897）》找到这里的。法、德、日、俄、美等国的探险家争相到来，相互竞逐，一场对中国西北珍贵文物肆无忌惮的攫取开始了。

1899 年，斯文·赫定揣着瑞典国王奥斯卡和百万富翁诺贝尔提供的金钱，再次来到喀什。在一切准备停当后，他第二次进入塔克拉玛干沙漠。这次，赫定有了更大收获——1900 年 3 月发现了古城楼兰。一次宿营时，赫定发现携带的铁铲遗失在前一天的驻地。

[瑞典] 斯文·赫定（1865—1952）

茫茫沙海中，水是一切的根本，这把铁铲是他们此行唯一的挖水工具。于是，赫定派向导罗布人奥尔得克返回寻找。风尘仆仆的奥尔得克带回的，除了铁铲，还有几块十几个世纪之前的精美木雕。

震惊世界的楼兰古城的神秘面纱就要揭开。斯文·赫定说："我打算回去，但这又是多么愚蠢的想法。我们只剩两天的用水了。"赫定决定：先去西藏，待来年冬天再回来做彻底的挖掘。

然而，赫定并没有等到来年冬天，而是在第二年春天就迫不及待地返回楼兰。在发掘这个神秘遗址的时候，赫定对随他同来的向导、驼夫等许诺：谁第一个找到带有文字——无论是何种文字——的古文书将给以重奖。重赏之下必有勇夫，有人找到了一封佉卢文书信和多件汉文文书。令人讶异的是，文书证实了这里正是西域三十六国中最负盛名的楼兰，展现了被黄沙淹没达一千多年的古国的生活图景，它的城池、寺院、官衙、医院、学校……

1901年3月4日至10日，斯文·赫定在楼兰城内13个地点进行了连续一周的挖掘，挖到了众多的魏晋木简和文书、汉魏古钱、罗马钱币和于阗钱币、各类精美的丝织品、希腊化风格的木雕等等。它们是如此珍贵，仅就魏晋文书来说，魏晋书法真迹除了陆机和王羲之这种大书法家的作品偶有留存外，留存于世的不多，而他这一次就获得了150多件魏晋书法真迹。后来照着他画的地图到来的斯坦因、橘瑞超，又在这里挖走了数百件文书，包括著名的"李柏文书"。关于这次探险，赫定后来出版了8卷本《1899—1902年中亚科学考察报告》。

1906年，斯文·赫定再次开展中国西部之旅，目标是神秘的西藏。这次，他同样获得了成功，同样满载着各种收获于1909年回到了斯德哥尔摩。

自从1895年发现沙埋古城，并带回大量珍贵文物，斯文·赫定的人生璀璨夺目，成了那个时代瑞典最有名望和被人谈论最多的人物。他在中亚探险取得的成就，丝毫不亚于斯坦因；他因中亚探险而获得的荣誉，同样不亚于斯坦因：1902年被封为贵族，是最后一名获此殊荣的瑞典人。1905年获选瑞典皇家科学院院士，1913年获选瑞典文学院院士，被授予了十余个荣誉博士学位、多个国家的地理学会会员头衔。

然而，1914年第一次世界大战爆发，斯文·赫定的亲德立场受到舆论的普遍抨击和社交圈的无情冷落，这种局面在战后依然持续了很长一段时间。

1924年夏，处在人生低谷的斯文·赫定坐在10年前曾经坐过的书桌旁，开始自述生平，这就是《亚洲腹地旅行记》（又译为《我的探险生涯》）。多少有些出乎他意料的是，书一出版，立即风行世界，被翻译成了十几种文字。

由此带来的转变，让斯文·赫定再次升起中亚考察的万丈豪情。

赫定的外交运作

1926年11月20日，斯文·赫定到达北京。

还在柏林时，赫定已经与德国汉莎航空公司就此次中亚考察的组织、成员、装备和经费问题进行了讨论，最后双方达成协议。探险队第一步的任务是：组织驼队沿既定路线考察，选择合适的地点作航空加油站；派驼队为航空加油站运送汽油；由探险队组织从柏林首航。

赫定兴奋地说："我从青年时就在那里（中国西北）的森林、山脉和沙漠中度过了许多幸福的时光。但是还有许多地方，是我从没能到过的，因此我想，只能用飞机引诱出它的秘密来了。"

为了考察顺利进行，赫定率先到达北京与北洋政府交涉考察事宜。赫定对中国政界并不陌生。外交是他的拿手好戏，国际政界名流他见得太多了。在赫定到达北京之前，瑞典王储已经与中国外交部就赫定的中亚考察有所接触。赫定到达北京后，首先拜访了瑞典驻华代理大使和德国大使，获得他们的支持后，开始走访中国政界要人。

赫定来到了外交部总长顾维钧的办公室。顾听完赫定的陈述后说：中国政府对驼队考察是赞成的，但航空计划会被军方阻止。

　　随即，赫定在瑞典驻华代理大使陪同下，来到北洋政府航空署长办公室。让赫定惊喜的是，航空署长对开辟中国—欧洲航线极有兴趣，并且提醒赫定在驼队考察结束前不要提出飞行的请求，否则报端披露就麻烦了。

　　12月30日，赫定拜访了他的好朋友、中国外交部次长王荫泰，王提前向他透露：政府已经批准探险计划。

　　1927年元旦，赫定果然接到了北洋政府的答复：同意并支持第一步探察计划，即使用驼队于1927年初从北京出发，去甘肃和新疆两省做考古学上的研究，同时考察第二阶段使用飞机进行的可能性；已指示地方政府在其权限内予以保护和帮助；将考察队成员名单交外交部，会发放护照。

　　1月底，赫定拜访了驻扎北京的奉系军阀张作霖。张表示支持驼队探险，同时电告新疆总督杨增新，让其给予支持，几天后将电报抄本和给杨增新的介绍信转交赫定。

　　随后，赫定又与中国外交、军事、运输等部门分别协商解决考察队护照、持枪证、货物运输等事宜，均获圆满解决。

　　考察的前期工作基本完成，赫定着手做出发前的相关准备。他将北京方面的情况电告汉莎航空公司后，对方回电说队员将即刻出发前往北京。2月上旬，德国和瑞典的考察队员全部抵达北京。进展如此顺利，3月初，只待身在包头的驼队队长拉尔生买齐200峰骆驼后，考察就要开始了。

中国知识界的觉醒

　　当斯文·赫定前往中国西北考察的消息传出后，全国舆论一片哗然，学术界更是震惊不已。

　　与华尔纳一样，斯文·赫定并没有充分意识到辛亥革命后中国社会的变化和民众的觉醒，没有意识到五四运动后中国知识界已经告别了过去，民族精神、现代意识、专业知识、科学与民主思想已经在他们心中成长。其中，一批又一批留学西方的学者回到国内。他们在国外都程度不等地接受了西方的民主思想和现代科学研究方法，其中部分留学人员更是接触过外国探险家及其从中国西北带回的文物。

　　张继：1908—1911年游学欧洲期间，曾在巴黎大学听斯文·赫定关于中亚探险的讲座；

　　蔡元培：1908—1911年留德期间，曾协助德国汉学家孔好古考释并翻译斯文·赫定在楼兰遗址所获汉文书。1921年3月，在巴黎会见伯希和并问及其搜集品情况；

刘半农和傅斯年：20 世纪 20 年代前期留学欧洲时，曾查阅英法所藏敦煌文书；

胡适：1926 年曾前往欧洲查阅英法所藏敦煌文书。

……

这些学者在国外的经历和感受，特别是经过 1925 年华尔纳事件之后，已有意组织自己的学术机构来保护中国境内，尤其是西北地区的文物免遭外流和损失。现代意义的考古学也已经起步，北京大学研究所国学门便是一支主要的生力军，其考古学研究室和考古学会已经开展了一系列工作。

面对斯文·赫定即将开始的考察，中国学术界立即行动起来，捍卫国家尊严，避免文物外流，争取学术平等。北大教授刘半农、北大教务长徐炳昶、中法大学校长李石曾等人深感学术界加强团结刻不容缓，应该组成一个团体来联合抵制斯文·赫定的考察、共同抗议北洋政府无条件的许可。北京大学研究所国学门作为发起单位，串联北京大学考古学会、清华大学研究院、中国地质调查研究所、故宫博物院、历史博物馆、中国天文学会、中央观象台、中华图书馆协会、北京图书馆及京师图书馆、古物陈列馆、中央画学研究会、地质学会等，组成了"中国学术团体协会"。

中国近代史上第一个以保护本国科学材料免于外流为宗旨的民间学术组织宣告成立，斯文·赫定的考察正是摆在眼前亟待处理的问题。

"不平等条约"垮台

在穿梭于政府官员办公室的同时，斯文·赫定同中国学术界多少也有过接触。譬如，在担任过中国地质调查研究所顾问的同胞——地质学家、考古学家安特生的陪同下，斯文·赫定拜访了中国地质调查研究所所长翁文灏。

1927 年 3 月 5 日晚，中国学术团体协会举行第一次会议，会议的主题是西方探险者在中国的活动和科学考察。与会代表呼吁禁止外国人在中国进行考古发掘和掠夺珍贵文物，强调中国地理上和人类历史上的发现物不应从其所在国拿走，应归中国所有，由中国的博物馆保存。

新闻媒体迅速对此进行了报道。上海《申报》载文称："京学术团体协会五日开联席会议，反对瑞典远征队考察西北古物；并禁止以后外人随意购买或挖掘我古物，以期长保国粹。"各大报章还接二连三报道了斯文·赫定带来多架飞机，政府不能阻止斯文·赫定偷运大宗文物等消息。

与此同时，北京学术界发起了签名活动，向外交部递交抗议书，要求禁止斯文·赫定的考察活动。

　　斯文·赫定是中国西北探险的开路先锋，正是他的发现将斯坦因等人引向了那里，然而也正是他想要在中国西北实行大规模、多学科的现代科学考察。面对中国学术界的反对声浪，斯文·赫定不得不走到了谈判桌前。

　　中外学术界就西北考察问题开始了第一次正面交锋。

　　谈判一轮又一轮地进行着。然而，就在这时，外交部次长王荫泰竟然向赫定保证：不用在意学术界的攻击，他已经获得出发许可，除了政府，没有谁可以阻止。于是，心存侥幸的赫定表面上与中方代表协商谈判，暗中却在按计划行动，将行李运到北京丰台车站，并让考察团员乘火车前往包头。

　　斯文·赫定的私自行动，大大激怒了中国学术团体协会成员。在新文化运动中打过硬仗的刘半农于 3 月 23 日代表协会致函赫定：如果赫定离开北京，他保证能够做到让全体中国人武装起来反对。第二天，北京各大报纸刊登了各地科学机构致绥远、新疆、甘肃省政府电，敦促地方当局制止考察团践踏中国主权的行为。北京政府的态度开始由轻视到重视，函告赫定：如果学术界极力反对，政府将不得不收回考察许可。

　　赫定不得不与中国学术团体协会认真谈判。1927 年 4 月 26 日，中国学术团体协会第 9 次大会在北京大学举行，双方正式签订《中国学术团体协会与斯文·赫定博士所订合作办法》。中国学术团体协会接受斯文·赫定的资助，共组"西北科学考查团"，全团学者27 人，中方 10 人，以徐炳昶为团长，黄文弼承担考古工作；欧洲 17 人，以斯文·赫定为团长，瑞典青年学者贝格曼担任考古工作。考察费用及全体团员费用由外方负担。

　　协议规定：直接或间接对于中国国防国权上有关系之事物，一概不得考察；不得以任何借口毁损有关历史、美术等建筑物；文物全交协会保存，地质标本如有复本可赠赫定一份；设监督西北科学考查团一切事务的西北科学考查团理事会；协议办法解释以中文为准，等等。

　　合作办法签订，刘半农长舒一口气，喊出"不平等条约垮台了"。这份协议是日后中外考察队进行合作谈判的范本，其主要精神成为日后一切外国学者来华考察或考古的先决条件。

古物保管委员会的成立

　　中国学术团体协会作为一个民间性学术团体，因斯文·赫定前来中国西北考察而促成，它的长远宗旨是"对于我国之古迹古物，以及其他学术材料，自行采集发掘，加以研究，妥为保存，以免输出国外"。然而，民间的学术力量毕竟有限，更大的责任应该由政府担当起来。

中国学术团体协会与斯文·赫定签订合作办法的次日，即 1927 年 4 月 27 日，蔡元培被任命为新成立的南京国民政府教育行政委员会委员，随即实行改革，以大学院取代原北京政府的教育部。面对国内文物流失、古迹湮没，政府决定设立专门保管机构。1928 年 3 月，古物保管委员会成立，作为大学院各专门委员会之一。

我们从函聘的委员名单可以看出，古物保管委员会的分量之重和权威性之高：张继、傅斯年、蔡元培、张人杰（静江）、易培基、胡适、李四光、李宗侗、李石曾、高鲁、徐炳昶、沈兼士、陈寅恪、李济之（李济）、朱家骅、顾颉刚、马衡（叔平）、刘复（半农）、袁复礼，其中国民党元老张继为主任委员，蔡元培、张人杰、易培基、胡适、李四光、李宗侗为常委。

西北科学考查团外方团长斯文·赫定（中）、中方团长徐炳昶（右）和袁复礼（左，1929 年 1 月任中方代理团长）。图片来源：新疆师范大学黄文弼中心提供

古物保管委员会的主要力量，正是中国学术团体协会的骨干成员。它在考古学领域的对外政策，也同样体现了中国学术团体协会的精神：阻止外国人单独在中国境内进行考古发掘，阻止中国文物外流。

政府和民间的学术组织都已建立，而且两者找到了最佳的契合点，形成合力。

捷报频传

中瑞西北科学考查团在一波三折中酝酿、筹建，最后顺利组成。这既有斯文·赫定对中国西北科学考察的执着，更有已经作为一种社会力量而存在的中国知识界的觉悟和努力，中外之间平等地展开合作，中国西北考察实现了历史性的转变。

1927年5月9日，中瑞西北科学考查团从北平出发，中亚科学考察史上规模最大、设备最先进、学科种类最多的科学考察正式开始。

出发才一个多月，捷报便从现场传来：青年地质学者丁道衡发现了白云鄂博大铁矿。对矿石的化验结果证实，它是世界上最大的含铌稀土铁矿床之一，后来的大型钢铁企业、稀土生产科研基地——包头钢铁公司，正是在此基础之上拔地而起。

1928年10月，考查团的又一条消息引起轰动，地质学家袁复礼在新疆挖到7具完整的三叠纪爬行动物化石。4年考察期间，袁复礼在新疆境内找到了大量爬行动物化石，较完整的化石有72具，并且有7个新种，是当时中国发现恐龙化石最多、最完整的一次。

一万余枚居延汉简的发现，则是另一件震动中外学术界的大事。汉简上的记载，让久已逝去的2000年前西汉帝国的一个个历史画面，又神奇般地展示在今人眼前。

1927年10月，考查团成员黄文弼到达今内蒙古额济纳旗居延地区考察。这里是汉帝国的重要军事边防区，汉武帝开发河西及抗击匈奴的要地。在这里，黄文弼找到了几枚汉简，随后转移至别处考察。1930年4月，考查团成员贝格曼和采集员靳士贵再度来到这里。

在进行大规模发掘后，考查团共获文物586包，其中汉简463包，一万多枚。因为在额济纳河下游黑城废墟的东南方有汉代遗址，据推测大概就是汉代张掖郡的居延县城，因此这一带出土的简牍统称"居延汉简"。中华人民共和国成立后，考古人员在原简发掘处破城子一带又出土汉简两万多枚。2000年前的历史，源源不断地从地下破土而出。

黄文弼与西北考古

　　众多学者、长达数年的中瑞西北科学考察，有着多方面的重要发现。就考古而言，最应该被国人铭记的，是黄文弼在新疆的考古活动。

　　1928 年 4 月，黄文弼率领一支考古小分队，在吐鲁番盆地、塔里木盆地和罗布泊地区进行了中国学者第一次新疆考古的科学调查和发掘。

　　和敦煌一样，吐鲁番是中国文物的又一个伤心之地。当黄文弼到达这里时，斯坦因、大谷探险队、勒柯克、奥登堡等人早已捆载大箱小箱的文物宝藏离去。掠夺性的挖掘、盗宝式的考古，不仅破坏了珍贵文物本身，更损害了这些文物所蕴含的科学价值。

黄文弼（右）在西北考古途中。图片来源：新疆师范大学黄文弼中心提供

黄文弼来到吐鲁番的交河故城。这里是汉代车师王前庭所在地，其后属于高昌郡和高昌王国统治。当年这座"河水分流绕城下"的王城，王府庄严、房舍林立，一派富庶景象。然而，战火的烽烟和时间的长河改变了这里的一切，如今只剩下断壁残垣在诉说着过往的繁华和千年的往事。

黄文弼在交河故城的雅尔崖古墓葬区停下脚步。当他查清墓葬区的分布并分区域按顺序地发掘后，一件件记录一两千年前生产生活场景的陶器和墓碑（墓表）呈现在眼前。这次发掘出土了完整的陶器 800 余件，简陋的墓碑 120 余方，以及其他大量的随葬品。

就当时的考古水平而言，黄文弼的发掘地域划分明确，内部层次清楚，墓葬形制、葬式、随葬器物种类、放置的位置等，都有仔细的记录和详细的编号，从不同侧面复原了许多早已消失的历史场景和多元文化。

吐鲁番地区的古城、洞窟、墓葬，因为发现了大量珍贵的古文书和保存了大量历史遗迹而闻名世界。黄文弼在吐鲁番的考古发掘及其研究，在吐鲁番的考古学历史上有着里程碑式的意义。他在《吐鲁番考古记》一书中写道：

> 由于吐鲁番位置之特殊，反映其政治和文化之多方面的发展。在历史上无论汉人、匈奴人、突厥人、西藏人、回鹘人、蒙古人，挟其政治或军事力量西进，而印度人、大月氏人、康居人、安息人、罗马人或土耳其人，拥其宗教或宗教艺术东来，莫不以吐鲁番为焦点而留其残迹。

黄文弼有着开阔的历史视野，他发掘整理的《高昌砖集》（1931）和《高昌陶集》（1933）等著作，是吐鲁番学不可多得的珍贵资料。

黄文弼对塔里木盆地周边的考察，是一次艰苦而辉煌的长征。从 1928 年 4 月开始，历时一年有半。除东南一隅外，黄文弼走遍了塔里木盆地南北。调查的古城遗址和佛教遗址超过百处。焉耆、库尔勒、轮台、库车、沙雅、拜城、于阗、皮山、叶城、巴楚……处处留下了他的足迹。其中，从沙雅到于阗，用一个月零六天穿越塔克拉玛干大沙漠，堪称壮举（当年西行求法高僧法显用了一个月零五天）。面对枯寂荒寞的沙漠，危险无处不在，但在黄文弼的笔下，只有"辛苦备至"四字一带而过。

塔克拉玛干大沙漠中的最神秘之地罗布泊，1930 年春第一次留下了中国学者的足迹。继斯文·赫定发现埋在黄沙之下的绿洲王国楼兰之后，黄文弼在罗布泊地区获得了另一个重要的发现——土垠遗址，即他在罗布泊北岸发现了一座被他命名为"土垠"的西汉遗址。在这里，他发现了一批汉帝国在西域设都护（公元前 60 年）后最早的汉文简牍，它们记载了西域都护的官员设置、传递信息的方法、粮食囤放、行旅往来交通情况及给养等等细节，让我们了解到约 2000 年前行走在丝绸之路上的人们为什么可以安全而方便地旅行。

1930 年秋，黄文弼回到北平。3 年多的新疆考察，黄文弼共获得采集品 80 多箱。北京大学特地为他举行了专场报告会，代理校长陈大齐亲临会场讲话："黄先生此行三年余，经历许多艰难辛苦，成功而归，外人在新疆考古者甚多，我国人今以黄先生为第一，而其所得材料之丰富，亦不亚于外人。"

莫高窟前的斯文·赫定

中瑞西北科学考查团的野外考察一直持续到 1935 年。

1933 年 10 月 21 日，斯文·赫定等人再次从北平启程，开始西去内蒙古、新疆的汽车考察之旅。赫定曾提出修筑并维护好内地联结新疆的公路干线，进而铺设贯通亚洲腹地的铁路，以加强内地与新疆的联系。因而赫定此行实际上是受当时南京国民政府铁道部的委托，前往勘测、考察修建一条横贯中国内陆交通动脉的可行性。

旅途艰苦而漫长，尤其是在战火纷飞、政局动荡的新疆境内。一年后，1934 年 10 月 21 日，斯文·赫定离开乌鲁木齐东返，第二天到达吐鲁番。在柏孜克里克千佛洞，赫定站在被勒柯克割走壁画的洞窟前，义愤填膺地大骂勒柯克一番后，继续驱车向甘肃境内驶去。

10 月底，斯文·赫定与陈宗器、尤照寅等考查团成员搭乘的汽车到达安西。在这里，斯文·赫定想到了 1883 年赛钦伊来到此地的情景。也就是那时，赛钦伊考察队的队员洛克齐到达敦煌，并将其叹为观止的莫高窟壁画和雕塑艺术介绍到西方，从而将其同乡斯坦因引到了这里。斯文·赫定在他的《亚洲腹地探险八年（1927—1935）》一书中写道："我与赛钦伊和洛克齐在布达佩斯曾多次谈起过他们的光辉历程和丰硕的成果。而现在，50 多年之后，当我亲自来到安西时，有一种虽不是回家，却也是走在回故乡的路上的感觉。"

然而，让众多探险家神魂颠倒的敦煌莫高窟，似乎并没有引起斯文·赫定太大的兴趣。斯文·赫定既不似考古学家斯坦因、汉学家伯希和，也不似东方学家奥登堡、美术史家华尔纳，因而对藏经洞文书也好，对莫高窟壁画和塑像也罢，他并不怎么动心。对这位一直以地理上的发现而自负的开路先锋来说，早已有人到此，已没有"探险"的意义了。况且那个夺宝的故事到了 20 世纪 30 年代已经收场。斯文·赫定说："千佛洞已有很多专家学者考察研究过了，我来这里的原因部分由于好奇，部分由于到了敦煌不看千佛洞似乎有点说不过去，就像去了印度的阿格拉而不看泰姬陵一样。"

斯文·赫定在莫高窟。（陈宗器 摄）

　　斯文·赫定的到来，重要的是为 20 世纪 30 年代的莫高窟留下了一些难得的现场特写，为 30 年代记载较少的莫高窟留下了一些珍贵的历史镜头。其中一位在王道士去世那年来到莫高窟的道士告诉斯文·赫定一行说，他们每天在 9 个洞窟里做法事，磕两次头。斯文·赫定到达这里时，王道士已于几年前去世，但仍有 3 个徒弟在承继着他的事业。他们将熟地出租给附近农民，农民按时交租。附近的两座寺庙里，住着 7 名从张掖来的汉族喇嘛。

　　王道士虽然已经去世，道士们募钱修复壁画的事业仍然在继续。斯文·赫定写道："从黎明开始，我们一天仅看了最近的两个洞窟，里面有些壁画是 1911 年以后的作品，没有多大意思。道士们说他们打算筹集些钱用来修复已经褪色或被损坏的千年壁画。"

　　斯文·赫定回忆他看过的洞窟中，洞内有 3 个木制容器用于烧香和放贡品。这里依然是人们朝拜的圣地。看过 21 个洞窟后，他对"这些单调的模模糊糊的神像"感到失望，倒是那些在坚硬的石壁上开凿的如此众多的洞窟，让他印象深刻，"从雕凿这些壁龛所需要的毅力和耐心，可以看出完成这项伟大工程的人，一定具有火一般的虔诚信念"。

　　1935 年，斯文·赫定结束在中国的野外考察工作，回到瑞典，全力主持《中瑞科学考察报告》的结集、审订、出版事宜。这套丛书多达 55 卷，从不同学科、不同角度，对西北科学考查团的工作做了总结。

　　斯文·赫定能成功实现与中国学术界联合考察，是他实现了从以"搜集古物"为目的向以服务科学为最高宗旨的转变，正如他后来所说："我不为任何一个特定的博物馆搜集藏品。对我来说，我为古生物学家搜集了藏品，进行了分类，出版了关于发现物的著作，使科学界知晓就足够了。搜集品存放在北京还是斯德哥尔摩，是次要问题。"

　　他也能够正确地对待中国的民族主义情绪，一如他后来所说：我告诉他（刘半农），我同情他们（中国学术团体协会成员）的民族主义倾向，正像在我自己的国家，我也同他们一样是个很好的爱国者。我认为他们希望把所有考古学上和艺术上的财富都保留在中国是非常正确的。从鸦片战争起，欧洲人在对待中国人问题上犯了一系列错误。

　　斯文·赫定在其《亚洲腹地旅行记》中译本序言中同时写道："我们没有介意国籍或种族，唯一的目的是为国际的科学服务。在这点上，从前有些西方考察家恶劣地违犯中国国民的感情，因此遇到困难的事，在我们中绝无所闻。中国人在他们国内是在家里，外国人只是客人，……由他们（西方考察家）不应取的态度，其身必食其报。就我个人所经历而言，我将永远不会忘记这些年的愉快时光，我能有这种殊荣去与新中国的一些最杰出的学者在野外及北平共事。我抱着友情与感谢，将终身记着他们中的每一个人。"

　　在以往的考察中，斯文·赫定从中国运走了无数文物宝藏，引起了无数中国人的愤

斯文·赫定拍摄的建设中的敦煌莫高窟九层楼尚未竣工，第二层脚手架还未拆除。

怒，但是 20 世纪 30 年代的中瑞合作考察，赢得了世人的尊重。

考查团组建之时，刘半农与斯文·赫定是谈判对手，是"敌人"，谈判桌上寸步不让，唇枪舌剑。然而，考查团一旦组成，中瑞团员在平等友好的基础上，开始了长达数年的合作。

1935 年，斯文·赫定 70 岁生日，当国际地理学会准备为斯文·赫定出版纪念文集时，代表中国学术界参加会议的刘半农打算进一步补充材料，提交一篇高水平的学术论文，因此他于 1934 年 6 月利用暑假前往绥远、内蒙古一带考察方音民俗。然而，不幸的是，他在考察途中染上回归热病，不治而亡，年仅 44 岁。

西北科学考查团推动了中国学术界认识西北、开发西北的热潮，是现代中国地质、地理、气象、考古等众多学科在现代化进程中迈出的坚实步伐，同时开一代风气之先。正如考查团中方团长徐炳昶在他公开出版的日记中所说，在一切具体成绩之外，"还有二件很好的结果深应注意：第一，这一次的考查足以证明中国科学家对于工作的强固意志及丰富能力，并不像欧洲近视眼的外交家所说：'中国人哪里知道大沙漠是什么！他们将来走出包头不远，即将全体转回北京！'第二，这一次的考查足以证明我国人并无盲目排外的意思，如为夸大狂所蒙蔽之欧美人所宣称。这两件证明实已足在精神界开一种纪元"。

专以"搜集古物"为目的的外国考察家无条件地在中国西北考察的日子，永远地一去不复返了。进入 20 世纪 40 年代，中国自己的学者、艺术家独自踏上了西行之路。

第十六章

艺术家的激情岁月

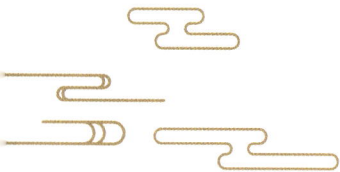

抗日战争爆发，敦煌学家颠沛流离，敦煌研究遭受沉重打击。然而，也意外地开辟出了敦煌研究的新战场，莫高窟迎来了一个个艺术家、学者。艺术家置身于敦煌，与延续千年的莫高窟艺术面对面；学者亲临敦煌，目光越过流散四方的藏经洞文书，结合敦煌艺术、历史考古，拓展出了研究的新空间。

不仅如此，敦煌开始走出学术圈、艺术界，在社会上获得广泛关注。敦煌临摹艺术品和摄影作品的展出，开始作为一种新的传播方式，将敦煌石窟艺术与普通大众连接，成为敦煌宝藏向民众散发魅力的新通道；临摹艺术品和摄影作品的展出，将戈壁深处的敦煌艺术宝库变为城市公共空间展品，进入大众的视野。

轰动山城

1944 年初夏，抗战还在艰难地继续，日本的飞机经常光顾山城重庆。但是敌军的炸弹没有驱散这里的一个新的热潮——敦煌热。

张大千的敦煌临摹壁画展在这里隆重举行，把一场持续多年的敦煌热推向高潮。张大千的画展在重庆三牌坊官地庙、国立中央图书馆连续展出。重庆各界表现出了极大热情，徐悲鸿、柳亚子、叶圣陶、沈尹默、陈寅恪等一大批艺苑和学界名流，以及于右任、陈诚、孙科、张道藩等政界要人前往观瞻。柳亚子看罢挥毫题笔"云海归来"。

敦煌，成了社会热门的话题。

对敦煌学而言，它宣告了敦煌艺术的再发现，敦煌学迎来了新时代。在此之前，敦煌学讨论和关注的主要是藏经洞文书；从此以后，莫高窟艺术成为中国敦煌学界越来越受到关注的重要方面。

陈寅恪在看过展览后，于 1944 年 1 月 21 日写下了《大千临摹敦煌壁画之所感》，全文虽不足三百字，却是敦煌学的一篇重要文献，因为它继《＜陈垣敦煌劫余录＞序》针对藏经洞文书提出"敦煌学"后，再次就莫高窟艺术提到"敦煌学"，对敦煌艺术的再发现"欢喜赞叹"，对加强敦煌艺术研究充满期待：

自敦煌宝藏发见以来，吾国人研究此历劫之仅存之国宝者，止局于文籍之考证，至艺术方面，则犹有待。大千先生临摹北朝、唐、五代之壁画，介绍于世人，使得窥见此国宝之一斑，其成绩固已超出以前研究之范围，何况其天才特具，虽是临摹之本，兼有创造之功，实能于吾民族艺术上，别辟一新境界。其为"敦煌学"领域中不朽之盛事，更无论矣。

自 1925 年华尔纳组织的第二次福格考察队准备剥离敦煌壁画后，经过了各国"探险队""考察队"劫掠的敦煌莫高窟，一度安静了下来。整个 20 世纪 30 年代，虽然也有一些外国人先后来到这里，如 1931 年，美国的波赫林到达敦煌的西千佛洞——莫高窟西 40 公里处的一处石窟群，回去后写了介绍文章；1934 年，斯文·赫定慕名来到这里；1935 年，供职于英文《北平时事日报》的巴慎思来此拍摄；1939 年第 26 任美国总统西奥多·罗斯福的孙子昆廷·罗斯福也到莫高窟考察过。但 20 世纪 30 年代的敦煌千佛洞，只有偶尔遭到外国人盗掠的记录。比如，1935 年 3 月巴慎思在"游历"千佛洞时，悄悄地掠取塑像和壁画，结果被发现而酿成外交事件，最后被逐出敦煌。

至于国人，继陈万里西行敦煌之后，1931 年 9 月，贺昌群发表《敦煌佛教艺术的系统》，全面探讨了敦煌的石窟艺术，但精研敦煌学的贺氏本人并没有亲临敦煌，而是根据斯坦因、伯希和、大谷探险队掠去并发表的部分照片，以及陈万里的部分照片展开论述的。贺昌群指出："今人孜孜为敦煌佛经卷子之影印、纂述，而于敦煌在中国及东方美术史上的价值，则知之而少求其详。"

整个 20 世纪 30 年代人们对敦煌莫高窟本身并没有特别在意。除了 1935 年，高良佐随政府高官邵元冲到西北视察时，来到敦煌，对洞窟做过编号，并撰写《西北随轺记》对敦煌千佛洞予以介绍，随行摄影师许师慎进行了拍摄，出版《西北览胜》；李海晨在 1936 年 4 月参观莫高窟写了《敦煌千佛洞游记》；张其昀于 1936 年亲探敦煌石室撰写《西北旅行记》有所涉及，以及 1938 年画家李丁陇前来临摹壁画等，莫高窟隐没在众多学者和艺术家的视线之外，敦煌艺术等待着世人的重新发现和重视。

1938 年 10 月，随着日军发动大规模进攻，国民政府由武汉进一步向西退居重庆。沦陷区的大学与研究机构纷纷转移到西部，各类文化人和知识分子齐聚西南。此前较为陌生的西部成了人们关注的重心，而在国家政局和经济大势方面，开发西北成为时人关心和重视的新课题。20 世纪 40 年代的敦煌，再度成为世人关注的焦点。

正是在这种时代风潮下，张大千开始了寻梦敦煌。

张大千临摹莫高窟萨埵太子舍身饲虎壁画。图片来源：《张大千临抚敦煌壁画》

寻梦之路

1936 年夏，徐悲鸿盛赞张大千为画坛"五百年来第一人"，并感叹时势，希望张大千有孙悟空之法，散其长髯为三千大千，或无量数大千，使丰衣足食的日本人不再存杀人之想。

然而时隔一年，卢沟桥事变发生，日本全面侵华。北平沦陷后，张大千想尽一切办法，在 1938 年初夏带家属离开北平，绕道上海、香港、广西、贵州，于同年秋天还蜀，居住成都青城山。此时，曾任监察院驻甘宁青监察使的老友严敬斋，多次向张大千谈到敦煌石窟的壁画艺术。张大千曾说自己"流连绘事，倾慕平生，古人之迹，其播于人间者，尝窥见其什九。求所谓六朝隋唐之迹，乃类于寻梦"。而敦煌却有梦里追寻的六朝隋唐"丹青千壁"，这不能不让有"天纵之才"的张大千心动而行动。

事实上，还在 20 世纪 20 年代的上海，张大千已经从他的老师——书画家曾农髯、李瑞清处听说过敦煌。此后，在上海、南京、北平，张大千亲眼见到了零散的藏经洞所出写经和绢画。

在北平，张大千与发起组织"敦煌经籍辑存会"的书画家叶恭绰交往密切。其中 1932 年至 1936 年，他们同住苏州网师园，张善孖、张大千兄弟住前院，叶恭绰住后院，"共数晨夕者近四年"。叶恭绰曾力劝张大千重振人物画一脉，以刷新有清三百年人物画的颓风。

在查阅了有关敦煌莫高窟的资料后，1940 年秋，"幽居"青城已两年多的张大千决定：北出嘉峪，礼佛敦煌。

然而，张大千还没有走出四川，一场噩耗已经传来——为抗日赈灾回国才半月的二哥张善孖于 10 月 20 日在重庆去世。张大千悲痛万分，仓促赴重庆奔丧，第一次敦煌之行未果。

第二年春天，张大千率如夫人杨宛君和儿子张心智，再次踏上西行敦煌的征程。到达兰州后，一家人先去青海参观了藏传佛教圣地塔尔寺。在塔尔寺，张大千结识了昂吉、格朗、三知、小乌才朗和杜杰林切等中青年藏族画师，并认真观看了他们的作品——佛帧，以及制作画布和加工矿质颜料的技术。之后，他们回到兰州，与徐悲鸿的学生、时在中央大学任教的孙宗慰一道，坐汽车，换马车，经河西走廊向敦煌进发。

沿途所见，在这位爱国画家的眼里，一向贫穷的大西北，河西走廊上食不果腹、衣不蔽体的赤脚人群，正是苦难深重的祖国的一幅缩影。在不满 15 岁的张心智的眼里，看到的也不只是茫茫戈壁和荒凉寂寞。父亲一路在教导："《西游记》里的唐僧带着他的三个徒

张大千临摹藏经洞内侍女壁画。图片来源：《张大千临抚敦煌壁画》

弟，历尽千辛万苦到西方取经。我们为什么不在成都好好待着，也不听朋友劝告，却要吃苦到敦煌呢？还不是为了取'经'，不过这是取艺术上的'经'。"所以"一出嘉峪关，两眼泪不干，前看戈壁滩，后望鬼门关"的场景，对少年张心智来说，也就没有那么可怕了。

不过，在时人的眼里，人们感觉到的是张大千不小的来头，士绅官宦簇拥送迎，加上甘肃省参议会副议长范振绪在武威时与之同行，一路上皆有照应。在距离敦煌县城还有三四里地时，虽然已是夜里，但县长带着军、政、商等几套人马数十人，拿着电筒，打着灯笼，早已站立大路两旁等候多时。

张大千一行到达莫高窟时，已接近半夜12点。据说，稍事休息后，张大千便带着电筒、蜡烛来到了藏经洞。张大千的电筒照射处，墙上的彩绘侍女，面部丰满，眉清目秀，服饰线条柔和而有力，亭亭玉立于菩提树下，张大千"哎哟哟"惊叹出声。[1]敦煌壁画的魔力，使得张大千原计划三个月的敦煌之行，先改为半年，再改为一年，最后变成了三十个月。

辛苦编号

张大千准备在莫高窟大干一番后，开始做最基础的工作——给每一个洞窟重新编号。

在此之前，已有伯希和、敦煌县政府和高良佐给千佛洞编过号。在此之后，教科书上的说法是"莫高窟现存洞窟492个"，这是国立敦煌艺术研究所[2]做的编号。再后来，因为莫高窟北区洞窟的清理，洞窟数目进一步增多，包括南区和北区，洞窟共735个。

莫高窟的开凿，最早的一组北凉窟（第268、272、275窟）聚集在崖面中段，距现在地表约十几米。这组洞窟是崖面的黄金区域：视野开阔，阳光充足。接下来北魏、西魏开凿的洞窟基本上紧挨着它向南、北横向发展。再接下来北周、隋和唐朝也大致向两边开凿。五代以后的洞窟则集中于崖面的下层及南、北两头。这是不同时代洞窟大致的分布，由于崖面有限，一些洞窟多见缝插针，各时代洞窟交错分布，并不能按时代先后清晰地理出个顺序来。因此，编号一般都按崖面的东、西向和洞窟的上、下层来进行。

1　近年兰州大学王冀青教授研究认为，藏经洞彩绘侍女原本并没有，而是张大千"以假乱真的赝作"，是在1941年10月之后才出现在藏经洞内的"张大千的游戏之作"。见《国宝流散：藏经洞纪事》（甘肃教育出版社，2007年）第140—145页和《斯坦因敦煌考古档案研究》（敦煌文艺出版社，2020年）第172—199页，此为一说。
2　国立敦煌艺术研究所成立于1944年，是敦煌研究院的前身。1951年改组为敦煌文物研究所，1984年扩建为敦煌研究院。

张大千编为第 242 号、敦煌艺术研究所编为第 259 号北魏时期洞窟中的禅定佛。图片来源：*Caves of the Thousand Buddhas*

　　1908 年，伯希和考察队在莫高窟时，为了摄影和记录方便，首次为这些洞窟编了 182 个号，他们主要供自己使用，编号杂乱无序，查找困难。但由于 20 世纪 20 年代伯希和有 6 册《敦煌石窟图录》出版，所以影响较大。当年陈万里随美国第二次福格考察队来敦煌时，曾从翟荫手中借阅了此书，他的《西行日记》中记下的洞窟号，用的便是伯希和编号。

　　1922 年，敦煌县政府派员对莫高窟进行调查编号，编了 353 号（其中有 7 个空号）。但风吹日晒，又没有摄影图版和立面图，到张大千到来时，已没有任何参考价值。

　　1935 年，高良佐随国民政府高级官员邵元冲到西北视察时，来到敦煌。因为伯希和与敦煌县政府的编号，"皆已湮没，未能按号游览"，因此重新编号，共编成 207 号，但同样没有成规模的摄影图版以及立面图。

　　为了更好地临摹壁画和做好记录，张大千开始了全面的编号工作。编号之前，他先对洞窟的时代进行分期，而后将窟号和时代写在洞口或洞窟的内侧壁。四十多年后，张心智回忆当时的情景说："编号前，父亲泡了一大盆石灰，经过滤以后，放一些盐和胶水，由油工窦、李二师傅[3]和我以及马团长派来的两名士兵，提着石灰桶，抬着梯子，从南向北和父亲一起重新按顺序进行编号。父亲对石窟的编号很认真，要求极严格。他分配我和窦、李师傅轮流爬上梯子用排笔刷石灰长方块，干后由父亲用毛笔书写号数。"

　　中秋佳节后，张心智随前来视察的国民政府监察院院长于右任一行离开敦煌，去了西宁塔尔寺，张大千带着窦、李等人在天寒地冻的千佛洞继续编号。1941 年底，石窟的编号工作终于完成，共编 309 号。

　　春天即将到来，正式的临摹壁画工作就要开始了。还在寒冬来临之前，张大千让杨宛君回成都，待第二年开春后让另一位夫人黄凝素与张比德（张善孖之子）携带所需绘画工具和材料，以及四季衣物前来敦煌。同时，分别致函在重庆的好友谢稚柳和学生刘力上、肖建初，盛邀他们同来敦煌参加壁画临摹。

激情临摹

　　编号结束后，张大千只身前往西宁，聘请几个月前参观塔尔寺时结识的昂吉、格朗等藏族画师协助临摹壁画，并购买他们制作的画布和加工的矿质颜料。张大千的临摹是原大原色，而昂吉等制作画布，能将其缝合、涂刷胶粉、打磨等，可满足临摹大型壁画的需要。凭借朋友关系和一路作画相酬，张大千在"西北王"马步芳的地盘上受到了热烈欢

3　即窦占彪和李复，当时张大千找来帮忙的两位油工，后长期在敦煌文物研究所工作。

迎；同时，进一步增加了佛教故事画和作画材料方面的知识。

在塔尔寺，张大千不仅向昂吉等人学习制作画布和磨制矿质颜料，也请他们讲解有关佛教故事画的内容。二十一年前，张大千曾与佛教结缘。原名张爱的张大千，21岁时，决定做和尚，并由江苏松江禅定寺的主持逸琳法师取法名"大千"。然而，张爱做了100天的和尚便还了俗，"大千"之名则依然使用。

张大千在西宁度过了1942年的春节。在青海活动了3个月后，他带着高薪聘请的昂吉等五位藏族画师，带着购买的数以百斤计的藏蓝（石青）、藏绿（石绿）、朱砂等临摹壁画所用的昂贵矿质颜料，带着厨师和获赠的大批食物，从西宁包了辆卡车，一路开到敦煌。好友谢稚柳和学生刘力上、肖建初，以及张比德和夫人黄凝素也都在盛夏时节陆续到齐，闻名中外的张大千敦煌壁画临摹创举就此展开。

张大千数年后在为自己临摹的敦煌壁画写序时，依然激情澎湃："石室壁画，犁然荡心。故三载以还，再出嘉峪，日夕相对，慨焉兴怀，不能自已。"几十年后更对人说："人物画到了盛唐，可以说已到了至精至美的完美境界。有不少女体菩萨，虽然明知是壁画，但仍然可以使你怦然心动。"

临摹工作充满激情，更充满艰辛。洞窟内的光线不足。同时，张大千临摹的大型壁画，每幅壁画都要记下色彩、尺寸，全部求其原色原大。而千佛洞内，每窟除佛龛佛台之外，空隙之地太小，不能平置画案，而是搭架立起临摹。一手持洋蜡烛，一手拿画笔，有时站在梯上，有时蹲在地下。多数日子是清晨入洞，黄昏出洞，有时则是夜晚开工。

张大千说："白天，午前八九点钟，敦煌的太阳射进洞子，一到过午之后，太阳往南走，光线就暗了，不方便；下午是背光的。因为洞口多半很小，里面很大，要光线只有点火；点着火画，墙又高又大，搭起架子，人站着还可以，最困难的是天花板上的高处，和接近地面的低处，一高一低，画起来都很困难，天花板往往有几丈高，要画屋顶，一定要睡着，躺着，才能够画，但是古人的画，虽然在天花板顶上，也没有一处是软弱的，一如他们画在墙上同样的好。可见他们的技巧远在现代人之上。"

古代的画家进行壁画创作时艰辛如此，张大千一行临摹壁画时又何尝不是这样。张心智后来写道：

在石窟里临摹壁画，和在室内作画大不一样，特别是临摹大幅壁画的上面部分，一手提着煤油马灯，一手拿着画笔爬在梯子上，上下仔细观察壁画，看清一点，然后在画布上画一点，一天上下爬多少次梯子，就很难统计了。

当你进入石窟后，就会发现从石窟顶部直到四面墙壁的地步，都是五彩缤纷的绘画，整个窟里面可以说没有一点空隙的地方。当我们临摹到壁画的底部时，还得铺着羊毛毡或油布趴在地上勾线、着色，不到一个小时，脖子和手臂酸得抬不起来，只得站起来休息片刻再继续临摹。

石窟里面，虽说是冬暖夏凉，但绝大多数没有窟门，十冬腊月里，冷风长驱直入，冻得人难以招架，特别是一些较小的石窟，甬道很短，石窟距洞外很近，最冷的时候，往往滴水成冰，在这种情况下，临摹壁画十分困难。因为临摹一幅画，要在一堵墙壁的某一位置，连续工作较长时间。虽然身穿老羊皮大衣，仍然冻手冻脚，需要很吃劲地把颜色着在画布上，但不一会儿就冻住了。加之一手拿画笔，一手端颜色碗，有时候还要爬梯子、上架板，极不方便，临摹效率很低，甚至很难进行。

在一年多的时间里，张大千一行临摹了莫高窟、西千佛洞和榆林窟等处的北朝、隋、唐、五代等不同朝代壁画精品近 300 幅。

三载面壁终破壁。徐悲鸿早在 1936 年为张大千画集写序时，就说张大千"纵情挥霍，不尽世俗所谓金钱而已，虽其天才与其健康，亦挥霍之"。张大千的敦煌艺术行，是这段话的最好注脚。经济上，全系自费，据说开销达黄金 5000 两之巨！健康上，向敦煌进发之时，还是乌发丝丝，黑髯飘飘，归程之时，已是华发如许，鬘须霜染！而其天纵之才，于临摹画幅中展露无遗。正如他自己所说："聊以求三年之艾，敢论起八代之衰。"

1943 年 5 月，张大千一行告别莫高窟，转赴榆林窟。张大千对其编号、记录，继而临摹壁画。6 月下旬，张大千告别榆林窟，回兰州，返故里。当他到达成都时，是 1943 年的 10 月下旬，距未能成行的第一次敦煌之行整整三年。

从敦煌返回后，张大千连续在兰州、成都、重庆等地举办"张大千临抚敦煌壁画展览"，引起巨大轰动。在陪都重庆，参观画展的人群光排队买票就排了一里多路。在参观的人群中，有一名叫段文杰的重庆国立艺专学生，跑了二三十里山路前来观看，第一天没买到票，第二天才买到，从此与敦煌艺术结下终身之缘。

张大千选择了敦煌，敦煌成全了张大千。随着张大千临摹的敦煌壁画在众多城市展出，尘封多年的敦煌艺术宝库开始广为国人所知。张大千则通过辉煌灿烂的敦煌艺术创作迎来了又一个艺术高峰，成为执中国画坛之牛耳的大师。

破坏性的发现

张大千离开敦煌时，带着劳作了近三年的丰硕成果，带着面壁近三年的风霜雪雨，同时也带着一丝愤怒和伤心，因为有人指责他破坏了敦煌壁画。在他离开敦煌几年后，甚至还发生了闹得满城风雨的甘肃省参议会多名议员联名提案，控告他破坏敦煌壁画。"破坏敦煌壁画"的阴影此后便不时投在这位艺术大师的心里。

张大千对于介绍和发扬敦煌艺术的贡献是绝对的。那么，破坏敦煌壁画的说法又是何穴来风？

莫高窟的壁画自北朝隋唐以至于五代西夏宋元，延续千年，每一时代都有风格各异的佳品，莫高窟也因此成为全世界最大、最美的"墙壁上的博物馆"。不仅如此，千佛洞各窟壁画往往还有原是北魏隋唐所绘，后经五代西夏以至宋元画师重绘的，第一层画面偶尔剥落，便可看出下面还有一层或者几层壁画的痕迹。现在已发现有的洞窟壁画最多可达五层。

位于莫高窟南端的第 130 窟（张大千编号为第 20 窟），便是一个多层壁画窟。洞窟主室内有高 26 米的弥勒佛像，为唐代所塑，是莫高窟内第二大佛，与 33 米高的北大佛窟相对，称为南大佛窟。窟内的外层壁画为西夏时期所绘，随着岁月流逝，经过近千年的变化，略显呆板的西夏壁画在有的地方开始脱落，其中窟前甬道南画壁上更从里面露出了比真人还大的雍容华贵的唐代女人画像。

这是一个惊人的发现！艺术家张大千激动不已，于是他顺着败壁，继续剥离，一幅色彩艳丽、具有浓郁唐风的供养人像凸显于眼前，这便是著名的《都督夫人太原王氏礼佛图》。与此壁相对的北壁经剥离，则是都督本人的供养像。面对有着惊人之美的这两幅盛唐供养人画像，张大千照壁画原大仔细临摹了下来。

这两幅盛唐人物画的精品可谓国宝中的国宝。后来张大千在《临抚敦煌壁画展览目次》中，讲述了发现这两幅盛唐供养人像的具体经过：

> 此窟为唐晋昌郡太守乐庭瑰所建功德窟，至宋时重修，故今壁画，俱为宋人手笔。清同治时，敦煌有白彦虎之乱，莫高窟重遭兵火，宋壁残阙，夹道两（旁）壁画，几不可辨。（外壁）剥落处，见内层隐约尚有画，因破败壁，遂复旧观，（内层）画虽已残损，而敷彩行笔，精英未失，因知为盛唐名手也。东壁左，宋画残缺处，内层有唐咸通七年题字，犹是第二层壁，兼可知自唐咸通至宋，已两次重修矣。

　　张大千为这种发现兴奋不已，同时他也并不认为这是对壁画的损坏，因为里层是更为精美的壁画，揭剥表层为的是让更美的艺术重见天日。然而，当时的条件和揭剥技术，不仅会让外层壁画荡然无存，也必然会损伤里层壁画。张大千为艺术的激情所鼓动，但却忘记了保存历史原貌的意义，结果当然是他的这种发现越多，对敦煌壁画的破坏越大。

　　张大千一行的做法，让正在此处考察的西北史地考察团历史组组长、北京大学文科研究所教授向达看到后，难以视而不见。外国探险家对敦煌宝藏的肆意盗掠已让这位爱憎分明的学者痛恨在心，哪能再见敦煌艺术在自己面前受到损毁！即使这种损毁是无意识的，但就破坏行为本身而言，又与外国的劫掠有什么不同？

　　因此，一场轩然大波如风雨骤至。

段文杰临摹都督夫人礼佛图。图片来源：刘诗平摄于2021年北京"敦行故远：故宫敦煌特展"。

第十七章

政治家的人文情怀

中秋佳节里的诗绪

对敦煌莫高窟来说，1941年的中秋佳节是个有着特殊意义的日子。这一天，美髯公张大千按着他自己所编洞窟号的顺序，再次巡礼。走在他身旁的，是另一位美髯公——国民党元老、国民政府监察院院长于右任。同是"长髯飞过肩"的两位美髯客，走过了藏经洞，也走过了华尔纳想要把所有壁画全都剥走的第285窟（张大千编号为083窟）。他们驻足于令人五味杂陈的藏经洞前，流连于美轮美奂的壁画和彩塑之间。

晚上，张大千在临时住所上寺，邀众把酒赏月，于右任依然沉浸在白天的视觉世界里，话题自然是敦煌和敦煌艺术。当时随行的监察院审计部科长兼驻外稽查委员，同时也是考古学家的卫聚贤说："我们是在敦煌千佛洞过的中秋节，这时我们吃敦煌瓜及水果，

张大千（1899—1983）与于右任（1879—1964）（右）

一面赏月，一面谈保护敦煌石室问题。"

　　对于右任来说，再没有什么比亲眼见到这个艺术宝库更震撼自己的心灵：既为它的绝世之美，也为它的不幸遭遇。沙漠中的艺术宝库让他激动而兴奋，藏经洞的珍贵文书被劫后，莫高窟的艺术珍品仍然没有得到有效保护和研究则让他焦虑。于右任在 1941 年《说文月刊》上发表了一组《敦煌纪行诗》，集中表达了这种情感。其中写道：

> 敦煌文物散全球，画塑精奇美并收。
> 同拂残龛同赞赏，莫高窟下做中秋。
>
> 画壁三百八十洞，时代北朝唐宋元。
> 醇醇民族文艺海，我欲携汝还中原。
>
> 斯氏伯氏去多时，东窟西窟亦可悲。
> 敦煌学已名天下，中国学人知不知？

> 作者自注：斯氏斯坦因，伯氏伯希和。东窟榆林窟，西窟西千佛洞。

　　在这个敦煌的月圆之夜里，两位虬髯公的心里都不平静。面对国宝被盗流失，张大千说："莫高窟是国宝，给斯坦因、伯希和与外国人明目张胆地偷、抢，把我们国家的国宝一偷就是几十骆驼，运到英国等国家的博物馆收藏。我作为一个中国百姓，怎不感到羞辱？"作为一个中国官员，于右任又何尝没有感到羞辱。面对这个东方民族的文化艺术宝库，如今依然是任凭风沙年年岁岁地剥蚀，壁画脱落，彩塑倾斜，洞窟坍塌。由政府出面，建立一个专门的机构来加以保护、研究，已迫在眉睫。

　　敦煌不幸，它经历了太多的凄风苦雨；敦煌有幸，遇到了许多珍爱它的人。古今中外，那些既有文化修养又有政治影响力的人，对文化艺术的保护能起到更大的作用。在中国，于右任即属于这种类型的人物，而他又正好来到了敦煌。于右任的中秋敦煌行，直接促成了"寓保管于研究之中"的国立敦煌艺术研究所的成立。

政治家的人文情怀

　　1879 年出生于陕西三原县的于右任，对外国探险家在中国西北挖掘古物，来去自由，早在清朝末年已有所关注：1909 年在他主办的《民呼日报》上对大谷探险队的连续报道、

《民吁日报》上对罗振玉撰写的伯希和发现敦煌文书的连载，便是显著的例子。

　　对斯坦因与伯希和等人劫去的敦煌文物，于右任屡有关注。1931 年，张凤的《汉晋西陲木简汇编》出版，即有他参与其事。作为国民革命元老，于右任的学识是公认的。1940 年 3 月 16 日，这位在监察院当了十年院长的元老为其下属窦景椿家藏的敦煌写经，写了一条极富学术旨趣的跋文：

> 　　敦煌窦君景椿，以其家藏唐人写《金刚般若经》见示，书法极开展，写经中之上等手笔也。英国不列颠博物院藏敦煌卷子汉文写本约七千卷，此则沧海遗珠，幸未为斯坦因与伯希和所采中耳。余翻近人所抄伦敦藏经简目中，有令狐大娘牒。此则令狐石柱为其父长袍施，书者可知，令狐一族当时为其地著姓，更证明彼时西移人民生活优裕也。此卷有施书者人名，极不易得，其善宝之。

　　于右任是书法大家，他的书法判断自不必说，单就唐代敦煌移民而言，实际上至今仍是敦煌历史研究中的重要课题。

　　张大千决定巡礼敦煌，部分原因是受曾任监察院驻甘宁青监察使的老友严敬斋的影响而决意前往的。初行未果，张大千回到重庆，住在陶园好友谢稚柳家（时任监察委员）。谢稚柳、于右任、沈尹默等均住陶园。当时于右任已与张大千见面，并为张大千的二哥张善孖题写挽联"名垂宇宙生已泰，气壮山河笔有神"。作为一个政治家和书法艺术家，"气壮山河笔有神"何尝不是他自己的人文理想。

考察与呼吁

　　1941 年，甘新公路正式通车。63 岁的于右任由陪都重庆前往西北视察，同行者有高一涵、卫聚贤、窦景椿、张庚由、马云章等。在西安停留后，于右任一行经兰州抵达敦煌。

　　敦煌之行结束，于右任继续向东沿着河西走廊考察，一路上曾多次做有关敦煌的演讲。在兰州的欢迎会上，于右任表达了要对敦煌大力研究、妥为保护的意愿。他说：敦煌壁画"其笔力、笔势真是优美异常，无与伦比，它是东方民族遗留下来的瑰宝，实在有大力研究、妥善保存的必要"。

　　《新华日报》等报纸在 1941 年 10 月 26 日刊载的简讯《于院长在甘倡设敦煌学院：由画家张大千主持》写道："谈及敦煌千佛洞时，于院长说，此乃东方各民族艺术之渊海，为我国之'国宝'，惟以保管无方，湮没堪虞，谓决创设敦煌学院。"同年 11 月 21 日再次刊登简讯称："于院长右任近曾在西北探访敦煌古迹，发现唐宋六朝文物五六种，现将发起组织敦煌艺术学院，聘请考古专家加以整理。"

于右任一行年底完成西北视察，由西安返回重庆。盘旋在他脑海中的，始终是如何保护和研究敦煌千佛洞的文化艺术瑰宝。在剑阁至简阳途中，汽车翻出山道，恰好一个前滚翻，落到下面的盘山公路上，车身若再偏外一尺，就是万丈深渊，于右任险些粉身碎骨。后有卡车经过，送于右任至简阳，改乘汽车至成都，返抵重庆。经医院检查，肋骨受伤，可以说是不幸中的万幸。这不仅是对他本人，也是对敦煌。

回到重庆后，于右任立即向政界、学界呼吁，希望重视、保护莫高窟艺术宝藏，推动中国敦煌学的发展。1941年12月，一篇中国敦煌学史上的重要文献诞生，这就是于右任向有关部门提交的《建议设立"敦煌艺术学院"案》，要求设立"寓保管于研究之中"的敦煌艺术学院，对敦煌文物进行保护和研究。这一建议案以《建议成立敦煌艺术学院》为题，在第二年2月15日出版的《文史杂志》上公开发表。文章全文如下：

　　监察院于院长去冬视察西北归来，曾向中央建议设立敦煌艺术学院，业经中央决议交教育部负责筹办。惟因预算关系，须待明年始能成立。兹志于氏建议案原文如左：

　　为提议设立敦煌艺术学院，以期保存东方各民族文化而资发扬事。

　　右任前次视察西北，因往敦煌县参观莫高窟之千佛洞，洞距敦煌县四十里，依崖筑凿，绵亘里许。志称有千余洞，除倾地沙埋者外，尚有五百余。有壁画者计三百八十。其中壁画完整者亦二百余，包括南北朝及唐、宋、元各时代之绘画泥塑，胥为佛经有名故事。其设计之谨严，线条之柔美，花边之富丽，绝非寻常匠画，大半出自名手。

　　今观其作风，六朝以上无考，自唐以下率类阎立本派。唐塑分西番塑、中国塑两种。衣纹神态，大者五六丈，小者尺余，无不奕奕如生。就所见之文字，有梵文、西夏文等五六种之多。而各时代供养人之衣冠饰物用具，亦可考见当时风俗习尚。

　　洞外残余走廊，犹是宋时建筑，惜在过去未加注存，经斯坦因、伯希和诱取洞中藏经及写本书籍，又用药布拓去佛画，将及千数，复经白俄摧毁，王道士涂改，实为可惜。沙埋之洞不知更存何物。

　　且闻敦煌西部尚有西千佛洞，数仅二十余，壁画尚存。而安西万佛峡之榆林窟洞画完好者凡四十六，曾往亲自察看，壁画之精美皆可与千佛洞莫高窟匹敌。

　　似此东方民族之文艺渊海，若再不积极设法保存，世称敦煌文物，恐遂湮销，非特为考古家所叹息，实是民族最大之损失。因此提议设立敦煌艺术学院，招容大学艺术学生，就地研习，寓保管于研究之中，费用不多，成功将大，拟请交教育部负责筹划办理。是否可行，理合具文，提请公决。

1942 年 1 月，在第 75 次国防最高委员会常务会议上，于右任提议成立敦煌艺术学院获原则通过，交由教育部办理。此时教育部因在莫高窟成立艺术学院还不具备条件，因而在执行上加以变通，改设敦煌艺术研究所。

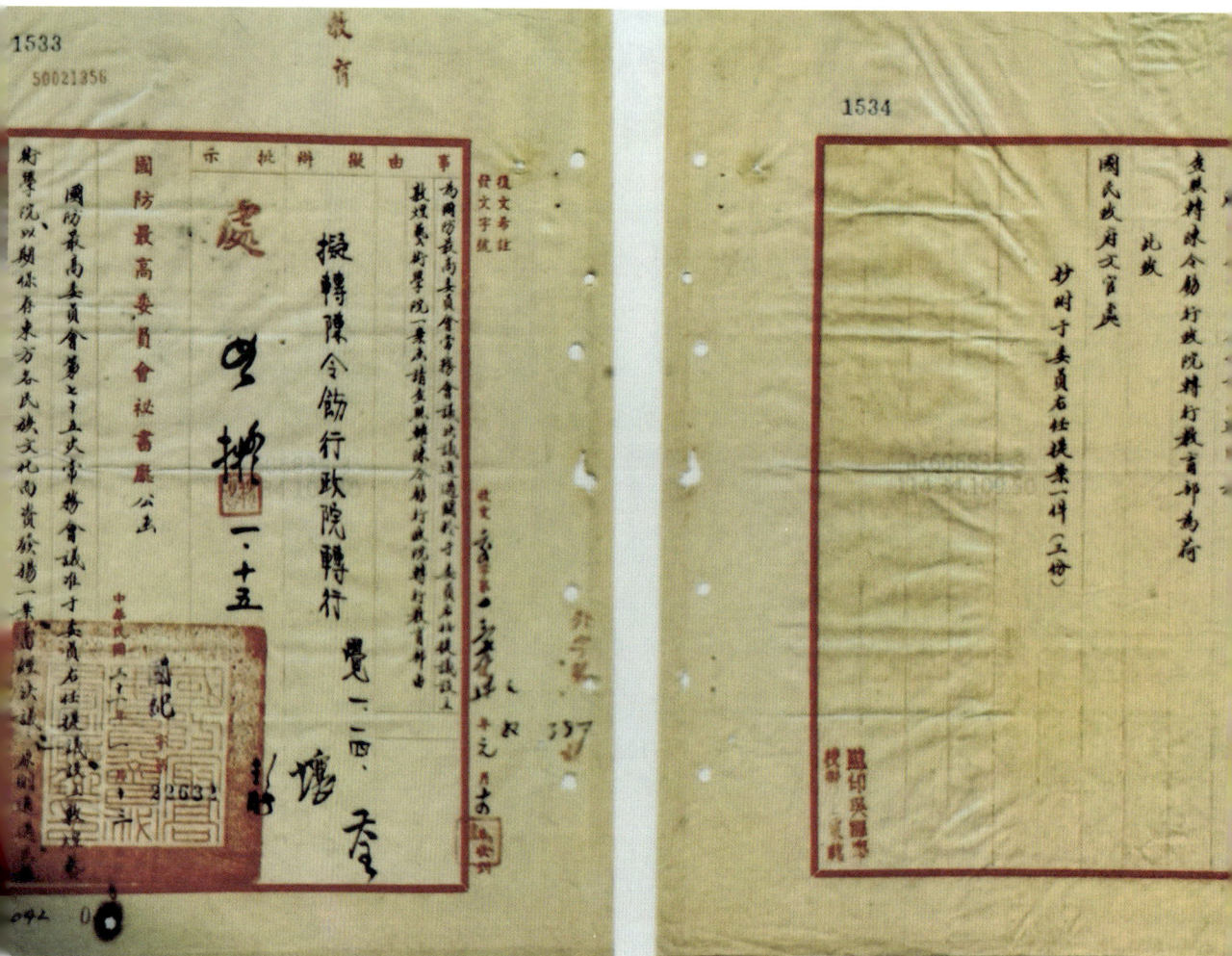

1942 年 1 月 13 日，国民政府国防最高委员会第 75 次常务会议批准设立敦煌艺术学院。

8 月 29 日，国立敦煌艺术研究所筹备委员会名单正式确定。由曾经在多所大学担任过教授的陕甘宁青新五省监察使高一涵任主任委员，教育部美术教育委员会委员兼秘书常书鸿任副主任委员，教育部艺术文物考察团团长王子云任秘书，张庚由、郑通和、张大千、窦景椿任委员。

常书鸿获任国立敦煌艺术研究所首任所长。他曾回忆当年赴敦煌之前与于右任会谈："于右任先生建议，敦煌研究所成立以后的研究工作，必须以它所涉及的文化、历史等多方面进行综合研究，但现在敦煌石室的秘藏已被外国人拿走了，所以研究其他有关民族文字、交通、地理等专题，必须购置中外有关敦煌的书籍，而这些书籍现在还不易购得，只能待以后再说了。他说，现在敦煌千佛洞除几百个各时代的石窟外，只有上、中、下 3 个寺院，目前的工作先从保护开始，同时清除积沙，修理栈道桥梁，保护千佛洞林木。研究工作可以从临摹壁画和塑像开始，然后进行研究。"

监察院院长于右任的敦煌视察行，在敦煌学史上写下了重要一笔。此次视察，不仅于右任写有建议成立"敦煌艺术学院"的议案和诗歌多首，他的随行也多有贡献。后来被任命为敦煌艺术研究所筹委会主任的高一涵，曾写有一首 476 字的长诗《敦煌石室歌》。卫聚贤除了在敦煌莫高窟住了 3 天现场察看敦煌壁画和彩塑艺术外，还查阅了敦煌县政府有关藏经洞经卷的大量档案。他沿途在兰州甘肃学院、西安教育厅、城固西北大学及师范学院、成都华西大学做了多次有关藏经洞的演讲。回到重庆后，卫聚贤又在政治部文化工作委员会和中央大学历史系做了三次演讲，并在讲稿基础上写成《敦煌石室》一文。

与此同时，卫聚贤主编的《说文月刊》还在 1943 年出版了"西北专号"（实为敦煌学专号）。专号（第 3 卷第 10 期）上的文章包括：

> 卫聚贤 《敦煌石室》
> 何正璜 《敦煌莫高窟现存佛窟概况之调查》
> 姜亮夫 《敦煌经卷在中国学术文化上之价值》
> 董作宾 《敦煌纪年》
> 劳　干 《伯希和敦煌图录解说》
> 金毓黻 《敦煌写本唐写本天宝官品令考释》

这是截至当时杂志中最有分量的一期敦煌研究专号。其中，卫聚贤、何正璜、劳干均为实地考察过敦煌石窟的学者。何正璜执笔撰写的《敦煌莫高窟现存佛窟概况之调查》，是实地考察莫高窟写成的我国第一份"莫高窟内容总录"。何正璜所在的教育部艺术文物考察团，正是继于右任之后到达敦煌考察的。

王子云与教育部艺术文物考察团

教育部艺术文物考察团团长王子云在《从长安到雅典——中外美术考古游记》一书中说："1941 年，于右任从西北视察回来后，对我们说敦煌莫高窟是我国最大的艺术宝库，藏有许多古代的壁画和彩塑珍品，要我们去看看，调查调查。于是由当时政府的有关单位主持，组织了一个共有十多个人参加的考察团，其中包括历史、考古、美术等各方面的专家，由我担任团长。我们于 1941 年冬从西安出发，到敦煌时，张大千先生早已在敦煌莫高窟工作半年了。"

王子云的回忆显示，于右任的视察给敦煌增加了分量，考察团随即开赴敦煌考察。

与常书鸿一样，王子云留学巴黎时学的是西洋艺术。1935 年冬，正在巴黎学习西洋雕塑的王子云，参观了在伦敦举行的"中国艺术国际展览会"。这次展览会是中国文化珍宝在海外的首次大型展出，除中国参展的 1022 件珍贵文物之外，展览会共汇集了来自 15 个国家收藏的 3080 件中国古代艺术品。盛大的中国艺术展，让王子云对中国古代艺术有了深刻印象。

抗日战争全面爆发后，已经回到国内的王子云，开始作为杭州艺专的教授随学校一道辗转迁徙。在湖南沅陵，杭州艺专与北平艺专合并为国立艺术专科学校，在法国留学时即有往来的王子云和常书鸿同在一校，随学校西迁贵阳、昆明，最后来到重庆。

此时，大西北已经开始成为人们关注的中心。国民政府中的一些热心民族文化人士，提出了保护大西北民族文化的倡议。王子云在事后的回忆中说，他向国民政府教育部提交了一份考察建议书，西北艺术文物丰富，需要考察整理，建议组织一个以艺术文物为主要考察内容的考察团，前往西北进行系统调查，并以复制、临绘等手段进行收集保存工作。

当时，教育部秘书刘季洪、社会教育司科员徐郎秋帮了不少忙，他们是王子云上海艺校学生时代的同学，因此计划很快获得通过并开始筹备，时任教育部部长的陈立夫同意由王子云来负责。

历史学者车守同认为，王子云西北艺术文物考察的想法，与战时负责艺术工作的张道藩意见相同，从而得到张的推荐。张道藩回忆：我曾向立夫建议，由教育部成立一个艺术文物考察团，赴西北地区做长期深入的考察，得到他的同意。

由王子云担任团长的教育部艺术文物考察团，主要着眼于用较为完备的资料收集方式，即以石膏模制、图形摹绘或测绘，以及拓印、摄影等方式，把原有较好的雕塑、壁画、古建筑、古器物等复制下来，以利于资料的保存。因此，考察团分有模制、拓印、摹绘、测绘、摄影和文字记录等 6 个作业组，每组由一至二人组成，考察团成员向社会招聘。其中，留日回国的何正璜获聘成为考察团一员，也是考察团中唯一的女性。她与王子云在考察团筹备期间相恋，考察期间结婚，共同开启了甘苦与共的文化与人生之旅。

1940 年 12 月，考察团正式出发，首先是在文物荟萃的西安和洛阳展开考察活动。考察团相继完成了对关中汉唐陵墓和洛阳龙门石窟的考察。

于右任在 1941 年中秋节期间视察敦煌后，考察团开始对莫高窟进行重点考察。

1942 年 6 月，王子云带着艺术文物考察团成员和西北史地考察团历史组的石璋如、劳干到达莫高窟。6 月 19 日，他们在张大千的引领下参观洞窟。石璋如在《敦煌千佛洞考古记》中写道：既到了千佛洞，第一步工作是看洞，由教育部西北艺文考察团、西北史地考察团和张大千三个团体组成一个参观大队，这个大队共六人，张大千先生在前面做向导，艺文考察团的王子云团长、雷震、郑道龙先生及西北史地考团的劳贞一先生和我，跟在后面看。

1942 年至 1943 年，教育部艺文考察团克服重重困难，每次二至四人，在莫高窟断断续续地展开考察，一方面调查洞窟现有情况，拍摄部分壁画照片；一方面临摹壁画，绘制莫高窟全景图长卷。

张大千（中间）与艺文考察团、西北史地考察团成员合影

卢善群临摹的敦煌壁画。图片来源：西沐、罗宏才 主编，《中国近现代经典艺术大家专集·卢是》

由何正璜执笔撰写的《敦煌莫高窟现存佛窟概况之调查》，正是考察团关于莫高窟考察的调查报告。考察团在莫高窟临摹的壁画、拍摄的照片等作品，在1942年12月至1943年1月于重庆举办的第三届全国美展中，辟"敦煌艺术专室"展出，"观众自早至晚，拥挤异常"。全国美展结束后，考察团关于敦煌方面的临摹和摄影作品，又在重庆市中央图书馆单独举行了"敦煌艺术展览会"，社会反响同样热烈。

考察团在敦煌考察期间，负责临摹壁画和拍摄工作的考察团成员卢善群待的时间最长。他与西北史地考察团的向达、石璋如均关系良好。石璋如称卢善群"多才多艺"：开过照相馆，经验丰富，是艺专的高才生；绘各种画都好，不论冬夏，全穿着宽大的艺术家的工作衣，幽默而不爱说话。24岁的卢善群（后改名卢濬、卢是）还在向达到达莫高窟的第二天，作为向导带向达参观了洞窟里的壁画和雕塑，后来他们又一道考察了南湖和榆林窟。卢善群在敦煌拍摄和临摹的一些作品在全国美展中展出，大受欢迎。

当谈及敦煌壁画临摹时，王子云说："对于敦煌壁画的摹绘方法，我们与同住的张大千有所不同，我们的目的是保存原有面目，按照原画现有的色彩很忠实地把它摹绘下来。而张大千则不是保存现有面目，是'恢复'原有面目。"

在教育部成立的国立敦煌艺术研究所筹备委员会中，王子云是筹委会主要成员（秘书）。他在《从长安到雅典——中外美术考古游记》中写道：

> 到敦煌不久，即致函[1]重庆教育部，建议设立敦煌艺术研究所，并列出具体计划。建议书寄到重庆，恰在此时，重庆国民党教育部为了安置一些因抗战流亡的艺术界人士，特设立一个闲散机构艺术教育委员会[2]，油画家常书鸿在这个委员会当秘书。我们的建议当然先送艺术教育委员会，于是不仅批准，而且常[3]自告奋勇，愿意远去边塞，筹备研究所的成立。

敦煌艺术研究所筹委会以陕甘宁青新五省监察使高一涵为主任委员、教育部美术教育委员会的常书鸿为副主任委员，研究所隶属教育部，因此常书鸿负责研究所具体业务，王子云认为"常一直是画西洋油画的专业者，来筹备这样的工作似乎没有道理的"，所以没有就任。

同样，被任命为筹委会委员的张大千，也没有参与。当常书鸿1943年3月到达敦煌时，张大千带着大帮人马，正在莫高窟激情满怀地临摹着壁画。

1　指考察团致函。
2　实为"美术教育委员会"。
3　常书鸿。

第十八章

摄影家的敦煌影像

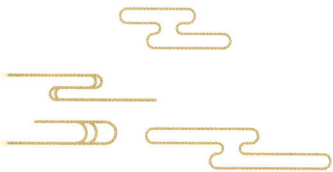

1943 年 5 月，张大千告别莫高窟，转战榆林窟。在这里，张大千留下了一组经典的个人照片，既有洞窟内临摹壁画的工作照，也有带着洞窟外景的留影。这些珍贵影像，是专业摄影师、中央通讯社摄影部主任罗寄梅拍摄的。

与莫高窟一样，榆林窟的洞窟窟门朝东。每天早晨，阳光照进洞窟，窟内光线略好，但临摹一些壁画依然费劲，如果是易挡光线的中央塔柱窟，窟内壁画尤难看清，午后窟内更是光线暗淡。张大千临摹壁画时，只能点着蜡烛。罗寄梅利用摄影中常常用到的反光板，将阳光折射进洞窟内，因而拍摄了效果甚佳的张大千在洞窟内临摹壁画的工作照。

这种摄影用光，启发了张大千的壁画临摹。不过，在榆林窟的临摹已经是他两年多敦煌之行的尾声。对罗寄梅来说，榆林窟的拍摄，则是敦煌艺术之旅的开始。在随后一年多的时间里，罗寄梅对榆林窟和莫高窟进行了系统拍摄。这也是中国的专业摄影师首次对敦煌石窟有计划的全面拍摄，留下了珍贵的图像资料。

然而，这次载入史册的拍摄，数十年来一直扑朔迷离。珍贵的历史影像长期隐身海外，直至近年才渐为国人所知，拍摄行动的一些细节才逐渐浮出水面。

西行敦煌

1902 年出生于湖南长沙的罗寄梅，早年经历过北伐战争的炮火，是黄埔军校六期学员。北伐战争结束后，"'五四'时代写过新诗，于文学艺术方面涉猎极广"的罗寄梅，任职于国民党中央宣传部文艺处。1930 年 7 月，他与王平陵、左恭、缪崇群、聂绀弩等人在南京成立了当时国内规模最大的文艺社团——中国文艺社。同时，与张大千、徐悲鸿、傅抱石、李可染、吴作人、黄苗子等艺术家来往并成为好友。1938 年 6 月，在与日军展开武汉会战期间，中华全国美术界抗敌协会成立，罗寄梅与张善孖、徐悲鸿、吴作人等画家一样，成为 43 个理事中的一个。

罗寄梅的专业新闻摄影之路，是从武汉开始的。应当年同在中央宣传部任职、时任中央通讯社社长的湖南同乡萧同兹邀请，罗寄梅出任中央通讯社摄影部主任。

根据经崇仪和柯伟勤在《观象敦煌：石窟的观看、研究与保护》一书中的讲述，20世纪 40 年代初，罗寄梅对敦煌产生了浓厚的兴趣，原因是伦敦的朋友给他寄去了一本画册，内容正是关于斯坦因的敦煌探险。"刘先[1] 描述了大英博物馆于 1915 年制作的这本画册是如何激发她丈夫前往敦煌的兴趣的。他也注意到罗振玉和王国维等学者对敦煌文书的研究。"几年后，前往敦煌的机会出现在了罗奇梅的眼前。

莫高窟艺术吸引着张大千西行敦煌，也同样吸引了新闻摄影家罗寄梅。重庆成为战时首都后，活跃于重庆美术界和新闻摄影界的罗寄梅，拍摄过"画师张大千"的专题。与关心敦煌的张大千、常书鸿、王子云、卫聚贤等一样，罗寄梅也是第三届全国美展的筹备委员。这次美展特辟"敦煌艺术专室"，展出了教育部艺术文物考察团在莫高窟临摹和拍摄的部分作品，社会反响热烈。关注西北正在成为时代热潮，罗寄梅目睹这些来自敦煌的作品，一颗跃跃欲试的心飞到了敦煌，飞到了张大千正在大展身手的莫高窟。

对于罗寄梅敦煌拍摄的缘由，赵声良在担任敦煌研究院院长时曾撰文说：1943 年，国民政府决定成立敦煌艺术研究所，对敦煌石窟进行保管和研究。作为筹备组的负责人，画家常书鸿先生为筹备研究所做了很多准备工作，其中一项计划就是要对敦煌石窟中最有代表性的洞窟进行全面的拍摄存档。罗寄梅承担了这项拍摄任务。

教育部设立国立敦煌艺术研究所之初，明确规定研究所设在敦煌，归属于教育部，设所长一人，设研究员和助理研究员各若干人。在"西北不但是我们抗战的根据地，而且更是我们建国的重要基础"的时代潮流中，在敦煌艺术的感召下，罗寄梅应聘为敦煌艺术研究所研究员，和他的研究所助理员妻子刘先，踏上了西去的征途。中央通讯社社长萧同兹不仅批准了罗寄梅的敦煌之行，而且还同意他带上了聘为研究所助理研究员的中央通讯社摄影部记者顾廷鹏。

上海美专毕业的顾廷鹏，在加入中央通讯社摄影部之前，已经有过许多出色的报道。20 世纪 30 年代前期他曾参加"国难宣传团"，赴西北、华北等地，一面摄影，一面举办"国难画展（摄影展）"；30 年代中期曾参加"战时摄影服务团"，赴华北、西北采访，拍摄的平型关战役照片在当时各大画报发表，是报道八路军英勇抗战的先声；徐州会战打响，他拍摄的台儿庄战役等照片，同样提振了国人抗击日寇的信心。

西行敦煌之前，罗寄梅在相机、胶片和显影用的化学药品等摄影器材方面做足了准备，他带了三台不同的相机，一台使用 6×8 英寸胶片的折叠式大画幅照相机，一台使用 4×5 英寸胶片的快速格拉菲相机（Speed Graflex）和一台配有不同镜头的 35 毫米徕卡相机。前两台相机笨重体积大，拍摄时需使用三脚架和快门线，徕卡相机则轻便体积小，

1　罗寄梅之妻。

取景拍摄更方便。这些设备都是当时先进的摄影器材，比如美国产快速格拉菲大画幅相机，是当时摄影记者非常喜欢的一款相机，太平洋战争中的著名照片《国旗插在硫磺岛上》，便是美国战地记者乔·罗森塔尔用这款相机拍摄的。

1943 年 4 月 2 日，罗寄梅即将携妻西行，一群艺术家好友在重庆西郊画家司徒乔的画室聚会，为罗寄梅夫妇壮行。傅抱石、李可染、高龙生、张文元、司徒乔及其夫人冯伊梅等在场的艺术家，为罗寄梅合作完成了画作《爱梅如痴》。

在当时来说，敦煌远在天边，交通不便，路途艰险，长期待在敦煌拍摄的困难可想而知，因此罗寄梅的艺术家好友纷纷创作为他践行。傅抱石联句写道："唯三四月肆宴重庆，将一两年稽古敦煌。"徐悲鸿则画《立马》相赠，题识写道："寄梅贤兄将有西北之行，悲鸿写此赠别。"

或许是罗寄梅的敦煌拍摄带有官方性质，《中央日报扫荡报（联合版）》1943 年 4 月 20 日以《发扬敦煌艺术 千佛洞将摄成影片》为题发布了消息："教育部委托中央社摄影部摄取千佛洞全部照片之伟大工程，月内亦即将开始，该摄影部主任罗寄梅定二十日飞兰，发电机及一切摄影工具已先期运兰，预计工作将经六个月完成，敦煌艺术之发展，今后将踏入一新阶段。"[2]

告别亲朋好友，罗寄梅夫妇和顾廷鹏踏上了前往敦煌之路。从重庆飞抵兰州后，罗寄梅一行得西北公路总局秘书相助，搭甘肃油矿局便车，沿着河西走廊西行。得知张大千正在安西榆林窟，他们风尘仆仆地赶往。

1943 年 5 月 15 日，罗寄梅一行到达榆林窟，与张大千顺利会合。西北史地考察团历史组组长向达当晚在给重庆方面的一封信中写道："在安西遇到中央社摄影部主任罗寄梅（长沙人）夫妇及摄影记者顾廷鹏，二君受敦煌艺术研究所之托，拟遍摄千佛洞各窟壁画，携带材料甚多，计划工作半年，今日亦抵万佛峡，大约于六月三日班车赴敦煌。如能为千佛洞、万佛峡留一详细记录，诚盛事矣。"

罗寄梅一行在榆林窟开始了历史性的拍摄，直到 6 月份离开前往莫高窟。

2　经崇仪和柯伟勤撰写的文章认为，罗寄梅前往敦煌拍摄属自发前往，"休假一年，以便前往敦煌拍摄洞窟"，中央通讯社社长肖同兹批准其休假。《中央日报扫荡报（联合版）》的报道明确指出是"教育部委托中央社摄影部摄取千佛洞全部照片"。教育部委托中央通讯社拍摄，中央通讯社摄影部主任罗寄梅和摄影记者顾廷鹏一同前往，中央通讯社没有拥有照片版权，教育部也没有要求罗寄梅的照片（常书鸿在敦煌时要求过，但遭到罗寄梅拒绝），其中依然有很多情况有待进一步研究。

全面拍摄

斯坦因镜头下站在莫高窟前的王道士，努埃特镜头下在藏经洞内翻检敦煌文书的伯希和，无疑是给人们印象最深的敦煌照片。在罗寄梅拍摄敦煌之前，国内外已经出版或发表了一些敦煌莫高窟的相关照片。

斯坦因拍摄了最早公开发表的莫高窟照片。在《沙埋契丹废墟记》刊载的敦煌照片中，斯坦因拍摄的王道士、第 16 窟和藏经洞，以及藏经洞文书广为流传。

伯希和考察队摄影师努埃特对莫高窟进行了有计划的拍摄，并采用反射光照明的拍摄方法，使一些光照不清的壁画清晰呈现，出版了历史上第一部敦煌石窟图录，影响巨大。

奥登堡探险队摄影师杜金做了比努埃特还要全面系统的拍摄，不过他拍的照片在整个 20 世纪都少有公开，不曾起到应有的作用。其他如大谷探险队的吉川小一郎和美国两次考察队的华尔纳和摄影师时达也都多少不等地拍摄了一些敦煌石窟照片。此外，作为女传教士的盖群英、冯贵珠、冯贵石在 20 世纪 20 年代后期至 30 年代初期也拍摄了一些莫高窟照片。

进入 30 年代后，1934 年，斯文·赫定拍摄了莫高窟外景和少数洞窟壁画。1935 年英国人巴慎思以英文报纸《北平时事日报》（ *Peiping Chronicle* ）特约记者的身份游历敦煌，因私下掠取塑像和壁画被发现而遭到驱逐，但他拍摄的 100 多张莫高窟照片未被没收，后来在 1936 年 5 月为英国《伦敦新闻画报》（ *Illustrated London News* ）撰写介绍敦煌石窟的文章时刊登了 11 张照片。[3]

国内方面，20 世纪 20 年代，第一个考察敦煌的中国学者陈万里展览和发表过一些莫高窟照片，并且于 1928 年在上海出版了第一本作者为中国人的敦煌画册《西陲壁画集》，收录了 8 幅莫高窟壁画和 7 幅榆林窟壁画；30 年代国民党中央执行委员会委员邵元冲一行到敦煌视察时，许师慎作为随行摄影师进行了拍摄，后来在邵元冲主编的考察摄影集《西北揽胜》中收录了 44 幅莫高窟照片；40 年代初，教育部艺术文物考察团的卢善群和西北史地考察团的石璋如、劳干进行了大量拍摄。其中，卢善群拍摄的敦煌作品在重庆举办的第三届全国美展中展出，影响颇大；而石璋如和劳干拍摄的照片较多较珍贵，但直到

3　20 世纪 40 年代，李约瑟于 1943 年 10 月拍摄了 100 多幅敦煌照片，莫高窟外环境照片尤为珍贵。1948 年 9 月，弗兰克·肖尔和琴·肖尔夫妇游莫高窟时拍摄了一些精美的彩色照片，发表在 1951 年 3 月的《美国国家地理》杂志上，这是目前所见最早公开发表的彩色莫高窟组图。同年 9 月，艾琳·文森特拍摄了 100 多幅莫高窟外景及洞窟内景黑白照片，其丈夫约翰·文森特随后赴敦煌又拍摄了 100 多张莫高窟的彩色照片，1953 年艾琳·文森特出版的《神圣的绿洲》和 1959 年约翰·文森特出版的《敦煌佛教石窟壁画》中有所刊载。

许师慎拍摄的莫高窟塑像。20 世纪 30 年代中期出版的摄影集《西北揽胜》中，收录了许师慎拍摄的 44 幅莫高窟照片。

数十年后才公开出版，没有起到应有的作用。此外，比罗寄梅稍晚到达敦煌的西北科学考察团历史考古组副组长夏鼐也拍摄了不少莫高窟照片，同样直至数十年后才公开出版。

作为对艺术有着广泛涉猎的新闻记者，在莫高窟保护迎来历史性转折的时刻，罗寄梅和顾廷鹏的敦煌拍摄，比此前任何一位摄影师拍摄的时间都要长，拍摄的洞窟数量、壁画规模都要大，拍摄的照片数量和质量都要好。在一年多的时间里，罗寄梅三人拍摄团队几乎拍摄了当时所有能进入的洞窟，拍摄了莫高窟外景及 300 多个洞窟、榆林窟外景及 20 多个洞窟，留下了 3000 多张高品质的照片。

罗寄梅拍摄团队是继伯希和考察队的努埃特、奥登堡考察队的杜金和西北史地考察团的石璋如与劳干之后，完整、系统拍摄敦煌石窟的摄影师。当时，除了伯希和《敦煌石窟图录》已经出版，罗寄梅并不知道杜金来此拍过，也没有见到一年前石璋如与劳干在这里做历史考古调查时拍摄的照片。与努埃特的拍摄相比，罗寄梅团队是在完全合法的情况下独立拍摄，他们在努埃特离开敦煌二十多年后充满激情的专业拍摄，价值不言而喻。

不过，拍摄困难无处不在。在那时，即使是最好的摄影器材，也都难尽如人意。摄影器材有限，洞窟内光源条件有限，场地空间条件有限，将静止不动的壁画和塑像既要拍得清晰，又能栩栩如生，准确地呈现它们的造型和质感，需要摄影师付出艰辛的努力，有的壁画拍摄需要长时间曝光，获得一张好照片殊为不易。与此同时，远离城市的莫高窟风沙大，尤其是冬天气温低，加上当时莫高窟的大多数洞窟之间没有通道，上下困难，拍摄之难可想而知。

罗寄梅团队一个洞窟一个洞窟地拍，持之以恒地进行着。

从榆林窟转战莫高窟后，不到一个月，罗寄梅团队已经摄制照片 200 余幅。1943 年 7 月 8 日，国立敦煌艺术研究所筹委会向教育部呈报的工作报告写道："洞窟壁画、图案、塑像，其外貌形势及内藏有供研究价值之材料，均拟一一摄制照片。若干石窟以光线不足，摄影为难，本会以经费之绌，又不能有特殊设备，现在采取罗研究员设计办法，利用日光反射原则摄制照片，其结果甚为圆满，现已摄制二百余幅，正在按照计划进行中。"

1943 年 9 月，玉门油矿工程师徐克刚游览莫高窟，罗寄梅夫妇热情接待的同时，让顾廷鹏陪同参观了洞窟。徐克刚日后发表的《敦煌纪游》，记录了顾廷鹏介绍他们当时的拍摄情况：

因为洞多很深，里面光线黑暗，每天只有黎明日出时起至上午十一时几个钟头，洞内有阳光时可以工作⁴，所以平均要两天才能拍摄一洞，约一年后可完成

4　因为洞口都朝东。

全部工作。现在已照者还不到十分之一，顾先生告诉笔者，他们原预备自备发电机，因运输困难而作罢，现在照相是用反光镜和镁光灯泡，遂勉强可以对付。

罗寄梅一行长时间的拍摄格外辛苦，不过这里已经聚集了一批艺术家，尤其是 1944 年初国立敦煌艺术研究所正式成立，一大批画家、学者在这里清沙、临摹、做内容调查和题记抄录，并不孤独，更有敦煌艺术本身带来的极大愉悦。有时，还有不同人物到访带来的开心时刻。

1943 年的 10 月 1 日，罗寄梅陪英国剑桥大学生物化学教授、英国皇家学会会员李约瑟游览了莫高窟。

李约瑟一行是 9 月 30 日到达敦煌的。1943 年 2 月，李约瑟受英国皇家学会之命在重庆组建中英科学合作馆，调查中国科学技术对人类文化所做的贡献。8 月 7 日，李约瑟从重庆出发作西北之行，终点即是敦煌。因搭乘的卡车发生故障，李约瑟在等待汽车配件到来期间在莫高窟拍摄了 100 多幅照片，直到车修好后于 10 月 25 日离开。双十节这一天，住在雷音寺（上寺）的罗寄梅夫妇邀请李约瑟一行参加了他们举办的庆祝茶会。

1944 年 5 月 22 日，西北科学考察团历史考古组向达一行抵达莫高窟。当晚，同为湖南老乡的罗寄梅与向达再次相见，罗寄梅请吃晚饭，算是为向达一行接风。半个多月后，当罗寄梅行将离开莫高窟时，他把养的几只鸡送给了向达一行，以改善他们的生活。

6 月 9 日，罗寄梅夫妇和顾廷鹏，带着一年多的风霜雪雨，也带着满满的收获离开莫高窟，常书鸿带着女儿常沙娜为他们送行。在前往敦煌县城的途中，他们顺路来到佛爷庙。西北科学考察团历史考古组在这一带进行考古调查和重点发掘时，将工作站设在了位于莫高窟和敦煌县城之间的佛爷庙。历史考古组的三位专家住在这里时，往来莫高窟的人会在这里歇一歇脚，因此历史考古组组长向达将之取名为"中途岛"。

历史考古组副组长夏鼐在 6 月 9 日的日记中写道："午后，千佛洞常书鸿所长父女，罗寄梅夫妇、顾廷鹏、苏莹辉二君来，罗君等在千佛洞作摄影工作，计一年零五日，今已结束，准备东返，运行李下山，乘便在此间歇脚，并参观吾人发掘所得之物，对于彩绘花砖皆颇赞赏。"

6 月 10 日，罗寄梅一行在常书鸿父女和向达等人目送下，离开敦煌东返。

珍贵价值

国家破天荒地成立机构，对这一延续千年的石窟艺术宝库进行管理和研究，是一个重大的文化事件，罗寄梅一行系统地拍摄，为这一历史文化遗产留下了珍贵记录。

　　罗寄梅所看到的莫高窟外景和一些洞窟壁画实况，与伯希和、奥登堡考察队来的时候有所不同，与现在我们看到的更不相同，因此他们照片的价值，既是艺术的，也是历史的。

　　就莫高窟外观而言，罗寄梅拍摄的时候，莫高窟窟前有一些殿堂遗址，崖面上多有壁画，部分洞窟前还有小型佛塔。后来经过不断地修缮洞窟的窟门、栈道、窟檐，尤其是20世纪60年代进行全面加固，对岩面的危崖进行抢救性修复，并使洞窟之间有栈道相通，洞窟的外貌发生了巨大改变。罗寄梅拍摄的照片，留下了20世纪40年代莫高窟外景的珍贵历史。

　　就洞窟内的壁画和塑像而言，罗寄梅团队对一些重要洞窟进行了全面细致的拍摄，有整体窟形照片，也有壁面整体与局部细节的图像。

　　时隔六十多年后，敦煌研究院研究员赵声良获邀对这批照片进行整理。他发现，一些洞窟的窟内状况已经发生很大变化，通过照片正好可以看出当时的样貌。他在对比所拍莫

FIG. 5 View toward the south from outside Mogao Cave 344 showing small stūpas. Lo Archive photograph, 1943–44. Princeton University (Lo MX066).

FIG. 6 Small memorial gate (*paifang*) and stairway leading to Mogao Cave 428. Lo Archive photograph, 1943–44. Princeton University (Lo MX061).

罗寄梅拍摄的莫高窟外景照片。当时莫高窟外有小型佛塔（上）和牌坊（下），如今早已不复存在。图片来源：经崇仪（*Dora C. Y. Ching*）主编，*Visualizing Dunhuang: Seeing, Studying, and Conserving the Caves*（《观象敦煌：石窟的观看、研究与保护》）

高窟第 220 窟照片和当下洞窟壁画后写道：

> 第 220 窟是莫高窟初唐时期的重要洞窟，20 世纪 40 年代，此窟四壁的表层壁画被剥离，露出了底层唐代壁画，特别是在东壁和北壁有唐贞观十六年（642）的文字题记，成为唐代洞窟断代的重要依据。而且，由于底层壁画长期被表层壁画覆盖，其色彩保存十分新鲜，是我们今天认识初唐壁画最珍贵的资料。但是，表层的壁画剥离后，并没有保存下来。

> 今天，除了在本窟东壁北侧上部有小块表层壁画残留外，窟内全部的表层壁画都已无存。而罗氏照片给我们展示了此窟表层壁画剥离前的状况以及剥离后的唐代壁画，实际上再现了那段历史。据常书鸿先生回忆，第 220 窟的壁画是由常书鸿主持把表层宋代壁画剥离的。而从罗氏照片来看，实际上记录了从剥离前到剥离后的过程，说明剥离壁画时罗寄梅正好在场，并做了跟踪拍摄。

赵声良通过将所摄照片与莫高窟第 125 窟、第 130 窟、第 285 窟、第 355 窟等洞窟现有内容进行比较研究，同样指出了现存壁画和洞窟内情况已经发生的变化，今后研究敦煌石窟时，很多方面仍有必要参考罗寄梅团队拍摄的照片。

他在对比莫高窟第 130 窟的照片和当下洞窟壁画后写道：

> 第 130 窟因为有唐代高达 26 米的巨型佛像而著名，被称为南大像。又因为张大千在 1941 年把此窟甬道表层壁画剥除，而露出了盛唐时期的供养人画像。从完整的文字题记中可知，是瓜州晋昌郡都督乐庭瑰一家的供养人像。甬道北壁为乐庭瑰等男供养人，甬道南侧为都督夫人等女供养人。这幅巨大的供养人像绘制水平也很高，但由于壁画位于甬道两侧，甬道很高，每天的阳光可以照射到壁画上，所以，尽管刚刚剥离表层壁画时颜色很鲜艳，人物形象都很清晰，经过几十年的日照，现在这些壁画都已经颜色变淡，非常模糊了。而罗氏照片中可以看出人物形象十分清晰，细部还可以看出线描的力度。

罗寄梅照片的内容，有着重要的历史价值，同样也有着很高的艺术价值和审美价值。深入研究过这批照片的普林斯顿大学唐氏东亚艺术研究中心经崇仪教授说："从整体上来研究，罗氏档案具有区别于其他早期摄影记录的独特特征：档案相对全面、对主题方面的关注与文人画而非佛教更紧密的结合、捕捉石窟三维空间的审美与艺术敏感度、其他敦煌摄影项目所没有的具有创意的图案框架等。"

隐身海外之谜

1944年6月，罗寄梅团队完成了历史性的敦煌石窟拍摄。他们东归路过兰州时，举行了敦煌照片展览。带着丰硕成果回到重庆后，他们举行了规模更大的"敦煌照片特展"。

抗日战争胜利后，国民政府将首都从重庆迁回南京，《申报》从重庆迁回上海后重建摄影部，恢复报纸图片工作，参与敦煌石窟拍摄的顾廷鹏离开中央通讯社，加盟了《申报》，罗寄梅则继续在中央通讯社任职。

对于敦煌，身在南京的罗寄梅不曾遗忘。对敦煌壁画和雕塑艺术有着深刻理解的他，有时会以敦煌为题做演讲。其中，由演讲稿改写而成的《敦煌石室巡礼》发表在了1947年的《文艺先锋》杂志上，内容涉及丝路重镇敦煌的兴衰与石窟营造、敦煌文物流失、壁画题材。

1948年，敦煌艺术研究所在南京和上海举办敦煌艺展时，罗寄梅将其在敦煌拍摄的一些壁画底片加以洗印，参与了盛大展出。

然而，当国民党溃逃时，罗寄梅夫妇带着在敦煌拍摄的底片去了台湾。后来，这批珍贵照片干脆流浪到了美国。罗寄梅夫妇和顾廷鹏千辛万苦拍出的照片，没有在当时发挥出更大的作用，甚至没能保存在中国，为历史留下了至今也没有完全消除的遗憾。

常书鸿回忆敦煌艺术研究所草创时期的艰辛时，在晚年撰写的自传《九十春秋——敦煌五十年》一书中写道：

> 我的第一个步骤是在重庆物色我的合作者。结果，我又碰到一个骗子和一个自私的文人。有一个是当时中央通讯社的摄影主任。他对我说，他同头头搞不好关系，正在闹别扭，他愿意跟我去敦煌，并保证3年之内把敦煌壁画全部用摄影反映出来。我问他要买什么东西，他说："不用买。现在就是有钱也买不到摄影器材。我在通讯社工作，可以借出一套器材来。"他说得天花乱坠，骗取了我的信任。还有一个四川大学的教授，是搞美术史的，他说也要去。这个人自私自利到了极点，这里就不详述了。总之，这两个人跟我一起去敦煌，一个把拍摄的照片资料全部带走了（现在这批照片资料在美国某博物馆），一个把自己所考察记录的关于供养人题记的资料也全部带走了，一点也没有给研究所留下。

在常书鸿的自传里，罗寄梅是个"骗子"，把拍摄的照片资料全部带走了，一点也没有给研究所留下。事情真相如何？这些照片究竟是怎样流落到海外的，又将在什么时候"回归"中国？一些谜底，很多年以后才被多数国人知晓。

第十九章

学者的冷暖敦煌

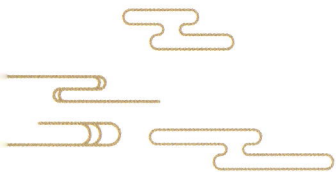

1943 年 5 月，当罗寄梅一行到达榆林窟时，西北史地考察团历史组组长向达也刚好到达榆林窟。不过，这时的向达是已经在莫高窟住了七个月，朝夕徘徊于诸窟之间，纵览历朝名迹之后来到榆林窟的。

1944 年 6 月，罗寄梅团队完成拍摄离开敦煌时，向达作为西北科学考察团历史考古组组长再次抵达敦煌不久。这位曾经跨海越洋远赴欧洲调查敦煌文书的历史学者，经历了首次敦煌之行的诸多磨难。这回二度来到敦煌，他准备大干一场。

西北史地考察团

1938 年，向达带着手抄、拍照和晒图所得的几百万字资料和照片，从英国伦敦回到了烽火连天的祖国。此时，在日本侵略下，北平乃至祖国的半壁河山已经沦陷。派他出国的北平图书馆，经过辗转迁徙已经到了大后方，图书资料受损，人员也有所减少。向达回到湖南老家后，对所带资料略加整理，便于第二年春应他在东南大学的老师竺可桢之聘，到已经内迁至广西宜山的浙江大学史地系任教。浙大史地系主任张其昀要向达加入国民党，向达不同意，因此应已迁到昆明的北京大学之约，担任北大文科研究所专任导师，同时兼任西南联大历史系教授。

自 1938 年 10 月国民政府迁都重庆后，众多高校和学术机构陆续西迁，海外回国报效祖国的各界学人和艺术家纷纷汇聚西南。国家支撑和发展的重心转向西部，学术研究和调查开发的重心，也同样转向了大西南和大西北。西南方面，由中央研究院历史语言研究所、中央博物院筹备处和中国营造学社共同组建的川康古迹考察团，从 1941 年春开始，在四川彭山和新津等地展开了调查和发掘。西北方面，教育部派出的艺术文物考察团，已经在西安等地开展工作。由中央研究院历史语言研究所、中央博物院筹备处和中国地理研究所合作组建的西北史地考察团，也随后展开行动。

对外公开印行的西北史地考察团成员和构成如下：

团长　　　辛树帜　西北农学院院长

总干事	李承三	中国地理研究所所长兼领队
历史组主任	向达	西南联大教授（由中央博物院聘请）
地理组主任	李承三	所长兼
植物组主任	吴静禅	同济大学教授
文书	劳干	史语所（历史组组员）
会计	石璋如	史语所（历史组组员）
事务	周廷儒	地理所（地理组组员）

1942年4月21日，考察团从重庆出发，5月4日到达兰州，之后各组分头开展调查。不过，在出发队伍中，没有历史组主任向达的身影。

迟到

考察团从重庆出发的时候，向达远在昆明的西南联大。由于处于战时状态，直到9月20日他才赶到重庆，而此时历史组的劳干和石璋如已经在敦煌工作数月，正准备离开敦煌。五天后（9月25日），向达抵达兰州。

在兰州街头的旧书铺中，向达无意中购得了十余页敦煌藏经洞所出回鹘文文书，为寂寞的旅途增添了一些快乐。在兰州，向达还收到了劳干和石璋如的来信。信中告知他们在敦煌的工作已经告一段落，留待向达去抄写洞窟壁画中的题记。向达读完来信，决定去敦煌后停留月余，为将来拟在西北设立考古工作站地点的选择做些调查，然后东归。

10月1日，向达搭乘水利林牧公司经理沈君怡的汽车开始西行敦煌。3日行至张掖时，他收到了劳干和石璋如的最新消息，称他们打算前往居延。向达在写给重庆的信中说："（劳干和石璋如）约于九月廿四五日间结束敦煌工作。后日达赴酒泉，如能晤见，当与之同往居延。如赶不上，则仍去敦煌一行，以了夙愿。"

当10月5日向达到达酒泉时，劳、石已经离开酒泉赴居延了，历史组三人形成团队作业的机会不存在了。向达"为之怅然"，继续西行，9日下午两点到达敦煌，随后骑马直奔莫高窟，于当晚8点到达目的地。

随考察团大部队从重庆出发的劳干、石璋如，6月中旬就到达了莫高窟。他们到达时，张大千已经在这里临摹和调查多时。石璋如后来回忆说："十八日为农历端午。就在当天日落之后，前往千佛洞。十九日始到达，与艺文考察团同仁同住中寺，张大千先生住上寺，仅一墙之隔。当日由其烦导，从他的编号第一洞起，逐洞参观并解说。他是居士，对于佛教的故事所知甚多；他是艺术家，对于壁画、塑像等的断代特具卓见；他是四川

西北史地考察团和教育部艺文考察团首批成员在莫高窟，从左至右分别为史地考察团的石璋如、劳干和艺文考察团的邹道龙、雷震。
图片来源：石璋如 著，《莫高窟形》

人，善摆龙门阵，讲起话来非常动听。"

从6月19日开始，劳干和石璋如着手敦煌考古调查，其间除了7月16日至8月9日在玉门关外及阳关外开展调查和试掘，他们在莫高窟工作了两个多月。

劳干在7月5日写给中央研究院历史语言研究所同事陈槃的信中说，敦煌工作，石璋如量洞，将来可作一比较精密的千佛洞图。他自己的工作是逐洞记录洞窟结构、塑像、壁画等方面内容，打算写《敦煌画之断代研究》《敦煌画之服饰研究》，抄录与这些问题相关的题记。

7月11日他给陈槃写的另一封同样是发表在报纸上的信中说，敦煌沙漠中气候炎热，莫高窟比较凉爽，每天工作照常进行。石璋如每天约可测量10个洞窟（从早上7时至下午6时），他依然是记录洞窟相关情况。9日和10日两人在拍摄洞窟。

劳干和石璋如两人都带有相机。9月22日，他们离开敦煌，前往黑河流域进行考古调查。

对于在莫高窟测绘和照相方面遇到的困难，以及为了获得理想效果付出的艰辛，时隔半个多世纪后，他们依然记忆犹新。石璋如在晚年做的口述历史中回忆道：

> 测量的过程同时也要照相。量了洞窟之后觉得哪些值得入镜，就要拍照。劳先生用的是长方相机，可照近照，我用的是方相机，适合照近、景点的特写，像雕塑等。另外顶上有些人像雕塑，因为很高，就得摆上桌子，桌上再摆两张凳子，人站上去拍摄，因为距离太近会模糊，所以要闭起眼睛照，若不小心摔下来的话就完了。我们记取安阳的教训，照完相片立即冲洗，若是照坏了当场还可以补救。不过在千佛洞一带，因为河流流经盐滩，使水质呈碱性，不利相片冲洗。我们必须在夜晚十二点之后，天气凉爽，流经盐滩的河水尚未被日晒蒸发出盐分之前，取水储存水缸内。庙内的饮用水也是在夜晚取用，人若是饮用白天取的水则会腹泻。（略）
>
> 我们本来有三台相机，一个是长镜头，一个是近镜头，另一个是广角的，要用比九乘十二还要大的底片，这是预备摄入整个景点之用，这种底片当时已经很久，在重庆找不到新的底片，结果因为底片已经过期了，用这种底片所拍摄的景点照片全都洗不出来。因为洗照片浪费的时间太多了，不能天天洗，我们就在照完相后次日冲洗所拍的底片。

石璋如拍摄的莫高窟壁画（左）和劳干拍摄的莫高窟外景。图片来源：《莫高窟形》

　　作为中央研究院史语所培养出来的学者，劳干早在 1931 年就加入史语所，参与了居延汉简的整理、考释工作，是汉简研究专家；石璋如则从 1931 年开始，便参与了史语所组织的殷墟发掘，是资深的田野考古工作者。他们进行的敦煌考古，取得了一些重要成果。劳干于 1943 年在《说文月刊》"西北专号"上发表了《伯希和敦煌图录解说》，文虽简略，却是在敦煌进行实地调查后所撰写。石璋如则在半个多世纪后，将当时所获资料整理成三册装订的《莫高窟形》出版。

　　用考古学方法对敦煌石窟形制进行测绘和记录，石璋如开了中国学者用考古学方法研究敦煌石窟的先河。《莫高窟形》虽然迟来，没有在当时起到推动敦煌学发展的作用，但是仍然有参考价值。劳干在《莫高窟形》序中称其为"治敦煌学非常重要的巨著"。劳干说，《莫高窟形》本文、窟图及图版三部分中，窟图为首创，文字记录较早。图版方面，此前伯希和的《敦煌石窟图录》最为完备，但到了石璋如工作之时，摄影器材比伯希和当时要先进许多，拍摄内容可以补充很多，而且比后来壁画的情况要好一些，价值珍贵。

孤军奋战

西北史地考察团历史组的核心任务，是敦煌史迹研究，考察莫高窟及敦煌附近古迹。向达作为组长，此时已经是一个"光杆司令"，组员劳干和石璋如不但没有等他一同出发，而且没等他到敦煌便已经离开。之所以离开，石璋如说，在当时交通不便的情况下，甘肃油矿局敦煌办事处的孙主任通知他们，敦煌办事处撤销，矿上最后一趟车来替办事处搬家，如果东归可以搭车到矿上转酒泉，如果不归，以后就没有搭汽车的机会了。而西北寒冷来得早，其他地方的考察还要进行。

身兼考察团会计和文书职务的石璋如和劳干早已离开敦煌，钱的问题又没有交接好，没有给向达留下考察所需经费和材料，向达在敦煌的日子艰难困苦，窘迫不堪。铅笔、纸张、拓墨等工作用品每每吃紧不说，米面饭菜也没有保障。与当时在莫高窟的张大千相比，更是有天壤之别。

1942年秋冬之季，中央设计局副秘书长何廉一行视察河西走廊，11月5日抵达莫高窟。他后来在回忆录中谈到了来敦煌还不到一个月的"可怜的向达"：

在千佛洞，庙宇分成两部分：一部分，留供旅客使用，我们在那里时，成为我们的公共住所；另一部分，当时由美术家张大千包下，他在那里临摹壁画。他是我所认识的"资本主义"艺术家，不但偕妻子同来，带来名厨，还雇了四个喇嘛为他临摹的壁画着色。而且由于他很闻名，同时又是很多达官贵人的挚友，每隔一两天便能用特务的马车从敦煌运来新鲜的供应。相反，我遇到另一个知名人士——向达，一个来研究千佛洞历史的史学家，情况就大不相同。可怜的向达，孑然一身，生活穷困简单，住在为一般旅客所安排的屋子里，和我们的床铺挤在一起。我和他素来相识，将他介绍给张大千。当我们在那里时，张请我们大家吃饭，我们分享了他的厨子烹调的佳肴。离开时，我将带到千佛洞的一切没用过的食物送给向达。

因为战争持续，通货膨胀加剧，粮食不仅涨价而且短缺。就在何廉到达莫高窟的当天，向达写给李济和傅斯年的信中说："敦煌近因征购粮食，市面面粉小麦顿形短缺，属为未雨绸缪，因即托其设法购存小麦一石，以备缓急。"

第二年春天，情况愈加不妙。向达在 3 月 20 日致重庆方面的信中抱怨说向总会计催款没有回音。他在 4 月 1 日的信中写道："敦煌自限价以后，百物绝迹，猪肉久已无市，牛羊肉偶尔一见，亦转瞬即尽。面粉限价三元一斤，黑市六元亦无购处。"让他无奈的是，没有肉尚可，连"白菜、萝卜亦绝迹"。

西北冬天的寒冷，更让向达吃不消。

向达 1943 年 4 月 25 日在敦煌写给中央博物院筹备处总干事曾昭燏的信。图片来源：荣新江 编，《向达先生敦煌遗墨》

"在兰时以携款不够，向民众教育馆借一出差用老羊皮大氅，太薄而又破旧不堪，不足以御严冬。" 1942 年 12 月 4 日，向达在零下 5 摄氏度还没有燃料生火的寒夜里写信说，"笔墨俱冻，呵冻作书"。

来自中研院史语所的劳干和石璋如，与来自北大文科研究所的向达，没能进行充分沟通，早早离开敦煌，使得迟到的向达经济窘迫，在敦煌额外受了不少苦。这也使得向达对劳、石二人极为不满。

问题出在哪里？就西北史地考察团而言，考察团层面没有发挥应有的组织协调作用，西北史地考察团团长辛树炽考察期间甚至连西北的土地也没有踏上一步。就历史组内部而言，向达在写给中央博物院筹备处总干事曾昭燏的一封信中写道：

> 所不幸者，西北史地考察团之组织，虽出自研究院与博物院，而历史组则为两者与北大合作之事业。而达之来，亦为代表学校，并非以个人资格参加，此种情形，最少北大方面，有此谅解。惜乎考察团自组织以至出发，于此点未尝正式声明；历史、考古两组中人，于此中经过，尤其未能明了。总以为研究院与博物院所组织之考察团，乃横来一野汉，撞入上苑，并荣膺组长。……于是始之以不合作，继之以经济封锁，酿成笑柄，见讥识者。

向达说，西北史地考察团虽然出自中央研究院与中央博物院，但历史组则是与北京大学合作的。他是以北大教授名义参加西北史地考察团历史组的，并不仅仅是中央博物院聘请的西南联大教授，是代表北大参加而不是作为个人受聘参加。然而，考察团在出发时没有进行澄清，历史组成员对此更不明就里。结果，被认为从外单位横插进来一个人当组长，因此不予合作，继而进行"经济封锁"。

据石璋如所记，考察团出发之前，1942 年 4 月在重庆印制考察团名单和职衔时，向达的名衔是"西南联大教授（由中央博物院聘请）"，"北京大学"的字样始终没有出现，因此虽然向达此时已经是敦煌学研究权威，但北大并不是此次考察的组织方，有着丰富考古经验的石璋如和汉简研究颇有成绩的劳干，来自此次西北史地考察的组织单位中研院史语所。

在向达看来，正是出于这种原因，劳干、石璋如以他迟到为由，先出发赴敦煌考察，又在他没来之前结束莫高窟的工作，同时在酒泉擦肩而过，致使他一个人艰难地在敦煌孤军奋战。

轰击张大千

1942 年 10 月 9 日，向达到达莫高窟，入住中寺。20 多天后的 11 月 5 日，在天气已经非常寒冷的中寺，向达给中央博物院筹备处总干事曾昭燏写信，称"近日在此耳目闻见，深觉目前千佛洞最急迫之事，为收归国有，正式在此设立管理机关，此实为刻不容缓之举"。

同一天，他更给中研院史语所所长傅斯年、考古室主任李济写了一封长信，汇报前方考察工作。这封信及所附万字长文，为敦煌艺术研究所尽快成立，以及使敦煌成为舆论焦点和学界热点起了重大作用。信中简单地汇报了他自兰州至敦煌的一路行程和今后计划，同时汇报了张大千揭剥壁画的问题。向达在信中写道：

> 至于千佛洞目前最急迫之举，为亟应收归国有，交由学术机关负责管理，否则后悔无既。张大千氏以一江湖画家，盘踞此间，已历年余，组合十余人，做临摹工作，任意勾勒原画，以便描摹，损坏画面，毫不顾惜。且以洞窟作为家人卧室，镇日上锁，游人裹足。
>
> 尤其令人愤恨者，为擅自剥离壁画。张氏崇拜北魏隋唐，遂以为宋以下一无可取，凡属北魏隋唐原开而经宋元重修者，辄大刀阔斧，将宋元壁画砍去，以求发见隋唐作品或年号、题识，惟日孜孜，若恐不及，似此更二三年，千佛洞遭罹浩劫，将不知伊于胡底矣！因以三日之力，写《论敦煌千佛洞的管理研究以及其他连带的几个问题》一文，亟论千佛洞有收归国有及设立管理机关之必要。
>
> 于研究方面及其他问题，亦略陈鄙见，希望能引起舆论注意。文亦寄交曾昭燏先生，请其转陈求教。如以为尚有可采，拟恳孟真先生代为介绍，送登重庆《大公报》；另觅人重抄一份寄昆明《云南日报》（抄费若干，请从昆明寄达薪水中扣除）。以能在十二月廿五日全国美展开会前后刊登为最好。

信中所说《论敦煌千佛洞的管理研究以及其他连带的几个问题》一文，是向达一连三天奋笔疾书写成的。向达强烈呼吁敦煌千佛洞收归国有，交由学术机关管理；对敦煌艺术应注重比较研究；在千佛洞做研究或临摹工作的人，不可轻易剥离画面。连带的问题也暨盼望学术机关能在河西设立工作站，从事历史、考古，以及地理、气象、地质、森林、人类学的调查和研究工作。

收到向达来信和所附文章后，傅斯年立即与李济一道致信监察院院长于右任，列举了张大千剥离壁画的实情，建议去电对张大千剥离壁画的行为加以劝止。随后，傅斯年又致信教育部部长陈立夫，指出"今日第一事为停止张君之毁坏工作，第二事即为如何保管之法。事关千余年之文献，吾公必速救之也"。同时，附上了他和李济一道写给于右任的信。

事实上，一年前，李济就接到过四川省立博物馆馆长冯汉骥和华西协和大学博物馆馆长郑德坤的联名信，说随于右任一道从敦煌考古回来的卫聚贤在成都公开讲演，说敦煌千佛洞"各朝代之壁画，并非在一平面之上，乃最早者在最内，后来之人，于其上层涂施泥土，重新绘画。张大千先生欲遍摹各朝代人之手迹，故先绘最上一层，绘后将其剥去，然后又绘再下一层，渐绘渐剥，冀得各代之画法"。如今，身在敦煌莫高窟的西南联大教授向达来函，举出张大千剥离壁画，临摹时任意勾勒、损及画面，建议于院长"加以劝止"。

与此同时，他们又写了一封致新闻界及艺术界的公函，将向达的文章寄出。最后，当时最具影响力的报纸《大公报》在 1942 年 12 月 27 日、28 日、30 日分三天将向达的万字长文连载发表。

傅斯年在公开发表的文章中留有分寸，没有署向达的真名，而是用了向达自己取的化名"方回"，同时删去了向达指名道姓描述张大千破坏壁画的段落："到过千佛洞的人，总可以看见一位一部大胡子五短身材而腰脚都甚硬朗的中年老者，成天在那些洞窟钻出钻进，有时后面随着三五个拿着斧头凳子。这些随着的人以及那位老者满头满身都是灰土，却依然谈笑风生的，那就是张大千先生。大约又是剥离出了一堵唐画或者一段有年号的发愿文了，所以那样高兴。他在这里已经住了一年多，对于千佛洞显隐阐微，发潜德之幽光的处所实在不少。二十号窟（伯氏号数一六）乐庭瑰和他夫人女儿的供养像以及题名就是他剥离出来的。在三〇二号窟外面天王像上他题道：辛巳八月发现此复壁有唐画，命儿子心智率同画工□□李富，破三日之功，剥去外层，顿还旧观。欢喜赞叹，因题于上。蜀郡张髯大千。"

在文前，傅斯年加了按语："今日发展西北，为全国上下一致之目标。敦煌虽属史迹，然为吾国千数百年民族美术之所系，不可独遗。而四十年来，敦煌遗物毁于外人，毁于道士，毁于劣官，今仅存壁画耳。往昔北京政府未加注意，是其可鄙。若此仅存之壁画，又于今日毁于摹临者之手，岂非政府之责欤？故甚盼主管者迅即制止一切毁坏之事，速谋保管之法也。"

傅斯年呼吁：敦煌千佛洞的管理，"似应由教育部（或会同内政部）组织一保管机关，慎选主持之人为之"。

在《论敦煌千佛洞的管理研究以及其他连带的几个问题》的第三部分，向达写道：

北魏隋唐五代的画固然可贵，西夏宋元的画何尝不可贵。这里是北魏隋唐五代的东西太多了，太好了，所以以为西夏宋元的画不足取。但是假设这些西夏宋元的画移在长江流域，我们能不顶礼膜拜，赞叹不置么？

千佛洞各窟往往有原是北魏隋唐所开，而经五代西夏以至宋元人重修的。第一层画面偶尔剥落，便可看出下面还有一层或者两层的痕迹。一位偏好北魏隋唐以至于五代的艺术家，便大发其历史癖，大刀阔斧地把上层砍去，露出底下一层来供他们欣赏。但是在重修壁画的时候，往往还把下面一层划破凿烂，后来的泥灰才能粘上，剥离之后，所得者不过是一些残山剩水而已。即或下层未被剥坏，而被上面的泥土粘住过久，一经剥离，下层画面的色彩以及墨迹，也往往连带的粘去了。

所以剥离壁画，在技术上是一个很困难的问题，在技术问题没有得到满意的解决以前，个人的意见，以为还是不要轻易去动手剥离的好。随便剥离，往往得不偿失，后悔无穷。至于描画时之不可任意将原画加以勾勒，不可将桌梯之类靠在壁画上，以免损坏画面，那是学画的人顶起码的戒条和道德，用不着一一细说。

但是很不幸的，这种剥离壁画和描画的工作还在进行着，没有人能劝止，也没有人来劝止，眼见得千佛洞壁画，再过二三年，便要毁坏殆尽了，这是多么令人痛心的事。

文章发表一个星期后，著名敦煌学家、与向达在商务印书馆和北平图书馆共事过的中央大学历史系主任贺昌群，在《大公报》上发表《敦煌千佛洞应归国有赞议》，呼应向达建议，"千佛洞应归国家管理，当已不成问题，我们万分希望政府与社会人士早日促其实现"。

国立敦煌艺术研究所所长常书鸿在五年后写道："当时于先生的提案经国防最高委员会通过之后，正在交由教育部实施筹备办理的时候，向觉明先生以'方回'的笔名，在1942年12月27日重庆《大公报》上发表了一篇长达万余言的《论敦煌千佛洞的管理研究以及其他连带的几个问题》的文章。这篇文章，如傅孟真先生在文首按语上所说：'于敦煌文物之原委，历历如数家珍'之外，并从自己身历其境的观察，提供出保管和研究的实施问题。其内容是那么翔实生动，其爱护敦煌文物的热情，又是那么洋溢于字里行间。曾记得该文发表的时候，陪都正荟集了全国艺术界举行第三届全国美展的前夕，许多美艺界人士都非常亲切地展望着西北边塞的一角——那介乎三危、鸣沙二山之间的敦煌千佛洞。因为在那篇文章中，向先生对于当时千佛洞现状的不满，曾引起全国文化界无限同情。这种同情，正如作者在文首所希望一般，后来真个'逐渐化成舆论'了。"

多年后，周法高在回忆向达时写道：他在敦煌的时候，正好张爰（张大千）先生在敦煌临摹壁画，有时要把上面一层剥掉，才能看到更古的一层；他就用"方回"的笔名在报纸上发表了一篇文章，说这么样会损害壁画，引起了轩然大波。

向达的文章无疑是颗重型炸弹，集聚在重庆的学者和艺术家顿时反响强烈，同时中央有关方面也极为关注。

教育部部长陈立夫向甘肃省主席谷正伦发去电报：敦煌千佛洞壁画艺术价值至为高贵，近闻游客画士往者日多，恐或爱护未周，有所污损，拟请令饬敦煌县政府派员妥为保管，严禁涂污剥损为荷。

1943 年 4 月，敦煌县长收到谷正伦发来的电报。电文写道："张君大千，久留敦煌，中央各方，颇有烦言。敕转告张君大千，对于壁画，勿稍污损，免滋误会！"

张大千 5 月离开敦煌，实际上是被赶走的。他对向达的不满是可想而知的，有一段时间，远在四川的傅斯年、李济、曾昭燏等人都在担心向达的人身安全，担心张大千人多势众会让向达吃皮肉之苦。但张大千对向达只是怒目而视。这位艺术家也许会理解这位历史学家的初衷，痴爱敦煌艺术的他又何尝想故意破坏自己万分看重的"二千年来画苑艺林的瑰伟奇宝"呢？

严寒下的心声

向达太热爱敦煌壁画和莫高窟的艺术文物了。在写给曾昭燏的信中，他描述自己第一次见到莫高窟时的感受："六朝诸窟，素朴庄严，李唐诸窟，雍容华丽。唐窟诸供养女像最佳，面容丰满，仪态万方，几欲拜倒，真可称为国宝！惟风水剥蚀，流沙壅塞，洞窟淹没者，与年俱增，保护之举，正不宜缓耳。"

国宝面临的危机，让向达焦虑万分。虽然在敦煌过的是饥寒交迫的日子，但是当重庆方面问及莫高窟相关情形时，向达的回答是"午夜风来，铃铎交响；朝阳始上，万窟争辉"，他依旧乐观，依然顽强。

向达在寒风中度过了 1942 年。新年的到来，依然没能为他增加多少温暖。有时室内温度降至零下二三十度，人冷得瑟瑟发抖，任何事情都干不成。1943 年 3 月 9 日深夜，向达在写给身在美国的王重民的信中说："初旬以后以至一月中旬，山上天气甚冷。室内降至摄氏零下二十七度，炉火不温，终日瑟缩，百事俱废。一月中旬以后逐渐煊暖，因将数月来所见所闻，综合写一初步报告，题曰《西征小记》。"

向达经常用同乡曾国藩的话鼓励自己：阳气愈提则愈盛，精神愈用则愈出。4 月 25 日他给曾昭燏的信里写道："如经济充裕，则养尊处优，何从有机会受室内摄氏零下廿二度之训练，自亦无从有今日这幅顽躯。来日大难，此刻能有机会锻炼身体，即他日可多受一份艰苦。"

僻远之地物质的匮乏，身体遭受的苦痛，凡尘俗事的烦扰，不曾让向达屈服和退缩，敦煌艺术散发的魅力，让他领略到平生所没有的快乐。向达后来回忆起这段经历时说：三十一年（1942 年）十月至三十二年五月，余居莫高窟凡七阅月，朝夕徘徊于诸窟之间，纵观魏、隋、李唐以及五代、宋、元之名迹。三十二年（1943 年）五月初复往游榆林窟，摩挲残迹，几逾旬日。神游艺苑，心与古会，边塞行役之苦，尘世扰攘之劳，不复关情，平生之乐无逾于此也。

关于向达此行西来，他曾在一封信中表露心声："前年达在滇向北大方面及孟真（傅斯年）、济之（李济）先生自告奋勇，愿作西北之行，始意不过欲以个人之经历，促研究院、博物院及北大通力合作，在西北为历史考古之学另辟一工作地方，一方面可以消纳许多新起人才，一方面因此为中国中古史、交通史，以及域外史之研究，另奠一合理的基础，进而与欧洲学者在中亚之历史考古研究取得联系，以提高吾国历史考古学学者在国际学术上之水准与地位。是以去春考察团组织就绪，一电见召，欣然就道，万里孤征，曾不返顾。"

一介学者对中国学术的进步，以及背负的民族精神重担，在向达的言行中有着充分的表达。

向达于 1943 年 5 月初离开莫高窟，前往榆林窟。在这里，向达见着了刚到此地的罗寄梅一行，也再次与张大千一行相遇。"摩挲残迹，几逾旬日"后，向达告别榆林窟，踏上返程路，于 6 月下旬到达兰州，第一次敦煌考察至此结束。

向达的首次敦煌之行，推动了敦煌考古事业的向前发展，也推动了藏经洞文书与莫高窟壁画相结合的敦煌学研究，让北京大学文科研究所确定了继续把敦煌作为历史研究的重点，也因此有了中央研究院、中央博物馆筹备处、北京大学文科研究所合作组成的西北科学考察团历史考古组，有了向达的第二次敦煌之行。

西北科学考察团

一年以后，西北科学考察团组建，在西北史地考察团的基础上扩大了规模，新增地质、矿产、动植物等考察小组，划拨总经费达到 50 万元，其中历史考古组分到 10 万元，北大文科研究所正式加入。

西北科学考察团历史考古组成员在莫高窟，从右到左分别为夏鼐、向达和阎文儒。图片来源：夏鼐 著，《夏鼐西北考察日记》

这次考察团的历史考古组，由来自北大文科研究所的向达任组长，中研院史语所留英考古学博士夏鼐任副组长，北大文科研究所研究生阎文儒为组员。向达在大英博物馆抄录敦煌文书时，与正在伦敦大学学习考古学的夏鼐就已相识。夏鼐在 1936 年 10 月 7 日的日记中写道："下午至不列颠博物馆，晤及向觉明君，谈至傍晚，同赴顺东楼用餐。"此后，两人接触渐多，相处甚欢。经过国外 6 年时间的磨炼，学到了当时世界上最高水平的发掘技术和研究方法的夏鼐，在 1941 年辗转归国时已经成为一个受过最好训练的考古学者，曾经是第一次敦煌考察时历史组的计划人选，只是当时夏鼐回浙江老家，赶上日军攻陷温州，滞留在家乡而没有参加。

向达欣赏夏鼐，考察期间他曾致信北平图书馆馆长袁同礼，称"夏先生在今日考古学界中最年轻而学识修养又极丰富，学术界先进俱应予以扶持爱惜"；夏鼐敬重向达，感佩这位年长自己 10 岁的敦煌学权威，对学术的追求，对敦煌的热爱。因此，这次考察的团队气氛融洽，友好团结。

1944 年 5 月 19 日，历史考古组成员到达敦煌县城。第一次作西北行的夏鼐长长地舒了口气："我们抵达敦煌县东门外时，天快要亮了，东方已显鱼肚白色。我们停车城外，等候到开了城门，怀着进香者跨进庙门的心情，驱车进城。这是五月十九日，离开我由四川李庄研究所出发的日子，已是八十六天了。可是，我们总算是抵达了今年工作的目的地——敦煌。"

考察组的工作站设在鸣沙山下的佛爷庙内，这里位于敦煌县城与莫高窟之间。考察组从 5 月 31 日开始工作，发掘古墓群，一直到年底结束。夏鼐和阎文儒的主要精力是做田野考古，发掘了一批汉唐古墓；向达则把更多的时间用在了考察莫高窟壁画艺术上，与敦煌艺术研究所的研究人员接触较多。

夏天最热的时候，戈壁滩上气温高，7 月 30 日至 8 月 31 日，向达、夏鼐与阎文儒在莫高窟避暑，以中寺为基地，重点考察洞窟。在他们离开莫高窟之前一天（8 月 30 日），敦煌艺术研究所在中寺后园土地庙残塑像中意外发现六朝文书，向达等人参加了这批文书的验收。

10 月中旬，向达东归。早年在敦煌艺术研究所工作、著有《敦煌千佛洞石窟内容》的李浴，40 多年后回忆起这位"诲人不倦的长者"时说："说起向达先生，我们必须承认，他在敦煌艺术研究所之创建与研究工作上都做出了不可忽视的功绩，他是研究所创建的有力倡导者和支持者之一，是研究所的义务指导老师。"

古人的血液在我们身上周流

对于敦煌考古，向达每次想起总是心潮澎湃。在《记第二次从敦煌归来》一文中，他在回忆首次敦煌之行的"两关"考察和第二次敦煌之行时饱含情感：

> 三十二年的春天又有机会两度往访玉门关和阳关的遗址，驰驱于荒城废塞之间。戈壁落日，大漠寒风，令人神游千载之上，想起汉唐时代那些戍边的将士以及为国家作先锋的人民，在荒寒寂寞之境，肩起一付重任，尽其在我不求人知的精神。人类的历史是不断的，生命是绵延的。既看到在千佛洞工作的那些先生们孜孜不倦的情形，又身临汉唐时代防边的遗迹，这时候竟然忘去了时间的界限，以为古人的血液还在我们身上周流。

夏鼐同样不能忘怀那里的一切。他说："这次考察的时期，正是抗战最后的两年，也正是最艰苦的时期。经费支绌，设备不周，交通工具不够，做这些工作的困难，是可想而知的。但是在今日回忆当时的情形，因为所经过的艰苦已为时光所冲淡，只觉那时的工作另有一种乐趣。"

敦煌考古的细节和莫高窟精美的壁画和雕塑，让夏鼐浮想联翩；早已空空如也的藏经洞，则让他耿耿于怀。夏鼐后来撰写《敦煌考古漫记》，记录在千佛洞避暑时的情形。第一次瞻礼莫高窟时，"只觉得这里所保存的中古时代的佛教艺术，不论塑像或壁画，都是美术上的杰作，触目都是琳琅珠玉，美不胜收"。他同时写道："至于千佛洞的另一宝藏，即万余卷的古代写本和几十幅的画轴，因为都已被搬运去，现在仅剩下一个'空空如也'的藏经洞。"

多年以后，英国记者霍普科克就敦煌藏经洞相关问题采访了夏鼐。霍普科克在《丝绸之路上的外国魔鬼》一书中写道：当我在北京和一位他本人就是丝绸之路深有经验的发掘者、中国科学院考古研究所所长夏鼐博士详细讨论时，我发现这个问题至今仍然是中国人非常生气的一个问题。毫无疑问，英国的斯坦因爵士被视为外国考古学家中最卑鄙无耻的，紧随其后的是法国的伯希和教授。他们搬走了敦煌千佛洞的"秘密书库"，对此，中国人民永远不会宽恕。

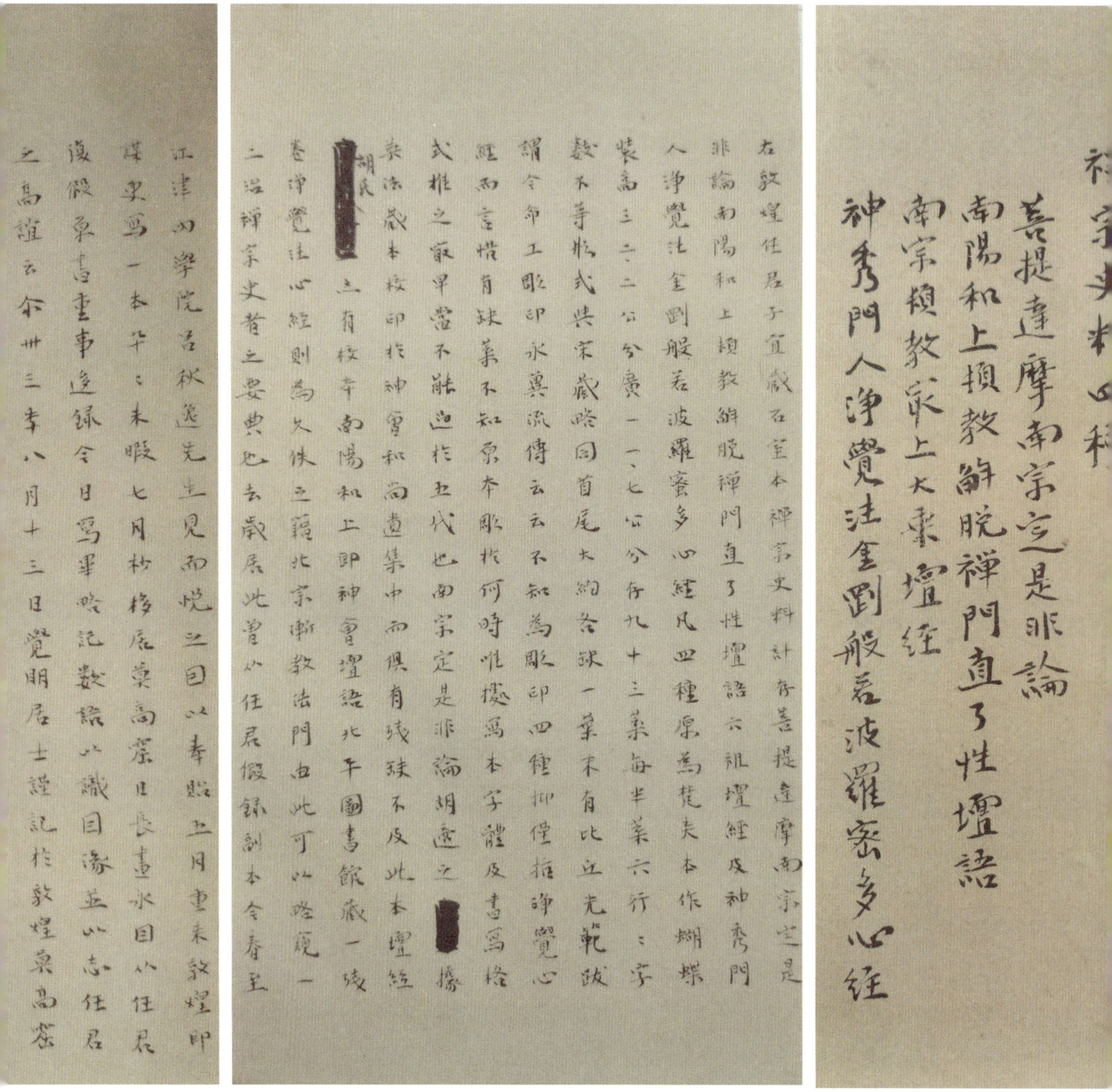

禅宗史料四种

菩提達摩南宗定是非論

南陽和上頓教解脫禪門直了性壇語

南宗頓教最上大乘壇經

神秀門人淨覺注金剛般若波羅蜜多心經

右敦煌莫高窟石室本禪宗史料計有菩提達摩南宗定是非論南陽和上頓教解脫禪門直了性壇語及神秀門人淨覺注金剛般若波羅蜜多心經凡四種原為龍夫本作蝴蝶裝高三十二公分廣一一七公分存九十三葉每半葉六行二字數不等行款式共宗藏略同首尾大約各缺一葉末有比立无乾跋謂令命工影印永真流傳云云不知為歌印四種抑惟拓指神覺心經而壇經有缺葉不知何時唯攝為本字體及書寫格式推之最早當不能迤作五代也南宗定是非論胡適之攝卷淨覺注心經則為余校宇南陽和上即神會壇語北平圖書館藏一殘卷二治禪宗史首之要典也去歲居此曾以住居假錄副本令春至二有校宇南陽和上即神會壇語北平圖書館由此可以略觀一二泉禪宗注心經則為余校宇南陽和上即神會壇語北平圖書館藏一殘卷胡氏

江津叔學院吾秋送先生見而悅之因以奉貽是日重末敦煌即謀實寫一本牟之未暇七月枕修居泉高崇日長畫永目以住居後假泉書畫事逐錄令日寫畢略記數語以識目像並心志住居之高雜云余卅三年八月十三日覺明居士謹記於敦煌泉高崇

1944 年 8 月 13 日，向达在敦煌莫高窟抄录了四种藏经洞所出禅宗史料后，写一跋文，对抄写过程和写本价值做了陈述。

图片来源：荣新江 编，《向达先生敦煌遗墨》

夏鼐 1944 年拍摄的莫高窟塑像。图片来源：《夏鼐西北考察日记》

第二十章

铁马叮当：敦煌守护神

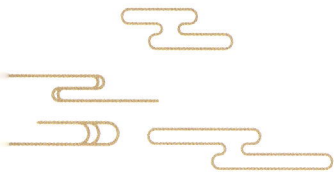

1943 年 5 月张大千一行告别敦煌时，敦煌艺术研究所筹委会一行数人已经在两个月前到达这里。当他们为张大千送行时，张大千曾半开玩笑地对常书鸿说："我们先走了，而你却要在这里无穷无尽地研究保管下去，这是一个长期的——无期的徒刑呀。"

作为敦煌的艺术"囚徒"，常书鸿从此开始了对莫高窟的守护，虽九死而不悔。莫高窟九层楼檐角的铁马叮当声，一直在他的心头鸣响。

相识塞纳河畔

人生最关键处往往就是那么几步，生命的根本改变也常常在转眼之间。对常书鸿来说，1935 年冬天在塞纳河畔的一次散步，彻底改变了他的人生之路。

这一天我从卢浮宫出来，经过卢森堡公园，根据多年在巴黎散步的习惯，总要经过圣杰曼大道，顺便溜到塞纳河畔旧书摊去浏览一下内容丰富的书籍。……忽然发现了一部由 6 本小册子装订的《敦煌石窟图录》。我打开了合装的书壳，看到里面是甘肃敦煌千佛洞壁画和塑像图片 300 余幅，那是我陌生的东西。

目录序言说明这些图片是 1907 年伯希和从中国甘肃敦煌石窟中拍摄来的，这是从 4 世纪到 14 世纪前后 1000 年中的创作。这些壁画和雕塑的图片虽然没有颜色，但可以看到大幅大幅佛教画的构图，尤其是 5 世纪北魏早期壁画，它们遒劲有力的笔触，气魄雄伟的构图像西方拜占廷基督教绘画那样，人物刻画生动有力，其笔触的奔放甚至于比现代野兽派的画还要粗野。但这是距今 1500 多年前的古画，这使我十分惊异，令人不能相信。

我爱不释手地翻着，看着那二三百幅壁画的照片及各种藏文和蒙文的题字，这是多么新奇的发现呀！半个钟点、一个钟点过去了……卖书的看我舍不得离开的样子，就说："还有许多敦煌彩色的绢画资料都存在离此地不远的吉美博物馆，你不必买它了，还是亲自去看看再说吧！"

　　第二天一大早，我来到吉美博物馆，那里展览着许多伯希和于 1907 年从敦煌盗来的唐代大幅绢画，有一幅是 7 世纪敦煌佛教信徒捐献给敦煌寺院的《父母恩重经》。时代早于文艺复兴意大利佛罗伦萨画派先驱者乔托 700 年；早于油画的创始者文艺复兴佛拉蒙学派的大师梵爱克 800 年；早于长期侨居于意大利的法国学院派祖师波生 1000 年。

　　这一事实使我看到，拿远古的西洋文艺发展的早期历史与我们敦煌石窟艺术相比较，无论在时代上或在艺术表现技法上，敦煌艺术更显出隽永先进的技术水平，这对于当时的我来说真是不可思议的奇迹。因为我是一个倾倒在西洋文化，而且曾非常自豪地以蒙巴那斯的画家自居，言必称希腊罗马，现在面对祖国的如此悠久灿烂的文化历史，自责、数典忘祖，真是惭愧之极，不知如何忏悔才是！

　　从上面两幅壁画的比较，使我惊奇地发现东西方文化艺术的发展有如此不同的差距，看到了我国光辉灿烂的过去。我默默思忖着：对待祖国遗产的虚无主义态度，实在是数典忘祖，自顾形惭。回忆在艰苦困难中漂洋过海来到这个世界艺术中心的巴黎，差不多 10 年来沉浸在希腊罗马美术历史理论与实践的教养中，竟成长发展到如此的地步。

　　在这一事实前面，我对巴黎艺坛的现状深感不满，决心离开巴黎，而等待着我离开巴黎行止的显然不是塔西堤，而是蕴藏着千数百年前敦煌民族艺术的宝库。

　　常书鸿在《九十春秋——敦煌五十年》[1] 一书中，回忆了自己初遇《敦煌石窟图录》时的情形。对常书鸿来说，这也许并不是他第一次看到敦煌的壁画。1935 年冬，在伦敦举行的中国艺术国际展览会上，展出了华尔纳揭走的敦煌壁画原物，以及原窟现存情况的照片和摹本。同时，在展览的"珍本古书"部分，展出了北平图书馆的 2 件敦煌文书。王子云、常书鸿及其夫人陈芝秀等 22 名中国留法艺术家学会的会员曾特地前往参观。

　　这次观展，虽然当时在伦敦查阅敦煌经卷的向达看后对华尔纳的恶劣行径痛恨交加，但敦煌艺术并没有引起正沉醉在西洋艺术中的常书鸿的注意。当常书鸿回到巴黎后，塞纳河畔旧书摊上的 6 册《敦煌石窟图录》，终于成了一个让"言必称希腊罗马"的西洋画画家转变为敦煌艺术"囚徒"和敦煌守护神的契机。

1　浙江大学出版社 1994 年版本。

常书鸿发现了敦煌，敦煌也在呼唤着常书鸿。

1936 年一个秋雨蒙蒙的日子，常书鸿只身搭上从巴黎开往北平的国际列车，驶向了抗战烽火即将全面燃起的祖国。

《敦煌石窟图录》第一册及书中的塑像和壁画图片。

敦煌之梦

回到北平后的常书鸿，并没有实现立即去敦煌的梦想。作为北平艺术专科学校的教授，当日本全面侵华，在国土步步沦陷的境况下，常书鸿随学校开始了辗转迁徙，由北平而江西，由江西而湖南沅陵（在此北平艺术专科学校与国立杭州艺术学校合并为"国立艺术专科学校"），由湖南沅陵而云南昆明（途经贵阳时，学校的设备和财产受损，回国不久的妻女也差点遇难），最后于 1939 年冬由昆明迁到陪都重庆。由于学校对一批教授不再续聘，在解聘之列的常书鸿随即加入了教育部美术教育委员会，负责美术教育委员会的张道藩让其担任委员兼秘书，其中的一项主要任务是筹办第三届全国美展。

转眼四年过去。那个使常书鸿万里迢迢从海外投奔祖国的敦煌，依旧远在天边，远在黄沙蔽天的西北，可望而不可即。

然而，机会总是给有准备的人。1941 年秋冬之季，于右任视察西北，提议设立敦煌艺术学院，"寓保管于研究之中"，并提请公决，拟请交教育部负责筹划办理。

常书鸿在《九十春秋——敦煌五十年》中说，第一个同他谈起去敦煌工作的，是在法国留学时认识的监察院参事陈凌云。当陈凌云将这一消息提前透露给常书鸿时，他激动不已，感到多年的梦想正在向自己走来。

1942 年 7 月初，教育部落实筹备成立国立敦煌艺术研究所。教育部部长陈立夫内部批示，派担任过于右任秘书的西北农学院院长周伯敏、教育部美术教育委员会委员兼秘书常书鸿、教育部艺术文物考察团团长王子云为筹备委员，其中常书鸿为筹备主任。

8 月，陈立夫请监察院院长于右任推荐筹备委员名单。于右任回复：拟推高一涵、张大千、孙宗慰（中央大学艺术系教师）、张庚由、张维（甘肃省参议会议长）、谢稚柳（画家）、窦景椿（敦煌士绅）七人，请酌派。惟一涵同志现任监察使，庚由同志现任本院秘书，筹委如系委派性质，则请对高、张二人改为聘任，并望教育部中须派得力数人。

经综合考量，国立敦煌艺术研究所筹备委员会名单敲定。1942 年 8 月，重庆的报纸披露了"国立敦煌艺术研究所"筹备成立的消息，并公布了筹备委员会的名单：

　　　主任委员　　高一涵　陕甘宁青新五省监察使
　　　副主任委员　常书鸿　教育部美术教育委员会委员兼秘书
　　　秘书　　　　王子云　教育部艺术文物考察团团长
　　　委员　　　　张大千　张庚由　窦景椿　张维

如果说在巴黎看到伯希和的《敦煌石窟图录》时，常书鸿还只是为那精美绝伦的敦煌艺术所倾倒，那么，此时的常书鸿更多了一份要使敦煌艺术"寓保管于研究之中"的紧迫感和使命感。

常书鸿忘不了给予自己精神鼓励和实际支持的友人。

在重庆艺术界，对敦煌艺术最有发言权的，也许是建筑学家梁思成。早在十年前即1932 年，梁思成即根据伯希和《敦煌石窟图录》发表了《我们所知道的唐代佛寺与宫殿》。这篇以敦煌壁画为主要研究素材，探讨唐代木构建筑各方面特征的论文，既是梁思成一生学术事业的开端，也是这一领域的开山之作。同年 3 月，梁思成又亲自给伯希和写了封信，继续这一领域的研究。

当常书鸿在 1936 年刚刚回到北平时，与梁思成第一次见面，敦煌就成了一个使双方共同兴奋的话题。如今常书鸿要去这个魂牵梦萦的圣地，自然又找到了梁思成。两个艺术家的心灵再次产生强烈共鸣。梁思成说："你这破釜沉舟的决心我很钦佩，如果我身体好，我也会去的呢！祝你有志者事竟成。"

梁思成的"有志者事竟成"增加了常书鸿去敦煌的信心，徐悲鸿的一番话则坚定了常书鸿去敦煌的决心。徐悲鸿对常说："从事艺术工作的人，要学习玄奘苦行僧的精神，要抱着'不入虎穴，焉得虎子'的决心，把敦煌民族艺术宝库的保护、整理、研究工作做到底。"

为筹集去敦煌的经费，常书鸿将最近几年创作的油画举办了个人画展。徐悲鸿为画展撰写了序文，并抱病参加。

拯救国宝，让国宝重放光芒，是这些艺术家的共同梦想。

敦煌艺术研究所最初由于右任提议筹办，同时筹备委员会的实际支持与合作者也是监察院。因此常书鸿去敦煌前，拜会了于右任。

1943 年 1 月第三届全国美展落幕不久，常书鸿已经准备上路。带着对那个沙漠绿洲的热爱和憧憬，带着文化艺术界的嘱托和"不入虎穴，焉得虎子"的决心，带着由开画展筹集到的经费和满腔的热忱，在一个烟雾弥漫的寒冬早晨，常书鸿告别妻女，告别繁华城市，飞向了兰州。他要从那里沿着河西走廊前进，直至抵达此生的终点——敦煌。

国立敦煌艺术研究所

在兰州，高一涵陪同常书鸿逐一拜会了甘肃省党、政、军首脑，随后召开国立敦煌艺术研究所第一次筹备委员会会议，初步议定了各项筹备工作。人员方面，王子云没有到任，筹备委员郑通和调来天水中学当校长的李亭赞担任秘书；在所址选择上，是设在兰州还是设在敦煌莫高窟？经常书鸿坚持并得到于右任支持，决定所址设在莫高窟。

在抗战日酣的大西北后方，去那遥远的荒漠戈壁，图书器材、绘画材料等不易配置，人员的配备更是困难，因此筹备工作不是一帆风顺，而是一筹莫展。

向达和贺昌群保护莫高窟的文章在《大公报》发表后，举国关心，教育部加快推进敦煌艺术研究所筹备的各项工作，由甘肃省教育厅负责招来了文书刘荣曾和会计辛普德，常书鸿招揽到了他在北平艺专时的学生龚祥礼，龚又介绍了小学美术教员陈延儒。

1943年3月15日，高一涵、常书鸿等人顶着西北早春的刺骨寒风，乘着破旧敞篷的"老爷"卡车，开始了有着历史意义的敦煌之旅。

一路风尘仆仆，常书鸿一行抵达千佛洞。这是一段永生难忘的旅程。五年后，常书鸿满怀深情地回忆道："我们随着高一涵先生于1943年3月24日抵达千佛洞的时候，正是中华民族抗战的第7年[2]。这个已经沉睡了近10世纪一度被人遗忘的古迹，能在国家艰苦困难的局面中重创正式保管和研究的机构，我们应该感谢政府的措施。所以当我们到达的瞬间，在万籁俱寂的山谷中，听到从大泉淌来的那一湾细流的水声，仿佛是象征着中华民族一种活力的透露似的。从远古时候起，这条古称宕泉的流水，像中国五千年文化活力一般地没有一个时候停息过！"

1944年元旦，国立敦煌艺术研究所在中寺（皇庆寺）正式成立，直属教育部，常书鸿任所长。常书鸿将妻子和儿女由繁华的都市接到了莫高窟。董希文、张琳英、李浴、周绍淼、乌密风、张民权、邵芳、史岩、赵冠州、苏莹辉、罗寄梅等一大批画家、学者和摄影师，或聘请，或自愿，都千里迢迢来到了这里，住破庙马厩，食苦水和面，在孤悬绝塞的莫高窟开始了修筑围墙、清理流沙、临摹、测绘、摄影、内容调查和题记抄录等筚路蓝缕的保护和研究工作。

莫高窟再度充满活力。有了这批虔诚而满怀激情的艺术家和学者的心灵对话，洞窟里的佛祖、菩萨和天国的仙人仿佛也都舒展了笑容。

研究所与敦煌县政府联合发出了"敦煌莫高窟又名千佛洞，已正式收归国有；保护千佛洞，禁止放牧牲口和私自进入洞窟"等相关条款的告示。

面对几千米长的洞窟崖面，几百个有壁画和塑像的洞窟，以及洞窟前面的树林，纸上的文件，对啃咬窟前树木的羊群，途经此地居住洞中、生火做饭的淘金人等等，并不能产生太大的效果。研究所决定修筑围墙。敦煌县政府派来了100多个民工，他们自备粮食和柴草，经过50多天起早摸黑地施工，建成了"莫高窟的万里长城"——一道长达千米的"沙墙"。

2　指全面抗战的第7年。——编者注

莫高窟崖体和洞窟外观。右侧是九层楼，左侧是国立敦煌艺术研究所修建的两层栈道。艾琳·文森特摄于 1948 年。图片来源：[美]
艾琳·文森特 著，*The Sacred Oasis*（《神圣的绿洲》）

早在 1943 年 8 月，敦煌县城至千佛洞的公路就已经筑成。如今，敦煌县政府将法院处理走私鸦片案而收缴的一匹红鬃马也送给了研究所，以解决研究所从莫高窟到敦煌县城的脚力难题。

研究所的设立，同时起到了看守性的保护作用：外国盗宝徒再也不可能心存侥幸地肆意劫掠，国内游客对石窟壁画的随手涂鸦也同样不可能肆意而为。

揭剥壁画问题，也逐步得到解决。还在研究所筹备期间即 1943 年 5 月，常书鸿就阻止过以研究名义剥离壁画的行为。向达在 1943 年 5 月 9 日致中央博物院筹备处总干事曾昭燏的信中写道："西北情形，尤其就历史考古立场言之，年内恐有剧变。交通既视前为便，形形色色之考察团，亦如雨后春笋，层出不穷。于是河西一带，游客络绎不绝，而一般实际上与找宝者无异。表面上乃自命为历史学家与考古学者亦不绝于途，此辈伪考古学者一来，可谓为考古学上之一浩劫。今试举一例以明之：黄君仲良到千佛洞之日，即昌言可将壁画剥离一部分，以资彼比较研究之用。差幸敦煌艺术研究所常君书鸿于此尚不糊涂，对于黄君提防甚严。故千佛洞方面，大概可以无虑。"

然而，在当时筚路蓝缕的年代，一些艺术家从艺术的角度出发，并没有按照今天的标准去认识双层或多层壁画揭剥的问题，更没有达到向达当年的认识高度。毕竟，揭剥出来的壁画，的确是比表层更有艺术价值的精品。

敦煌艺术研究所在 1944 年揭剥出了初唐的壁画珍品。常书鸿在《我与敦煌》一文中写道：

> 第 220 窟贞观十六年（642 年）唐人画的壁画，是初唐的代表作品，是 1944 年，我和老工人窦占彪一道从宋代重绘的泥壁上剥露出来的，色彩金碧辉煌，灿烂如新，东壁左右的维摩变中的维摩居士的画像，带有晋代大画家顾恺之"清赢"的画风和神态。这是莫高窟所有 50 余幅维摩变中最好的一幅，这是前人，包括外国人伯希和、斯坦因、华尔纳，以及张大千所从未见识过的。

到了 1948 年，进一步严格的规定被制定出来，常书鸿在一篇文章中写道：

> 研究所对于研究人员不能漫无限制，近来已绝对禁止两项过去已成了习惯的不合理的方法。其一是用玻璃纸在壁画上直接印模画稿，其二是用液体喷在画上帮助显示漫漶的壁上题记。……研究所定了两条硬性的条文。（一）研究所同仁

不能假借任何理由有印模与喷水之行动，违则撤职离所。（二）外来研究人员如发现有上项行动即撤销研究许可证，停止其研究工作。

1944 年，对敦煌艺术研究所来说，一切都在艰难困苦中向前发展；对常书鸿而言，他感到由衷的喜悦和欣慰，妻子陈芝秀也满怀激情地在对洞窟雕塑进行临摹与创作。土地庙的重大发现，更是上天对常书鸿和研究所全体人员工作的奖赏。

神奇土地庙

1944 年 7 月初，敦煌艺术研究所准备拆除中寺后院里的土地庙，建立职工宿舍。他们先将庙内土地、山神、牛王、马王、药王等 5 尊残塑像搬出，放置在土地庙外西墙根下。

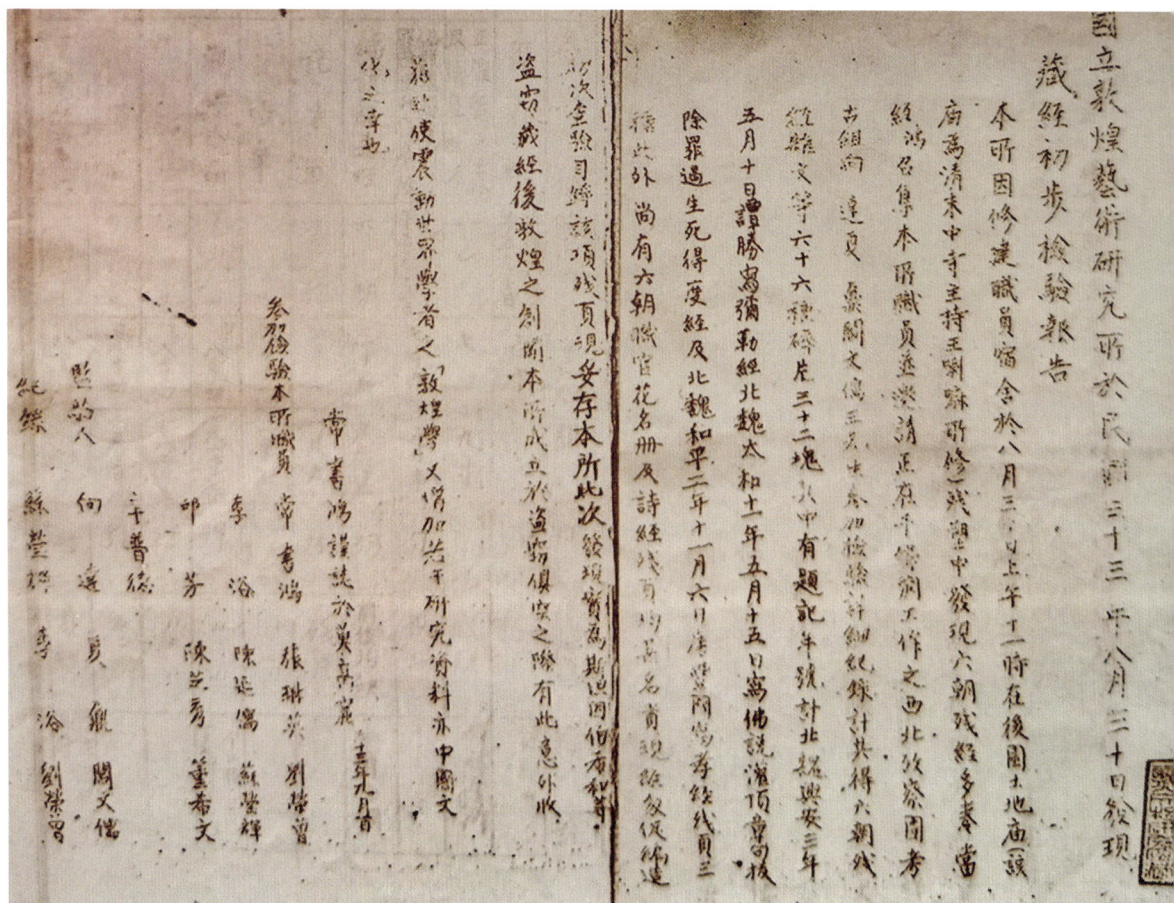

1944年8月，敦煌艺术研究所发现土地庙藏经，验收后上报教育部。

8月30日上午，所内职工窦占彪打破其中3尊残塑，发现残塑体内的中心支柱上缠裹着经卷。因为既没有掺水，也没有和泥，经卷保存得相当好。窦占彪立即拿着这些经卷来到了所长办公室。常书鸿让所内研究人员苏莹辉、刘荣曾共同检视包封。下午4时，所里人员会同西北科学考察团历史考古组的向达、夏鼐、阎文儒共同检验，由苏莹辉、李浴、刘荣曾记录登记。

第二天，窦占彪又拿着一包写经来到常书鸿的办公室。原来是所内临时雇佣的泥瓦工打破另两尊残塑，从中获得经卷后私自藏匿被窦占彪发现。

土地庙5尊残塑中所获经卷，经查点编目，共68件。1951年北京举办敦煌文物展览时，这些文书被带到北京，向世人展出。其中，弥足珍贵的《诗经》残卷展出后，为故宫博物院收藏，其他全部回到敦煌，现藏于敦煌研究院。

土地庙的藏经从何而来？

人们自然而然想到了它们与藏经洞的关系。当时参加过这批文书验收的阎文儒在1951年写道："1944年8月30日，我们在莫高窟住的时候，国立敦煌文物研究所因建职工宿舍，在中寺后园土地庙残塑像内，发现了六朝残经六十七卷，残片一包……这像是王道士所造的，在塑像时为修功德，他特地将许多石室中的卷子，缠在像的中心柱内。在百劫之余，又出现于人世。"

参加过这批文书验收的夏鼐也在1955年写道："这（藏经的）塑像是清末或民国初年的东西，我猜想大概便是王圆箓道士所干的。"

经卷所出的塑像看来是王道士所造，这就意味着土地庙藏经出自藏经洞。

人们又解开了王道士留给后世的一个谜团。

然而，到了20世纪80年代初，敦煌研究院研究员李正宇对土地庙遗书出土时的两位当事人——窦占彪和常书鸿进行了访问。窦占彪回忆，听当年上寺主持喇嘛易昌恕和中寺主持杨和尚说，他们的师祖和师父讲，土地庙的5尊塑像原在别处，清代修建中寺时才把它们搬到中寺后院，另建土地庙安置供养。常书鸿回忆，他听易喇嘛说土地庙是道光十七年（1837年）修建的。

易喇嘛和杨和尚都说土地庙以及塑像与王道士无关，土地庙不是王道士所修。如此说来，这宗文书不是藏经洞散出之物？

专家们开始从经卷本身寻找答案。令人诧异的是，一些土地庙所出藏经和1949年前流散在外的藏经，可以天衣无缝地拼接在一起，而且经卷的纸、字、两面书写等完全相同。尤其难得的是，1997年日本人青山庆示将他父亲收藏的藏经洞写经捐赠给敦煌研究院，其中有的写经与土地庙藏经可以天衣无缝地缀合。敦煌学家施萍亭研究确认：土地庙出土文书源自藏经洞。

随着土地庙出土的《大般涅槃经》和敦煌市博物馆、敦煌研究院零星收集品的成功缀合，人们抱有一线希望：有朝一日，世界各地的北朝时期写的《大般涅槃经》凑在一起，说不定是完璧无缺的天下第一经！

看来，这依旧是王道士留给后人的一个悬念。

1945年的磨难

中国终于迎来了1945年。饱受日本侵华战争痛苦的中国人终于看到了和平的曙光。百年民族独立的梦想终于呈现在眼前。常书鸿与所有的中国人一样，流着激动的泪水庆祝这个民族的节日，但他流下的泪水不仅有欢喜，也有悲伤。

当春天挣扎着赶走冬天的时候，常书鸿的妻子陈芝秀再也坚持不下去了。敦煌的风沙可以作证，她确实努力过。她并非不爱常书鸿，并非愿意与自己的一对亲生儿女分离，甚至她还留恋她的雕塑。常书鸿也曾经希望敦煌的艺术留住雕塑艺术造诣很高的妻子，初到敦煌时陈芝秀确实也曾为这个艺术宝库激动万分。但莫高窟的环境，研究所的生活，遍地裸土，满眼风沙，远离人烟，实在与一个人的正常需要相差太远，与有儿有女的一家人的正常生活相差太远。

莫高窟生活的艰苦，常书鸿何尝不知？只是心灵在此扎根，他没有别的选择。记得张大千离开时，很神秘地交给常书鸿一张纸条，让常书鸿在他离开后再打开。常书鸿依照执行，一看，原来是一幅地图——一幅弯弯曲曲的、在树林水渠边隐蔽处找食用蘑菇的路线示意图。野蘑菇是莫高窟生活的佳肴，是上天的特赐。常书鸿很感动，但这也正是莫高窟生活艰苦的真实写照。

常书鸿没有充分理解妻子的思想，她毅然离开了常书鸿：先是不辞而别，接着登报离婚，把儿女和莫高窟一起留给了常书鸿。此前的争吵是可想而知的。但常书鸿不能放弃，不能放弃已融进他生命的莫高窟，不能放弃自己的艺术追求和神圣的历史使命。

陈芝秀也曾留学巴黎，主攻雕塑，她是巴黎艺术沙龙中引人注目的女主角。当常书鸿力主回国时，常书鸿要到敦煌来时，常书鸿让她和孩子们也来敦煌时，他们就有过争吵，但每次都是她做出让步。当她到达敦煌的时候，善良而单纯的她想：为了这个家，为了常书鸿的事业，为了敦煌艺术，应该可以忍受这里艰难的生活。但是，等到初来敦煌的兴奋期过后，面对的是无期徒刑。除了千佛洞里的彩塑艺术有时尚能让她忘我之外，这里的一切与自己的生活实在是格格不入，夫妻之间吵架成了家常便饭。

陈芝秀忍受不了，为孩子的教育，为这里环境的恶劣，还有为自己天主教徒的身份等等。但常书鸿并没有过多考虑这些。研究所的一切才刚刚开始，有太多工作在等着他。常书鸿有些忽略了妻子的情绪。特别是那位新招聘来的总务处主任赵某到来之后。常书鸿从来没有怀疑过妻子与她的同乡赵某的关系有什么不妥。同事们的提醒，常书鸿也没有在意。直到有一天，妻子吵着要去兰州看病，一连几天杳无音信。在常书鸿的追问之下，同事们才说出了实情：她大概是不会再回来了。

悲痛欲绝的常书鸿，骑上研究所唯一的大红马急追而去。追到安西县城时，他找遍了车站、旅店，也没找到陈芝秀的影子。吃了点干粮，给马喂了点草料后，他继续不顾一切地向玉门方向追去。途中，常书鸿心火上攻，从马上摔下，昏厥过去。后来，在戈壁滩上找油的玉门油矿野外工作人员发现并救起了他。

常书鸿后来在自传中写道："在不寐的长夜里，忽而，我脑中又呈现出一幅幅丰姿多彩的壁画，那栩栩如生的塑像，继而，我又想到第 254 窟中著名的北魏壁画《萨埵那太子舍身饲虎图》，它那粗犷的画风与深刻的寓意，又一次强烈地冲击着我。我想，萨埵那太子可以舍身饲虎，我为什么不能舍弃一切侍奉艺术、侍奉这座伟大的民族艺术宝库呢？在这兵荒马乱的动荡年代里，它是多么脆弱多么需要保护，需要终生为它效力的人啊！我如果为了个人的一些挫折与磨难就放弃责任而退却的话，这个劫后余生的艺术宝库，很可能随时再遭劫难！"

常书鸿把失妻之痛压在心底，不顾一切地忘我工作。但是，祸不单行。夏天，教育部撤销敦煌艺术研究所的命令到达敦煌。

家庭的变故刚刚过去，事业的磨难又接踵而来。在过去近半个世纪后，常书鸿回忆起这段苦难历程时仍然和着血泪："前妻出走的折磨刚刚平息，事业上又遭到来自政府的这一刀，真是忍无可忍了！这接踵而来的打击，使我像狂风恶浪中的孤舟一样，忽而浮起，忽而又沉下，刚刚振作起来的热忱，又一次被无情地吞没了。"

8 月 15 日，莫高窟大佛殿的铁钟被重重地敲了 21 下，钟声传遍千佛洞。日本鬼子投降了！

日本投降，在这个荒凉偏僻之地久居的人们，盼望着与家人的团聚。在一片庆祝和复员声中，研究所的学者、画家相继离去。董希文和张琳英夫妇走了，李浴、周绍淼、乌密风走了，先后来到所里的骨干大都走了。

"两头毛驴上分装着我们一家的简单行李，我骑了一头，沙娜搂着嘉陵骑着另一头。时序又是初冬了，这是 1945 年的冬天。千佛洞前的白杨树全都赤裸着兀立在风沙中，落叶连同沙山的泡泡刺，在已结冰的大泉宕河上飞旋飘舞。敦煌这时分外清冷和孤独，在朦胧的晨雾中显得灰暗而沉闷。"常书鸿在自传中如此讲述当年离开敦煌、暂回重庆时的境况。

看一眼莫高窟，人去楼空。常书鸿发誓：我一定要回来！

幸福的滋味

1946 年，经过于右任、陈立夫、朱家骅、傅斯年、李书华、张道藩、常书鸿、夏鼐等相关人士的热心协助和奔走呼吁，敦煌艺术研究所得以由"撤销"变为改隶中央研究院（1947 年 1 月，敦煌艺术研究所重新划归教育部管理）。一辆十轮美制军用大卡车载着新招收的人员、图书资料、器材设备和新的希望驶向了那颗瀚海明珠。

常书鸿重返敦煌。

研究所从重庆、成都、兰州招聘了郭世清、刘缦云、凌春德、段文杰、范文藻、霍熙亮等一批美术人员。第二年又从成都来了孙儒僩、黄文馥、欧阳琳、李承仙、薛德嘉、萧克俭等。第三年，史苇湘也来了。这些人多属美术院校毕业，自愿投身敦煌艺术事业，他们的加入，给敦煌带来了新的希望。

对常书鸿来说，不仅事业重新开始，爱神也再次降临。1947 年金秋，常书鸿与同样痴心于敦煌艺术的李承仙喜结良缘。在四川省立艺术专科学校任助教的李承仙，出身于世家名门，父亲李宏惠是孙中山同盟会的第 7 位签名者、南洋筹款总办，二伯父李瑞清是张大千的业师。在李承仙来敦煌的时候，张大千把自己朱笔批语过的松本荣一的名作——《敦煌画研究》作为礼物相送。

大批年轻人的到来，千佛洞内外又充满了生机。在千年艺术宝库中遨游，那种发现的快乐消解了孤独生活的苦闷。石窟中那千百年的历史画卷、美轮美奂的艺术形象、意蕴深邃的艺术世界，使他们神游物外。

段文杰在多年后回忆起这段岁月时，生动地呈现了他们当年的苦乐世界："国立敦煌艺术研究所设在一座破庙——皇庆寺里。早已没有神像的大殿就是工作室，改造马厩做宿舍。土炕、土桌、土凳，一切都是土的。生活自理，面粉自己磨，伙食自己管，吃菜要赶着毛驴横穿五十里沙漠到县城去买。夏天黄风刮来，飞沙走石，天昏地暗，冬天大雪封山，积水成冰，夜间一觉醒来，被沿、眉梢结满冰碴，生活非常艰苦，但是工作人员的精神是饱满的，当他们在石窟里看到千年的历史画卷、健康优美的艺术形象和蕴含深处的艺术意境，真是'一画入眼里，万事离心中'，在民族艺术审美陶醉中，他们有自己的'极乐世界'。"

停顿了的工作再度展开。他们给千佛洞重新编号，连同中华人民共和国成立后陆续发现的几十个洞窟，编成人们很长时间都在引用的 492 个洞窟编号。清理积沙、维修洞窟、修建栈道、装上木门……保护莫高窟的篱笆扎得更牢了。

1948 年来到莫高窟的美国人艾琳·文森特在《神圣的绿洲》一书中，记录了她当时看到的莫高窟：

> 国立敦煌艺术研究所对王道士开凿洞窟间通道时造成的即将脱落和已松动的壁画进行了加固，对已经倾倒或从墙壁上脱落的塑像，只要能找到它们的残片就会被修复，但研究所的工作人员从未对塑像进行重绘或重修，这样做的目的是宁可保存文物的现状也不要改变文物的原状。清理窟内积沙及塑像壁画残片的工作，由从敦煌县雇佣的工人来完成，截至1948年已经清理和修复了320个洞窟。
>
> 为了能进入每个洞窟，国立敦煌艺术研究所用木头和常见的灰泥修建了连接洞窟的栈道和台阶，并且整齐地用白色涂料粉刷了轮廓。几个位置较高、更加孤立的洞窟需要把梯子搭靠在洞窟地面上的小洞里才能进去。
>
> 每段栈道的入口前都安装有一道可以上锁的木门，有时每个洞窟的入口也安装了木门。……国立敦煌艺术研究所采用了一套全新的第三种洞窟编号方法，很明显比伯希和教授和张大千先生的洞窟编号方法更完善。

与此同时，常书鸿带领大家开始了更大规模的壁画临摹，到1948年初已经完成《历代壁画代表作选》《历代藻井图案选》《历代佛光图案选》《历代莲座图案选》《历代线条选》《历代建筑资料选》《历代飞天选》《历代山水人物选》《历代服饰选》和《宋代佛教故事画选》等十几个专题的编选工作，共选绘了壁画摹本800多幅。

临摹壁画的艰辛是常人难以想象的。对此，常书鸿感受深刻：洞窟壁画临摹是一项很艰苦细致的工作。由于石窟开凿在一条坐西朝东的峭壁上，而洞窟一般只有一个向东的进光线的门，加上每个洞窟都有一段甬道，所以经甬道遮掩，真正能照在壁画上的光线就十分微弱了，到下午光线就更加暗淡，对临摹者，很费眼力，尤其在寒冬季节，又黑又冷。我们没有梯架设备，没有照明器材，只能在小板桌、小凳上工作，对看不清的地方，就要一手举着小油灯，一手执笔，照一下画一笔，十分费力。要是临摹窟顶画时就更加艰苦，要昂着头，脖子和身体都成了90度的直角，仰看一眼低头再画一笔，不一会儿就头昏脑涨，有时甚至恶心呕吐，尤其是临摹大幅壁画，困难就更大了。

当年的研究所美术组组长段文杰回忆："这批年轻的美术工作者，天天一手拿着画笔，一手秉烛或拿着油灯，冒着生命危险，攀登悬崖绝壁，上洞临摹，他们的全部精神就寄托在壁画上。"

付出终有回报。1948年8月，由500余幅临摹壁画组成的"敦煌艺术展览"，在南京的中央研究院展出。蒋介石冒雨前来参观，并留言称赞。积极支持展览的教育部部长朱

1948 年 8 月，"敦煌艺术展览"展出的第 274 窟北魏壁画观音。常沙娜临摹。图片来源：《今日画报》"敦煌艺展特辑增刊"

家骅撰写了《敦煌展览与中国文艺复兴》一文。

随后，敦煌艺展在上海展出一周，社会反响更加热烈。

南京和上海的敦煌艺展，是敦煌艺术研究所五年工作成绩的集体展示。常书鸿，这位敦煌的艺术"囚徒"，终于把牢底坐穿。莫高窟，这朵深藏于沙漠中的艺术之花，终于美丽绽放。

时代在变，常书鸿热爱敦煌的心没有变。国共战争，春去秋来。1949 年 10 月，酒泉专区人民政府派干部接管敦煌艺术研究所。

1950 年 8 月，西北军政委员会文化部派专人正式接管敦煌艺术研究所。1951 年 1 月，敦煌艺术研究所由中央文化部文物事业管理局直接管理，改组为敦煌文物研究所，常书鸿任所长。

又一次，九层楼上的铁马叮当在莫高窟鸣响，在常书鸿心头鸣响。

一个新的时代到来了。

寻梦与归来

敦煌宝藏离合史

下编 魂兮归来

刘诗平 孟宪实 著

女十一娘供养

女十三娘供养

广西师范大学出版社　GUANGXI NORMAL UNIVERSITY PRESS

·桂林·

魂兮归来

下编

国土沦丧，人们誓死保卫；国宝流失，学者发奋图强。外敌入侵没有使一个民族屈服，外国蔑视也没能让学者们停下追赶的脚步。中华人民共和国成立后，中华民族来到一个新的发展阶段，人们期盼着中国敦煌学迎来一个新的发展时代。

然而，十年「文革」接续而来。当外面的世界迅猛发展，灾难却梦魔般地笼罩着中国大地。直到噩梦醒来，踏上改革开放之路，中国才又有了民族振兴、学术振兴。阴霾散去，国人心胸豁然开朗，敦煌学之魂终于归来。

目录

第二十一章

新时代的国宝之光

1949 年 10 月 1 日，中华人民共和国成立了。

中国的敦煌学者与全中国人民一样，迎来了百废待兴的新时代，敦煌学迎来了发展的新时期。过去国家受人欺凌，学者追梦没有强有力的靠山，所以总是千难万难；过去想大力投入研究，但总有比学术更急迫的事情，战争的无休无止，学术总是位列于后。现在，噩梦已成过去。集千年优秀传统文化创造与近半个世纪列强侮辱于一身的敦煌学，得到了政府和人民的重视，具备了一个较好发展的外部环境，世界范围内敦煌资料的刊布、整理与研究，也经过了近半个世纪的积累，敦煌学发展的新阶段已经到来。

午门城楼上的敦煌飞天

1950 年 9 月，正在敦煌开会的常书鸿收到一封来自北京的急电："经中央研究决定，配合抗美援朝，进行爱国主义教育，在北京举办一个大型敦煌文物展览会，请速即携带全部敦煌壁画摹本和重要经卷文物来京筹备为要。"

急电是从北海的团城发出的——文物局最初的办公处，就设在这个世界上最小又最美的砖城里。

常书鸿接到电令，立即将 1949 年研究所临摹的作品，以及 1944 年土地庙发现的文书随身带上，赶往北京；随后将 1948 年在南京和上海展出的敦煌壁画临摹品（寄存在上海和杭州），取往北京。

1950 年年底，在文化部文物事业管理局局长郑振铎和副局长王冶秋主持下，由敦煌文物研究所、中国历史博物馆主办的敦煌文物展览筹备工作全面展开。

这是一次实力的展示。中国历史博物馆、北京大学、清华大学、中央美术学院、中国科学院考古研究所等在京学术机构的相关专家——向达、王重民、徐悲鸿、梁思成、夏鼐、周一良、周叔迦、邓以蛰、王逊、沈从文、阴法鲁、陈梦家、董希文、傅乐焕、阎文儒、宿白等，全都参与其中。

在他们指导下，由潘絜兹、李承仙、常沙娜和中国历史博物馆的工作人员编排布展，经过将近 5 个月的紧张运作，1951 年 4 月 13 日，"敦煌文物展览"在故宫午门城楼上揭幕。

展品规模、数量和受重视程度空前，仅壁画临摹作品就有 927 件之多，有莫高窟不同时期的作品，也有安西榆林窟的作品；有说法图、故事画，也有伎乐、图案；有王室官吏，也有屠夫渔樵。

从 4 月 13 日开幕到 6 月 6 日结束，观展人流如织。其中，专门安排了一天接待各国驻华使节和国际友人，将敦煌艺术推向世界。

对敦煌艺术研究而言，展览的作用也是空前的。人们透过展览中的壁画临摹作品和图片资料，可以对敦煌有更直观的体验。《文物参考资料》1951 年连续两期"敦煌文物展览特刊"，发表了 20 多篇研究论文和相关资料，涉及敦煌艺术、乐舞、建筑、史地等方方面面，同样是中国敦煌学研究的一次集中展示。

因为是在抗美援朝、保家卫国背景下举办的展览，第三陈列室的栏目名称为"帝国主义者劫夺敦煌文物罪证"。

常书鸿在《九十春秋——敦煌五十年》一书中，回忆了他接待周恩来总理参观展览的一些细节。其中，周恩来总理说：人家盗窃了敦煌的文化艺术宝藏，一到他们国度里就进行"敦煌学"的研究，而我们反而默默无所作为，那我们还算是一个中国人吗？

敦煌石窟进故宫

"敦煌文物展览"还没有从人们的记忆中消退，"敦煌艺术展览"已经在酝酿中。在登临午门城楼四年之后，敦煌再次与故宫聚首。

1955 年 10 月 9 日，敦煌文物研究所和故宫博物院联合举办的敦煌艺术展览在故宫奉先殿开幕。

与上次展览不同的是，这次莫高窟的整座石窟被搬进了故宫。展览作品中有第 285 窟全窟内部的如实仿制。从单纯的壁画临摹到整窟复原展出，让没有去过敦煌的人，同样能身临其境地感受到敦煌石窟的艺术魅力。

更有一层深意的是，第 285 窟正是当年华尔纳想将全部壁画剥离而去的洞窟。

这是西魏时期的一个 5 米见方的覆斗藻井窟，西壁开 3 龛并有 2 米高的塑像，共留存有 327 平方米的壁画。如今，呈现在人们眼前的，是敦煌壁画临摹中的空前巨作，由敦煌文物研究所多位艺术家废寝忘食、夜以继日，从 1951 年一直临摹到 1953 年才完成。

1953 年大学毕业来到敦煌文物研究所工作的关友惠回忆说，他 9 月 2 日傍晚到达莫高窟，第二天一大早，段文杰带着他去看洞窟，当时第 285 窟的临摹工作正在进行中："走到第 285 窟，窟内搭满工作架，竖着一块块画板，段先生主持的敦煌壁画临摹史上第一座整窟原大壁画现状临摹工作。临摹工作从 1951 年开始，凭借着几块玻璃镜反光照明，

1951年4月13日，"敦煌文物展览"在故宫午门城楼上揭幕。图为莫高窟第156窟唐朝《宋国夫人出行图》局部（范文藻、段文杰临摹）

莫高窟第156窟唐朝《河西节度使张义潮出行图》局部（范文藻临摹）。图片来源：《文物参考资料》1951年第二卷第四期"敦煌文物展览特刊"

历经三年，临摹工作已接近收尾。我们看到画板上还未取下来的临本，真不敢相信他们竟是在暗淡的常人看不清的光线下画出的。"

主持并参与临摹第 285 窟壁画的段文杰在故宫展览现场负责接待。他在回忆录《敦煌之梦》中写道，当时曾陪同苏联卫国战争时期的姐弟英雄卓娅和舒拉的母亲柳苞娃·齐莫菲耶夫娜参观，做了非常详细的讲解。"她看完后对我说：'中国古代艺术很了不起。'并将她胸前佩戴的苏联政府授给她的金质纪念章赠给我以表谢意。"

常书鸿后来回忆当初选择临摹此窟的情况时说："285 窟有大魏大统四年、五年（公元 538、539 年）题记，历史和艺术价值高，保存完好，是西魏时的代表洞窟。如果我们把这个洞窟的壁画全部按照原大临摹并装置起来展览，可以让全中国人民及国际上热爱敦煌艺术的朋友们知道，侵略成性的帝国主义分子是怎样穷凶极恶地抢掠别人的财富，并且起到宣扬伟大祖国的艺术传统、揭露华尔纳之流盗窃敦煌文物的丑恶行径的作用。"

危崖加固

1961 年 3 月，敦煌莫高窟名列第一批全国重点文物保护单位。莫高窟的保护来到了一个新的历史阶段。

十年前，在周恩来总理的重视下，政务院曾派出北京大学赵正之、清华大学莫宗江和古建筑学家余明谦、陈明达前往敦煌，对莫高窟石窟文物保护工作进行全面调查，制定保护方案，并"整旧如旧"地抢修了 5 座岌岌可危的唐宋时期木结构窟檐。这也是中华人民共和国成立后莫高窟获得的首次抢救性维修。

莫高窟成为第一批全国重点文物保护单位之后，更大规模的保护工作开始酝酿。1962 年，敦煌文物研究所向中央文化部呈交《关于加强保护莫高窟群的报告》。随后，文化部派出由徐平羽副部长带队、包括各方面专家的工作组来到敦煌。周恩来总理批准了梁思成提出的"敦煌莫高窟危崖加固工程"方案，并拨专款100万元，一步到位用于大规模抢修。

这是莫高窟发展史上的一次巨大行动。加固工程从 1963 年秋季开始，1966 年竣工。在石窟群南北区 4040 米的长廊中，加固了 195 个洞窟，制作了 7000 多平方米的挡墙砌体和梁柱，对 363 米长的岩壁进行了加固，解决了 400 多个洞窟上下三四层之间的往来交通。

当年王道士打通窟壁，以破坏壁画为代价而修建的"古汉桥"被层层叠叠、蔚为壮观的虚栏栈道代替。

这次史无前例的修复，就莫高窟保护而言，加固了洞窟本身结构，解决了石窟经常遭受风沙、雨雪和日照的危害问题。同时，莫高窟的外观发生了根本性变化。

窟前遗址发掘[1]

为配合危崖加固工程，从 1963 年 7 月到 1966 年"文化大革命"爆发被迫停止，进行了为时三年的莫高窟窟前遗址的发掘。在南区北段和中段长约 380 米的区域内，发现了 22 个五代、宋、西夏和元时期的窟前殿堂建筑遗址，发现了北魏、唐、五代和西夏时期的 3 个洞窟和 4 个小龛。

据参与发掘工作的马世长教授介绍，新发现的 3 个洞窟均位于底层洞窟之下，其中建于北魏的第 487 窟在底层洞窟之下 4 米左右。也就是说，莫高窟创建初期窟前地面高度，要低于现在的地面 4 米多。与现在大泉河河道远离窟区不同，当时莫高窟的崖壁临大泉河而立，洪水肆虐时会冲进洞窟。这些洞窟在唐朝后期被洪水淹没而彻底废弃。

这次发掘，颠覆了人们对莫高窟外观的想象。发掘出的殿堂建筑遗址没有五代以前的，说明五代以前无法在窟前建造殿堂建筑，洞窟绝大多数是在崖壁上凌空凿窟。五代以后，底层洞窟窟前地面升高，才有了建造殿堂建筑的可能。窟前部位因崖面崩塌，积石和积沙渐次增高，五代以后出现了底层洞窟窟前殿堂建筑。

与现在的莫高窟外景完全不同，发掘结果证明，莫高窟南区底层五代以后的大型洞窟全部建有殿堂建筑，形成前殿后窟。一座座殿堂建筑高高耸立，当时莫高窟外观气势之宏伟壮观可以想见。

四海飞翔

在莫高窟临摹壁画，是脑力劳动的再创造，也是体力劳动的辛苦活。

莫高窟的洞窟洞口朝东，上午阳光射向崖面，那些小的、浅一些的洞窟光线会好些，临摹相对方便；那些洞窟大、洞口小的，光线暗淡，临摹起来格外困难。

虽然研究所的专家们学会了用镜子反射的方法，将光线引向洞内，但太阳毕竟在移动，镜子因此也得不时移动。一些没办法用镜子反射太阳光的洞窟临摹，依然得靠蜡烛之类照明。高处看不清，就只能架起人字梯，爬上去看看，再下来画，有时为了画好一个局部，要反复上下多次；画低处的局部，则要在地面铺上毡子和布，人趴卧在地上作画。研

1　遗憾的是，发掘和整理工作随着"文革"到来被迫停顿，直到 1979 年才恢复中断的发掘工作。这次发掘，在窟内塑有莫高窟第二大佛（南大佛）的第 130 窟前，发现了窟前殿堂建筑遗址，这也是莫高窟窟前规模最大的铺砖殿堂建筑遗址。

究所里临摹壁画最多、公认最好的段文杰说："在石窟洞里作画是很辛苦的，不仅要用脑力，还要用体力。好在大家都是年轻人，身体还吃得消。"

在这些艺术家的忘我劳作中，一幅幅美轮美奂的壁画得到再现。

莫高窟是一个艺术的海洋。在 45000 平方米的壁画中，仅体态各异的飞天，就飞翔在各个不同时期的石窟中。一窟之内，既有身长 250 厘米的大飞天，也有不到 5 厘米长的小飞天。她们是没有翅膀的天使，全凭衣带的飞扬，裙裾的曳动和身段的飘浮，往来飞翔，奏千重乐，散天雨花，放百种香。

作为友好使者，敦煌飞天借助展览的举行，越过千山万水，飞向世界各地。

中华人民共和国成立后的 17 年里，举行了 20 多次敦煌艺术展览。除了在北京、上海、兰州等国内城市展出之外，敦煌飞天也随着一个个艺术展览，走出国门，飞向印度、缅甸、捷克、波兰、日本等国，极大地促进了中外文化交流，促进了敦煌艺术研究。

迎接开窟1600周年

敦煌飞天在四海飞翔，莫高窟开窟 1600 年的日子也在临近。

1963 年，敦煌文物研究所开始筹备 1966 年莫高窟开窟 1600 周年的各种纪念和学术活动，同时制定了详细计划，召开纪念大会、开展学术研讨、举办展览、出版图书。1963 年至 1965 年，为了准备开窟 1600 周年学术研讨会，敦煌文物研究所内部组织安排了 36 次学术讨论会。莫高窟即将迎来一个重要的历史节点，敦煌文书和石窟艺术、考古相结合展开的研究也有望出现新的突破。

1963 年与樊锦诗一道从北大毕业分配至敦煌文物研究所工作的考古学家马世长，在回忆这一段时间的往事时说："当时浓烈的学术氛围，和谐的人际关系，没有资料垄断，没有相互猜忌，每个研究课题的确定和认领，都经过筛选和推荐；每个课题的研究成果，既含有承担者个人艰辛付出的心血，也闪烁着其他同志关心、帮助的智慧光芒。"

马世长说他在 1964 年完成的论文《新发现的北魏刺绣》，"那些刺绣残块，是李贞伯先生帮助清洗、熨平、拼对起来的，文中插图是段文杰先生和刘玉权先生绘制的，有一条文献资料是常书鸿先生增补的。前辈学者提携后进，关心青年成长的精神和行动，给我留下难以磨灭的印象"。

工作环境虽然艰苦，生活条件虽然恶劣，但是敦煌文物研究所的人们精神饱满，心无旁骛。浓烈的学术氛围，和谐的人际关系，科研群体的团队意识，增加了他们对敦煌艺术和学术事业的迷恋与追求。

缩微胶卷互换

敦煌飞天成为沟通中外的友谊使者，敦煌文书的互换也开始在中英两国间展开。

1954 年 9 月，中国科学院院长郭沫若收到英国来信。这封由剑桥大学魏礼、李约瑟等四名教授联名撰写的信中，提出能否用大英博物馆藏敦煌文书的缩微胶卷，换取北京图书馆藏敦煌文书缩微胶卷。

中国科学院随即将信件转交北京图书馆。北图藏敦煌文书自《敦煌劫余录》出版后，内容大白于世。不少学者要求阅览，而北图一直将其作为国家一级文物保管，极少公开。怎样利用、如何保管这些文书，一直是个问题。与此同时，英藏敦煌文书当时连目录也没有公开发表过，中国学者要想利用这批文书难上加难。因此，北图在打报告给文化部的同时，提出了可以交换的意见。

1955 年 1 月，文化部批复北图"同意以你馆的名义将敦煌写经胶卷寄赠该大学"。

英藏敦煌文书是斯坦因从中国掠去的，如今缩微胶卷是"交换"还是"寄赠"？这涉及民族情感问题的文化交流，曾经在北图内部引起激烈争论。在中英双方共同努力下，敦煌文书缩微胶卷的互换得到积极推进。

英藏敦煌文书已经有缩微胶卷，但北图藏敦煌文书以前从未摄制胶卷。因此，北图开始整理文书并拍成缩微胶卷。每拍成一批，就给剑桥大学图书馆邮寄一批。

1957 年 2 月，北图向英方寄出首批缩微胶卷，从第 0001 号到第 3420 号，约为北图藏敦煌文书的 40% 左右。剑桥大学图书馆收到胶卷后，同年 11 月将英藏 6980 号敦煌文书缩微胶卷通过海运寄到北图。

1958 年 2 月和 1960 年 5 月，北图寄出第二、第三批缩微胶卷。1960 年 5 月 24 日，北图国际交换组组长毛勤致信剑桥大学图书馆："上周寄出本馆所藏敦煌写经缩微胶卷的最后一批共 35 盒（卷）。"

至此，中英互换敦煌文书缩微胶卷工作结束。北图收到英藏缩微胶卷 105 卷 6980 号，3 次向对方寄出北图藏缩微胶卷 86 卷 7749 号。[2]

2　1962 年，剑桥大学图书馆发现北图所寄缩微胶卷不全，随即向北图追询。北图核实后发现"确有一部分胶卷未曾拷贝"，因经费紧张，答应"所欠对方一小部分日后照好再寄去"。1976 年，北图将剩下部分的 8 盒缩微胶卷寄给英方。历时 20 多年的中英互换敦煌文书缩微胶卷正式结束。

硕果累累

对于当初获派海外调查敦煌文书或自费投身于这一领域的学者，由于抗日战争和国内战争的残酷进行，他们没有一张平静的书桌将研究心得及时悉数奉献。公费赴欧的王重民和向达也好，自费出洋的姜亮夫和王庆菽也罢，他们直到 20 世纪 50 年代才得以将更多的海外所得，变为公开的学术成果。

1947 年，王重民滞留国外十多年后，回到北平。"图强之心非常迫切"的王重民，很快成为中国敦煌学领军人物，50 年代出版了一系列重要著作：积十年之功编成的《敦煌曲子词集》，是当时海内外收集最完备的敦煌词集；从敦煌文书中搜寻到 104 首唐诗，编成《补全唐诗》，扩大了唐诗阵容；《敦煌古籍叙录》更是半个世纪以来中国学者整理研究敦煌写本"四部书"的总结性著作。所有这些，都是他在海外无数个日夜抄录和整理敦煌文书而成的心血。

姜亮夫在抗日战争时期当作生命一样保护的敦煌学研究成果，终于有了好的结局。1955 年，《瀛涯敦煌韵辑》在上海出版，流失海外的韵书得以搜集成帙，为进一步展开切韵系统的研究奠定了资料基础，在音韵学研究史上留下了脚印。

1951 年回到国内的王庆菽，将英国所得敦煌资料进行整理，1954 年从沈阳借调至北京，与王重民一道发起，向达主持，约请名家周一良、启功、曾毅公参与，进行敦煌变文文献汇编。作为俗文学的一种，变文主要是说唱故事的文本，故事内容大多取材于历史故事或佛经故事。根据王重民、王庆菽在巴黎和伦敦拍摄的照片或抄录的文本，这些专家汇编校印了海内外所藏 187 个敦煌变文写本，1957 年出版截至当时最丰富、最完备、最权威的《敦煌变文集》，迎来了敦煌变文研究的一个高潮。

1956 年，当中英互换敦煌文书缩微胶卷还在进行时，中国科学院图书馆在馆长贺昌群主持下，从日本购入东洋文库拍摄的英藏敦煌文书缩微胶卷。加上北图在巴黎、伦敦拍摄的敦煌文书照片和其他一些私人过录的抄本，敦煌社会经济文书的大型整理工作也迈开了脚步。1960 年，中国科学院历史研究所整理出版《敦煌资料》（第一辑），收录了 140 种敦煌文书中的户籍、契约等社会经济文书。大型敦煌资料集的出版，把单件敦煌社会经济文书纳入整体之中，推动着敦煌学研究向纵深发展。

1962 年，敦煌学史上具有里程碑意义的作品——《敦煌遗书总目索引》在北京出版。这部由王重民主持的著作，不仅收录了北图藏敦煌文书的《敦煌劫余录》、王重民根据法藏敦煌文书编写的《伯希和劫经录》和刘铭恕根据英藏敦煌文书缩微胶卷编写的《斯坦因劫经录》，而且收集了散在日本各处和我国私人手中的十几个散目，共收录了 22000 多号敦煌文书，是当时世界上最为完整的一部敦煌文书目录。通过这部索引，可以知道所收文书的大致内容，从而有可能对敦煌文书进行总体把握和综合研究。

有了这些基础，敦煌文书研究和敦煌石窟艺术齐头并进，中国敦煌学繁荣发展充满希望。

探秘苏藏敦煌珍宝

《敦煌遗书总目索引》是当时世界上最完整的一部敦煌文书目录索引，有英国、法国和中国的大宗藏品目录，也有日本和中国散藏的文书目录。但是，另一处大宗藏品——苏联藏品没有收入。

20 世纪 50 年代，冷战铁幕笼罩世界，资本主义阵营和社会主义阵营壁垒森严。1957 年 11 月 2 日，毛泽东应邀率中国代表团参加十月革命胜利 40 周年庆典，并出席在莫斯科召开的社会主义国家共产党和工人党代表会议。

在中国代表团到达莫斯科的前三天，应邀赴东欧和苏联访问、讲学的文化部副部长郑振铎从布拉格来到莫斯科。让郑振铎激动不已的是，他听说列宁格勒藏有上万件敦煌文书！奥登堡将这批敦煌宝藏运出境后，中国人一直不知道，更不要说看到。

1934 年，列宁格勒东方学研究所接待了袁同礼一行。执掌北平图书馆的袁同礼在这一年派遣王重民前往法国调查伯希和藏品，然而身在列宁格勒，他却对这里的敦煌藏品一无所知。不仅袁同礼此时不知道，中国学者在此后的 20 多年里也鲜有所闻。

就在毛泽东到达莫斯科的当天上午，郑振铎在苏联科学院中国学研究所开讲"中国小说八讲"。演讲是成功的，苏联一流汉学家费德林、艾德林、索罗金、李福清等亲临现场。交谈间，这些汉学家说起，在列宁格勒藏有一万多件敦煌文书和一万多件西夏文佛经。这一惊人消息，1949 年以来到过莫斯科多次的郑振铎没有听说过，对 20 世纪 20 年代就在伦敦和巴黎抄过敦煌文书的郑振铎而言，这个消息带来的震撼可想而知。

11 月 15 日，一结束最后一讲，郑振铎当夜便由艾德林、索罗金等陪同，急匆匆踏上了开往列宁格勒的列车。第二天早上九时半到达列宁格勒。十二时，郑振铎赶到东方学研究所。在这里，郑振铎看到了不少敦煌文书，见到了《刘知远诸宫调》。

11 月 17 日是星期天，东方学研究所不上班，没办法看敦煌文书，郑振铎于是去冬宫博物馆参观。让郑振铎没想到的是，展品中有敦煌千佛洞壁画、塑像和黑水城出土物。

郑振铎的震惊和兴奋之情可以想见。11 月 18 日天还没亮，他便起床给作家、文艺理论家唐弢写信：

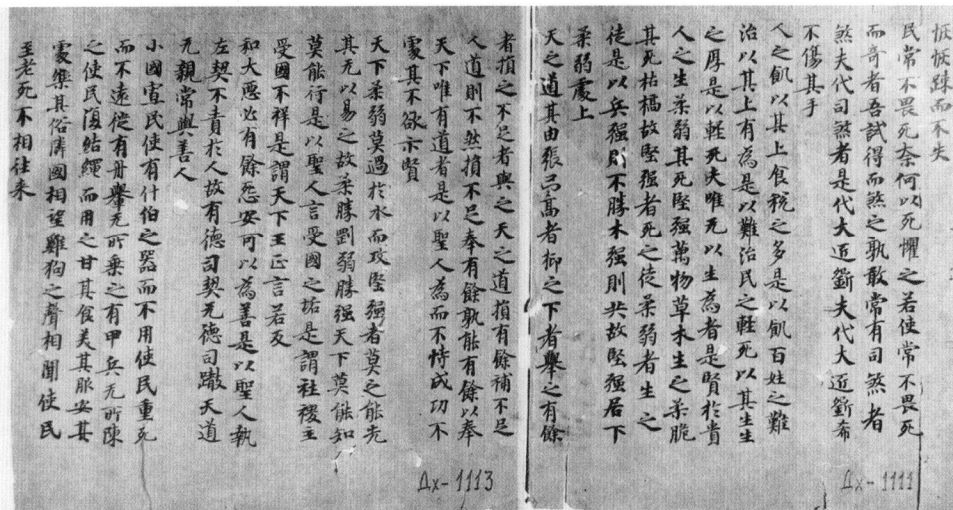

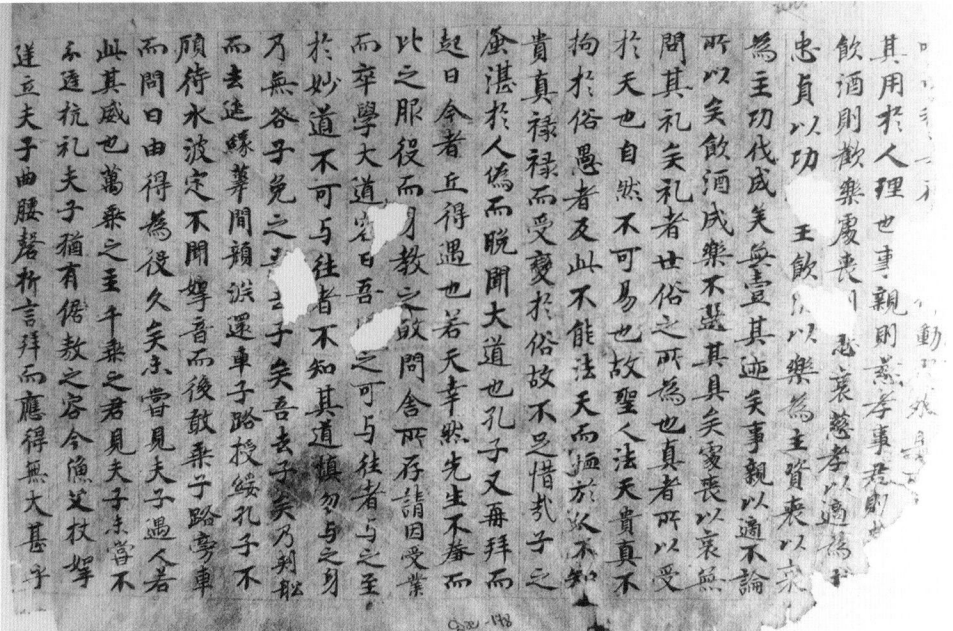

俄藏敦煌文书中的《老子》和《庄子》片段。图片来源：[苏]孟列夫 主编，《俄藏敦煌汉文写卷叙录》

　　这两天，参观了冬宫的博物馆，并到东方研究所阅其所藏敦煌卷子（多至万卷），甚为兴奋！这上万卷的汉文古钞本，一定会有惊人的发现。现正在整理中。已经发现了两卷《维摩诘经变文》，皆我们所未见者，又看了《刘知远诸宫调》和黑水城发掘出来的古版画《四美人图》等，皆是久欲见之，今始偿愿者。

　　冬宫博物馆所藏中国古文物甚多。最惊人者有三大重要的宝库，一为敦煌的壁画及塑像，皆是原物，不下于伦敦所藏，而世人皆不知之。二为黑水城出土之西夏文和汉文的经卷，佛教和道教的图像，以及家具、衣履等等。三为新疆所得的壁画、塑像等等，亦不下于英德二国之所得者。我整整看了四时有半，毫不觉得疲累，还要再去看呢。

写完信，郑振铎抓紧时间前往东方研究所查阅敦煌文书。他在当天的日记中写道："近十时，到东方研究所，看敦煌卷子，多半是佛教经典，但杂有古代文学、历史、文件等，不在少数，甚兴奋。《庄子》《文选》二卷，尤可注意。"

十一时半，郑振铎给列宁格勒大学的学生讲《中国文学史的分期问题》，至三时许完成讲课和答疑后用午餐（与北京有时差）。"四时许，复到东方研究所，续看敦煌卷子，有《老子》《论语》等。近六时，辞出。有一万多卷，只看了二三百卷，不知更有何重要的东西？"

回到旅馆后，郑振铎又怀着激动的心情，给20世纪30年代一道在上海抢救珍贵文献的老友徐森玉写信：

我于前天到了列宁格勒，立刻开始工作。莫斯科的人告诉我，在列宁格勒有一万卷以上的敦煌卷子和一万多卷的西夏文的佛经。所以，我很急于到这里来。在莫斯科的工作一结束，当夜就乘夜车赶来。

上午九时半到。休息了一会儿，十二时就到东方研究所去看敦煌卷子，因为时间不多，只将他们放在手边的几十卷翻阅了一下，就发现有《维摩诘经变文》二卷，都是我们所不知道的。

昨天是礼拜天，不能去续看，只好到冬宫博物馆去。在那里，有中国古文物的三大宝库，一是敦煌的壁画和塑像（原物！），二是甘肃黑水城出土的绘画（佛画、道教画）、木刻画（《四美人图》等）和古物，三是新疆发现的壁画和塑像等等。这些，都是不大有人知道的；不知何故，也不大有人介绍过。也许是了不起的一个发现！

…………

今天上午，又到了东方研究所，续看敦煌卷子。共看了二三百卷。还要讲演一次（约三小时），讲毕，又要吃午饭。所以，下午便只能看二小时左右了。急急忙忙地看，又看了二百卷左右，都是他们事前挑选出来的；未被挑选的，不知还有什么"宝物"在内。就这几百卷东西，已有不少十分惊人的。……目不暇给，手不停抄。可惜已经到了他们下班之时，天色已经黑了，只好"留以有待"。

《刘知远诸宫调》的原物也已见到，此行诚不虚也！明天夜车回莫斯科，因为后天一早就要飞高加索了。

20 世纪 50 年代，中国大陆很少能看到国外藏敦煌经卷，在列宁格勒能看到如此之多不为外界所知的敦煌宝藏，这位文化部高官立即露出学者本色，抓紧一切时间看，"手不停抄"。

除了敦煌和新疆文物之外，郑振铎信中专门提到了中国最古的一部刻本诸宫调——《刘知远诸宫调》。这是科兹洛夫于 1908 年在黑水城遗址掠去的。早在 1930 年秋，精研民间文学的郑振铎就已经见过照片，只有 42 页 4 则多，中间部分有将近 8 则未见。因此他怀疑原书本来不缺，而是照片不全。如今在东方学研究所终于见到原件。

郑振铎后来回忆当时的情景时说："那是多么兴奋的一个时刻啊！我血液急流着，呼吸紧张，脸上表现着无比的喜悦。原书正在装裱。我就在装裱台上，把它翻了又翻，看了又看。的确只有 42 页。中间的将近 8 则，估计约有 80 多页吧，是原来缺佚了的。这个久蓄的疑问算是解决了。"

第二年 4 月，这部民间文学的杰作《刘知远诸宫调》连同 46 册的彩绘本《聊斋图说》，由苏联对外文化联络委员会代表苏联政府赠还中国，由郑振铎代表中国文化部接收，并转拨北京图书馆珍藏。同年，文物出版社将此珍本影印出版，郑振铎撰写跋文以记其事。

然而，令人痛心的是，书印出后，郑振铎已经魂归蓝天。1958 年 10 月 17 日，郑振铎出国访问时因飞机失事不幸遇难。

追踪苏藏敦煌文书

对苏联以外的学者而言，苏藏敦煌文书在近半个世纪里一直像谜一样。

1910 年，伯希和与狩野直喜先后访问圣彼得堡，他们看到了科兹洛夫黑水城收集品。1913 年华尔纳来中国途经圣彼得堡时，也看到过科兹洛夫黑水城收集品。但是当时奥登堡还没有开始敦煌之行，狩野直喜和华尔纳自然看不到敦煌收集品。

当奥登堡 1915 年赶着载有敦煌文物的驼队离开中国后，日本学者很快就注意到了奥登堡的敦煌收集品。1916 年，矢吹庆辉在圣彼得堡从奥登堡手中看到了一批敦煌文书照片；1927 年，另一名日本学者梅原末治又目睹了少量写本，狩野直喜则得到了一张敦煌写本《文选》残卷的照片。不过，日本式的"搜宝"也只是如此而已。

20 世纪二三十年代，伯希和应邀访问列宁格勒，对苏联藏敦煌文书稍有接触，并简略地提及和介绍过其中的几件文书。

1930 年，苏联科学院东方学研究所成立，组建研究室重点研究科兹洛夫黑水城收集品，同时着手对敦煌文书进行编目，弗鲁格为主要经手人。第二次世界大战期间，弗鲁格因德军围困列宁格勒而饿死，编目工作中断。

1957 年，苏联重新开始有计划地开展敦煌学研究，建立敦煌研究组整理敦煌文书，但是并没有对外披露。郑振铎在列宁格勒查阅敦煌文书一事，他写信告诉了唐弢和徐森玉（信件迟至 20 世纪 80 年代中期才公之于世），但在回国后并没有公开发表文章。不知道是否与苏联方面有约定，还是飞机失事过于突然，有关他在列宁格勒探秘敦煌宝藏之事，外界并不知晓。

1960 年，第 25 届国际东方学家代表大会在苏联举行。会上，东道主宣布列宁格勒藏有敦煌文书，并陈列了一些供与会学者参观。

这犹如一场地震，惊呆了所有参会的外国学者。直到这时，国际学术界才知道苏联有如此惊人的敦煌藏品。不过，具体情况依然不清不楚。

令人叹息的是，苏联驻华大使馆新闻处提供的关于第 25 届国际东方学家代表大会的消息，曾经在 1959 年第 9 期的《历史研究》杂志上刊载。文中说"1960 年 8 月将在列宁格勒举行第二十五届国际东方学家代表大会。离会期还有一年，但现在已在积极进行准备工作"。文中透露："从列宁格勒所藏极丰富的东方手稿中将挑出东方各族人民的一些文献资料予以出版，这对于会议的参加者将会是很有意义的。同时，大会期间也要组织专门展览，以反映苏联境外的东方各族人民古代的独特文化。"

但是，1960 年 7 月，苏联单方面召回在华一千多名专家，撕毁数百个合同，终止几百项在建项目，中苏关系由交恶变为彻底破裂。同年 8 月在苏联举行的国际东方学家代表大会没有中国大陆学者参加，因此让欧洲和日本敦煌学家震惊的苏藏敦煌文书的消息，中国大陆学者并不知晓。

1962 年，《敦煌遗书总目索引》出版。虽然王重民于 1961 年 11 月 11 日在该书"叙例"中说"对于敦煌遗书的著录大致无遗了"，但他已经听说苏联藏有敦煌经卷，而且在四处打探。张铁弦在一封回复王重民的信中写道：

> 苏联所藏"敦煌文库"，按孟什可夫[3]序言所陈，知是三个来源：（1）敦煌写本大部为奥登堡于一九一四—一九一五年在敦煌所得，其中小部为奥氏一九〇九—一九一〇年吐鲁番探检所得。（2）一九〇九—一九一〇年俄人克洛特可夫携来，未指明探检地点，大概亦出自吐鲁番（数量甚少）。（3）俄学者马洛夫和阗探检所得，年代未详。马氏为俄国著名突厥文专家，与 Radlov[4] 氏齐名（数量不多）。据此可知"敦煌文库"（Fondo）杂吾新疆出土文物，而《佛名经》刻本年代问题，或可以一旁证也。以上可否转达觉明先生？特此烦托。

3　孟列夫。

4　拉德洛夫。

张铁弦曾经留学苏联，当时任北京图书馆副馆长，回信写于 1961 年 12 月 7 日。从信中内容可知，张铁弦已经看到了孟列夫主编《苏联科学院亚洲民族研究所藏敦煌汉文写本注记目录》一书的序言。

王重民收到回信后立即想办法看到了这篇序言。孟列夫在序言中说："这部第一册叙录，是五人（孟列夫、斯皮林、什科利亚尔、捷霞托夫斯卡亚和古列维奇）编写的，共有 1707 个条目。中国朋友，首先是已故的郑振铎教授，曾给予我们大力帮助。还有梁希彦教授，特别是鲍正鹄教授，曾给予我们多方面帮助。对此，我们铭记不忘，并表示衷心感谢。"

郑振铎已经去世，梁希彦据说是从山东大学派往苏联的。王重民于是立即写信给山东大学对敦煌变文素有研究的关德栋教授和唐史专家王仲荦教授，请他们帮忙打探。

1963 年 4 月 10 日，关德栋回王重民信，除了说到孟列夫所编目录之外，并没能打听出梁希彦的下落，据说转到南京去了。孟列夫序言中提到的鲍正鹄，目前在复旦大学担任教务处处长。

4 月 13 日，王仲荦回王重民信，告知了梁希彦在苏联时的一些情况，但梁已经调离山大，不知去向。王仲荦在信中写道："一九五七年山东大学外文系主任梁希彦教授被派往苏联列宁格勒大学讲授中文。到苏后，列宁格勒大学除了请他讲授中文外，还请他整理一部敦煌残卷。整理费去时间不短，可见内容一定很丰富。……可惜梁希彦教授对这门不在行，因此语焉不详。梁希彦教授回国后，不久调离山大。留在苏联列宁格勒的敦煌残卷，外间知道不多，希望您和梁君去联系一下，可以获得一些线索，将来再设法弄到显微胶卷，并派人帮助他们整理。"

王重民继续写信寻找。功夫不负有心人，他终于联系上了梁希彦。1963 年 4 月 25 日，王重民收到梁希彦的回信。梁在信中说："苏联列宁格勒东方语文研究所[5] 所藏的一些敦煌遗书残页，我见过的只是不多几行零片，负责整理的同志似乎打算待有一星成果后，逐步公之于世。我来代他们整理，也不悉其全部数量多少，有无正本的经卷在内，价值如何，更无从估定（我见过的是几张经卷残页，如买卖东西的契纸等）。因久不通信，一时找不到苏联朋友们的通讯处。您需要和他们联系，请再来示，我当仔细找一找。"

此后，王重民继续追踪苏藏敦煌文书相关情况，着手修订《敦煌遗书总目索引》，添加苏藏敦煌文书相关内容。

然而，王重民没能更进一步。一场新的巨大的运动——"无产阶级文化大革命"，即将来临。

---

5 即苏联列宁格勒东方学研究所。

第二十二章

幽暗岁月的花果凋零

虽然中华人民共和国成立后的一系列政治运动，特别是 1957 年的反右运动，使中国的敦煌学研究遭到打击；虽然世界范围内的冷战和铁幕将中国与西方世界隔离，但从 20 世纪五六十年代的种种迹象看来，中国敦煌学史上一个繁荣发展的时代似乎就要到来。然而，"文化大革命"的爆发，使一个即将出现的敦煌学高潮没有如期而至。1966 年，祖国大陆的学者从世界敦煌学史中消失。20 世纪 90 年代国内出版的唯一一部 66 万字的《中国敦煌学史》，出现了长达 10 年的空白——从 1966 年直接跳到了 1976 年；《敦煌学大辞典》——集全国力量撰写的一部近百年敦煌学总结式的著作，在它的"敦煌学系年"中，列举 1966—1976 年间世界各地出版的著作、会议等可谓琳琅满目，然而同样不见祖国大陆敦煌学者的身影。

批斗场内外的向达

这是北京大学邹衡教授记忆中的向达最后岁月的难忘一幕：

> 我永远不能忘记那个可怕的太阳似火的上午，时在 1966 年 6 月，几个"造反派"架住被迫剃了光头的向达先生，按在三院二楼外晒得滚烫的房檐瓦上"坐飞机"，一"坐"（跪）就是几个小时，向先生像过去给我们上课时一样老是不敢（实际上已不能）抬头。"革命"群众都手执纸扇，戴着草帽，站在房檐下的草坪上边扇边呼口号，大略已是挥汗如雨，感到热不可挡了，可向先生已是 66 岁的高龄。我看到有的教师吓得直哆嗦，我也预感到他凶多吉少，躲在一边落泪。果然，从此以后我再也没有见到一代学术巨匠向达先生。

十年前，即 1956 年，作为北京大学图书馆馆长、国家一级教授的向达，正在为敦煌研究新时代的到来兴奋不已。在将 30 年来研究敦煌学和中西文化交流史的论文结集为《唐代长安与西域文明》出版时，他用了"如同隔世"来形容发生的变化。

向达在"作者致辞"中写道："尤其令人兴奋的是解放以后这些方面都焕然改观了。敦煌千佛洞设立了研究所了，石窟里面装上电灯了。西自天山，东至于海，所有的石窟寺都由国家进行保护了。敦煌发现的俗讲文学的话本（《敦煌变文集》）也已汇集起来，即将出版了。回想以前埋首伏案于伦敦、巴黎的图书馆中摸索敦煌残卷，以及匹马孤征，仆仆于惊沙大漠之间，深夜秉烛，独自欣赏六朝以及唐人的壁画，那种'摘埴索涂''空山寂历'的情形，真是如同隔世！但是今天我们的心情不是过去的所谓'感慨系之'，而是'几在见闻，莫不欣跃'！"

此时的向达，兴奋之情溢于言表，他在为国家即将制订《十二年科学技术发展规划》而满怀憧憬。

也就是在这一年，党中央提出了"百花齐放，百家争鸣"的口号，在学术界提倡"有独立思考的自由，有辩论的自由，有创作和批评的自由，有发表自己意见、坚持自己意见和保留自己意见的自由"。

作为热烈拥护"双百方针"的学者，"为人耿介，守正不阿"的向达曾经坦陈心迹，并且对史学界的学风和开展运动的做法表示不满。1957年，向达借引当时正在上演的电影《五朵金花》，提出历史学界不应长期只开"五朵金花"[1]，而要"百花齐放"；学术观点上不应该只是一家言，而要"百家争鸣"。马克思主义的原理和个别结论，也不能代替具体的历史研究方法，向达说：比如考古发掘，怎能说明这一锄挖下去是资产阶级唯心主义的，那一锄挖下去就是马克思主义？

为响应全国政协到西南、中南少数民族地区考察的号召，身为全国政协委员的向达与社会学家潘光旦到云南、贵州、四川和湖南等地进行民族考察。1957年3月回到北京后，他们联名在政协作了"湘西北、鄂西南、川东南的一个少数民族——土家"的发言。向达在发言中第一次考察并论证了土家族的历史，提出了有关土家族、苗族地方区域自治的建议。

然而，风云变化就在旦夕之间。反右运动的风暴一起，众多报刊立即对准向达，大字报、小字报劈头盖脸而来。向达被视为企图成立一个不受党领导的独立王国的土家族自治州，想当"土家王"。揭露、声讨、痛斥、批判，全国历史学界第二号"资产阶级右派分子"的大盖帽，戴在了向达的头上。中国科学院学部委员、历史研究所第二所副所长和北大图书馆馆长等职务统统解除，教授职称由一级降至二级。

这一切，没有使一个爱国知识分子失去希望，向达那颗为学术为民族的心依旧在燃烧。书不让教，著作不准出版，但他没有停止学术研究。他制订了更为庞大的西北陆上丝

1　"五朵金花"指当时历史学界开展的有关古史分期、近代史分期、资本主义萌芽、农民革命战争和民族问题的讨论。

绸之路和海上丝绸之路的研究计划，他依然在专心致志地辛勤耕耘，依然心怀梦想。

1959 年国庆前夕，向达的右派帽子终于摘掉了——虽然摘帽右派还不能出版著作。1960 年初，为纪念敦煌藏经洞发现 60 周年，向达邀集王重民、季羡林、贺昌群、阴法鲁、阎文儒等敦煌学名家，在北大举办了"敦煌学六十年"的专题演讲。

藏在向达心中的梦想之一，是在有生之年把《大唐西域记》整理问世。由唐代玄奘口述、辩机编撰的这部地理史籍，记载了玄奘从长安（今西安）出发西行游历西域的所见所闻。1958 年，向达拟定了一个"中外交通史籍丛刊"计划，准备陆续整理交由中华书局出版。在这个收录了 42 种古籍的丛刊中，第二种便是《大唐西域记》。对于这部世界名著，欧洲和日本已经出版了数种不同的注译本和众多研究论文，但在中国——它的故乡——却很少有人对它进行系统研究，更不用说出版完整的点校本和注译本。

1961 年 1 月，北京大学计划成立一个包括向达、周一良、邵循正、季羡林和邓广铭等教授在内的整理小组，由中华书局负责召集会议，另请中国佛教协会周叔迦、中国人民大学哲学系石峻、中国科学院贺昌群、考古研究所夏鼐参加，同时吸收也在整理此书的章巽、范祥雍两位教授的成果，在 1962 年之前完成一个高水平的注译本。

但是，整理小组并未能将工作如期展开。

集体整理不成，向达决定独立奋斗。他向中华书局提出了独自整理《大唐西域记》的庞大计划，打算出版影印本、简注本和详注本，决心以余生完成它们。

向达几乎是不顾一切了。

为查阅资料方便，1963 年，63 岁的向达只身一人从西郊的北京大学（燕南园）移居设在城里的中国佛教协会（广济寺内），做起了苦行僧，致力于《大唐西域记》版本的校勘。待遇可以不要，打击可以忍受，家庭可以不顾，但学术的命脉不能中断，民族的热血不能冷却。在动乱的流年中，向达想用学术的绵力撑起拯救濒临崩溃的民族精神。

第二年春天，向达自费前往广州，专程拜访已经南下的陈寅恪先生，请教相关学术问题。在中山大学，向达应历史系邀请，满怀激情地做了"敦煌学六十年"的演讲。

向达的口才不好，讲课的效果有时也欠佳——不论是 20 世纪 40 年代的北大研究生周法高，还是 50 年代的北大研究生邹衡，他们回忆向达教课时都曾说到过。其中，周法高在《记昆明北大文科研究所》中写道："（向达）在对日抗战时写过一篇《敦煌学导论》，脍炙人口，曾经在西南联大讲演此题，听众一两百人，把一个大教室都挤满了。可是由于他不善言辞，照本宣读，一直读到十点钟熄灯还没有讲完，把大家都听怕了。到了第二次续讲时，门可罗雀，急得研究所的助教邓广铭先生把工友都请去听讲凑数。"

然而，这次中大演讲，口才不好并没有影响实际效果。向达"以一种赤子般的爱国热情"深深地打动了在场的听众。日后成为著名敦煌学家的姜伯勤教授当时聆听演讲就曾深受感染，并在《中山大学学报》上对向达的演讲做了介绍。

向达与陈寅恪的会面，使两颗枯寂的心有了甘泉流过。临别时，陈寅恪写下了《甲辰春分日赠向觉明》诗三首。其中一首写道："握手重逢庾岭南，失明膑足何我堪。傥能八十身犹健，公案他年好共参。"

向达在逆境中的奋进，显然感染了陈寅恪。岭南相见，陈寅恪的诗中，有慨叹，有欣慰，更有期待。

回到北京后，向达继续夜以继日地整理着《大唐西域记》。3个月后，他向中华书局递交了包括敦煌残卷本在内的3种《大唐西域记》影印本，以及写好的前言。

然而，在"社会主义教育运动"全面铺开的1964年，向达撰写的前言没有通过终审，影印本的出版也被高高挂起。中华书局的一份业务档案，记录了当时对向达所撰前言的评语："从向的序文看，赵城藏本和福州藏本似乎都没有太大的价值，要不要印，需要研究。向的序文有些说话可以研究。又如称伯希和、羽田亨为'教授'，称玄奘为'法师'，等等。此外，向的序文还谈到苏联科学院拍摄敦煌卷子的事，批评了苏联，这段话，涉及国家关系，是否要写上，怎么写，也须郑重。"

1964年10月，向达正式接到影印本不能出版的通知。

第二年，中华书局业务停顿。

第三年，"文化大革命"开始。向达作为"牛鬼蛇神"被抛向命运的谷底。他的同事、北京大学邓广铭教授回忆说：

> 向达是"文革"中第一个去世的。66年9月27日，国庆节快到了。人民大众开心之日，就是我们这些反革命分子难受之时。学校命令我们立即下乡，向达也去。下乡以后，分为两组。一组是严重的牛鬼蛇神，二组的罪行较轻。我在二组，向达在一组。那时他有尿毒症，腿肿，走路疼痛。他去跟监管的医生说，医生只给他消炎片，也不让他看病。哪知他这病不能吃消炎片，越吃越坏。我们是10月14回北京的，向达他们不能回家，因为"问题严重"。

批斗，劳动改造，精神上的沉重打击，加上由此患上的尿毒症得不到有效医治，一代敦煌学名家向达的生命停止跃动。

这一年，向达66岁。

十年生死两茫茫

敦煌学家一个接一个地在凋零。

被"文革"第一波巨浪卷走的不只是向达，还有诗人出身的考古学家陈梦家。中华人民共和国成立后在北京午门城楼上举办敦煌文物展时，陈梦家撰写了《敦煌在中国考古艺术史上的重要》，说自己 1948 年 11 月出嘉峪关而至敦煌，身历其境，"其愉快不可以笔宣"；说自己对敦煌很感兴趣，希望他日能投身其中，从事一部分工作；希望考古工作与敦煌艺术工作互相联系，除就地工作以外，还应该在北京成立联合性的敦煌学研究中心……"文革"巨浪袭来，熟悉敦煌学的中国科学院学部委员、考古研究所副所长陈梦家，无法忍受精神和肉体的双重折磨，于 1966 年 9 月 3 日自缢身亡，终年 55 岁。

同年 12 月 18 日，正在整理旧稿、撰写新著的黄文弼，没有被罗布泊的旋风卷走，没有被塔克拉玛干的沙漠吞噬，最后淹没于"文革"的狂飙运动里。

向达、王重民、贺昌群，是当年北平图书馆的敦煌学"三驾马车"。"文革"期间，贺昌群同样作为"反动学术权威""走资派包庇的牛鬼蛇神"而屡次遭到批斗。在动乱的流年中，治学权利被剥夺，贺昌群于 1973 年 10 月病逝。

接下来，是以自杀结束自己生命的王重民。

1974 年，王重民被卷入到"评法批儒"的狂风恶浪之中。

与向达一样，反右时期王重民也被打成了右派，被降级、降薪、撤掉北京大学图书馆系主任职务。"文革"开始后，摘帽右派王重民被关进了"牛棚"。季羡林在《牛棚杂忆》中记录了王重民的一段"牛棚"遭遇。在"牛棚"中，他们每天要写思想汇报。一天，在例行的晚间训话时，王重民被叫出队外，先是被狠狠打了一耳光，接着是被拳打脚踢，直至被打倒在地。原来，王重民用粗糙的手纸写了思想汇报，被递到了"牢头禁子"手中。

"文革"之初的狂风恶浪没将王重民吞噬。但是，"评法批儒"这一关他终未能过去。"评法批儒"期间，先秦的儒法斗争成为贯穿中国历史直到现代的两条路线斗争，一部中国历史成为儒法斗争史。"四人帮"的写作班子出于影射政治的需要，将明末思想家李贽捧为法家英雄，断定一部明刻本《史纲评要》为李贽的著作，要求版本学家王重民从目录学上予以正面的鉴定。王重民在悉心研究之后认为，这是一部假托李贽之名的伪书。王重民不想改变自己的结论，更不愿出卖良知作违心之论。

1975 年 4 月 16 日——在北大全校大会上遭到批判后的次日深夜，王重民踩着悲愤的脚步来到颐和园，自缢于黎明前的黑暗之中。

死者长已矣！生者何以堪？

身在北京的敦煌学家一个一个凋零，远在莫高窟的艺术家同样在经历着血与火的淬炼。

1966 年 6 月，常书鸿刚刚从北京拟定纪念莫高窟建窟 1600 周年活动计划——纪念活动将于 9 月下旬举行——回到兰州。当他走下火车后，立即被揪进了批斗场。

大字报、游街、批判大会、"坐飞机"……如是批斗了几个月后，常书鸿又被拉到敦煌，继续接受批斗。他关于敦煌艺术的文章，被汇编成册作为批判资料，不时拿出来批斗。常书鸿成了"牛鬼蛇神"和"社会渣滓"，常书鸿夫妇成了一根藤上的两个毒瓜。

这样的镜头在当时不时可见：红卫兵喝令脖子上挂着"反革命走资派"木牌的常书鸿夫妇跪在铺满碎石子的地上，革命群众则在一旁喝令他们老实交代反革命罪行，之后让他们挂着厚重的木牌游街。

常书鸿在《九十春秋——敦煌五十年》中写道："十年，像一场可怕的瘟疫，千百万人倒下了，有的再没有起来。我现在不去回忆这不堪回首的'战斗洗礼'。……我的概括是：我是个幸存者，一个留下满身'纪念品'的幸存者。"

"军宣队""工宣队""农宣队"等形形色色的宣传队开进莫高窟，揪"走资派"，清理阶级队伍。敦煌艺术被视为精神鸦片，敦煌文物研究所的业务骨干，几乎都成了被批判的对象。敦煌研究院的一位研究员回忆当年的情形时说：研究所当时只有 40 多人，而被揪斗者竟达 25 人，台上站的"牛鬼蛇神"比台下"革命群众"还多。

1947 年来到敦煌的孙儒僴和晚他 5 年到来的李其琼是一对艺术家夫妇。1957 年反右运动来临，夫妻俩双双被打成"右派分子"，控制使用。不过，即使背负沉重的精神包袱，仍然阻挡不住他们的艺术激情。白天，李其琼被监督着劳动；晚上，她偷偷地钻进洞窟，物我两忘。右派帽子摘掉后，在美术组的李其琼继续投入壁画临摹，在石窟保护组的孙儒僴积极参与 1963—1966 年的莫高窟维修加固工程。然而，当"文革"风暴袭来时，他们被席卷到了四川乡下老家，达三年零八个月之久。"静夜自思，不免感叹命运之艰辛，我和老伴在敦煌是留下业绩的，但是'文革'时被打翻在地，受尽各种屈辱，最后被扫地出门，赶回农村。"孙儒僴在口述回忆录《菩提树下》一书中说。

李贞伯和万庚育是另一对饱尝苦难的艺术家夫妇。这两位 20 世纪 40 年代毕业于重庆中央大学艺术系的才子才女，是当时艺术系主任徐悲鸿的得意弟子。抗日战争胜利后，徐悲鸿回到北平组建国立北平艺专（中央美术学院的前身）时，李贞伯夫妇双双来到北平任教。多才多艺的李贞伯在中华人民共和国初期，曾作为李可染的助手参加了人民英雄纪念碑的修建工作。1954 年 6 月，应常书鸿之邀，李贞伯从首都北京来到敦煌文物研究所，从事石窟文物艺术摄影工作，他年轻的妻子也来到这里。从此，一个风雨无阻地拍摄洞窟外景、窟内壁画和塑像，以及敦煌地区的考古遗迹；一个不分白天黑夜地临摹壁画，悉心研究。他们共同为石窟建立档案：修建年代、壁画情况、供养人、塑像情况，以及窟室现状等等。每一张照片、每一份石窟档案，都是那个时代无比珍贵的历史资料。然而，"文革"一来，李贞伯被打成了莫高窟的"牛鬼蛇神"。

史苇湘和欧阳琳是有着同样遭遇的一对艺术家夫妇。1948 年就来到了莫高窟的史苇湘，几乎熟悉莫高窟每一个洞窟里的每一幅壁画、每一尊塑像，被大家称为莫高窟的"活字典"。然而，就是这本"活字典"，反右运动时成了"右派分子"；"文革"到来后，他被赶到乡下放羊。

贺世哲和施萍婷也是这样的一对敦煌学者。1961 年 9 月，在兰州艺术学院工作的施萍婷，来到敦煌文物研究所。当她把 492 个洞窟看完一遍后，她抑制不住内心的激动，立刻写信给在兰州艺术学院任教的丈夫：速来敦煌。贺世哲来到莫高窟后，同样为这座艺术宝库所震撼和倾服。然而，"文革"一来，在革命圣地延安地区出生成长、没有在"国统区"生活过一天的贺世哲，成了"反革命"，被开除党籍、开除公职，送回陕北放羊。

一对对艺术家夫妻被革命的洪流所裹挟，投身于莫高窟的艺术青年同样没能幸免。那种伤痛和记忆，多年以后，在萧默和高尔泰等人的笔下，依然清晰可见。

在敦煌这个戈壁绿洲里，"文革"的沙尘暴就这样猛烈地席卷了 20 世纪六七十年代。

1970 年，当常书鸿夫妇从敦煌回到兰州继续接受批斗、审查和劳动改造时，段文杰正赶着牛车走在发配去农村的路上。

自从 1944 年在重庆看过张大千临摹的敦煌壁画展览后，段文杰的心便飞向了莫高窟。他告别家乡的妻子，一路跋涉，于 1946 年到达敦煌。多年以后，段文杰对第一次看到莫高窟的情景依然记忆犹新："中秋节前夕，到达了盼望已久的敦煌。当汽车驶入莫高窟时，激动的心情无法抑制，我跳下汽车便钻进了洞窟，目光贪馋地扫视，像饿牛进了菜园子，饱餐了一顿。"

十年后，做小学教师的妻子龙时英为了支持丈夫的事业，带着儿子从山清水秀的天府之国来到莫高窟，教研究所职工的孩子念书。然而，等待她的不只是清贫的生活，随之而来的反右运动，段文杰被限制使用，龙时英的工作被精简。"文革"风暴刮起，段文杰成为第一批遭打击的对象。十年的两地分居，十年的患难与共，面对又一轮的政治风暴，龙时英再也没有撑住，患上了精神分裂症。

被赶出研究所的段文杰，将自己省吃俭用购置的一部分较好的书籍捐给研究所资料室，剩下的拉到废品收购站，之后带着患病的妻子，赶着牛车，离开大路，驶向了远在戈壁边缘的墩湾大队。在此后的两年里，这位临摹、研究敦煌艺术的专家开始了另一种生活：拉土、垫圈、喂猪、做土肥料，给乡亲们理发、写信，去公社写标语、画宣传画……

不幸中的万幸

敦煌学家的命运像雨打浮萍。北京图书馆里的敦煌文书也在经受着考验。

从 1949 年中华人民共和国成立到"文化大革命"爆发之前，是北京图书馆继清朝末年敦煌劫余运送到京后，入藏敦煌文书的第二个高峰期。这期间，收藏在一些单位和个人手中的敦煌文书渐渐向北图集中。由文化部社会文化事业管理局成批拨交北图收藏的就达 9 批之多，其中既有 1954 年调拨来的旅顺博物馆藏日本大谷探险队搜集品 620 卷，也有刘廷琛旧藏敦煌文书 89 卷，以及李盛铎和罗振玉所藏的部分文书。与此同时，许多个人将自己珍藏多年的敦煌文书捐赠或转让给了北图。

"文革"到来，敦煌文书有被当作"四旧"毁掉的可能，入藏北图的上万件敦煌文书的命运岌岌可危。

1966 年 8 月的一个上午，一群红卫兵撩起袖子将大字报贴到了北图的朱漆大门上："限北图 24 小时之内烧掉封、资、修的黑书！"随后，红卫兵小将们冲进图书馆，找到主持馆务的副馆长刘岐云，进一步明确"指示"：限期烧掉所有"黑书"，否则后果自负！

北京图书馆馆长自 1954 年由文化部副部长丁西林兼任后，馆务一直由几位副馆长共同主持。"文革"开始后，丁志刚和左恭两位副馆长作为"走资派"和"黑线人物"被揪出批斗，随后被关进"牛棚"。剩下的是"风暴"开始前上任的副馆长刘岐云。

面对"革命小将"，即使在中华人民共和国成立前经历过多次战争洗礼的刘岐云一时也手足无措。作为主持馆务的副馆长，他必须对 760 多万册馆藏图书的命运负责。书库中珍藏的敦煌文书、甲骨文、《资治通鉴》的部分手稿、赵城金藏、《永乐大典》残本、完整的文津阁《四库全书》，以及宋元明清历代的刻本、拓本、新善本特藏……这些国宝如果被付之一炬，那我刘岐云就是民族的罪人，历史的罪人。

刻不容缓。刘岐云立即草书一封，亲自将信送到了国务院办公厅，他要向周恩来总理求救。

第二天下午，最后通牒的时限将到，红卫兵再次冲进北图。小将们问："期限将到，到底烧还是不烧？"刘岐云答："除非接到党中央和国务院的指示，否则我们不能烧掉这些书。"

就在相持不下之际，国务院办公厅的工作人员带着周总理的亲笔信来到了现场："总理讲，封资修的书也是历史，可做反面教材教育人民，不能随便烧毁，但应妥善保存，不能外借。"

包括上万件敦煌文书在内的北图馆藏，躲过了一场厄运。

险情并没有到此结束。外地来京串联的图书馆界"造反派"开始轮番登场。他们找到刘岐云，同样是要求烧"黑书"。与北京的红卫兵闹完就回家不一样，他们得找地方吃饭睡觉，书库和阅览室于是成了他们的寝室和休息室。

书库里举目可见的，是横七竖八的地铺，大部头的图书已经离开书架，枕在了头下；书架上是脸盆、毛巾和饭盒，以及刚刚洗过的背心和裤衩。刘岐云只得再次上书周总理，才算把他们"请"出馆。

等下一批"造反派"再来时，刘岐云已经有了经验：要么拿国务院的指示压阵，要么请文化部的领导出面讲话。就这样，北图的760多万册馆藏，挺过了漫长的"文革"时期。

敦煌莫高窟的壁画和塑像同样有着传奇的历险。

"横扫一切牛鬼蛇神"，让研究所的研究人员靠边站；"破四旧、立四新"[2]，使莫高窟的壁画和塑像这些宣传封建迷信的毒草在破除之列。

1967年夏，一批来自兰州的红卫兵走在了前往敦煌莫高窟的路上，他们要来推倒莫高窟里的菩萨，清除壁画，破旧立新。好在敦煌县武装部、公安局和敦煌文物研究所事先接到了兰州大学敦煌籍学生拍来的电报，县武装部部长带领解放军和公安人员等赶赴通往莫高窟的路口，向红卫兵宣传国务院的指示：这是祖先创造的历史文化遗产，"四旧"要批判，但历史文化遗产不能破坏。莫高窟为第一批全国重点文物保护单位，任何人不得冲击破坏。

红卫兵终于被说服，敦煌艺术宝库有惊无险。

其实，被拦住的毕竟只是个别。莫高窟的"造反派"和到达莫高窟的红卫兵，是被莫高窟艺术本身所震慑而转过来履行保护之责的。

经历了莫高窟"文革"生涯的施萍婷在敦煌研究院50周年院庆时撰写文章说："在那可诅咒的'文化大革命'的日子里，莫高窟也分成两派。有趣的是：两派都声称自己是革命造反派，而自诩造反派的标准之一，就是谁家都亮出'保护文物'的旗帜，谁家在身

2　指破除旧思想、旧文化、旧风俗、旧习惯，建立新思想、新文化、新风俗、新习惯。

体力行。在那场灾难中，'典型的四旧'没有被'扫'掉，也可算是奇迹。……更有奇者，北京大学来的红卫兵，到莫高窟一看，也给我们吩咐：你们一定要保护好莫高窟，这是革命与反革命的分界线！"

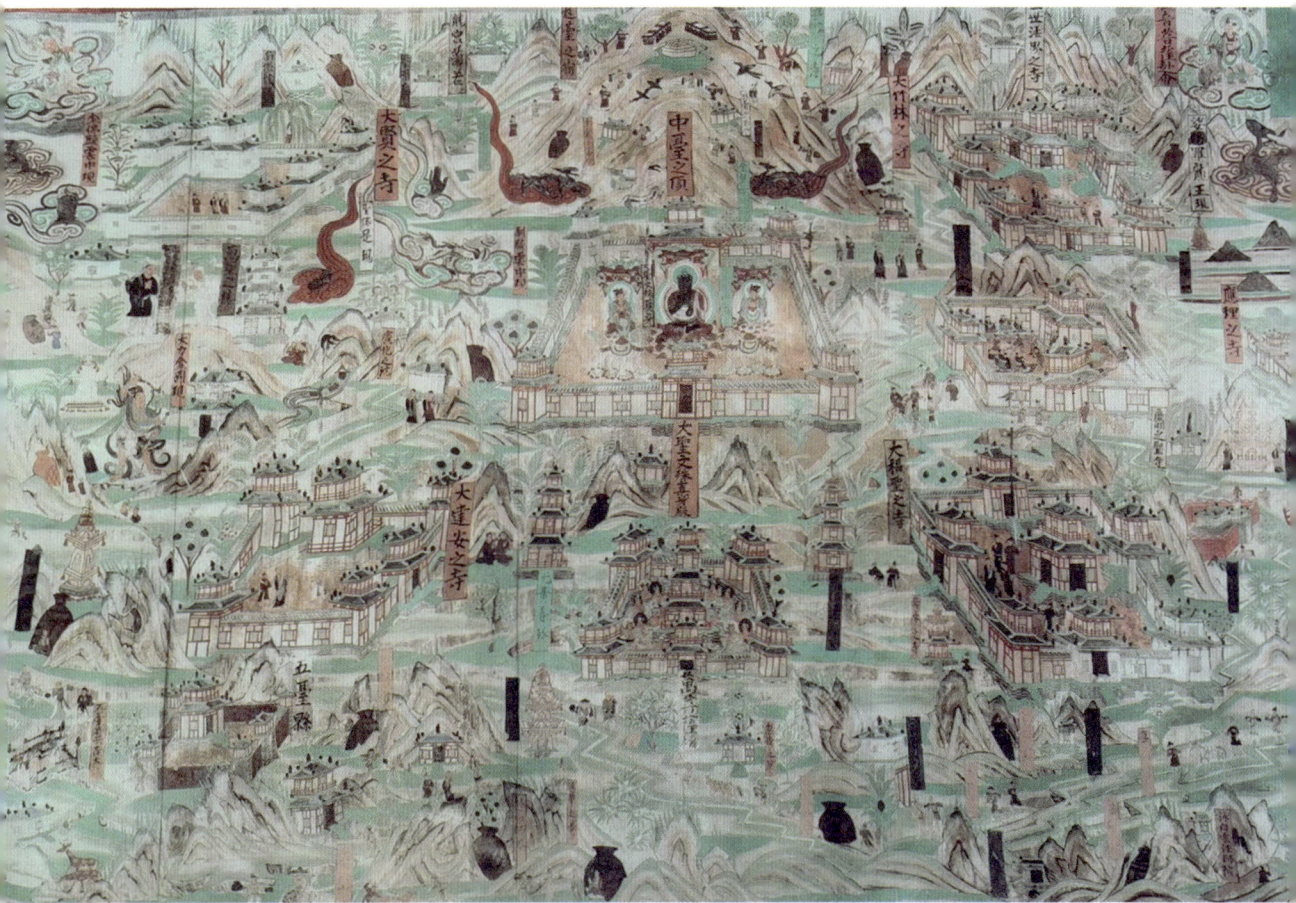

莫高窟第 61 窟五代时期的壁画《五台山图》局部。《五台山图》高 342 厘米、宽 1345 厘米，是莫高窟最大的佛教史迹画。
图片来源：刘诗平摄于 2022 年北京"文明的印记——敦煌艺术大展"。

第二十三章

港台学者的学术报国

当"文化大革命"的烈火熊熊燃烧时，敦煌学在祖国大陆几乎形成了长达十年的空白。此时的香港和台湾，便成了振兴中国敦煌学的重镇，港台学者谱写着敦煌学的新篇章。在这批敦煌学家的心中，除了追求学术的真理，还有学术报国的信念。用台湾敦煌学家潘重规的话说：从事敦煌研究，即是保卫国家。

台湾敦煌学的初兴

1949 年，国民党溃败，中央研究院历史语言研究所所长傅斯年等大批学人及史语所、中央图书馆等文化机构跟着迁往台北，接着一批大学相继建立，台湾岛顿时变成了一座文化之岛。

然而，尽管有众多"国立"大学和"中央"研究机构，但由于当局为巩固政权而采取高压政治手段，学术环境沉闷，实际上 20 世纪五六十年代台湾岛内的敦煌学研究并没有获得大发展。关心敦煌学发展的傅斯年，既是史语所所长又兼任台湾大学校长，对敦煌学的研究或许会有所规划和推动，但是他在来到台湾后的第二年即不幸去世。

研究敦煌学的，是一批亲自到过敦煌的学者和艺术家。

参加西北史地考察团在敦煌考察过的劳干、石璋如来到台湾后，各自发表了一些敦煌学方面的文章。1958 年，劳干的《敦煌艺术》一书出版，成为 1949 年之后台湾最早出版的敦煌学著作。

对罗寄梅来说，敦煌石窟的拍摄刻骨铭心。当他带着 3000 多张珍贵底片来到台湾后，没有忘情于敦煌。1951 年，罗寄梅在台北市经营的敦煌书店开业，敦煌成了他日常生活的一部分。1963 年，他与早年在敦煌从事过研究的苏莹辉一道，在中国文化学院开设"敦煌艺术"课程讲座，并指导研究生撰写敦煌艺术方面的毕业论文。

1964 年是罗寄梅大放敦煌光彩的一年。这年 4 月，纽约世界博览会揭幕，他拍摄的 80 多幅敦煌石窟照片参展；6 月，他与苏莹辉共同指导了一名硕士研究生关于敦煌壁画研究的硕士论文，并且为论文提供了 10 多幅敦煌照片；同月，他的《榆林窟壁画研究报告》出版，书中公布了 60 多幅珍贵的榆林窟照片。

在 20 世纪五六十年代的台湾，毕生从事敦煌学研究的苏莹辉，为敦煌学做出了持续努力，取得了众多研究成果。

1943 年，在重庆中央图书馆任职的苏莹辉前往敦煌时，国立敦煌艺术研究所还在筹建之中。研究所成立后，1944 年土地庙发现六朝写经，苏是经手人之一。1949 年来台湾后，苏莹辉继续致力于敦煌研究。除了利用敦煌文书和石窟遗存进行学术研究之外，苏莹辉撰写的众多概论性作品，为敦煌学在台湾的普及和振兴提供了充分的养料。六七十年代，苏莹辉相继出版了《瓜沙史事系年》《瓜沙史事丛考》《敦煌学概要》《敦煌论集》《敦煌论集续编》《敦煌（图录）》等专著。

曾经在敦煌待过较长时间的学者、艺术家，让敦煌研究在台湾生根发芽，台湾相关机构也在创造一些条件来推动敦煌研究，购买英藏敦煌文书缩微胶卷便是其中一例。20世纪 50 年代初期日本东洋文库将大英博物馆所藏敦煌汉文文书拍摄成缩微胶卷后，台湾"中央研究院"院长朱家骅——这位当年在重庆时两次组建西北学术考察团的领导，再次展示了他的大手笔，让史语所洽购，开出了史语所有史以来最大一笔购书款，以一万多美元的价钱买下了这套缩微胶卷。

当祖国大陆敦煌学获得大发展的时候，台湾学术界只有一些零散的研究成果。当 20世纪六七十年代大陆在"文化大革命"扫荡下，敦煌学领域一片空白、学术研究和人才培养中断、学术尊严遭到践踏时，台湾的敦煌研究则取得了长足的进步。

敦煌文书的"再发现"

1967 年秋，在香港中文大学新亚书院任教的敦煌学家潘重规前往巴黎查阅敦煌文书。当他走进法国国家图书馆的阅览室时，邻座的日本学者马渊和夫正一边摊开姜亮夫编著的《瀛涯敦煌韵辑》，一边用敦煌遗书原卷核对，一连数日如此。

姜亮夫曾是潘重规的同事。1939 年秋，姜亮夫担任东北大学（迁至四川三台县）中文系主任时，在中央大学（迁至重庆）任教的潘重规不堪日军的轰炸，转到东北大学中文系。此时，从巴黎和伦敦带回大量敦煌资料的姜亮夫正在进行《瀛涯敦煌韵辑》的整理研究，潘重规第一次见到了藏在国外的敦煌文书照片，并就唐代写本《尚书·释文》残卷撰写了他的第一篇敦煌学论文。

与姜亮夫共事多年的潘重规，对姜亮夫用功之勤是深有了解的。现在竟有日本学者对《瀛涯敦煌韵辑》加以核对，诧异之余，潘重规也借出了一卷切韵的敦煌文书与姜书互校，结果发现姜书时有误录。于是，他按《瀛涯敦煌韵辑》所录诸卷，一一与法藏敦煌文书进行校录。随后，潘重规前往伦敦校阅大英博物馆所藏敦煌文书。

9 月 25 日，当他准备与往常一样前往大英博物馆查阅敦煌文书时，突然接到台北打来的长途电话——母病速回。潘重规一面赶订机票，一面坚持到大英博物馆阅完最后一卷韵书。

潘重规回到台北后，早晚服侍于母亲床前。

机会总是给有准备的人。潘重规侍母疾时，所在中心诊所的隔壁是台北"中央图书馆"。当他午后来到图书馆阅览善本书时，无意间发现了藏在这里近 20 年之久的敦煌经卷。

1948 年秋，当人民解放军逼近南京时，中央图书馆部分人员接到国民政府教育部的命令，将馆藏 12 万多册善本书装箱运往台湾，其中就包括馆藏敦煌经卷。这些经卷，包括当年抗日战争时期在上海抢购到的部分敦煌遗珍，以及抗战胜利后在北平和上海等地陆续购买的一批敦煌文书。

1956 年，台北"中央图书馆"馆长蒋复璁为《国立中央图书馆善本书目》撰写的序里，曾经提及在运到台湾的善本书中，有"敦煌写经 153 卷"。1962 年，北京出版的《敦煌遗书总目索引》也曾经提及。不过，这些敦煌文书没有详细的目录，更没有公开，因此没有引起学人的注意。

怀着激动的心情，潘重规读完了一百多件馆藏敦煌文书。回到香港中文大学新亚书院后，授课之余，他将抄录的 144 件敦煌文书上的题记加以整理，写成《国立中央图书馆所藏敦煌卷子题记》在《新亚学报》上发表。潘重规写道：视法都（巴黎）英京（伦敦）所藏，诚不足比其美富，然彼则沦于异域，此则不失吾家故物，斯益足珍也。

国宝飘零的伤心之痛，在这位中国学者的心中升起。敦煌宝藏"现身"台北，虽不富美但弥足珍贵。

潘重规的列宁格勒行

1973 年 8 月 8 日清晨，潘重规在巴黎匆匆登机，飞向列宁格勒。5 年前在台北"重新发现"的一批敦煌文书曾让他欣喜不已，而今他要前往列宁格勒，调查外界还不太清楚的苏联藏敦煌文书。他盼望幸运之神能再次光顾他。

潘重规的此次列宁格勒行，行前并没有和对方取得联系。他很早以前曾收到过列宁格勒亚洲民族研究所的敦煌学家孟列夫来信，欢迎他前去观看敦煌写本和《红楼梦》抄本。然而，直到上飞机之前，他也没能和孟列夫取得联系。

潘重规在记述此行的《列宁格勒十日记》一书中写道："我在东方学会闭幕之后，写信给他，告诉将乘八月八日班机飞列宁格勒，临到起飞前夕，没有得到一字回音。巴黎到列城，只需四小时航程，去信二星期，竟然杳无消息，不能不绕室彷徨。许多可能的坏结果，不断在脑海冲击。我茫然、怅然，最后抱着不顾一切的决心闯向前去。这是我启程前夕时的心情。"

潘重规所说的"东方学会"，是 1973 年 7 月在巴黎召开的第 29 届国际东方学家代表大会。7 月 13 日午后，在法国国家图书馆东方图书阅览室内，几位台湾和海外华裔敦煌学家同时在这里查阅敦煌经卷，他们是在加拿大麦克马斯特大学执教的冉云华、在科伦坡锡兰大学执教的巴宙、在马来西亚大学执教的苏莹辉和法国国家科研中心敦煌写本组的吴其昱。

这在 20 世纪 70 年代初期的敦煌学界来说，无疑是难得一见的场景。更难得的是，六天后在巴黎大学文理学院的一间教室里，除上面提到的几位之外，旅居巴黎的左景权、陈祚龙，在马来西亚大学执教的陈铁凡，香港新亚书院的潘重规等知名敦煌学家汇聚一堂，在场的还有法、日等国学者，首次国际性的敦煌学研讨会正在这里进行，它是第 29 届国际东方学家代表大会的一个"附加会"。第二天即 7 月 20 日，30 多位来自世界各地的敦煌学家济济一堂，专题研讨敦煌。

借着这次大会的召开，比较有影响的港台敦煌学家，基本都看过英法所藏敦煌文书原件了。但是，深藏在列宁格勒的一万多号敦煌文书，却没有一个港台学者见过。

在这次大会上，潘重规宣读了两篇论文：一篇是关于列宁格勒藏敦煌文书的变文《双恩记》，一篇是关于列宁格勒收藏的《红楼梦》抄本，它们也正是孟列夫研究的课题。然而，孟列夫没来参会。

孟列夫作为苏联汉学界仅有的几位敦煌学家之一，20 世纪 60 年代由他主编出版了两册列宁格勒亚洲民族研究所藏敦煌汉文写本的注记目录，共注录了 3000 多号敦煌文书。1973 年春，孟列夫出版了关于变文《双恩记》的论著，列宁格勒所藏一万多号敦煌文书就由他负责整理。至于《红楼梦》，孟列夫早在 1958 年便与人合译出版了俄文版全译本。列宁格勒亚洲民族研究所藏有《红楼梦》的一个早期抄本。潘重规说："我希望朝思暮想的御制诗做衬叶的抄本《红楼梦》，能给我崭新的见闻，作为我写《红学六十年》的新材料。"

正是列宁格勒的敦煌文书和《红楼梦》抄本，让潘重规急不可耐，在没有与孟列夫取得联系的情况下，毅然登上了前往列宁格勒的航班。

到达列宁格勒后，8 月 9 日一大早，潘重规便急切地来到了亚洲民族研究所。然而，让他失望的是，孟列夫离开列宁格勒外出度假去了，而这里收藏的敦煌经卷和《红楼梦》抄本必须通过孟列夫才能看到。

第二天晚上，当从未到过中国，却能流畅地说汉语、写中文的孟列夫出现在潘重规面前时，潘重规欣喜万分，他急切地想一睹为快。然而，接下来的 11 日、12 日是星期六和星期日，亚洲民族研究所不上班。

星期一终于到了。潘重规终于见到了朝思暮想的苏藏敦煌文书和《红楼梦》抄本。然而，当他正准备借阅时，却遭到了拒绝。善本室主任明确告诉他：正式阅览，必须获得上级批准。潘重规只得苦苦等待孟列夫为他申请阅览许可证件。

星期三上午，潘重规总算将 35 册《红楼梦》抄本捧在手中。从上午 9 点半阅览室开馆，到下午 5 点闭馆，中间除了一个小时的吃饭时间之外，他足足看了 6 个半小时。

第二天上午 9 点半，潘重规来到善本室，准备借阅期待已久的敦煌文书。这时，室主任告诉他：阅览室下午 3 点将提前闭馆。

用"争分夺秒"来形容 65 岁的潘重规此时的情形并不为过。他在《列宁格勒十日记》中写道："我提高警惕，更加快速度进行工作。中午孟先生来阅览室邀我去食堂，我婉言早餐多食过饱，加以推辞。我想，人生吃饭的机会太多，异域阅读异书的机会太少。千辛万苦换来十几个小时的阅读机会，岂肯为了吃饭而耽误。孟先生似乎明了我的内心，含笑走开。"

因为与亚洲民族研究所的开馆时间相同，他一直没有机会参观近在咫尺的冬宫博物馆（艾尔米塔什博物馆）。这次研究所提前闭馆，潘重规让孟列夫利用这两小时带他参观了冬宫博物馆。潘重规写道："这个巨大的博物馆，陈旧的绿色宫墙，外表看起来并不十分辉煌，但是内部的收藏却委实惊人。据一九六四年的藏品目录，已有二百五十万件以上的藏品。每一件藏品，如果你用半分钟的时间去欣赏它，即使你长住馆中，每日工作七小时，取消一切休假日期，也需要九年的时间，才能浏览一遍。叫我这个旅客从何着眼呢。"

其实，冬宫博物馆也有大量的敦煌文书和黑城艺术品。但潘重规并不知道，当然孟列夫也没提示他。就这样，孟列夫带着潘重规随意参观了两小时。

8 月 17 日，星期五，一星期的最后一天善本室开放时间。当潘重规急匆匆赶到时，阅览室却大门紧闭，直到孟列夫 11 点赶来，才在他特设于藏书室的工作间择要抄览了部分敦煌和黑城文献。

第二天，潘重规告别孟列夫，告别列宁格勒。

列宁格勒三天的阅览，三天的笔记，潘重规回到香港后写出了十万字的论文。

《敦煌学》创刊

从列宁格勒回到香港的第二年，潘重规与一批敦煌学者筹划多年的《敦煌学》杂志创刊，这是国际敦煌学界的第一本敦煌学期刊。

潘重规在"发刊词"中写道：

> 敦煌文籍，本吾国瑰宝。徒以清政不纲，失其职守，不知葆爱，致令散佚。然公诸四海，转得令天下才智，共成广大之业，所谓天下之宝，当与天下共之，则亦未始非斯学不幸之大幸。顾持较他国，贡献心力于斯学者，独吾国为少，又岂非我国学者之羞乎？同人等讲习讨论之余，深以为恨。金谓欲谋斯学光大，当务之急，莫要于刊布杂志，使敦煌文籍著作，得呈现于海内外学人之前，以为实现理想之阶梯。

《敦煌学》的爱国情怀是浓烈的：作为一本国际性的杂志，一门世界性的学问，它立定宗旨，一律用中文撰稿；即使请外国学者执笔，也必译成中文，使得研究中国的文献，用中国的文字发表，呈现于世人面前。然而，它并不狭隘，创刊号即是法国敦煌学名家戴密微八十寿辰的纪念专号。

1972 年，潘重规应张其昀之聘，接掌台湾"中国文化大学"文学院院长兼中文研究所主任。潘重规到任后，积极倡导敦煌学研究，筹设"敦煌学研究小组"。研究小组汇集了潘重规、李殿魁、金荣华等一批学者，并于 1975 年排除万难于中文研究所开设了"敦煌学研究"课程。《敦煌学》第二辑也于同年从香港移至台湾出版，为台北"中央图书馆"藏敦煌卷子专辑。

1976 年，在潘重规的倡议下，台北"中央图书馆"藏敦煌卷子全部影印出版，供天下学人共同研究。

敦煌學　第一輯

戴密微先生八秩大慶祝壽專號

敦煌學會編印

發刊詞

潘重規

敦煌文籍，閟藏石窟中垂千年；一旦暴露，臺遠輦載，流散四方。數十年來，異域學人，或保存整理，或考索鑽研，名家輩出，著述增華。蓋自發現以來，東起日本，西迄法英、遠及蘇俄，諸國學人，就其治學範圍，咸各有所貢獻，於是敦煌學遂顯赫於天下。夫敦煌文籍，本吾國瑰寶，徒以清政不綱，失其職守，不知葆愛，致令散佚。然公諸四海，轉得令天下才智之士共之，則亦未始非斯學不幸之大幸。顧持較他國，貢獻心力於斯學者，獨吾國為少。又豈非我國學者之羞乎？同人等講習討論之餘，僉謂欲謀斯學光大，當務之急，莫要於刊布雜志，使敦煌文籍著作，得呈獻於海內外學人之前，以為實現理想之階梯。因商定創刊

1974 年创刊于香港的《敦煌学》杂志，是国际敦煌学界的第一本敦煌学期刊。

金荣华的印度行

1982 年年初，台湾敦煌学家金荣华在调查了英藏斯坦因搜集品，并阅读斯坦因相关著作后，踏上了前往印度的旅程，为的是一睹印度藏斯坦因搜集品真容。

斯坦因第二次、第三次中亚考察的部分经费来自英属印度政府，因此当斯坦因所获敦煌和新疆文物运到英国后，资助方英属印度政府和大英博物馆、印度事务部三方，按照事先达成的古物分配方案开始瓜分文物：文献部分，汉文、粟特文、突厥文、回鹘文以及佉卢文书写的梵文写本，归大英博物馆保存；于阗文、龟兹文、藏文以及用婆罗谜文书写的梵文写本，归印度事务部保存；壁画、绢画、刺绣、木版画、陶器、木雕、钱币等文物材料，则在印度中亚古物博物馆和大英博物馆之间平分。

1918 年，以文物为主体的斯坦因搜集品在大英博物馆和印度中亚古物博物馆之间分毕后，一大批文物运到新德里，它们大多数属于新疆，小部分来自敦煌。

藏在伦敦的敦煌文书、佛画和西域文物，从一开始就广受国际学术界关注，运到印度的文物，虽然英国学者魏礼和安德列斯在 20 世纪 30 年代曾编过相关目录和藏品清单，但关注者不多，见过这批藏品的学者较少。

飞抵印度，金荣华终于见到了这批去国多年的祖国文物。然而，调查过伦敦藏品的金荣华刚见到这批藏品时，似乎并没有特别兴奋。金荣华说："比较伦敦和新德里两地的藏品，当初斯坦因在决定何者运伦敦，何者留印度时，显然是偏袒伦敦的。这批画，有的画在绢上，有的画在麻布上，有的画在纸上，有的是绣成的。大体上，完整的大幅绢画，以及有供养人题记的画，都运往伦敦；印度有的只是'漏网之鱼'。画在麻布上或纸上的，原则上都留在印度，伦敦方面只是取几件作为样本。至于绣画，最著名的当然是《释迦灵鹫山说法图》，高八尺，宽五公尺半，现藏大英博物馆；新德里方面分到的只是一个千佛图残片，聊备一格而已。"

但是，金荣华并非没有收获，这些佛画的内容和风格有着独特的研究价值，同样是难得的稀世之物。结合英藏斯坦因搜集品进行比照研究，极有必要。

在印度调查一番后，金荣华飞回伦敦。在大英博物馆，他请东方部主任韦陀查找斯坦因书中提到过的几个可以缄封的木牍，韦陀说想不起有这样的藏品。两个人后来在库房里找了两个下午，也没见到木牍的踪影。

金荣华随后第二次、第三次前往新德里，进一步调查存放在那里的斯坦因搜集品。他不仅找到了在伦敦没有找到的木牍，而且与 1931 年魏礼编撰的《斯坦因敦煌所获绘画品目录》相对照，发现斯坦因敦煌所获绘画品有些有实物但书中没有记录，有些书中有记录但实物已经找不到了。

《敦煌宝藏》横空出世

20 世纪 80 年代，台湾的敦煌研究蓬勃发展。一些大学开设了敦煌学课程，招收了专攻敦煌学的硕士生和博士生。同时，出版了大量著作，刊布了大量资料。其中，最有影响的就是 140 巨册《敦煌宝藏》。

由台湾学者黄永武编纂的《敦煌宝藏》，1981 年出版 10 册，至 1985 年完成 140 册。其中，第 1—55 册为英藏敦煌文书部分，根据英藏敦煌文书缩微胶卷翻印；第 56—111 册根据北京图书馆藏敦煌文书缩微胶卷翻印；第 112—135 册为法藏敦煌文书缩微胶卷翻印；第 136—137 册为日本大谷大学、龙谷大学等机构及台湾图书馆散藏收集所得翻印；第 138—140 册主要据饶宗颐编《敦煌法书丛刊》翻印，同时收入当时所能见到已公布的苏联藏敦煌文书部分图版。

敦煌宝藏的四大藏家，分别是英国、法国、中国、苏联。号称"网罗世界各地公私藏品"的《敦煌宝藏》，只是根据缩微胶卷收入了英、法、中三家的藏品，苏藏仅据间接所得辑印了若干。各家馆藏文书的缩微胶卷受制作条件限制，不可避免存在一些误差和缺漏，并且当时缩微胶卷的效果不理想，以之为基础影印，看不清楚的地方之多可以想见。

但是，《敦煌宝藏》开启了以原样大规模影印出版敦煌文书的序幕，同时它也是当时全世界公布敦煌文书缩微胶卷最多的。从摇缩微胶卷机读缩微胶卷改为读印刷的书籍，人们可以更方便地阅读世界各地所藏敦煌文书。

在 20 世纪 90 年代中国大陆开始影印英法俄中四大敦煌藏品之前，《敦煌宝藏》满足了众多敦煌学者的需要，尤其是没有机会前往藏品所在地看原件者。这项巨大的出版工程，出自黄永武一己之力，其艰辛不难想见。台湾敦煌学家郑阿财谈及《敦煌宝藏》编纂之难时感慨：请不起助理，黄永武之妻徐华美一肩挑起。买不起微卷阅读机，就自己用木箱做一个，木箱上开个洞放微卷，箱内用灯光照，箱外用放大镜看。煌煌大典，是在如此困难的条件下完成的。

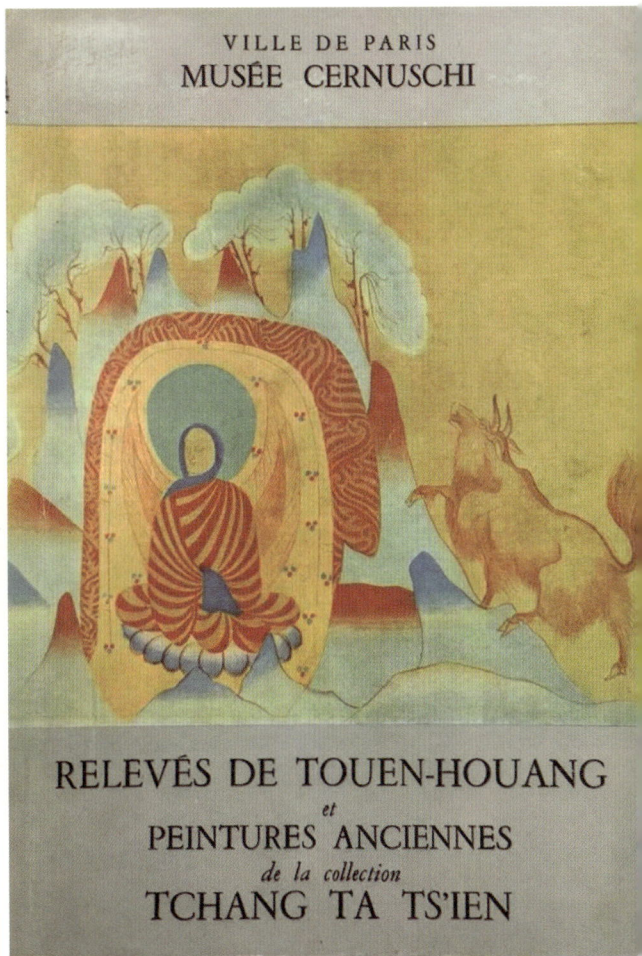

1956 年，日本东京举办"张大千临摹敦煌石窟壁画展"。同一年，该展在法国巴黎开幕。

张大千的旅居岁月

1949 年 12 月，成都解放前夕，张大千乘军用飞机飞往台北，先后旅居中国台湾及香港地区、印度、阿根廷、巴西、美国，最后定居台北。足迹所至，张大千将敦煌壁画临摹品公展于世界各地，将敦煌艺术分享予更多世人。

1950 年春，在老朋友罗家伦的帮助下，由印度美术协会主办的"张大千画展"在新德里举行。这次以 56 幅敦煌壁画临摹作品为主的展览持续了 1 个月之久，大获成功。对张大千来说，这次印度之行，最大的收获还不是画展的成功，而是对印度阿旃陀石窟壁画的实地考察，通过与敦煌壁画的比较研究，印证了他当初在敦煌时坚信的观点，即敦煌艺术并非源出中印度摩揭陀，而是中国绘画艺术传统的发展。

1956 年 4 月由日本朝日新闻社主办的"张大千临摹敦煌石窟壁画展"在东京隆重举行。这是敦煌壁画临摹品首次在日本展出，其璀璨的画面、艳丽的色彩、精湛的笔墨，吸引了众多参观者。熙熙攘攘的观展人流中，就有正在东京访问的法国罗浮宫博物馆馆长乔治·萨尔。被敦煌壁画深深吸引的萨尔，立刻找到张大千，邀请他赴巴黎举办敦煌壁画临摹作品及近作的展览。

早就想进军巴黎的张大千欣然接受。事后张大千说："罗浮宫博物馆可以说在世界有第一流的地位，再加萨尔馆长的盛情诚意，我答应了那年的夏天到巴黎去开展览会，这也是我第一次去欧洲，去瞻仰西方的艺文荟萃的花都巴黎。"

两个月后，"张大千临摹敦煌石窟壁画展"在巴黎揭幕。张大千亲自主持开幕典礼。37 幅敦煌壁画临摹品，加上 60 幅大风堂藏中国历代名迹，让敦煌艺术和中国文化在这个艺术之都大放异彩。紧接着，"张大千近作展"继续在巴黎举行。张大千与毕加索的会见，更被誉为"东西方艺术高峰会"。

当时，西方正在孤立中国大陆，国民党政权偏于台湾一隅，张大千作为民间文化大使，超越政治、超越国界，足迹遍及欧美、日本及东南亚，以其精湛的艺术作品把中国文化带向世界各地。

张大千将敦煌艺术带给了世界，而将壁画临摹品交给了祖国。1953 年和 1955 年，他的夫人曾正蓉和儿子张心智秉承张大千意愿，分两批将他留在成都的 200 多幅敦煌壁画临摹品交给国家，由四川省博物馆收藏。

1968 年 11 月，一直旅居巴西八德园的张大千，委托老友、国民党元老张群将其在印度、日本、法国等地展出过的 62 幅敦煌壁画临摹品捐赠给了台北故宫博物院。

离乡去国愈久，思乡念国愈烈。"海角天涯鬓已霜，挥毫蘸泪写沧桑。五洲行遍犹寻胜，万里归迟总恋乡。""万里故乡频入梦""挂帆何年是归梦""含毫和泪纪乡关"等饱含血泪的怀乡念国的诗篇，填满了张大千的行囊。

饶宗颐：敦煌学的多面手

20 世纪 50 年代，一位学术大师在香江边与敦煌学结缘。

一个学者，精通一个学术领域或许不难，但如果甲骨学、简牍学、敦煌学、古文字学、中国上古史、中外交通史、远东古代史、艺术史、词学、音乐、书法、绘画等样样皆通，样样有专著，那就屈指可数了。

饶宗颐，1917 年生于广东潮安。抗日战争前后，有着家学渊源的他在两广一带整理乡帮文献，并协助叶恭绰编《全清词钞》。1949 年，32 岁的饶宗颐移居香港。

1952 年，在香港大学中文系任教的饶宗颐，由校勘《道德经》开始接触敦煌写卷。四年后，他发表了自己的第一部敦煌学论著——《老子想尔注校笺》，将英藏敦煌文书中反映早期天师道思想的这部秘籍给挖掘了出来。而就在此时，日本东洋文库研究员兼东京大学教授榎一雄在伦敦摄制了英藏敦煌文书缩微胶卷，饶宗颐知悉后立即让友人从伦敦替他购买，成了当时唯一私人拥有这些缩微胶卷的学者。

饶宗颐在《我与敦煌学》一文中讲述了他与敦煌学的结缘：

> 我最先和敦煌学结缘，是因为从事《道德经》校勘的工作。
>
> 1952 年我开始在香港大学中文系任教，那时候《正统道藏》还是极罕见的善本，我还记得友人贺光中兄为马来亚大学图书馆从东京购得小柳气司太批读过的《正统道藏》，价值殊昂，当时香港及海外只有两部道藏，无异秘笈。
>
> 我因代唐君毅讲授中国哲学的老庄课程，前后三载，我又研究索统写卷（有建衡年号），做过很详细的校勘工作。我和叶恭绰先生很接近，他极力提倡敦煌研究，他自言见过经卷过千件，对于索统卷他认为绝无可疑（可参看他的《矩园余墨》）。以后我能够更进一步从事《老子想尔注》的仔细探讨，实导源在此。
>
> 正在这时候，日本榎一雄在伦敦拍制 Stein[1] 搜集品的缩微胶卷，郑德坤先生正在剑桥教书，我得到友人方继仁先生的帮助，托他从英伦购得了一部，在 20 世纪 50 年代，我成为海外唯一私人拥有这部缩微胶卷的人物。

1　斯坦因。

　　此后的一段时间，饶宗颐日日坐看这些缩微胶卷，将向达发表在《唐代长安与西域文明》中在伦敦读过的敦煌卷子全部做了记录和核对，打下了敦煌学研究的扎实根基。同时，他将这些文书与其所拥有的整体知识相互打通，揭示出这些文书丰富的历史价值。饶宗颐说："我喜欢运用贯通的文化史方法，利用它们作为辅助的史料，指出它在某一历史问题上关键性的意义。"

　　1956 年，饶宗颐第一次来到巴黎，掀开了他那长达数十年的东、西洋寻访探研敦煌学之旅。

　　伦敦藏卷他已经在缩微胶卷上遍览，巴黎藏卷此时既没有拍成胶片出售，也没有编制出版目录。走进法国国家图书馆的阅览室，饶宗颐看到了 P.3808 号敦煌文书原卷，一个有关敦煌乐舞的卷子。在敦煌研究中，曲谱和舞谱的研究难度大，非有专业修养者不能为。对舞谱素有研究的饶宗颐据此卷写成的专文，补正了日本学者林谦三从照片漏列的首见乐曲的《品弄》谱字。20 世纪 80 年代以后，饶宗颐更进一步将舞谱与乐谱结合起来研究，乐、舞、唱三位一体说，为敦煌乐舞的研究和复原提供了新的视角。

　　敦煌文书绝大部分为写本，是中古时期（南北朝到隋唐）书法的海洋。本身就是书法家的饶宗颐，自然不会放过对敦煌文书的书法研究。通过阅读英藏敦煌文书缩微胶卷，饶宗颐发表了《敦煌写卷之书法》一文。来到巴黎后，他对敦煌写本的书法进行专题研究，后来在日本出版了由他主编、对每一种文书都做了详细说明或考证的 29 册《敦煌书法丛刊》。

　　在敦煌艺术领域耕耘，乐舞、书法之外，饶宗颐对敦煌白画的研究，称得上独步于学界。

　　白画，也称白描，即绘画形象而不施色彩。在敦煌壁画中，有许多与敷彩并存的白画。斯坦因与伯希和掠去的藏经洞绢画和纸画中，也有许多白画。对此，饶宗颐说："敦煌各种艺术尤其是壁画，我是最喜欢的，由于长期旅居海外，无条件来做长期考察，无法深入研究，只得就流落海外的遗物作局部打索。我所从事的有画稿和书法二项。我深感唐代绘画真迹的缺乏，所谓吴道子、王维都是后代的临本。1964 年我在法京[2]科学中心工作，我向戴密微先生提出两项研究工作，其一是敦煌画稿，后来终于写成《敦煌白画》一书，由远东学院出版。"

　　《敦煌白画》首次将英、法所藏敦煌卷轴中的白描画稿用文字和图版的形式做了集中刊布。对敦煌白画的源流、画风、技法的探索，钩沉发微，别出新思。在研究方法上，将藏经洞所出白画与石窟壁画、敦煌文书、史籍画典、考古发现融会贯通，详加考订。

2　即巴黎。

饶宗颐说自己"喜欢开荒"，做前人没有做过的事。敦煌曲就是他在敦煌学园地里开垦的一块荒地。敦煌曲，也称敦煌曲子词或敦煌歌辞。1956 年，饶宗颐首次在法国国家图书馆阅览敦煌文书时，就注意到了敦煌曲谱。在法国敦煌学家戴密微邀约合著《敦煌曲》后，饶宗颐投身于敦煌曲研究，广求文书原件，认真检读勘校，其中就利用了当时难得一见的苏联藏敦煌曲子词。

戴密微在 1967 年 5 月 28 日写给饶宗颐的信中说："我终于收到了列宁格勒的缩微胶卷，并刚用航空邮件寄给了您。这是苏联人首次将其珍贵的敦煌文书复制品送到国外。"戴密微信中所说，就包括敦煌曲子词《还京洛》和《长安词》。饶宗颐的上下求索，两位敦煌学大家的通力合作，《敦煌曲》于 1969 年出版，汇集了比较完整的敦煌曲，极大地推动了敦煌曲研究。

此外，这位开风气的敦煌学大家，在敦煌佛教、四部典籍、史地、民族、语言文字等方面均有贡献。

当中国内地的敦煌研究停滞不前时，饶宗颐利用身处香港的机会，与法、英、日等国敦煌学界广泛交流，成为中国与海外敦煌学研究不多见的桥梁人物，并以一人之力扛起了香港敦煌学的大旗。

第二十四章

日本敦煌学的第三波浪潮

第二次世界大战的硝烟，阻断了日本学者前往海外追寻敦煌文书的去路；战后的一片废墟，也阻滞着他们进一步解读隐藏在敦煌文书中的文化密码。战争期间和战后的十余年内，整个日本没有出版重要的敦煌学著作。然而，日本学术界是不会长久沉默的，在经济起飞的同时，敦煌学的第三波浪潮已经到来。

英藏、北图藏缩微胶卷的获取

清朝末年敦煌藏经洞发现的消息一传到日本，日本学界立即掀起了一股研究敦煌学的浪潮。第一次世界大战的爆发和持续，虽然暂时影响了它向前发展，但战后日本学者远涉重洋，立刻掀起了研究敦煌学的第二次浪潮。第二次世界大战的打击，再次造成了敦煌学的停滞，但学者们已经在默默地重整他们的学术山河。

资料是学术研究的基础。1948 年 8 月，历史学家岩井大慧主掌东洋文库，岩井提出"要将全世界的东方学孤本史料通过照相的方法备置于东洋文库"，将欧洲所藏敦煌文书全面照相的计划自然名列其中。东洋文库于是充当了日本敦煌学全面起飞的发动机。

1924 年成立的东洋文库，是以 1917 年日本三菱财团奠基者岩崎弥太郎之子岩崎久弥[1]购入的莫理循文库为基础建立的。此后陆续增添了岩崎文库、藤田（丰八）文库、小田切（万寿之助）文库、河口（慧海）文库等，从而成为庋藏有关亚洲研究文献首屈一指的世界级图书馆。

1952 年，东京大学的敦煌学家山本达郎前往伦敦，在印度事务部图书馆馆长萨吞等人的帮助下，为东洋文库获得了该馆所藏斯坦因藏文和中亚古文字写本的缩微胶卷。

同年 10 月，东洋文库研究员兼东京大学教授榎一雄作为伦敦大学的客座教授访英，开始为东洋文库筹划获取大英博物馆藏敦煌文书缩微胶卷。

大英博物馆的这套缩微胶卷至关重要，正是它和英国印度事务部图书馆、北京图书馆的缩微胶卷一道，使日本敦煌学研究迎来第三波浪潮，日本开始一改过去对敦煌文书"搜

1　即在十年前买下皕宋楼藏书的岩崎弥之助的侄子。

宝式"的探求而变为"全景式"的综合研究。

1953年3月，榎一雄与大英博物馆东方部达成协议：大英博物馆同意日本东洋文库拍摄敦煌文书，经费由日本方面承担，所拍胶卷的原始底片可携带回东洋文库，必要时可由东洋文库复制若干套分寄他处。

6月8日，大英博物馆正式开出同意东洋文库拍摄敦煌文书的摄影许可书。三天后，大英博物馆致函榎一雄：考虑到敦煌文书容易破损，经不起以后多次拍摄，因此日本方面不能带走原始底片，只能拿走拷贝，拍摄费用由日本方面和大英博物馆分摊。

三个月后，大英博物馆再次致函榎一雄：日本方面须承担全部摄影费用，原始底片仍留在英国，不过日本方面可制作6套拷贝。

在榎一雄与大英博物馆谈判的过程中，东洋文库已经成立了敦煌文献研究的专门委员会，等待着缩微胶卷的到来。因此无论如何，东洋文库必须得到这套缩微胶卷。两个星期后，榎一雄回函大英博物馆，接受英方提出的条件。

缩微胶卷的拍摄从1953年10月开始，由榎一雄指导并监督，经过七个多月的拍摄最后完成。摄影时编定的S.1—6980，也就是现在通用的流水序号。紧接着，榎一雄将当时尚未整理好的600多件残片也拍成了胶片。

两年后，缩微胶卷的拷贝到达日本。以东京大学、京都大学和东洋文库的一批学者为主力组成的"敦煌文献运营委员会"，立即施展拳脚，从日本文部省获得研究经费，首先将缩微胶卷的十余万张照片复制成书册形式，一部存东京的东洋文库，一部送京都大学人文科学研究所——以东京为中心的关东学者可利用东洋文库的缩微胶卷复制本，以京都为中心的关西学者可利用京都大学的另一套复制本。冈山大学、九州大学、北海道大学、东北大学及其他几所大学也都相继复制，一时间缩微胶卷在日本增到了十几套，敦煌学研究的浪潮由此波荡开来。

与此同时，东洋文库向海外销售：台湾"中央研究院"的英藏缩微胶卷，即购于日本；为了能与国外同步，当时中国科学院图书馆也迅速从日本购买了一套，即使当时中英互换敦煌文书缩微胶卷的计划已在进行中。

学术的竞赛一直在没有硝烟的战场上进行着。当年刘铭恕正是利用这套缩微胶卷，在几个月的时间内快速编写了《斯坦因劫经录》，让更多中国学者得以窥见英藏大致面貌，并与《敦煌劫余录》《伯希和劫经录》一道，构成了《敦煌遗书总目索引》的主骨架。

在中英互换敦煌文书缩微胶卷之后，东洋文库又立即行动起来，通过交换，从北京图书馆和剑桥大学分别得到了34盘和52盘共7749号北图藏敦煌文书的缩微胶卷。

东洋文库的组织工作有条不紊，研究工作也同样在扎实推进。1957年，东洋文库成立"敦煌文献研究联络委员会"，其后正式定名为"东洋文库敦煌文献研究委员会"，同样由文部省资助，开始了敦煌文书的整理与研究，其中尤以 20 世纪六七十年代出版的四部汉文文献分类目录著称于世。

而在京都，京都大学人文科学研究所也立刻组建了以藤枝晃为首的"共同研究班"。

不论是东京的学者还是京都的敦煌学家，此后"天天和照片住在一起"。在照片中，他们看到了日本敦煌学的未来。

大谷收集品的"再发现"

1952 年 11 月，日本资深敦煌学家神田喜一郎在龙谷大学发表名为《敦煌学五十年》的著名演讲。同月，新一代日本敦煌学领军人物藤枝晃在京都大学发表另一场名为《现阶段的敦煌学》的演讲。在演讲中，他们不约而同地预言：敦煌学的新时代就要来临。

说新时代就要来临，不仅仅是东京方面为获取英藏敦煌文书缩微胶卷的研究人员已经出发，还因为京都方面大谷文书被重新发现。

1948 年大谷光瑞去世后，京都西本愿寺在大谷光瑞的遗物中重新找到了战争时期一度下落不明的 27 麻袋 7700 件大谷文书，其中既有吐鲁番文书，也有敦煌文书。当它们被移交到西本愿寺创办的龙谷大学图书馆后，1953 年 1 月日本正式组成了以石滨纯太郎为首的"西域文化研究会"，集中京都、东京两地 20 多位不同领域的专家，在文部省资助下，分成佛教、历史、胡语、美术等不同类别，开始了大规模的整理研究。五年后，东京大学的著名敦煌学家仁井田陞加入，接着京都大学的藤枝晃也一度参与。日本最著名的敦煌学家几乎全都聚集到一起——"集团式研究"正是日本惯用的研究方式。

从 1958 年开始，西域文化研究会陆续出版了厚厚的 6 大本《西域文化研究》——《敦煌佛教资料》《敦煌吐鲁番社会经济资料》（上、下）《中亚古代语文献》《中亚佛教美术》和《历史与美术诸问题》，每年出版一本，一直到 1963 年出齐。《西域文化研究》的出版，被称为包括敦煌学在内的日本中亚研究的"金字塔"。

法藏敦煌文书的搜集

日本学术机构集结学者协同研究的能力和学者之间集体合作的精神，在敦煌学研究中得到了充分体现，不仅仅是东洋文库的"敦煌文献研究委员会"，以藤枝晃为首的"敦煌写本研究班"以及石滨纯太郎领导的"西域文化研究会"等团体的集团式研究，在法藏敦煌文书的获取上也同样如此。

英藏敦煌文书的缩微胶卷于 20 世纪 50 年代公之于世，法藏敦煌文书却依然沉睡在图书馆里，依然只能用"搜宝式"的方法进行研究。同时，法国国家图书馆管理严格，只允许真正研究某一方面的专家拍摄相关的部分。当藤枝晃来到法国国家图书馆，提出一次要拍 300 号敦煌文书时，图书馆工作人员大吃一惊，认为藤枝晃简直是无理取闹。藤枝晃怎么解释也没用，最后与图书馆东方部的主任大吵一架。

管理规则的限制没有难倒日本学者。以东洋文库为中心，各个领域的专家拍回与自己研究相关的法藏敦煌文书照片，然后向东洋文库报告。东洋文库将它们拷贝保存，再提供给其他专家学者研究。靠这种方法，法藏敦煌文书虽然没有制成缩微胶卷（直到 1979 年才制成缩微胶卷并公开出售），但东洋文库在 20 世纪 60 年代已经拥有了其总量一半以上的照片。把它们集中起来研究，与以前一件或几件的搜宝式研究相比，效果自然大不相同。

摸底苏联藏敦煌文书

伦敦、北京的敦煌文书主体部分已经拍成了缩微胶卷，大谷文书重见天日，巴黎的敦煌文书照片也拥有大半，日本学界已经尽一切可能搜集了全世界的敦煌学资料，但就在这时，苏联爆出了有大批敦煌文书的消息。

1960 年 8 月，第 25 届国际东方学家代表大会在苏联举行，参加会议的国外学者获邀观览列宁格勒藏敦煌文书。当苏联藏部分敦煌文书出现在外国学者面前时，他们莫不大吃一惊。此前，苏联从来没有正式公布过藏有敦煌文书的消息，这次也依然没有公布藏品数量。苏联到底藏有多少敦煌文书，仍然是一个谜。猜测和传言的结果是，有人说列宁格勒藏有 4 万号敦煌文书。

法国学者戴密微在《列宁格勒所藏敦煌汉文写本简介》中写道："1960 年 8 月 14 日，来自欧亚大陆两端的两位多年研究敦煌写本的汉学家，一个日本人，一个法国人，共同登上位于涅瓦河畔豪华建筑台阶的巨大楼梯，苏联科学院亚洲民族研究所就设在那里。当他们在一张桌子上发现了一大堆特意为他们准备的敦煌写本时，显得多么惊讶而不知所措啊！因为他们不仅根本就不知道此处还存在有这类写本，而且半个多世纪以来，所有的汉学家实际上都对这批写本一无所知。"

文中的"一个日本人"是吉川幸次郎，"一个法国人"正是戴密微本人。现在我们知道，北京、巴黎、伦敦、圣彼得堡是全球敦煌文书收藏的四大中心。这四大收藏中，苏联的收藏最为神秘，欧美和日本学者中只有极少数敦煌学家见过部分苏联藏敦煌文书。

中国学者中，梁希彦、鲍正鹄和郑振铎见过苏藏敦煌文书，他们帮助苏联学者解答过相关问题。孟列夫在《苏联科学院亚洲民族研究所藏敦煌汉文写本注记目录》序言中说："中国朋友，首先是已故的郑振铎教授，曾给予我们大力帮助。还有梁希彦教授，特别是鲍正鹄教授，曾给予我们多方面帮助。对此，我们铭记不忘，并表示衷心感谢。"

苏联正式公布其敦煌藏品之前，郑振铎可能是看过苏藏敦煌文书最多的外国学者，但郑振铎只是在与友人的信件中有所透露，随后因飞机失事遇难而没能及时公开其见闻。

苏联藏品的具体情况，中、日、法等国学者都在打探。藤枝晃虽然觉得这有点近乎天方夜谭，但是 1960 年去列宁格勒参加会议的学者已经亲眼看到，列宁格勒藏有超乎想象的敦煌文书——看来是千真万确的事实。

1964 年春，藤枝晃听说京都立命馆大学与苏联科学院东方学研究所列宁格勒分所交换教授，专攻日本史的苏联学者芭洛洛娃来到了京都。藤枝晃随即向她打探列宁格勒藏品的情况。十多年后，藤枝晃回忆说："第二天，当她把孟列夫所著的《影印敦煌赞文译注》给我看时，我惊骇得几乎要肝胆俱裂了。"

藤枝晃立刻致信孟列夫。孟列夫寄来了他的《维摩变之研究》，之后又寄来了列宁格勒藏品目录的第一卷。藤枝晃再也按捺不住内心的激动。当时，藤枝晃作为日本文部省的在外研究员，正计划遍访欧洲敦煌藏品。于是他立即改变计划，将第一站改为列宁格勒。调查的结果，藤枝晃发现那里并没有 4 万号的敦煌文书，但确有上万号，而且得知在艾尔米塔什博物馆还有大量的敦煌壁画和塑像。

摸清了列宁格勒藏品的底细之后，藤枝晃继续进行他的欧洲之旅。藤枝晃说："这次的旅行，对我来说，是第一次欧洲之旅。我把观览各国所藏敦煌以及西域的收集品，作为唯一无二之目的。"

藤枝晃看到了列宁格勒的奥登堡搜集品、斯德哥尔摩的斯文·赫定搜集品、伦敦斯坦因的搜集品和巴黎伯希和的搜集品。尤其让藤枝晃记忆深刻的是，他在伦敦的库房里看到了被拍成缩微胶卷（6980 号）以后未经整理的几千号敦煌文书。虽然它们都是些碎片，但对于藤枝晃来说，却别有一番意义。因为他亲眼看到了这些藏品，亲手抚摸了这些碎片，并知道了它们的价值所在。

此后，藤枝晃又连续数次前往欧洲查阅敦煌文书原件，列宁格勒、伦敦、巴黎、斯德哥尔摩、哥本哈根、新德里、柏林等，几乎走遍了除中国之外的全世界敦煌吐鲁番文书的收藏地。

其实，藤枝晃只是日本放眼全世界研究敦煌学的一个突出的例子。在此前后，是日本人到列宁格勒、到伦敦、到巴黎探宝猎珍的又一个高峰期。正如藤枝晃在 1975 年的一次演讲中所说："有的到伦敦，有的到巴黎，有的到列宁格勒，所以在各地的研究室里，经常可以看到有几位日本人在那里埋头研究，尤其是去年在巴黎举行东方学家会议时，日本学者的大批出席。总而言之，在日本研究敦煌学的学者中，几乎没有不曾看过欧洲收集品的。"

　　一个国家、一个民族的前进就在学者们不断迈出的脚步中。

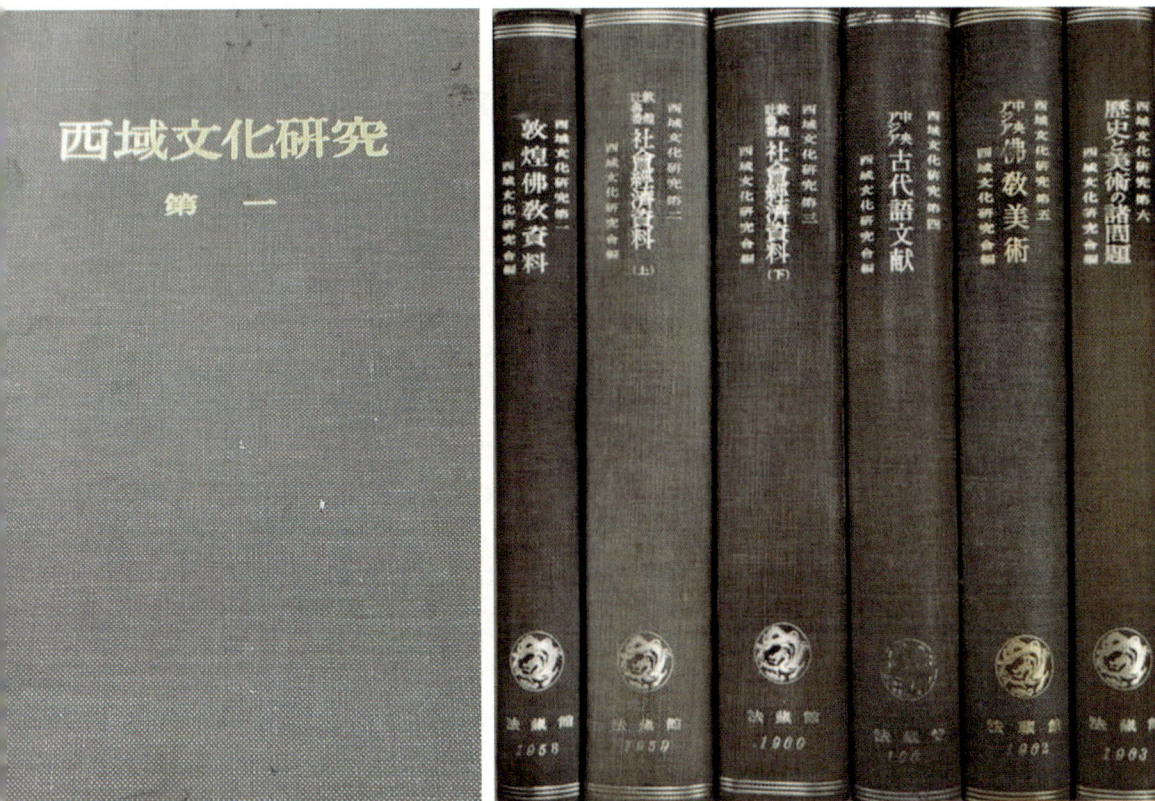

由日本西域文化研究会编，1958—1963 年出版的《西域文化研究》。

第二十五章

大师相传的法国敦煌学

第一次敦煌学国际研讨会

1979 年秋天，巴黎又一次成为全世界敦煌学家瞩目的焦点。

70 年前，当伯希和率领的中亚考察队将敦煌宝藏运到这里时，曾经震惊了世界。这一次则是在隆重纪念伯希和 100 周年诞辰：9 月 20 日至 28 日，法国国家图书馆举办"中亚宝库与伯希和百年诞辰"展览会；10 月 2 日，吉美博物馆举办以伯希和从敦煌获取的雕塑、绘画、丝织物等为主的敦煌艺术展览会。与此同时，第一次敦煌学国际研讨会于10 月 2 日上午在吉美博物馆拉开帷幕。

这次为期三天的学术会议，名为"五至十世纪高地亚洲写本和碑铭题识国际讨论会"，因为重点在敦煌文书、题记和艺术，因此一般称为"国际敦煌学讨论会"，有来自欧洲、亚洲和北美洲十几个国家的敦煌学者与会。

中国大陆的敦煌学者已经多年没有走出国门，而且纪念一个从中国劫去大量敦煌文书和艺术品的学者，也不能为刚从"文革"阴影中走出来的大多数中国人所接受，因此被主办方认为是"向国际学术界宣告了敦煌学的存在，并希望获得更广泛合作"的这次讨论会，没有中国大陆的学者参加。

尽管学术议题主要是关于古代中国，十余位港台及海外华裔学者说的是汉语，敦煌文物也出自中国，但会议的论文提要及材料却是用法文和日文写成，会议的同声传译同样是法语和日语，只因为这两个国家的敦煌学研究领先他人。

从法国和日本两国学者的发言，透过他们的敦煌研究，也确实可以感受到敦煌学的新时代已经到来。

法国汉学家尼古拉－旺迪耶提交的《法国中亚和高地亚洲研究中心的工作及计划》透露，中心的第一项计划是抄录吉美博物馆所藏伯希和幡幢与绘画搜集品中的题记，大部分在转写和翻译后已经发表，还有一部分即将发表；第二项计划是整理出版《伯希和敦煌石窟笔记》。

法国敦煌文献研究组负责人苏远鸣则在《巴黎敦煌汉文写本研究概况》的报告中，详细介绍了法国敦煌学研究现状。研究组的首项任务是为伯希和敦煌汉文写本编目，其中第一卷（P.2000—2500 号）已于 1970 年出版，第二卷（P.2500—3000 号）即将完工，第三卷（P.3000—3500 号）接近尾声，第四、五卷的编目工作也已经开始；第二项任务是设法得到分散在世界各地的敦煌文书缩微胶卷，并且搜集（主要是复制）全世界范围内有关敦煌汉文写本的论著；第三项任务是全面推动敦煌汉文写本研究，首个研究成果《敦煌学论文集》第一卷刚刚出版，第二卷已经编好正待出版。

日本方面，金冈照光在《日本的敦煌学研究》的报告中说，东京的敦煌学者以东洋文库为中心，20 多名学者每月定期集会一次，展开讨论和研究。他们 1975 年以来发表的一些重要敦煌学论著，来自这种研讨和碰撞。与此同时，他们最紧迫的任务，是复制全部敦煌文书，这种复制经历了从抄件到影印件，再到直接使用文书的阶段。

来自京都的藤枝晃则提出了重建敦煌藏书室的建议。他在分析了藏经洞封闭的时间和原因后指出，随着伯希和、斯坦因、大谷探险队、奥登堡和北京图书馆等五大收藏地的敦煌文书大都为人所知，并且已经编出了一些目录，藤枝晃提出"重建敦煌藏书室"，即从整体上把握敦煌文书的问题。在发现敦煌文书的最初阶段，许多学者都选择了一些与自己专业相关的文书进行独自研究，但今后不能按照这样的路子往下走，必须在适当的时机重新汇聚失散在各地的文书，重建敦煌藏书室。

藤枝晃是在大会最后一天的圆桌讨论会上用日语发言的，在座的大多数港台和海外华裔学者对藤枝晃的发言颇有兴趣，但藤枝晃预先分发的发言大纲，是用日、法两种文字印出，宣读时只有法语传译，有的华人学者"瞠目充耳不知所云"，为此法籍华裔学者陈祚龙以所在国学者的身份向大会提出增设汉语传译，这才在下午的最后一次会议中有了汉语传译。

以敦煌为主题的会议语言，是法语和日语而没有汉语，话语权的背后体现的是敦煌学研究的实力。东道主法国参加会议的学者有 32 人，来自日本东京、京都、札幌和大阪的敦煌学家同样多达 26 人！日本的敦煌学研究之强，从往来于英法和苏联的日本敦煌学者不绝于途可见一斑。法国敦煌学在国际学术界同样具有显赫地位，这不仅仅是因为伯希和劫取了敦煌文物，更是基于法国雄厚的汉学研究传统。

法兰西学院的汉学讲座

包括敦煌学在内，整个 20 世纪前半叶，巴黎都是无可争辩的世界汉学中心。无论是日本还是美国，也不论是北欧还是俄苏，汉学名家多半出自"巴黎学派"。只是第二次世界大战后的中国研究由重古代和文献学一改为重近现代和社会科学，美国才后来居上，超越欧洲正统；日本则在师法欧洲的基础上，以其"说汉语比欧洲人强，讲西学比中国人强"的优势，在敦煌学等方面有所超越。就欧美世界而言，法国代表着欧美敦煌学的水准。而要了解法国的敦煌学，就得了解法国的汉学。

有人说：西方的汉学是由法国人创建的。敦煌学名家戴密微则干脆说："中国学在西方，在骨子里仍是一门法国的科学。"的确，欧洲的葡萄牙、西班牙、意大利和法国的传教士都曾是研究中国文化的先驱，但只有到法国学者雷慕沙和儒莲等人在大学设立汉学讲座，汉学在西方才真正成为一门科学，一种系统的专门之学。

1814 年 12 月 1 日，是西方汉学史上具有历史意义的一天。这天，法兰西学院正式设立汉学讲座，揭开了在西方高校中将汉学列为正式学科的序幕。相比之下，俄国 1851 年才在大学里设立汉学课程，英国于 1876 年设立，其他欧洲国家更晚，美国则是最后一个。

在法兰西学院汉学讲座 200 多年的历史中，共有 10 位著名汉学家执掌教席。他们分别是雷慕沙（1814—1832 年执教）、儒莲 (1832—1873 年执教)、德理文 (1874—1892 年执教)、沙畹（1893—1918 年执教）、马伯乐 (1921—1945 年执教，讲座易名为"汉语语言文学讲座"）、戴密微 (1946—1964 年执教)、石泰安 (1966—1981 年执教，讲座易名为"中国社会史研究，制度与观念"）、谢和耐 (1973—1991 年执教，讲座易名为"中国社会文化史"）、魏丕信 (1991 年开始执教，讲座易名为"中国近代史"）、程艾蓝（2007 年负责"中国知识分子史"的讲席，开创了同一学科拥有两个讲席的先例）。此外，学院特别为从西域探险归来的伯希和设置了"西域语言、历史和考古"讲座，后来伯希和的弟子韩百诗有所延续。这些教授培养了众多名扬学界的汉学人才，撰写并出版了诸多誉满书坛的汉学名著，创建了多所具有明显时代特征和创新价值的汉学研究机构，积累了丰富的汉学研究资料，为西方汉学的发展做出了卓尔不群的贡献。

法兰西学院执掌汉学讲座教席的十位教授中，有一半进行过敦煌学研究。

在法兰西学院的汉学讲座历史上，无论世界政局发生什么变化，诸如动乱、战争、冷战，还是法国历史上的革命与复辟制度交替以及多次经济危机，无论是中国政局的严重动荡，或中法之间发生冲突与战争，这个讲座始终没有受到太多干扰，不仅坚持了下来，而且始终处于发展之中。

1815 年 1 月，27 岁的雷慕沙接掌法兰西学院新设的汉学讲席，从此开始了经年累月的讲台生涯。然而，17 年后，一场霍乱夺去了这位杰出汉学家的生命。雷慕沙去世后出版的《佛国记》（对《法显传》的译注），是他一生中最主要的作品。正是这部《佛国记》，打开了西方了解东方佛教的大门。

接替早逝的雷慕沙站在法兰西学院汉学讲台上的，是他最出色的弟子儒莲。在向雷慕沙学习汉语和满文之前，儒莲已经学习过希腊文、阿拉伯文、希伯来文、波斯文和梵文等，这一切为"个人性格令人憎恶"的儒莲（戴密微语）无可争议地成为他那个时代欧洲名气最大的汉学家打下了基础。除了对汉语语法和中国俗文学素有研究之外，儒莲最出色的研究，是对《大慈恩寺三藏法师传》和《大唐西域记》的译注，以及由对玄奘的重视而引发的对中国同中亚、印度等地关系的研究。

1873 年，儒莲去世。第二年初，他的弟子德理文继续法兰西学院的汉学讲座。德理文的中国诗词研究，曾让不知中国诗词为何物的法国人大开眼界。不过，他潜心的是对中国西北的研究，1867—1883 年陆续写成的《中国胡族民族志》（对马端临《文献通考·四裔志》的注译），研究重心便在中西交通史方面。

事实上，法国历代汉学研究的泰斗大都曾因西域研究而名噪一时。雷慕沙之前的法国入华耶稣会士们已经显示了这一特点：宋君荣 1739 年出版的《成吉思汗和蒙古诸王史》，钱德明 1776 年出版的《土尔扈特全部归顺记》等，这些西域研究已经为敦煌学研究打下了坚实的基础。

继德理文之后，28 岁登上法兰西学院汉学讲席的沙畹，在 20 世纪来临之时，开启了一个崭新的时代。由他和他的弟子们——伯希和、马伯乐、葛兰言等把汉学研究推向新的高度。不仅如此，瑞典汉学的台柱子高本汉，其学术渊源承自沙畹；俄苏、美国的汉学权威阿列克和叶理绥，同样出自巴黎汉学的门下。沙畹于第一次世界大战结束前夕去世，马伯乐于第二次世界大战结束前夕去世，伯希和则于二战结束不久时去世，他们所在的时代，也是西方敦煌学的沙畹—伯希和、马伯乐时代。

西方敦煌学的 "沙畹—伯希和、马伯乐时代"

在登上法兰西学院汉学讲坛后的第二年，即 1894 年，沙畹发表《义净〈大唐西域求法高僧传〉译注》，开始了对西域史地的研究。

沙畹虽然 1899 年在北京的法国公使馆任过职，1907 年在华北进行过考古调查，但并没有到过敦煌和新疆，是他的汉学功底，使得其他探险家每每把考察所搜集到的文物交由他来研究。

就在藏经洞发现的前一年，即 1899 年秋天，法国汉学家保宁来到敦煌，获得了一批唐宋时代的碑铭拓片。回到法国后，保宁立刻将它们交给了沙畹。1902 年，沙畹出版了国外最早研究莫高窟碑铭的专著。在这部著作里，沙畹考证了 10 件汉文碑铭，包括《重修莫高窟佛龛碑》，其中记载了最早在莫高窟建窟（366 年）的乐僔。

斯坦因第一次中亚考察从新疆获得大量文书、简牍、绘画、雕塑等文物。不识中文的斯坦因把汉文文书和简牍交给了沙畹等人整理，研究成果在斯坦因第一次中亚考察报告《古代和阗》一书中发表。

[法] 沙畹（1865—1918）

　　斯坦因第二次中亚探险所获文物，最引人注目的是敦煌宝藏和汉文简牍。斯坦因依旧把所获近千件汉文简牍交给了让他钦服的沙畹整理。一年后，沙畹在中国学者吴勤训、魏怀的帮助下，完成了简牍的录文和考释，于 1913 年在伦敦将其修订出版。值得一提的是，应罗振玉之请，沙畹将斯坦因所获汉简材料及自己的考释稿本，在出版之前寄给了罗振玉。罗振玉和王国维随后将之分类考释，编成了 1914 年出版的中国简牍学开山之作——《流沙坠简》。

　　斯坦因第三次中亚考察，从中国西北带走了 182 箱珍贵文物。当斯坦因返回伦敦途经巴黎时，他再次请沙畹整理其中的约 2000 件汉文文书。然而，此时的沙畹虽然才 52 岁，但已不堪恶劣战争环境下的超负荷工作。1918 年 1 月，沙畹溘然长逝。

　　沙畹是西方汉学承上启下、融汇中西的核心人物，所著《西突厥史料》《司马迁 < 史记 > 译注》《泰山——一种中国崇拜之专论》《两汉时期的中国石刻》《华北考古记》等，都是西方汉学研究中的名篇。而他带出的弟子，同样是群星闪耀。伯希和 (1878—1945)、葛兰言（1884—1940）、马伯乐（1883—1945）、戴密微（1894—1979）等名动一时的汉学家，都出自其门下。除了葛兰言从事社会学、人类学研究而未涉及敦煌学之外，其他三位都是著名的敦煌学家。

　　接替沙畹主持法兰西学院汉学讲座的，是马伯乐。沙畹去世后，斯坦因将他第三次

[法] 马伯乐（1883—1945）

中亚探险时所获汉文文书的整理与考释工作交给了马伯乐。直至 1936 年，马伯乐花了 15 年的时间整理才大功告成，一部厚厚的书稿送往伦敦出版。然而，由于资助斯坦因探险的英属印度政府和大英博物馆在分割文物时没有协调好，研究成果的出版费用问题始终未能达成一致，出版一拖再拖。等到第二次世界大战爆发，书稿更被束之高阁。后来，马伯乐不幸被纳粹德国逮捕，在集中营受尽折磨。而就在这座集中营获得解放一个月前，马伯乐因心力衰竭而辞世。

1953 年，马伯乐的《斯坦因第三次中亚探险所获汉文文书》终于面世。日本著名敦煌学家仁井田陞评价这部十几年前完成的著作时说："这本书与其说如实地反映了马伯乐的实力，不如说如实地反映了法国学术界从沙畹时代继续保持下来的实力。"

沙畹和马伯乐在敦煌学方面的成就，还只是整理斯坦因从敦煌和新疆等地获取的汉文文书和简牍，伯希和则是敦煌文物的亲自获取者。为表彰和肯定其考察成功及研究能力，法兰西学院特意为伯希和设立了"西域语言、历史和考古"讲座。从 1911 年开讲，到 1945 年去世，伯希和的讲座广涉西域民族、历史、语言、宗教、地理、文学、艺术等领域。

就那个时代的汉学家而言，伯希和不仅亲自到过敦煌，而且亲手从藏经洞里挑选了最为珍贵的几千件文书和绢画。敦煌文物运到巴黎后，很长一段时间之内，库房的钥匙都握

[法]伯希和（1878—1945）

在他的手中。为了研究方便，他甚至把很多文书带回了家。虽然伯希和没有把主要精力放在敦煌研究方面，生前发表和出版的敦煌学著述也并不多，但他却一直被视为第二次世界大战以前西方敦煌研究的最大权威。

1920 年至 1924 年，伯希和出版了六大本的《敦煌石窟图录》。20 世纪 40 年代以前，这套图录是世界各国敦煌艺术研究的主要参考资料，伯希和对敦煌石窟所做的编号也被敦煌学界广为使用，特别是在欧美学界。

不过，就光大敦煌学而言，伯希和并没有花多少精力做他应该做并且能够做好的事情。斯坦因将敦煌遗书带回伦敦后，曾在 1910 年 1 月邀请伯希和为英藏敦煌汉文文书编制目录。伯希和满口答应，并前往伦敦对英藏敦煌汉文文书进行了全面调查。大英博物馆也在 1911 年 1 月将馆藏敦煌汉文文书寄给了他。但是，繁忙的讲学和研究，让伯希和没有精力和心思认真去做，而是选择了放弃。1919 年，大英博物馆的翟理斯接手编目工作，编目成果直到 38 年后的 1957 年才正式出版。

伯希和自己带回巴黎的敦煌文书和相关研究，除了刊布《敦煌石窟图录》，与日本的羽田亨合作编著《敦煌遗书》活字本和影印本各一册，以及零星地寄给中国学者一些敦煌文书的照片之外，伯希和也没有对自己带回的敦煌文书及艺术品进行系统的整理和刊布，连文书目录也只是在莫高窟时编写了 500 号（P.2001—2500），而且在他生前还没有发表。

20 世纪 20 年代，胡适在巴黎查阅敦煌文书，看到伯希和编写的 500 号文书目录屡有错误时，曾当面直言，并建议让中国学者参与对敦煌文书编目。也许是伯希和听进去了，当 30 年代王重民来到巴黎时，伯希和、戴密微与王重民相处甚为融洽。

1945 年 10 月 26 日，67 岁的伯希和在巴黎去世。被推崇为东方语言学天才的伯希和，除欧洲主要语言外，熟悉并能利用汉语、藏语、安南语、梵文、突厥文、蒙古文、波斯文、回鹘文、粟特文、吐火罗文、西夏文等，其学术领域广涉汉学、伊朗学、蒙古学、突厥学、藏学、满学、印度学，以及基督教、伊斯兰教、道教、佛教、摩尼教、祆教等。与伯希和共同主编"国际中国学期刊"——《通报》达八年之久的荷兰汉学家杜文达这样评价伯希和："紧接着第二次世界大战造成的严酷损失之后，保罗·伯希和的逝世又是降临在远东研究学界的一次最严重的灾难。在最广义上的中国研究的每一个领域，他都是无与伦比的大师。……他对用任何语言写成的关于中国学研究的几乎任何方面的文献都了如指掌。……伯希和的逝世，意味着一个时代的终结。"

延续辉煌的"戴密微—谢和耐时代"

第二次世界大战结束前后，马伯乐与伯希和相继去世，宣告了一个时代的终结。不过，法国敦煌学在欧美世界的领袖地位依然没有动摇。既是沙畹的学生、也是马伯乐弟子的戴密微，扛起了战后法国敦煌学的大旗。

当马伯乐死在德军集中营时，接替他在法兰西学院主持汉学讲座的，是同样从河内法兰西远东学院开启汉学研究之路的戴密微，他把一生的主要精力都放在了敦煌学上。戴密微不仅在法兰西学院讲授敦煌俗文学长达十数年之久，而且在继伯希和之后主编《通报》的三十年间，发表了大量敦煌学著作和书评，成为欧美敦煌学界的领军人物。

1919 年，25 岁的戴密微来到越南河内，1924 年至 1926 年在厦门大学执教，1926 年赴日本，1930 年返回法国。十多年的远东生活和丰富的旅行经历，给戴密微的研究带来了极大便利，精通中文、日文、藏文、梵文、俄文及多种欧洲语言，使他在众多领域取得了丰硕成果。

1952 年出版的《拉萨宗教会议：八世纪汉地僧侣与印度僧侣在拉萨有关的辩论》（中译本为耿昇译《吐蕃僧诤记》），是戴密微运用敦煌文书研究禅宗进入西藏、汉地禅僧与印度僧侣发生论争的世界名著。这部著作涉及唐史、吐蕃史、西域史、佛教史、禅宗入藏史等领域。全书由两章构成，第一章依据敦煌文书，论述 8 世纪时在吐蕃赞普墀松德赞主持下，由汉僧摩诃衍与印度僧侣莲华戒在逻些（今拉萨）就禅宗问题展开的大辩论。第二章史料疏义，译注了大量有关唐蕃关系的敦煌汉文文书，其中首次刊布的一批反映唐蕃关

[法] 戴密微（1894—1979）

系的敦煌文书，提供了许多从未见诸汉藏史籍的资料。《吐蕃僧诤记》出版后，日本敦煌学家藤枝晃称戴密微为"当代欧洲佛教学和中国学的最高权威"。

　　戴密微的著作引来了世界性的赞誉，也引发了世界性的讨论。1958 年，意大利藏学家图齐认为 8 世纪的这场大辩论是在桑耶寺举行的，提出"桑耶寺僧诤会"之说；1964 年，日本禅宗研究专家上山大峻认为举行过两次讨论会，摩诃衍和莲花戒各胜一场；后来，戴密微放弃"拉萨僧诤"、接受"吐蕃僧诤"之说，不过并不认为举行过一次或两次面对面的僧诤会，而只是一场持续了数年的笔墨官司。

　　同样是 1952 年发表的《中国俗文学的起源》，则揭示了敦煌文书对研究中国文学史的价值。戴密微在这篇论文中，翻译和研究了一批与其佛教研究相关联的敦煌俗文学写本。1969 年，出版了《敦煌曲》（与饶宗颐合作）；1982 年去世后出版了《＜王梵志诗集＞和＜太公家教＞》，推动了中国中古文学的研究。

　　戴密微治学范围广泛、著述宏富，他的学生谢和耐说"寥寥数语无法概括出他广博而深刻的研究"。日本汉学家福井康顺称，由于学识、智慧和非凡的工作能力，戴密微所涉及的汉学研究，已经不是某几个领域，而是"整个中国的研究"。

　　与他的老师沙畹一样，戴密微也培养出了一批出类拔萃的弟子。其中，在敦煌学领域最突出的，是起步于法兰西远东学院的谢和耐。

[法] 谢和耐（1921—2018）

　　对中国读者来说，认识和熟悉谢和耐，多半是通过他撰写的《蒙元入侵前夜的中国日常生活》《中国社会史》《中国与基督教——中西文化的首次撞击》等著作。其实，谢和耐的学术起步于敦煌文书，成名于 1956 年出版的博士论文——《中国 5—10 世纪的寺院经济》。

　　1952 年，谢和耐受其老师戴密微委托，编写伯希和敦煌汉文写本目录。在与吴其昱一道完成第 2001 号至 2500 号（P.2001—2500）的目录（1970 年出版）之后，谢和耐进一步利用未刊布的法藏敦煌文书，完成了《中国 5—10 世纪的寺院经济》这部研究佛教寺院经济的划时代著作。他利用汉文史籍、佛教史料和敦煌文书等多种材料，以社会学的观点，分析了中国从南北朝到五代时期的寺院经济，得出了许多新的结论。

　　在谢和耐之前，虽然也有一些学者尝试利用敦煌文书研究佛教寺院经济，但多半因难睹敦煌文书真容而效果不佳，参与编写伯希和敦煌汉文文书目录、接触了大量敦煌文书真迹的谢和耐，则发挥了把敦煌文书与历史、佛教史料记载结合起来研究的优势。

　　在谢和耐之前，法国的敦煌学研究多是刊布敦煌文书，以及对具体文书做详细考释，沙畹、伯希和、马伯乐的作品多半如此，戴密微的《吐蕃僧诤记》也同样是一部考据派的代表作。谢和耐则以现代历史科学方法，写成了这部敦煌学名著，使法国汉学研究向着现代化的道路迈进。

第二十六章

敦煌在中国，敦煌学在日本

藤枝晃的中国行

从 1981 年往后的数年里，中国的敦煌学者始终对一句话耿耿于怀、念念不忘，中国敦煌学界也因此弥漫着一种知耻而后勇的奋发。这句话，就是"敦煌在中国，敦煌学在日本"。

很多中国学者都认为这是 1981 年 4 月至 5 月日本敦煌学家藤枝晃在天津南开大学演讲时所说。在那个从"文革"中走出来的"团结起来、振兴中华"的时代，这种刺激可想而知。

其实，这句话最早并非从藤枝晃口中说出，但"敦煌在中国，敦煌学在日本"在当时是事实。

1981 年 4 月，藤枝晃应邀来南开大学讲学。南开大学事先对外宣传说此次讲学为期两月，内容为敦煌学和中西交通史，将有各省市有关单位的史学工作者和大专院校的部分师生参加研究和讨论。

南开大学并不像北京大学、武汉大学那样有专研敦煌学的教授，为何会邀请藤枝晃前来讲敦煌学？原来藤枝晃讲学是 1980 年担任中国日本史学会首任会长的南开大学历史研究所所长吴廷璆邀请来的。吴廷璆 1933 年至 1936 年在京都大学留学，毕业论文《汉代西域的商业贸易关系》由羽田亨指导完成。当时，藤枝晃也在京都大学文学部史学科就读（1930 年至 1934 年在校），毕业后成为文学部的助手，在羽田亨指导下编纂《满和辞典》。吴廷璆和藤枝晃不仅很熟，且研究领域相近。

近半个世纪过去，藤枝晃此时已经是日本敦煌学界的领军人物。对吴廷璆来说，藤枝晃还有一件事令他印象深刻，那就是藤枝晃在研究敦煌写本时发现，历来公认为日本圣德太子所写的《胜鬘经义疏》[1] 其实是魏晋时期的中国人所写，藤枝晃顶着压力宣布了《三经义疏》并非圣德太子所写这一研究结果。

1　与《维摩经义疏》《法华经义疏》合称为《三经义疏》，相传均为日本圣德太子所著，是日本佛教拥有自身独特性的根源。——编者注

　　吴廷璆在他担任总编辑的《历史教学》1981 年 3 月号上登出了藤枝晃来南开大学讲学的消息。同时，在接受《外国史知识》月刊专访时，他也特意谈到了藤枝晃教授。这篇在同年 4 月 14 日藤枝晃南开讲学期间面世的"本刊专访"写道：

> 　　吴先生还讲了日本史学界近来发生的一件事情：日本有一部很有名的《三经义疏》，历来公认为公元六、七世纪间日本圣德太子所写。有一位名叫藤枝晃的京都大学老教授在研究我国敦煌写经抄本中发现，这三部佛经中的《胜鬘经》义疏原来是魏晋时代中国人所写，因此证明《三经义疏》根本不是圣德太子的著作。藤枝晃教授这种实事求是的学风，引起了日本学术界的震动。说到这里，吴先生深有感触地说，我们的年轻人一定要有志气参与改变"敦煌在中国，敦煌学在外国"的不正常状态，要有志气改变史学研究的落后状况。

　　4 月 8 日，藤枝晃开始为南开大学历史系学生做题为"敦煌学导论"的系列演讲。前来听讲的，除了学生之外，还有本校的教师和来自武汉大学、中山大学等高校和科研机构的专家学者。演讲前，吴廷璆主持，在介绍藤枝晃、介绍日本的敦煌学研究时，讲到了"敦煌在中国，敦煌学在日本"。

　　在将近两个月的讲学中，藤枝晃侃侃而谈——从敦煌的历史到敦煌学的现状，从西域敦煌艺术到敦煌遗书研究。作为功力深厚的著名敦煌学家，藤枝晃的演讲虽然只是导论性质，但对于中国敦煌学发展依然机会难得，台下的人静静地听、默默地记。

　　5 月 23 日，是连续十多次演讲的最后一次了，藤枝晃在结束演讲时说道："关于敦煌遗书的研究，最近在中国有发展，但距西欧和日本的研究相差还很远。"

　　藤枝晃教授的演讲引起巨大反响。"敦煌在中国，敦煌学在日本"，迅速在敦煌学界掀起波澜。

　　让许许多多中国人、许许多多中国学者有难言之痛的，不仅仅是敦煌文物流失海外，还有敦煌学研究落于人后。敦煌文物的流失，学术资料的失去，同样也是学术竞争力的丧失。如果说伯希和当年带着敦煌文书来到北京，让中国学者痛感敦煌文书的流失，那么藤枝晃带着敦煌学的新知来到天津，则是让中国学者痛感本国敦煌学的落后。

　　屈辱、伤心、愤懑、抑郁、酸楚……都不足以代表中国学者的心情。多年以后在很多中国敦煌学者的文章、访谈、发言和回忆录中，都常常提起这句话给自己带来的冲击和知耻而后勇的感受。

　　在此之前，藤枝晃曾有过三次著名的演讲：每隔约 11 年进行的同一主题的演讲——"敦煌学的现阶段"。1952 年的演讲，主要是介绍中国的敦煌学研究，特别是中国对莫高窟的保护和敦煌艺术研究。11 年后的 1963 年，当藤枝晃再次发表同题演讲时，日本已经从战后的废墟中站立了起来。1975 年 3 月 24 日，藤枝晃做他的退休讲演时，第三次以"敦煌学的现阶段"为题。这一次，日本的敦煌学研究大致可以傲视群雄了。

当中国大陆的"文化大革命"在如火如荼地进行时，日本则在全面为"敦煌在中国，敦煌学在日本"奠基。

1981 年当藤枝晃来到中国时，全国上下受到"敦煌在中国，敦煌学在日本"的刺激，也就不是偶然的了。

"敦煌在中国，敦煌学在日本"

自从榎一雄和东洋文库在 20 世纪 50 年代促成英藏敦煌文书缩微胶卷拍摄后，东洋文库开始逐渐成为国际敦煌学的资料与研究中心。从英、中、法和苏联得到丰富的敦煌文书新材料，加上大谷探险队的敦煌吐鲁番文书重新被发现，当中国在"文化大革命"期间敦煌学研究停滞之时，日本则迎来了敦煌学研究的全新时代，一改过去对敦煌文书"搜宝式"的探求而为"全景式"的研究，敦煌学进入全面整理研究新阶段。

研究敦煌文书离不开原件。20 世纪六七十年代中国大陆没有一个学者有机会前往英、法等国考察研究敦煌文书。相反，藤枝晃在 1975 年的一次演讲中说："在日本研究敦煌学的学者中，几乎没有不曾看过欧洲收集品的。"

到藤枝晃来中国讲学之时，日本的敦煌学研究正如日中天，除了法国出版的几部《敦煌研究论文集》显示法国敦煌学研究强大之外，日本学界出版的两种敦煌学巨著在当时就像两座高高的山峰。借助找回的大谷文书，石滨纯太郎成立"西域文化研究会"，集合一批专家研究，出版了沉甸甸的六巨册《西域文化研究》；东京大学主导的《讲座敦煌》，则是一项规模更大的集体合作项目。

从 20 世纪 70 年代开始，日本启动了出版使"全世界东洋学界瞩目"的 13 卷本巨著《讲座敦煌》。[2] 出版方认为，敦煌资料必须从宗教、文学、美术、语言、社会、历史、地理、经济等各个领域进行有机联系的研究。集学术性和普及性于一体的《讲座敦煌》，正是汇集了各领域敦煌学者在统一编辑方针下撰写的文章，着力于立体而生动地展现敦煌的方方面面。

2　后因人事变动，原先定好的分卷及执笔者均有变动，同时也邀请了国外的一些专家参加撰写，如中国大陆的周一良先生。最终《讲座敦煌》刊出 9 卷，于 1992 年出齐。

敦煌の自然と現状

講座敦煌 1

大東出版社

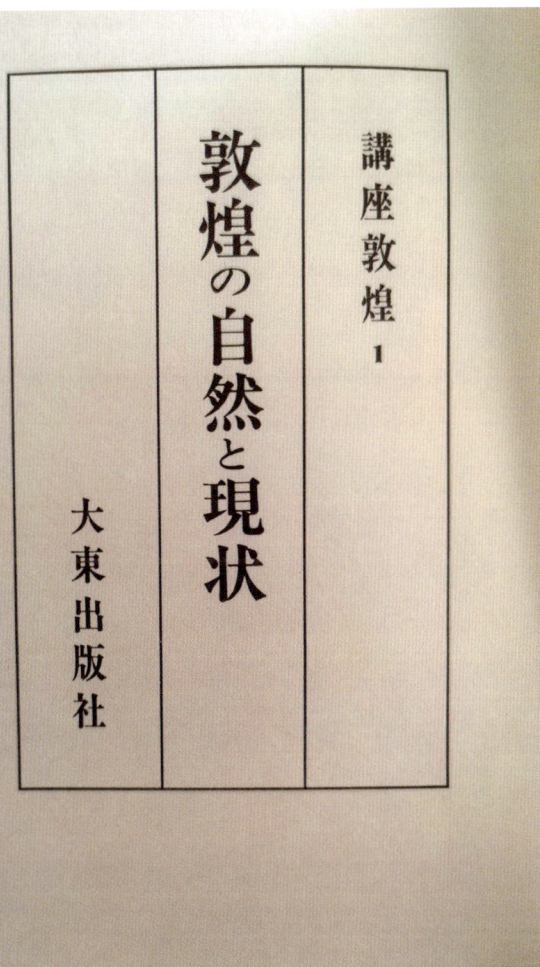

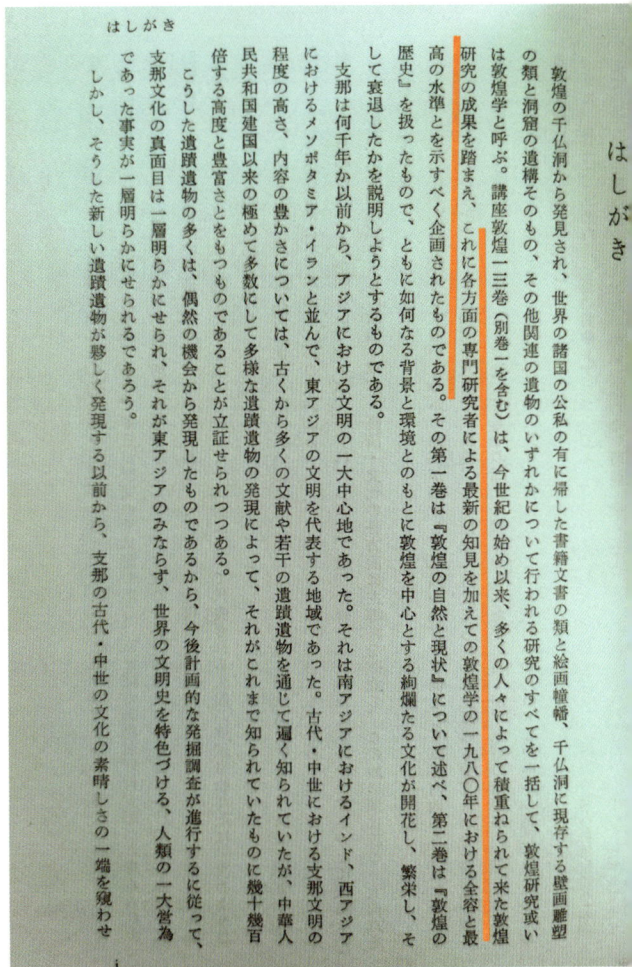

日本敦煌学界出版的《讲座敦煌》丛书，集学术性和普及性于一体，代表了当时敦煌学的最高水平。

はしがき

　敦煌の千仏洞から発見され、世界の諸国の公私の有に帰した書籍文書の類と絵画幢幡、千仏洞に現存する壁画雕塑の類と洞窟の遺構そのもの、その他関連の遺物のいずれかについて行われる研究のすべてを一括して、敦煌研究或いは敦煌学と呼ぶ。

　講座敦煌一三巻（別巻一を含む）は、今世紀の始め以来、多くの人々によって積重ねられて来た敦煌研究の成果を踏まえ、これに各方面の専門研究者による最新の知見を加えての、最高の水準とを示すべく企画されたもので、ともに如何なる背景と環境とのもとに敦煌を中心とする絢爛たる文化が開花し、繁栄し、そして衰退したかを説明しようとするものである。その第一巻は『敦煌の自然と現状』について述べ、第二巻は『敦煌の歴史』を扱ったもので、一九八〇年における全容と最

　支那は何千年か以前から、アジアにおける文明の一大中心地であった。それは南アジアにおけるインド、西アジアにおけるメソポタミア・イランと並んで、東アジアの文明を代表する地域であった。古代・中世における支那の文明の程度の高さ、内容の豊かさについては、古くから多くの文献や若干の遺跡遺物を通じて遍く知られていたが、中華人民共和国建国以来の極めて多数にして多様な遺跡遺物の発現によって、それがこれまで知られていたものに幾十幾百倍する高度と豊富さとをもつものであることが立証されつつある。

　こうした遺跡遺物の多くは、偶然の機会から発現したものであるから、今後計画的な発掘調査が進行するに従って、支那文化の真面目は一層明らかにせられ、それが東アジアのみならず、世界の文明史を特色づける、人類の一大営為であった事実は一層明らかにせられるであろう。

　しかし、そうした新しい遺跡遺物が夥しく発現する以前から、支那の古代・中世の文化の素晴しさの一端を窺わせ

i

　1980 年，《讲座敦煌》出版了《敦煌的自然与现状》《敦煌的历史》《敦煌的社会》《敦煌佛典与禅》。榎一雄在卷一"总序"中宣称："《讲座敦煌》十三卷是显示本世纪以来，……敦煌学在一九八〇年的全貌和最高水准。"

　为什么说"敦煌在中国，敦煌学在日本"？

　藤枝晃有足够的理由漠视中国的敦煌学。在他来到南开大学讲学一年后的 1982 年 4 月，教育部的一份报告显示，"估计国内有研究的敦煌学者，老中青合计约一百多人，副教授、副研究员以上约四五十人"。在同一份报告里，日本的情况是："从 1909 年开始，工作未断，……目前日本有上百名学者研究敦煌。日本还有玄奘学会等组织。明年 8 月，日本将召开第十三届亚欧与北非人文科学大会，会议内容包括敦煌学，共有三千名学者参加。"

日本作为一个外国进行敦煌研究，不仅研究人数不输于中国，研究深度和广度更是强于中国。敦煌文书散在四方，他们满世界"搜宝"一样地寻访，并且从 20 世纪 50 年代就有以东洋文库为中心对敦煌资料收集整理的机构；研究上不同领域的专家集中研讨、各守一摊，更有国家、财团和一些学术团体的支持，以及"西域文化研究会""敦煌文献研究委员会"之类的专家联合体共同研究。

日本的敦煌研究具有更强的国际性，一些学者通过调查踏访阿富汗、巴基斯坦等中国之外的丝路史迹，深化对整个丝绸之路古代石窟、佛寺和文化的认识，以更加宏阔的国际视野研究敦煌。而随着中国改革开放，日本研究敦煌的学者、艺术家，得以来到敦煌，与过去只能看照片发挥想象不同，置身于洞窟内、壁画前，实物和现场环境产生的强大感染力，进一步推动着他们的研究。

反观中国，且不说敦煌学家还浑身带着"文革"的伤痕，资料少而分散，人员各自为战，学术活动也少之又少。国际交流方面，从 1960 年苏联召开的第 25 届国际东方学家代表大会，到 1979 年巴黎举行的第一次敦煌学国际研讨会，中国大陆学界没有参会，也就不能及时获悉敦煌文书的最新资讯和敦煌研究的最新进展。这就是作为本土研究敦煌的中国敦煌学和作为外国研究敦煌的日本敦煌学的现实状况。

池田温纠错《敦煌资料》

在东京的第三波"敦煌热"中，涌现了一大批深有影响的敦煌学学者，也培养了日后的日本敦煌学领军人物——池田温。

"那时，在海外访学两年多的山本达郎先生回国了，先生将在伦敦大英博物馆调查到的斯坦因所获敦煌文书中的户籍类文书作为讲座的教材，将缩微胶片十余枚分给了学生，大家开始一字一字地认真释读，"1952 年入东京大学东洋史学科学习的池田温说，"从那时起，我开始感受到敦煌文书的魅力，也由此开始，我深深地步入了敦煌学的世界。"

东京大学毕业后，池田温进入东洋文库攻读研究生，开始对英藏敦煌文书缩微胶卷的研究，"基本上每周两天学习观摩敦煌文书，这样持续了数年时间"。大谷文书重新被发现后，移交至龙谷大学图书馆，日本学界组成"西域文化研究会"对这批文书进行研究，池田温同样积极参与，多次前往龙谷大学图书馆调查研究。

就在这时，中国出版了《敦煌资料》（第一辑）。1961 年，中国科学院历史研究所资料室编辑，专家们根据新获英藏敦煌文书缩微胶卷和部分中、法敦煌文书胶片，以及向达、王重民当年在英、法所抄敦煌文书，选辑校录了大量户籍、土地簿、帐簿、契约等社会经济类文书。由敦煌学名家贺昌群指导的《敦煌资料》出版之时，英藏敦煌文书的缩微胶卷在中国大陆总共才3套，法藏、北图藏敦煌文书缩微胶卷尚未系统摄制，可以说《敦煌资料》是国内学者研究利用敦煌文书最便利的，有时甚至是唯一的途径。

书传到东瀛，同样引起日本学界极大关注。1963年，池田温针对此书在《东洋学报》上发表了长达20页的书评。

池田温认为这是一部划时代的敦煌学著作，促进了利用契约等经济类文书进行敦煌研究。但是，他在书评中列出了录文中存在的一长串的错误和问题。

一部中国当时极为重要的敦煌学著作，被一位年轻的日本学者"批"得体无完肤，这让一些中国学者慨叹不已、伤心不已。缩微胶卷中的字很多看不清楚，中国学者当时几乎没有可能前往国外查阅原件，许多问题就因此出现了。

崭露头角的池田温没有止步于书评。1969年，池田温前往伦敦和巴黎，亲自调查英法所藏敦煌文书。同时，他在途经苏联时考察了列宁格勒的奥登堡所获敦煌文书，在东柏林考察了德国探险队所获吐鲁番文书中的籍帐类文书。

十年后的1979年，池田温出版了研究中国古代户籍制度的名作《中国古代籍帐研究》。在书的序章中，他说籍帐录文正是继承了《敦煌资料》的意图，以提供在现阶段足以凭信的原文作为目标。

池田温的录文堪称典范，做到了尽可能地研读敦煌文书原件，从原件出发详做注记。有学者甚至认为："以敦煌吐鲁番文书而言，半个世纪以来学者专家对籍帐制度的检讨，到池田氏书出，可谓集其大成。本书作为'敦煌学'有关籍帐类的录文而言，可说是最完备的书。"

五年后（1984年），《中国古代籍帐研究》由北京中华书局翻译出版。译者龚泽铣在前言中说："近代以还，日本对于中国古代文化学术的研究很发达，颇令明达的中国学者有感到压迫之叹。"

艺高人胆大的藤枝晃

敦煌学在日本，藤枝晃当时正是站在日本敦煌学金字塔顶端的敦煌学家，而且属于艺高人胆大的一类。

邀请藤枝晃到南开讲学的吴廷璆，曾感叹于藤枝晃证明《三经义疏》不是圣德太子的著作而引起日本学术界震动。与吴廷璆一样被称为新中国日本史研究奠基人之一的北京大学教授、敦煌学家周一良，同样对藤枝晃这件事感到佩服。他在《敦煌写经与日本圣德太子》一文中写道：

　　藤枝先生利用他的敦煌学知识，揭穿了一千二百年来被认为是圣德太子天才著作的《胜鬘经义疏》，实际是从中国输入的经卷；被认为是圣德太子的遗像，实际是唐朝贵族的像。藤枝先生敢冒日本全国之大不韪，坚持真理，他的学术良心和独立自由的治学精神，不是很值得我们纪念和学习吗？

　　藤枝晃声言日本散藏的敦煌文书存在大量赝品，同样极大地震撼了日本敦煌学界和收藏界。

　　除了有机会看到日本收藏的一些敦煌文书之外，从 1964 年开始，藤枝晃陆续走访调查了收藏在伦敦、巴黎、斯德哥尔摩、哥本哈根、列宁格勒、新德里、柏林等地的敦煌吐鲁番文书，悉心观察各类文书的用纸、书写和尺寸。在观摩了大量敦煌文书原件之后，藤枝晃于 1966 年发表了《敦煌写本概述》，历数世界各地敦煌文书收藏情况。在列举英藏、法藏、北图藏、苏联藏和日本大谷文书五大藏品之后，藤枝晃指出：在日本还有数件到数百件大小不等的收藏品，但就其中所能见到的散藏敦煌文书而言，百分之九十以上是赝品。

　　藤枝晃将自己亲眼所见日本国内的 12 件敦煌写本原件和 4 件敦煌写本照片进行研究，认为百分之九十以上是赝品。池田温就此问题拜访藤枝晃时，藤枝晃更说发表时是为了缓和一下而写成百分之九十以上，实际上百分之九十五以上都是赝品。

　　藤枝晃对日本藏家收藏的敦煌文书，很早就保持了警惕。1961 年，当京都国立博物馆邀请他参加整理馆藏守屋孝藏收集的敦煌写经时，虽然邀请他的京都国立博物馆馆长塚本善隆是他原来在京都大学的同事，但藤枝晃感到写本有伪而拒不参加。

　　1971 年，藤枝晃出版《汉字的文化史》，用简洁流畅的文字和珍贵的图片，饶有兴味地讲述了汉字载体的写刻材料，收藏法、装订法等的发展和演变，敦煌写本在他的笔下得到了娴熟的应用。这本篇幅不大、雅俗共赏的著作甫一出版，便摘得代表法国汉学最高成就的"儒莲奖"。

　　藤枝晃对敦煌写本的谙熟，在当时看来，无愧于研究敦煌写本第一人。

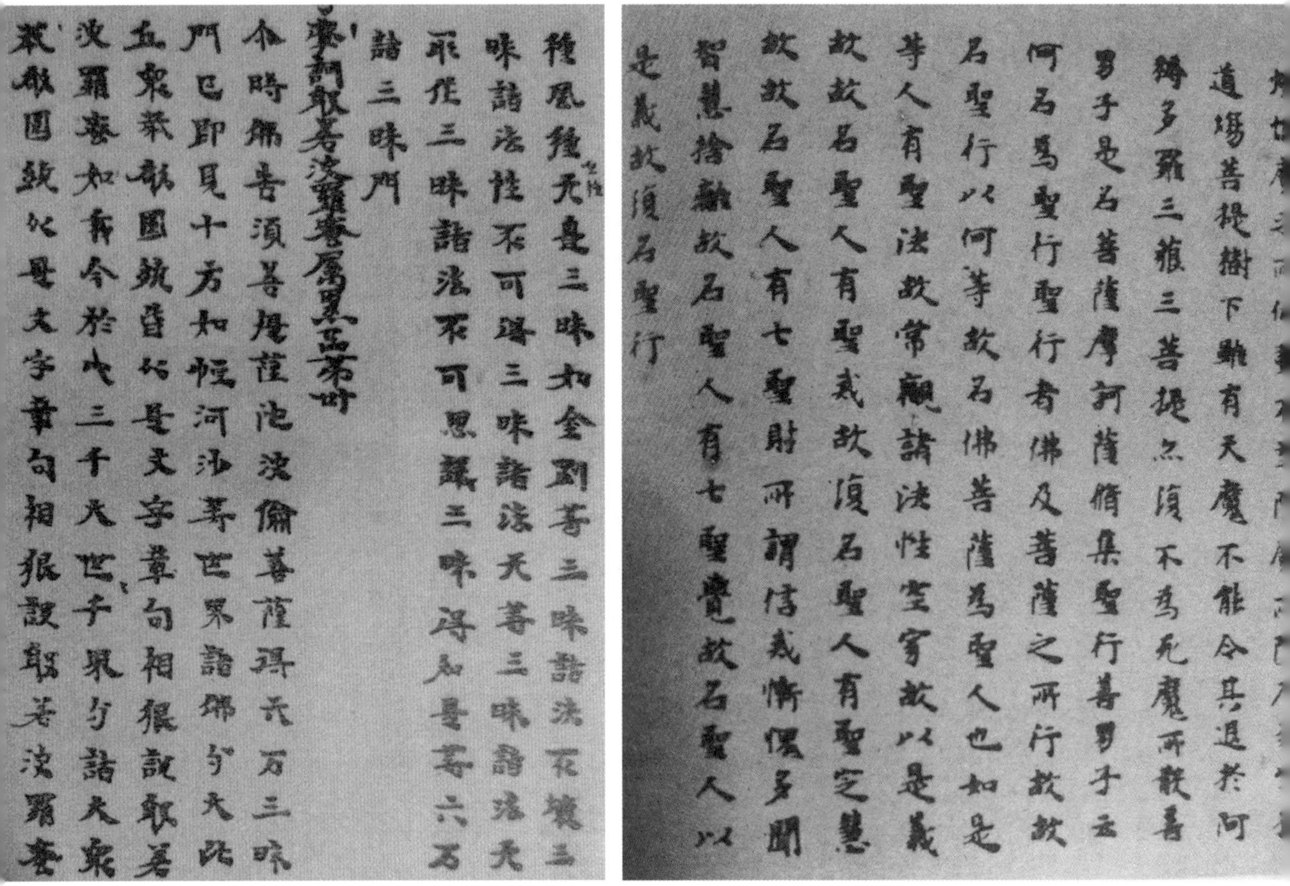

藤枝晃在《汉字的文化史》中征引的 4 世纪敦煌文书（左）和 6 世纪初敦煌文书（右）。

上山大峻的敦煌佛教研究

20 世纪六七十年代，日本研究敦煌学的学者之多，敦煌学的研究成果之多，令人眼花缭乱。单是利用敦煌文书研究中国中古历史方面，就有像仁井田陞的《中国法制史研究》（4 卷，1959—1964）、西嶋定生的《中国经济史研究》（1966）、西村元佑的《中国经济史研究——均田制度篇》（1968）、日野开三郎的《唐代租庸调研究》（3 卷，1974—1977）、崛敏一的《均田制的研究》（1979）等轰动学界的名作。论文更是难以统计，有人说：要想做一部目录索引将这一时期的研究文章网罗齐全几乎不可能，因为敦煌学涉及的方方面面都有人在研究。

敦煌学中的佛教研究，是日本学界倾注了诸多心血和颇有心得的一大领域，这从上山大峻的研究可见一斑。

上山大峻研究敦煌，是从英藏敦煌文书缩微胶卷起步的。当缩微胶卷弄到日本后，京都大学人文科学研究所组建了以藤枝晃为首的"共同研究班"，当时就读于龙谷大学的上山大峻是研究班中的一员。

经过多年研究，1964 年《东方学报》出版特辑，公布了研究班数年来的研究成果。上山大峻发表的论文是《昙旷与敦煌的佛教学》。传世文献中没有任何有关昙旷这位敦煌和尚的记载，但是流散在世界各地的敦煌文书则保存了他的大量作品。上山大峻通过对敦煌文书的研究，发现了这位一千多年前的和尚是位佛教唯识宗大师，以及他在敦煌布教的点点滴滴。

出生在河西张掖地区的昙旷于 735 年前后来到唐朝都城长安，进入西明寺学习，这里正是玄奘创立的唯识宗的中心。学成之后，昙旷将当时最流行的唯识宗从长安带到了敦煌。凭着在布教中的社会地位和施教时的博学多才，昙旷一举成为当时著名的佛学大师，唯识宗很快在敦煌地区流行起来。

对昙旷的研究虽然为敦煌佛教史提供了新的内容，但并没有什么奇特之处，接下来上山大峻对另一位和尚的研究，就非同一般了。

1964 年藤枝晃的欧洲之行，带回了大量敦煌写本照片。当上山大峻看到这许多以前从来不曾见过的敦煌写本照片，特别是看到一位用汉、藏两种语言在敦煌布教的法成和尚的相关写本照片后，他立即回到家里，让在神户女子学校教书的妻子辞去教职，并把她送回老家，以便使自己不受打扰，一天 24 小时与这些材料住在一起，展开研究。研究班的其他人听说后赞叹不已。藤枝晃说："对于这事，我们大吃一惊，认为实在是大大的了不起，只能是拍案叫绝。"

类似的情形，在差不多同时的北京也有过，那就是向达"主动出家"到广济寺，为《大唐西域记》做苦行僧，然而顶着巨大压力潜心研究的向达，在当时既没有人支持，更没有人喝彩。

除了流散在各地的敦煌写本中出现法成的身影外，传世文献并没有关于法成的记载。通过对世界各地敦煌写本的爬梳研究，上山大峻发现，法成是又一位将唯识宗在敦煌发扬光大的显赫人物。

安史之乱后，河西走廊上的城市相继被吐蕃控制。781 年，敦煌陷落，此后长期在吐蕃占领之下。吐蕃统治敦煌时，经济没怎么发展，佛教却异常繁荣。吐蕃赞普翻译编纂经籍时，法成是五大翻译官之一，其他几位印度和尚从梵语译成藏语，法成则从汉语译成藏语或从藏语译成汉语。

上山大峻完成了《大蕃国大德三藏法师沙门法成研究》。在这篇被法国敦煌学权威戴密微称为"才华横溢"的长篇论文里，不仅理清了法成的生平及其藏文、汉文著述，进而理清了法成佛学的构造及其源流，而且揭示出 8 世纪至 9 世纪时敦煌是一个特别活跃的佛学研究中心。唐朝在武宗灭佛之后，长安、洛阳等佛教中心受到沉重打击，敦煌则依然是一个"佛教城市"。

只要看上山大峻对其中的一部讲义的"侦破"，就可以体会到这种结论的得出背后是多少张敦煌写本照片的反复比对，是多少佛学和历史知识的积累，是多少个日夜的付出。

《瑜伽师地论》是一部由玄奘从天竺那烂陀寺带回的梵文版本译成的百卷巨著，当年玄奘"西天取经"，这部有关唯识宗教理巨著的完整梵文版本就是他特别想寻求的。上山大峻在数万件敦煌写本中发现了这部《瑜伽师地论》的注释写本，但是注释的笔迹和详略各不相同，有汉文的，也有藏文的。这是怎么一回事呢？上山大峻收集了伦敦收藏的 12 卷敦煌写本，巴黎收藏的 12 卷，北京收藏的 1 卷，日本大谷大学收藏的 6 卷。其中，有的写本篇幅非常长，如巴黎藏 P.2035 是这部巨著前 20 卷的注释，被粘成完整的一卷，长约 30 米。

与印刷的书籍不一样，对于敦煌写本，除了要对它的内容进行透彻研究之外，还需要悉心研究写本本身，如各不相同的外形和字体等。经过一件又一件的分门别类，一遍又一遍的比对研究，上山大峻终于查明：这些写本，是一位名叫法成的老师在讲授《瑜伽师地论》，记录了《瑜伽师地论》汉译文与藏译文的不同之处，上面既有删除，也有增加，看上去最乱但内容最正确的那些写本，就是法成所用的讲义。其他有关《瑜伽师地论》的写本，则是 6 位弟子记的听课笔记。因为是听课笔记，所以每个写本的内容又各不相同。

　　上山大峻像专家破案一样，环环相扣地推断出了这些注释所涉及的《瑜伽师地论》的卷数、标题，撰写注释的听讲人姓名、听讲的时间等。他判断出是6个弟子记的笔记，有的是因为其中一些写本接头处的背面签有他们的姓名，有的则是从字体上辨认出来的。有些记录字迹多纵笔疾驰，错误较多；有的则只是带着自己抄写的《瑜伽师地论》而没多写一字；也有的重复记录。这一切，说明了听讲者记录法成大师讲解时手忙脚乱的状态。

　　在所有的笔记中，《瑜伽师地论》的后50卷都只有原文，而没有任何注释和笔记。这又是为何？原来法成开讲的时间是855—859年，还没等他把这部巨著全部讲完，就去世了。

　　以上就是上山大峻对散在世界各地的一大堆《瑜伽师地论》写本所做的考释。法成这位大德高僧在施教时弟子做的数量惊人的笔记，使人们了解了佛经注释的具体情况，这类注释在敦煌佛经中占有相当大的比例。

　　上山大峻对敦煌佛教的研究，只是日本敦煌学研究中的一个案例。像专攻《妙法莲华经》的学者兜木正亨在20世纪70年代出版的《敦煌法华经目录》，就是专门整理《妙法莲华经》残卷的著作。中古时期，民众信仰《妙法莲华经》者最多，因而被大量传抄，在敦煌吐鲁番文书中数量也最多，身为日本莲华宗高僧的兜木正亨专门为寻访《妙法莲华经》敦煌经卷数次前往欧洲，任何碎片也不放过，将碎片勘定到各自应处的位置，最后编成了这部著名的目录。

　　对佛法东传之路的向往，日本社会中有着强大根基的佛教教团，众多的佛教系大学，大量财力和智力的投注，使得敦煌佛教研究几乎成了日本学者的"独擅场"。

井上靖：《敦煌》与《丝绸之路》

　　日本学者的努力，让敦煌学在日本开出了绚丽的学术之花，也让日本在国际敦煌学界达到了荣誉的巅峰。学术积淀下的敦煌学海洋，开始向社会各个方向涌动着波浪，小说、绘画、影视、音乐、游记等与敦煌相关的作品大量涌现，一波接一波地在社会上掀起敦煌热浪，将无数人的目光牵引到敦煌。

　　在所有以敦煌为题材的小说创作中，历史小说家井上靖凭借《敦煌》同样到达了荣誉的巅峰。

　　1959年，《敦煌》在《群像》杂志上连载，1960年出版单行本，同年与井上靖的短篇小说《楼兰》一道获得首届"每日艺术奖"。作为井上靖西域题材作品中的代表作，《敦煌》实际上也是日本敦煌学腾飞的一部分。

井上靖在谈到《敦煌》的创作时，说："执笔开始是 1958 年 10 月，最初想写成 300 页左右的中篇，清楚地写出从早晨到晚上封存敦煌石窟的一天。不用说，封存的原因只是外族的入侵。说到外族的入侵，这也只能是西夏收沙洲、瓜州灭归义军节度使曹氏的情况。从埋存的东西来推想，可以认为埋存的人可能是僧籍的人，或者是当时的官吏吧。"

对藏经洞封闭之谜，井上靖说，他要书写的是经卷背后隐藏的历史。井上靖不仅阅读大量敦煌学论著，甚至多次前往京都大学拜访藤枝晃。小说《敦煌》出版时，书名正是藤枝晃所题写。

井上靖于 1932 年至 1936 年就读于京都大学文学部哲学科。藤枝晃则是 1930 年至 1934 年在京都大学文学部史学科就读，1934 年毕业后成为文学部的助手。我们不清楚井上靖和藤枝晃在大学时期是否有过交往或者接触，但可以确定的是井上靖大学时已经在广泛阅读敦煌、新疆历史和探险方面的著作。

井上靖在回忆他的大学生活时说："当时的学界正流行着'西域热'，出现了许多西域学者。如果称为'西域学者'不合适的话，也可以叫作研究西域问题的东洋史学家，对于我这么一个学生来说，他们的名字是那么光彩夺目。"

在《我与敦煌》一文中，井上靖写道："从学生时代起，我就喜欢阅读有关西域的东西。敦煌是西域地区的入口，不知从何时起，我对敦煌附近的那些城邑，渐渐有了自己的印象。这些来源于书本的印象，自然而然地在我心里生根发芽，小说《敦煌》由此问世。"

1958 年 1 月，由日中文化交流协会和每日新闻社联合主办的"中国敦煌艺术展"在东京举行，"展览期间，参观者每天都排着长队"。参观者中，就有井上靖。这是井上靖第一次亲眼观赏敦煌艺术，直接推动了《敦煌》小说的创作。在写作《敦煌》之前，井上靖从未涉足过河西走廊，《敦煌》出版后的二十年里，敦煌也依然只出现在他的梦中。

井上靖说："写小说《敦煌》以后的二十年间，我就想去自己小说的舞台——河西走廊实际走一走，想亲眼看一看敦煌莫高窟的愿望很强烈。"

1978 年，中国改革开放后，井上靖踏上丝绸之路，来到敦煌。第二年，中日联合摄制大型纪录片《丝绸之路》，72 岁高龄的井上靖随同日本 NHK 摄制组再次来到敦煌，作为特邀嘉宾，参与节目拍摄。他与常书鸿一道，随着摄制组走过了大佛窟、藏经洞、阳关、玉门关……

纪录片《丝绸之路》在 1980 年播出，取得巨大成功，引起强烈反响，节目制片人和崎信哉说"使日本社会第一次出现了现象级的'丝绸之路'"。

井上靖说，在日本，一共出现过三次"丝绸之路热"，第一次是中国的唐代，第二次

井上靖 1958 年在东京"中国
敦煌艺术展"上。图片来源:
[日]井上靖 著,《敦煌·洪水》

井上靖 1979 年在敦煌莫高窟。
图片来源: 井上富美 摄,"敦
煌: 壁画艺术与井上靖诗情展"

是日本的明治维新时代，第三次就是纪录片《丝绸之路》的拍摄。

从井上靖 1958 年开始创作《敦煌》，到 1980 年《丝绸之路》播出；从藤枝晃 1964 年开始走遍世界调查敦煌文书，到 1981 年应邀来南开做敦煌学演讲；在二十多年的岁月里，日本学界一程又一程地追逐敦煌文书的脚步，一本又一本地出版敦煌学著作，一波又一波地涌起敦煌热浪，又有谁能否定"敦煌在中国，敦煌学在日本"这句话呢？

第二十七章

中国敦煌学的崛起

打败自己的，不会是别人，永远是自己。

从"文革"中走出的中国，开始走上改革开放的大道，中国敦煌学开始进入发展新阶段。

"误读"激发的学术热潮

"敦煌在中国，敦煌学在日本"，曾经在很长一段时间里被当作藤枝晃的口中狂言。这无疑是一种误读。藤枝晃在《敦煌学导论》讲稿中，确实说了敦煌研究"最近在中国有发展，但距西欧和日本的研究相差还很远"。这是一种正常的学术评估和事实描述。

面对日本学者的"挑衅"，面对敦煌研究落后于人，在经历"文革"压抑后正待释放更大能量的中国学界，立即激发出一股强大的学术热流。

对藤枝晃"敦煌在中国，敦煌学在日本"的误读如此，对陈寅恪"敦煌者，吾国学术之伤心史也"的误读也一样。面对敦煌文书精华被他人捆载而去，面对可供研究的敦煌文书精华外流的"伤心"，同样激起中国学者强烈的民族情感。

陈寅恪在《陈垣＜敦煌劫余录＞序》中说："或曰，敦煌者，吾国学术之伤心史也。其发见之佳品，不流入于异国，即秘藏于私家。兹国有之八千余轴，盖当时唾弃之剩余，精华已去，糟粕空存，则此残篇故纸，未必实有系于学术之轻重者在。今日之编斯录也，不过聊以寄其愤慨之思耳！是说也，寅恪有以知其不然。"

"敦煌者，吾国学术之伤心史也"，在复兴中国敦煌学的很长一段时间里，被当作陈寅恪的伤心之叹，激励人们发愤图强，去改变中国落后的敦煌学面貌。然而，有人认为北平图书馆所藏敦煌文书，不过是斯坦因、伯希和的"劫余"、李盛铎之流挑剩的糟粕，没有什么学术研究价值。

陈寅恪明确表示"有以知其不然"，并举出一系列北图所藏有价值的敦煌写本，同时寄语国人"勉作敦煌学之预流"，不负国宝、襄进学术。

敦煌文书流失的伤心史，敦煌学落后于人的伤楚史，交织在国人心头。对藤枝晃"敦煌学在日本"和陈寅恪"学术之伤心史"的误读，正在形成一股奋发图强的力量，推动着中国敦煌吐鲁番学会的成立，推动着中国敦煌学的崛起，推动着一批有着国际视野的敦煌学家的出现。

燕园心志：夺回敦煌学中心

听到"敦煌在中国，敦煌学在日本"之类的说法，这在有着敦煌学研究传统的北京大学，会是怎样的一种复杂心情？

曾经，北京大学不同学科的学者们，在敦煌学发展大潮中，一直跋涉在最前沿，与世界对话。

当伯希和随身携带敦煌文书出现在北京街头时，京师大学堂的学者们便在"可喜、可恨、可悲"的心情中开始了敦煌学研究的初潮。京师大学堂农科监督罗振玉、经科监督柯劭忞、毛诗教习江瀚、尔雅说文教习王仁俊、音韵教习蒋黼等人第一时间给予了关注。罗振玉的《敦煌石室书目及发见之原始》、王仁俊的《敦煌石室真迹录》、罗振玉的《敦煌石室遗书》和蒋黼的《沙州文录》，成为中国敦煌学研究公开发表的最早篇章。罗振玉更将伯希和所获敦煌文书情况第一时间告诉内藤湖南，从而掀起了日本敦煌学的第一波浪潮。

随后的日子里，北大学者前后相继，勇立潮头。陈万里、黄文弼、向达、阎文儒等人万里西征，考察敦煌石窟和西北历史；刘半农、胡适等人远涉重洋，调查和抄录敦煌文书，推动敦煌学继续向前。

在中华人民共和国成立初期，向达、王重民等北大学者通过著述、编撰《唐代长安与西域文明》《敦煌古籍叙录》和《敦煌变文集》等著作，推进着敦煌学事业向前发展；在敦煌石窟考古方面，宿白贡献巨大，同时输送了樊锦诗等北大学子扎根敦煌。

然而，在随后的风风雨雨中，中国大陆的敦煌学之火几乎被浇灭。

1981 年 3 月 20 日，也即藤枝晃在南开讲学前半个月，一场争夺世界杯决赛入场券的男排预选赛决赛在香港举行。中国男排在 0 比 2 落后的情况下奋起直追，连扳三局击败对手。在两千多公里之外的北京大学沸腾了，"团结起来，振兴中华"的口号声响彻校园。《人民日报》随后转发新华社记者采写的新闻特写《团结起来，振兴中华》。北大学子喊出的这句话，不只是针对男排在单场比赛落后中奋起直追的心绪，也是国人在改革开放初期融入世界、奋起直追的表达。

团结起来，振兴敦煌学，开始成为北大学者奋斗的目标。这年 6 月 1 日，邓广铭、周一良、宿白、王永兴、田余庆五位教授在经过长期酝酿后，提出了建立北京大学中国中古史研究中心的组织方案及工作规划。其中，"敦煌在中国，敦煌学在日本"的痛楚亦有体现："在各个时代的历史学研究方面，有的竟落后于外国对中国的研究（例如敦煌文书的研究，就经常受到日本人的讽刺，以为敦煌虽然在中国，而敦煌学却在日本）。这种现象决不容许继续存在。"

方案及规划提出，要改变这种落后状况，就要实现历史科学研究的现代化。"在这方面，日本的东洋文库、东京大学东洋文化研究所和京都大学人文科学研究所的经验，可供参考。如京都大学人文科学研究所，拥有中国历史方面的丰富藏书，开架阅览，集中了有关专家学者进行集体研究，并招收相当数量的研究生。这样，就形成了一个研究中心，而且形成使科研项目一代接一代、科研成果一代传一代的世代接力的体制。"

6月底，北京大学历史系主任邓广铭在《人民日报》发表《要加强历史研究 纪念中国共产党成立60周年》，文中写道："……对敦煌、吐鲁番文书的整理研究情况更差，以致迄今还有外国学者讥笑说，敦煌虽在中国，敦煌学却在外国。"因此，要加强历史研究，必须有一支宏大的史学工作者队伍，必须抓紧对青年史学工作者的培养。

1982年10月，北京大学中国中古史研究中心获批成立。教育部向北京大学下发的文件称：同意你校建立中国中古史研究中心，相当于系一级的研究所。研究范围暂以魏晋南北朝、隋唐五代、宋辽金元史为主，并望在敦煌吐鲁番学研究方面快出成果。

北大中国中古史研究中心成立，开始了敦煌学中心的全力营建。其中，周一良、宿白、王永兴、张广达等研究中心成员，都是中国敦煌研究领域顶尖水平的学者。

周一良：这位曾经受到陈寅恪激赏的历史学家，早在民国时期便以跋文的形式对一些敦煌文书做过研究。20世纪80年代，他独辟蹊径，对敦煌书仪这一极少有人耕耘的领域进行全面研究，对其反映的社会文化现象进行系统论述，撰写了《敦煌写本书仪考》《书仪源流考》《敦煌写本书仪中所见的唐代婚丧礼俗》等论文，填补了敦煌学这一领域的研究空白。

宿白：1951年，西行敦煌勘查石窟，与同行合撰敦煌石窟勘查报告；1956年，撰写《参观敦煌莫高窟第285号窟札记》，对莫高窟的北朝洞窟做出分期；1962年10月，在莫高窟做《敦煌七讲》学术讲座，成为中国石窟寺考古学的奠基之作。同时，帮助敦煌文物研究所设立了从事敦煌石窟考古的专门机构——考古组，随后助力敦煌文物研究所迎来两名北大历史系考古专业毕业生，其中之一正是"敦煌的女儿"樊锦诗。

王永兴：作为当年与时任国务院副总理姚依林、教育部部长蒋南翔一道参加一二·九抗日救亡运动的骨干，在中国中古史研究中心创建时奔走协调，贡献良多。这位担任过陈寅恪助手的历史学家，1957年发表的《敦煌唐代差科簿考释》，是敦煌学研究史上的重要论文，广受国际学术界好评。1978年由邓广铭将其从山西调至北大历史学系后，第二年他便与张广达一道开设了"敦煌文书研究"课程。

张广达：通晓多种外语、对中亚历史有着精深研究，被邓广铭调至中国中古史研究中心后，能量逐渐释放。他的雄心和眼界告诉人们：西域的历史和文化内涵之丰富，值得人们像法国年鉴学派领袖布罗代尔处理地中海世界那样进行一番架构，进行综合研究。

在决心夺回敦煌学中心的最初岁月，从北大图书馆大库里调出 500 多种图书，与花大价钱买来的英、法所藏敦煌文书缩微胶卷，专辟一室。手摇缩微胶卷阅读机开始将北大的敦煌学研究快速转动起来，新一代敦煌学人才也快速成长起来。

1978 年考入北大历史系的荣新江，大学三年级时踏进了敦煌学门槛。他对照《敦煌遗书总目索引》，手摇缩微胶卷阅读机，看到哪个卷子，就对照着记在本子上，前前后后将缩微胶卷摇了三遍。当季羡林、周一良、邓广铭等老先生来看缩微胶卷时，要看哪一号，谙熟于心的荣新江便迅速摇到那一号。

1982 年，北大中国中古史研究中心编《敦煌吐鲁番文献研究论集》出版，这也是"文革"后北大研究敦煌学成果的第一次集中呈现，荣新江在论集上发表了他的第一篇学术论文。多年以后，荣新江成了"国际敦煌学的领军者"（池田温语），他谈及当时的情景时说："在'团结起来，振兴中华'的爱国主义号召下，在传说日本学者扬言'敦煌在中国，敦煌学在日本'的刺激下，从事敦煌学研究的中国学者，更是把奋起直追，以夺回敦煌学研究中心为己任，迸发出极大的能量，日以继夜，焚膏继晷，刻苦钻研，努力追赶。"

1982 年 7 月，中国敦煌吐鲁番学会第一次筹备会议召开，北大副校长季羡林、教育部顾问周林等 19 人齐聚北大，一个将各地研究力量团结在一起的全国性组织即将成立，分布在北大不同学科的学者们，共同迎来中国敦煌学的大发展。

"珞珈军团"：唐长孺与吐鲁番文书整理

一个时代有一个时代的学术潮流。敦煌文书的发现，为魏晋南北朝隋唐史研究提供了巨大空间，极大地丰富着中古世界，敦煌学因此成为学术新潮流。

陈寅恪在 1930 年针对藏经洞文书提出"敦煌学"，称其为"今日世界学术之新潮流"；1944 年针对石窟艺术再提"敦煌学"，提示敦煌艺术研究新时代的到来。20 世纪 80 年代初期复兴敦煌学时，敦煌学的全国性学术组织确定为"中国敦煌吐鲁番学会"，敦煌研究的视野进一步打开，推动敦煌学实现这种变化的关键人物之一，正是在学术造诣方面接续陈寅恪的唐长孺。

历史学家田余庆在《接续陈寅恪，竖立了一个新的路标》中写道："将魏晋南北朝史和唐史结合在一块，接续陈寅恪先生，在陈先生树立的丰碑之后树立了一个新路标的，是唐先生。唐先生几乎把所有魏晋南北朝史研究的制高点一个一个都攻占了。也就是说，他对魏晋南北朝史的所有重大问题都做过研究，发表了许多独到的见解。"

唐长孺先生（1911—1994）在京整理吐鲁番文书。

　　唐长孺不仅在"将魏晋南北朝史和唐史结合在一块，接续陈寅恪先生"，成为魏晋隋唐史"祭酒"（周一良、田余庆语），而且在中国敦煌学走向复兴和全面振兴之时，把敦煌文书和吐鲁番文书结合在一块，继而在魏晋隋唐史研究中充分利用敦煌吐鲁番文书方面，发挥了独特的作用。

　　当"敦煌在中国，敦煌学在日本"这句话在中国学界四处流传的时候，也就是中国敦煌学复苏和觉醒的时候。此时，正在国家文物局古文献研究室主持吐鲁番文书整理的武汉大学唐长孺教授，带着一帮出色的学者，全力以赴地整理最新出土的吐鲁番文书。他们不仅一册一册地推出经过科学整理的《吐鲁番出土文书》，源源不断地为学界提供新的学术资料，而且在成立全国性敦煌学组织的时候，因为吐鲁番文书整理和研究的卓有成效、新出资料与敦煌学的相互关联，在唐长孺等人的强力推动下，中国敦煌学会一变而为"中国敦煌吐鲁番学会"，实现敦煌学的超越，有了新的高度和视野。

在敦煌研究中，向来包含吐鲁番文书的研究。与敦煌文书一样，吐鲁番文书也主要集中在中古时期，以佛教典籍和公私文书为主要内容。

出自吐鲁番墓葬、故城、洞窟的文书，与出自敦煌藏经洞的文书一样，都曾经遭到了英、俄、日等国探险队的劫取，分散收藏在世界各地。吐鲁番文书的研究成果，以马伯乐编撰的《斯坦因第三次中亚考察所获汉文文书》和日本西域文化研究会编撰的《西域文化研究》为代表。如果套用"敦煌在中国，敦煌学在日本"这一现状描述，吐鲁番文书的流散和研究，同样是"吐鲁番在中国，吐鲁番学在国外"。

然而，与敦煌文书在中华人民共和国成立后再无大宗文书发现不同，吐鲁番新出土了大批珍贵文书。1959 年至 1975 年间，新疆考古工作者在吐鲁番阿斯塔那和哈拉和卓古墓群前后进行了 13 次发掘，清理 450 多座墓葬，发现了近万片从晋到唐时期的汉文文书。

1975 年，以唐长孺为组长的吐鲁番出土文书整理小组成立。这是头一回由国家组织吐鲁番文书的大规模、高规格整理。

然而，整理还没有开始，却发生了一场意外，唐长孺在新疆考察途中右眼突然失明。武汉大学朱雷教授回忆道：

> 1975 年 4 月底，唐师始成行赴新疆，先期带通晓英语、日语，熟知典籍年近六旬的谭两宜先生和我去乌鲁木齐。唐师去了吐鲁番哈拉和卓、阿斯塔那墓葬区，看到发现文书的古墓，也参观了交河、高昌两座古城，激动不已。但就在去南疆的库车后，因乘坐手扶拖拉机挂带的斗车上，行走在路况极差的"机耕道"上，强烈的颠簸致使右眼眼底出血，造成失明。由于新疆医疗条件差，唐师不得不返回北京，住进工农兵医院诊治。

唐长孺从工农兵医院（同仁医院）出院后，吐鲁番出土文书已经全部装箱运到北京，参加整理工作的各路人马陆续抵达，一场吐鲁番文书整理战就此打响。

新出吐鲁番文书整理，被称为"学术界的一件划时代大事"。如果说，敦煌文书和敦煌学是一部中国学术的伤心史；那么，新出吐鲁番文书的发现和整理，则是一部中国学术的创业史。

面对这批吐鲁番宝藏，年逾六旬的唐长孺毅然离家再次长时间驻留北京。在此之前，他已长期离家，持续十年离开珞珈山下的武汉大学，在北京主持校点"二十四史"中的北朝四史。

陈国灿、朱雷、吴震、李征、王素等 20 余位专家从全国各地陆续来到北京，整理文书、触摸历史。对一件出自古墓中的千年以前的文书进行整理，需要经过清理、拆揭、修复、拼缀、录文、标点、断代、定名、写提要、加注释等环节，每个环节都是极其重要的研究，都是对学术功力的考验。

寒来暑往，经过科学整理后的古冢遗文，在沉睡千年后"醒来"。藤枝晃来中国讲学的 1981 年，《吐鲁番出土文书》录文本前三册出版，后七册录文本和四巨册图文本随后陆续出版。发掘、整理、出版，全由中国学者承担的这场学术遭遇战获得完胜。整理研究吐鲁番出土文书的成果，被大量吸收到魏晋南北朝隋唐史研究中，或成为解答一些中国中古历史大问题的钥匙，或填补了一些中国中古历史上的重要细节。

新出吐鲁番文书的整理和研究，使中国站在了国际吐鲁番研究的前沿，同时成为中国敦煌学崛起的先声，为中国敦煌学的繁荣开辟了一片新的天空。

1980 年 11 月至 1981 年 3 月，应京都大学人文科学研究所邀请，唐长孺以海外客座教授身份赴日本研究、讲学。在京都和东京，唐长孺做了"魏晋南北朝时代的客与部曲"（演讲中有一部分专门讲"新出吐鲁番文书所见的唐代部曲"）、"新出吐鲁番文书发掘整理经过及文书简介"、"新出吐鲁番文书所见的佛教和道教"和"新中国魏晋南北朝隋唐史研究的现状"等演讲。23 年后，听过前两次演讲的日本敦煌学家池田温回忆说："这两次演讲别开中国中古社会史之新生面，给我们留下了深刻的印象。"

池田温同时感慨："唐先生在长达数十年的时间内执教于武汉大学，致力于教学和人才培养。曾培养了陈仲安、高敏、朱雷、张泽咸、陈国灿、黄惠贤、卢开万、鲁才全、杨德炳、张弓、李正宇、王延武、钟国发、程喜霖、方积六、刘学沛、彭泽周、李文澜、孙继民、夏日新、齐陈骏、何汝泉、王素、黄正建、孙晓林、石墨林、牟发松、冻国栋、何德章等众多专家，活跃于全国各地的大学和研究机构。可以不夸张地说，当今中国中古史研究之半壁江山，是由出自唐门之学者所支撑的。"[1]

除了"珞珈军团"，池田温接着写道：唐先生"对武汉大学之外的研究者也循循善诱，努力提拔，即便是对我们这些远在东海列岛之后学亦不吝指教"。

就吐鲁番出土文书整理而言，参与文书整理的成员都受到唐长孺指点。这些亲手整理过吐鲁番文书的专家，日后成为中国敦煌吐鲁番学研究的骨干力量。

---

1 [日]池田温《怀念唐长孺教授》（冻国栋译，刊载于2004年《魏晋南北朝隋唐史资料》）。文中所述唐长孺教授培养的学者中，有的仅是听过他的课或在学术上受过他的影响，并非都是其直接授业弟子。

段文杰：把敦煌研究搞上去

"敦煌在中国，敦煌学在日本"，这样的一个现实，对身在莫高窟的敦煌文物研究所的专家来说，是怎样的一种心情？

段文杰在他的回忆录《敦煌之梦》中说："国际敦煌学方兴未艾，而中国大陆则是十多年的空白。无怪乎一位日本学者发出了'敦煌在中国，研究在外国'的断言。这种言论的流传，使我们这些身处中国专业研究机构的研究人员无不感到自尊心受挫。但是，扼腕叹息无济于事。我们只有抓紧时间，急起直追，多出成果，赶上国际学术界前进的步伐。"

"文革"带来创伤，国外敦煌学迅猛发展，改革开放重新起航。段文杰的心态也是当时中国学术界的普遍心态。1979 年春，当中国历史学规划会议在成都市举行时，分组讨论会上的学者们便是这种心情。当时的会议报道称："西北史地综合考察组着重讨论了西北史地考察的重要意义。代表们说，目前国外研究我西北地区的人很多。'敦煌学'在国外已成热门。'敦煌在中国，研究中心在日本'，这种状况不能再继续下去了。"

"文革"的暴风骤雨过去，国门打开，人人都有要把被"文革"耽误掉的宝贵时间加倍追回来的紧迫感。

就敦煌文物研究所而言，"文革"之前，研究所在保护、临摹方面成绩显著，但研究方面可称道处不多。

虽然早在 1957 年，研究所就打算编辑出版全面记录性的《敦煌石窟全集》(100 卷)；1962 年秋，常书鸿在考古学家宿白的帮助下设立考古组，并在第二年迎来北京大学考古专业毕业生马世长和樊锦诗；研究所也在筹办一系列学术会议，举行一系列学术报告，探讨石窟各个方面的问题，纪念莫高窟建窟 1600 周年(366—1966)，但"文革"兴起，一切成为泡影。政治风暴席卷全所，一浪接着一浪，段文杰等业务骨干下放农村，养猪喂鸡，拉车推磨。

虽然研究所的研究人员数十年如一日地临摹壁画、天天在洞窟里打转，对敦煌艺术的内容、技法、发展变化和艺术风格了然于胸，临摹壁画的同时，整理资料和研究工作往往就已经在展开。譬如段文杰在临摹壁画时，曾经查阅上百种古代服饰相关文献资料，"通读二十四史《舆服志》"，查抄摘录、苦思冥想，但这也只是为敦煌服饰研究打下基础，并没有出版专业的论文和著作。

如今，历史的风向终于转变。有了好的社会环境，研究得到强调，积蓄多年的能量开始显现。

1979 年，中日敲定合作出版多卷本《中国石窟》，将学术水准与艺术性摆在了同样重要的位置，敦煌莫高窟居于首位。《中国石窟·敦煌莫高窟》（五卷本）日文版从 1980 年底推出第一卷，1982 年全部出齐。研究所业务骨干全体参与，实现了"文革"后首次集体合作的成功亮相。

紧接在《中国石窟·敦煌莫高窟》之后的，是出版敦煌文物研究所自己的论文集。段文杰、史苇湘、贺世哲、施萍婷、李永宁、孙修身、刘玉权、万庚育、孙纪元、樊锦诗、马世长、关友惠等研究所的业务骨干全都撰写了论文，结集为《敦煌研究文集》。1980 年 8 月，段文杰在文集前言中写道："这本文集，对敦煌文物研究所来说，虽不能说是三十年研究工作的总结，也应该是今后研究的起点。在此基础上，逐步地打开敦煌研究的各个领域，深入地探讨敦煌文物的各种问题。"

1980 年，段文杰担任敦煌文物研究所第一副所长。"这时候一个重要的问题总是在我头脑中萦绕，这就是如何推动敦煌学各领域的研究工作迈开大步向前发展。"

1980 年底，研究所制定敦煌文物研究十年规划（1981—1990），强调"应迅速提高研究水平，逐步扩大敦煌文物研究的领域，逐步拿出一批有分量的研究成果，出版一批有一定水平的论文和著作，培养出一批有较高水平的保护、研究、创新的人才，改变我所在国际上研究工作的被动地位"。

与此同时，研究所创办学术刊物《敦煌研究》，集中刊载敦煌学研究成果，让大家的研究成果有发表的园地，为敦煌学发展提供阵地。

研究所开始转到以研究为中心的运行轨道之上。同时，中央领导相继视察，为研究所工作人员解除工作和生活的后顾之忧。

1981 年 8 月 8 日，邓小平在中央书记处书记兼中宣部部长王任重等人陪同下视察莫高窟。当时正是"敦煌在中国，敦煌学在日本（外国）"引起强烈反响的时期。段文杰多年以后在回忆录《敦煌之梦》中写道："我简要地向邓小平等领导同志介绍了敦煌的历史和莫高窟文物的内容和价值，特别是藏经洞文物的发现、帝国主义的掠夺、敦煌学在国际学坛上的兴起，所谓'敦煌在中国，研究在外国'的说法，省委指示一定要把敦煌学搞上去，研究所研究人员正憋着一股气开展工作等情况。小平同志说：'敦煌是件事，还是件大事。'接着又非常关切地问我：'你们有什么困难没有？'"敦煌文物研究所提出的困难与问题，中央持续跟进。

1982 年 7 月，国务院总理视察敦煌，研究所各项事业继续向前推进。

这一年，段文杰担任敦煌文物研究所所长，《敦煌研究文集》正式出版，《敦煌研究》试刊第一期面世，同时全力筹备打算在 1983 年举办的首次全国敦煌学术讨论会。

1984 年 8 月，敦煌文物研究所升级为敦煌研究院。担任院长的段文杰在成立大会上说："我们要把'敦煌在中国，研究在外国'的言论看成特殊的鞭策，特殊的动力。我相信经过我们的努力，这种状况一定会改变，被动的局面一定会扭转。我们要以坚实有力的步伐，迈入国际敦煌学研究的先进行列。"

在积蓄多年的力量之后，敦煌研究开始在戈壁荒漠的莫高窟绽放异彩。

敦煌学第三次"扩容"

三股力量推动着中国敦煌学迅速崛起。

一股力量来自学界自身的努力，学者们铆足了劲准备大干一场。到 1983 年成立全国性组织之前的几年里，敦煌学取得的进步，教育部顾问周林用一段话进行了概括：

> 武汉大学的唐长孺教授和文物局的学者以及其他学校的学者一起，整理的吐鲁番文书现已出版五卷，武汉大学还出版了论文集《敦煌吐鲁番文书初探》；北京大学成立了中国中古史研究中心，出版了《敦煌吐鲁番文献研究论集》，并将出版《唐五代韵书集存》；敦煌文物研究所的学者临摹壁画，编印画册，出版了《敦煌研究文集》和《敦煌研究》期刊，并多次在国外举办展览；兰州大学和西北师院也成立了研究机构，兰大主编的《敦煌学辑刊》和《西北史地》，都已公开发行。1981 年，十六所高等院校和有关科研单位的学者，又组织了考察队，沿丝绸之路，行程八千里，历时两个月，收获非常丰富。而我国的艺术工作者则推陈出新编演了舞剧《丝路花雨》，受到国内外观众的好评。所有这些，使新中国的敦煌吐鲁番学面目一新。

一股力量来自官方的助力。在敦煌，1978 年，国务院副总理方毅视察敦煌，提出了《关于加强敦煌石窟文物研究的建议》；1981 年，邓小平视察莫高窟，随后拨款 300 万元用于敦煌文物研究所自身发展；1982 年 7 月，国务院总理视察敦煌，在此前后教育部部长蒋南翔赴兰州和敦煌考察，了解国内敦煌学研究力量的分布和成立全国性学会所需条件。在北京，1981 年夏秋时节，国务院副总理姚依林、教育部部长蒋南翔亲自过问力促北京大学中国中古史研究中心成立；1982 年 3 月，教育部顾问、国务院古籍整理小组副组长周林邀请出席古籍整理出版规划会议的专家，座谈整理敦煌吐鲁番文书情况及建立学会的设想。"文革"结束时，周林主持教育领导小组在北大拨乱反正，接触了向达、王重民的专案。对周林来说，查案过程既是感受敦煌学在中国的风雨沧桑和坎坷命运的过程，也是感受敦煌学魅力并认识它的价值和重要性的过程。当周林到教育部任职后，敦煌学依然让他牵挂着。专家座谈会一个多月后，教育部高教一司向教育部党组提交《关于发展敦煌学的建议》的报告，提出促进敦煌学研究，"成立敦煌学会或研究学会"。

一股力量来自国外高水平敦煌学研究的压力。"敦煌在中国，敦煌学在日本（国外）"广泛传播，在官、学等各界引起强烈反响。蒋南翔在从兰州开往敦煌的火车上，向陪同的兰州大学敦煌学者齐陈俊"谈起了在天津听到日本学者研究敦煌学的情况，询问国内学界研究现状"。在此之前，蒋南翔支持北京大学中国中古史研究中心成立时，已经对"敦煌在中国，敦煌学在日本"的说法有深刻印象。在北京、敦煌等中国各地的敦煌学者，更是深受刺激，面对新时代的到来，积攒的精力和激情有了释放的可能。敦煌在中国，中国学者理应对自己民族的文化遗产做出更深入的研究。台湾敦煌学家苏莹辉在一篇文章中写道："一年前（1984年），笔者在香港大学参加中国中古史国际研讨会时，听到在港友人说，他传闻两年多以前，有一位日本某大学的名誉教授在天津南开大学做学术讲演时，竟口出狂言道：'敦煌这个地方，虽然在你们中国，但敦煌学的研究，则在我们日本。'曾激发中国学人的愤怒，因而导致'敦煌吐鲁番学会'的成立以及研讨会之召开。"

全国性的敦煌学组织，从最初教育部拟成立敦煌学会，进一步拓展为中国敦煌吐鲁番学会。

1982年4月教育部高教一司向部党组提交发展敦煌学建议报告，提出"成立敦煌学会或研究学会"后，6月，教育部在南京又邀请了部分学者进行酝酿，开始进行以"促进团结、促进联合、促进科学研究"为宗旨的学会筹备工作。

7月上旬，教育部、北京大学等与敦煌学相关研究单位举行首次学会筹备会议。随后，教育部向中宣部提交《关于成立敦煌吐鲁番学会的请求报告》，学会名称确定为中国敦煌吐鲁番学会，同时附上了4月份撰写的《关于发展敦煌学的建议》。

1983年5月中旬，第二次学会筹备会议在北京大学举行。与第一次筹备会议不同，这次有新疆方面相关的单位参会。鉴于敦煌文物研究所正在筹备举行全国敦煌学术讨论会，以及"第31届亚非人文科学大会"8月底在日本召开，最后确定中国敦煌吐鲁番学会成立大会与第一次全国敦煌学术讨论会合并，大会于当年8月15日至20日在兰州举行。

学会由当初设想中的敦煌学会，变身为中国敦煌吐鲁番学会，是敦煌学发展的重要一步。

实现这种转变，武汉大学和北京大学的学者起了重要作用。武汉大学唐长孺教授带领一批学者整理吐鲁番出土文书引起巨大反响，《吐鲁番出土文书》陆续出版，让"吐鲁番学"以醒目的标记全新亮相，同时出版的《敦煌吐鲁番文书初探》，也建立起了敦煌与吐鲁番之间的学术关联。事实上，早在1978年，唐长孺就已经联合多名教授提交申请报告，呼吁和建议成立敦煌吐鲁番文书研究中心。北京大学已经开设敦煌文书研究课程，出版了《敦煌吐鲁番文献研究论集》，季羡林和张广达等学者研究西域史的宽阔视野，同样起到了作用。

　　此外，以北京师范学院宁可教授为队长、多所高校和科研单位学者参加的丝绸之路考察队，考察敦煌和吐鲁番等地的见闻，也促进了中国敦煌吐鲁番学会的成立。

　　从最初的敦煌学以研究文书为主，到敦煌文书和敦煌艺术并重，再到敦煌吐鲁番学会的确立，可谓中国敦煌学史上的发展三部曲，是中国敦煌学全面崛起的重要环节。

　　1983 年 8 月 15 日，中国敦煌吐鲁番学会成立大会暨全国敦煌学术讨论会在兰州开幕。中国学者拥有了一个以"促进团结、促进联合、促进科学研究"为宗旨的学会。来自全国

1983 年 8 月 15 日，中国敦煌吐鲁番学会成立大会暨全国敦煌学术讨论会在兰州开幕。图片来源：《中国敦煌吐鲁番学会成立大会会刊》

的约 200 名专家云集兰州，激动、感奋、充满信心，敦煌在中国，每一个中国学者都渴望中国的敦煌学走在世界前列，而且理应走在世界前列。

回到北京后，季羡林、唐长孺、常书鸿、段文杰等 22 名专家联名将大会上写的一封信递交给了邓小平、陈云、胡耀邦等中央领导。

八月中，我们二百多名学术工作者在兰州聚会，成立了中国敦煌吐鲁番学会。会议由中宣部委托教育部协调组织，并得到中央有关部门和甘、新、藏三省区党政领导部门的支持。邓力群同志在会上作了重要讲话。大家一致认为这是一次团结的大会，促进学术繁荣的大会。

敦煌吐鲁番学，内容涉及历史、考古、政治、经济、宗教、文化、地理、民族、语言、艺术、建筑、科技史等。现已发现的文物，在甘、新境内的，有石窟二千多个，壁画十多万平方米，文书写卷五六万号。这是举世瞩目的瑰宝，它提供了研究我国三至十一世纪的社会经济、政治制度、民族关系、宗教民俗的第一手资料。系统地整理研究这些资料，必将促进我国社会科学各学科的深入发展。同时，对驳斥帝国主义、霸权主义对我国西部的历史和疆域的种种谬论，维护我国在国际学坛上的地位和尊严有极大的作用。

建国以来，敬爱的周总理十分重视文物工作，曾拨专款修复敦煌莫高窟，组织文物发掘和保护。在各方面的努力下，科学研究和文物保护已取得了显著的成就。但限于条件，工作进展很缓慢。许多文物散藏全国各地，当年被帝国主义分子盗劫的文物，尚未完全搜集回来，研究人员专职的不过五六十人；出版工作又跟不上，所以和日本、法国相比有很大的差距。这些国家，挟其发达的印刷条件，大量刊布敦煌文物的图谱、图录、文书资料，为研究人员提供物质条件。值得注意的是印度，近年来已出版敦煌写经一百零二册，台湾省则正在编印《敦煌宝藏》，共分十辑，已出版三辑。对此，与会学者颇有紧迫感，决心在学会成立之后，扎扎实实地开展整理研究工作，认真保护和利用文物，用实际成果来改变世界学坛对新中国敦煌吐鲁番学的感观，确立我国在国际学坛上的地位。大家认为，在党和政府的大力支持下，只要我们团结协作，兢兢业业地工作，我们完全有可能用较短的时间迎头赶上和超过海外的学术水平。我们的学会将团结协作在下列几个方面作出努力：

一、全面地、系统地搜集资料，保护文物，拟依托北京图书馆和兰州、乌鲁木齐的图书馆或高等学校，分别建立敦煌学和吐鲁番学的资料中心，协助文物考古部门在国内普查文书文物，并通过有关途径，把分散在国外的资料复制回来，分藏三个中心，编出点目录，为全面开展研究奠定基础。为子孙后代计，这项工作必须切实做好。

二、有计划地培养人才，一九九〇年前，在有关高等学校和研究机关，招收研究生一百名，增加一点人员，逐步改变现有队伍中青年少的不合理结构。

三、加强出版工作，有计划地组织学者编印出版《敦煌文书》《吐鲁番文书》（已进行）、《敦煌壁画》《高昌壁画》《敦煌石窟全集》等。同时出版一批专著。

四、组织西北地区的学术考察，开展综合研究。

五、开展国内外的学术交流活动。

六、抓紧普及工作，以多种形式向群众进行爱国主义教育。

实现以上目标，需要国家拨给一笔基金。初步匡算"六五"期间需人民币五百万元（分三年拨给），每年另拨外汇五万美元。为充实各机构的整理研究人员，需补充编制一百五十名，在全国"社联"没有成立前，这笔基金建议由社会科学院或教育部代管。

敦煌吐鲁番学已成为一门国际性的显学。旧社会，学者"匹马孤征"，进展甚微；今天党和政府如此重视，大家深为感奋，决心为振兴中华多作贡献。以上设想，是否行，请批示。

常书鸿	傅振伦	唐长孺	季羡林
任继愈	谷苞	段文杰	史树青
沙知	穆舜英	张广达	宁可
黄文焕	齐陈骏	朱雷	唐耕耦
张锡厚	谭树桐	金维诺	周绍良
潘絜兹	王朝闻		

一九八三·十

信件的核心内容是"决心在学会成立之后，扎扎实实地开展整理研究工作，认真保护和利用文物，用实际成果来改变世界学坛对新中国敦煌吐鲁番学的感观，确立我国在国际学坛上的地位"。大家认为，"完全有可能用较短的时间迎头赶上和超过海外的学术水平"，实现这一目标，需要国家拨付资金和补充人员编制。

信件递上去的第二天（1983年10月7日），邓小平、陈云、胡耀邦等中央领导就分别做出了批示。

这是一个令人难忘的速度。专家的意见和要求得到了圆满的回答。

一个民族在经历了血与火的淬炼后，正在迸发出难以想象的能量和激情。

中国敦煌吐鲁番学会的成立，是国际敦煌学的里程碑，它不仅预示着中国敦煌学的崛起，也为国际敦煌学的发展提供了新的可能。

如果说敦煌学的兴起，第一波浪潮主要是对流散在外的藏经洞文书的研究，第二波浪潮是来到莫高窟，对藏经洞文书与石窟艺术、历史考古相结合的研究，那么第三波浪潮则是将敦煌内置于丝绸之路，敦煌文书与吐鲁番文书相结合、敦煌学与丝绸之路相结合的研究。

饶宗颐在学会成立大会上说："我们把新成立的组织定名为中国敦煌吐鲁番学会，提出'吐鲁番学'，在世界上还是第一次，这是有非常重要意义的。"

十年后，池田温写道："敦煌和吐鲁番两大文书群，可以称作内陆亚洲新出文字资料的两大宗，应结合起来进行综合研究。然而，两大文书群多半由各国探险队运往了国外，散布于世界各地，以致长期以来一直处在不得不各自分散整理的状态，将敦煌、吐鲁番文献结合起来作为研究对象，是自1983年中国敦煌吐鲁番学会成立后出现的引人瞩目的新形势，今后也将是一个基本方向。"

"敦煌的女儿"和她的老彭

1984年年初，《光明日报》发表通讯《敦煌的女儿》，敦煌再次受到国人关注。关于这篇通讯的采访详情，"敦煌的女儿"樊锦诗在《我心归处是敦煌：樊锦诗自述》中有所披露："事情还要从1983年8月第一次在兰州召开敦煌学国际学术研讨会说起。[2]当时'文化大革命'虽然已经结束数年，但是学术界还处于较沉寂的状态，所以当时召开这样一个国际学术会议，大家特别重视。这次会议的规模很大，不仅请来了国内外许多敦煌学的著名专家学者，而且请来了中宣部、教育部和甘肃省委的领导。就是在这次会议上，有一位领导同志表扬了我，说我是新中国自己培养的知识分子。没想到，到了9月，突然来了《光明日报》的几位记者，说是要采访我，报道我的事迹。"

正是在中国敦煌吐鲁番学会成立大会暨全国敦煌学术讨论会上，中宣部部长邓力群在莫高窟考察时被樊锦诗的事迹打动，于是在这次大会上向与会者讲述了她的故事：

2　这里所说的"敦煌学国际学术研讨会"，即"全国敦煌学术讨论会"，这次会议没有邀请外国学者参加。

　　这位女同志 1963 年从北大历史系考古专业毕业。她自愿到敦煌来，爱人在武汉大学工作，也是考古专业毕业的。两个孩子一个托在她母亲家里，一个她爱人带着。20 年来，她的困难是可以想见的。她坦率地告诉我们，也曾经想离开过，但是仍然坚持下来了。为什么呢，她代表他们的集体说，敦煌在中国，敦煌理应成为敦煌学研究中心。这个重担，我们应该承担起来。这是她和敦煌文物研究所的同志们的共同心愿。她说，夫妇常年分居，生活上困难很多，两口子难免吵架，可是一想到外国有人讲，敦煌在中国，敦煌学在外国，就感到民族自尊心受到刺激。作为中国人，作为中国的革命者，一定要争这口气。有这样的理想、这样的境界，她才能够在艰苦的工作环境和困难的生活条件下，一直坚持到现在。

　　邓力群同时强调说，报纸广播电视文艺出版等等，宣传知识分子，首先要关注这些边远地区、艰苦条件下工作的知识分子，关注他们取得的优异成绩，他们热爱事业、不畏艰难困苦的献身精神和崇高品德。

　　当时报道了大量知识分子先进典型的《光明日报》，随后派出采访组来到了敦煌。樊锦诗和她的"老彭"的故事，同样打动了记者，从而有了《敦煌的女儿》的诞生。

　　"我之所以最终没有离开，其中固然有命运的安排，但更重要的是我自己从情感上越来越离不开敦煌。而最终让我安下心来，心无旁骛地守护敦煌，还是要感恩我的先生老彭。"樊锦诗说。

　　"老彭"名叫彭金章。1963 年北大毕业时，同班同学老彭南下武汉大学，樊锦诗西行敦煌。这一分离，就是 20 年。分居两处的苦和难，《光明日报》记者当时（1983 年 7 月 4 日）是从樊锦诗桌上的一封信中感受到的。这封樊锦诗的大儿子彭予民从武汉寄来的信中写道："妈妈，我们学校已考完试，放暑假了。我这次考得不好，英语开了红灯，我很惭愧，也很着急。原想利用暑假好好补习一下，可爸爸又要带学生出去考古，这一走又是半年。妈妈，您什么时候才能调来？您明年一定调回来吧！妈妈，我想您啊……"

　　樊锦诗放不下敦煌。老彭说："我们两个人，总有一个要动，那就我走吧。"最后，老彭放弃了亲手创立的武汉大学考古专业，放弃了商周考古的教研事业，1986 年调入敦煌研究院。

　　在敦煌，夫妻双双都做不同方面研究的有好几对，比如孙儒僩与李其琼、李贞伯与万庚育、史苇湘与欧阳琳、贺世哲与施萍婷等，这时又多了一对扎根敦煌的学术夫妻。

　　到了敦煌后，老彭搞起了佛教考古。到莫高窟参观和考察，一般都是到壁画和塑像较多的莫高窟南区，编号第 1 窟以北的北区石窟，是敦煌研究院成立四十多年来想搞清而没有搞清的问题。于是，老彭开始带队主持莫高窟北区石窟200多个洞窟的清理发掘工作。

老彭爱上了敦煌考古，樊锦诗悬着的心也就放了下来。樊锦诗说：老彭很热爱这个工作，一跟人说起北区，就兴奋得停不下来。如果他的价值因为来到敦煌而得不到实现的话，我一辈子都会感到内疚，好在他重新找到了自己的事业。

经过细致的考古调查和发掘，老彭和他的同事们从整体上认识了北区石窟的性质，也从北区石窟出土了许多珍贵的文物和文书，最后编成了厚厚三卷本的考古报告——《敦煌莫高窟北区石窟》。过去，我们很长一段时间说起莫高窟都是492窟，如今说起莫高窟则是735窟。这一改变，正是来自莫高窟北区石窟的全面调查和发掘。

敦煌学全面振兴

在学界努力、官方助力和国外高水平敦煌学研究压力的共同推动下，中国的敦煌吐鲁番研究在全国范围内迅速地发展起来。

中国敦煌吐鲁番学会成立后，教育部委托杭州大学古籍研究所所长姜亮夫教授主持举办了全国首届敦煌学讲习班。

以治楚辞学和敦煌学知名的姜亮夫，20世纪30年代在欧洲抄录敦煌文书，50年代出版了《瀛涯敦煌韵辑》《敦煌：伟大的文化宝藏》。全国首届敦煌学讲习班之所以委托他来主讲，一则早在1979年姜亮夫便接受教育部委托，举办了以全国大学中青年教师骨干为生源的"楚辞进修班"，取得了较好效果；二则由于姜亮夫的敦煌学成就和教书育人能力，以及向国家提出了一些颇有价值的敦煌学发展规划和设想，譬如在1983年敦煌吐鲁番学会会刊上，就刊登了他的《敦煌学规划私议》等3个书面发言。

为时一个学期的讲习班，到1984年1月9日结业。学员有来自甘肃、新疆、四川等8省高等院校及研究机构的讲师和助理研究员。已经81岁的姜老系统地讲授了《敦煌学概论》。他将"我与敦煌学""敦煌学在中国""敦煌学在中国文化史上的价值""敦煌遗书简介""敦煌艺术内容综述""怎样研究敦煌学""敦煌经卷研究方法简介"等内容，与自己当年在巴黎所摄敦煌经卷照片和研究成果相结合，尽可能做到了课程的丰富多彩。杭州大学另一位敦煌学家蒋礼鸿教授也向学员们讲述了他的著作《敦煌变文字义通释》的写作动机、方法、经过和设想。更难得的是，学员们亲赴敦煌莫高窟实地考察，参观了60个主要洞窟和5个不对外开放的特级洞窟，参阅了敦煌文物研究所收藏的部分敦煌遗书，听到了樊锦诗等敦煌文物研究所专家们的学术报告。

中国敦煌吐鲁番学会成立后，敦煌学掀起了全国性的浪潮。1984年8月，敦煌文物研究所升级为敦煌研究院，编制扩大，经费增加，设立了美术、历史考古、遗书、石窟保护研究所等。在此前后，全国各地相继成立了一批专门的研究机构：兰州大学敦煌学研究室、西北师范学院敦煌学研究所、中国社会科学院历史研究所敦煌小组、南京大学敦煌研究组等。北京大学中国中古史研究中心、武汉大学魏晋南北朝隋唐史研究室、杭州大学古籍研究所、国家文物局古文献研究室、厦门大学历史研究所中国经济史研究室、中央民族大学藏学研究所、首都师范大学历史系、甘肃省社会科学院文学研究所等单位，也都把敦煌学作为研究重点或主要研究方向。北京图书馆成立了"敦煌吐鲁番学资料中心"。北京大学、杭州大学、武汉大学、兰州大学、厦门大学、四川大学等高校开设了敦煌吐鲁番学方面的课程。

20世纪80年代，一批学者走出国门，开始了中断多年的对海外敦煌吐鲁番文书的调查。唐长孺受邀在日本研究和讲学期间，对日本所藏敦煌吐鲁番文书及研究现状做了多方面了解；张广达、荣新江对欧洲各国所藏敦煌吐鲁番文书做了多方面调查；张广达、姜伯勤调查日本所藏敦煌文书；宋家钰和张弓前往英、法调查斯坦因和伯希和所获敦煌文书；宁可、郭锋、王冀青赴英调查斯坦因所获敦煌文书……

敦煌学研究人才青黄不接的现象得到改观，一支实力雄厚的专业队伍行进在敦煌学的征途上。老一辈的学者老当益壮、笔耕不辍，像姜亮夫、季羡林、常书鸿、唐长孺、周一良、周绍良、宿白、段文杰、蒋礼鸿、刘铭恕、史苇湘、王永兴等，仍在头前引路；一批中年学者充当起主力军，像张广达、王尧、宁可、朱雷、陈国灿、项楚、沙知、周丕显、姜伯勤、樊锦诗、郭在贻、张泽咸、齐陈骏、宋家钰、唐耕耦、柴剑虹、李永宁、贺世哲、施萍亭、李正宇、颜廷亮、白化文、马世长、张弓、孙修身、张锡厚、张鸿勋等，都在各自的研究领域代表了全国或国际水平；年轻的一代迅速成长，像薄小莹、邓文宽、冻国栋、杜斗城、方广锠、郝春文、黄征、黄正健、卢向前、李方、李锦绣、刘进宝、刘俊文、马德、荣新江、孙继民、孙晓林、王素、王冀青、王惠民、杨际平、杨宝玉、杨富学、张涌泉、赵和平、赵声良、郑炳林等，已经脱颖而出。

1987年，敦煌故里双喜临门："敦煌学国际学术会议"在敦煌举行，国际敦煌学界的顶尖学者齐聚莫高窟，中国敦煌学成果丰硕。与此同时，莫高窟被联合国教科文组织列为世界文化遗产。

1988年，规模更大的国际敦煌学研讨会在首都北京举行。中国学者长舒一口气，敦煌学迎来了新的时代。

敦煌在中国，敦煌学在世界

1988 年 8 月，在中国敦煌吐鲁番学会成立五年后，北京迎来了一场规模空前的敦煌学国际研讨会。除了苏联学者孟列夫因为没有买到来北京的票而错过之外，日本、英国、法国、美国、印度、瑞典、挪威、德国等 8 个国家的 28 名敦煌学者漂洋过海而来；除了因日本首相竹下登将访问敦煌而缺席会议的段文杰和樊锦诗之外，包括台湾在内的中国学者出席人数众多。

对中国学者来说，谈及敦煌学不再只有伤心、伤痛和激愤。敦煌学作为国际性的学问，中国学者积极参与其中，同台对话，自信豁达。

敦煌吐鲁番文书分散收藏在世界各地，对它们的研究同样要放眼世界，由各国学者共同研究，才能使得一些零散文书恢复原貌，才能在此基础上获得更多历史性发现。让与会者印象深刻的画面之一，是武汉大学陈国灿教授为这次会议所做的发言——《日本大谷文书与新出吐鲁番文书之关联》，敦煌吐鲁番学的世界性由此可见一斑。

吐鲁番古墓里出土的古文书，除了当时正在整理的新出吐鲁番文书之外，有许多早已被拿到了国外，像日本大谷探险队发掘的吐鲁番文书到了日本，斯坦因挖走的吐鲁番文书到了伦敦。它们之间有的出自同一个墓葬，只是被不同的盗掘者掠走。1949 年后，新疆考古工作者进行系统发掘，出土了一批吐鲁番文书，这些分散在世界各地的文书，它们有可能是某一件完整文书的一部分。

还在前些年唐长孺主持整理吐鲁番新出土文书时，陈国灿等整理组成员就已经发现新出文书有的可以和日本大谷文书相拼合连接。比如有一件阿斯塔那第 230 号墓新出土的文书，就可以与大谷文书拼合，从而使分离了 70 多年，一片在日本大谷大学、一片在新疆博物馆的古老文书合二为一。

但是，第 230 号墓新出土文书中的两个长片和若干碎片，是公元 7 世纪唐朝仪凤年间的度支金部旨条文书，陈国灿说当时很想把它们拼合起来，但是怎么也拼不上。后来，日本学者池田温发表了关于金部旨条的论文，同时提出大谷文书中有 92 片碎片文书，正由他的学生大津透在拼接。陈国灿发现，大津透拼合的金部旨条文书与新出吐鲁番文书内容相互关联，此前无法拼合的碎片，终于与大谷文书的碎片天衣无缝地拼接在了一起。

文书经过拼合后，透过它们的具体内容，1000 多年前的历史风云更多、更清晰地呈现在了世人眼前。

不只是日本大谷文书和新出吐鲁番文书之间的拼合，法藏敦煌文书中的残页，在俄藏敦煌文书中找到它的另一半；英藏敦煌文书里的碎片，与国图藏敦煌文书顺利拼合。种种新的发现和拼合，显示的是中国敦煌学者见闻的增长、视野的开阔和国际合作的增强。

敦煌吐鲁番在中国，但学术的敦煌吐鲁番为全世界所共有。敦煌吐鲁番文书分散在世界各地，全世界都在研究敦煌吐鲁番学。但此时，中国学者已经同样来到了舞台的中央。

开幕式上，当中国敦煌吐鲁番学会会长季羡林说出"敦煌吐鲁番在中国，敦煌吐鲁番学在世界"时，各国学者报以热烈的掌声，包括同样是这次会议代表的日本学者藤枝晃。

闭幕式上，季羡林再次总结道：世界上任何一门科学都不是孤立的，关起门来是干不好的。敦煌吐鲁番学也不能例外。在这次会议中，一些日本学者对中国的青年学者表现出极大的热情，看到中国青年学者的成长感到十分高兴，这是十分可贵的。同样，我们中国学者看到日本青年学者的成长也十分高兴。这和爱国主义一点也不冲突，因为我们这门学科是国际性的。只有大家有这个雅量、胆识，这门学科才能发展。所以，我们这次会议的基本精神就是"敦煌吐鲁番在中国，敦煌吐鲁番学在世界"。

第二十八章

藏经洞的百年检阅

　　2000 年 6 月，又是一个新世纪的夏天。距离敦煌藏经洞的发现，已是百年。当初敦煌文书和文物或自东徂西、漂洋过海，或由南向北、驮运出境，最终流散四方、分藏于各国。敦煌学从无到有、从弱到强，成为全世界都在关注并探研的国际显学。对中国学者来说，从因敦煌文书捆载而去的"可惊可叹"，到失去原始资料之后的四海寻宝；从饱受战争与政治摧残依然百折不回，到"不负国宝、襄进学术"的孜孜以求，敦煌学走过了风风雨雨将近一个世纪。就世界范围内的敦煌学而言，不同国家的学者各择其不同的方面，或独自探究，或合作交流，各展其长、各逞其能。

　　学术研究是一场马拉松赛跑，在学者与学者之间进行，也在国与国之间进行。它既是对已有人类文明成果的持续追寻，也是不断丰富人类文明的精神创造。敦煌学的百年回望，是对过去的检阅，也是对未来的期许。

中国："伤心"不再叹敦煌

2000 年春节，敦煌学家荣新江去周一良先生家拜年，他记下了这样一幕：

　　二〇〇〇年二月，我和赵和平一起去拜年，先生指着书架上一个信封说："那是给你的。"我取出来一看，是伯希和题为 La Haute Asie（高地亚洲）的小册子，上面有先生早年所题"伯希和盗宝罪证"，署"一良藏书"，中间夹写先生送我此书的赠语："此书乃三九年哈佛贾德纳教授所赠，藏于寒斋一甲子矣。新江仁弟访求石窟写本，足迹所至，远过向、王诸先生[1]，而对敦煌史事之研究，资料之运用，成绩斐然，使日本学者不得专美于前。今将纪念开窟百年，因检出此册赠之，冀其百尺竿头，更进一步，取得更大成绩也。九九、八、五，一良左手，时年八十又七。"

1　此处指向达、王重民二位先生。

伯希和是当年从敦煌盗取宝藏的法国汉学家，贾德纳（C.S. Gardner）是先生在一九三九年协助工作的哈佛教授，向达、王重民是早年到英、法调查敦煌写本的中国敦煌学前辈学者，先生选择这样带有纪念意义的书，在这样有纪念意义的时刻，以左手吃力地写出这样有纪念意义的题词，可见其良苦用心。此册放在先生书架上有半年时间，而我那个学期非常忙碌，一直没有去周家，读到先生的题赠词，真是惶悚之至。

从20世纪80年代初在北京大学读书时开始，荣新江就用手摇的缩微胶卷阅读机看英藏、法藏、北图藏敦煌文书，同时展开对海内外敦煌吐鲁番文书的追踪调查，遍访海内外所藏敦煌吐鲁番文书。他发扬"六经皆史""四库皆史"的精神，抄录各种文书和史籍资料，综合分析，系统研究，拿出了像《归义军史研究——唐宋时代敦煌历史考索》那样权威的敦煌学论著。也因此，季羡林在序中说"他用力极勤，搜罗资料，巨细不遗，想在他手下漏网，难如登天"，并说看到荣新江这一批英姿勃发的中青年敦煌学者，"雪学术之国耻，著预流之先鞭，中心喜慰，不可言传"。

作为老一辈史家，敦煌文书流散和敦煌学研究落于人后，始终是周一良的一个心结。一百年过去了，看到中国敦煌学蓬勃发展、后继有人，终于可以舒展眉头，不再伤心哀叹。藏经洞发现百年之际，周一良专门赋诗一首：

> 百年转瞬几沧桑，洞窟宝藏天下扬。
>
> 斯、伯巧取宁足贵，向、王深追不辞忙。
>
> 《讲座》东邻夸繁富，《辞典》中华更擅场。
>
> 学运喜随国运旺，"伤心"不再叹敦煌。

《讲座敦煌》是日本学界20世纪80年代敦煌学研究集体合作的巅峰之作，《敦煌学大辞典》则是80年代中期由中国敦煌学界发起、代表了中国敦煌学研究整体水平的成果总汇。

由首任中国敦煌吐鲁番学会会长季羡林担任主编的《敦煌学大辞典》，以当时中国敦煌学界的"现役主力"为主要作者，历经14个寒暑，把将近一个世纪的敦煌学研究成果浓缩为6925个词条、241万字，系统、全面地进行了总结。这种总结，是国际敦煌学史上的第一次，是中国敦煌学成果的集中展示。为了精益求精，参与其中的专家不遗余力。担任石窟考古、艺术词条撰写的时任敦煌研究院院长樊锦诗说："在敦煌待了这么多个年头，写词条时，还得去洞窟反复看。"作为副主编兼责任编辑的严庆龙十几年如一日，对每个词条都至少审阅了五遍。[2]

　　敦煌藏经洞发现百年，北京、兰州、敦煌、台北、香港等地举办学术纪念活动，对 20 世纪敦煌学研究做出回顾，检阅百年来敦煌学研究成果。其中，在"敦煌莫高窟藏经洞发现暨敦煌学 100 年纪念活动"期间，国家文物局、甘肃省人民政府授予常书鸿、段文杰、季羡林、饶宗颐、邵逸夫、潘重规、平山郁夫和中国敦煌研究院、日本东京国立文化财研究所、美国盖蒂基金会"敦煌文物保护研究特殊贡献奖"，以表彰他们为敦煌石窟保护、研究做出的贡献。敦煌在中国，敦煌的保护和研究在世界，莫高窟由"伤心史"变为令人欣慰的"赏心史"、令人鼓舞的学术史。

　　藏经洞发现一百周年的 2000 年 6 月 22 日，年届九十的季羡林在北京举行的国际学术研讨会开幕式上，再次大声说出"敦煌吐鲁番在中国，敦煌吐鲁番学在世界"，祝愿敦煌学在中外学者的共同努力下不断前进。

　　季羡林是这么说的，也是这么做的。在敦煌藏经洞发现百年之际，他克服重重语言障碍，解读了新疆出土的"天书"般的死亡文字——吐火罗语出土文献，在被视为研究西域古代语言文字中心的德国出版了英文著作《新疆博物馆藏甲种吐火罗语弥勒会见记残卷》。

　　荣新江读过这部著作后说："季先生提出了一个响亮的口号：'敦煌在中国，敦煌学在世界！'这种看法获得国内敦煌学人的认同，但要真正去体认这句话的丰富内涵，不妨读一读季先生的这部英文著作。季先生以古稀之年，克服重重语言障碍，用国际通行的英文，解读'天书'般的吐火罗语文献，在向来被认为研究西域古代语言文字中心的德国出版这本专著，把中国的敦煌学研究成果，推向了世界。"

　　荣新江同时写道：从 20 世纪 80 年代初以来，国内学人把敦煌学看作"吾国学术之伤心史"，奋起直追，希望在敦煌学领域里打个翻身仗。现在看来，中国学者在主要利用汉文史料从事研究的北朝隋唐五代文学、历史、经济、法制以及敦煌本地历史地理等方面，取得了辉煌的成就，不必再"伤心"了。但让人忧心的是，敦煌学的范围极其广泛，我们在佛教、道教、摩尼教方面，在于阗语、粟特语、藏语文献方面，都和国际学术水准相距甚远。

　　也正是在 2000 年 6 月 22 日北京的学术会议上，敦煌学家姜伯勤谈到中国学者无人精通唐代发动叛乱的安禄山、史思明所说的语言——粟特语。他那"可叹可盼"的真情讲述，深深地打动着在场的其他敦煌学者。数年后，中国终于有了向粟特语发起冲击的年轻敦煌学子，有了更多向敦煌吐鲁番胡语文献挺进的努力。

2　《敦煌学大辞典》由上海辞书出版社于 1998 年 12 月出版。目前，新版《敦煌学大辞典》编纂工作正在进行中，以对二十余年来新的发现和研究成果、国际敦煌学动态等进行增补。

佛語玉耶是七輩婦汝欲何行玉耶流淚前白佛言
我本愚癡不憤天尊目令已後當如娣婦壹我受
歸命法歸命比丘僧一不殺生二不然盜三自歸命佛
命不敢憍即前長跪求受十戒三自歸命佛
九不瞋恚十不憍慢耶見信善得是名十戒此後
不妄語五不飲酒六不无義七不偷盜八不貪疾
婆羅所行道佛說經竟又諸弟子皆欲還給孤
獨長者眷屬歡欣礼佛而退玉耶長跪重白佛言
我本愚癡憍慢夫智今承化道我等令心開
解佛語玉耶自今已後擁護汝家玉耶言諾受佛重
教不敢有違稽首礼足退還歸家

佛說玉耶經一卷

菩薩訶色欲經一卷

女色者世間之枷鏁凡夫戀著不能自拔女色者世
間之重患凡夫困之至死不免女色者世間之衰禍
凡夫遭之無厄不至行者既得捨之若復顧念是為
從微得出還復入從得正而復樂之若復顧念是為
復患得病瘉者怒之知其狂而顛蹶宛然日矣凡夫
重色甘為之僕終身馳騁為之不以為患若難復蘇
斬鋒鋸交至甘心受之不懼人榮狂不是過
也行者若能棄之不顧是則破枷脫璅惡病之相離
能襄禍既安且吉得出牢樹永無患難女人之相其
言如蜜其心如毒如僻淵澄鏡而蛟龍居之金山
窟而附于為之當知此害不可近也室穿不和婦

唐代敦煌文书《佛说玉耶经》局部

初唐时期莫高窟第220窟壁画《帝王出行图》。图片来源：刘诗平摄于2000年北京"敦煌艺术大展——纪念敦煌藏经洞发现暨敦煌学一百周年"。

敦煌藏经洞发现第二个百年开启，中国学者理所应当以更博大的胸怀、更谦卑的态度、更积极的努力参与到国际学术对话之中。

日本：敦煌学的宽广视野

藏经洞发现百年之际，日本也同样有几个城市举行了敦煌艺术方面的展览，虽然不如北京、兰州和敦煌的展览那样宏大，但显示了日本对敦煌艺术的关注和重视。日本在学术方面的纪念活动，同样是小型化的，但展现了日本敦煌学的深厚积淀、宽广视野及其过人之处。

2000 年 3 月，日本东方学会将其西文刊物《亚洲学刊》（*Acta Asiatica*）第 78 号定为"敦煌吐鲁番研究"专辑，由日本最著名的敦煌学家池田温主编。研究专辑由 4 篇论文和 1 篇研究回顾组成：美术史专家百桥明穗对莫高窟早期洞窟的探讨；回鹘语专家森安孝夫有关沙州回鹘与西回鹘王国关系的新认识；汉语史专家高田时雄谈敦煌的多语言使用问题；粟特语专家吉田丰报告日德两国学者合作研究吐鲁番出土伊朗语写本的初步结果，即利用对写本汉文一面的比定结果，来帮助缀合考释另一面的粟特文、中古波斯文文献；最后是池田温亲自操刀，以《近年日本的敦煌吐鲁番研究》为题，对 20 世纪 70 年代以来日本敦煌吐鲁番研究的成果进行概观性总结，同时文后附有长长的论著目录作为支撑。

池田温在研究回顾中指出，日本的敦煌吐鲁番研究正朝着专门化和国际化方向发展，同时特别介绍了日本敦煌吐鲁番研究中的新生力量：在 20 世纪 80 年代，以 Young Tong（青年敦煌学者协会）为名的五名专家（熊本裕，于阗语；高田时雄，汉语兼藏语；武内绍人，藏语；森安孝夫，回鹘语；吉田丰，粟特语）开始了具有活力的研究，如今已经成为日本敦煌学研究的推进者。另外，由五名年轻的历史学家（荒川正晴、片山章雄、白须净真、关尾史郎、町田隆吉）组成的吐鲁番出土文物研究会，从 1987 年开始投入吐鲁番学研究中。

值得一提的是，五名青年敦煌学者全部从欧美留学回国，各主攻一种敦煌文献研究所涉语言，他们聚在一起，选取不同语言的敦煌文献展开研究，取长补短，共同提高，很快即成为日本敦煌学研究新势力。

人们看到，上述 4 篇论文从不同的方面展现了日本新一代敦煌学者研究领域的广度和深度。对此，池田温在研究专辑的序言中说："尽管四篇论文所涉及的范围有限，但读者将能看到现在专门从事敦煌吐鲁番研究的日本学者，对于敦煌当地的事情甚至比中国本土的学者更富有广博的知识，同时他们对相关的西文论著也了如指掌。"

　　同年 5 月，东京举行第 45 届国际东方学者会议研讨会。敦煌吐鲁番研究是本次会议的主题，这也是日本东方学会纪念敦煌藏经洞发现百年的一部分。会议按照以往的做法以四名研究者的报告为核心进行。池田温在当年 7 月出版的《东方学会报》中介绍，"现在国际敦煌文献研究中处领军地位的中国的荣新江教授参加本次会议"，另外三名研究者分别是日本吐鲁番学研究的代表性学者白须净真，在东京任教的土耳其突厥学、回鹘语学者奥尔迈兹和研究摩尼教美术的美国学者古拉齐。

　　人们同样看到，四个小组会议的主持人和评议人，正是森安孝夫、武内绍人、吉田丰、荒川正晴、白须净真、町田隆吉等日本新一代敦煌吐鲁番研究的中坚人物。

　　从某种意义上来说，中国学者荣新江受邀参加发表论文《再论敦煌藏经洞的宝藏——三界寺与藏经洞》，是日本学界对中国敦煌学研究成绩的一种肯定和确认。学术无国界，但国与国之间的学术竞赛一直存在，这种竞赛更多时候是在合作中展开，互助中进步，不断将学术水平推向更高。

　　荣新江在《敦煌学百年：海外汉学的奉献》中说："过去中国学术界盛传日本学者藤枝晃在 1981 年说过'敦煌在中国，敦煌学在日本'的话，不论此话是谁讲的，确实刺中了中国学者的痛处。今天，日本学术界特邀中国学者到他们的最高学术讲坛上发言，固然是值得高兴的事情，但面对一个个富有实力的日本敦煌学中坚，特别是藏学、粟特等方面的研究成果，我们仍然不要忘记'敦煌学在日本'这句激励过许多中国学者奋发上进的话语。"[3]

巴黎："汉学之都"的回响

　　法国是欧洲汉学研究的发源地，巴黎素来享有"汉学之都"的美誉。敦煌藏经洞发现百年，这里当然不会没有声响。

　　随着延续辉煌的戴密微—谢和耐时代的结束[4]，法国告别了沙畹、伯希和以来大师相传的敦煌学时代。不过，法国有着非常齐整的敦煌学研究班底，依然是海外敦煌学研究的重镇。

　　20 世纪 80 年代，法国依然拥有欧美唯一的敦煌学专门研究机构——由法国国立研究

3　2007 年，池田温所著《敦煌文书的世界》在北京出版。荣新江在中文版序中写道："对于中国的敦煌学界而言，现阶段的敦煌学，我们最需要的是国际视野。池田温先生就是富有国际视野的世界级的敦煌学家，相信本书中文本的出版，将对于中国敦煌学的发展，对于中国敦煌学与国际学界的对话，都是富有积极意义的。"

4　谢和耐 2018 年去世，但其敦煌学代表性成果完成于 20 世纪 80 年代之前。

中心和高等实验学院第四系组成的敦煌文献研究组（438 研究小组）。由苏远鸣担任主任的这个研究小组里敦煌学家云集，研究组发挥集体优势，从 1980 年开始陆续出版了五本厚重的《敦煌研究论文集》，集中呈现了高质量的敦煌学研究成果。

资料刊布方面，伯希和去世时，他从中国新疆和甘肃带回的文书和考古艺术品，沉睡在法国国家图书馆和吉美博物馆中，伯希和生前只初编过敦煌汉文文书 500 号（P.2001—2500）的目录，更多敦煌文书有待编目；只在 20 世纪 20 年代出版了《敦煌石窟图录》，当时所作敦煌石窟笔记和日记没有公开出版，大量的考古艺术品及相关记录没有整理，留下了一个庞大、复杂而有待整理和研究的敦煌世界。

伯希和去世后，负责整理伯希和所获考古艺术品及相关记录的，是伯希和的弟子韩百诗。1974 年，韩百诗在法兰西学院创办高地亚洲研究中心，加速整理伯希和考古艺术品及相关记录。继 1970 年出版《吉美博物馆和法国国家图书馆所藏敦煌丝织品》，1974 年和 1976 年相继出版了《吉美博物馆所藏敦煌绢幡绘画解说》和《吉美博物馆所藏敦煌绢幡绘画图版》。与此同时，六卷本的《伯希和敦煌石窟笔记》从 1981 年开始刊布，至 1990 年出齐最后一卷。

伯希和所获敦煌遗书的整理和刊布方面，继 438 研究小组 1983 年出版《巴黎国立图书馆所藏伯希和敦煌汉文写本目录》第三卷之后，1991 年出版了伯希和敦煌汉文写本目录的第四卷。藏文、梵文、于阗文、回鹘文、粟特文等文字的敦煌写本，也相继得到整理刊行。这些资料的刊布，同样推动着敦煌学研究的向前发展。

2000 年是敦煌藏经洞发现百年，也是法兰西远东学院百年诞辰。法兰西远东学院院长、敦煌学家戴仁将《远东亚洲丛刊》第 11 卷作为"双百"纪念"敦煌学新研"专号出版。书中刊登 8 篇敦煌学论文，除了北京大学荣新江教授的特约论文《敦煌藏经洞的性质及其封闭原因》之外，其余 7 篇的作者均为法国敦煌学研究的中坚力量，是法国学界敦煌学水平的一次集中展示。

法兰西远东学院以历史悠久并扎根亚洲为其汉学研究特色，伯希和、马伯乐、戴密微、谢和耐等法国敦煌学名家都曾在这里工作。1998 年，以利用敦煌文书研究"书籍考古学"著称的戴仁出任院长一职后，大力推动法国乃至欧美敦煌学向前发展，一方面邀请国外敦煌学者来巴黎讲学，一方面编辑出版敦煌学研究成果。继 1999 年主编并出版《敦煌绘画论集：伯希和与斯坦因收集品中的纸本白画与绘画研究》一书后，戴仁又在藏经洞发现百年之际主编并出版了《远东亚洲丛刊》"敦煌学新研"专号。

不仅如此。《法国汉学》将 2000 年出版的第五辑作为"敦煌研究专集"，从《远东亚洲丛刊》"敦煌学新研"专号和《从敦煌到日本——献给苏远鸣的中国和佛教研究文集》

两书中，选出 10 篇文章，纪念藏经洞发现一百年。书中所附长长的"法国学者敦煌学论著目录"，同样彰显了法国敦煌学界所取得的成就，尤其是在语言学、敦煌写本的纸张等物质形态、阴阳术数文化方面极具特色的研究成果。

戴仁在序言中说："敦煌学专号"选定在 2000 年出版并非偶然，因为是莫高窟第 17窟所藏文献发现一百周年。当年伯希和是法兰西远东学院的一个年轻学者，如今法兰西远东学院出版本书，意在表明伯希和参与开创的敦煌研究在法国依然生机勃勃。

法国敦煌学界以"两本专辑"纪念藏经洞发现百年时，书中收录了中国学者撰写的《敦煌藏经洞的性质及其封闭原因》，表明国际学术界对中国学者学术观点的重视。日本学界以"一刊一会"纪念藏经洞发现百年时，同样邀请中国学者与会发表《再论敦煌藏经洞的宝藏——三界寺与藏经洞》。这些举动，显示了国际敦煌学界合作的主旋律。学界的合作、学者的对话，是敦煌学生命力旺盛的表征，也是敦煌学发展的不竭之源。

英国：争议中的敦煌百年纪念

国际敦煌学的开始究竟从哪一年起算？

英国没有从敦煌藏经洞发现之年起算，没有从中国学者叶昌炽等人的研究起算，也没有从 1909 年伯希和将敦煌文书带到北京时掀起的狂潮起算，而是从斯坦因获取大批藏经洞文书筹备运回英国时起算。因此，英国向世界各国的敦煌学者发出邀请，2007 年 5 月17 日至 19 日，分别在英国图书馆、大英博物馆和英国科学院设立 3 个分会场，举行"纪念敦煌学 100 周年国际学术研讨会 (1907—2007)"。

中国有 5 位学者受到邀请。他们是敦煌研究院院长樊锦诗、北京大学教授荣新江、兰州大学教授王冀青、首都师范大学教授郝春文和上海师范大学教授方广锠。除了樊锦诗之外，其他 4 人都曾经在收藏敦煌文书的英国图书馆做过长时间的文书整理或调查工作。

对中国人来说，英国主办纪念敦煌学一百周年学术研讨会，把 1907 年斯坦因劫取敦煌宝藏作为敦煌文书的发现和敦煌学研究的起点，并以此界定敦煌学百年，是难以接受的。但是，一些英国人却以之为当然，斯坦因是第一个发现藏经洞宝藏的欧洲人，并且把这些宝藏带到英国，成了对中亚和丝绸之路进行广泛学术研究的基础。

这样的一个会议还没有举行就引起了媒体关注，并引发社会热议。2007 年 4 月下旬，香港《大公报》援引中国学者的话指出：1907 年斯坦因劫取经卷，是敦煌文物向国外流散的起点，而不是敦煌文物的发现和敦煌学研究的起点，敦煌学的诞生决不能以斯坦因非法劫取敦煌文物的 1907 年为标志。记者进一步援引专家的话说，斯坦因拿走敦煌经卷的行为是非法的。斯坦因的考古具有很大的历史和商业价值，但不能因为其贡献而掩盖他在敦煌的非法行为，中国有权索还这些流失海外的敦煌文物。

5月17日，会议开幕。其中，中国学者王冀青宣读的论文是《1907年斯坦因与王圆禄及敦煌官员之间的交往》，首次公布了他十余年来研究斯坦因敦煌考古日记和考古帐簿的成果，对100年前斯坦因与王道士之间的秘密交易细节进行了考证和披露。

就英国的敦煌研究而言，英国图书馆和大英博物馆藏有大量珍贵的敦煌文献和绘画艺术品，英国也出现过宾雍、魏礼、格雷等学者对敦煌绘画的研究，以及恒宁、贝利等整理敦煌粟特文、于阗文文献的学术权威。但是，与法国敦煌学大师辈出和敦煌研究人才济济相比，逊色不知其几。

与法国相比，英国大学里开设的汉学讲座偏实用主义，以培养外交人才等为主要目标。对此，在斯坦因将敦煌宝藏运回伦敦的1909年，时任剑桥大学汉学讲座教授的赫伯特·奥兰·翟理斯（大英博物馆东方部主任翟理斯的父亲）感叹："我在剑桥十年，仅有一个学文字的学生，我教过许多学口语的学生，有商人、传教士等，但学文字的仅此一人。我怀疑牛津是否有这么一个。"

不懂中文的斯坦因本人也曾为缺少汉学家而苦恼。他在1917年写给朋友的信中说：第二次中亚考察带回来的敦煌文书，在大英博物馆里存放了整整8年，仍然没有找到《西域考古图记》论述"千佛洞"章节中的准确资料，而这又正是具有文物和历史价值的。他继而感慨"有能力或有意从事重要的中国语言研究工作的汉学家实在是太缺乏了"。

近些年来，研究敦煌学的英国学者更是稀缺。除了艺术史家韦陀对敦煌绘画研究等做出贡献外，高水平的敦煌学研究成果少之又少。正如在英国做学术访问、参与编辑出版《英藏敦煌文献》的敦煌学家张弓在1987年9月4日的日记中所写："得'近水楼台'之便，在20世纪上半叶，英国出过托马斯、翟理斯、魏礼等著名敦煌学者。近几十年来，敦煌学愈发成为'世界学术之新潮流'。然而不知为什么，在聚藏敦煌宝卷的英国，敦煌学反而沉寂了。在英期间的学术交往，让人在感受友谊的同时，也体验到敦煌学遭遇的寂寞。"

值得称道的是，在时任英国图书馆中文部主任吴芳思的推动下，促成了中英合作编印大型图录《英藏敦煌文献》《英藏敦煌藏文文献》等，极大地推动了国际敦煌学界的交流与合作，推动了敦煌学者对英藏敦煌文献的研究与利用。

与此同时，附设在英国图书馆的"国际敦煌项目"（IDP），致力于把英国图书馆所藏敦煌文献数字化，以利于敦煌文献原卷的保护，便于人们对敦煌资料的利用。将英藏敦煌文献数字化，为人们免费提供敦煌文书、艺术品和历史资料图片，值得大书特书，并受到了全世界的欢迎。但是，数字化影像本身毕竟不是原件，而且并不是每一件文书都已经上网。当专门研究敦煌学的学者需要查阅原件时，尤其是需要像测文书用纸的厚度之时，馆方同样应避免以有了数字化文本为借口，拒绝专业学者查阅原件。向达 20 世纪 30 年代在大英博物馆里被限制查阅敦煌文书的事情，21 世纪的中国学者同样曾经在英国图书馆遇到过。文书需要保护，学术资源需要让更多学者充分利用。

俄国：第二个百年的敦煌学

2009 年 9 月 3 日至 5 日，"敦煌学：第二个百年的研究视角与问题"国际学术会议在圣彼得堡举行。

100 年前的 1909 年，奥登堡第一次率领考察队来到中国，考察的首要目标是吐鲁番。五年后，奥登堡第二次率队来到中国时，敦煌成为首要考察目标。

由俄罗斯科学院东方研究所[5]主办的这次会议，是俄罗斯有史以来首次举办的敦煌学国际会议。俄罗斯是敦煌遗书的收藏大国，因此国际敦煌学界积极响应，来自中国、日本、德国、美国、法国和英国等国家和地区的七十多位学者相会在涅瓦河畔。

20 世纪初，中国敦煌、吐鲁番、黑水城等地出土的文物，成为国际学术界竞相争夺的学术新材料。分散收藏在世界多国的这些宝藏，俄国掠取的数量惊人，其中 1909 年至 1910 年奥登堡探险队带走的新疆文物和 1914 年带走的敦煌文书和艺术品、1909 年科兹洛夫探险队在黑水城带走的文书和文物尤其突出。这些学术新材料，是研究敦煌吐鲁番学和西夏学的重要史料。

一直以来，俄罗斯（苏联）的敦煌学研究都不算突出，与其丰富的敦煌汉文文书、胡语文书和西夏文书等收藏品相比，其敦煌学研究成果极其有限。

在为数不多的俄罗斯（苏联）敦煌学家中，孟列夫是突出的一个。1957 年，他带领几个年轻学者投身于列宁格勒所藏敦煌文书研究中，十年时间里出版了近 3000 号苏藏敦煌文书的叙录。这个来到中国之前就能说一口流利汉语的敦煌学家，1989 年来到敦煌，从此与中国学者频繁交流，成为著名敦煌学家。同时，也为俄藏敦煌文献图录在中国的出版做出了重大贡献。2005 年 10 月，孟列夫去世。

领军人物孟列夫去世后，俄罗斯的敦煌学会怎样发展？令人意想不到的是，俄罗斯的敦煌学颇有异军突起之势。大规模的考古收集品展览、学术讨论会和论文集，一个接一个地展现在人们面前。

5　也译作俄罗斯科学院东方学研究所。

与同时期大幅减少的欧洲和日本敦煌研究相比，俄罗斯学者的敦煌学最新研究成果，以及各国学者对俄藏敦煌文书和美术品的研究，都给人以深刻印象。

在这次会议举行之前的 2008 年，大型展览"千佛洞——俄罗斯丝绸之路探险文物展"在圣彼得堡揭幕。由俄罗斯科学院东方研究所和艾尔米塔什博物馆联合举办的这个展览，分敦煌、和阗、库车、焉耆、吐鲁番和黑水城等单元，展出 19 世纪末 20 世纪初来自中国西北的搜集品，写本涉及汉文、梵文、古和阗文、粟特文、古突厥文、吐火罗语、回鹘文、藏文、西夏文、蒙古文等，绘画艺术品包括雕塑、纸画、绢画、壁画等。除了出版《千佛洞——俄罗斯丝绸之路探险文物展图录》之外，俄罗斯科学院东方研究所所长波波娃还主编了《二十世纪转折时期俄罗斯的中亚探险》论文集。

在这次会议举行之后的 2010 年，俄罗斯学者和日本敦煌学者在圣彼得堡召开"涅瓦河畔谈敦煌"圆桌会议，畅谈俄藏敦煌文书相关话题。会后出版的论文集《涅瓦河畔谈敦煌》，前半部分是波波娃等俄罗斯学者的论文，后半部分是高田时雄等日本学者关于俄藏敦煌文书和艺术品的研究成果，展现了俄藏敦煌文书蕴含的价值和俄罗斯学者新的敦煌学成果。

"敦煌学：第二个百年的研究视角与问题"国际学术会议，同样显示了俄罗斯的藏品特色和研究重心所在，敦煌和新疆出土文书是会议讨论的主要内容，黑水城文书也同样是研讨的重点。

在后来出版的会议论文集中，波波娃等俄罗斯学者的 11 篇文章，涉及历史上的西域、敦煌、突厥、回鹘、吐蕃、西夏，涵盖唐宋时代的官私文书、佛教经典、变文、摩尼教、回鹘文词汇、藏文佛典，西夏时期的敦煌、禅宗文献、绘画艺术，以及俄国中亚探险史等极为广泛的主题。这既显示了俄罗斯极为丰富的来自中国敦煌、新疆、黑水城的文书和艺术品收藏，也展现了敦煌学与突厥学、藏学、西夏学等展开交叉或关联研究的开阔视野，以及将多地、多种语言文书进行综合研究的俄罗斯敦煌学特色。

在俄罗斯，敦煌学不是单一的地域研究，而是与吐鲁番学、藏学、突厥学、伊朗学、印度学、西夏学等学术领域紧密相连。这其实也正是敦煌学的气质，敦煌学研究发展的一个方向。

俄藏敦煌、新疆、黑水城文献和艺术品的公布，为各国学者将俄藏与其他国家所藏敦煌文献和艺术品进行缀合、对比研究，与为敦煌文书与新疆、黑水城文书进行关联研究，提供了新的可能。最神秘的俄罗斯收藏品的公布及研究，为新世纪的敦煌学带来了一抹亮色，提供了更多新的视角，打开了更多历史的窗口。

除了中、日、法、英、俄这几个敦煌吐鲁番文书收藏大国和研究重镇，在敦煌学或其相关领域的研讨会现场和学术刊物上，人们也经常能看到美国、韩国、德国、印度、丹麦、瑞典、挪威、加拿大、新加坡、澳大利亚、捷克、比利时、匈牙利等国学者的身影。

站在新世纪门槛上眺望，敦煌学研究正在呈现新的样貌。世界性和国际化，依然是它不变的底色。

《反弹琵琶舞乐图》局部。莫高窟第112窟中唐时期的壁画《反弹琵琶舞乐图》，高113厘米、宽64厘米，吴荣鉴临摹。
图片来源：刘诗平摄于2022年北京"文明的印记——敦煌艺术大展"。

第二十九章

世界目光下的敦煌

敦煌的世界性和国际化

敦煌和敦煌学的最大特性，是世界性和国际化。

这种世界性和国际化，不仅表现在历史上敦煌所处的地理位置，以及当今莫高窟已是世界文化遗产，也表现在藏经洞文书内容的世界性，以及分散收藏于世界多地和敦煌学研究的国际特色。

丝绸之路连接着东方与西方。敦煌，扼守丝路要冲、地处丝路繁华，不同民族、不同语言、不同信仰的人们在这里生活和流动。通过丝绸之路，中华文明、印度文明、波斯文明、希腊文明在这里交融，佛教、道教、景教、祆教、摩尼教和儒家在这里汇聚。

正因为如此，敦煌发现的保留了数个世纪历史的藏经洞文书，创作了延续千年的莫高窟壁画和塑像，展现了一个令人惊叹的纷繁多样的古代世界。藏经洞文书涉及宗教、政治、经济、军事、民族、语言、文学、艺术、科技等内容。用不同语言书写的文书，除汉文之外，还有藏文、于阗文、突厥文、回鹘文、梵文、粟特文、希伯来文等文字。

从公元 366 年开始，敦煌莫高窟开凿第一座洞窟，历经十六国、北朝、隋、唐、五代、西夏、元等不同时代，最终形成了一部绵延千年的艺术史，至今保存有 735 座洞窟、4.5 万平方米壁画、2415 尊泥质彩塑。这个世界上规模最大、内容最丰富的佛教艺术宝库，被列入世界文化遗产名录，显示了它的珍贵和独一无二。

敦煌文书流散世界，分藏于世界各地，因此在多个国家产生了敦煌研究中心。以研究敦煌文书、敦煌石窟艺术及当地历史地理为核心内容的敦煌学，从一开始就展现了它的世界性，并被视为"世界学术之新潮流"。但是，在很长的一段时间里，中日学者研究敦煌学的过程，就是到世界各地"搜宝"的过程，尤其是 20 世纪的中国学者经历了一场九九八十一难的"西天取经"。

敦煌石窟保护中的国际合作，频繁的国际会议和学术交流，同样显示了莫高窟和敦煌学的国际化。世界性的敦煌学，在不同国家造就了一批世界性的学者。敦煌学的未来，在于交流与合作，在于创新与融合。

敦煌壁画的"联合医生"

保护莫高窟，在敦煌艺术研究所和敦煌文物研究所时期，都是摆在第一位的大事。1984 年敦煌研究院成立后，收到了第一笔境外捐助的石窟保护巨款；1987 年莫高窟被列入世界文化遗产名录后，国外机构开始更多地参与到合作保护敦煌石窟的行列中来。

对于香港企业家邵逸夫，人们印象最深的莫过于他捐助的遍布全国的几百栋逸夫楼。实际上，他的善举也同样惠及敦煌石窟。20 世纪 80 年代前期，邵逸夫捐赠了 1000 万港元，成为用于敦煌石窟保护的第一笔巨额捐款。

改革开放之初，文物保护资金匮乏，敦煌石窟保护因陋就简。许多洞窟使用的是已经破旧的木门，有的连简陋的木门也没有，风沙直接吹进洞窟；游人参观洞窟时，也经常发生有损壁画的触摸行为。收到这笔善款后，敦煌研究院为莫高窟、榆林窟和西千佛洞的洞窟统一更换铝合金门，为莫高窟的 100 多座洞窟安装了用于保护壁画的玻璃屏风，从而减少风沙和人为因素对洞窟壁画的破坏。

1987 年 12 月，莫高窟被联合国教科文组织列入世界文化遗产保护名录，一些国际文物保护机构随之将目光投向敦煌。其中，参加过埃及狮身人面像等世界文化遗址保护的美国盖蒂保护研究所，是与敦煌研究院开展合作早、持续时间长的国际合作者。

从 1989 年开始的早期合作中，盖蒂研究所参与了莫高窟环境监控和风沙对石窟影响的有效治理。盖蒂研究所与敦煌研究院堪称典范的合作项目，是此后对莫高窟第 85 窟壁画的保护。这座开凿于晚唐的洞窟有着精美的壁画，但在历经千年风雨沧桑后，正饱受起甲、酥碱、空鼓、脱落、粉化等病害摧残，敦煌壁画所得之"病"在这里几乎都有体现。因此，治好第 85 窟壁画的"病"，对敦煌壁画保护的意义不言而喻。

中美专家持续多年合作研究，分析壁画制作材料和壁画病害原因，进行洞窟小环境和岩体水汽监测实验，找到了壁画病害产生的原因和形成的机理。导致壁画病变的罪魁祸首，原来是潜藏在壁画崖体和地仗层中的可溶盐硫酸钠和氯化钠。如果能去除壁画地仗层中的盐分，就可以大大消除壁画病变的隐患。原因找到之后，专家们开始有针对性地修复壁画，筛选出治理酥碱、空鼓病害的修复材料，研发了灌浆脱盐等修复工艺，第 85 窟壁画起死回生。

在此过程中，科学的保护理念和规范的保护措施开始形成。针对第 85 窟研发出来的壁画保护材料和技术，特别是空鼓病害灌浆回贴加固技术、壁画酥碱病害脱盐加固技术，已经广泛应用到敦煌石窟相同病害壁画的保护修复之中。

敦煌研究院与东京国立文化财研究所之间的合作，是国家间合作保护敦煌壁画的另一个成功案例。

1990 年 12 月，上述双方正式签订合作保护敦煌莫高窟项目，对莫高窟第 53 窟和第 194 窟酥碱病害、疱疹状病害治理进行攻关。后来，双方接续签订第二期、第三期、第四期合作协议，完成了这两个产生酥碱病害、疱疹状病害洞窟的小环境监测、病害调查、病害形成机理研究、修复材料筛选，以及第 53 窟酥碱病害壁画的脱盐修复等工作。

2006 年 5 月，第五期合作保护项目启动，对莫高窟第 285 窟、428 窟、148 窟、275 窟、268 窟及其附龛、272 窟及其附龛，展开壁画色彩技法及修复技术等方面的保护性研究。到 2011 年底结项时，在敦煌壁画保护基础性研究、新技术和新方法应用研究方面取得了多项成果。尤其值得一提的是，项目对第 285 窟的壁画材料与制作工艺进行了无损检测与研究，对壁画的各种病害及分布进行了量化研究，采用数值模拟手段揭示了环境与病害的关系。

美国盖蒂保护研究所和日本东京国立文化财研究所，名列敦煌壁画保护史册。在保护名册中，人们还看到了东京艺术大学、澳大利亚遗产委员会、日本大阪大学、英国考陶尔德艺术学院、美国梅隆基金会、美国西北大学的名字。它们与敦煌研究院合作，将一些先进技术、理念和方法应用到敦煌壁画保护中，在壁画制作材料分析、壁画病害研究、修复材料筛选和工艺研究、壁画数字化研究、莫高窟周边水文地质环境、文物保护、数字敦煌、培养人才等方面展开了合作。

这些敦煌壁画的"联合医生"，诊治的是敦煌壁画的"病"，保护的是人类共同的文化遗产。

平山郁夫：莫高窟的"新供养人"

敦煌研究院与东京国立文化财研究所合作保护敦煌壁画，是由一位日本艺术家促成的；与莫高窟隔河相望的敦煌石窟文物保护研究陈列中心得以建设，同样由这位日本艺术家促成。他，就是敦煌艺术的追随者、传播者和保护者平山郁夫。

平山郁夫与莫高窟结缘，始于 1958 年东京"中国敦煌艺术展"。当时，作为广岛原子弹爆炸后的幸存者，被后遗症和贫血症缠身、正在寻找绘画突破而极度苦闷的平山郁夫，在观摩了敦煌壁画临摹品和聆听了敦煌文物研究所所长常书鸿讲述的敦煌之后，内心受到极大震撼，艺术和人生之路从此改变，与敦煌结下终身之缘。

1959 年，平山郁夫的《佛教传来》问世，轰动日本画坛，同时奠定了他的艺术题材倾向与风格基础。

1979 年，平山郁夫终于来到了向往已久的敦煌莫高窟。他后来回忆第一次在敦煌的情景时写道："我所看到的是宝山，珍贵的文化遗产。石窟中的一切，让我如同触电似的原地不动地伫立着。……站在壁画之前，我感到无法言传的激动，呆若木鸡。"

八年后在莫高窟第 220 窟的发现，更让平山郁夫惊讶不已。他发现有"贞观十六年"（642 年）题记的第 220 窟壁画，与日本奈良法隆寺金堂壁画风格完全相同，"画法、配色、结构、色感、造型的式样，一模一样"。

平山郁夫找到了敦煌、奈良和唐朝首都长安之间的联系，两幅画应该有同一幅底稿，极有可能是在长安画坊制作的原画，一幅被唐朝画师带到了长安以西将近 2000 公里的敦煌，另一幅则通过日本遣唐使带到了长安以东 2000 公里的奈良。[1]

平山郁夫从敦煌壁画中看到了日本文化的源流。他说："作为画家，我追求的是日本美的源流，而我的人生精神支柱则是玄奘。然而，我不曾想到，在中国的敦煌，为我准备了非同寻常的人生画廊。"

从此，传播和保护敦煌石窟成为平山郁夫一生的功业。他在日本全力为敦煌石窟募集资金，联络文物保护研究机构与敦煌研究院合作保护莫高窟壁画。1988 年，日本首相竹下登采纳平山郁夫建议，在访问中国时专程来到敦煌，此后日本无偿援助 10 亿日元，在莫高窟建立了敦煌石窟文物保护研究陈列中心。

1989 年，平山郁夫将举办个人画展的全部收入 2 亿日元捐给敦煌研究院，用于敦煌石窟研究保护。捐助钱财的同时，平山郁夫更为敦煌研究院培养了一批人才。

平山郁夫说，丝绸之路从罗马、从印度、从天山北路和南路、从西域南道，或者从西藏、从俄罗斯，条条道路都汇集到敦煌。人们把视线集中到敦煌，反过来从这里又可以看到世界的一切。

到现场去：朝日敦煌研究员的十年派遣

东京艺术大学与敦煌研究院之间的合作，无疑是敦煌领域国际合作的典范。从 1985 年到 2020 年，敦煌研究院派遣了 50 多名研究人员，在东京艺术大学进行一至三年不等的研修。东京艺术大学则从 1983 年开始，每隔一年派学生赴敦煌研修，访问过敦煌的学生接近百名。

1　本节引文均出自平山郁夫《敦煌·有我追求的艺术》，北京大学出版社，1990 年。关于第 220 窟壁画画样如何从首都长安传来，最新论述参见荣新江《贞观年间的丝路往来与敦煌翟家窟画样的来历》，《敦煌研究》，2018 年第 1 期。荣先生认为，长安壁画样稿带到敦煌有多种可能性，估计不出如下三件事情的范围：中原大族刘德敏出任沙州刺史、第 220 窟功德主入长安获得官职、迎接玄奘东归的唐朝使者到了敦煌。

对研究敦煌的学者、艺术家而言，置身敦煌，走进洞窟、凝视壁画，其意义不言而喻。自 1979 年首次访问敦煌过去了将近 30 年，平山郁夫依然难以忘怀，"在沙漠尽头遥望到敦煌时的情景，至今历历在目"。他说，过去想去莫高窟难上加难，只能在日本看照片发挥想象力，思考它的主题。后来多次走访敦煌，每次心里都在想，实物产生的强大感染力无与伦比。

日本敦煌学家上山大峻对敦煌研究实地考察的重要性同样深有感触。他说："无论照片拍得多细致，就算是拍成电影，也无法取代实物本身所具有的质感。尤其是敦煌壁画，若不身临其境体验光线的变幻，了解你所研究的壁画与其他壁画的关联，以及亲身感受整座洞窟弥漫的宗教氛围，就难以准确地释明事实。"

"走出研究室，到现场去，通过耳闻目睹实物和亲身体验，感受平时难有机会体验的感动。"抱着这一目的，1997 年，日本朝日新闻社邀请平山郁夫，美术史家上原和、水野敬三郎、上原昭一，敦煌学家池田温、上山大峻等不同领域的专家，组成专家委员会制定"朝日敦煌研究员派遣制度"。在敦煌研究院、兰州大学等单位支持下，从 1997 年 6 月开始，除了 2003 年因 SARS 肆虐停派之外，十年间选拔了九批 22 名研究人员赴莫高窟学习。

朝日敦煌研究员派遣制度，移除了难以接近敦煌的屏障，使研究人员获得了亲历敦煌的机会。正如上山大峻所说，接触到实物后，你会发现与读文献和看图片得到的印象完全不同。朝日敦煌研究员派遣，让更多日本研究者加深对敦煌的认识，加强与当地研究者的交流，接触敦煌实物，接收实物所传递的全新信息，然后获得令人惊讶的最新成果。

日本大仓集古馆副主任学艺员田中知佐子，是 1997 年首批获派遣赴敦煌的研究员之一。她在结束学习后写道："每当独处静谧的洞窟，全身心地倾听从壁画和塑像流淌出的话语，一幅幅图像便仿佛使整个空间充满灵动，平时疏于理会的各种祝福便都萦绕于耳际。"

置身莫高窟，2005 年最后一批获派遣赴敦煌的田中裕子，注意到壁画中的各种天马图像。她发现，从隋代到西夏时期壁画中的天马，有的翅膀宽大，有的翅膀细长，有的没有翅膀。由此，名为《敦煌石窟的天马图像》的论文诞生。通过分类比较，论文中指出，这些不同的天马体现着不同的时代与地域特征。不同地方出土的天马图像，可以作为研究丝绸之路文化交流的可行方法与途径。

其他 20 位朝日敦煌研究员，同样在亲临敦煌的感动中升华着自己的研究。几乎所有人都是初次经历在敦煌的研究生活，置身敦煌，目睹实物的感动和思考，带给了他们关于美的全新体验。

三个月研修，只是人生中的一瞬。但是，敦煌的研修，或许将影响他们一生。

英国女汉学家：联手重拍英藏敦煌文献

为查阅正在校录中的《敦煌古文献》和《敦煌资料》两书所涉英藏敦煌文书原件，同时重拍《敦煌古文献》所用部分模糊不清的英藏敦煌文书，1987 年 8 月，中国社会科学院历史研究所的敦煌学家宋家钰和张弓来到伦敦。他们完全没有想到，无心插柳柳成荫，"带回来的却是几代敦煌学人企盼的、将全部重拍的《英藏敦煌文献》中英合作项目"。

中国社科院历史所负责校录的《敦煌资料》，是精选敦煌文书录文的普及本；编委会隶属中国敦煌吐鲁番学会的《敦煌古文献》，则是有图版有录文、卷数较大的全辑本，所用图版正是当年中英交换的英藏敦煌文书缩微胶卷。

根据中国社科院历史所与伦敦大学亚非学院的学术交流协议，宋家钰和张弓来到伦敦进行为期三个月的学术访问，他们的目标正是英藏敦煌文书。当他们来到英国图书馆，提出希望查阅敦煌文书和重拍部分照片时，受到了曾经在北京大学学习过的中文部主任吴芳思博士和马克乐女士的热情接待。

第一次座谈会，出乎宋家钰和张弓的意料。吴芳思说，此前制作的缩微胶卷确实有少数质量不是很好，英国图书馆有责任免费重拍，中方可以列出需要重拍的文书编号。她特别解释了愿为中国学者提供帮助的原因："我知道这些敦煌文书原本是你们的，我也了解你们对斯坦因的看法与我们不同。我们现在愿尽我们的能力给你们提供一些帮助。重拍部分文书，是为了更好地保护文书。"

宋家钰后来在追忆《英藏敦煌文献》编辑和出版经过时说："我们向吴芳思提出重拍部分敦煌文献的要求，本是试探性质，因为我们没有外汇，未抱太大的期望。我们没有想到她们对中国如此友好、热情，愿意考虑帮助重拍。"

张弓在 1987 年 9 月 4 日的日记中写道：

> 会见后在中文部办公室聊天，吴芳思半认真半玩笑地说："这些文书本来就是中国的，应该还给你们；可是给了你们，我们就没有了。"马克乐女士也为敦煌文书被劫英国，表示歉意。助人之意是真挚的，歉意也是真诚的。面对朋友的真挚与真诚，一个念头不由得浮现在我的脑际：她们不该为斯坦因的骗宝行径承担任何责任。会谈如此顺利，气氛如此融洽，特别是英图的信任，出乎我们意料。

然而，5000 多张敦煌社会文书缩微胶卷，约有 2000 张模糊不清需要重拍。如此大的数量，英国图书馆方面限于经费和人力，得另想办法才能解决。中方提出，除免费重拍的照片外，其余英国图书馆中文部支付的拍摄费用，可以由中国方面的《敦煌古文献》编委会在北京购买等价图书回赠。

伦敦大学亚非学院艾兰博士与吴芳思谈后的结果，让宋家钰和张弓更加兴奋。吴芳思认为，既然缩微胶卷中的社会文书有三分之一需要重拍，那么不如全部重拍。拍摄经费，可以采纳交换图书的办法。

这是不容错过的难得机遇。不过，这涉及改变《敦煌古文献》编委会的原定编辑计划，也涉及中国社科院历史所领导是否同意参加这项事前不曾申报的国际合作项目。宋家钰和张弓于是一方面打电话给中国敦煌吐鲁番学会秘书长宁可，汇报英国图书馆的建议和他们的想法；一方面写信向中国社科院历史所汇报，建议历史所参加这个合作项目。

很快，他们得到回复。中国敦煌吐鲁番学会会长季羡林等人表示同意；历史所回信积极支持、同意参加，经费希望主要由中国敦煌吐鲁番学会解决。

10 月 29 日上午，英国图书馆中文部、伦敦大学亚非学院和中方举行会议，详细讨论合作编辑出版《英藏敦煌文献》的可行性和具体问题。与会者一致认为，合作编辑出版这部书，不论对敦煌文书原件的保护，还是对各国学者的研究工作，都是非常重要的。问题的关键是如何解决拍摄和经费。最后双方商讨同意：由中国社科院历史所、中国敦煌吐鲁番学会、英国图书馆中文部、伦敦大学亚非学院四个单位合作编辑。1988 年秋，由中方派两人到伦敦拍摄 S.6981 号以前的文书；S.6981 号以后的文书待修复后由英方负责拍摄，费用由中英双方分担；《英藏敦煌文献》的编辑出版工作，由中方负责。

"完成了一件大事"后，张弓对伦敦的女汉学家们赞赏有加。他在 10 月 29 日的日记中写道："艾兰和吴芳思，两位女博士，年龄相近，性格也相近，都是事业型女性。人到中年，成熟的思想，充沛的精力，强烈的事业心，周到的思虑，忙碌的日程，极高的效率，丰硕的成果，很高的威望，以及直爽的个性，丰富的知识，十足的信心，是她们的共同特点。她们不狭隘，不保守，不怠惰，不矫情，不傲慢，不卑琐，不自私，不因循。"

宋家钰后来回忆说：回想几十年前向达、王重民"匹马孤征"，伏案英法，借阅之难，不能想象。向先生在伦敦一年，只看到四五百件文书。这与我们今天和英方达成的协议相比，实有天渊之别。我们同时深切感到，几十年间，中国发生了巨大变化，英国同样也有很大改变，如果没有吴芳思、艾兰、马克乐这些既有很高汉学修养又热情友好的女汉学家们的鼎力相助，不可能有这个项目。几年后，艾兰在北京对我说："如果知道后来会有这么多的困难、麻烦，当初我们绝对没有搞这个项目的勇气。"马克乐说："我馆的严格规定，是不允许外人入馆拍照的。这次破例同意你们派人来拍摄，可以说是空前绝后的，过去没有过，以后也不可能再有。"吴芳思的压力尤其大，英国学界有人反对在中国出版，认为中国不具备出版好此书的条件。因为几十年来，一直是日本方面在出资、派人帮助英方整理和修复敦煌文书，他们认为应该与日本合作出版。

伦敦女汉学家们的友好合作，最终结出硕果。

1990 年 9 月，《英藏敦煌文献》第一卷在中国问世。

两大敦煌影像的再现

斯坦因为敦煌莫高窟和藏经洞文书留下了最早的影像。早期莫高窟的图像记录，以伯希和考察队的努埃特、奥登堡考察队的杜金和国立敦煌艺术研究所成立前后罗寄梅的拍摄最系统、最有价值。这三大宗图像记录，只有伯希和考察队在 20 世纪 20 年代出版了六大本的《敦煌石窟图录》，在学术界产生巨大影响，后两宗摄影长期以来不为人知或所知不详，很少公开出版。

奥登堡考察队从敦煌带走的文书和文物，深锁馆中数十年。20 世纪 60 年代对外公布收藏有大量敦煌文书时，杜金拍摄的照片并非主角，依然深藏未露。

奥登堡曾经对德国考察队勒柯克的盗宝式挖掘感到愤怒，说勒柯克缺乏专业知识，连起码的照相摄影都不搞，更不可思议的是，他对法国人的活动一无所知。奥登堡考察队事先做了充分准备，杜金的拍摄全面系统并注重细节。他对莫高窟崖体的洞窟分布进行了逐段拍摄，从而展现了南北区外立面的全景；对 156 座洞窟的窟形、壁画和彩塑进行了拍摄，同时关注到了努埃特没有拍摄的一些细节。

俄国敦煌学家孟列夫在 1999 年撰文介绍杜金时说："他拍摄的照片尤为有趣。仅在敦煌一处，他就留下了大约 2000 张的照片、素描和油画。由他亲自分类的这些资料，有许多从未公布过。但在不久的将来，与上海古籍出版社进行合作，这种情况会得到改变。"

2000 年至 2005 年，艾尔米塔什博物馆和上海古籍出版社合作出版了 6 卷本《俄藏敦煌艺术品》，其中第 3 卷、第 4 卷首次集中公布了奥登堡考察队拍摄的莫高窟整体环境和 156 座洞窟的 869 幅照片。

与奥登堡考察队拍摄的照片长期没有公开一样，罗寄梅当年拍摄的敦煌石窟照片，除了在兰州、重庆、南京和上海等地展出过一些之外，也很少出版，只在 1964 年出版《榆林窟壁画研究报告》时公布了 60 多张榆林窟照片，以及为他指导的一篇硕士论文《敦煌壁画研究》提供了十多幅莫高窟照片，学术界对这些历史图像的研究和利用极其有限。

1964 年 4 月，纽约世界博览会揭幕，罗寄梅拍摄的 80 多幅敦煌照片参展。此后，罗

奥登堡考察队拍摄的莫高窟外景和第 332 窟初唐时期的塑像。图片来源：《俄藏敦煌艺术品》第 3 卷和第 4 卷

寄梅夫妇移居美国。1968 年，经普林斯顿大学艺术史专家方闻引荐，获洛克菲勒三世基金赞助，罗寄梅将敦煌拍摄的全部照片售予普林斯顿大学（罗寄梅拥有著作权）。

当年，罗寄梅没有为敦煌艺术研究所留下照片或底片。敦煌拍摄期间，由于当地水质不好，冲洗效果不佳，现场冲洗有限。罗寄梅于 1944 年 6 月从敦煌回到重庆，1945 年 8 月随国民政府回南京；常书鸿于 1945 年底从敦煌回到重庆，1946 年 6 月由重庆返回敦煌。这期间，他们很少同在一地。1948 年 7 月至 8 月间，常书鸿携带临摹的敦煌壁画赴南京、上海展览，约 10 月底返回敦煌，其间罗寄梅曾洗印照片参展，他们有接触和见面的机会。1949 年罗寄梅离开大陆去台湾之前，常书鸿是否向罗寄梅要过照片或底片？罗寄梅为何没有将照片或底片交给研究所？

罗寄梅深受张大千西行敦煌影响，但他的拍摄并不完全是个人行为。出发前，《中央日报扫荡报（联合版）》（1943 年 4 月 20 日）的报道说是"教育部委托中央通讯社摄影部拍摄"，中央通讯社摄影部主任罗寄梅定于 4 月 20 日飞兰州。1943 年 4 月国立敦煌艺术研究所筹备委员会上报的《员工请领食粮代金清册》中记载，罗寄梅为研究员，妻子刘先为助理员，摄影记者顾廷鹏为助理研究员。同年 5 月 15 日，西北史地考察团历史组组长向达在一封写给重庆方面的信中说："在安西遇到中央社摄影部主任罗寄梅夫妇及摄影记者顾廷鹏，二君受敦煌艺术研究所之托，拟遍摄千佛洞各窟壁画，携带材料甚多，计划工作半年。"

1943 年 7 月 8 日，敦煌艺术研究所筹委会向教育部呈报工作时写道："洞窟壁画图案、塑像，其外貌形势及内藏有供研究价值之材料，均拟一一摄制照片。若干石窟以光线不足，摄影为难，本会以经费之绌，又不能有特殊设备，现在采取罗研究员设计办法，利用日光反射原则摄制照片，其结果甚为圆满，现已摄制二百余幅，正在按照计划进行中。"

1944 年 5 月 19 日，西北科学考察团历史考古组副组长夏鼐抵达敦煌，听到中国农民银行的厉不害谈论罗寄梅所摄照片归属问题。他在日记中写道："中央社罗寄梅君在彼处制照片，常书鸿有俟其完工后将其底片没收之意。罗君提出解决办法，由研究所偿还其一切费用，即可全部交出，否则出添印材料费，可以代之冲印一份。常君皆置之不答，罗君最后向之警告云，如欲其全部底片没收，除非令哈萨将其击毙，始能交出。"

罗寄梅 1944 年 6 月离开敦煌时，没有将照片交给研究所。原因是罗寄梅所摄照片的设备、胶卷、冲洗等费用并非研究所提供，研究所仅担负罗寄梅夫妇及顾廷鹏的旅运费和生活薪资。交照片和底片的话，研究所必须负担一切拍摄的费用。出冲印费用的话，研究所可获得一整套照片。最后研究所答应添印材料费，以获取所摄三千多张照片。罗寄梅随后将底片带离敦煌，回到了重庆。

在随后的几年里，局势动荡，直至罗寄梅夫妇离开大陆去台湾，敦煌底片跟着去了台湾；继而罗氏夫妇去美国，敦煌底片也就漂洋过海到了美国。

这批珍贵的照片售予普林斯顿大学后，刘先获聘整理，根据当时的笔记，将照片与具体洞窟等内容"对号入座"。20 世纪六七十年代，在从美国无法前往敦煌考察莫高窟艺术的情况下，这批照片把莫高窟搬到了普林斯顿大学师生的眼前。把照片引荐到普林斯顿的方闻教授多年后完成了在艺术界影响颇大的论文《汉唐奇迹在敦煌》。

照片除了供普林斯顿大学师生教研参考之外，也在一定范围内被国际学界所利用。

1968 年秋，日本东京大学的秋山光和教授在普林斯顿大学看到这批照片时，如获至宝。1970 年至 1971 年，秋山光和以东京大学文学部的名义，将约两千六百张照片买回日本研究。四年后，他发表了《敦煌壁画研究的新资料——罗寄梅氏拍摄的照片及福格、艾尔米塔什两博物馆所藏壁画残片探讨》，对这批照片进行了系统研究，但受版权限制，没有公开发表照片。

　　敦煌艺术研究所当初为什么没能留下一套，也许是罗寄梅离开大陆前的几年里，研究所始终没有拨付这样一笔费用，罗寄梅也始终没有完整的时间冲洗和整理照片。秋山光和在谈起购买照片时说："罗寄梅的夫人还不辞辛苦地参加了这些照片的整理，因此更提高了它的资料价值。罗氏夫妇不顾高龄，为了把大小不同的底片制作成统一规格的照片，苦心千般地做了两年暗房工作。"

　　冲洗照片就花了两年，将照片与洞窟"对号入座"，更是一项费时费力的大工程，而且需要对敦煌石窟极其熟悉才能完成。想当年，伯希和整理出版《敦煌石窟图录》时就花了多年时间。罗寄梅后来在台湾离开原单位潜心于敦煌艺术时，也只在 1964 年出版了《榆林窟壁画研究报告》，而不是更大头的"莫高窟壁画"。因此，这些历尽艰辛拍摄的宝贵图像资料，由于历史风云变幻和整理成书之难，使得罗氏夫妇一直没能整理出版，在他们心中可想而知应该有多少遗憾和无奈。

　　将敦煌照片结集成册的愿望，在罗寄梅生前未能实现。时间来到 21 世纪初，在刘先的支持下，普林斯顿大学决定与中国专家合作，进行全面整理，将这批敦煌照片正式出版。2010 年，敦煌研究院研究员赵声良获邀对照片进行系统整理，每张照片的内容、所在洞窟及位置、壁画的时代得到确认。据赵声良统计，这批现在被普林斯顿大学称为"罗氏档案"的照片，涉及莫高窟 327 座洞窟（2872 张）及外景（146 张）、榆林窟 21 座洞窟（187 张）及外景（16 张）。此外，还有少量反映莫高窟生活状况、周边文物、敦煌城内情景及月牙泉风光的照片。

　　如今，这批珍贵的敦煌图像资料正分批漂洋过海，从美国回到敦煌。2016 年 8 月 20 日，"2016 敦煌论坛：交融与创新——纪念莫高窟创建 1650 周年国际学术研讨会"首日，普林斯顿大学唐氏研究中心经崇仪教授受刘先委托，向敦煌研究院捐赠 234 幅"罗氏档案"的照片。此前，刘先已分 4 批捐赠过照片 738 张，至此捐赠总量达到 972 张。

　　2021 年 6 月，罗寄梅的敦煌石窟摄影集英文版 *Visualizing Dunhuang: The Lo Archive Photographs of the Mogao and Yulin Caves*（《观象敦煌：罗氏档案中的莫高与榆林石窟照片》）面世。这些珍贵的历史照片，虽然没有出版中文版，没有回到中国出版，但是毕竟可以更方便地为各国学者利用，为世界各地的人们欣赏。

FIG. 42 Bodhisattvas. Mogao Cave 328, west wall, niche interior, north side. Early Tang (618–704). Lo Archive photograph, 1943–44. Princeton University (Lo 328-6-1b).

罗寄梅敦煌石窟摄影集 *Visualizing Dunhuang* **书影**

"数字敦煌"与IDP：分享敦煌宝藏

把敦煌石窟的建筑、壁画和彩塑数字化，建成数字化资源库的同时上线共享，使研究者或游人不用去敦煌、不用进洞窟，就可以了解敦煌壁画和雕塑的相关情况，欣赏敦煌艺术的美。不仅如此，还可以减轻洞窟开放压力和有效保护壁画。

樊锦诗说："利用数字摄影和图像处理技术，拍摄、存储壁画的高分辨率影像，是唯一能完整记录并永久保存壁画信息的技术手段。"

因为有了这个信念，20多年前，敦煌研究院开始了壁画的数字化试验。

20世纪90年代末，在美国梅隆基金会支持下，敦煌研究院与美国西北大学合作，引进当时比较先进的数字技术，采用覆盖式图像采集和电脑图像拼接的壁画数字化方法。到2005年底双方开展的合作项目结束时，共完成22座典型洞窟的数字化和5座虚拟漫游洞窟。这次合作为莫高窟壁画数字化处理和技术路线奠定了基础。

2006年4月，敦煌研究院数字中心成立，继续加强与国内外相关机构合作，数字化技术不断成熟，越来越多的洞窟完成了分辨率更高、质量更好的数字化工程。从当初的壁画数字化试验，到实现洞窟壁画高精度图像的采集制作、真实洞窟三维模型构建、洞窟虚拟漫游、球幕电影节目制作、动漫创作，逐步建设起包括石窟图像资源、视频资源、全景漫游资源在内的"数字敦煌"资源库。

2016年5月，敦煌研究院"数字敦煌"资源库平台第一期上线，世界各地的人们通过网络，可以对北魏至元朝的30座洞窟进行虚拟现实360度全景漫游浏览，研究者和观赏者可以从多角度看清壁画图像、彩塑和洞窟细节。同时，减轻人群进入洞窟导致窟内温度、湿度和二氧化碳浓度升高而带来的影响。

在莫高窟世界文化遗产的数字化进程中，同样有来自世界各地人们的热心支持。譬如，由一群香港文化学者发起成立的"香港敦煌之友"公益组织，为敦煌石窟数字化档案保护募集善款，使完成数字化的洞窟数量不断增多，同时助力敦煌石窟数字化研究，支持建设了敦煌研究院文物数字化研究所办公楼，保障洞窟数字化工作有效展开。

古老的敦煌石窟通过现代科技焕发新的生命。通过新技术让人们更有效利用流散在世界各地的敦煌文书，同样成为各大收藏机构联合起来加强文书保护和利用的重要课题。

敦煌文书分藏于世界多地，学者利用不便。有的收藏单位没有编纂完整的敦煌文书目录，外界无从知晓它们的详细信息，研究起来更是困难重重。有的敦煌文书缩微胶卷不够清晰，图录使用起来存在局限。过度频繁使用敦煌文书原件，对保护这些珍贵文书同样不利。随着数字摄像与扫描技术、数据库技术不断发展和进步，世界范围内的网上数据库合作建设从 20 世纪 90 年代初期开始提上日程。

1993 年，中国国家图书馆、英国图书馆、法国国家图书馆、俄罗斯科学院东方研究所圣彼得堡分所、柏林国家图书馆等收藏较多敦煌吐鲁番文书的收藏机构专业人员，在英国萨塞克斯举行会议，共商解决敦煌文书保护和编目问题。这些大型收藏机构倡议成立国际合作组织，共建网上数据库，使各国学者更好地利用敦煌文书，促进敦煌文书的保护与研究。第二年，通过国际合作促进敦煌研究和保护的国际敦煌项目（the International Dunhuang Project，简称 IDP）正式成立，秘书处设在英国图书馆。

1998 年，IDP 英文网站开通，对外提供服务，世界各地的学者和公众可以通过网络阅览相关的馆藏敦煌文书。

进入 21 世纪后，中国、俄罗斯、日本、德国、法国、韩国相继设立 IDP 中心，提供英、中、俄、日、德、法、韩文等不同文字版本的数据库，为世界范围内的学者与公众免费提供数以万计的文书、艺术品和历史资料图片。

这是一个有着强大生命力的合作项目。越来越多的敦煌资料上线，IDP 的数字化进程不断推进。

ILCDS：加强敦煌学研究国际联络

国际联合保护敦煌石窟壁画的合作在加强，各国收藏机构提高敦煌文书保护和利用的合作在加强，各国敦煌学家相互间加强联络的需求也在增加。

2003 年 3 月，敦煌学国际联络委员会（ILCDS）在日本京都成立。对于这一学术组织成立的原因，参与创会的敦煌学家在成立大会上多有阐述，显示国际敦煌学研究正在发生深刻变化。

倡议成立这一学术组织的日本京都敦煌学会干事长高田时雄说：我之所以倡议成立敦煌学国际联络委员会，是因为日本敦煌学面临危机。前几年藤枝晃教授故去，池田温先生也年逾古稀，日本敦煌学研究队伍逐渐老化，再过十年、二十年，日本的敦煌学也许会逐渐消失。相反，从 20 世纪 80 年代以来中国的敦煌学发展很快，研究者也越来越多。敦煌在中国，敦煌学也应在中国。以前每国都有专长，如日本学者对佛教、法制、胡语的研究。将来的敦煌学应是国际敦煌学，"一国的敦煌学"是不可能存在的。现在经济发展、交通方便，可以自由交流。资讯科学的发展，也迫使我们放弃单国敦煌学，尽快发展国际敦煌学。IDP 虽然很好，可是也有些问题，比如与学者联系不够。应建立一个国际敦煌学资料库，内容包括文献论著目录、敦煌文书目录。

中国敦煌吐鲁番学会副会长郝春文说，敦煌学从一开始就有国际性，同时有特殊性，如资料分散，客观上更需要联合。现在从事敦煌学研究的学者有减少的趋势，基本以中日学者为主体，对学科的发展很不利，应该促使更多的人来研究。最近 20 年是信息爆炸的时期，如不注意就会做较多的重复劳动，这就使得国际协作的迫切性更加突出。联络委员会应具有两个功能：联络（促进世界范围内的学术交流）、协调（避免重复劳动）。

敦煌研究院院长樊锦诗、中国敦煌吐鲁番学会秘书长柴剑虹和敦煌学家郑阿财都强调，敦煌学的一些重大研究课题，需要各国学者加强合作、组织协调。

高田时雄后来曾在 2009 年和 2018 年两次谈及发起成立这一学术组织的另一因由，那就是在敦煌藏经洞发现百年之际，各地举行纪念研讨会太多，需要协调。他说：2000 年是藏经洞发现一百周年，敦煌、北京、香港、台湾等中国各地，以及欧洲、美国都举办纪念研讨会，那时候敦煌学家都忙不过来。在台湾举办敦煌研讨会时，我们国外的、中国大陆的学者就商量，这样开会受不了，要成立一个国际委员会，增强举办研讨会的计划，促进国际敦煌学的协调。

高田时雄首先是与中国敦煌吐鲁番学会秘书长柴剑虹交流，然后与中国敦煌吐鲁番学会副会长郝春文讨论，后来在中国敦煌吐鲁番学会会长季羡林"颔首"下，便有了在京都举行的成立大会。日本、欧洲和中国的敦煌学研究，正在发生深刻变化。与会者意识到，加强各国学者交流合作，关系到敦煌学的前途和命运。

敦煌学家的世界主义

1990 年 9 月，荣新江来到日本龙谷大学做为期半年的访问研究，调查日本所藏敦煌吐鲁番文书。在此之前，他已经对欧洲各国所藏敦煌吐鲁番文书做过调查。京都的藤井有邻馆是个藏宝之地，当年藤枝晃发表过的著名的"长行马文书"就藏在这里，不过它们没有出现在这家私立博物馆的日常展品中。

荣新江于是拜托藤枝晃联系馆方，冀以窥其秘藏。藤枝晃回复，因为他曾在报纸上撰文说日本收藏家手中的敦煌文书百分之九十以上都是假的，所以不受这些藏家欢迎，自己出面联系恐怕人家不给看，应该请京都大学砺波护教授出面，他是京都大家族出身，他出面藤井家一定会给面子。

砺波护出马，果然马到成功。两人约定 9 月 16 日前往有邻馆拜访。16 日一大早，荣新江与砺波护在有邻馆开馆之前抵达。不一会儿，年近八旬的藤枝晃也赶来了。虽然早在 1956 年他就在《墨美》杂志发表过长行马文书的长文，但还想再看看，毕竟机会难得。过了一会儿，远处又走来两位敦煌学名家——东京大学池田温教授和在东京大学做访问研究的武汉大学陈国灿教授。原来，砺波护知道机会难得，所以也通知了他俩，于是他俩从千里之外的东京匆匆赶来。

这是荣新江教授讲述的一次经历。来自中日两国研究敦煌吐鲁番文书和隋唐史的五位名家，一道观摩、共同研讨，成为彼此难忘的一次"学术聚餐"，在国际敦煌学史册上写下珍贵一页。

观摩完长行马文书后，藤枝晃根据文书上的李盛铎收藏印，以及纸张的厚度与一般唐代官文书不同，怀疑他早年发表过的这些文书是伪卷。池田温从文书内容着眼，则认为今人很难作伪。

荣新江也认为长行马文书不应该是伪卷，不过他还在继续调查。

1991年2月，荣新江来到伦敦，编写英国图书馆藏斯坦因所获未刊敦煌残卷目录。他发现有四号经帙上揭出的一批文书，与有邻馆长行马文书字体、内容关系密切，有的署名判案者为同一人，显然是同组长行马文书。

同年7月，荣新江在列宁格勒调查敦煌吐鲁番文书时，又发现这里收藏的 Д x .354 号八件残文书也是同一组文书，英、俄所藏文书的背面纸缝上都有原文书的编号，与北京出版的《吐鲁番出土文书》第十册所收《唐天宝十三—十四载交河郡长行坊支贮马料文卷》相同。至此，荣新江基本查清：有邻馆长行马文书出自敦煌藏经洞，是揭自藏经洞散出的经帙。藤枝晃提出的纸张厚度与一般唐代官文书不同，则很可能由于长行马文书是过水处理后揭下来的，纸张已经变形；上面的印章，则可能是后人所加盖。

藤枝晃认为日本收藏家手中的敦煌写卷大多是伪卷，同时他也认为大收藏单位的藏品中也有敦煌文书赝品。除了斯坦因（1907年）、伯希和（1908年）和晚清政府（1910年）所得大宗敦煌文书之外，其他如大谷探险队、奥登堡考察队、斯坦因第三次中亚考察所得敦煌文书中，均有赝品。

1997年6月23日，英国《泰晤士报》发表《英国图书馆发现数百件敦煌赝品》，英国图书馆国际敦煌项目（IDP）负责人魏泓转述藤枝晃观点，即早在1911年，北京官员李盛铎就开始伪造敦煌文书，1937年李盛铎去世后，其子继续造伪。这种赝品很早就已经流入敦煌，1911年以后来敦煌的大谷探险队、奥登堡、斯坦因都买到过赝品。

英国图书馆向来以收藏全世界最著名的敦煌文书为自豪，现在竟然被指出斯坦因第三次中亚考察所获敦煌文书中有赝品。于是，英国图书馆决定在1997年6月30日至7月1日召开20世纪初叶的敦煌写本伪卷研讨会，邀请各大馆藏机构代表和世界各地敦煌学家前来伦敦研讨，探究各国所藏敦煌写卷和绘画的真伪。

86岁高龄的藤枝晃先生漂洋过海来到伦敦。在为期三天的会议上，他发表了《敦煌真写本特征图示引言》和《纸卷的裁边和划栏工具的发现》两篇论文。藤枝晃的女婿、北海道大学石塚晴通教授则发表了《从汉字标本和书写材料看敦煌伪卷》，指出自伯希和考察队之后各国考察队所买敦煌写本多半（约 80%）是假的，对比写本字体的演变和纸笔等书写材料的变化，确指斯坦因第三次中亚考察所获 S.6383 号等多件文书是伪卷，理由是纸张不同、字体差异和铅笔划栏等。

英国图书馆干脆把相关文书从库房拿到了会场，供英国的韦陀、法国的戴仁、俄国的孟列夫、中国的荣新江和方广锠等知名敦煌学家仔细观摩。在这场鉴宝大会中，来自各国的敦煌学家均表示难以认同石塚晴通的观点。

敦煌写本伪卷研讨会结束，敦煌学家对写本真伪的讨论并没有结束。会后，藤枝晃和荣新江等三位教授又前往伦敦大学亚非学院演讲，结合会议讨论对伪卷问题阐述各自看法。

敦煌文书真伪问题，对敦煌研究来说至关重要。试想，如果连文书都是假的，那研究结果可想而知。藤枝晃提出的这一问题意义之大，正如荣新江所说：藤枝晃教授积多年来从古文书学的角度研究敦煌写本的经验，提醒我们重视伪本的存在。敦煌文书的小收集品中真伪混杂，应当十分警惕其中的伪卷，以免把研究建立在完全不可靠的基石之上，同时也不能把真本简单地称为伪卷，使真实的史料化为乌有。

英国会议一年后（1998 年 7 月），藤枝晃去世。荣新江在《藤枝晃教授与敦煌学研究》一文中写道：

> 自中国开放以来，他从 1981 年开始，曾几次来北京或敦煌，与中国同行进行学术交流。同时，在京都，他也不时招待或关照中国敦煌学界的访问者，笔者就有机会随他参观京都国立博物馆、藤井有邻馆等处收藏的敦煌吐鲁番写本。我感到，在藤枝晃先生研究的领域，中国敦煌学者在敦煌历史研究上取得了超越前人的成果，但在"写本学"方面还没有机会和条件从总体上赶上藤枝晃先生已经取得的成绩。
>
> 敦煌写本散在世界，敦煌学在世界，藤枝晃先生正是这种意义上的敦煌学家。

从当年敦煌获宝的斯坦因、伯希和开始，世界性的敦煌学，在不同国家造就了一批世界性的学者。就对敦煌和新疆地区石窟的破坏而言，壁画被切割、文物被攫取，丢失的是历史的原始信息。就利用不正当手段将敦煌文书从中国掠走，斯坦因与伯希和等考察家当然会受到中国的谴责，纵使有中国一些官员的不作为，有蒋孝琬这样的中国师爷提供帮助，也无法否定他们将敦煌文书带出中国的非法性和不正当性。而在学术层面，外国考察家在敦煌和新疆地区发现了多种已经消亡的古代语言，没有满足于对宝物的猎取、拥有和把玩，而是开展了持续不断的研究。就斯坦因、伯希和而言，他们是学术盗宝客，同时又都是世界性的学者。此外，从斯坦因每次考察厚厚的考古报告可以看到，遇到自己能力之外的文书和文物，他便交由其他欧洲学者处理，比如第二次中亚考察的正式考古报告《西域考古图记》第四卷收有十个附录，分别是欧洲一些汉学名家撰写的专题论文，可以说是欧洲汉学家的一次大合作。伯希和在汉学方面的成就更是有口皆碑，与中国学者保持了长达数十年的交往。

敦煌学是一门世界性的学问，各国学者都在这个舞台上展示着学术才华与人格魅力。敦煌在中国，中国学者理应做出更深入的研究，拿出更丰硕的成果，做出更多的创造与引领。而这，需要我们有宽广的国际视野，有学术为天下公器的胸怀，有与世界对话的能力，唯有如此，才能像陈寅恪先生所说的那样，"内可以不负此历劫仅存之国宝，外有以襄进世界之学术于将来"。"敦煌在中国，敦煌学在世界"，正是在这种意义上昭示过去，启迪未来。

第三十章

魂归故土，重光于世

让流失海外的敦煌文书回到中国，是很多中国学者、很多中国人的心愿。然而，让已
经漂洋过海分藏于世界各地的敦煌文书回归中国，不是一件简单的事情。不过，从 20 世
纪八九十年代开始，中国的学者和出版家开始了一场持续多年的敦煌文书和艺术品出版行
动。这是国际敦煌学历史上最为浩大的出版工程，也是蜚声世界的几大国际馆藏魂归故土
的文化工程。所有大型敦煌文献收藏以清晰图版的形式重光于世、齐聚中国，敦煌学在其
故乡大放光芒，学术成天下公器，敦煌宝藏魂归故土。

英藏敦煌文献出版

当 1907 年斯坦因将 24 箱稀世经卷和 5 箱精美佛画席卷到英伦后，当 1914 年他再次
带着满满 4 箱敦煌写本离开莫高窟时，各国学者为一睹敦煌文书内容，只能伏案英伦，孜
孜以求。然而，大海捞"宝"谈何容易。对中国学者而言，虽然少数能够漂洋过海，一
睹敦煌文书之真容，但更多的学者无法亲历，无由稍睹。20 世纪 50 年代，英藏敦煌文
书虽曾摄成缩微胶卷，但清晰度和完整度极其有限；80 年代台湾地区出版《敦煌宝藏》，
虽然比缩微胶卷更方便利用，但其内容也是根据缩微胶卷印刷成册，清晰度和完整度同
样有限。

1987 年，由中国社会科学院历史研究所、中国敦煌吐鲁番学会、英国图书馆和伦敦
大学亚非学院四方合作编辑出版英藏敦煌文献影印本的协议达成。英藏敦煌文书数量庞
大，对多数研究者来说最具研究价值的部分是非佛经文书，因此据原卷重新拍摄印制这部
分文书的工程开始全面展开。

1988 年秋，中国敦煌吐鲁番学会秘书长宁可和中国社科院历史所摄影师王予到达伦
敦（后增派王亚蓉协助拍摄）。宁可从上万件文书中选出需要拍摄的非佛经文书，详细登
记后，交给摄影师拍摄。英国图书馆提供的拍摄场地在书库内，为安全起见，他们进去
后就锁上门，中午或者下午闭馆时离开。宁可对原件考订挑选，两位摄影师一件一件地拍
照。随后，兰州大学青年学者郭锋、王冀青来到伦敦，予以协助。

寒来暑往，文书挑选和拍摄终于完成。宁可后来回忆说：这是一件麻烦、烦琐的工

作。千年古纸，脆薄易碎。长卷十多米，残片不盈寸，翻阅时必须时刻留心惜护。少量佛经以外的文献，同大量佛经屡杂交错，又大都字迹潦草随意，墨迹浓淡不一，再经岁月磨洗，有些很难辨认。到 1989 年 11 月，用了整整一年时间，经我过目的文书有 15000 余件，从中选出了 2000 余件，英国图书馆、印度事务部图书馆、英国国家博物馆所藏敦煌文书中的佛经以外的文献基本上"一网打尽"。

当敦煌学家宋家钰问起宁可当时在伦敦工作时的最大感受时，宁可一再重复一句话："真有点像唐僧西天取经。"从当年王重民、向达远渡重洋，去巴黎和伦敦抄录、拍摄，到宁可等人今天去挑选、拍照，的确是一段饱含艰辛的"西天取经"历程。

在出版遇到困难的情况下，四川人民出版社不辱使命，用海图纸印刷制图，使图集尽可能接近于原件，最终完成了经中国人之手拍摄、编辑和出版的《英藏敦煌文献（汉文佛经以外部份）》（前十四卷图录于 1990—1995 年出版，第十五卷即总目索引卷于 2009 年出版）。

这部由专业摄影人员拍摄，用先进的电子分色技术印制，大八开本，一版一印，最大限度地呈现敦煌文书文字内容的《英藏敦煌文献》，是截至当时最清晰、最完整、最准确的英藏敦煌文献图版本。

就在《英藏敦煌文献》陆续出版之时，应英国图书馆之邀，北京大学历史系荣新江教授和北京图书馆善本部方广锠博士来到伦敦，为斯坦因搜集的敦煌"残卷"，即翟理斯目录之后的 S.6981—13624 号文书编制目录。其中，非佛教文献部分由荣新江编目，佛教部分由方广锠负责。

编制这些被翟理斯挑剩的小块碎片文书目录谈何容易！要辨别出内容或者实现与别的文书碎片拼接，不仅要有敦煌学本身的训练，更需要有多方面的学识素养。1994 年 7 月，荣新江的《英国图书馆藏敦煌汉文非佛教文献残卷目录（S.6981—13624）》在台湾地区出版。英国图书馆中文部主任吴芳思在序言中写道："荣新江教授这本目录的出版，标志着敦煌写本漫长旅程的最后一个阶段，从藏经洞到图书馆，从'碎片'到'残卷'，直到今天的比定结果和为各国学者所易于利用的状态。"

《英藏敦煌文献》编辑出版，是一座里程碑。回望历史可以看到，在敦煌学发展史上，每一次研究高潮的到来，几乎都与新资料的公布密切相关。《英藏敦煌文献》不仅为各国敦煌学者所利用，而且极大地鼓舞了敦煌学界和出版界的有识之士，带动了俄藏、法藏及国内所藏敦煌文献的集中刊布，掀起了敦煌文献整理出版的浪潮，促进了世界范围内的敦煌学的繁荣与发展。

当《英藏敦煌文献》第一、二两卷出版之后，吴芳思颇为自豪地说："《英藏敦煌文献》的编辑工作已近尾声，由于它的出版，使研究者们比较方便地看到了原件。因此，这一编辑工作标志着敦煌研究进入了一个新的阶段。我为英国图书馆所担负的开创者的角色而自豪，因为我们现在已经获悉：列宁格勒所藏的敦煌写本，也将由中国进行拍摄并编辑出版；与此同时，与巴黎所藏的伯希和收集品的交流工作也在进行。"

　　对积极促成英藏敦煌文献出版的吴芳思来说，英国图书馆担负了海外三大敦煌文书藏家的开创者角色，确实值得自豪，尽管当年斯坦因正是第一个来自欧洲的敦煌文书掠夺者。[1]

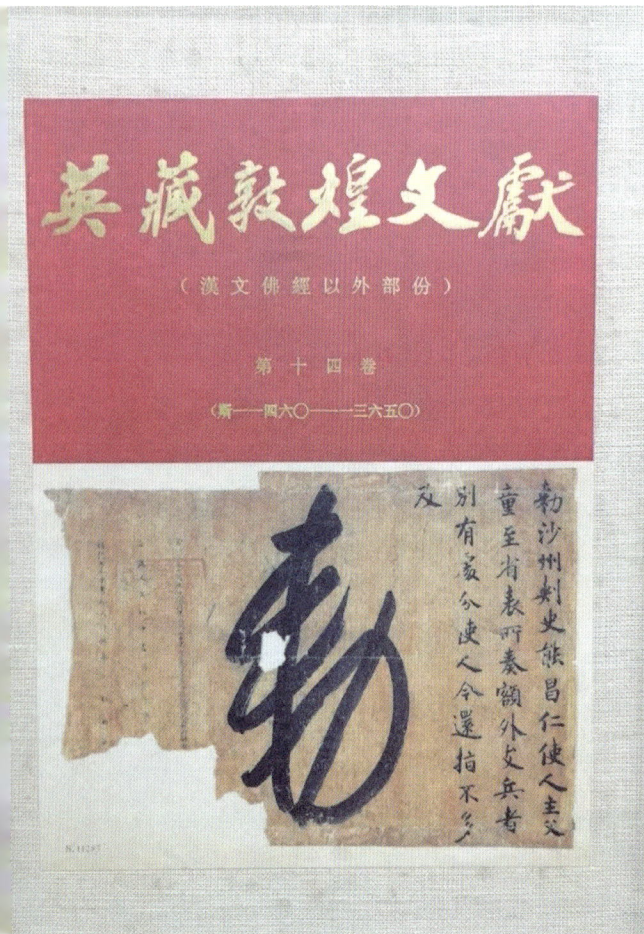

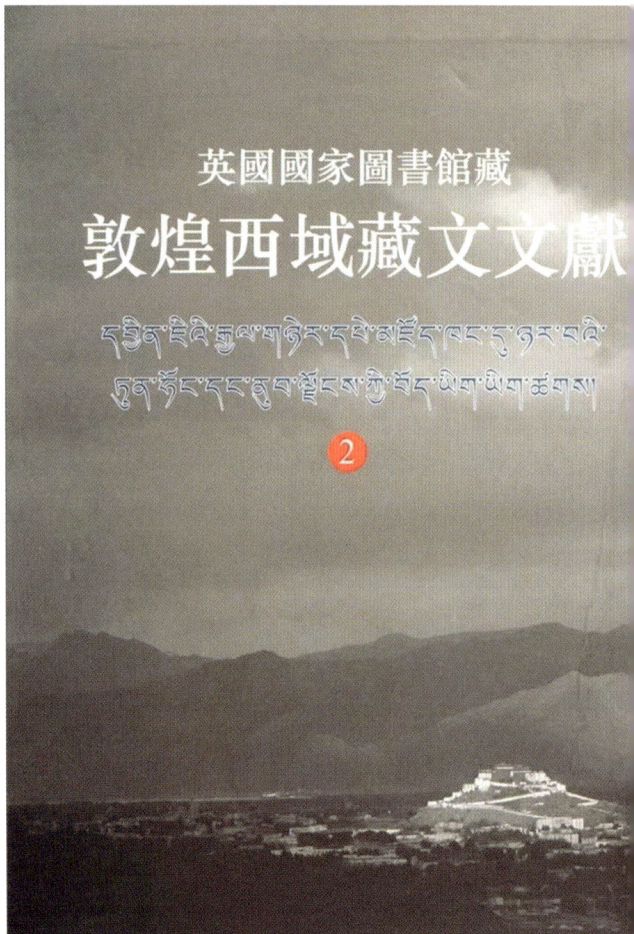

《英藏敦煌文献（汉文佛经以外部份）》和《英国国家图书馆藏敦煌西域藏文文献》出版

1　英藏敦煌文献中，佛经写本占绝大多数。《英藏敦煌文献（汉文佛经以外部份）》出版后，中国敦煌学者和出版界萌发将英藏14000余号敦煌文书全部出版的想法。于是，以在英国图书馆仓库里找到的一份未用过、保存完好的缩微胶卷为主，补上缩微胶卷中遗漏的1500张图片，配以新的技术手段，由上海师范大学与英国国家图书馆合编，方广锠、吴芳思主编的大型图录《英国国家图书馆藏敦煌遗书》提上日程，截至2017年2月，已由广西师范大学出版社分批出版50册，全套文献仍在陆续出版中。

俄藏敦煌文献出版

　　如果说《英藏敦煌文献》从商谈到编辑主要是敦煌学家在努力，那么，《俄藏敦煌文献》则主要是一批怀抱为世界学术提供资源、使中国国宝魂归故土使命的出版家的大手笔。

　　俄藏敦煌文书和文物，主要是奥登堡 1915 年率队在敦煌考察时获取，艺术品部分现藏于艾尔米塔什博物馆，写本部分现藏于俄罗斯科学院东方研究所圣彼得堡分所。

　　1989 年 8 月，上海古籍出版社社长魏同贤、总编辑钱伯城、副总编辑李国章和主任李伟国一行，来到了波光粼粼的涅瓦河畔。他们此行的任务是与苏联科学院东方学研究所列宁格勒分所（现俄罗斯科学院东方研究所圣彼得堡分所）商谈出版苏藏敦煌文献事宜，同时考察艾尔米塔什博物馆所藏中国新疆、敦煌和黑水城艺术品。

　　上海古籍出版社与列宁格勒分所发生联系的最初牵线人，是苏联科学院通讯院士李福清。20 世纪 70 年代末 80 年代初中苏关系尚未解冻之时，曾经在北京师范大学从事民间文学研究的李福清以私人身份来到中国。在上海，李福清约见了上海古籍出版社的魏同贤，两人交流了一些有关民间文学的看法后，李福清谈到列宁格勒分所藏有一《红楼梦》抄本，台湾地区学者潘重规前去做过调查。当魏同贤表现出对《红楼梦》抄本的极大兴趣时，李福清表示愿意促成它在上海出版。

　　当 1987 年李福清与魏同贤再次见面时，《红楼梦》抄本已经由北京中华书局出版了，李福清耸了耸肩，他本以为应该是由上海古籍出版社出版的。两人于是又谈到了东方学研究所列宁格勒分所收藏的敦煌文书。此时，郑振铎于 20 世纪 50 年代在列宁格勒看阅敦煌宝藏的珍贵信件刚发表不久（信件载于《读书》1986 年第 10 期）。当魏同贤提出有意出版俄藏敦煌文献时，既与东方研究所关系密切又与苏联出版界联系较多的李福清表示愿意从中牵线，为中苏文化交流出力。此时，上海古籍出版社已经萌发了搜集编印海内外所藏敦煌吐鲁番文献的庞大计划。

　　经李福清介绍，上海古籍出版社高层认识了来上海访问的与列宁格勒分所业务合作密切的苏联科学出版社东方文学部主任德列尔和列宁格勒分所的敦煌学家孟列夫。

　　与列宁格勒分所接上头之后，经过一番辛苦而周密的准备，几经函电往返商讨，正式组团访问列宁格勒的时机终于成熟。

　　1989 年 8 月，上海古籍出版社代表团首访列宁格勒。在列宁格勒分所的一个星期，代表团成员饱览敦煌秘藏：从完整的卷帙到零碎的残片，从已编号著录的经卷到尚待整理归号的藏品，期盼多时的千年宝物，一朝得见，众人狂喜的心情可想而知。

　　奥登堡到达敦煌晚，所获文书碎片多、佛经多，但是价值连城的珍品依然比比皆是，既有为历代《大藏经》所没有收入的佛教佚籍，也有可以和斯坦因劫经珠联璧合的著名变文；既有注出六臣之外的《文选》抄本，也有同类写本中抄写年代最早的王梵志诗写本，还有《诗经》《论语》《老子》《庄子》《史记》等传统四部典籍古写本，以及数百件唐五代官私文书等等。

　　即使是碎片，也都是无价之宝。敦煌学家邓文宽考证发现其中一件只剩几行的残历，竟是一件比公元 868 年《金刚经》还要早 34 年的雕版印刷品。

　　魏同贤一行还有一个意外的惊喜，获悉列宁格勒分所藏有 8000 多号黑水城出土的西夏文书。

　　这次列宁格勒之行，收获是丰厚的。合作出版苏联所藏敦煌文献，中苏双方达成了共识。

　　1990 年金秋十月，李伟国带着工作组到达列宁格勒分所商谈现场编辑和拍摄敦煌文献的细节，并进行试拍。尽管合作的气氛是友好的，但分歧仍然存在。比如苏方一些专家提出由他们将所有文书考证清楚、分类穷尽后再依照完整的分类体系一本一本地编印出版，甚至提出要将每件文书录文。愿望不能说不好，然而如果真要这样，把每件文书都搞清楚再付印，对于卷帙浩繁、内容纷杂的苏联所藏敦煌文献来说，恐怕不是一两代敦煌学者不能看到敦煌文书，而是再过一百年也难以出版面世。最后按照编号顺序编排拍摄，才没让这项出版事业夭折。

　　1992 年，工作小组取得实质性进展——出版了具有决定意义的《俄藏敦煌文献》第一册。2001 年 9 月，《俄藏敦煌文献》第十七册、也是最后一册出版，全套文献共收 18000 余号。

　　十年磨一剑，梅香苦寒来。日本敦煌学家池田温以《敦煌吐鲁番文献图录的定本》为题发表书评称：在苏联解体、独联体产生的政治激变中，这样纯学术的书籍，在中俄两国相关人员共同努力下大规模地出版，是值得惊叹的，因而成为国际出版界的佳话。

　　参与俄罗斯现场编辑拍摄的府宪展说：回想起 1990 年到 2000 年间，我们一群三四十岁的中青年编辑，年复一年地轮流奔赴俄罗斯拍摄著录敦煌、黑水城文献，每次都去国离家 100 天左右。青年变成了中年，中年变成了老年，苏联变成了俄罗斯，列宁格勒变成了圣彼得堡，"苏藏敦煌文献"变成了"俄藏敦煌文献"。

　　不像英法所藏敦煌文献先后制成过缩微胶卷，俄藏敦煌文献此前从未制成缩微胶卷，无法大规模利用和研究。《俄藏敦煌文献》的出版，使各国学者得以一睹珍藏，珍贵文献重光于世。

《俄藏敦煌文献》和《俄藏敦煌艺术品》出版

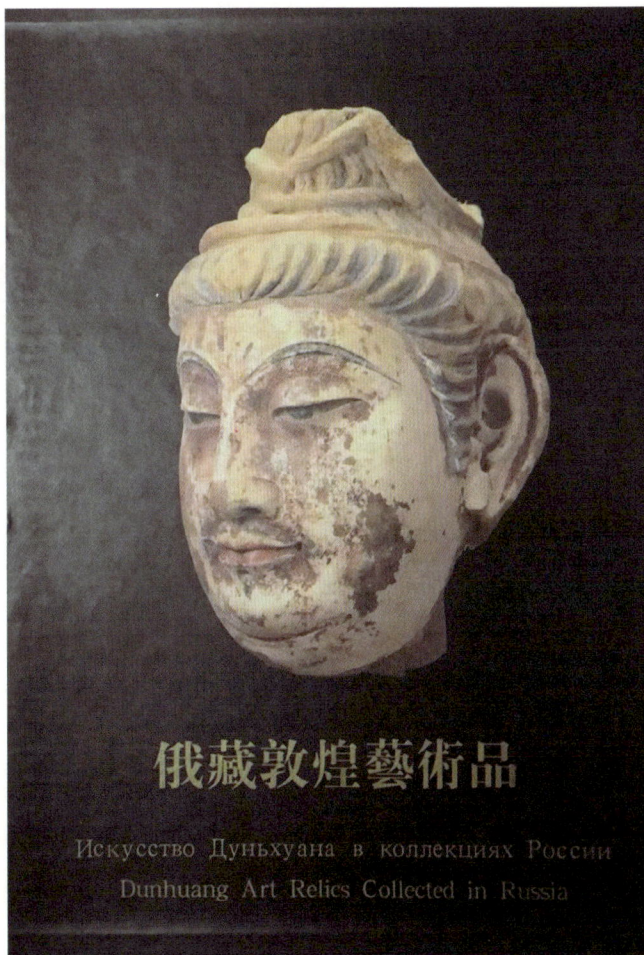

法藏敦煌文献出版

上海古籍出版社的雄心，并不止于俄藏敦煌文献，而是发愿辑集出版包括俄藏、法藏在内的《敦煌吐鲁番文献集成》，其初衷正如当时上海古籍出版社社长魏同贤所说：在无法实现学者都能阅读原卷的情况下，退而求其次，"商得各收藏家的赞同、协助，采取现代影印办法，辑集汇刊，使孤本文献化身千百，让敦煌学家身处书室，即能纵览敦煌吐鲁番文献全貌，既省却奔波旅行之苦，又免却四方求阅之烦，以其宝贵而有限的学术时间，悉心于阅读、分析、推论、判断，从而得出科学的结论，这结果就是从根本上推进了敦煌学的发展"。

就在《俄藏敦煌文献》第一册问世的 1992 年，上海古籍出版社高层又来到了塞纳河畔。在港台学者饶宗颐、潘重规和华裔敦煌学家吴其昱的撮合下，上海古籍出版社相关人员开始了出版伯希和带到法国的敦煌西域文献的谈判。

法藏敦煌文献的学术价值世人皆知。由于伯希和的汉学造诣和语言能力，即使是在斯坦因 1907 年对藏经洞文书进行了全面的挑选，伯希和仍然获得了敦煌文书中的许多精华写本和珍贵绢画。

法藏敦煌文献对外公布有限，早期中国学者的研究，多半是靠"寻宝式"抄录；20 世纪 70 年代末有了缩微胶卷，但质量较差；台湾地区出版的《敦煌宝藏》法藏敦煌文书，同样是根据质量一般的缩微胶卷编辑而成的。

上海古籍出版社此次仍然以缩微胶卷为主，不过所用底片更换率高，质量达不到使用要求的，都重新拍摄制作，加上制版和印刷技术的进步，每册重点文献都有彩色图片，尽可能弥补缺陷。

从 1995 年《法藏敦煌西域文献》第一册出版，十年磨一剑，上海古籍出版社和法国国家图书馆合作编纂的三十四巨册最终在 2005 年全部完成。《法藏敦煌西域文献》的出版，正如法国国家图书馆馆长芳若望在第一册前言中所说，伯希和考察团从敦煌藏经洞等地所获文献资料的出版，"可说是工程浩大，然而因此即标志了这些文献在全球的传播中，将进入一个重大的、甚至是决定性的阶段"。

敦煌文献的出版，开始从单一的汉语文书走向西夏文、藏文等语种文书的新领域，从小范围的双向合作走向邀集国内专家和外国专家的广泛合作。

《法藏敦煌西域文献》出版后，2007 年 5 月，上海古籍出版社又与西北第二民族学院联手，推出了四册《法藏敦煌西夏文文献》——伯希和于 1908 年从莫高窟北区获取的西夏文藏品。

　　敦煌古藏文文献作为解读吐蕃历史文化最权威的文献资料，被视为破解吐蕃历史之谜的一把钥匙。使流失海外的敦煌藏文文献出版回归也提上日程。上海古籍出版社联合西北民族大学开始对流失海外的藏文文献进行整理出版，与法国国家图书馆、英国图书馆达成协议，分别出版了《法国国家图书馆藏敦煌藏文文献》和《英国国家图书馆藏敦煌西域藏文文献》。

　　至此，流失海外以英、法、俄为主体的大宗敦煌宝藏，在流失海外百余年后，以出版再生的形式回归故里，与国内藏品一道，化身千百，光照世人。

《法藏敦煌西域文献》和《法国国家图书馆藏敦煌藏文文献》出版

国图藏敦煌文献出版

　　敦煌文书四大藏家中的三家——英藏、俄藏、法藏敦煌文书陆续出版之际，中国国家图书馆收藏的 16000 多号敦煌文书也从 1999 年开始陆续面世，馆藏敦煌文书全部重新拍摄，出版了国图藏敦煌文书最大最全的图录。

　　值得一提的是，《中国国家图书馆藏敦煌遗书》第 1 册至第 5 册由江苏古籍出版社于 1999 年 4 月出版。当时计划出版 100 册左右，但 2001 年出版了第 6 册和第 7 册后便因故而未能继续。从 2005 年起，国家图书馆善本部与国家图书馆出版社合作，再次启动馆藏敦煌文书图录出版工作。至 2012 年 6 月，完成 146 册《国家图书馆藏敦煌遗书》的出版，国图藏 16000 多号敦煌文书全部公之于世。

　　与《赵城金藏》《永乐大典》《四库全书》并列为国家图书馆"四大镇馆之宝"的敦煌文书，此前曾有一部分以缩微胶卷的形式对外公布，台湾地区出版的《敦煌宝藏》也收录了其中的一部分，但是已经公开的图版不够清晰，更有许多从未公开的敦煌文书。这次出版，正如国家图书馆馆长任继愈所说：全部公之于众，给世界文献宝库增添新内容。

　　国图藏 16000 多号敦煌文书中，晚清时期从敦煌运到北京的"劫余"文书是主体，此后国图通过多种途径又获得了一些。20 世纪 40 年代，国家图书馆曾经派人远赴西北，求购到若干流散于民间的敦煌文书；中华人民共和国成立后，文化部又陆续将散藏于各地的一些敦煌文书调拨给了国图，以及将散佚于民间的一些敦煌文书收购后移交到了国图。此外，还有一些有识之士将自己珍藏多年的敦煌文书捐赠给了国图，国图自己也零星购得一些。各路汇总，使国图所藏敦煌文书总数达到 16000 多号，其中较大的文书约 10000 号。

　　这 16000 多号敦煌文书并非"劫余"后无甚价值的"糟粕"。敦煌学家方广锠说，当年斯坦因基本上没有自由挑选藏经洞文书的条件，他不懂中文也没有挑选能力，他的助手蒋孝琬学问不多，在挑选文书方面也没帮上多少忙；伯希和汉语好，而且进洞挑选，但他的注意力主要集中在经史子集四部书和非汉文文献等方面，对佛教研究不多的伯希和，只选取了比较完整、带有题记、抄写精美的佛教文献，虽然他选走的敦煌文书是精华，但只是精华的一部分；敦煌文书后来运到北京，有关官员监守自盗，盗取了一些有价值的敦煌文书，但在中华人民共和国成立后，这些被盗文书有一部分又重新回到了国家图书馆。20 世纪 30 年代，陈寅恪在《陈垣〈敦煌劫余录〉序》中曾对馆藏"劫余"文书的价值予以肯定，当时《敦煌劫余录》著录的敦煌文书为 8000 余号。在后来加入的敦煌文书中，同样不乏具有文物价值、文献研究价值和文字研究价值的珍品。

　　除了敦煌文书世界四大馆藏图录出版之外，《上海博物馆藏敦煌文献》《上海图书馆藏敦煌吐鲁番文献》《北京大学藏敦煌文献》《天津市艺术博物馆藏敦煌文献》《天津图书馆藏敦煌文献》《浙藏敦煌文献》《中国书店藏敦煌文献》《首都博物馆藏敦煌文献》《甘肃藏敦煌藏文文献》等大型图录纷纷面世，形成了中国出版史上最为壮观的敦煌文献出版浪潮。

今天，从世界范围来说，敦煌学已经基本走过了材料搜集阶段，真正进入到更加广阔的历史研究时空。

"数字化回归" 持续推进

敦煌文书以出版形式回归的同时，"数字化回归"也踏上了征程。

2015年4月，法国国家图书馆与敦煌研究院签订协议，同意向敦煌研究院赠送其所藏敦煌文书的数字化副本，授权敦煌研究院的专家在非商业用途上无偿使用。

这是国外收藏机构首次大规模向中国赠送敦煌文书数字化副本及使用权。

2018年3月，法藏敦煌文书数字资源正式在中国国家图书馆网站"中华古籍资源库"发布。这批敦煌文书中，包括存世最早的拓本文献唐太宗《温泉铭》、欧阳询《化度寺故僧邕禅师舍利塔铭》、唐代地志《沙州都督府图经》等。在乱世中流失海外的5300多号敦煌文书，110年后以"数字化"的形式回归，实现了从授权敦煌研究院专家"无偿使用"到普通民众在线检索和全文浏览。

同年9月，西北民族大学海外民族文献研究所完成1000号英藏和法藏敦煌藏文文献的数字化处理，建成敦煌藏文文献数字资源库系统。这是英法所藏敦煌藏文文献首次以"数字化"形式回归。英法所藏敦煌藏文文献是从藏经洞流失的海外最大宗、最重要的民族古文字文献，西北民族大学还在继续协同各方力量完善资源库，以期将英法所藏5000号左右的敦煌藏文文献剩余部分纳入资料库，使流失海外的敦煌藏文文献完整汇聚。

敦煌研究院也在积极探索推动流失海外的敦煌文书"数字化回归"。敦煌研究院称，计划在"数字敦煌：敦煌壁画数据库"基础上，开展"数字敦煌藏经洞文物数字化项目——流失海外敦煌文物数字化回归"，推动流散海外的敦煌文书数字化回归，实现敦煌文化艺术资源在全球范围内的数字化共享。

敦煌文书从流散四方分藏多馆，到以书本形态和数字化形式公之于众，中国从国弱民贫的无助，到学者"西天取经"的艰辛，再到频繁的中外交流与合作，一个多世纪以来，让人魂牵梦绕的海外敦煌文书，经过几代敦煌学者和出版家的努力，主体部分大致以出版再生的形式或数字化形式回归，与国内藏品一道，化身千百，为学界所用、为大众所享。

敦煌研究的新时代

随着各国所藏大宗敦煌文献和艺术品的出版"回归"，经过中国学术界的不懈努力，日本及欧美学者凭借良好的研究环境和丰富的资料占有，长期引领敦煌学研究潮流的局面不再，虽然世界各国的敦煌学研究各展所长、各有千秋，但中国已当之无愧地成为国际敦煌学资料整理和研究的中流砥柱。

公元 2000 年前后，是敦煌学的高光时期。一部又一部馆藏敦煌文书图录获得出版，一项又一项敦煌学研究成果相继出版，一次又一次敦煌学国际会议接连举行。敦煌文献的出版浪潮，为敦煌研究提供了大量新材料，使敦煌研究者更方便有效地利用敦煌文书，促进敦煌学研究更好地向前发展，开启了中国敦煌学研究的全新时代。

敦煌文献图录大量出版，敦煌文献整理著作大量涌现。中国学者完成的分类释录文本已经涵盖了敦煌文书的所有重要类别。举例来说，首都师范大学郝春文教授等编著的《英藏敦煌社会历史文献释录》，就是英藏敦煌文献整理的里程碑之作。按照英国图书馆馆藏流水号，依据《英藏敦煌文献》图集，依次对每件敦煌汉文社会历史文书进行释录，尽可能地解决所涉及文书的定性、定名、定年等问题，每件文书释文后详记学术界有关这件文书的研究文献索引。2022 年 5 月，《英藏敦煌社会历史文献释录》第 18 卷出版。

随着中、英、法、俄所藏敦煌文献图录陆续出版，敦煌研究资料大为扩充。然而，这些图录大多按照各机构收藏流水号编排，没有分类，学者利用起来依然有所不便。俗字不易辨认、俗语词不易理解，同样是学者在使用敦煌文书时经常遇到的问题。20 世纪末，浙江大学张涌泉教授怀着整理出一套像标点本"二十四史"那样可资利用的敦煌文献合集的抱负，主持了《敦煌文献合集》工程，把除了翻译佛经以外的所有敦煌汉文文献汇为一编，按经、史、子、集分类校录整理。如今，600 万字的《敦煌经部文献合集》已经完成。

与敦煌文献整理同步的，是敦煌研究的长足进步。20 世纪 80 年代初，日本学者开始出版《讲座敦煌》丛书，以不同类别文献为基础，对敦煌学材料做出通论性的阐述，被日本学者称为"敦煌学在一九八〇年的全貌和最高水准"。三十年后，中国学者撰写的《敦煌讲座》书系，以跨学科的研究方法，从文献到历史、艺术等各个领域，把敦煌文献与历史、艺术等学科中的某个专题结合，把敦煌学的基础知识用新的方法、新的脉络相串联，以全新的视角阐述敦煌学的各个方面——敦煌历史、地理、社会、考古、艺术、文学、文献等，其规模与学术新知已经超越《讲座敦煌》。从《讲座敦煌》丛书到《敦煌讲座》书系，是半个多世纪以来敦煌学发展历程的缩影，也是对"敦煌在中国，敦煌学在日本"研究现状的改变。

从上述列举的敦煌文献图录、英藏敦煌社会历史文献释录、敦煌经部文献合集、《敦煌讲座》书系，不难看出中国敦煌学取得的长足进步。

敦煌学成果的涌现，在于中国拥有了一支实力雄厚的学术队伍。即使在以前最薄弱的敦煌非汉语文献释读和研究方面，最近十几年来也有着巨大发展。

新时代的敦煌研究，早已将藏经洞文书与石窟艺术、历史考古相结合，将敦煌文书与吐鲁番文书相结合，将敦煌学与丝绸之路研究相结合，将自己置身于广大的西域空间，探寻魏晋隋唐宋辽史的方方面面和中外关系史的种种。

早在20世纪90年代初，季羡林先生为王小甫著《唐、吐蕃、大食政治关系史》撰写序言时便说，最近十几年，我国西域古代史地的研究逐渐昌盛起来，一支老中青三结合的研究梯队已经形成。他们既通中国古典文献，又能通晓有关的西域古代民族语言，还能掌握一些西方当代通行的语言。他们广通声气，目光开阔，与全世界的专业同行有着密切联系，与过去坐井观天的情景大异其趣，可以说是已经参加到世界学术研究的行列里来了。

季羡林在列举了一批中青年学者的名字后，说他们的特点是中西兼通，基本上掌握所需要的西域古代语文，又能通解汉文古典文献，可以与外国同行逐鹿学坛。他们作为中国新一代学人，前途不可限量。

如今，这批学者已经成为学术骨干，同时他们又培养了一批更年轻的学者。季羡林当时提到的段晴，便是突出的例子。

进入21世纪，中国国家图书馆、新疆博物馆、中国人民大学博物馆陆续入藏多批来自和田地区的梵文、佉卢文、于阗文等西域语言文字材料，加上新疆维吾尔自治区博物馆、和田博物馆、策勒文管所等地旧藏的于阗文、佉卢文材料，陆续交到了北京大学段晴教授及其学术团队手中，经他们解读和研究，死文字复活，沉睡的历史被唤醒。

从2006年开始，段晴的释读和研究，使这些西域语言文字材料犹如埋藏在地底的珍贵油气资源，被源源不断地开采了出来。从莫高窟北区新发现的叙利亚语文书《圣经》，到吐鲁番吐峪沟石窟新出土的粟特语灌顶仪轨，她一一解读；从佉卢文犍陀罗语文书，到佛教梵语文献、于阗语佛典与文书，她一一深研。

21世纪以来，段晴及其学术团队高水平的学术成果迭出，整理研究了和田博物馆藏佉卢文书、青海藏医药文化博物馆藏佉卢文文书、新疆维吾尔自治区博物馆藏佉卢文文书，推进了沉寂多年、颇受冷遇的佉卢文犍陀罗语文书及相关问题的研究；系统梳理了近年来新疆地区新发现的于阗语、佛教梵语、佉卢文犍陀罗语、藏语、据史德语、吐火罗语、犹太波斯语等语言文字书写的文献；整理研究了近年来国内发现的数量颇为可观的于阗语文书，根据新材料对一些于阗语难解词汇做出新的解说，对于阗语世俗文书做出历史的解读；出版了《中国国家图书馆藏西域文书·梵文、佉卢文卷》。

段晴及其研究团队对西域非汉语文书的解读研究，发出了中国学者的声音，在一些方面引领了国际学术潮流。

放眼世界，与中国研究人员众多、研究领域宽广、研究成果丰硕相比，国外传统的敦煌学研究重镇雄风已减。法国取消了专门的敦煌学研究机构，人员减少、成果减少。日本敦煌研究也今非昔比，新一代敦煌学领军人物高田时雄在 2018 年接受中国记者采访时感慨：这十年来，日本的敦煌学研究正走向衰落，不仅仅是敦煌学，还包括汉学本身。研究敦煌学的学者越来越少，年轻人对敦煌学兴趣不大，他们看不懂汉语文献，特别是古汉语。对国际敦煌学发展而言，这不是一个好现象，但这是一个事实。

敦煌在中国，每一个中国学者都渴望中国的敦煌学研究走在世界前列，而且理应走在世界前列。如今，中国的敦煌学者已经用文献出版、整理和研究成果，彻底改变了世界学坛对中国敦煌学的观感。

敦煌文献的整理和研究如此，莫高窟保护和敦煌艺术研究亦然。在敦煌待了半个多世纪的樊锦诗在其自述《我心归处是敦煌》中写道：

> 三十多年来，我国学者在敦煌历史、语言文字、文学、考古、艺术、宗教、民族、民俗、科技，以及中外文化交流等学科贡献了数以千计的成果，已在国际敦煌学领域居于先进和领先地位。我们可以骄傲地说，我们已经彻底改变了"敦煌在中国，敦煌学在外国"的落后局面。荣新江教授曾经说："我们已经夺回了敦煌学中心，最大的中心就在敦煌研究院。"我想说："我们从来就没有失去敦煌，因为莫高窟在我们这里。他们搬走藏经洞的经卷和文书，他们搬不走莫高窟！"

敦煌文物的回归

1997 年 10 月 9 日，香港回归中国之后的 100 天，日本友人青山庆示将其家藏的 8 件（11 种）敦煌文书递到了敦煌研究院院长段文杰的手中。这是敦煌藏经洞文物流失近一个世纪以来，流散国外的敦煌文物首次回归中国。

这 8 件文书中，有一件《归义军衙府酒破历》，竟然与敦煌研究院保存的一件字迹相同，内容相关。专家研究发现，原来它们就是一份文献的两个部分，失散近百年的两件千年前的官府酒账终于再次聚首。然而，在法国国家图书馆里，还有它的第三部分。在莫高窟待了几十年的老专家感慨地说："如今两件已经重逢，不知整个文献何时才能凑齐，完整如初？"

敦煌藏经洞发现一百多年来，由于文书分散各地，导致长期"搜宝式"研究，认识碎片化。各类文书之间的关系，石窟壁画与文书之间的关系，壁画、文书与当地历史地理之间的关系，依然是研究中需要进一步打通考虑的问题。敦煌石窟和藏经洞文书所蕴含的人类文明之光还远远没有展现。

荣新江曾经回忆他缀合敦煌文书《列子》残片的经历：1991 年，我在英国图书馆编纂敦煌写本残片目录时，曾把十几件《列子》残片比定出来，并缀合成三大片，判定它们都是属于同一个抄本。回国后，我询问国家图书馆所藏未刊残片中是否有《列子》，得到肯定的回答，我猜想一定也是出自同一个抄本。拣出来一看，果然不错。如果这些写本都收藏在一个地方，那不知要省去研究者多少宝贵的时间，所以我更加希望原本属于一个整体的文献，将来能够尽可能地归总到一起，这不仅利于研究，也有利于保护。我们可以将那些原本是同一个卷子的不同残片裱合起来，可以想象，如果这样的工作可以进行的话，那么我们将会拥有多少更加完整的敦煌文献！

荣新江说，我当然希望敦煌文献像苏联和东欧国家所藏的《永乐大典》一样，早日回到中国国家图书馆，但在目前的情况下，我们只有通过透彻的研究，来整合散在世界各地的中国文化遗产。

敦煌吐鲁番文书分散收藏在不同国家，各国所藏文书之间有着许多内在的联系，要么是原属同一件文书被分成若干片散藏在不同国家，要么是原属同一墓室的同一案卷分别收藏在不同国家，要么是同一个时代、内容性质完全相同的文书分藏在不同国家。

英国记者、历史学家霍普科克在深入研究了各国探险家在中国西北的探险考察活动后写道："因为这些来源于一种久远的、失落的文明的大量艺术品及写本，现在分散收藏于中国境外的至少 30 个博物馆和研究机构中，将来有一天中国政府也许会提出一个问题，要求把这些文物归还到它们原来存在的地方。"

1997 年 11 月，20 多位东方学、考古学、历史学等方面的学者齐聚北京大学，就流散海外的敦煌文物回归等问题进行学术研讨。

2000 年，敦煌藏经洞发现一百年之际，社会上关于归还中国海外敦煌文物的呼声再起。一些敦煌学家希望从藏经洞流散到世界各地的敦煌文书，尤其是几大馆藏敦煌文书能够齐聚中国，在同一场地展出，但是没能做到。

2002 年 12 月 9 日，大英博物馆、巴黎卢浮宫博物馆、纽约大都会艺术博物馆等 19 家欧美博物馆及研究所联合发表《关于环球博物馆的重要性和价值的声明》，反对将艺术品特别是古代文物归还原属国。声明宣称："长期以来，这些获得的物品，不管是通过购买还是礼品交换等方式，已经成为保管这些文物的博物馆的一部分，并且延伸为收藏这些物品的国家的一部分。……限制博物馆对不同和多元作品的收藏，就是对所有参观者的不尊重。"

针对上述声明，2003 年 1 月 21 日，王世襄、李学勤、罗哲文等十余名中国知名文物专家和学者在中华社会文化发展基金会抢救流失海外文物专项基金牵头下聚集京城，做出抗议回应："艺术品是全人类的共同财富，我们不反对中国的文物在世界范围传播，但只能共享，不能共有。……如果博物馆展出的是靠非法掠夺而来的、甚至残缺不全的艺术品，则是艺术的不幸，是对人类文明的亵渎。"

就敦煌文书和艺术品而言，"非法掠夺""残缺不全"的确分别是西方主要馆藏敦煌文物的主要来源和保存现状。从法律上来说，大宗敦煌文书的所有权仍然属于中国。

王冀青是一位长期对海外敦煌文物进行调查研究的敦煌学家，研究海外藏中国西北文物的外流途径及其所有权归属问题长达 30 余年。从 20 世纪 80 年代后期开始，他就将英藏敦煌文书和斯坦因敦煌考古档案作为这一研究的突破口，调查和研究大英博物馆档案处、牛津大学博德利图书馆、英国图书馆等机构收藏的斯坦因敦煌考古档案，从约 10 万页档案中筛选复制整理。同时，对欧洲、北美、日本散藏的斯坦因来华考察档案进行了系统整理和研究。

通过研究斯坦因 1907 年和 1914 年的敦煌莫高窟考古日记，并参考其他斯坦因考古档案资料和相关著作，王冀青对斯坦因获取敦煌文物的经过进行细致梳理后得出结论：

> 斯坦因算得上是一位认真、勤奋的学者，也被公认为"广义敦煌学"和"狭义敦煌学"的奠基人和开山鼻祖之一，但他在没有得到中国政府和中国人民许可的情况下，前后四次来到中国西北地区随意挖掘、搜集文物，并将大批珍贵的中国文物劫往英国，理应受到谴责。特别要指出的是，斯坦因于 1907 年利用敦煌县瘟疫流行、官民矛盾、农民起义等动乱局势，数次与王圆禄进行秘密交易，将大批敦煌文物走私出境，实属非法行为。英藏敦煌文献的所有权仍归中国所有，中国政府有权在适当的时机提出索还要求。

学术无国界，文物有"国籍"。如果说希望那些被非法和不义手段搬运到国外的敦煌文物回归，是每一个中国人最朴素的愿望，那么，学者们则有着更深层的期许：珍贵的文化遗产需要全人类来共同保护、继承和发扬；敦煌的壁画、塑像与藏经洞中的文物珠联璧合，是敦煌文化的完整体现；文明不应该是支离破碎的，应该保存的是它的完整性。这是文明本身的尊严，也是人类应有的尊严。

敦煌文书的保护和利用，需要更好的国际交流与合作。流散海外的敦煌文物哪一天能够"团聚"，时间是最好的见证者。藏经洞发现一百周年没有解决的问题，也许两百周年时能得到解决——不仅几大收藏地的敦煌文书能够齐聚中国展览，某些知名的敦煌文书也能够回归中国。

敦煌文物的回归，有待于中国更好的发展和世界更大的进步，有待于中国各方和国际友好人士持续不懈的努力，同样有待于人类观念和时代思潮的变化。观念会随着时代的改变而变化。当年斯坦因在他的著作和日记中，不厌其烦地讲述自己如何从王道士手中骗取敦煌文书的技巧和过程；德国探险家勒柯克在《新疆的地下文化宝藏》一书中，也详细地描述"拥有像希腊罗马神话中大力神赫尔克里斯般神力的巴图斯大师"切割壁画的方法和过程，对这些以残暴手段和欺骗方法掠取并破坏文物的行为堂而皇之地自鸣得意，无论如何也都是不符合今天的法律标准和道德准则的。

这就能够说明，世界的发展，观念的改变，一些现在不可能的事情，将来某个时候就会变得可能。2020 年 9 月，英国牛津大学皮特·里弗斯博物馆将其知名的"干缩人头"等藏品从展览中移除，致力为博物馆"去殖民化"。这些藏品原本陈列于其"对待死去之敌"的专题陈列部分，已经展示了 80 余年。博物馆馆长表示，这些展品强化了种族主义和成见，有违博物馆当今的价值观。博物馆的工作人员同时还联系世界各地的土著社区，看看他们认为从展览中移除的人类遗骸以及博物馆的数百具遗骸，是否应该被送回原籍国，以更加尊重和准确的方式重新展示，或是保存起来。同一年，在争论多年以后，法国通过立法，着手归还殖民时期从非洲掠夺的文物，首批归还的，将是塞内加尔的一把军刀和贝宁的 26 件图腾等。

流散四方的敦煌文物的回归，对中国而言，并不是简单的雪耻行为，也不是简单的文物移交，而是人类文明的共同追求：让它们更好地发挥作用，更深切地得到保护和研究，这是全人类共同的事业——因为敦煌文物是人类的共同遗产。

尾章

人类的敦煌

当我们随着敦煌宝藏经历的风风雨雨走过了一个多世纪后发现：敦煌，是如此之深地牵动着世人的目光。敦煌宝藏的聚散离合，敦煌学的起伏沉浮，透射着一百多年来中华民族的荣辱沧桑，折射着一个国家的困顿、寻找与发现。

文明的流失与民族的自救

当斯坦因、伯希和在敦煌支起帐篷，想方设法地从王道士手中获取藏经洞文物时，当勒柯克、华尔纳在柏孜克里克和莫高窟里切割或剥离壁画时，他们的同事也在世界其他地方从事着挖掘。在埃及，1902 年美国的戴维斯开始从事帝王谷的考古发掘工作。在那里，他一口气挖了 12 个冬天。在两河流域，德国的科尔德维从 1899 年开始发掘巴比伦古城，足足挖了 15 年，他挖出了古巴比伦的空中花园、通天塔和宽敞的城市街道。不过，他们已经是在当地政府配合下，把复原历史作为发掘的目的，是在严谨细致地进行着历史的清理和重构。对于大多数考古学家来说，考古已经不再是对宝藏的掠取，而是对信息的探寻和解答特定历史问题的手段。

当英国用鸦片和大炮打开中国大门的时候，欧洲的考古学已经形成。在欧洲由古物学向考古学转变的过程中，的确是以找宝和挖宝为目的的。那时，埃及、两河流域等世界各地的文化珍宝源源不断地填塞着欧洲的博物馆。这种找宝和挖宝式的考古，的确为学术界提供了资料，当时的考古研究也正是在这些资料的基础上进行的，然而，它是以文物的破坏和支离破碎为代价的。

来到敦煌的外国考察家，除了个别之外，多是那个时代深有影响的学者，一些人的学问甚至代表着当时那个领域的最高水平。然而，他们依旧在用西方考古学初期阶段的找宝和挖宝方法，对中国西北的古代城堡、寺庙遗址、石窟和墓葬等进行野蛮挖掘，或骗取文书，或剥取壁画，或搬走塑像，或盗掘坟墓，使众多保存千年的古代遗址、石窟和墓葬毁于一旦。一个敦煌莫高窟，在一次又一次的洗劫之后，流失的是人类文明的种种信息，留下的是中华民族的累累伤痕。而今，数万件珍贵文书、近千幅古代佛画、数百件壁画和一些塑像被人为割裂，分散收藏在英、法、俄、日、美等十多个国家的四十多个收藏单位和研究机构中。

　　事实上，敦煌文物不过是鸦片战争以来百年间流失海外的众多文物中的一小部分而已。在全球数十个国家的两百多座博物馆中，中国文物不下百万件，而且大多是精品。中华文明的精华，在满是伤痛的近代历史中流离失所。

　　藏经洞的发现和经卷文物的流失，永远地与王道士连在了一起。矮小的王道士给中国历史写下了永久的遗憾。看护莫高窟长达 30 余年的王道士，不可谓不虔诚，然而因为文书流散多由他一手操办，多年来一直作为藏经洞文物流失的罪魁祸首，被人们所咒骂。王道士注定是要遭受千夫所指的。但是，在斯坦因来到敦煌之前，有长达 7 年的时间供地方政府和相关人员保护与收藏这批珍宝。然而，即使如进士出身的敦煌县令汪宗翰，在获取藏经洞珍品后也不曾行到有效保护的责任；收到过多件藏经洞文书和绢画的甘肃学政叶昌炽，则在距离敦煌数百里的酒泉停住了西行的脚步。"弱国无外交"背景下对外国人普遍高看一眼，地方官员在对外国游历人员行使保护与监督职责时，往往使保护变成纵容，监督流于形式。抛开列强考察家的巧取豪夺不说，官僚的腐败和民众的愚昧，为他们增添的是盗宝的借口并使其最后得逞：蒋孝琬替斯坦因从王道士手中骗取藏经洞文物可谓不遗余力，斯坦因捆好的文物在安西县衙里寄放了多时。清朝学部的人马草草收拾经卷上路致使经卷沿途流失，运到北京后的"劫余"精华再次遭到一些中央官员的窃取……

　　要反对外来的文化侵略，就必须先从反对自己的愚昧和净化自身的灵魂开始；要维护民族利益和保护民族文化，就必须先提升自己的民族品格。

　　辛亥革命，尤其是五四运动之后，中国知识界终于告别过去，民族精神、现代意识、科学与民主思想终于开始在他们的心中长成。在政府重视、民众觉醒和知识界的觉悟下，1925 年华尔纳以剥离第 285 窟壁画为目的的劫掠行为遭遇失败，莫高窟的命运从此有了根本的改变。两年后，以保护本国科学资料免于外流为宗旨的民间性学术组织——中国学术团体协会成立。接着南京政府组建"古物保管委员会"，对内调查登记和保护文物古迹，对外阻止本国文物外流。1931 年，纯粹以掠取文物为目标而进行第四次中亚考察的斯坦因被中国政府和学界驱逐，包括敦煌在内的中国西北文物大规模外流、外国考察家明目张胆"盗宝"的时代终于一去不复返！

　　阻止文物流失和保护文明遗存的同时，是建筑现代学术的殿堂。

　　1928 年，中央研究院历史语言研究所成立。"着实不服气就是物质的原料以外，即便学问的原料也被欧洲人搬了去乃至偷了去"，史语所所长傅斯年在《历史语言研究所工作之旨趣》中写道，"我们要科学的东方学之正统在中国！"

　　第二年 6 月，史语所正式改为三组：陈寅恪任第一组（历史）主任，对内阁大库明清档案、汉晋简牍和敦煌遗书的科学整理与研究迅速提上日程。北平图书馆的敦煌文书目录——《敦煌劫余录》作为史语所专刊第四种出版。陈寅恪提出"敦煌学"，从理论上对因藏经洞发现而兴起的新学科加以总结后，呼吁中国学人勉作敦煌学"预流"，对内不负历劫之国宝，对外推进世界学术之进步。赵元任任第二组（语言）主任，第二组的工作"所呈现的急追猛进的阵容，曾使坐第一把交椅的欧洲中国语言学家、瑞典高本汉教授为之咋舌"。李济任第三组（考古）主任，安阳殷墟大规模的科学发掘全面展开。从 1928 年 10 月开始，到 1937 年抗日战争全面爆发，殷墟发掘历时几近十年，先后进行了 15 次大规模的科学发掘。1935 年 5 月，傅斯年陪伯希和赴安阳参观。目睹发掘工作的科学严谨和大量珍贵的发掘品，伯希和惊叹不已。两年后，伯希和在哈佛大学三百周年校庆讲演中，称中国的殷墟考古工作"是近年来全亚洲最重大的考古挖掘"。

科学的历史学、语言学、考古学等呈现出骄人进展，傅斯年数年前倡导的"我们要科学的东方学之正统在中国"正一步步走近中国。

战争、政治运动与敦煌学的命运

1931 年，即《敦煌劫余录》出版的这一年，陈垣对胡适慨叹："汉学正统此时在西京[1]呢？还在巴黎？"两人相对叹息，"盼望十年后也许可以在北京了。"20 世纪 30 年代中国学术界所呈现出的种种振兴的光芒，给了无数中国学人以梦想和希望。

然而，1937 年日本全面侵华，中华民族来到生死存亡的关口，中国学术振兴的希望之光又暗淡了。李济在《傅孟真先生领导的历史语言研究所》中曾伤痛地回忆："假若没有七七事变，历史语言研究所的工作现在发展到什么状况，是不易揣测的。历史不谈'假若'，七七事变终于发生了。"在那之后，史语所及其工作人员即开始长期的、艰难的迁徙生活；由南京而长沙，而昆明，而李庄，而南京……

钱穆在《八十忆双亲・师友杂忆》中，也曾深情地回忆战前他在北京大学与陈垣、马衡、吴承仕、杨树达、闻一多、余嘉锡、容肇祖、向达、赵万里、贺昌群等学者共论学术的情景。钱穆说："皆学有专长，意有专情。世局虽艰，而安和黾勉，各自埋首，著述有成，趣味无倦。果使战祸不起，积之岁月，中国学术界终必有一新貌出现。"

战争的爆发，不但使北平图书馆藏敦煌文书的整理和研究被打断，派往海外调查敦煌文书的王重民和向达等的工作计划被打乱，而且研究人员和资料的长期辗转迁徙，学者历经劫难乃至身心交瘁，学术资料的不易获得，对敦煌文书的研究、刊布、学术交流等等一切都无从谈起。

1　指日本京都。

　　第二次世界大战对于世界范围内的敦煌学来说，打击也都是毁灭性的：在素有"汉学之都"之称的巴黎，在纳粹铁蹄蹂躏下，敦煌学名家马伯乐惨死在集中营里。伯希和好不容易挨过了漫长时日，但战争刚一结束，便不幸去世，留下大批遗稿和尚未完成的著作。在苏联，刚着手将秘藏了多年的敦煌文书进行编目的弗鲁格，在德军围困列宁格勒时，活活饿死，苏联所藏敦煌文书的编目工作骤然中断，直到十多年后才得以继续。在英国，大英博物馆的翟理斯从 1919 年就开始整理的敦煌文书目录，由于二战爆发后纸张短缺，更由于能够处理汉字形态的特殊排版工人被征入伍而不得不推迟出版。在德国，勒柯克从新疆割去的壁画，其中最精美的部分，被盟军飞机所投掷的炸弹炸得粉碎，烧成一片灰烬。在日本，持续多年的海外"搜宝"被迫中断，一些敦煌学家转变了研究方向为侵华张目，一些有正义和良知的学者则因不满军国主义发动的对外侵略战争而在郁闷中死去。

　　战争对敦煌学的打击是致命的，但是中国的敦煌学者依然在艰难中坚守。向达在战火纷飞中毅然回国，姜亮夫在战场的后方像保护生命一样保护着敦煌资料和撰写书稿，郑振铎、徐森玉等人在上海抢救祖国珍贵文献和保护敦煌文书，王重民即使滞留美国也同样把一片爱国心寄托在用心整理东方图书目录和敦煌研究上……

　　战争带给敦煌学的灾难是深重的，但是中国的敦煌学并没有因战争而窒息。民族的危亡和历史的剧变，激发的是学者们前所未有的爱国热忱和学术报国之心。莫高窟的现状唤起国人对祖国文化艺术瑰宝的热爱和保护，唤起国人对民族危机和国家存亡的忧患和奋起。正如在国家最艰难的时候，向达在敦煌的寒冬里发出的呐喊：我们之所以不甘为奴为隶，情愿忍受中国历史上亘古未有的困苦，来奋战求存，为的是什么？还不是为的我们是有历史有文化的民族，我们有生存的权利，我们也有承先启后的义务。千佛洞是我们民族在精神方面一个最崇高的表现，保护和发扬这种精神，难道不是我们应尽的义务么？

　　敦煌学家对敦煌文书的研究虽然遭到战争的沉重打击，但却艰难地开辟出了敦煌研究的新战场，敦煌艺术为困境中的中国敦煌学拓展了新的发展空间。张大千的敦煌艺术之旅，艺术文物考察团、西北史地考察团、西北科学考察团等各路考察人马往来敦煌，尤其是国立敦煌艺术研究所的成立，莫高窟九层楼窟檐上那清脆而悠远的铁马叮当声，迎来了一个个敦煌的守护者，敦煌艺术之花在烽火连天的戈壁荒漠中灿然盛开。

　　外敌入侵没能阻绝中国敦煌学的向前发展。随着中华人民共和国的成立，敦煌学显现出新的气象，多种资料的公开，各国研究的进步，敦煌文书、石窟艺术和敦煌考古等进行综合研究有了新的可能。

　　然而，政治风暴开始了对敦煌学的侵袭，这几乎使中国大陆学者的声音在国际敦煌学界消失，学术成为政治运动的牺牲品。

　　学术在本质上必然是独立自由的。正像陈寅恪在为王国维撰写的碑文中所说："惟此独立之精神，自由之思想，历千万祀与天壤而同久，共三光而永光。"学术如果沦为政治的工具和文明的粉饰，就不可能是真正的学术；学术如果沦为政治的工具和文明的粉饰，就不可能有真正的进步。

国际学术界是个没有硝烟的战场。在这个战场上比拼的，是研究的水准和文化的建设。当敦煌学的中国主战场沦陷时，"敦煌学在日本""敦煌学在欧洲"的声音渐次响起、此起彼伏。

敦煌在中国，但在国际敦煌学的殿堂里中国大陆却是缺席的，这不仅仅是中国敦煌学的悲剧，同样也是国际敦煌学的缺憾。"文革"过去，噩梦醒来，中国实行改革开放，国内团结振兴终于有了可能，与国外广通声气也终于有了条件。

交流、合作与敦煌学的未来

随着国家改革开放的深入，随着东西方冷战的结束，随着国际交流与合作的广泛开展，中国乃至世界的敦煌学终于迎来了一个多世纪以来最为辉煌的时刻。敦煌文书散落世界各地，是敦煌学自诞生以来便成为世界性学问的重要因素，然而也正是分散收藏着的敦煌文书，决定了过去一个多世纪里敦煌学的曲折历程。从 20 世纪 90 年代开始，英藏、法藏、俄藏和中国国家图书馆藏四大收藏，以及一些世界各地分散收藏的敦煌文书，相继在中国影印出版，嘉惠于全世界敦煌学者。一地一地"寻宝"、一件一件抄录文书的时代彻底结束了。老一辈敦煌学者老当益壮，新一辈敦煌学者成长起来，从整理到出版，从校勘到研究，就国际敦煌学的整体水平而言，中国当之无愧地成为引领者，中国学者在很多方面走在了最前列。

交流与合作，推动着敦煌学发展，贯穿于资料整理和出版、研究和保护之中。在敦煌学的各个领域，学术交流都在世界范围内进行着；在敦煌文书和敦煌艺术品整理出版方面，在敦煌文书保管修复方面，在敦煌壁画保护方面，国际合作都在广泛开展着。

学术的丝绸之路连接着各国的敦煌学研究。池田温回忆陪同唐长孺先生参观"唐招提寺展"瞻仰鉴真像的真情，樊锦诗回忆平山郁夫保护敦煌壁画的丝路情怀，张弓和宋家钰回忆与吴芳思博士和马克乐女士在英伦的友好合作，府宪展回忆涅瓦河畔的孟列夫，以及当年罗振玉和内藤湖南之间、狩野直喜和王国维之间以敦煌作缘展开学术交往的往事。这些场景和画面，不断温暖和激励着敦煌学的世界。

敦煌保存至今的每一件文书、每一幅壁画、每一尊塑像，都是一段过往的历史，传递着先辈们的久远信息。藏经洞发现一百多年来，敦煌学已经超出地域、语言、学科界限，既包括吐鲁番、龟兹、于阗、楼兰、黑水城等地出土的文书和文物，也包括汉文、藏文、

敦煌莫高窟（刘诗平 摄）

大泉河与莫高窟（刘诗平 摄）

于阗文、粟特文、回鹘文等不同语言文字的文书和文物；既有语言学、历史学、考古学、宗教学、文学等不同学科之间的融合，也有与藏学、西夏学、伊朗学、印度学等不同学问之间的整合。通过探求不同地区出土资料之间的关联性、不同学术门类构成的整体性、不同学术领域之间的交互性，进行交叉研究和综合研究，开拓新史料，发现新问题，提出新观点，创造新理论。这一切，显示了敦煌学的强大生命力和广阔的发展前景。正如中国敦煌吐鲁番学会首任会长季羡林在纪念藏经洞发现一百周年时所说，"敦煌学还要再搞一百年"。

在世界，人们聚焦敦煌；在敦煌，人们发现世界。世界性和国际化，正是敦煌学与生俱来的底色。从当初几件文书的被解读，到发展成为跨十几个学术领域的一门学问；从几个国家的少数学者参与其间，到十几个国家的大量专家投身其中，学术的敦煌已为全人类所共有，针对敦煌学的研究，收获的是人类共同的经验。

作为宗教徒虔诚信仰的敦煌莫高窟，她的千年辉煌已经成为过去，然而作为展示人类文明进程的敦煌莫高窟，她的再发现和被认识才不过百余年。今天，敦煌之所以吸引全世界的目光，敦煌学之所以成为国际显学，正在于她那凝聚着连绵相延的文明所给予人类的无限启示。从敦煌文书与石窟艺术的内容中，从一个多世纪国际敦煌学研究的成果里，人们看到了在地处东西方文化交流大动脉上的敦煌：不同民族群相混居，不同语言交互使用，不同宗教和平相处，不同文明交相辉映；人们看到了盛唐前后几个世纪里中华民族的开放心态和中华文明的包容精神，看到了一个开放而强大的中国对世界所能够做出的贡献，也看到了一个伟大的民族在元明以后因为封闭所造成的停滞和不思进取所招致的衰败……

这些历史的经验和隽永的启示，必将为人类文明提供丰富的营养，未来的敦煌学必将开启更多的未知空间，历史的光束必将源源不断地照亮人类的未来之路。

附录

主要参考文献

专著·专集类：

A

Alice Mildred Cable, Francesca Law French. The Gobi Desert: The Adventures of Three Women Travelling Across the Gobi Desert in the 1920s. London: Hodder and Stoughton Limited, 1942.

Arthur Waley. A Catalogue of Paintings Recovered from Tun-Huang by Sir Aurel Stein. London: British Museum, 1931.

Aurel Stein. Ruins of Desert Cathay: Personal Narrative of a Journey of Exploration in Central Asia and Westernmost China. London: Macmillan and Co., Ltd., 1912.

Aurel Stein. Serindia: Detailed Report of Explorations in Central Asia and Westernmost China. Oxford: Clarendon Press, 1921.（奥雷尔·斯坦因. 西域考古图记. 中国社会科学院考古研究所，主持翻译. 桂林：广西师范大学出版社，1998. ）

Aurel Stein. The Thousand Buddhas: Ancient Buddhist Paintings from the Cave-Temples of Tun-huang on the Western Frontier of China. London: Quaritch, 1921.（马尔克·奥莱尔·斯坦因. 千佛：敦煌石窟寺的古代佛教壁画. 郑涛，译. 杭州：浙江人民美术出版社，2019. ）

Aurel Stein. Innermost Asia: Report of Exploration in Central Asia Kan-su and Eastern Iran, Oxford: Clarendon Press, 1928.（奥雷尔·斯坦因. 亚洲腹地考古图记. 巫新华，等译. 桂林：广西师范大学出版社，2021. ）

B

北京大学信息管理系，编. 王重民先生百年诞辰纪念文集. 北京：北京图书馆出版社，2003.

伯希和. 伯希和敦煌石窟笔记. 耿昇，唐健宾，译. 兰州：甘肃人民出版社，1993.

伯希和. 伯希和西域探险记. 耿昇，译. 昆明：云南人民出版社，2001.

伯希和. 伯希和西域探险日记：1906—1908. 耿昇，译. 北京：中国藏学出版社，2014.

伯希和. 伯希和北京日记. 萧菁，译. 桂林：广西师范大学出版社，2017.

C

常沙娜. 黄沙与蓝天：常沙娜人生回忆. 北京：清华大学出版社，2013.

常书鸿. 九十春秋——敦煌五十年. 杭州：浙江大学出版社，1994.

陈存恭，陈仲玉，任育德，访问. 石璋如先生口述历史. 任育德，记录. 北京：九州出版社，2013.

陈国灿. 斯坦因所获吐鲁番文书研究. 武汉：武汉大学出版社，1995.

陈国灿. 敦煌学史事新证. 兰州：甘肃教育出版社，2002.

陈国灿. 论吐鲁番学. 上海：上海古籍出版社，2010.

陈申. 光社纪事. 北京：中国民族摄影艺术出版社，2018.

陈万里. 西行日记. 北京：朴社，1926.

陈寅恪. 金明馆丛稿二编. 上海：上海古籍出版社，1980.

陈毓贤. 洪业传. 北京：北京大学出版社，1996.

陈垣. 敦煌劫余录：中央研究院历史语言研究所专刊之四. 北平：中央研究院历史语言研究所，1931.

池田温. 中国古代籍帐研究. 龚泽铣，译. 北京：中华书局，1984.

池田温，编. 中国古代写本識語集録. 東京：大藏出版，1990.

池田温，编. 敦煌漢文文献：講座敦煌：第 5 卷. 東京：大東出版社，1992.

池田温. 敦煌文书的世界. 张铭心，郝轶君，译. 北京：中华书局，2007.

D

大谷光瑞，等. 丝路探险记. 章莹，译. 乌鲁木齐：新疆人民出版社，1998.

戴密微. 吐蕃僧诤记. 耿昇，译. 北京：中国藏学出版社，2013.

董康. 书舶庸谭. 傅杰，校点. 沈阳：辽宁教育出版社，1998.

Dora C. Y. Ching（经崇仪）. Visualizing Dunhuang: Seeing, Studying, and Conserving the Caves. Princeton: Princeton University Press, 2021.

段文杰. 段文杰敦煌艺术论文集. 兰州：甘肃人民出版社，1994.

段文杰. 敦煌之梦——纪念段文杰先生从事敦煌艺术保护研究 60 周年. 敦煌研究院，编. 南京：江苏美术出版社，2007.

敦煌市志编撰委员会，编. 敦煌市志. 北京：新华出版社，1994.

敦煌文物研究所，编著. 中国石窟：敦煌莫高窟：第 1 卷. 北京：文物出版社，1982.

敦煌文物研究所，编. 敦煌译丛：第 1 辑. 兰州：甘肃人民出版社，1985.

敦煌研究院，编. 坚守大漠　筑梦敦煌：敦煌研究院发展历程. 兰州：甘肃教育出版社，2021.

敦煌研究院. 敦煌研究：1—184 期，1981—2020.

敦煌学：1—20 期. 香港·台北，1974—1995.

E

俄罗斯科学院东方学研究所圣彼得堡分所，等. 俄藏敦煌文献：1—11 册. 上海：上海古籍出版社，1992—1999.

F

法国国家图书馆，等编. 法藏敦煌西域文献：1—10 册. 上海：上海古籍出版社，1994—1999.

樊锦诗，荣新江，林世田，主编. 敦煌文献·考古·艺术综合研究——纪念向达先生诞辰 110 周年国际学术研讨会论文集. 北京：中华书局，2011.

樊锦诗，口述. 我心归处是敦煌：樊锦诗自述. 顾春芳，撰写. 南京：译林出版社，2019.

方广锠. 方广锠敦煌遗书散论. 上海：上海古籍出版社，2010.

方广锠. 随缘做去　直道行之——方广锠序跋杂文集. 北京：国家图书馆出版社，2011.

French Francesca, Evangeline, Cable, Mildred and French. A Desert Journal: Letters from Central Asia. London: Constable & Co.,Ltd., 1934.

G

甘肃省敦煌市政协，编. 敦煌文史资料选辑：1—3，1991—1995.

高良佐. 西北随轺记. 雷恩海，姜朝晖，点校. 兰州：甘肃人民出版社，2003.

高田时雄. 近代中国的学术与藏书. 北京：中华书局，2018.

高田时雄，编著. 近代欧美汉学家——东洋学的系谱：欧美篇. 林恺胤，译. 台北：万卷楼，2019.

共同通信社. シルクロードの旅：砂と緑と太陽と. 東京：共同通信社，1980.

广东美术馆，编. 抗战中的文化责任：西北艺术文物考察团 60 周年纪念图集. 广州：岭南美术出版社，2005.

郭福纯，王振芬. 旅顺博物馆藏西域文书研究. 沈阳：万卷出版社，2007.

国家图书馆善本特藏部敦煌吐鲁番学资料研究中心，编. 敦煌学国际研讨会论文集. 北京：北京图书馆出版社，2005.

国家文物局古文献研究室，新疆维吾尔自治区博物馆，武汉大学历史系，编. 吐鲁番出土文书：1—5 册. 北京：文物出版社，1981—1983.

H

郝春文，主编. 敦煌文献论集——纪念敦煌藏经洞发现一百周年国际学术研讨论文集. 沈阳：辽宁人民出版社，2001.

郝春文，宋雪春，武绍卫. 当代中国敦煌学研究：1949—2019. 北京：中国社会科学出版社，2020.

何志勇. 中日文化交流视阈下的井上靖研究. 北京：中国戏剧出版社，2020.

胡颂平，编著. 胡适之先生年谱长编初稿：增补版. 台北：联经出版公司，2015.

黄文弼. 西域史地考古论集. 黄烈，编. 北京：商务印书馆，2015.

黄永武，编. 敦煌丛刊初集（第五册：史岩，敦煌石室画像题识；第六册：罗振玉，敦煌石室遗书、鸣沙石室佚书；第七册：罗振玉，流沙访古记；第十三册：伯希和、羽田亨，敦煌遗书；神田喜一郎，敦煌秘籍留真、敦煌秘籍留真新编；第十五册：刘复，敦煌掇琐）. 台北：新文丰出版公司，1985.

黄正建，主编. 中国社会科学院敦煌学研究回顾与前瞻学术研讨会论文集. 上海：上海古籍出版社，2012.

I

Irene Vongehr Vincent. The Sacred Oasis: Caves Of The Thousand Buddhas, Tun Huang. Chicago: University of Chicago Press, 1953.（艾琳·文森特. 神圣的绿洲：1948，艾琳·文森特的敦煌之旅. 刘勤，译. 兰州：甘肃教育出版社，2019. ）

J

Jeannette Mirsky. Sir Aurel Stein: Archaeological Explorer. Chicago: University of Chicago Press,

1977.（珍妮特·米斯基. 斯坦因：考古与探险. 田卫疆，等译. 乌鲁木齐：新疆美术摄影出版社，1992.）

季羡林，主编. 敦煌学大辞典. 上海：上海辞书出版社，1998.

江瀚. 江瀚日记. 郑园，整理. 北京：国家图书馆出版社，2017.

姜德治，宋涛，编. 莫高窟记忆. 兰州：甘肃人民出版社，2008.

姜亮夫. 敦煌学概论. 北京：北京出版社，2004.

金荣华. 敦煌文物外流关键人物探微. 台北：新文丰出版公司，1993.

金绍城. 十八国游历日记. 南京：凤凰出版社，2015.

井上靖. 敦煌. 東京：講談社，1960.

井上靖. 遺跡の旅·シルクロート. 東京：新潮社，1979.

井上靖. シルクロード　絲綢之路：第二卷：敦煌　砂漠の大画廊. NHK 取材班，編. 東京：日本放送出版協会，1980.

井上靖. 井上靖西域小说选. 耿金声，王庆江，译. 乌鲁木齐：新疆人民出版社，1984.

橘瑞超. 中亚探险. 柳洪亮，译. 乌鲁木齐：新疆人民出版社，1993.

K

卡恩·德雷尔. 丝路探险：1902—1914 年德国考察队吐鲁番行记. 陈婷婷，译. 上海：上海古籍出版社，2020.

L

兰州大学敦煌学研究所，主办. 敦煌学辑刊：1—110 期，1980—2020.

Langdon Warner, The Long Old Road in China. New York: Doubleday, Page & Company, 1926.（兰登·华尔纳. 在中国漫长的古道上. 姜洪源，魏宏举，译. 乌鲁木齐：新疆人民出版社，2001.）

勒柯克. 新疆的地下文化宝藏. 陈海涛，译. 乌鲁木齐：新疆人民出版社，1999.

李德范，主编. 王重民向达所摄敦煌西域文献照片合集. 北京：北京图书馆出版社，2008.

李伟国. 敦煌话语. 上海：上海科技教育出版社，2002.

林家平，宁强，罗华庆. 中国敦煌学史. 北京：北京语言学院出版社，1992.

Lionel Giles. Descriptive catalogue of the Chinese manuscripts from Tunhuang in the British Museum. London: Trustees of the British Museum, 1957.

刘波. 国家图书馆与敦煌学. 北京：国家图书馆出版社，2018.

刘进宝，主编. 百年敦煌学：历史　现状　趋势. 兰州：甘肃人民出版社，2009.

刘进宝. 敦煌学术史：事件、人物与著述. 北京：中华书局，2011.

刘进宝. 我们这代人的学问. 杭州：浙江大学出版社，2018.

龍谷大学三五〇周年記念学術企画出版編集委員会，編. 仏教東漸：祇園精舎から飛鳥まで.
京都：思文閣出版，1991.

龍谷大学龍谷ミュージアム，読売新聞社，編. 仏教の来た道：シルクロードの探検の旅：特
別展. 京都：龍谷大学龍谷ミュージアム，2012.

陆庆夫，王冀青，主编. 中外著名敦煌学家评传. 兰州：甘肃教育出版社，2002.

罗振玉. 雪堂自述. 南京：江苏人民出版社，1999.

罗振玉. 集蓼编：外八种. 上海：上海古籍出版社，2013.

M

马达汉. 马达汉西域考察日记：1906—1908. 王家骥，译. 北京：中国民族摄影艺术出版社，2004.

马达汉. 百年前走进中国西部的芬兰探险家自述——马达汉新疆考察纪行. 马大正，王家骥，
许建英，译. 乌鲁木齐：新疆人民出版社，2009.

马德. 敦煌莫高窟史研究. 兰州：甘肃教育出版社，1996.

N

宁夏回族自治区政协文史研究委员会，编. 张大千生平和艺术. 北京：中国文史出版社，1999.

P

Paul Pelliot, Les Grottes de Touen-Houang. Paris: Librairie Paul Geuthner, 1920-1924.

潘重规. 列宁格勒十日记：修订本. 台北：东大图书公司，1993.

彭金章，主编. 敦煌莫高窟北区石窟研究. 兰州：甘肃教育出版社，2011.

Peter Hopkirk. Foreign Devils on the Silk Road: The Search for the Lost Cities and Treasures of Chinese
Central Asia. London: John Murray, 1980.（彼得·霍普柯克. 劫掠丝绸之路. 张湘忆，译. 北京：
九州出版社，2020.　）

平山郁夫. 敦煌·有我追求的艺术. 王保祥，译. 北京：北京大学出版社，1990.

Q

钱伯城，主编. 中华文史论丛：第 50 辑. 上海：上海古籍出版社，1992.

R

饶宗颐. 选堂集林：敦煌学卷. 济南：山东画报出版社，2019.

荣新江. 海外敦煌吐鲁番文献知见录. 南昌：江西人民出版社，1996.

荣新江. 归义军史研究——唐宋时代敦煌历史考索. 上海：上海古籍出版社，1996.

荣新江. 敦煌学十八讲. 北京：北京大学出版社，2001.

荣新江. 敦煌学新论. 兰州：甘肃教育出版社，2002.

荣新江. 辨伪与存真：敦煌学论集. 上海：上海古籍出版社，2009.

荣新江，编. 向达先生敦煌遗墨. 北京：中华书局，2010.

荣新江. 从学与追念：荣新江师友杂记. 北京：中华书局，2020.

S

桑兵. 国学与汉学：近代中外学界交往录. 杭州：浙江人民出版社，1999.

沙知，编. 向达学记. 北京：三联书店，2010.

上山大峻. 敦煌佛教の研究. 京都：法藏館，1990.

上原芳太郎，编. 新西域記. 東京：有光社，1937.

尚林，方广錩，荣新江. 中国所藏“大谷收集品”概况——特别以敦煌写经为中心. 京都：日本龙谷大学佛教文化研究所西域研究会，1991.

邵元冲，主编. 西北揽胜. 南京：正中书局，1936.

神田喜一郎. 敦煌学五十年. 東京：二玄社，1960.（神田喜一郎. 敦煌学五十年. 高野雪，等译. 北京：北京大学出版社，2004.）

石璋如. 莫高窟形. 台北：“中央研究院”历史语言研究所，1996.

施萍婷. 敦煌石窟与文献研究. 杭州：浙江大学出版社，2015.

说文月刊. 敦煌特辑专号 . 香港：香港明石文化国际出版有限公司，1943，3（10）.

斯文·赫定. 亚洲腹地探险八年：1927—1935 年. 徐十周，等译. 乌鲁木齐：新疆人民出版社，1992.

苏精. 近代藏书三十家. 台北：传记文学出版社，1983.

孙儒僩. 敦煌石窟保护与研究. 兰州：甘肃人民出版社，2007.

孙儒僩，口述. 菩提树下. 齐双吉，杨雪梅，撰写. 北京：中国青年出版社，2019.

孙志军. 世纪敦煌：跨越百年的莫高窟影像. 北京：中信出版社，2021.

T

藤枝晃. 汉字的文化史. 翟德芳，孙晓林，译. 北京：知识出版社，1991.

W

万庚育. 皈依敦煌. 北京：中国青年出版社，2019.

王重民，王庆菽，向达，周一良，启功，曾毅公，编. 敦煌变文集. 北京：人民文学出版社，1957.

王重民. 敦煌古籍叙录. 北京：中华书局，1958.

王重民，刘铭恕，等编. 敦煌遗书总目索引. 北京：商务印书馆，1962.

王重民. 敦煌遗书论文集. 北京：中华书局，1984.

王国维. 观堂集林. 北京：中华书局，1959.

王冀青. 斯坦因与日本敦煌学. 兰州：甘肃教育出版社，2004.

王冀青. 国宝流散：藏经洞纪事. 兰州：甘肃教育出版社，2007.

王冀青. 斯坦因敦煌考古档案研究. 兰州：敦煌文艺出版社，2020.

王立民. 叶昌炽《缘督庐日记》研究. 长春：东北师范大学出版社，2009.

王尧，主编. 法藏敦煌藏文文献解题目录. 北京：民族出版社，1999.

王子云. 从长安到雅典. 西安：陕西人民出版社，1992.

魏同贤，孟列夫，主编. 俄藏敦煌艺术品：1—5 卷. 俄罗斯国立艾尔米塔什博物馆，上海古籍出版社，编纂. 上海：上海古籍出版社，1997—2002.

吴芳思，马克·伯纳德. 寻踪敦煌古书《金刚经》：世界纪年最早的印本书籍. 袁玉，译. 崔翔，校. 桂林：广西师范大学出版社，2019.

武汉大学历史系魏晋南北朝隋唐史研究室，编著. 敦煌吐鲁番文书初探. 武汉：武汉大学出版社，1983.

武汉大学历史系魏晋南北朝隋唐史研究室，编著. 敦煌吐鲁番文书初探二编. 武汉：武汉大学出版社，1990.

武汉大学中国三至九世纪研究所，编．魏晋南北朝隋唐史资料：第 21 辑：唐长孺教授逝世十周年纪念专辑．武汉：武汉大学文科学报编辑部，2004．

X

西北大学文化遗产学院，编．西北大学藏民国时期艺术文物考察团西北摄影集选．西安：西北大学出版社，2016．

西北民族大学，上海古籍出版社，法国国家图书馆，编撰．法国国家图书馆藏敦煌藏文文献：第 1 册．上海：上海古籍出版社，2006．

西北民族大学，上海古籍出版社，英国国家图书馆，编撰．英国国家图书馆藏敦煌西域藏文文献：第 1 册．上海：上海古籍出版社，2010．

西域文化研究会，编．西域文化研究：1—6 卷．京都：平楽寺書店，1958—1963．

夏鼐．敦煌考古漫记．天津：百花文艺出版社，2002．

夏鼐．夏鼐西北考察日记．北京：社会科学文献出版社，2018．

榎一雄，编．講座敦煌：第 1 卷：敦煌の自然と現状．東京：大東出版社，1970．

向达．唐代长安与西域文明．北京：三联书店，1987．

香川默識，编．西域考古図譜．東京：国華社，1915．

小田義久．大谷文書集成：第 1 卷．京都：法藏館，1984．

篠原寿雄，田中良昭，共编．講座敦煌：第 8 卷：敦煌仏典と禅．東京：大東出版社，1980．

谢和耐．中国五至十世纪的寺院经济．耿昇，译．兰州：甘肃人民出版社，1987．

谢家孝．张大千的世界．台北：征信新闻报，1968．

Y

严绍璗．日本中国学史．南昌：江西人民出版社，1991．

姚崇新，王媛媛，陈怀宇．敦煌三夷教与中古社会．兰州：甘肃教育出版社，2013．

叶昌炽．缘督庐日记．南京：江苏古籍出版社，2002．

于道泉，编译．仓洋嘉错情歌．北平：中央研究院历史语言研究所，1930．

袁婷．敦煌藏经洞出土绘画品研究史．兰州：甘肃教育出版社，2016．

恽毓鼎．恽毓鼎澄斋日记．史晓风，整理．杭州：浙江古籍出版社，2004．

Z

张树年，主编. 张元济年谱. 北京：商务印书馆，1991.

张树年，张人凤，编. 张元济书札. 北京：商务印书馆，1997.

赵莉. 克孜尔石窟壁画复原研究. 上海：上海书画出版社，2020.

赵声良. 敦煌旧事. 兰州：甘肃教育出版社，2018.

赵声良. 敦煌谈艺录. 北京：文物出版社，2020.

朝日敦煌研究員派遣制度記念誌編集委員会，編集. 朝日敦煌研究員派遣制度記念誌. 朝日新聞社，2008.

郑炳林，主编. 法国敦煌学精粹. 耿昇，译. 兰州：甘肃人民出版社，2011.

郑尔康，编. 郑振铎艺术考古文集. 北京：文物出版社，1988.

中国敦煌吐鲁番学会成立大会、一九八三年全国敦煌学术讨论会会刊. 兰州，1983.

中国敦煌吐鲁番学会，等合办. 敦煌吐鲁番研究：1—19 卷，1995—2020.

中国社会科学院历史研究所，等编. 英藏敦煌文献（汉文佛经以外部份）：1—14 卷. 成都：四川人民出版社，1990—1995.

中国社会科学院历史研究所，编. 求真务实六十载：历史研究所同仁述往. 北京：中国社会科学出版社，2014.

"中国西北科学考查团"八十周年大庆纪念册编委会，编. "中国西北科学考查团"八十周年大庆纪念册. 北京：气象出版社，2011.

周一良. 郊叟曝言：周一良自选集. 北京：新世界出版社，2001.

朱雷. 敦煌吐鲁番文书研究. 杭州：浙江大学出版社，2016.

▶ **论文·报道类：**

B

白化文. 王重民先生的敦煌遗书研究工作. 段文杰敦煌研究五十年纪念文集. 北京：世界图书出版公司，1996.

C

车守同. 国立敦煌艺术研究所的时代背景与史事日志：上. 华东师范大学 2013 年博士学位论文.

陈恒新. 王重民在法国期间致伯希和四信考释. 大学图书馆学报，2017（6）.

陈万里. 美帝偷劫敦煌壁画的阴谋. 文物参考资料，1951（2）.

D

戴密微. 二十世纪上半叶法国的汉学. 耿昇，译. 中国史研究动态，1980（3）.

段晴. 德国的印度学之初与季羡林先生的学术底蕴. 敦煌吐鲁番研究，2011，12.

段文杰. 敦煌研究所四十年. 敦煌研究，1985（4）.

F

方广锠. 北京图书馆藏敦煌遗书勘查初记. 敦煌学辑刊，1991（2）.

方广锠. 《中国国家图书馆藏敦煌遗书》前言. 中国国家图书馆藏敦煌遗书. 南京：江苏古籍出版社，1998.

方广锠. 百年前的一桩公案——关于 22 卷续交敦煌遗书的考察. 敦煌研究，2009（1）.

Franc Shor, Jean Shor. The Caves of the Thousand Buddhas. Washington: Nat Geographic Mag, 1951.

府宪展. 《俄藏敦煌艺术品》序言. 俄藏敦煌艺术品. 上海：上海古籍出版社，1995.

府宪展. 奥登堡在敦煌莫高窟：1914—1915. 敦煌吐鲁番研究，2004，7.

府宪展. "探险"俄罗斯——《俄藏敦煌文献》出版记略. 百年敦煌学：历史　现状　趋势. 兰州：甘肃人民出版社，2009.

G

耿昇. 法国的敦煌学研究概况. 中国史研究动态，1981（9）.

H

韩放. 近代龟兹文物流失海外状况研究——以俄罗斯艾尔米塔什博物馆为例. 中国国家博物馆馆刊, 2018（4）.

何俊华, 包菁萍. 巴慎思敦煌之行的石窟照片. 敦煌研究, 2014（6）.

贺昌群. 敦煌佛教艺术之系统. 东方杂志, 1931, 28（17）.

胡素馨. 从历史语言研究所藏向达手稿论其对敦煌学的影响. 敦煌文献·考古·艺术综合研究. 北京：中华书局, 2011.

黄烈. 艰辛的历程 丰硕的奉献——黄文弼先生与西北考察. 中国边疆史地研究, 1992（3）.

I

I.F. Popova. S.F. Oldenburgs Second Russian Turkestan Expedition (1914–1915). Russian Expeditions to Central Asia at the Turn of the 20th Century, 2008.

J

姜伯勤. 沙皇俄国对敦煌及新疆文书的劫夺. 中山大学学报, 1980（3）.

姜洪源. 沙俄残军安置敦煌莫高窟的经过及史实订误. 档案, 2003（6）.

金惠媛. 韩国国立中央博物馆收藏的中亚宗教类绘画——收藏背景、研究史和现状. 田婧, 译. 敦煌研究, 2019（2）.

经崇仪. 照片档案遗产——敦煌、探险摄影与罗氏档案. 王平先, 译. 敦煌研究, 2017（2）.

L

李盎.《民呼日报》关于大谷探险活动的两则报道. 敦煌语言文学研究通讯, 1996（1）.

李方. 怀念陈国灿先生. 敦煌学辑刊, 2019（1）.

李济. 敦煌学的今昔——考古琐谈之二. 自由谈, 1968, 19（6）.

李宗侗. 敬悼袁同礼学长. 中央日报, 1965-2-16.

梁红, 沙武田. 关于罗寄梅拍摄敦煌石窟图像资料. 文物世界, 2010（6）.

刘波, 林世田. 国立北平图书馆拍摄及影印出版敦煌遗书史事钩沉. 敦煌研究, 2010（2）.

刘进宝. 向达与张大千——关于张大千破坏敦煌壁画的学术史考察. 中华文史论丛, 2018, 2.

刘蕊. 新见王重民致伯希和信札七通诠解——以王重民对法藏敦煌遗书的整理为中心. 文献,

2021（5）.

刘雁翔. 天水流传过的敦煌经卷及学者题跋. 敦煌研究，1999（2）.

柳田圣山. 敦煌禅籍总说. 刘方，译. 敦煌学辑刊，1996（2）.

罗寄梅. 敦煌石室巡礼. 文艺先锋，1947，11（5）.

罗振玉. 敦煌石室书目及发见之原始. 东方杂志，1909，6（10）.

M

马德. 艰难的起步——《敦煌研究》创刊记忆. 敦煌研究，2013（3）.

马世长. 敦煌石窟考古的回顾与反思. 文物，2000（8）.

P

潘重规. 我探索敦煌学的历程：上. 中央日报，1982-10-3.

潘重规. 我探索敦煌学的历程：下. 中央日报，1982-10-4.

Q

齐陈骏. 回望丝绸之路与敦煌学的研究. 社会科学战线，2016（3）.

秦桦林. 1909 年北京学界公宴伯希和事件补考——兼论王国维与早期敦煌学. 浙江大学学报：人文社会科学版，2018（3）.

秋山光和. 敦煌壁画研究新资料——罗寄梅氏拍摄的照片及福格、赫尔米达什两美术馆所藏壁画残片探讨. 刘永增，译. 敦煌研究，1982（1）.

R

饶宗颐. 我与敦煌学. 学林春秋，1998.

荣新江. 敦煌藏经洞的性质及其封闭原因. 敦煌吐鲁番研究，1996，2.

荣新江. 敦煌学的先行者——叶昌炽. IDP News，1997（7）.

荣新江. 北京大学与敦煌学（上）. 文化的馈赠——汉学研究国际会议论文集. 北京：北京大学出版社，2000.

荣新江. 周一良先生与书. 读书，2002（6）.

荣新江. 中国敦煌学研究与国际视野. 历史研究，2005（4）.

荣新江. 俄罗斯的敦煌学——评《敦煌学：第二个百年的研究视角与问题》及其他. 敦煌吐鲁番研究，2013，13.

荣新江. 情系高昌著述多——纪念陈国灿先生. 敦煌学辑刊，2019（1）.

荣新江. 西域胡语文献研究获得新进展——段晴教授及其团队的贡献. 中国社会科学报，2022-3-18.

S

桑兵. 伯希和与近代学术界. 历史研究，1997（5）.

衫森久英，藤枝晃，上山大峻（主持人），对谈. 有关大谷探险队的答问. 施萍婷，译. 敦煌研究，1994（4）.

上山大峻. 曇曠と敦煌の佛教学. 東方学報，1964，35.

上山大峻. 大蕃国大德三蔵法師沙門法成の研究：上、下. 東方学報，1967－1968，38－39.

尚林. 中英两国交换馆藏敦煌遗书胶卷追述. 敦煌研究，1991（2）.

施萍亭（婷）. 打不走的敦煌人. 敦煌研究，1994（2）.

施萍婷. 敦煌研究院藏土地庙写本源自藏经洞. 敦煌研究，1999（2）.

施萍婷. 甘肃藏敦煌文献的来源、真伪及其价值. 甘肃书讯，1999（4）.

束锡红. 敦煌古藏文文献的史料价值和出版意义. 图书馆理论与实践，2008（3）.

宋家钰. 回忆　思考　期待——从《敦煌古文献》《英藏敦煌文献》的编辑、出版谈起. 百年敦煌学：历史　现状　趋势. 兰州：甘肃人民出版社，2009.

苏莹辉. 记本所新发见北魏写经. 西北日报，1945-4-25.

苏莹辉. 首届国际敦煌学会纪略. 传记文学，1979，35（6）.

苏莹辉. 出席"敦煌学"国际研讨会后的观感. 台北"中央日报"，1985-9-25.

素痴（张荫麟）. 不列颠博物院所藏中国写本瞥记. 国闻周刊：11—21，1934.

孙玉蓉. 最早从事敦煌学研究的学术团体——敦煌经籍辑存会. 文史知识，2009（6）.

孙志军. 1907—1949 年的莫高窟摄影. 敦煌研究，2017（2）.

T

藤枝晃. 现阶段的敦煌学. 黄得时，译. 中华文化复兴月刊，1976，9（1）.

W

王重民. 《敦煌遗书总目索引》后记. 敦煌遗书总目索引. 北京：商务印书馆，1962.

王惠民. 哈佛大学藏敦煌文物叙录. 敦煌研究，2013（2）.

王慧慧. "西北艺术文物考察团"在敦煌考察时间考. 敦煌研究，2017（3）.

王冀青，莫洛索斯基. 美国收藏的敦煌与中亚艺术品. 敦煌学辑刊，1990（1）.

王冀青. 奥莱尔·斯坦因的第四次中央亚细亚考察. 敦煌学辑刊，1993（1）.

王冀青. 大英博物院藏中国古物保管委员会反对斯坦因来华考古声明书之研究. 段文杰敦煌研究五十年纪念文集. 敦煌研究院，编. 北京：世界图书出版公司，1996.

王冀青. 斯坦因第二次中亚考察期间所持中国护照简析. 中国边疆史地研究，1998（4）.

王冀青. 斯坦因第三次中亚考察所持中国护照析评. 西域研究，1998（4）.

王冀青. 榎一雄与英藏敦煌文献摄影. 敦煌学辑刊，2003（2）.

王冀青. 斯坦因与陈贻范交游考. 南京师大学报：社会科学版，2007（4）.

王冀青. 清宣统元年（1909 年）北京学界公宴伯希和事件再探讨. 敦煌学辑刊，2014（2）.

王冀青. 伯希和 1909 年北京之行相关事件杂考. 敦煌学辑刊，2017（4）.

王建人. 他将一生献给敦煌学——记姜亮夫教授. 新观察，1983（20）.

王楠. 伯希和的三次中国之行与早期汉学研究. 国际汉学研究通讯：第 10 期. 北京：北京大学出版社，2014.

王楠. 伯希和与清代官员学者的交往：1906—1909 年. 西域研究，2017（4）.

王庆菽. 英法所藏敦煌卷子经目记. 文物参考资料，1957（5）.

王庆菽. 我研究搜集敦煌文学的概况. 敦煌语言文学研究通讯，1985（11）.

王素. 陈国灿先生与《吐鲁番出土文书》. 敦煌学辑刊，2019（1）.

王尧. 特立独行　追求真理——记我所知道的先师于道泉先生. 学林往事. 北京：朝华出版社，2000.

卫聚贤. 敦煌石室. 说文月刊，1943，3（10）.

卫月望. 卫聚贤传略. 中国现代社会科学家传略：第 9 辑. 太原：山西人民出版社，1987.

吴芳思. 向达在英国. 敦煌文献·考古·艺术综合研究. 北京：中华书局，2011.

X

夏鼐. 从兰州到敦煌. 文物天地，1999（1—4）.

向达. 论敦煌千佛洞的管理研究及其他连带的几个问题. 大公报，1942-12-27（一30）.

向达. 敦煌考古通讯（二十九封）. 文教资料，1980（11—12）合刊.

谢方. 二十六年间——记《大唐西域记校注》的出版兼怀向达先生. 回忆中华书局：下编. 北京：中华书局，1987.

徐文堪. 郑振铎与列宁格勒所藏敦煌文献. 读书，1986（10）.

Y

杨镰. 斯文赫定的探察活动及《亚洲腹地探险八年》. 中国边疆史地研究，1992（3）.

于右任. 建议设立敦煌艺术学院. 文史杂志，1942，2（2）.（转引自：全国政协文史资料研究委员会，中国国民党革命委员会中央宣传部，合编. 于右任文选. 北京：中国文史出版社，1987.）

余欣. 法国敦煌学的新进展. 敦煌学辑刊，2001（1）.

Z

曾晓红. "敦煌古藏文文献出版工程"述略. 出版与印刷，2019（3）.

张弓. 泪眼亲瞻怜落寞　暂接倩影慰故园——关于《英藏敦煌文献》的回忆. 百年敦煌学：历史　现状　趋势. 兰州：甘肃人民出版社，2009.

张惠明. 艾尔米塔什博物馆举办千佛洞——俄罗斯丝绸之路探险文物展. 敦煌研究，2009（2）.

张希清. 恭三师与北京大学中古史研究中心的创立. 仰止集. 石家庄：河北教育出版社，1999.

赵大旺. 西北史地考察团历史考古组的任务与分工——兼谈向达与劳干、石璋如的误会. 敦煌研究，2021（1）.

赵大旺. 向达与夏鼐：以敦煌考察及西北史地研究为线索. 考古，2021（2）.

赵大旺. 白俄阿连阔夫残部安置敦煌始末. 丝路文明：第6辑. 上海：上海古籍出版社，2021.

赵大旺. 常书鸿与1948年的敦煌艺术展览会. 敦煌研究，2022（1）.

赵莉，Kira Samasyk，Nicolas Pchelin. 俄罗斯国立艾尔米塔什博物馆藏克孜尔石窟壁画. 文物，2018（4）.

赵声良. 罗寄梅拍摄敦煌石窟照片的意义. 敦煌研究，2014（3）.

周法高. 记昆明北大文科研究所. 传记文学，1983，42（1—2）.

后记

回忆与感谢

夜深人静，往事如梦般纷至沓来。

1988 年，我进入武汉大学历史系读书。那时，锐意改革的校长刘道玉已经黯然离任。不过，校园里依然风云激荡。吴于廑先生和唐长孺先生是当时文科中为数不多的博士生导师，系里引以为傲的国宝级历史学家。吴先生视野广阔，他的整体世界观，探索世界如何成为一部从分散走向整体的历史，至今依然影响着像我一样的学生。唐先生德高望重，犹记得八十寿辰时，弟子云集，谈学论史，也难怪日本敦煌学名家池田温先生说"当今中国中古史研究之半壁江山，是由出自唐门之学者所支撑的"。

1990 年，我从世界历史专业转到中国史方向，从朱雷老师和陈国灿老师的课堂上，真正接触到敦煌学和吐鲁番学，尤其是陈先生的"敦煌吐鲁番文书研究"课程，让我走向了一千多年前的丝绸之路。

1994 年，我来到北京大学随荣新江老师读书，那是无比快乐、无比充实的一段时光。荣先生的治学，让我们充分感受到学术的尊严和为学的乐趣。那时，与来自新疆的孟宪实、姚崇新和来自陕西的雷闻同住一室，同研唐史和敦煌学，其乐融融。如今，他们三人早已成为中国人民大学、中山大学和北京师范大学的知名教授，各研一域、各守一方。

读万卷书，行万里路，向来是荣先生所强调的。1995 年暑假，当我做丝路旅行之想时，荣先生提前将我刊载在由他主编的《唐研究》上的长文稿酬预支，加上武大同学杨展涛的支持，我得以用两个月的时间，独自从西安出发，经兰州、张掖、武威、酒泉、敦煌、吐鲁番、库车、喀什，一路西行到帕米尔高原之上的塔什库尔干。每到一地，住大学宿舍，看博物馆，拜访当地相关领域专家和教授，完成了一段难以忘怀的丝路之旅。

在西安，印象最深的是陕西师大研究唐代蕃将的马驰先生。午饭时间敲门进屋，马先生吃着烙饼，就着咸菜，说起唐代蕃将种种。同样难忘的，是与台湾张荣芳教授带队的台港两京访学团师生一道，看陕博库房文物、谒乾陵、访法门寺……

在兰州，借住兰大学生宿舍一星期，当时还是历史系研究生的冯培红兄（现为浙江大学教授）带我访书认人，印象深刻的是《敦煌学辑刊》及其主编齐陈骏先生和郑炳林先生，齐先生有过一段珞珈山的进修经历，于是跟我们说起了唐长孺先生。

在莫高窟，荣老师帮我介绍了当时还是少壮派的赵声良、王惠民、梅林等先生（还介绍了敦煌研究院马德、杨富学等先生，但他们住在兰州）。在莫高窟住宿的数日里，最难忘的是王惠民先生揣着钥匙、拿着手电筒带我观看洞窟的情景。当窟门打开，手电光照到慈祥的菩萨脸上，照到满窟千佛的壁画，那种震撼，无法用语言形容。

在乌鲁木齐，孟宪实先生安排我住在新疆师范大学，他在这里工作了十来年，涉猎广泛，朋友众多，我甚至让他带我去拜访当时非常喜欢的作家周涛先生。在这个伯希和获悉藏经洞文书消息后由此直奔敦煌而去的城市，我印象最深的却是在新疆博物馆翻阅斯坦因的档案。

吐鲁番，一个遍地都是历史的地方。交河、高昌故城，柏孜克里克、吐峪沟、胜金口的佛教洞窟和摩尼教壁画，阿斯塔那、哈拉和卓的古墓……记得在一个中午的高温烈日下，在吐鲁番参加"敦煌吐鲁番出版物学术研讨会"的荣老师，带着崇新和我，进出洞窟，来回奔忙，看壁画、抄题记、识碑刻。记得在吐鲁番文物局局长柳洪亮先生的家里，听他讲述新出吐鲁番文书的整理情况。当年在武大一道听陈国灿先生讲课时，他曾带着新出吐鲁番文书一边读研、一边整理，之后又随陈先生攻读博士学位，再后来当他48岁不幸遭遇车祸身故时，可想而知年过七旬后还十余次赴高昌考察、大半生倾情于吐鲁番学的陈先生是多么悲伤。

一路西行，增广了见闻。

在龟兹石窟，丁娟女士等讲解员带着我们看克孜尔、库木吐拉、森木塞姆、克孜尔尕哈的一个又一个洞窟，饱览众多壁画的同时，也记住了割走一块又一块壁画的勒柯克。

在巴楚，住在三岔口的满是风沙的小旅店里，想象着伯希和在这一带挖掘佛寺遗址的情形，那个地方因为叫"脱裤子杀来"而让我记忆深刻（实际上是"托库孜萨来"，汉语意为"九间房"）。

在喀什，李万军兄陪我探察三仙洞（因高悬于峭壁半腰间而没能靠近），帮我联系车辆探访11世纪大学者喀什噶里的墓地（慕名而去是因为读了张广达先生所撰《关于马合木·喀什噶里的〈突厥语词汇〉与见于此书的圆形地图（上）》）。忘不了的，还有去塔什库尔干途中所见的慕士塔格峰，那是斯文·赫定想征服而没能登顶的"冰山之父"……

撰写这样一本书的打算，是 1997 年我到新华社工作时开始的，敦煌学应该有更多的人了解。1999 年秋，在拜访获得国家图书奖——《敦煌学大辞典》的编写者，特别是与沙知先生长谈后，书写变得迫切起来。藏经洞发现 100 周年在即，我于是在北京、武汉、上海、杭州、广州等地进行了一系列拜访。

2000 年春节前后两个多月，我全力撰写，3 月底书稿初成。出版社和我本人都希望在 6 月 22 日藏经洞发现 100 周年时出版。日期近在眼前，我于是找到了亦师亦友的孟宪实先生，请其加盟。

孟老师当时正值博士论文准备期间，时间之宝贵可想而知。然而，他全力投入了对本书的修改之中。在一个多月的时间里，孟老师以他生花的妙笔，使本书变得更加丰富、更加有血有肉起来。书中融进了他的才华、他的心血。

本书的许多素材，或者是荣新江老师学术论文和著作中的，或者是听他的课和借他的书集成的。荣先生对敦煌学多个领域有着精深的研究，同时对流散海内外的敦煌文献做过广泛而深入的调查，对敦煌学学术史了如指掌。本书的内容，正是围绕着从敦煌文物的流散到敦煌学的海外归来这样一根主线展开的。没有他不厌其烦的帮助和指导，不可能有眼前这本书。

感谢史睿兄和崇新兄，谢谢你们的精神支持和资料帮助。同时，感谢提供资料帮助的以下各位：国家图书馆敦煌吐鲁番资料中心林世田先生、李德范女士、申国美女士，北京大学中国古代史研究中心朱玉麒先生，首都师范大学历史学院刘屹先生，山东大学文化遗产研究院姜波先生，中国地图出版社石忠献先生，北京印刷学院叶新先生，北京师范大学历史学院雷闻先生，北京大学历史系叶炜先生。

感谢或听过讲座、或采访过、或提供过帮助的各位专家和老师，他们是：柴剑虹、邓文宽、冻国栋、段文杰、樊锦诗、高田时雄、郝春文、黄正建、姜伯勤、姜昆武、蒋维崧、李伟国、李最雄、刘进宝、马世长、齐陈骏、钱婉约、沙知、史树青、孙晓林、唐刚卯、王伯敏、王炳华、王惠民、王冀青、王尧、魏同贤、向燕生、严克勤、严庆龙、杨富学、张弓、张金泉、张涌泉、赵和平、赵昌平、郑炳林、郑尔康等先生。

本书参考了大量其他学者的著作，特别是荣新江先生关于文物流散和北大学者的论述，王冀青教授关于斯坦因护照及第四次中亚考察的论述，方广锠博士关于国家图书馆藏敦煌文书有关情况的论述等等。附录中只列举了主要参考书目，另有许多著作让我们在写作中获益匪浅。

2000 年 8 月，本书初版由广东教育出版社出版。深深感谢姚沙沙女士为编辑本书付出的艰辛劳动，感谢朱万国先生促成本书出版。随后，本书由台湾远流出版社出版繁体字版，加了不少注释，同样感谢编辑老师的精心编辑。

时间过去将近二十年后，2020 年上半年，广东教育出版社编辑林孝杰先生打来电话，希望在敦煌藏经洞发现 120 周年时出版本书修订版。当时，我刚从南极考察回到北京不久。近些年来，我多次前往南北极、航行五大洋，对大航海时代以来的全球化，对西方世界的全球扩张感触颇深，英、法、德、日、俄、美于 20 世纪初在中国西北的探险，是大历史中的一部分。

重新聚焦敦煌，我再次阅读斯坦因、伯希和、勒柯克、华尔纳，阅读陈寅恪、向达、于右任、张大千、常书鸿、罗寄梅，阅读季羡林、唐长孺、段文杰、樊锦诗，阅读戴密微、藤枝晃、池田温、荣新江、王冀青等先生的一些著作，以及这些年出版的不同领域的论文和作品。回望一百多年来的敦煌学发展历程，心潮起伏。

21 世纪以来敦煌学发生了巨大变化，不仅敦煌文书和艺术品前所未有地得到公布，而且不同领域的研究成果极为丰硕。当初撰写本书时，我们尽可能地吸收了学界的最新研究成果，但现在很多内容都需要改写。

由于修订内容较多、工作繁忙，虽然林孝杰先生不停催促和帮助，但未能在 2020 年夏完成修订。2021 年，在香港中和出版社原总编辑陈玉玲女士的帮助下，经许琼英女士编辑，繁体字版书稿得以出版，谨致谢忱。之后，继续增补、修订，直至简体字版最新完成。

感谢广西师大出版社总编辑汤文辉先生、人文社前社长刘春荣先生和编辑刘汝怡、李敏女士。刘春荣先生和刘汝怡、李敏女士精心编辑，并为本书修订提供了许多好的建议。

感谢荣老师赐序，这对我们无疑是巨大的鼓舞和鼓励。

敦煌学如此丰富，这里只是浅尝辄止。这不是一部全面的敦煌学史，而只是挑选了一些有代表性的人和事。事实上，下编"魂兮归来"新增加的几章，也只是丰富了百年敦煌学的发展历程，对最新一代的敦煌学学者并没有太多涉及，而这些中青年学者如今已是敦煌学的重要力量。

撰写和修订这样一本书的初衷，是想对百年敦煌学表达由衷的敬意，并向置身其中者致敬。走在漫长的丝绸之路上，感谢一路上遇到的老师和朋友。同时，感谢我的父母和家人，尤其是妻子姚宇聪。

人们常说，敦煌，是人类的敦煌。在我心里，敦煌，是永远的敦煌。

刘诗平

2022 年 10 月 21 日凌晨于北京